manual

W0034294

Alexander Pichler
Elisabeth Kossarz

Casebook Römisches Recht

80 Musterfälle

facultas.wuv

Die Autoren:

Mag. Alexander Pichler und **Mag. Elisabeth Kossarz** waren Mitarbeiter am Institut für Römisches Recht und Antike Rechtsgeschichte der Universität Wien und in mehreren Anwaltskanzleien sowie im Bankenbereich tätig. Derzeit absolvieren sie ihre Gerichtspraxis im Sprengel des OLG Wien. Daneben sind sie Vortragende in den Bereichen Miet-, Konsumentenschutz- sowie Familien- und Erbrecht und sind Gründer des Rechtskursinstituts Der JusCoach, an dem sie Rechtskurse zur Vorbereitung auf die Prüfungen „Einführung in die Rechtswissenschaften und ihre Methoden" sowie „Fächerübergreifende Modulprüfung I" des rechtswissenschaftlichen Studiums der Universität Wien leiten (www.derjuscoach.at). Zu den bisherigen Publikationen der Autoren zählen Beiträge zum römischen und geltenden Privatrecht sowie zu ausgewählten Fragen des Europarechts.

Bibliografische Information der Deutschen Bibliothek

Die Deutsche Bibliothek verzeichnet diese Publikation in der Deutschen Nationalbibliografie; detaillierte bibliografische Daten sind im Internet unter http://dnb.ddb.de abrufbar.

Alle Angaben in diesem Fachbuch erfolgen trotz sorgfältiger Bearbeitung ohne Gewähr, eine Haftung der Autoren oder des Verlages ist ausgeschlossen.

© 2014 Facultas Verlags- und Buchhandels AG, Wien
Alle Rechte, insbesondere das Recht der Vervielfältigung und der Verbreitung sowie der Übersetzung, sind vorbehalten.
Druck: Finidr, s.r.o., Český Těšín
ISBN 978-3-7089-0593-8

Gewidmet ist dieses Buch

dem Großvater Hans Eckhardt

und dem Vater Walter Kossarz

VORWORT

VON EM. O. UNIV.-PROF. DR. PETER E. PIELER

Immer komplexer werden die Inhalte, mit welchen die Studierenden im Rahmen des Studiums der Rechtswissenschaften konfrontiert werden. Normen über Normen stürmen auf sie ein. Die gleichbleibende Studienzeit muss daher der Rechtsgeschichte weniger Raum geben; die ihr gewidmete Zeit ist daher optimal zu nutzen. Auch im Rahmen der rechtsgeschichtlichen Studien sind die Grundziele der juristischen Ausbildung im Auge zu behalten.

Die Fähigkeit, Sachverhalte auszuloten, Fakten unter Regeln zu subsumieren, und die Erkenntnis des Angemessenen sind die Werte, die gerade das römische Recht betont. Die Studierenden müssen vor dem Irrweg bewahrt werden, das Ziel des Studiums bestünde darin, Normen möglichst genau auswendig zu lernen, um sie wiedergeben zu können. Da die Regeln des römischen Rechts leicht erlernbar sind, sind die Studierenden schon früh im Studium in der Lage, vorgelegte Fälle aufgrund ihres Regelwissens zu lösen.

Wenn die Autoren dieses Buches eine neue und vermehrte Sammlung von Rechtsfällen vorlegen, so bezeichnen sie die Masse des Materials, anhand dessen die Technik der Falllösung erlernt werden kann. Die ausgearbeiteten Entscheidungen der nach dem Beispiel der römischen Überlieferung erfundenen Fälle erlauben es, die gedachten Regelungen des römischen Rechts in der Sphäre der Anwendung zu erkennen und fast spielerisch zu erlernen. Es gibt aber auch hinreichend ungelöste Beispiele zur Erprobung der erwünschten Fähigkeiten. Indem die beiden Autoren ihren romanistischen Lösungen jeweils auch Anmerkungen zum geltenden österreichischen Recht beigestellt haben, erkennt man, warum das Recht mit den Römern beginnt, und merkt die Fortschritte, die mittlerweile zweitausend Jahre Rechtswissenschaft beibringen konnten.

Viel Vergnügen bei der Lektüre dieses Buches und gutes Gelingen bei Ihrer Prüfung!

Wien, im Jänner 2014   *Peter E. Pieler*

VORWORT DER AUTOREN

Verba docent, exempla trahunt – Worte belehren, Beispiele reißen mit – dieses vom römischen Philosophen Seneca stammende Zitat war uns Leitgedanke und Motivation, einen in seiner Darstellung neuartigen Lernbehelf zum römischen Recht zu schreiben. Das vorliegende Casebook soll eine Brücke schlagen zwischen dem durch Lektüre von Lehrbüchern und den Besuch von Lehrveranstaltungen erworbenen Fachwissen und jener zentralen, von den Studierenden bei der Fachprüfung erwarteten Fähigkeit: der Kompetenz zur Falllösung.

Das Casebook versteht sich sohin als „missing link" zwischen fachspezifischer Wissensvermittlung und Veranschaulichung der Falllösungstechnik, indem es anhand von Musterlösungen eine vertiefende Wiederholung des Lernstoffs mit dem Erlernen der juristischen Methodik verbindet. 50 gelöste und weitere 30 angeleitete, an Entscheidungen der römischen Juristen angelehnte Fälle bieten ein breites Spielfeld, sich in seinen juristischen Fähigkeiten zu trainieren.

Zugleich soll den Studierenden auf diese Weise sichtbar gemacht werden, welch ungemein reichhaltiges juristisches Erbe die Römer hinterlassen haben. Dass dieses auch heute noch, knapp zweitausend Jahre später, genutzt wird, um Studierenden der Rechtswissenschaften die grundlegenden juristischen Denkstrukturen zu vermitteln, stellt einmal mehr dessen zeitlose Bedeutung unter Beweis. Seinen festen Platz im Studium der Rechtswissenschaften an Österreichs juridischen Fakultäten verdankt das römische Recht nicht zuletzt dem Umstand, dass eine Vielzahl von Grundsätzen und Rechtsfiguren – sei es unverändert, sei es dem Modell nach – Eingang in die modernen Privatrechte gefunden haben. Schließlich sei auf die nicht zu unterschätzende Bedeutung des römischen Rechts im Lichte der voranschreitenden „Europäisierung der Privatrechte" hingewiesen, wo es sich als Fundament für eine gemeinsame zivilistische Zukunft erweist. Die Fortwirkung des römischen Rechts ersichtlich zu machen war uns ein besonderes Anliegen, sodass wir den Falllösungen je eine überblicksartige Darstellung der im Fall behandelten Themen aus der Sicht des geltenden österreichischen Privatrechts angeschlossen haben.

Wie bei allen Musterlösungen gilt auch hier, dass sie keineswegs Anspruch auf Allgemeingültigkeit erheben. Vielmehr sollen die von uns angebotenen Lösungsvorschläge ein Gespür für den Umgang mit dem Sachverhalt wecken, das juristische Problembewusstsein fördern und die Methode der Falllösung eintrainieren. Auch kann eine Sammlung gelöster Fälle bestehende Lehrbücher und den Besuch von Lehrveranstaltungen, vor allem aber die Konfrontation mit den Rechtsquellen, zwar ergänzen, nicht jedoch ersetzen. Das Studium der einschlägigen Quellen und Lehrbuchliteratur – möglichst noch vor der Lektüre des Casebooks – wird daher nachdrücklich empfohlen. Dass ein Werk wie dieses, das primär an didaktischen Gesichtspunkten ausgerichtet ist, ein so vielschichtiges Gebiet, wie es das römische Recht ist, nicht einmal ansatzweise in seiner vollen Dimension zu erfassen vermag, versteht sich von selbst und sei nur der Ordnung halber erwähnt.

Ein Werk dieses Umfangs ist selten der Verdienst einiger weniger. So sei an dieser Stelle all jenen Kolleginnen und Kollegen sehr herzlich gedankt, die uns beim Entstehen des Casebooks durch ihre Diskussionsbereitschaft zur Seite gestanden sind. Ganz besonderer Dank gilt unserem verehrten Professor Dr. *Peter E. Pieler* für die kritische Durchsicht des Manuskripts sowie die unzähligen und in höchstem Maße fruchtbringenden Anregungen. Für die umsichtige und überaus förderliche Zusammenarbeit seitens des Verlages sei Herrn Mag. *Christian Kaier* und Herrn *Peter Wittmann* vielmals gedankt. Die Herstellung der Druckvorlage hat Frau *Susanne Karner* mit viel Gespür und großer Sorgfalt vorgenommen, wofür wir ihr zu großem Dank verpflichtet sind.

Wir freuen uns, wenn Sie uns Ihre Erfahrungen mit der Verwendung des Casebooks mitteilen (pichler.kossarz@derjuscoach.at), um diese in der nächsten Auflage berücksichtigen zu können.

So wertvoll das römische Recht für das Studium der Rechtswissenschaften ist, so nützlich soll Ihnen das Casebook bei Ihrer Prüfungsvorbereitung sein!

Wien/Neulengbach, im Jänner 2014

Alexander Pichler
Elisabeth Kossarz

INHALTSVERZEICHNIS

ABKÜRZUNGSVERZEICHNIS

Paragraphenzahlen ohne weitere Angaben sind solche des ABGB.

ABGB	Allgemeines Bürgerliches Gesetzbuch
Abs	Absatz
aF	alte Fassung
AG	Aktiengesellschaft
AGB	Allgemeine Geschäftsbedingungen
AHG	Amtshaftungsgesetz
AktG	Aktiengesetz
AnfO	Anfechtungsordnung
AngG	Angestelltengesetz
ArbVG	Arbeitsverfassungsgesetz
arg	argumento (folgt aus)
ASVG	Allgemeines Sozialversicherungsgesetz
Art	Artikel
BauRG	Baurechtsgesetz
Bsp	Beispiel(e)
bspw	beispielsweise
bzgl	bezüglich
bzw	beziehungsweise
BGB	(Deutsches) Bürgerliches Gesetzbuch
BGBl	Bundesgesetzblatt
BTVG	Bauträgervertragsgesetz
B-VG	Bundes-Verfassungsgesetz
C	Codex Iustinianus
Coll	Collatio
D	Digesten
DepotG	Depotgesetz
ders	derselbe
dies	dieselben
dh	das heißt
DHG	Dienstnehmerhaftpflichtgesetz
EFZG	Entgeltfortzahlungsgesetz
EG	Europäische Gemeinschaft(en)
EheG	Ehegesetz
EisbEG	Eisenbahn-Enteignungsentschädigungsgesetz
EKHG	Eisenbahn- und Kraftfahrzeughaftpflichtgesetz
EO	Exekutionsordnung
EPG	Eingetragene Partnerschaft-Gesetz

etc	et cetera
ev	eventuell
EWR	Europäischer Wirtschaftsraum
f	und der folgende
FBG	Firmenbuchgesetz
ff	und die folgenden
FIRA	Fontes iuris Romani anteiustiniani
ForstG	Forstgesetz
Gai Inst	Gaius Institutionen
GastwirteHG	Gastwirtehaftungsgesetz
GBG	Allgemeines Grundbuchsgesetz
gem	gemäß
GesbR	Gesellschaft bürgerlichen Rechts
GewO	Gewerbeordnung
GewRÄG	Gewährleistungsrechts-Änderungsgesetz
GmbH	Gesellschaft mit beschränkter Haftung
GmbHG	Gesetz über die Gesellschaft mit beschränkter Haftung
GoA	Geschäftsführung ohne Auftrag
grds	grundsätzlich
griech	griechisch
GUG	Grundbuchsumstellungsgesetz
hA	herrschende Ansicht
HaRÄG	Handelsrechts-Änderungsgesetz
HGB	Handelsgesetzbuch
hL	herrschende Lehre
Hrsg	Herausgeber
hRsp	herrschende Rechtsprechung
idF	in der Fassung
idR	in der Regel
idZ	in diesem Zusammenhang
ieS	im engeren Sinn
inkl	inklusive
insb	insbesondere
IO	Insolvenzordnung
iSd	im Sinne des (der)
iVm	in Verbindung mit
iwS	im weiteren Sinn
Iust Inst	Institutionen Justinians
iZm	im Zusammenhang mit
iZw	im Zweifel
JAP	Juristische Ausbildung und Praxisvorbereitung
Jh	Jahrhundert
Jud	Judikatur

Kfz	Kraftfahrzeug
KG	Kommanditgesellschaft
KSchG	Konsumentenschutzgesetz
leg cit	legis citatae (des zitierten Gesetzes)
lit	litera (Buchstabe)
Lit	Literatur
maW	mit anderen Worten
Mio	Million
MinroG	Mineralrohstoffgesetz
MRG	Mietrechtsgesetz
n Chr	nach Christus
NotAktsG	Notariatsaktsgesetz
Nr	Nummer
oÄ	oder Ähnliches, -m
OG	Offene Gesellschaft
OGH	Oberster Gerichtshof
OrgHG	Organhaftpflichtgesetz
PHG	Produkthaftungsgesetz
pr	principium
PS	Paulus Sentenzen
RAO	Rechtsanwaltsordnung
RL	Richtlinie
Rsp	Rechtsprechung
S	Satz; Seite
SC	Senatus Consultum
s	siehe
SPG	Sicherheitspolizeigesetz
sog	sogenannter, -e, -es
StGB	Strafgesetzbuch
StVO	Straßenverkehrsordnung
ua	unter anderem
UGB	Unternehmensgesetzbuch
usw	und so weiter
uvm	und vieles mehr
uU	unter Umständen
UWG	Gesetz gegen den unlauteren Wettbewerb
uzw	und zwar
va	vor allem
Var	Variante
VersVG	Versicherungsvertragsgesetz
vgl	vergleiche

VKrG	Verbraucherkreditgesetz
vs	versus
WEG	Wohnungseigentumsgesetz
Z	Ziffer
zB	zum Beispiel
ZGB	(Schweizer) Zivilgesetzbuch
ZPO	Zivilprozessordnung
zT	zum Teil

EINFÜHRUNG

1. Zur Methodik der Falllösung

Im Mittelpunkt der rechtswissenschaftlichen Ausbildung an der Universität steht – wie auch in der juristischen Praxis – das Lösen von Fällen. Vor allem die schriftliche Ausarbeitung von Fällen wird von Studienanfängern[1] als eine besonders große Herausforderung empfunden. Dies liegt einerseits daran, dass die Studierenden zu Beginn ihrer akademischen Ausbildung noch nicht wissen, wie die in einem Fall enthaltenen **rechtlichen Probleme zu erkennen** sind. Andererseits bereitet es oft Schwierigkeiten, **das gelernte Faktenwissen zum konkreten Fallgeschehen in Beziehung zu setzen**. Eine theoretische Anleitung, wie mit einem Fall umzugehen und was bei einer schriftlichen Falllösung zu berücksichtigen ist – mithin das Handwerkszeug eines Juristen –, soll daher der Sammlung an Musterfällen vorangestellt werden.[2]

Zunächst gilt es, den Gegenstand der weiteren Betrachtung näher zu beleuchten: den „Fall". Unter einem Fall im juristischen Sinn versteht man die Darstellung eines konkreten, tatsächlichen oder nachgebildeten, Geschehensablaufs (Sachverhalt), den es – im Studienbetrieb anhand einer vom Fallverfasser vorformulierten, in der Praxis vom Rechtsanwender selbst aufgeworfenen Frage (Rechtsfrage) – rechtlich zu beurteilen gilt. Aufgabe der Studierenden ist es, den **Sachverhalt rechtlich zu würdigen**, das bedeutet, die darin enthaltenen **Rechtsprobleme ausfindig zu machen und zu lösen**, um die vom Fallverfasser gestellte Rechtsfrage zu beantworten.

Grundsätzliche Voraussetzung bei jeder Falllösung ist die **Kenntnis des Rechts**. Diese eignet man sich durch den Besuch von Lehrveranstaltungen an der Universität sowie durch Lektüre des einschlägigen Quellenmaterials (insb jener Juristenschriften, die durch die Kompilatoren unter Kaiser Justinian in das Corpus Iuris Civilis – va in die Digesten – Eingang gefunden haben, sowie vorjustinianischer Quellen[3], bzw im geltenden Recht der Gesetzestexte und höchstgerichtlichen Entscheidungen) und von Lehrbüchern an. Bei der schriftlichen Ausfertigung einer Falllösung ist aber **mehr erforderlich, als gelerntes Fachwissen wiederzugeben**: Die Studierenden haben unter Beweis zu stellen, dass sie **das Gelernte auf einen konkreten Fall anwenden können**. Dafür bedarf es einerseits eines gewissen juristischen Grundverständnisses, andererseits des Beherrschens der Technik der Falllösung. Diese gilt es in der Folge zu erläutern. Dabei sei vorangestellt, dass die Regeln der Falllösungstechnik nicht Selbstzweck, sondern stets nur Mittel zum Zweck sind, nämlich einen Fall richtig, vollständig und möglichst effizient zu lösen.

---

[1] Liebe Leserin, lieber Leser! Da sich unser Sprachgefühl gegen allzu gezwungene Genderlösungen wehrt, wird im Folgenden die herkömmliche (idR die männliche) Form verwendet. Die jeweils andere Form ist stets zu berücksichtigen.

[2] Weiterführende Literatur zur juristischen Methodenlehre und zur Technik der Falllösung vgl etwa *Busch/Konrath*, SchreibGuide Jus³ (2013); *Bydlinski*, Grundzüge der juristischen Methodenlehre² (2011); *ders*, Juristische Methodenlehre und Rechtsbegriff² (2011); *Kerschner*, Wissenschaftliche Arbeitstechnik und Methodenlehre für Juristen⁵ (2006); *Kerschner/Schauer*, Fälle und Lösungen zum bürgerlichen Recht⁷ (2012); *Lagodny*, Juristisches Begründen (2013); *Schönherr*, Sprache und Recht (1985); *Walter*, Kleine Stilkunde für Juristen² (2009).

[3] Hiezu zählen etwa die Gaius Institutionen oder die Paulus Sentenzen.

Zur Verdeutlichung der einzelnen bei der Bearbeitung eines Falles zu berücksichtigenden Punkte wird die Darstellung der Falllösungsmethodik wie folgt gegliedert: a) Der Umgang mit dem Sachverhalt, b) Das Erkennen der Rechtsprobleme, c) Die Formulierung der Lösung, d) Formale und stilistische Hinweise.

a) Der Umgang mit dem Sachverhalt

Der erste wesentliche Schritt zu einer erfolgreichen Falllösung ist das **richtige und vollständige Erfassen des Sachverhalts**. Der falsche Umgang mit dem Sachverhalt ist gerade bei Studienanfängern eine häufige und vor allem ärgerliche, weil leicht vermeidbare, Fehlerquelle. So nützt einem die juristisch ausgefeilteste und eine bis ins Detail begründete Lösung nichts, wenn sie auf einer falschen Annahme des Sachverhalts beruht. Um auf sämtliche Rechtsfragen eingehen zu können, ist es notwendig, sich das Fallgeschehen möglichst genau einzuprägen.

Lesen Sie daher zunächst den Sachverhalt in Ruhe, gegebenenfalls mehrmals, durch. Vor allem wenn sich der Sachverhalt komplexer darstellt, kann es zu Übungszwecken sinnvoll sein, ihn in eigenen Worten nachzuerzählen, um das Gemerkte mit der Textangabe zu vergleichen. Bedenken Sie jedoch: Die bloße Wiedergabe des Sachverhalts, ohne rechtliche Bezugnahme, hat in der schriftlichen Ausarbeitung zu unterbleiben! Der Prüfer kennt den Sachverhalt. Zudem raubt das Abschreiben des Sachverhalts kostbare Arbeitszeit.

Der Sachverhalt ist vollständig. Achten Sie darauf, den Sachverhalt nicht zu verändern. Studierende neigen dazu, oftmals unbewusst, den Sachverhalt abzuwandeln, um ein als unlösbar erscheinendes Problem zu umgehen oder um ein nach dem Rechtsgefühl für richtig empfundenes Ergebnis zu untermauern. Dass diese Vorgehensweise selten von Erfolg gekrönt sein wird, versteht sich von selbst – schließlich soll der vom Prüfer formulierte und nicht ein selbst erfundener Fall gelöst werden. Allgemein gilt: Dichten Sie zum Sachverhalt nichts hinzu und lassen Sie nichts weg!

Der Sachverhalt beruht auf dem Normalfall. Finden sich im Sachverhalt keine Hinweise, die auf das Vorliegen einer Ausnahmesituation schließen lassen, so ist auch in der rechtlichen Beurteilung nicht darauf einzugehen. Enthält der Sachverhalt etwa keine Anhaltspunkte, die auf eine unzureichende Geschäftsfähigkeit der handelnden Person schließen lassen, so ist von voller Geschäftsfähigkeit auszugehen.

Der Sachverhalt ist als bewiesen anzunehmen. Anders als im Prozess, wo neben der Klärung der Rechtslage die Frage der Beweisbarkeit oft eine zentrale Rolle spielt, gilt der bei der Prüfung vorgelegte Sachverhalt als unstreitig und muss daher keiner Beweisprüfung unterzogen werden.

Bereiten Sie den Sachverhalt für die weitere Bearbeitung bestmöglich vor. Um während dem Verfassen der Lösung einen Überblick über das Fallgeschehen zu bewahren, empfiehlt es sich, die für die rechtliche Beurteilung zentralen Sachverhaltsteile in der Angabe durch Unterstreichen hervorzuheben. Dies setzt bereits ein gewisses juristisches Gespür voraus, um Wichtiges von Unwichtigem zu trennen.

Bei einem zeitlich fortgesetzten Fallgeschehen kann es helfen, die einzelnen Stadien in chronologischer Reihenfolge auf einem Merkzettel zu notieren, damit diese bei der schriftlichen Ausfertigung in entsprechender Abfolge behandelt werden. Stellt sich ein Fallgeschehen komplexer dar, etwa weil an einem Rechtsverhältnis mehrere Personen beteiligt sind, so ist es ratsam, **die rechtlichen Beziehungen der handelnden Personen in einer Skizze darzustellen.** Dies verhindert vor allem, dass man Personen miteinander verwechselt. In einer Skizze werden Personen mit Buchstaben (dem Anfangsbuchstaben ihrer Namen) abgekürzt. Ein zwischen Personen bestehendes Rechtsverhältnis wird mit einem Strich und einem Vermerk, der das Rechtsverhältnis benennt, dargestellt. Ein allenfalls bereits ausfindig gemachtes Leistungsbegehren wird mit einem Pfeil symbolisiert.

Mit dem Anfertigen einer Skizze haben Sie bereits eine grobe rechtliche Beurteilung vorgenommen und damit den ersten Schritt in die Falllösung getan.

b) Das Erkennen der Rechtsprobleme

Ist der Sachverhalt vollständig erfasst, müssen zunächst die **zentralen rechtlichen Probleme aufgespürt** werden. Dabei hat man sich stets an der/den vom Fallverfasser gestellten Rechtsfrage(n) zu orientieren. Vor allem eine konkret formulierte Rechtsfrage erleichtert die Suche nach den Rechtsproblemen. Lautet die Aufgabenstellung etwa *„Hat A einen Anspruch auf Zahlung von 500 gegen B?"*, so sind das Thema der Prüfung und damit die weitere Vorgehensweise bereits vorgegeben: Es ist „nur noch" zu prüfen, ob A ein Recht auf Leistung der 500 hat, dh ob As Begehren gerechtfertigt ist. Die Fragestellung kann jedoch auch – meist zum Leidwesen der Studierenden – weiter gefasst sein, etwa *„Beurteilen Sie die rechtliche Beziehung zwischen A und B!"*, oder ganz allgemein lauten: *„Wie ist die Rechtslage?"* Bei derart umfassend formulierten Aufgabenstellungen müssen die richtigen Rechtsfragen selbst gefunden werden. Um Hinweise im Sachverhalt zu erkennen, die auf ein rechtliches Problem schließen lassen, ist **die Kenntnis der einschlägigen Rechtsregeln** und deren zugrunde liegenden Überlegungen unerlässlich. So wird man ein rechtliches Problem, von dem man noch nie zuvor gehört hat, auch nur schwerlich in einem Sachverhalt als ein solches ausmachen können. Daneben bedarf es **eines gewissen Problembewusstseins** und **juristischen Gespürs**. Beides erlangt man mit der Zeit – je mehr Fälle man löst!

Um die juristische(n) Kernfrage(n) eines Falles auszuloten, hilft es, sich zunächst folgende grundsätzliche Frage zu stellen: **„Wer will was von wem?"** Dieses „was" – der Gegenstand des zu prüfenden Begehrens – kann entweder auf ein Tun (zB auf Zahlung eines Geldbetrages, Herausgabe einer Sache) oder auf ein Unterlassen (zB auf Unterbleiben von schädlichen Einwirkungen auf ein Nachbargrundstück) gerichtet sein. Dabei wird allgemein jedes infrage kommende Tun oder Unterlassen als Leistung bezeichnet. Hat jemand das Recht, von einem anderen eine Leistung zu verlangen, so spricht man von einem Anspruch bzw, wenn dieser seine Grundlage im Schuldrecht hat, auch von einer Forderung.

Ob ein Recht auf Leistung besteht, dh ob ein Begehren gerechtfertigt ist, ist Gegenstand der weiteren Prüfung. Die zuvor formulierte Grundfrage („Wer will was von wem?") ist daher um das Fragewort „weshalb" bzw „aus welchem Grund" zu erweitern. Man fragt sich, **auf welche rechtliche Grundlage das Begehren gestützt werden kann** (etwa auf einen Kaufvertrag, ungerechtfertigte Bereicherung, Schadenersatz usw). Es kommt also zur Suche nach einer anspruchsbegründenden Norm (sog Anspruchsgrundlage). Auch bzw vor allem beim Auffinden der Anspruchsgrundlage sind erneut die Fertigkeiten eines guten Juristen gefragt: ausgeprägtes Problembewusstsein, juristischer Spürsinn und fundierte Kenntnis des Normenmaterials.

c) Die Formulierung der Lösung

Ist die Grundlage, aus der sich ein Recht auf eine Leistung ergibt, gefunden, so folgt der zentrale Teil der Falllösung: die **Subsumtion**. Das ist die **Prüfung, ob der Sachverhalt die Tatbestands-**

merkmale der gefundenen Anspruchsnorm erfüllt. In diesem Schritt kommt es also zur Analyse des Fallgeschehens im Hinblick auf das Normenmaterial, sohin zur rechtlichen Beurteilung des Sachverhalts.

Vor dem Beginn der schriftlichen Abfassung der Falllösung ist es ratsam, die entdeckten Problemschwerpunkte gedanklich zu ordnen, um sich Klarheit über den inhaltlichen Aufbau der Falllösung zu machen. Bei anspruchsvolleren Fällen kann es daher hilfreich sein, sich zu Übungszwecken eine **stichwortartige Gliederung der zu behandelnden Problemkreise** anzufertigen. Eine entsprechende Lösungsgliederung stellt dabei gleichsam einen „Fahrplan" für die weitere Fallprüfung dar, wodurch ein systematisches und effizientes Vorgehen erleichtert wird. Zudem dient sie als Gegenkontrolle, ob sämtliche ursprünglich angedachten Problemschwerpunkte in der Falllösung behandelt worden sind. Zu beachten ist, dass eine (in Stichworten verfasste) Lösungsgliederung keinesfalls einen Bestandteil der schriftlichen Arbeit darstellt. Vielmehr soll sie helfen, die Falllösung so aufzubereiten, dass sie vollständig und schlüssig ist, damit die Gedankengänge des Studierenden für den Prüfer leichter nachvollziehbar sind.

Hat man sich den inhaltlichen Aufbau der Falllösung zurechtgelegt, kann mit dem Verfassen der Falllösung begonnen werden. Dabei gilt: Der Weg ist das Ziel! Es kommt nicht alleine darauf an, die richtige Antwort zu präsentieren. Vielmehr gilt es, **die zum Ergebnis führenden Gedankengänge so klar und verständlich wie möglich darzulegen**. Nur wenn die Lösung nachvollziehbar ist, kann der Prüfer erkennen, ob das Gelernte auch verstanden worden ist. Es empfiehlt sich folgende schematische Vorgehensweise, die von dem Gedanken geleitet ist, dass jede (juristische) Antwort nur so gut ist wie ihre Frage:

1) Aufwerfen der richtigen Frage, 2) Darstellung des Tatbestandes, 3) Subsumtion des Sachverhalts unter die Tatbestandsvoraussetzungen und **4) Formulierung des Ergebnisses der Subsumtion als Antwort auf die Frage.**

Mit fortschreitender Übung gehen die einzelnen Schritte teilweise ineinander über. Vor allem die Darstellung der zu erörternden Tatbestandselemente lässt sich mit etwas Übung meist recht gut mit dem nächsten Schritt, der Subsumtion, verbinden. Eine getrennte Darstellung dient lediglich der Veranschaulichung und dem besseren Verständnis.

Ad 1) Der Beginn der schriftlichen Falllösung hängt vor allem von der Aufgabenstellung ab. Ist diese allgemein gehalten, so erfolgt der Einstieg am besten dadurch, **das selbst gefundene Kernproblem als Frage zu formulieren**. Damit kann dem Prüfer gezeigt werden, dass man weiß, „worum es geht". Dies macht einen, nicht zu unterschätzenden, guten ersten Eindruck. Ist die zentrale Rechtsfrage hingegen vom Fallverfasser hinreichend konkret gestellt bzw hat man bei allgemein gehaltener Aufgabenstellung diese bereits selbst gefunden und ausformuliert, so sind nun jene Vorfragen zu stellen, deren Beantwortung zur Lösung des Kernproblems führt.

Bei der Abfolge der Vorfragen ist auf eine systematische Vorgehensweise zu achten. Lautet die zentrale Frage etwa: „*Ist A Eigentümer der ihm von X verkauften und übergebenen Vase geworden?*", so stellt sich zunächst die Frage nach einem derivativen Eigentumserwerb durch A. Kommt man nach Absolvierung der Schritte 2 und 3 zum Ergebnis, dass dieser gescheitert ist, so fragt man, ob allenfalls ein originärer Eigentumserwerb durch Ersitzung stattgefunden hat und, wenn auch dieser zu verneinen ist, ob A – sofern hierfür Hinweise im Sachverhalt zu finden sind – allenfalls im Wege einer natürlichen Eigentumserwerbsart Eigentümer geworden ist.

Ad 2) In einem zweiten Schritt ist die rechtliche Grundlage, dh der Tatbestand der zur Lösung der Rechtsfrage herangezogenen Norm, darzustellen. Dabei sind die zu prüfenden **Tatbe-**

standsvoraussetzungen zu nennen und infrage kommende spezifische juristische Begriffe kurz und prägnant zu definieren. Jedoch gilt: Beschränken Sie Ihre Darstellung auf das Wesentliche! Was nicht zur Beantwortung der vom Fallverfasser formulierten Rechtsfrage dient, hat in der Ausfertigung der Falllösung nichts verloren. Vermeiden Sie daher allgemeine Ausführungen ohne jeglichen Bezug zum Fall. Die Wiedergabe von, wenngleich isoliert betrachtet richtigen, jedoch nicht auf den konkreten Fall bezogenen und daher nicht zur Beantwortung der Rechtsfrage(n) dienlichen Aussagen ist überflüssig und im Sinne einer effizienten Falllösung zu vermeiden. Ist etwa das Vorliegen eines Pfandrechts zur Besicherung einer dem Sachverhalt nach unzweifelhaften Darlehensforderung zu prüfen, so hat eine seitenlange Darlegung der Voraussetzungen für das Zustandekommen eines Darlehens zu unterbleiben.

Ad 3) In einem nächsten Schritt wird der infrage kommende Teil des konkreten Fallgeschehens mit dem soeben beschriebenen Tatbestand verglichen (= Subsumtion). Hier sind Sie gefragt, **mit juristischen Argumenten zu begründen, warum der Sachverhalt die zu prüfenden Tatbestandsvoraussetzungen erfüllt bzw nicht erfüllt**. Bemühen Sie sich bei Ihren Ausführungen um eine klare und verständliche Sprache und vermeiden Sie so gut es geht Schachtelsätze. Gerade bei der Erörterung von komplexen Rechtsproblemen gilt die Faustregel: Ein Gedanke – ein Satz. Diese Vorgehensweise ermöglicht es, auch unter Zeitdruck eine komplizierte Rechtsfrage nachvollziehbar und vollständig zu beantworten. Vermeiden Sie, wie oben bereits erwähnt, die Wiedergabe des Sachverhalts, ohne dabei auf die Voraussetzungen des zu prüfenden Tatbestandes Bezug zu nehmen. Dies kostet wertvolle Arbeitszeit, die etwa im Rahmen der rechtlichen Beurteilung gewinnbringender genutzt werden kann. Zudem verstimmt es den Prüfer, wenn er den von ihm verfassten Sachverhalt nochmals lesen muss.

Weiters empfiehlt es sich, **zunächst jene Tatbestandsvoraussetzungen zu prüfen, die unzweifelhaft gegeben sind**, und **erst dann jene, die problematisch sind** und daher einer ausführlicheren Erörterung bedürfen. Ist das Vorliegen eines Tatbestandes wegen Fehlens einer Voraussetzung zu verneinen, so sollten dennoch sämtliche, also auch die zweifelsfrei vorliegenden Voraussetzungen, einer zumindest kurzen Subsumtion unterzogen werden, bevor die fehlende Voraussetzung thematisiert wird.

Gibt es zu ein und demselben rechtlichen Problem mehrere Juristenmeinungen, so ist auf diesen Umstand hinzuweisen. Führen die Ansichten für den zu bearbeitenden Fall zu unterschiedlichen Ergebnissen, so sind die einzelnen Ansichten kurz zu erörtern. Eine namentliche Anführung der Juristen, von denen die Ansichten stammen, wird im Rahmen einer Klausur oder Prüfung aber idR nicht erwartet. Schließlich hat man sich einer (iZw der in der Klassik herrschenden) Meinung anzuschließen. Zu beachten ist in diesem Zusammenhang aber auch die vom Fallverfasser gestellte Frage. Soll die Rechtslage etwa nach klassischem römischen Recht gelöst werden, so muss auf nachklassische Entwicklungen nicht näher eingegangen werden.

Ad 4) Das Ergebnis der Subsumtion und die daraus resultierende(n) Rechtsfolge(n) sind als Antwort auf die gestellte Frage zu formulieren. Handelt es sich bei dem Ergebnis um die Beantwortung einer Vorfrage des zu lösenden Kernproblems, so wird darauf aufbauend die weiterführende Frage aufgeworfen und in oben beschriebener Reihenfolge behandelt. Stellt das Ergebnis zugleich die Antwort auf die (vom Fallverfasser vorgegebene oder selbst gefundene) zentrale Rechtsfrage dar, so ist abschließend festzuhalten, ob bzw wer von wem welche Leistung begehren kann und welches Rechtsmittel zur Durchsetzung des Anspruchs zur Verfügung steht.

d) Formale und stilistische Hinweise

Bedenken Sie, dass Ihnen bei einer schriftlichen Prüfung allein das von Ihnen geschriebene Wort zur Kommunikation mit dem Adressaten Ihrer Falllösung – dem Prüfer – zur Verfügung steht. Wie bei jeder zwischenmenschlichen Interaktion, so spielt auch im Rahmen einer (schriftlichen) Prüfung der erste Eindruck – wird er nun bewusst oder unbewusst wahrgenommen – eine nicht zu unterschätzende Rolle. Legen Sie daher Wert auf ein **leserliches Schriftbild**, eine **übersichtliche Gliederung** und zeigen Sie, dass Sie mit den Grundregeln der Rechtschreibung und der Grammatik vertraut sind.

Achten Sie von Anfang an auf **die richtige Verwendung juristischer Fachausdrücke**. Vor allem der Umgang mit fachspezifischen Begriffen zeugt vom Wissensstand und macht ersichtlich, ob deren Bedeutung richtig verstanden wurde. Wenngleich der Gebrauch lateinischer Ausdrücke von vielen Prüfern nicht zwingend vorausgesetzt wird, sodass die Verwendung der jeweiligen deutschen Entsprechungen in aller Regel ausreicht, so ist er dennoch zu empfehlen. Dies zum einen aus prüfungsökonomischen Gründen: Fachspezifische lateinische Ausdrücke ermöglichen eine komprimierte und zugleich exakte Beschreibung rechtserheblicher Umstände. Zum anderen haben viele lateinische Begriffe einen festen Platz in der Juristensprache von heute eingenommen, sodass sie zum juristischen Grundvokabular zählen[4] (etwa *actio Publiciana*, *traditio brevi manu*, *condictio indebiti*). Dabei ist zu beachten, dass nicht sämtliche lateinischen Ausdrücke direkt den römischen Quellen entstammen. Viele Begriffe (etwa *laesio enormis*, *culpa in contrahendo* oder *contractus mohatrae*) und Rechtsregeln (etwa *casum sentit dominus* oder *venire contra factum proprium*) haben zwar ihren Ursprung im römischen Recht, stammen ihrer Formulierung nach aber meist aus dem gemeinen Recht.

Zu guter Letzt – ein besonderes Anliegen der Autoren

Eine erfolgreiche Vorbereitung auf eine Prüfung an der Universität wird **nicht mit sturem Auswendiglernen von** in Kursen „gepredigten" oder im Internet kursierenden **vorgefertigten Lösungen** – auch nicht der in diesem Buch abgedruckten Musterlösungen! – erreicht. Diese „Lernmethode" kann bei der Klausur/Prüfung fatale Folgen haben. Zum einen, weil jeder Fall „anders gestrickt" ist, dh unterschiedliche Schwerpunkte hat, und daher das Risiko groß ist, die konkreten Probleme nicht (ausreichend) zu behandeln oder diese gar zu übersehen. Zum anderen, weil auswendig gelernte Lösungen vom Prüfer schnell als das entlarvt werden, was sie sind: ein unreflektiertes und unkritisches Kopieren fremder Gedanken – sohin das Gegenteil von dem, was einen guten Juristen ausmacht. Gewöhnen Sie sich daher an, stets aufs Neue nach einem Lösungsweg zu suchen, die passenden Fragen aufzuwerfen sowie die darauf gefundenen Antworten selbständig zu begründen.

Bewahren Sie sich über Ihr Studium hinaus einen **kritischen Blick der Dinge** und beweisen Sie **Eigenverantwortlichkeit**. Es sind dies, in der heutigen Zeit vielleicht mehr denn je, unverzichtbare Eigenschaften – nicht nur, aber vor allem – eines Juristen.

---

4   Vgl *Benke/Meissel*, Juristenlatein³ (2009), *Filip-Fröschl/Mader*, Latein in der Rechtssprache³ (1999).

2. Hinweise zur Benützung des Casebooks

a) Zur Konzeption des Casebooks

Die vorstehende Abhandlung über die Methodik der Falllösung bleibt freilich ohne konkrete Beispiele zahnlos und wenig fassbar. Dem schafft das vorliegende Casebook Abhilfe, indem die Anwendung der Falllösungstechnik anhand einer Vielzahl ausformulierter Musterlösungen zum römischen Privatrecht veranschaulicht wird. Ziel ist es, zu zeigen, wie die **Subsumtion eines Sachverhaltes unter die erlernten Normen** zu erfolgen hat, wie eine **Gliederung der Falllösung** aussehen kann und mit welchen **sprachlichen Mitteln eine juristische Begründung** zu bewältigen ist.

Das Casebook enthält Fälle zum römischen **Sachenrecht**, zum römischen **Vertragsrecht** (einschließlich quasivertraglicher Tatbestände wie der Geschäftsführung ohne Auftrag und dem Bereicherungsrecht) sowie zum **Schadenersatzrecht der lex Aquilia**. Um eine **begleitende Verwendung des Casebooks** zum Besuch von Lehrveranstaltungen und zur Lektüre anderer Lehrbücher zu ermöglichen sowie eine **systematische Wiederholung unmittelbar vor der Prüfung** zu erleichtern, orientiert sich das Casebook dem Aufbau nach an der Gliederung gängiger Studienliteratur. Zum Zweck des leichteren Auffindens der bei der Bearbeitung der Fälle berücksichtigten Kapitel ausgewählter Lehrbücher sind diese am Beginn eines jeden Kapitels des Casebooks zitiert. Da im Rahmen einer Prüfung auch mit Fallbeispielen zu rechnen ist, bei denen mehrere Rechtsgebiete kombiniert werden, weisen auch die hier vorgestellten Fälle nicht selten Überschneidungen von mehreren Rechtsgebieten auf.

Ungeachtet des weiten Spektrums an juristischen Problemstellungen, die im Rahmen der vorliegenden Fälle behandelt werden, kann das Casebook seiner Konzeption nach als Sammlung von Musterfällen naturgemäß nicht sämtliche prüfungsrelevanten Themengebiete bis ins letzte Detail behandeln. Auch an dieser Stelle sei daher darauf hingewiesen, dass das Casebook den Besuch von universitären Lehrveranstaltungen sowie das Studium von Rechtsquellen und Lehrbüchern ergänzen, nicht aber ersetzen kann.

Das Casebook enthält Fälle, die ihren Lösungen nach an Entscheidungen römischer Juristen – einmal stärker, ein anderes Mal weniger stark – angelehnt sind. Um den **Bezug zum Quellenmaterial** zu verdeutlichen sowie einen raschen Zugriff auf die konkrete Quelle zu erleichtern, sind die den Falllösungen zugrunde liegenden Quellenstellen in einem angefügten Textblock zitiert. Ein zumindest kursorisches Nachlesen der römischen Juristenschriften aus Gründen des besseren Verständnisses der jeweils dargestellten Lösung wird von den Autoren ausdrücklich empfohlen. Dies vor allem deshalb, weil letztlich der Quellentext – und nur dieser – die Grundlage für die Beantwortung einer Frage zum römischen Recht darstellt. **Die Bearbeitung eines jeden Falles zum römischen Recht muss daher stets vom Quellentext aus ihren Anfang nehmen.**[5]

Um das **Fortleben des römischen Privatrechts** im geltenden österreichischen Recht sichtbar zu machen sowie um auf **relevante Unterschiede** hinzuweisen, sind im Anschluss an jeden

---

[5] Ein Großteil der zitierten lateinischen Texte kann mit deutscher Übersetzung und mit Anmerkungen in *Hausmaninger/Gamauf*, Casebook zum römischen Sachenrecht[11] (2012) bzw Vertragsrecht[7] (2012) nachgelesen werden.

Fall die darin bearbeiteten **Themengebiete aus dem Blickwinkel des geltenden Rechts in grau unterlegten Kästchen überblicksartig dargestellt**.[6] Verweise zu anderen Kapiteln sollen ein systematisches Erfassen des jeweiligen Rechtgebiets bzw Rechtsinstituts erleichtern. Sämtliche Verweise zum geltenden Recht beziehen sich auf die Lehrbücher von *Koziol/Welser*, Grundriss Bürgerliches Recht I und II, jeweils unter Berücksichtigung der seit dem Erscheinen der jeweils letzten Auflage (2006 bzw 2007) ergangenen Entwicklungen in Gesetzgebung, Rechtsprechung und Lehre. Die Darstellungen zum geltenden Recht befinden sich sohin auf dem Stand Dezember 2013.

b) Benutzerhinweise

Allgemeines

Die nun folgenden ausgearbeiteten Fälle haben insofern den **Charakter von Musterlösungen**, als anhand von ihnen die **Methode der Falllösung exemplarisch nachvollzogen** werden kann. Zugleich ist damit aber die Grenze, an die eine jede Musterlösung stößt, erreicht, die es vor allem Studienanfängern rechtzeitig aufzuzeigen gilt: Der beispielhafte Charakter von Musterlösungen macht es geradezu unmöglich, in ihnen allgemeingültige Ergebnisse, gleichsam als der Weisheit letzten Schluss, zu erblicken. Es wäre vermessen, zu behaupten, man kenne die „einzig wahre Lösung" eines rechtlichen Falles. Dies gilt im Besonderen in einem historischen Fach, wie es das römische Recht ist, wo zwangsläufig nicht sämtliche entscheidungserheblichen Umstände der uns überlieferten Erkenntnisse einer zweifelsfreien Klärung zugänglich sind.

Schwierigkeitsstufen

Um einen schrittweisen Lernprozess zu fördern, weisen die Fälle, je nach Umfang und Komplexität der zu bearbeitenden Themen, unterschiedliche Schwierigkeitsstufen auf. **Der Schwierigkeitsgrad wird durch die Anzahl der Sternchen, die der Fallnummer beigefügt sind, angezeigt:** Fälle **ohne Sternchen** eignen sich sowohl als Einstiegsfälle in das jeweilige Themengebiet als auch für Fortgeschrittene zur Wiederholung. Weist ein Fall **ein Sternchen** (☆) auf, so hängt die Lösung des zentralen Problems meist von der Beantwortung mehrerer Vorfragen ab bzw behandelt der Fall unterschiedliche Rechtsgebiete, sodass ein gewisses themenübergreifendes Denken zur Lösung des Falles erforderlich ist. Jene Fälle, die mit **zwei Sternchen** (☆☆) versehen sind, orientieren sich an dem, was im Rahmen eines größeren Diplomprüfungsfalles verlangt wird, gehen aber gelegentlich auch darüber hinaus – sei es aufgrund der Vielzahl an zu lösenden rechtlichen Problemstellungen oder aufgrund deren Komplexität. Vor allem bei der Bearbeitung der mit zwei Sternchen versehenen Fälle sollte daher deutlich mehr Zeit veranschlagt werden, als für die Lösung eines Falles bei einer Klausur/Prüfung zur Verfügung steht.

---

[6] Ein rechtshistorischer Vergleich wird mitunter auch von den Studierenden bei der Prüfung aus Römischem Recht verlangt, so etwa an der Universität Wien im Rahmen der Fächerübergreifenden Modulprüfung I.

Fünf Schritte zum Erfolg!

Folgende Hinweise seien für eine optimale Prüfungsvorbereitung mit dem Casebook zu berücksichtigen:

1) Machen Sie sich zunächst mit dem jeweiligen Rechtsgebiet anhand der einschlägigen Quellenstellen und der Lehrbuchliteratur vertraut. Die zu Beginn eines jeden Kapitels angeführten Literaturangaben bieten eine Auswahl an dafür heranzuziehenden Lehrbehelfen. Wählen Sie sodann einen der gelösten Fälle aus. Lesen Sie nur die Fallangabe inklusive der Rechtsfrage und decken Sie den nachfolgenden Text ab. Nun können Sie sich Notizen zum Gelesenen machen und gegebenenfalls eine Skizze anfertigen, die die rechtlichen Beziehungen der handelnden Personen darstellt. Gehen Sie sicher, dass Sie den Sachverhalt in allen Punkten richtig und vollständig erfasst haben.

2) Fertigen Sie sodann eine Gliederung für Ihre Falllösung an, indem Sie sämtliche zu behandelnden Themenbereiche stichwortartig festhalten. Alternativ dazu können Sie auch Fragen formulieren, an deren Beantwortung sich Ihre Falllösung orientieren wird. Achten Sie darauf, die gefundenen Themen in eine systematische Reihenfolge zu bringen.

3) Vergleichen Sie nun Ihre Falllösungsgliederung mit der im Anschluss an die Fallangabe vorgeschlagenen Falllösungsgliederung („Zu behandelnde Problemkreise" bzw „Vorüberlegungen"). Diese bildet das Gerüst für die ausformulierte Falllösung. Ergänzen Sie daher Ihre Falllösungsgliederung mit den bei Ihnen noch fehlenden Themen.

4) Sie können jetzt mit der Ausformulierung der Falllösung beginnen. Nehmen Sie sich bei den ersten Fallbearbeitungen ausreichend Zeit und konzentrieren Sie sich zunächst auf die wesentlichen Elemente der Technik der Falllösung. Erst wenn Sie schon über etwas Routine im Lösen von Fällen verfügen, setzen Sie sich ein Zeitlimit, um eine Klausur- oder Prüfungssituation zu simulieren.

5) Vergleichen Sie nun die von Ihnen ausgearbeitete Falllösung mit der im Casebook abgedruckten Musterlösung. Bedenken Sie: Nur bei einer eigenständig verfassten Falllösung ist der **Lerneffekt** bei der abschließenden Gegenkontrolle am größten. Diese Kontrolle sollte möglichst unmittelbar nach der Befassung mit dem Fall erfolgen, um allfällige Lücken, sei es in der Kenntnis der Rechtsgebiete, sei es in der Formulierung der Falllösung, umgehend schließen zu können.

Um Missverständnissen vorzubeugen: Zentrales Anliegen des Casebooks ist nicht nur **die Veranschaulichung der Falllösungstechnik,** sondern auch ganz wesentlich **die verständnisorientierte Vermittlung des Lernstoffs.** Entsprechend dieser didaktischen Ausrichtung sind die hier vorgestellten Falllösungen in aller Regel **ausführlicher und umfangreicher,** als dies von den Studierenden im Rahmen einer Klausur oder Diplomprüfung – va in Anbetracht der zur Verfügung stehenden Arbeitszeit – verlangt wird.[7] Insofern dürfen die eigenen Lösungen – oder besser, müssen diese sogar – streckenweise knapper bzw prägnanter ausfallen als jene der im Casebook abgedruckten. In welchen Bereichen eine komprimiertere Darstellung zu bevorzugen ist

---

[7] So finden sich in den Falllösungen gelegentlich Passagen aus der zur Bearbeitung des jeweiligen Rechtsproblems herangezogenen Quellenstelle. Dies dient dazu, den Bezug zum Quellenmaterial hervorzuheben, wird bei einer Klausur/Prüfung von den Studierenden aber idR nicht verlangt. Darüber hinaus erschien es uns geboten, der einen oder anderen Falllösung eine kurze Einleitung voranzustellen, die das zu bearbeitende Themengebiet kurz umreißt. Eine solche hat in einer Falllösung im Rahmen einer Klausur/Prüfung freilich zu unterbleiben.

und auf welche Weise diese erreicht wird, hängt von vielen Faktoren ab (ua vom Schreibstil des Studierenden, von der zur Verfügung stehenden Arbeitszeit, von der zu erreichenden Maximalpunkteanzahl und von sonstigen Prüfungsmodalitäten) und kann daher nicht pauschal beantwortet werden. Vielmehr ist es ein wesentlicher Teil des Lernprozesses, eine „richtige" und „vollständige" Lösung den konkreten Gegebenheiten und Anforderungen entsprechend präsentieren zu können. Seien Sie daher ermutigt, angeleitet durch unsere Vorschläge und Anregungen, die Falllösungen stets eigenständig zu erarbeiten.

Wenn Sie die Falllösungstechnik anhand mehrerer mit Musterlösungen versehener Fälle eingeübt haben, können Sie sich nun bei einem der 30 Fälle mit Anleitung versuchen. Die Vorgehensweise ist dieselbe, außer dass Schritt 5) entfällt.

Bedenken Sie, dass Ihre Falllösungen immer besser und schneller von der Hand gehen, je mehr Sie üben. Wie beim Erlernen der meisten Fertigkeiten gilt auch hier: *exercitatio magistrum facit* – **Übung macht den Meister!**

LITERATURÜBERSICHT

Folgende Werke haben bei den Fallbearbeitungen Berücksichtigung gefunden,
ohne dass sämtliche von ihnen jeweils explizit genannt wurden.

1) LEHRBEHELFE UND WEITERFÜHRENDE LITERATUR ZUM RÖMISCHEN RECHT

Apathy/Klingenberg/Pennitz, Einführung in das römische Recht^5 (2012)

Benke/Meissel, Übungsbuch Römisches Sachenrecht^{10} (2012)

Benke/Meissel, Übungsbuch Römisches Schuldrecht^7 (2006)

Benke/Meissel, Juristenlatein^3 (2009)

Bretone, Geschichte des römischen Rechts^2 (1998)

Bürge, Römisches Privatrecht. Rechtsdenken und gesellschaftliche Verankerung. Eine Einführung (1999)

Falk/Luminati/Schmoeckel (Hrsg), Fälle aus der Rechtsgeschichte (2008)

Harke, Römisches Recht (2008)

Hausmaninger, Das Schadenersatzrecht der lex Aquilia^5 (1996)

Hausmaninger/Gamauf, Casebook zum römischen Vertragsrecht mit einem Abschnitt zum Schadenersatzrecht der lex Aquilia^7 (2012)

Hausmaninger/Gamauf, Casebook zum römischen Sachenrecht^{11} (2012)

Hausmaninger/Selb, Römisches Privatrecht^9 (2001)

Honsell, Römisches Recht^7 (2010)

Honsell/Mayer-Maly/Selb, Römisches Recht^4 (1987)

Kaser, Das römische Privatrecht I: Das altrömische, das vorklassische und klassische Recht^2, (1971)

Kaser, Das römische Privatrecht II: Die nachklassischen Entwicklungen^2 (1975)

Kaser, Römische Rechtsgeschichte^2 (1967, ND^4 1986)

Kaser/Hackl, Das römische Zivilprozessrecht^2 (1996)

Kaser/Knütel, Römisches Privatrecht^{20} (2014)

Klingenberg, Römisches Recht (Medienkombination)^5 (2012)

Kunkel/Schermaier, Römische Rechtsgeschichte^{14} (2005)

Liebs, Römisches Recht^6 (2004)

Manthe, Geschichte des römischen Rechts[4] (2011)

Mayer-Maly, Römisches Recht[2] (1999)

Olechowski/Gamauf (Hrsg), Studienwörterbuch Rechtsgeschichte und Römisches Recht[2] (2010)

Rainer, Das Römische Recht in Europa (2012)

Rainer/Filip-Fröschl, Texte zum Römischen Recht. Fallbeispiele für das Studium. Schwerpunkt Schuld- und Sachenrecht (1998)

Schulz, Geschichte der römischen Rechtswissenschaft (1961, ND 1975)

Selb, Antike Rechte im Mittelmeerraum (1993)

Söllner, Einführung in die römische Rechtsgeschichte[5] (1996)

Waldstein/Rainer, Römische Rechtsgeschichte[10] (2005)

Wieacker, Römische Rechtsgeschichte I, Einleitung, Quellenkunde, Frühzeit und Republik (1988), II: Die Jurisprudenz vom frühen Prinzipat bis zum Ausgang der Antike im Weströmischen Reich und die oströmische Rechtswissenschaft bis zur Justinianischen Gesetzgebung (2006)

Willvonseder, Texte zum Römischen Privatrecht: für den Rechtsunterricht aufbereitet[2] (1999)

Wimmer, Digestenexegese[2] (2007)

Zimmermann, The Law of Obligations. Roman Foundations of the Civilian Tradition (1990; ND 1996)

2) SYSTEMATISCHE DARSTELLUNGEN UND LEHRBÜCHER ZUM GELTENDEN ÖSTERREICHISCHEN PRIVATRECHT

Apathy (Hrsg), Bürgerliches Recht, I: Allgemeiner Teil[6] (2013) von *P. Bydlinski*; II: Schuldrecht, Allgemeiner Teil[4] (2010) von *Dullinger*; III: Schuldrecht, Besonderer Teil[4] (2010) von *Apathy/Riedler*; IV: Sachenrecht[5] (2013) von *Iro*; V: Familienrecht[5] (2013) von *Kerschner*; VI: Erbrecht[4] (2010) von *Eccher*; VII: Internationales Privatrecht (2013) von *Lurger/Melcher*

Barta, Zivilrecht, Grundriss und Einführung in das Rechtsdenken[2] (2004)

F. Bydlinski, System und Prinzipien des Privatrechts (1996, ND 2013)

P. Bydlinski, Grundzüge des Privatrechts[8] (2010)

Koziol/Welser, Bürgerliches Recht I[13]: Allgemeiner Teil, Sachenrecht, Familienrecht (2006), bearbeitet von Kletečka

Koziol/Welser, Bürgerliches Recht II[13]: Schuldrecht Allgemeiner Teil, Schuldrecht Besonderer Teil, Erbrecht (2007), bearbeitet von Welser

Krejci, Privatrecht[8] (2010)

Perner/Spitzer/Kodek, Bürgerliches Recht[3] (2012)

Zankl, Bürgerliches Recht[6] (2012)

MUSTERFÄLLE

I. Sachenrecht

1. Teil

BESITZ

Lit: *Benke/Meissel*, Römisches Sachenrecht[10] (2012) 12–63;
Hausmaninger/Selb, Römisches Privatrecht[9] (2001) 123–139;
Kaser/Knütel, Römisches Privatrecht[20] (2014) 115–127;
Apathy/Klingenberg/Pennitz, Einführung in das römische Recht[5] (2012) 116–139.

Fall 1:

Nam homo est corpus et anima[*]

Der Gastwirt APOLLO geht zwecks Ankaufs von Wein zum Weinhändler BACCHUS. Nachdem APOLLO mehrere Sorten verkostet hat, erklärt er, drei bestimmte Fässer Wein zu je 50 Sesterzen kaufen zu wollen. BACCHUS ist damit einverstanden. APOLLO versiegelt daraufhin die Spundlöcher der drei gekauften Fässer. APOLLO teilt BACCHUS mit, den Wein noch nicht sofort mitnehmen zu wollen, da er erst Platz in seinem Keller schaffen müsse. Auf Bitte von APOLLO hin erklärt sich BACCHUS bereit, die Weinfässer in einer Woche bei APOLLO abzuliefern. Als APOLLO BACCHUS den Kaufpreis von 150 Sesterzen übergeben möchte, bittet ihn BACCHUS, das Geld nicht ihm, sondern CERES, der er noch 150 Sesterzen aus einem Werkvertrag schuldet, zu geben. APOLLO tut wie ihm geheißen.
Als BACCHUS bei APOLLO zur Ablieferung der Weinfässer eintrifft, ist APOLLO nicht zu Hause. BACCHUS stellt die Weinfässer, wie mit APOLLO vereinbart, in dessen Haus. VEIOVIS, der die Ablieferung beobachtet hat, schleicht sich nach BACCHUS' Abfahrt in APOLLOS Haus, rollt ein Weinfass heraus, lädt es auf seinen Wagen und fährt damit auf den Markt, um den Wein zu verkaufen.

Beurteilen Sie die Besitzverhältnisse am Wein sowie an den 150 Sesterzen im Laufe des Falles! Was kann gegen den Dieb VEIOVIS unternommen werden?

Vorüberlegungen:

➢ Wie erwirbt man Besitz?
➢ Was ist der *animus possidendi*?
➢ Was versteht man unter dem Tatbestandselement *corpus*?
➢ In welchem Zeitpunkt erwirbt APOLLO Besitz an dem gekauften Wein?
➢ Wie beurteilen die römischen Juristen das Versiegeln von Weinfässern durch den Käufer?
➢ Wann spricht man von einem Verpflichtungsgeschäft, wann von einem Verfügungsgeschäft?
➢ Was versteht man unter einem *furtum*?

---

[*] Eigentlich: *Nam homo est corpus, anima et spiritus* – Denn der Mensch ist Körper, Seele und Geist (Nikolaus von Kues, *Compendium* 13. 42).

> Welche Klagen stehen dem durch ein *furtum* Geschädigten zu?
> Wird VEIOVIS Besitzer des Weines? Wenn ja, wann?
> Wen schützen die Besitzinterdikte?
> Was versteht man unter *iusta possessio*, was unter *possessio ex iusta causa*?
> Erlangt BACCHUS Besitz an den 150 Sesterzen? Wenn ja, wann?
> Was versteht man unter Einigung in Sachpräsenz?
> Wann spricht man von Eigenbesitz, wann von Fremdbesitz?

Einleitung: Besitz ist die gewollte faktische Herrschaft über eine Sache. Bereits die römischen Juristen unterscheiden den Besitz (*possessio*) als ein bloßes Faktum vom Eigentum (*dominium, proprietas*) als umfassendstem Recht an einer Sache – *nihil commune habet proprietas cum possessione* – das Eigentum hat mit dem Besitz nichts gemeinsam. Eigentümer ist, wem die Sache „gehört", dh rechtlich zugeordnet ist. Besitzer (*possessor*) ist derjenige, der die Sache für sich haben möchte und sie in seiner tatsächlichen Gewalt hat. Dabei ist aber nicht erforderlich, dass der *possessor* die Sachherrschaft selbst ausübt. Vielmehr kann diese auch durch eine andere Person ausgeübt werden, sei es durch einen Gewaltfreien (Besitzmittler) oder einen Gewaltunterworfenen (Besitzdiener).

Wenngleich die römischen Juristen den Besitz als eine *res facti non iuris*, also als eine bloß faktische, nicht rechtliche Angelegenheit betrachten, sind an den Besitz bei Vorliegen qualifizierender Merkmale dennoch Rechtswirkungen geknüpft: So wird derjenige vom Prätor mittels Besitzinterdikten vor eigenmächtiger Entziehung oder Störung geschützt, der die Sache vom Gegner weder gewaltsam noch heimlich noch aufgrund eines Prekariums – *nec vi, nec clam, nec precario* – erhalten hat (*iusta possessio, possessio ad interdicta*). Beruht der Besitzerwerb auf einem gültigen Titel für den Eigentumserwerb, etwa auf Kauf – *pro emptore*, auf Schenkung – *pro donato*, auf Bestellung einer Mitgift – *pro dote* usw, so spricht man von *possessio ex iusta causa* oder *possessio civilis*. Hat der *possessor ex iusta causa* die Sache vom berechtigten Vormann übergeben erhalten, so wird er deren Eigentümer. Hat er die Sache von einem Nichtberechtigten erhalten, so kann er allenfalls Eigentümer im Wege der Ersitzung werden. Auch aus prozessualer Sicht ist der Besitz von Bedeutung, etwa im Eigentumsprozess, da dem Besitzer der Sache die günstigere, weil nicht beweispflichtige Rolle des Beklagten zukommt – *in pari causa melior est condicio possidentis*.

Besitzverhältnisse am Wein

Zunächst ist zu prüfen, ob bzw wann APOLLO Besitz an den drei von ihm ausgewählten Fässern Wein erworben hat. Besitz erwirbt man *corpore et animo*, dh durch Herstellen der faktischen Herrschaft über die Sache (*corpus*), verbunden mit dem Willen, die Sache für sich zu haben (*animus*). Dass der Besitzerwerb sowohl eines körperlichen Naheverhältnisses zur Sache als auch eines Besitzwillens bedarf, macht der Jurist Paulus deutlich: *apiscimur possessionem corpore et animo, neque per se animo aut per se corpore* – wir erwerben Besitz *corpore et animo*, nicht *animo* allein oder *corpore* allein. Zu Beginn ist BACCHUS Besitzer des Weines. Er hat ihn in seiner Herrschaftsgewalt und möchte ihn für sich haben. Indem APOLLO die drei von ihm ausgewählten Weinfässer versiegelt und daher berührt, stellt er ein unmittelbares körperliches Naheverhältnis her. Das Tatbestandselement *corpus* ist somit erfüllt. Fraglich ist aber, ob APOLLO im Zeitpunkt des Versiegelns auch den Willen hat, den Wein für sich zu haben. Der *animus possidendi* kann entweder ausdrücklich oder, und das ist der Regelfall, konkludent durch das Verhalten des Erwerbers zutage treten.

Die Frage, ob mit dem Versiegeln von Weinfässern der *animus possidendi* zum Ausdruck kommt, wird von den römischen Juristen nicht einheitlich beantwortet. So gilt nach dem Juristen Trebatius Wein dann als übergeben, sobald der Käufer die Fässer versiegelt. Nach dieser Ansicht mag sich der Erwerbswille des Käufers in der Versiegelungshandlung hinreichend manifestieren. Eine andere Ansicht vertritt der Jurist Labeo und sich ihm anschließend der Jurist Ulpian: Ausgehend von den Gepflogenheiten des Weinhandels diene das Versiegeln lediglich dazu, ein späteres Vertauschen des Weines zu verhindern – *ne summutetur*. Der Wille des Käufers, den Wein zu übernehmen, werde mit dem Versiegeln aber nicht ausgedrückt.

Im vorliegenden Fall ist die Aussage von APOLLO, den Wein noch nicht übernehmen zu wollen, zu berücksichtigen. Damit gibt APOLLO ausdrücklich zu verstehen, (noch) nicht Besitzer des Weines werden zu wollen. Folglich hat APOLLO mangels *animus possidendi* vorerst keinen Besitz am Wein erworben. Zu beachten ist, dass die Erklärung von APOLLO, den Wein kaufen zu wollen, nicht zugleich beinhaltet, dass er den Wein auch in diesem Zeitpunkt besitzen will. Vielmehr möchte APOLLO, da er noch Zeit benötigt, um Platz zur Lagerung in seinem Keller zu schaffen, den Wein erst zu einem späteren Zeitpunkt übernehmen. Einigen sich APOLLO und BACCHUS über die Leistung von drei bestimmten Fässern Wein gegen Zahlung von 150 Sesterzen, so kommt ein Kaufvertrag zustande. Als Verpflichtungsgeschäft lässt der Kaufvertrag die Pflicht des Käufers, den Kaufpreis zu zahlen, und die Pflicht des Verkäufers, den Kaufgegenstand zu übergeben, entstehen. Die zur Erfüllung dieser Verpflichtungen erforderlichen Akte werden als Verfügungsgeschäfte bezeichnet und erfolgen idR durch Übertragung der *possessio* (*traditio*). Das Verpflichtungsgeschäft und das Verfügungsgeschäft können, wie etwa beim Barkauf, zeitlich zusammenfallen, müssen es aber nicht. So kommt es im vorliegenden Fall beim Besuch von APOLLO bei BACCHUS zwar zum Abschluss eines Kaufvertrages (Verpflichtungsgeschäft), die Übergabe des Weines (Verfügungsgeschäft) soll aber erst später erfolgen. Der Zeitpunkt sowie die sonstigen Modalitäten betreffend die Verfügung können im Rahmen des Verpflichtungsgeschäfts als Nebenpunkte vereinbart werden. Kommt APOLLO mit BACCHUS überein, dass BACCHUS die Weinfässer in einer Woche bei APOLLO abliefern soll, so legen sie damit den Zeitpunkt und die Art (Lieferung durch BACCHUS, Bringschuld) der Übergabe fest. Gleichzeitig kommt damit der *animus possidendi* von APOLLO, nämlich der Wille, den Wein in einer Woche für sich zu haben, zum Ausdruck.

Fraglich ist, ob APOLLO Besitz am Wein erwirbt, als ihn BACCHUS in dessen Haus abliefert, wenngleich APOLLO nicht anwesend ist. Es ist daher zu prüfen, ob die Tatbestandselemente für den Besitzerwerb, *animus* und *corpus*, von APOLLO hinsichtlich des Weines erfüllt sind. Zunächst stellt sich die Frage, ob APOLLO ein hinreichendes körperliches Naheverhältnis zu den Fässern erlangt. Grundsätzlich bedarf es für den Besitzerwerb an beweglichen Sachen der körperlichen Übergabe an den Erwerber. Das Erfordernis des tatsächlichen Ergreifens wird aber gelegentlich gelockert, wenn die Beherrschbarkeit der Sache durch den Erwerber als hinreichend gegeben erscheint. So bejaht etwa der Jurist Celsus einen Besitzerwerb, wenn die gekaufte Sache im Haus des Käufers abgeliefert wird, obwohl dieser abwesend ist. Celsus verzichtet für den Besitzerwerb damit ausdrücklich auf einen Ergreifungsakt durch den Erwerber – *possidere me certum est, quamquam id nemo dum attigerit* –, nicht aber auf das Element *corpus* an sich. Celsus sieht es als ausreichend an, wenn die Sache in das Haus des Käufers als dessen Herrschaftssphäre gelangt. Folglich hat APOLLO *corpus* am Wein, sobald BACCHUS die Weinfässer in dessen Haus abstellt. Das Tatbestandselement *animus* ist unproblematisch: Indem APOLLO BACCHUS bittet, ihm den Wein in einer Woche zu liefern, kommt sein *animus possidendi* klar zum Ausdruck. Somit hat APOLLO *animo et corpore* Besitz am Wein erlangt und BACCHUS, da er seinen Eigenbesitzwillen aufgegeben hat und nun keine Sachherrschaft mehr über den Wein hat, zugleich Besitz verloren.

Da APOLLO den Wein vom Besitzer BACCHUS übergeben erhalten hat und damit seine Besitzposition von einem Vormann ableitet, hat APOLLO derivativ Besitz erlangt. APOLLO ist *iustus possessor* (echter bzw fehlerfreier Besitzer), da er den Besitz *nec vi, nec clam, nec precario* erworben hat. Zudem ist APOLLO *possessor ex iusta causa*, da sein Besitz auf einem gültigen Erwerbstitel, einem Kaufvertrag, beruht. Da APOLLO den Wein überdies vom dinglich berechtigten Vormann übergeben erhalten hat, ist APOLLO nicht bloß Besitzer, sondern auch Eigentümer des Weines geworden.

Fraglich ist, wie es um den Besitz jenes Fasses Wein steht, das VEIOVIS aus APOLLOs Haus entfernt und an sich nimmt. Es ist daher zu prüfen, ob VEIOVIS *animo et corpore* Besitz an dem Fass Wein erworben hat. Indem VEIOVIS das Weinfass aus dem Haus rollt, berührt er es. Das körperliche Naheverhältnis (*corpus*) ist somit gegeben. Sein *animus possidendi* zeigt sich darin, dass er das Fass hinausrollt, um den Wein mit seinem Wagen abzutransportieren und dann zu verkaufen. Folglich ist VEIOVIS *possessor* des Weines geworden. Zugleich hat APOLLO Besitz verloren, weil er nun keine Sachherrschaft mehr über dieses Fass Wein ausübt. Da VEIOVIS seine Besitzposition nicht von einem Vormann ableitet, hat er nicht derivativ, sondern originär Besitz erworben. Der Besitz von VEIOVIS ist weder rechtmäßig (ihm fehlt ein Erwerbstitel) noch fehlerfrei (er hat den Wein heimlich – *clam* – entzogen). VEIOVIS ist bewusst, dass es sich bei dem Wein nicht um eigenen handelt. Zu prüfen ist daher, ob VEIOVIS als *fur* handelt. Ein *furtum* begeht, wer sich einer fremden beweglichen Sache unbefugt und in der Absicht bemächtigt, sich oder einen Dritten daraus zu bereichern. Das Delikt erfordert doloses, dh vorsätzliches Handeln. Da VEIOVIS weiß, dass es sich bei dem Wein um fremden handelt, und er ihn wegschafft, um sich daraus zu bereichern (*arg*: er möchte den Wein am Markt verkaufen), handelt er mit *dolus* und ist daher als *fur* zu qualifizieren. Fraglich ist, welche rechtlichen Möglichkeiten APOLLO hat, um gegen VEIOVIS vorzugehen. Gegen unbefugte Sachentziehung oder Besitzstörung kann der Prätor vorläufigen Schutz durch Interdikte (von *interdicere*, der Prätor verbietet oder befiehlt) gewähren. Die Besitzinterdikte richten sich gegen denjenigen, der sich unerlaubt einer Sache bemächtigt, sei es, weil er die Sache gewaltsam, heimlich oder aufgrund einer Bittleihe hat. Bei den sog prohibitorischen Interdikten (*interdicta retinendae possessionis*) verbietet der Prätor dem *iniustus possessor* jede weitere Gewaltanwendung. Setzt sich derjenige, dem gegenüber der *iniustus* die Sache fehlerhaft besitzt, wieder in den Besitz, so darf der *iniustus* dagegen keinen Widerstand leisten und hat jede weitere Störung des Besitzes zu unterlassen. Demgegenüber sind die restitutorischen Interdikte (*interdicta recuperandae possessionis*) von vornherein auf Wiedererlangung der Sache gerichtet. Bei ihnen befiehlt der Prätor dem *iniustus possessor*, die Sache an den Gegner zurückzustellen.

Da es sich bei der von VEIOVIS gestohlenen Sache um Wein und somit um eine bewegliche Sache handelt, kommt APOLLO das *interdictum utrubi*, ein dem Grundstücksinterdikt (*interdictum uti possidetis*) nachgebildetes prohibitorisches Interdikt, zugute. Ursprünglich schützt es denjenigen, der innerhalb des letzten Jahres den längeren fehlerfreien Besitz an der Sache gehabt hat, ab Justinian schließlich den letzten fehlerfreien Besitzer. Da VEIOVIS den Wein heimlich (*clam*) an sich gebracht hat, ist es ihm verboten, sich gegen einen Wiederbemächtigungsakt seitens APOLLO zur Wehr zu setzen. Zu beachten ist, dass der Schutz im (possessorischen) Interdiktenverfahren nur vorläufig ist. Es wird lediglich geprüft, wer im Verhältnis der Parteien fehlerfrei bzw fehlerhaft besitzt. Eine Entscheidung darüber, wer an der Sache ein dingliches, dh gegenüber jedermann geschütztes Recht hat, wird im Interdiktenverfahren nicht erörtert, sondern wird im petitorischen Verfahren geklärt. Um sein Recht an einer Sache geltend zu machen, dienen dingliche Klagen (*actiones in rem*). So steht dem Eigentümer zur Wiedererlangung seiner Sache bzw um Ersatz des Sachwerts zu erlangen, die *rei vindicatio* (bzw die *actio Publiciana*) zur Verfügung. Ist die

Sache, wie im vorliegenden Fall, durch Diebstahl abhandengekommen, so kann der Geschädigte als sachverfolgende (reipersekutorische) Klage statt der *rei vindicatio* die *condictio furtiva* anstellen (elektive Konkurrenz). Während die *condictio furtiva* nur gegen den Dieb angestellt werden kann, kann die *rei vindicatio* gegen jeden Sachbesitzer erhoben werden. Da mit dem Untergang der Sache auch das an ihr bestehende Eigentumsrecht erlischt, versagt die *rei vindicatio*, wenn die Sache nicht mehr existiert. Diesfalls steht als reipersekutorische Klage nur noch die *condictio furtiva* gegen den Dieb zur Verfügung. Überdies hat der Bestohlene einen Bußanspruch, den er mit der *actio furti* geltend machen kann. Diese Pönalklage kann gemeinsam mit einer sachverfolgenden Klage erhoben werden (kumulative Konkurrenz). Die *actio furti* geht bei einfachem Diebstahl (*furtum nec manifestum*) auf das Doppelte (*duplum*) des Sachwertes, bei offenem (Ertappung auf frischer Tat; *furtum manifestum*) auf das Vierfache (*quadruplum*). APOLLO kann daher gegen den Dieb VEIOVIS entweder mit der *condictio furtiva* oder stattdessen, solange VEIOVIS noch im Besitz des Weines ist, mit der *rei vindicatio* vorgehen. Hat VEIOVIS den Wein bereits veräußert, so hat APOLLO die *rei vindicatio* gegen den neuen Besitzer zu richten. Da es sich bei Wein um eine verbrauchbare Sache (*res quae usu consumitur*) handelt, dh um eine Sache, deren ordnungsgemäßer Gebrauch zum Verbrauch führt, wird sich APOLLO für die *condictio furtiva* entscheiden, wenn der Wein bereits teilweise oder zur Gänze konsumiert wurde. Als pönale Klage kann APOLLO zusätzlich die *actio furti* gegen den Dieb VEIOVIS anstellen und, da VEIOVIS ein *furtum nec manifestum* begangen hat, das Doppelte des Wertes des Weines verlangen.

Besitzverhältnisse an den 150 Sesterzen

Schließlich gilt es noch zu prüfen, ob bzw wann BACCHUS Besitzer der 150 Sesterzen wird, die ihm APOLLO als Kaufpreis für die drei Fässer Wein zu bezahlen hat. Dafür bedarf es wieder des Vorliegens der Tatbestandselemente *animus* und *corpus*. Der *animus possidendi* von BACCHUS kommt darin zum Ausdruck, dass er APOLLO bittet, das Geld seiner Gläubigerin CERES zu bringen. BACCHUS möchte also Besitz an den 150 Sesterzen erlangen, damit er sie zum Zweck der Schuldtilgung bei CERES einsetzen kann. Da dem Sachverhalt nach BACCHUS die Sesterzen, die ihm APOLLO übergeben möchte, nicht ergreift, ist fraglich, ob BACCHUS hinreichendes *corpus* an ihnen erlangt. Die Idee, dass der Besitzerwerb nicht stets eines tatsächlichen Ergreifungsaktes bedarf, dh *corpore et tactu* stattzufinden hat, sondern bereits dann erfolgt, wenn sich die Sache in der unmittelbaren Zugriffssphäre des Erwerbers befindet – *oculis et affectu* –, nimmt ihre Anfänge bei der Übertragung sehr schwerer bzw unhandlicher Sachen, bei denen eine körperliche Übergabe als untunlich empfunden wird. Die Vorstellung, dass Besitz bereits durch bloße Erklärung der Parteien in Gegenwart der Sache übergeht (sog Einigung in Sachpräsenz), ist aber nicht auf schwer zu transportierende Sachen beschränkt. So lassen die römischen Juristen etwa auch dann Besitz ungeachtet eines Ergreifungsaktes übergehen, wenn sich der Gläubiger und der Schuldner bei Vorlage des Geldes einigen, dass der Schuldner das Geld einem vom Gläubiger namhaft gemachten Dritten überbringt – *idemque esse, si nummos debitorem iusserim alii dare*. Folglich hat BACCHUS in dem Zeitpunkt, in dem er APOLLO in Gegenwart der 150 Sesterzen damit beauftragt, sie seiner Gläubigerin CERES zu bringen, *oculis et affectu* Besitz an ihnen erworben. In der Zeit der Überbringung der Sesterzen an CERES ist BACCHUS mittelbarer Eigenbesitzer. Er hat Eigenbesitzwillen (*animus rem sibi habendi*), die Sachherrschaft übt er aber nicht selbst aus, sondern diese wird ihm von APOLLO vermittelt. APOLLO ist daher Besitzmittler für BACCHUS. Er hat die faktische Herrschaft über die Sesterzen, will sie aber nicht für sich, sondern für BACCHUS haben (*animus rem alteri habendi*). APOLLO ist somit unmittelbarer Fremdbesitzer. Die Sachgewalt des Fremdbesitzers wird in den Quellen gelegentlich mit *naturalis possessio* bezeichnet, womit zum Ausdruck kommen soll, dass gerade kein Besitz im technischen Sinn (*possessio civilis*), sondern nur bloße Innehabung (Detention) vorliegt. Als APOLLO schließlich die 150 Sesterzen an CERES übergibt, wird diese *animo et corpore* Besitzerin der Sesterzen.

▶ **(1)** Das ABGB unterscheidet zwischen Innehabung und Besitz. Inhaber ist, wer eine Sache in seiner Macht oder Gewahrsame hat, § 309 S 1. Besitzer ist, wer die Sache, die er innehat, als die seinige behalten will, § 309 S 2. Von Sachbesitz spricht man, wenn Gegenstand des Besitzes eine körperliche Sache ist. Der Sachbesitzer will die Sache für sich haben. Rechte, die durch einmalige Ausübung erlöschen (zB Anspruch auf Zahlung des Kaufpreises), können nicht Gegenstand des Besitzes sein. Rechtsbesitz ist aber an solchen Rechten möglich, die zu einer dauerhaften Ausübung berechtigen. Zu den Rechtsbesitzern zählen demnach etwa der Mieter, der Pächter, der Leihnehmer, der Faustpfandgläubiger, der Servitutsberechtigte und der Reallastberechtigte. Der Rechtsbesitzer ist, da er die Sache nicht für sich, sondern als Mieter, Pächter usw haben möchte, nicht auch Sachbesitzer. Rechts- und Sachbesitz bestehen aber oft nebeneinander. Vermietet jemand sein Auto, so ist der Mieter Rechtsbesitzer (er ist berechtigt, das Auto dauerhaft zu gebrauchen, das er für den Vermieter innehat), der Vermieter ist Sachbesitzer (er will das Auto für sich haben, die Gewahrsame übt der Mieter für ihn aus). Der Sachbesitz besteht insoweit, als er nicht vom Rechtsbesitz eingeschränkt ist. [*Koziol/Welser*, Bürgerliches Recht I^{13} (2006) 258 ff] **(2)** Der Besitz als solcher ist, wenngleich ihn das ABGB zu den Sachenrechten zählt (vgl § 308), kein dingliches Recht, sondern eine bloß faktische Herrschaft über eine Sache. Bei Vorliegen bestimmter Voraussetzungen sind aber auch an den Besitz gewisse Rechtsfolgen geknüpft (vgl Fall 2). Maßgebend für die Beschaffenheit (§ 339) des Besitzes sind die Rechtmäßigkeit, die Redlichkeit und die Echtheit. Rechtmäßig besitzt, wer den Besitz aufgrund eines gültigen Titels erworben hat (zB Kaufvertrag). Mangels gültigen Titels ist der Besitz unrechtmäßig. Gemäß § 323 wird die Rechtmäßigkeit vermutet (sog Rechtsscheinwirkung des Besitzes, vgl Fall 2). Das Vorliegen rechtmäßigen Besitzes spielt etwa beim Gutglaubenserwerb nach § 367 (vgl Fall 7) eine Rolle. Redlich besitzt, wer annehmen darf, dass die Sache, die er besitzt, in seinem Eigentum steht. Unredlich besitzt, wer weiß oder hätte erkennen können, dass die Sache einem anderen gehört, § 326. Bereits leichte Fahrlässigkeit schadet der Redlichkeit. Im Zweifel wird Redlichkeit vermutet, § 328. Redlicher Besitz ist etwa beim Gutglaubenserwerb nach § 367 von Bedeutung: Nur wer im Zeitpunkt des Besitzerwerbes redlich ist, kann vom Nichtberechtigten Eigentum erwerben. Ebenso spielt die Redlichkeit im Bereicherungsrecht eine wichtige Rolle: Während der unredliche Besitzer die Früchte an den Eigentümer herauszugeben hat, kann sie der redliche behalten. Echt besitzt, wer eine Sache einem anderen weder gewaltsam noch heimlich entzogen hat noch das, was man ihm aus Gefälligkeit gestattet, in ein fortwährendes Recht umzuwandeln versucht (dh sich weigert, eine zur Bittleihe erhaltene Sache bei Rückforderung herauszugeben), § 345. Die Echtheit des Besitzes spielt va im Besitzstörungsverfahren eine wichtige Rolle (vgl Fall 2). Ist der Besitz sowohl rechtmäßig, redlich als auch echt, so spricht man von „qualifiziertem" oder rechtlichem Besitz. Wer rechtlich besitzt, ist in mehrfacher Hinsicht begünstigt. So ist der rechtliche Besitz etwa Voraussetzung für die eigentliche Ersitzung (zur Ersitzung vgl Fall 7) sowie für die Erhebung der Klage aus dem rechtlich vermuteten Eigentum (*actio Publiciana*, vgl Fall 2), § 372. [*Koziol/Welser*, Bürgerliches Recht I^{13} (2006) 261 ff] **(3)** Zu den Arten des Besitzerwerbs sowie zur rechtlichen Bedeutung des Besitzes vgl Fall 2. **(4)** Zum Besitzverlust vgl Fall 3.

Zu den einschlägigen Quellenstellen der hier erörterten Problemkreise: zur Feststellung, dass Besitz und Eigentum nichts gemeinsam haben, vgl Ulpian D 41. 2. 12. 1 sowie ders D 43. 17. 1. 2; zur Qualifizierung des Besitzes als *res facti non iuris* vgl insb Paulus D 41. 2. 1. 3; zum Besitzerwerb *corpore et animo* vgl insb Paulus D 41. 2. 3. 1 sowie PS 5. 2. 1; zur Kontroverse hinsichtlich der Frage, ob Besitz bei Versiegelung von Weinfässern übergeht, vgl Ulpian D 18. 6. 1. 2; zum Besitzerwerb an jenen Sachen, die im Haus des Erwerbers abgeliefert werden, vgl insb Celsus D 41. 2. 18. 2; zum Besitzverlust durch freiwillige Aufgabe der Sachherrschaft bei Übergabe an den Erwerber vgl insb Paulus D 41. 2. 3. 9; zum Besitzverlust bei beweglichen Sachen vgl insb Paulus D 41. 2. 3. 13 sowie Pomponius D 41. 2. 25 pr; zur Einteilung der Besitzinterdikte vgl insb Gai Inst 4. 142 u 143; zu den Interdikten *uti possidetis* und *utrubi* als *interdicta duplicia* vgl insb Gai Inst 4. 160; zum Wortlaut des *interdictum utrubi* vgl insb Ulpian D 43. 31. 1 pr; zur Zulässigkeit, sich einer gewaltsam entzogenen Sache wiederzubemächtigen, vgl insb Julian D 43. 16. 17; zum Delikt *furtum* bei Wegnahme einer fremden Sache in Bereicherungsabsicht vgl etwa Paulus D 47. 2. 1. 3 sowie Gai Inst 3. 195; zum Besitzerwerb an Geld *oculis et affectu* bei Anweisung des Schuldners, das Geld an einen Dritten auszuzahlen, vgl insb Paulus D 41. 2. 1. 21; zur Unterscheidung von *possessio civilis* und *possessio naturalis* vgl insb Julian D 41. 5. 2. 1.

Fall 2: ☆☆

Eine Villa in Frascati

MARS besucht seine Bekannte VESTA[*] in deren von JANUS gemieteter Villa in Frascati. Da MARS die Villa sehr gut gefällt und er weiß, dass das Mietverhältnis von VESTA und JANUS bald zu Ende ist, bittet er VESTA, für ihn die Villa von JANUS zu erwerben, sofern sie dieser veräußern wolle. VESTA erklärt sich hierzu gerne bereit. Am Ende der Mietdauer trifft VESTA JANUS am Forum und sie unterbreitet ihm ein Kaufangebot. JANUS nimmt das Angebot sogleich an und erklärt VESTA, dass sie die Villa ab nun für sich haben könne, worüber sich VESTA sehr erfreut zeigt. VESTA teilt MARS brieflich mit, die Villa erworben zu haben, und fragt ihn, ob sie in der Villa noch für zwei Monate für einen Mietzins von 20 *per mensem* wohnen dürfe, da sich ihr Umzug in ihr neu angeschafftes Haus verzögere. MARS stimmt dem Begehren von VESTA zu.

Um die Villa einzurichten, schickt MARS seinen mit einer Kürschnerei als Pekulium ausgestatteten Haussohn Fons zu QUIRINUS, um eine Säule zu kaufen und ihm diese zu bringen. Neben einer Säule kauft Fons bei QUIRINUS auch eine Statue, die ihm zur Villa in Frascati passend erscheint. Fons übernimmt die Gegenstände von QUIRINUS und bringt sie zu MARS. Zwei Wochen vor ihrem Auszug wird VESTA von PLUTO gewaltsam vertrieben, der die Villa besetzt.

Wer ist im Laufe des Falles Besitzer der Villa, der Säule sowie der Statue? Wer genießt hinsichtlich der Villa Besitzschutz gegenüber PLUTO?

Zu behandelnde Problemkreise:

- ➤ Eigenbesitz *vs* Fremdbesitz
- ➤ direkte *vs* indirekte Stellvertretung
- ➤ Besitzerwerb *solo animo*
- ➤ *traditio brevi manu*
- ➤ *constitutum possessorium*
- ➤ Besitzerhaltung an unbeweglichen Sachen
- ➤ Besitzverlust bei Vertreiben des Detentors vom Grundstück
- ➤ Besitzschutz desjenigen, dem der Besitz durch einen Detentor vermittelt wird
- ➤ *interdictum uti possidetis* als prohibitorisches Interdikt
- ➤ *interdictum unde vi* als restitutorisches Interdikt
- ➤ Besitzerwerb durch Gewaltunterworfene
- ➤ *iussum* als Ausdruck des *animus possidendi* des Gewalthabers hinsichtlich eines konkreten Erwerbsgeschäfts
- ➤ Besitzerwerb *animo nostro, corpore alieno*
- ➤ *peculium* als Manifestation des generellen Erwerbswillens des Gewalthabers

---

[*] Zu beachten ist, dass sämtliche in den hier bearbeiteten Fällen agierende weibliche Personen *sui iuris* sind, dh die volle Geschäftsfähigkeit wie ihre männlichen Geschäftspartner besitzen und sich daher aus den von ihnen geschlossenen Geschäften selbst verpflichten können. Sie unterliegen somit nicht der römischen Geschlechtsvormundschaft (*tutela mulieris*).

Besitz an der Villa

Zu prüfen ist, wer im Laufe des Falles Besitzer der Villa ist. Besitz ist gewollte faktische Sachherrschaft und wird *animo et corpore* erworben. *Animus* ist der Besitzwille (*animus possidendi*), *corpus* die tatsächliche Herrschaft über die Sache. Zu Beginn ist JANUS Eigenbesitzer der Villa. Er möchte die Villa für sich haben (*animus rem sibi habendi*). Da er die Sachherrschaft aber nicht selbst ausübt, sondern ihm diese von VESTA vermittelt wird, hat er mittelbaren Eigenbesitz. VESTA ist als Mieterin bloße Detentorin der Villa. Sie hat Fremdbesitzwillen (*animus rem alteri habendi*) für JANUS und die unmittelbare Sachgewalt. VESTA ist somit unmittelbare Fremdbesitzerin der Villa. Bittet nun MARS VESTA, die Villa für ihn von JANUS zu erwerben, und erklärt sie sich hiezu bereit, so schließen sie durch Willenseinigung einen Auftragsvertrag. Aufgrund des Auftragsvertrages ist VESTA verpflichtet, die Villa von JANUS zu erwerben und sie MARS herauszugeben. Es stellt sich daher die Frage, ob bzw wann MARS an der Villa Besitz erwirbt. Dabei ist zu beachten, dass nach klassischem römischen Recht ein direkter Besitzerwerb durch gewaltfreie Personen grds nicht möglich ist – *per liberas personas, quae in potestate nostra non sunt, adquiri nobis nihil potest*. Die Möglichkeit, Besitz generell *per liberam personam* zu erwerben, wird erst durch Kaiser Justinian geschaffen. Folglich muss zunächst VESTA in eigenem Namen Besitz an der Villa erwerben, damit sie in einem weiteren Schritt den Besitz an MARS übertragen kann (indirekte Stellvertretung). Es ist daher zu prüfen, ob VESTA Besitzerin der Villa geworden ist. Nimmt JANUS das Kaufangebot von VESTA an, so kommt es durch Willenseinigung über Ware und Preis zum Abschluss eines Kaufvertrages. Es stellt sich die Frage, ob die Einigung zwischen JANUS und VESTA zugleich eine Änderung der Besitzverhältnisse bewirkt. Indem JANUS bei Abschluss des Kaufvertrages erklärt, dass VESTA ab nun die Villa für sich haben könne, und sich VESTA darüber sehr erfreut zeigt, gibt JANUS seinen Eigenbesitzwillen (*animus rem sibi habendi*) an der Villa auf und VESTA fasst erlaubterweise Eigenbesitzwillen. Da VESTA als Mieterin die Sachherrschaft über die Villa bereits ausübt, ist das Erfordernis *corpus* bereits erfüllt. Es bedarf nun nicht, dass VESTA die Villa an JANUS zurückstellt, damit JANUS VESTA Besitz an der Villa übertragen kann. VESTA ist daher bereits durch die Vereinbarung mit JANUS am Forum – ohne dass es eines weiteren Bemächtigungsaktes seitens VESTA bedarf – Eigenbesitzerin geworden. Zugleich hat JANUS Besitz an der Villa verloren. Diese Form der Besitzübertragung, bei der der Detentor, der die Sache bisher bloß innehatte, mit dem *possessor* übereinkommt, die Sache künftig als Besitzer zu haben, wird als *traditio brevi manu* bezeichnet. Derjenige, bei dem sich die Sache befindet, wird vom Fremdbesitzer zum Eigenbesitzer. Da das Tatbestandselement *animus* hier eine besonders dominante Rolle einnimmt, spricht man auch von Besitzerwerb *solo animo*. Das Tatbestandselement *corpus* ist dadurch gegeben, dass der Detentor bereits ein körperliches Naheverhältnis zur Sache hat. Aus Zweckmäßigkeitsgründen wird nun nicht verlangt, dass der Detentor die Sache an den *possessor* zurückgibt, damit dieser ihm die Sache überträgt. Da es bei der *traditio brevi manu* keines körperlichen Übertragungsaktes bedarf, spricht man auch von einem Traditionssurrogat. VESTA hat mittels *traditio brevi manu* derivativ von JANUS Besitz an der Villa erworben. Da VESTA die Sachherrschaft bereits ausübt, ist sie unmittelbare Eigenbesitzerin der Villa. Zudem hat sie sowohl rechtmäßigen Besitz (ihr Besitzerwerb beruht auf einem gültigen Kaufvertrag) als auch fehlerfreien Besitz (sie besitzt die Villa *nec vi nec clam nec precario*).

Aufgrund des Auftragsvertrages mit MARS ist VESTA verpflichtet, die Villa an MARS herauszugeben. Fragt VESTA bei MARS an, ob sie die Villa noch für die Dauer von zwei Monaten gegen Zahlung von 20 pro Monat behalten darf, und stimmt MARS zu, so kommt es durch Einigung über den Mietgegenstand (diese Villa in Frascati) und den Mietzins (20 pro Monat) zum Abschluss eines Mietvertrages. Zu prüfen ist, ob es durch die Einigung zwischen VESTA und MARS über die mietweise Überlassung der Villa an VESTA zugleich zu einer Besitzübertragung an MARS gekommen ist. In Betracht zu ziehen ist ein Besitzerwerb mittels *constitutum possessorium*. Dabei kommt der Erwerber mit dem bisherigen Eigenbesitzer überein, dass dieser die Sache für ihn künftig als Detentor innehaben soll. Derjenige, bei dem sich die Sache befindet, wird also idR vom Eigenbesitzer zum Fremdbesitzer. Eines eigenen körperlichen Übertragungsaktes bedarf es nicht. Da auch bei dieser Besitzerwerbsart das Hauptaugenmerk auf den Besitzwillen gelegt wird, spricht man hier ebenfalls von Besitzerwerb *solo animo*. Zu beachten ist aber, dass, wie bei der *traditio brevi manu*, auch beim *constitutum possessorium* nicht gänzlich auf das Tatbestandselement *corpus* verzichtet wird: Die Sachherrschaft wird dem Erwerber vom bisherigen *possessor* als Detentor vermittelt. Einigen sich MARS und VESTA, dass VESTA die Villa künftig als Mieterin innehaben soll, so gibt VESTA damit ihren *animus rem sibi habendi* auf. Von nun an ist VESTAS Wille darauf gerichtet, die tatsächliche Gewalt über die Villa für MARS auszuüben. Zugleich kommt durch MARS' Einverständnis zur mietweisen Überlassung der Villa an VESTA sein Erwerbswille zum Ausdruck. Da MARS einen *animus rem sibi habendi* fasst, die Sachherrschaft aber nicht selbst ausübt, sondern ihm diese von VESTA vermittelt wird, ist er mittelbarer Eigenbesitzer der Villa. VESTA hingegen ist unmittelbare Fremdbesitzerin. Sie hat die unmittelbare Sachgewalt und als Mieterin *animus rem alteri habendi*. MARS hat mittels *constitutum possessorium* derivativ von VESTA rechtmäßig und fehlerfrei Besitz an der Villa erworben. Zugleich hat VESTA ihre Pflicht aus dem Auftragsvertrag MARS gegenüber erfüllt. Als Auftraggeber ist MARS verpflichtet, ihr die Auslagen für den Ankauf der Villa (einen allenfalls an JANUS gezahlten Kaufpreis) zu ersetzen.

Wird VESTA in der Folge von PLUTO aus der Villa vertrieben und besetzt dieser die Villa, so stellt sich die Frage, ob es dadurch zu einer Änderung der Besitzverhältnisse kommt. Für die Beantwortung der Frage, wann man Besitz an einer Sache unfreiwillig verliert, ist zwischen beweglichen und unbeweglichen Sachen zu differenzieren. Während bei beweglichen Sachen (mit Ausnahme von Sklaven) Besitz grds dann verloren geht, wenn der *possessor* die Sachherrschaft (*custodia*) verliert, lassen die römischen Juristen bei unbeweglichen Sachen eine *solo animo*-Besitzerhaltung zu. An Grundstücken erlischt der Besitz somit nicht bereits dann, wenn der Besitzer bloß vorübergehend abwesend ist. Die herrschende Lehre in der Klassik geht noch einen Schritt weiter: Wird ein leerstehendes Haus eines abwesenden Marktbesuchers von einem Eindringling besetzt, so bleibt der Besitz des Abwesenden aufrecht, sofern eine realistische Aussicht auf Wiedererlangung der tatsächlichen Herrschaft besteht. Wird hingegen auf einen Wiederbemächtigungsversuch verzichtet oder scheitert man dabei, so geht Besitz verloren und der Eindringling wird Besitzer. Eine andere Ansicht vertritt der Frühklassiker Labeo, wenn er den Eindringling bereits dann Besitz erwerben lässt, wenn dieser das Haus besetzt – *videri eum clam possidere*.

Wird aber dem *possessor* die Sachherrschaft, wie im vorliegenden Fall, durch einen Detentor vermittelt, so sprechen sich die römischen Juristen bereits dann für einen Besitzverlust aus, wenn der Detentor gewaltsam vertrieben wird, und zwar selbst dann, wenn der Besitzer von der Vertreibung keine Kenntnis erlangt – *eamque amitti nobis quoque ignorantibus*. Da die Mieterin VESTA von PLUTO aus der Villa vertrieben wird und dieser die Villa besetzt, ist die Sachherrschaft derart tiefgreifend gestört, dass MARS die *possessio* verliert. Zugleich hat PLUTO *animo et corpore* Besitz an der Villa erworben. Mit dem Vertreiben von VESTA und dem Besetzen der Villa kommt sein *animus possidendi* zum Ausdruck. Indem er die Villa besetzt, kommt es auch zu einem Bemächtigungsakt (*corpus*). Da PLUTO seine Besitzposition nicht unter Mitwirkung eines Vormanns, sondern aus eigener Machtvollkommenheit herstellt, hat er originär Besitz erworben. Zu beachten ist, dass der Besitz von PLUTO weder rechtmäßig (ihm fehlt ein Erwerbstitel) noch fehlerfrei (er hat die Villa gewaltsam – *vi* – in Besitz genommen) ist. Fraglich ist nun, wer befugt ist, gegen PLUTO vorzugehen, bzw welche rechtlichen Mittel hierfür zur Verfügung stehen. In Betracht zu ziehen ist zunächst ein possessorischer Schutz mittels Besitzinterdikten. Grundsätzlich kommen die Besitzinterdikte dem Eigenbesitzer zugute. Ebenfalls Interdiktenschutz genießen bestimmte Fremdbesitzer. Hiezu zählen der Erbpächter, der Prekarist, der Pfandgläubiger und der Sequester. Wird der Besitz nicht durch einen der soeben genannten Fremdbesitzer, sondern durch einen bloßen Detentor, etwa einen Verwahrer oder Leihnehmer, vermittelt, so genießt derjenige Besitzschutz, für den die Sachherrschaft ausgeübt wird, sohin der Eigenbesitzer. Da VESTA als Mieterin nicht zu den interdiktengeschützten Fremdbesitzern zählt, kommen die Besitzinterdikte nicht ihr, sondern MARS zugute. Bei einer gewaltsamen Inbesitznahme eines Grundstücks stehen das *interdictum uti possidetis* und das *interdictum unde vi* zur Wahl. Das Grundstücksinterdikt *uti possidetis* ist in erster Linie auf Besitzerhaltung (prohibitorisches Interdikt) gerichtet: Der Prätor verbietet Gewaltanwendung gegen den letzten fehlerfreien Besitzer. Da der Prätor aber auch gegen einen Wiederbemächtigungsakt desjenigen, gegenüber dem der Gegner fehlerhaft besitzt, die Gewaltanwendung untersagen kann, kommt dem *interdictum uti possidetis* auch eine restitutorische (wiederherstellende) Wirkung zu. Demgegenüber ist das *interdictum unde vi* von vornherein auf Restitution gerichtet (restitutorisches Interdikt). Demjenigen, der einen anderen gewaltsam von einem Grundstück vertreibt, wird vom Prätor die Rückgabe an den Gegner befohlen, sofern nicht dieser ihm gegenüber fehlerhaft besitzt. Das *interdictum unde vi* muss innerhalb eines Jahres angestellt werden. Zu beachten ist, dass das Interdiktenverfahren ein possessorisches Verfahren ist und bloß provisorischen Charakter hat. Es wird lediglich im Verhältnis der Streitparteien – *alter ab altero* – eruiert, wer *iustus* oder *iniustus possessor* ist (sog Relativität des Besitzschutzes). Die Frage, wer an der Sache materiell berechtigt ist, etwa wer Eigentümer der Sache ist, ist hingegen Gegenstand des petitorischen Verfahrens. Zur Durchsetzung eines Rechts an der Sache dienen dingliche Klagen (*actiones in rem*). Ist MARS Eigentümer der Villa* geworden, so hat er die Möglichkeit, mit einer Eigentumsklage (*rei vindicatio* bzw *actio Publiciana*) gegen PLUTO vorzugehen. Ob MARS Eigentum an der Villa erlangt hat, hängt va davon ab, ob sein Vormann, dh VESTA, Eigentümerin der Villa war, was wiederum davon abhängt, ob ihr Vormann, JANUS, Eigentümer war. Zu beachten ist, dass MARS nicht mit den Diebstahlsklagen (*condictio furtiva, actio furti*) gegen PLUTO vorgehen kann, da es Diebstahl nur an beweglichen, nicht aber an unbeweglichen Sachen gibt.

Besitz an der Säule und an der Statue

Zu Beginn ist QUIRINUS Eigenbesitzer der Säule und der Statue. Er übt das körperliche Naheverhältnis aus und hat *animus rem sibi habendi*. Erhält Fons, der Haussohn (*filius familias*) von MARS, die Säule und die Statue übergeben, so ist zu prüfen, ob es dadurch zu einer Änderung der Besitzverhältnisse gekommen ist. Dabei ist zu beachten, dass Fons als *filius familias* nicht für sich selbst Besitz erwerben kann. Da Fons unter der *patria potestas* seines *pater familias* MARS steht und somit gewaltunterworfen ist, ist er nicht vermögensfähig, kann also nicht Träger

---

* Zu beachten ist, dass es sich bei der Villa um eine *res mancipi* handelt (*arg*: sie befindet sich in Frascati, dh auf einem italischen Grundstück). Um an *res mancipi* ziviles Eigentum übertragen zu können, bedarf es neben dem Recht des Vormanns auch eines Formalakts (*mancipatio* oder *in iure cessio*). Wird eine *res mancipi* vom berechtigten Vormann aufgrund einer *iusta causa* bloß tradiert, so wird der Erwerber bonitarischer Eigentümer und kann erst nach Ablauf der Ersitzungsfrist von zwei Jahren bei unbeweglichen Sachen ziviles Eigentum erwerben. Anders als der zivile Eigentümer hat der bonitarische Eigentümer nicht die *rei vindicatio*, sondern die *actio Publiciana*.

von Vermögensrechten sein. Als Gewaltunterworfener kann er aber für seinen Gewalthaber MARS Besitz (und Rechte) erwerben – *item adquirimus possessionem per servum aut filium*. Folglich ist zu prüfen, ob MARS durch Fons als seine verlängerte Hand Besitz an der Säule und der Statue erworben hat. Zunächst gilt es den Besitzerwerb an der Säule zu prüfen. Besitz erwirbt man *corpore et animo*. *Animus* ist der Besitzwille und *corpus* das körperliche Naheverhältnis zur Sache. Seinen *animus rem sibi habendi* bringt MARS darin zum Ausdruck, dass er Fons anordnet, bei QUIRINUS eine Säule zu kaufen und ihm diese zu bringen. Diese den Erwerbswillen von MARS zum Ausdruck bringende Anordnung an Fons, eine Säule zu kaufen, stellt ein *iussum* dar. Das körperliche Naheverhältnis wird MARS durch seinen Haussohn Fons hergestellt. Da Fons in einem Gewaltverhältnis zu MARS steht (*patria potestas*), erwirbt MARS *animo nostro, corpore alieno* Besitz an der Säule, sobald Fons sie ergreift. Zu beachten ist, dass Fons als Gewaltunterworfener bloß Besitzdiener für MARS ist. MARS ist damit unmittelbarer Besitzer der Säule, wenn sie Fons von QUIRINUS übergeben erhält.

Schließlich gilt es noch zu prüfen, ob MARS auch an der Statue, die Fons kauft und von QUIRINUS übernimmt, Besitz erworben hat. Da MARS Fons nur den Ankauf einer Säule angeordnet hat, ist der Erwerb der Statue jedenfalls nicht vom *iussum* gedeckt. Auch für eine nachträgliche Genehmigung (*ratihabitio*) des Erwerbs der Statue durch MARS finden sich keine Anhaltspunkte im Sachverhalt. Zu beachten ist, dass Fons von MARS mit einem Kürschnereibetrieb als *peculium* ausgestattet ist. Bei einem *peculium* handelt es sich um Sondervermögen, das der Gewalthaber seinem Gewaltunterworfenen zur selbständigen Bewirtschaftung überlässt. In der Einräumung eines *peculium* manifestiert sich der generell-abstrakte Erwerbswille des Gewalthabers. Zugleich begründet die Einräumung eines *peculium* eine Haftung des Gewalthabers für die vom Gewaltunterworfenen eingegangenen Geschäftsschulden bis zum Wert des *peculium* im Verurteilungszeitpunkt.

Kommt es nun zur Konkretisierung des von MARS im *peculium* generell-abstrakt ausgedrückten Erwerbswillens durch Fons, indem sich Fons entschließt, die Statue zu kaufen und sogleich mitzunehmen, ist das Tatbestandselement *animus* erfüllt. Da Fons unter der *patria potestas* von MARS steht und Fons die Statue ergreift (*arg*: er nimmt sie mit und bringt sie MARS), hat MARS auch an der Statue *animo nostro, corpore alieno* Besitz erworben. Der Umstand, dass der Erwerb einer Statue kein typisches Geschäft eines Kürschnereibetriebes darstellt, ist unerheblich. Da beim *peculium* die Ermächtigung zum Besitzerwerb generell-abstrakt gehalten ist, erwirbt der Gewaltunterworfene für seinen Gewalthaber auch dann Besitz, wenn die erworbene Sache funktional nichts mit dem Zweck, zu dem das *peculium* eingeräumt wurde, zu tun hat.

▶ (1) Die gesetzlichen Regeln über die Übertragungsarten finden sich im ABGB iZm dem Eigentumserwerb. Sofern es sich um bewegliche Sachen handelt, sind diese Bestimmungen auch auf die Übertragung von Besitz anzuwenden. Bei unbeweglichen Sachen kommt es für den Eigentumserwerb auf die Verbücherung (Eintragung im Grundbuch) an, für den Besitzerwerb auf die tatsächliche Überlassung. Als Regelfall sieht das ABGB die körperliche Übergabe (Übergabe von Hand zu Hand, § 426) vor, was aber nicht wörtlich zu nehmen ist. Vielmehr genügt die Verschaffung eines ausreichenden Naheverhältnisses zur Sache. Daneben kommen aber noch andere Übergabsarten infrage, und zwar die Übergabe durch Zeichen (§ 427), die Übergabe durch Erklärung (§ 428) und die Versendung (§ 429). Die Übergabe durch Zeichen ist nur dann zulässig, wenn die körperliche Übergabe unmöglich oder untunlich ist. So genügt etwa bei einem großen Warenlager die Übergabe der Schlüssel. Bei der Übergabe durch Erklärung unterscheidet man die Übergabe kurzer Hand (*traditio brevi manu*), das Besitzkonstitut (*constitutum possessorium*) und die Besitzanweisung. Bei der Übergabe kurzer Hand befindet sich die Sache bereits beim Erwerber, der sie bisher nur innehatte. Die Parteien erklären ihr Einverständnis, dass der Inhaber die Sache künftig als Besitzer haben soll. Beim Besitzkonstitut kommen die Parteien überein, dass der bisherige Besitzer die Sache künftig für den Erwerber innehaben soll. Unzulässig, weil dem Faustpfandprinzip widersprechend, ist die Übergabe durch Besitzkonstitut als Modus für die Begründung von Pfand- oder anderen Sicherungsrechten (vgl Fall 15). Die Übergabe durch Besitzanweisung ist nicht ausdrücklich im ABGB vorgesehen, wurde aber von der Lehre in Analogie zu § 428 entwickelt. Bei der Besitzanweisung wird dem Sachinhaber mitgeteilt, dass er die Sache künftig für einen anderen innehat. Seiner Zustimmung bedarf es nach hM nicht. Bei der Übergabe durch Versendung gelten die Sachen mit Übergabe an das Transportunternehmen als an den Erwerber übergeben, sofern dieser die Übersendungsart genehmigt hat. Ist die Übersendungsart verkehrsüblich (etwa Bahn oder Post), so wird die Genehmigung des Erwerbers vermutet, sodass bereits mit Übergabe an den Transporteur der Besitz übergeht. Die Regeln über die Versendung sind va für den Übergang der Gefahrtragung bedeutsam (zur Gefahrtragung beim Versendungskauf vgl Fall 37). [*Koziol/Welser*, Bürgerliches Recht I¹³ (2006) 264 ff] **(2)** Wenngleich der Besitz nach hA kein dingliches Recht ist, so ist er dennoch rechtlich von Bedeutung. So spielt der Besitz etwa beim Erwerb dinglicher Rechte eine große Rolle. Da dingliche Rechte als absolute Rechte gegenüber jedermann wirken, ist es erforderlich, dass ihr Bestehen auch für jedermann erkennbar ist. Dingliche Rechte bedürfen also der Publizität. So bedarf es etwa beim Eigentumserwerb beweglicher Sachen der Übergabe der Sache, dh der Übertragung des Besitzes (dies gilt auch für den Gutglaubenserwerb nach § 367 [vgl Fall 7] sowie für die Ersitzung [vgl ebenfalls Fall 7]). Bei Liegenschaften bedarf es hingegen der Eintragung in das Grundbuch (Intabulationsprinzip). Der Besitz entfaltet Rechtsscheinwirkung: Der Umstand, dass man eine Sache besitzt, indiziert die Vermutung, dass man zum Besitz berechtigt ist, dh den Besitz aufgrund eines gültigen Titels erworben hat, man also rechtmäßiger Besitzer ist, § 323. Im Streitfall obliegt somit grds nicht dem Besitzer die Beweislast, dass er aufgrund eines gültigen Titels besitzt, sondern der Gegner hat zu beweisen, dass der Besitzer titellos besitzt. Besondere Bedeutung kommt dem Besitz durch den gerichtlichen Besitzschutz zu. Geschützt wird der Besitzer vor eigenmächtiger Entziehung oder Störung seines Besitzes durch ein rasches und vorläufiges Gerichtsverfahren, das sog Besitzstörungsverfahren, §§ 339, 346; §§ 454 ff ZPO. Dem Besitzstörungsverfahren kommt va friedenssichernde Funktion zu. Eigenmächtiges Vorgehen des Einzelnen soll dadurch weitgehend beschränkt werden. Das Besitzstörungsverfahren ist ein possessorisches Verfahren, bei dem es um die Wiederherstellung des letzten ruhigen Besitzstandes geht. Die Frage der materiellen Berechtigung bleibt hingegen dem petitorischen Verfahren vorbehalten. Die Klage ist binnen 30 Tagen ab Kenntnis von Störung/Entziehung und Störer einzubringen. Je nach der Art des Eingriffs spricht man von Besitzstörungs- oder Besitzentziehungsklage. Der Kläger hat den bisherigen Besitzstand und die Verletzung durch den Beklagten zu beweisen. Keine Besitzstörungsklage steht demjenigen zu, der dem Gegner gegenüber unecht besitzt. So kommt etwa dem Dieb keine Besitzentziehungsklage zu, wenn sich der Bestohlene die Sache wieder zurückgeholt hat. Besondere Regeln gelten bei der Besitzstörung durch Bauführung, §§ 340 ff. Wer sowohl rechtmäßig, redlich als auch echt besitzt (sog „qualifizierter" oder rechtlicher Besitz, vgl Fall 1), genießt insofern besonderen Rechtsschutz, als er die Sache bei jedem herausverlangen kann, dessen Besitz schlechter qualifiziert ist, § 372 (Klage aus dem rechtlich vermuteten Eigentum, *actio Publiciana*). Man sagt daher auch, die *actio Publiciana* schützt das relativ bessere Recht zum Besitz. Welche Rechtsposition die relativ bessere ist, ergibt sich aus § 373. Sind beide Prozessgegner gleich qualifiziert, so obsiegt derjenige, der die tatsächliche Gewahrsame hat, § 374 (*beatus possidens*). Da die *actio Publiciana* nur gegen einen schlechter qualifizierten Besitzer schützt, kann sie nicht gegen den Eigentümer durchdringen. So wie die Eigentumsklage (*rei vindicatio*, [§ 366], vgl Fall 5 Variante) ist auch die *actio Publiciana* eine petitorische Klage und auf Herausgabe der Sache gerichtet. Anders als die Eigentumsklage geht es bei der *actio Publiciana* aber nicht um die Feststellung des Eigentums, sondern um die Frage des Rechts zum Besitz. Somit bietet die *actio Publiciana* auch dem Eigentümer ein attraktives Mittel, auf das er seinen Herausgabeanspruch stützen kann. Er erspart sich nämlich den für die Eigentumsklage nach § 366 notwendigen und mitunter schwierigen Beweis des Eigentums seiner Vormänner bis hin zu einem originären Erwerb. Gemäß § 344 hat der Besitzer das Recht, seinen Besitz ausnahmsweise eigenmächtig zu verteidigen, sofern behördliche Hilfe zu spät käme. Darüber hinaus wird dem Besitzer zugebilligt, die entzogene Sache zurückzuholen, sofern er dies sogleich tut, ohne eine Besitzentziehungsklage befürchten zu müssen. [*Koziol/Welser*, Bürgerliches Recht I[13] (2006) 273 ff]

Zu den einschlägigen Quellenstellen der hier erörterten Problemkreise: zur Unzulässigkeit des Besitzerwerbs für andere durch gewaltfreie Personen vgl insb Gai Inst 2. 95 sowie PS 5. 2. 2; zum Besitzerwerb mittels *traditio brevi manu* vgl insb Ulpian D 6. 2. 9. 1, ders D 12. 1. 9. 9 sowie Gaius D 41. 1. 9. 5; zur Übertragung einer aufgrund eines *mandatum* erworbenen Sache an den Mandanten vgl insb Callistrat D 41. 1. 59; zum Besitzerwerb mittels *constitutum possessorium* vgl insb Ulpian D 6. 1. 77, Celsus D 41. 2. 18 pr sowie Marcellus D 41. 2. 19 pr; zum Besitzverlust an Grundstücken bei Vertreibung der *servi* oder *coloni* vgl insb Papinian D 41. 2. 44. 2; zum Wortlaut des *interdictum uti possidetis* vgl insb Ulpian D 43. 17. 1 pr; zum Wortlaut des *interdictum unde vi* vgl insb Ulpian D 43. 16. 1 pr; zur fehlenden Vermögensfähigkeit von Gewaltunterworfenen vgl insb Papinian D 41. 2. 49. 1; zum *intellectus possidendi* des Gewaltunterworfenen vgl insb Paulus D 41. 2. 1. 9; zum Besitzerwerb durch Gewaltunterworfene *animo nostro, corpore alieno* vgl insb Paulus D 41. 2. 3. 12; zum Besitzerwerb durch *filii familias* bei Vorliegen eines *peculium* vgl insb Ulpian D 41. 2. 4; zum Besitzerwerb durch Gewaltunterworfene bei Vorliegen eines *peculium*, auch ohne Wissen des Gewalthabers, vgl insb Paulus D 41. 2. 1. 5, ders D 41. 2. 3. 12 sowie Papinian D 41. 2. 44. 1.

Fall 3: ☆

Omnia tua mecum porto *

FAUNUS kauft von LIBITINA fünf Säcke Weizen, die sich in LIBITINAS versperrtem Lager befinden. Vor dem Lager erhält FAUNUS den Schlüssel übergeben. Am nächsten Tag ersucht FAUNUS seinen Sklaven Consus, die noch im Lager von LIBITINA befindlichen fünf Säcke Weizen zu AMOR zu transportieren. AMOR hat sich FAUNUS gegenüber bereit erklärt, den Weizen drei Monate unentgeltlich aufzubewahren. Consus sperrt das Lager auf, lädt die fünf Säcke auf den Wagen und überbringt sie AMOR. Anstatt zu seinem Herrn zurückzukehren, setzt sich Consus mit FAUNUS' Wagen und dem Pferd ab. Am Markt tauscht Consus den Wagen gegen eine purpurne Toga. Seine Flucht setzt Consus auf FAUNUS' Pferd reitend fort. Schließlich wird Consus von Wegelagerern, die durch sein kostbares Gewand auf ihn aufmerksam geworden sind, attackiert. Consus gelingt es, in einen Wald zu flüchten. Um im Dickicht schneller voranzukommen, steigt Consus vom Pferd und scheucht es weg. Das Pferd verirrt sich im weitläufigen Wald. Den Wegelagerern gelingt es dennoch, Consus aufzustöbern. Sie eignen sich die von Consus getragene Toga an und nehmen Consus gefangen. Einen Monat nach der Übernahme des Weizens trifft AMOR FAUNUS am Strand und fragt ihn, ob er den verwahrten Weizen für zwei Monate als Darlehen verwenden dürfe. FAUNUS stimmt der Bitte von AMOR zu.

Wie steht es um den Besitz am Weizen, am Wagen, am Pferd sowie am Sklaven Consus und an der Toga in den einzelnen Stadien des Falles?

Zu behandelnde Problemkreise:

➢ Besitzerwerb *animo et corpore*
➢ Einigung in Sachpräsenz
➢ Sklaven als Besitzdiener – unmittelbarer Eigenbesitz des Gewalthabers
➢ Verwahrer als Besitzmittler – *animus rem alteri habendi*
➢ Besitzerhaltung *solo animo* an *servi fugitivi*
➢ Besitzerhaltung hinsichtlich der vom *fugitivus* auf die Flucht mitgenommenen Sachen
➢ Besitzerwerb hinsichtlich der vom *fugitivus* auf der Flucht erworbenen Sachen
➢ Besitzverlust am *fugitivus*, wenn dieser in Gefangenschaft gerät
➢ Besitzverlust an jenen Sachen, derer sich Dritte bemächtigen
➢ Besitzverlust an Tieren, wenn sich diese auf fremdem Grund verlaufen
➢ *traditio brevi manu*

▶ (1) Der Sachbesitz endet, wenn es zum Untergang der Sache oder zu deren Verlust ohne Aussicht auf Wiedererlangung kommt, § 349. Ebenso zum Besitzverlust führt es, wenn jemand den Besitzwillen aufgibt und sich der Sache durch einen nach außen hin erkennbaren Akt entledigt (Preisgabe oder Dereliktion). Gibt jemand seinen Besitz an einer Sache auf, so wird iZw vermutet, dass er

---

* Ich trage all das Deinige bei mir. Eigentlich: *Omnia mea mecum porto*: Ich trage all das Meinige bei mir (Cicero, *Paradoxa Stoicorum* 1. 1. 8). Diesen Ausspruch tätigte der griechische Philosoph Bias von Priëne, einer der sieben Weisen, als er bei seiner Flucht aufgrund einer Belagerung seiner Heimatstadt aufgefordert wurde, möglichst viel von seinem Hab und Gut mitzunehmen. Das Zitat soll verdeutlichen, dass der wahre Besitz eines Menschen in seinen charakterlichen Eigenschaften und Fähigkeiten liegt und nicht in materiellen Dingen.

nicht auch sogleich sein Eigentum aufgeben wolle, § 386. Da Alleinbesitz des einen den Alleinbesitz des anderen ausschließt, erlischt der bisherige Besitz weiters dann, wenn ein anderer Besitz erwirbt. Rechtsbesitz endet dann, wenn der Besitzer zu verstehen gibt, das Recht nicht mehr ausüben zu wollen, wenn ihn der Verpflichtete an der Ausübung des Rechts hindert und es der Berechtigte dabei bewenden lässt, wenn die Ausübung des Rechts unmöglich wird und schließlich dann, wenn das Recht wegen Nichtausübung verjährt ist, § 351. [*Koziol/Welser*, Bürgerliches Recht I^{13} (2006) 271 f] **(2)** Zur Unterscheidung zwischen Sach- und Rechtsbesitz vgl Fall 1.

Zu den einschlägigen Quellenstellen der hier zu erörternden Problemkreise: zum Besitzerwerb an in einem Speicher gelagerten Waren durch Übergabe des Schlüssels vgl insb Papinian D 18. 1. 74, Gaius D 41. 1. 9. 6 u Paulus D 41. 2. 1. 21; zum Besitzerwerb mittels *traditio brevi manu* bei Umwandlung eines *depositum* in ein *mutuum* vgl insb Ulpian D 12. 1. 9. 9; zur Besitzerhaltung an beweglichen Sachen, solange sie sich in der *custodia* des Besitzers befinden, vgl insb Paulus D 41. 2. 3. 13; zur Besitzerhaltung am *servus fugitivus* vgl insb Ulpian D 41. 2. 13 pr, Gaius D 41. 2. 15 sowie Paulus D 41. 3. 15. 1; zum Besitzerwerb durch einen *servus fugitivus* bzw zur Besitzerhaltung, bis sich ein anderer seiner bemächtigt, vgl insb Paulus D 41. 2. 1. 14.

2. Teil

EIGENTUM

1. KAPITEL

Derivativer Eigentumserwerb

Lit: *Benke/Meissel*, Römisches Sachenrecht[10] (2012) 83–95, 154–175, 180–187;
Hausmaninger/Selb, Römisches Privatrecht[9] (2001) 149–153, 165–177;
Kaser/Knütel, Römisches Privatrecht[20] (2014) 138–144, 156–168;
Apathy/Klingenberg/Pennitz, Einführung in das römische Recht[5] (2012) 120–144.

Fall 4: ☆

Veni, vidi, vendidi [*]

MERKUR ist seiner Tätigkeit als Landwirt überdrüssig, weshalb er sein in Tusculum gelegenes Grundstück um 5000 und seinen Pflug um 50 in Rom an CARMENTA verkauft. Das Grundstück wird an CARMENTA manzipiert. Den Pflug werde CARMENTA in drei Tagen, bei der Übernahme des Grundstücks in Tusculum, abholen und dann auch die Kaufpreise bezahlen. CARMENTA weiß nicht, dass MERKUR seiner Nachbarin, der Schafzüchterin PALES, ein Jahr zuvor die Servitut, ihre Schafe über sein Grundstück treiben zu dürfen, eingeräumt hat, wodurch der Viehmarkt von PALES' Grundstück aus rascher zu erreichen ist. Bevor CARMENTA zur Abholung erscheint, verkauft und übergibt MERKUR den Pflug an ROBIGUS, da dieser mehr als CARMENTA, nämlich 60, zu zahlen bereit ist.

Noch am selben Tag besucht MERKUR seinen Freund NEPTUN, von dem er weiß, dass dieser stets in Geldnöten ist. Am Ende seines Besuches übergibt ihm MERKUR mit den Worten: „Damit sollten deine Geldprobleme für die nächsten Monate beseitigt sein!" ein Säckchen mit Münzen und verabschiedet sich. NEPTUN, der sich darüber sehr erfreut zeigt, weiß nicht, dass MERKUR ihm das Geld schenken möchte. Als MERKUR bereits auf der Straße ist, geht NEPTUN ans Fenster und ruft ihm zu, wann das Geld denn zurückzuzahlen sei. MERKURs Antwort geht im Straßenlärm unter. Drei Tage später bezahlt NEPTUN mit dem von MERKUR erhaltenen Geld seine Schulden.

Wer ist Besitzer, wer Eigentümer des Grundstücks und des Pfluges im Laufe des Falles? Wie steht es um den Besitz, wie um das Eigentum an den von MERKUR an NEPTUN hingegebenen Münzen?

---

[*] Ich kam, sah und verkaufte. Eigentlich: *Veni, vidi, vici* – Ich kam, sah und siegte (Sueton, *Divus Iulius* 37. 2). Botschaft Caesars an Gaius Matius nach seinem raschen Sieg über Pharnaces II., den König von Pontus, in der Schlacht bei der Stadt Zela, Kleinasien, im Jahre 47 v Chr. Dieses Zitat wurde sodann auf eine Tafel geschrieben, die dem Triumphzug ein Jahr später in Rom vorangetragen wurde.

Skizze:

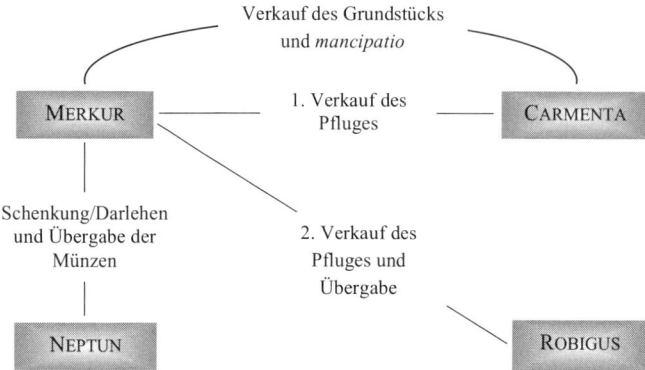

Vorüberlegungen:

- ➤ Welcher Voraussetzungen bedarf der Eigentumserwerb mittels *mancipatio*?
- ➤ Was versteht man unter einem Verpflichtungs-, was unter einem Verfügungsgeschäft?
- ➤ Ist die *mancipatio* ein abstraktes oder ein kausales Verfügungsgeschäft?
- ➤ Was versteht man unter einer (Grund-)Dienstbarkeit?
- ➤ Welchen Anforderungen muss eine Grunddienstbarkeit genügen?
- ➤ Was besagt der Grundsatz *nemo plus iuris transferre potest quam ipse habet?*
- ➤ Welcher Voraussetzungen bedarf der Eigentumserwerb mittels *traditio*?
- ➤ Hat ROBIGUS oder hat CARMENTA Eigentum an dem Pflug erworben?
- ➤ Welche Voraussetzung des Eigentumserwerbs durch *traditio* erscheint hinsichtlich der von MERKUR an NEPTUN hingegebenen Münzen problematisch?
- ➤ Macht es einen Unterschied, wenn NEPTUN die Münzen seinen Gläubigern zur Bezahlung seiner Schulden übergibt?
- ➤ Wie kann an fremdem Geld originär Eigentum erworben werden?

Besitz und Eigentum am Grundstück

Zu Beginn des Falles ist MERKUR Besitzer und Eigentümer des Grundstücks. Er ist Eigenbesitzer (*possessor*), weil er die Sachherrschaft (*corpus*) über das Grundstück ausübt und Eigenbesitzwillen (*animus rem sibi habendi*) hat. Da bei unbeweglichen Sachen Besitz auch *solo animo* aufrechterhalten werden kann, ist MERKUR auch für die Dauer seiner Abwesenheit, als er in Rom weilt, Eigenbesitzer des Grundstücks. Da es sich dem Sachverhalt nach um „… sein in Tusculum gelegenes Grundstück …" handelt, ist MERKUR dessen ziviler Eigentümer.

Einigen sich MERKUR und CARMENTA über den Austausch des Grundstücks (Ware) gegen Zahlung von 5000 (Kaufpreis), so schließen sie einen Kaufvertrag ab. Zu beachten ist, dass es für die Gültigkeit des Kaufvertrages weder der Übergabe des Kaufgegenstandes noch der Zahlung des Kaufpreises bedarf. Vielmehr schafft der Kaufvertrag als Verpflichtungsgeschäft einen Anspruch des Käufers auf Übergabe der Ware und einen Anspruch des Verkäufers auf Zahlung des

Kaufpreises. Werden die Leistungen erbracht, so ist der Kaufvertrag erfüllt. Von den Verpflichtungsgeschäften zu unterscheiden sind die Verfügungsgeschäfte. Diese wirken unmittelbar auf ein bereits bestehendes dingliches Recht ein, indem sie es übertragen oder beschränken. Erst mit Vornahme des Verfügungsgeschäftes kann Eigentum derivativ übertragen werden.

Da es sich bei dem Kaufgegenstand um ein italisches Grundstück (*arg*: das Grundstück liegt in Tusculum) und somit um eine *res mancipi* handelt, kommt ein derivativer (dh vom Recht des Vormanns abgeleiteter) Eigentumserwerb mittels eines formgebundenen Verfügungsgeschäfts, dh mittels *mancipatio* (oder in *iure cessio*), infrage. Der Aufzählung des Juristen Gaius zufolge gehören zu den *res mancipi* neben italischen Grundstücken samt den auf ihnen errichteten Gebäuden und den zu ihrer besseren Bewirtschaftung eingeräumten Feldservituten auch Sklaven sowie bestimmte Zug- und Tragtiere. Bei der *mancipatio* handelt es sich um einen Formalakt, durch den ziviles Eigentum an *res mancipi* übertragen werden kann. Als Geschäft durch Kupfer und Waage (*negotium per aes et libram*, Libralakt) bedarf es bei der *mancipatio* neben der Anwesenheit des Veräußerers (*mancipio dans*) und des Erwerbers (*mancipio accipiens*) eines Waagehalters (*libripens*) sowie fünf Zeugen (*testes*). War die *mancipatio* ursprünglich ein Barkauf, bei dem der Kaufpreis zugewogen und der Kaufgegenstand sogleich übergeben wurde, so wird in späterer Zeit die Bezahlung des tatsächlichen Kaufpreises durch das Klopfen des Erwerbers mit einer Kupfermünze an die Waage als symbolischen Akt ersetzt (*mancipatio nummo uno*). Auch der Übergabe des Kaufgegenstandes bedarf es nun nicht mehr, sodass die Eigentumsübertragung durch *mancipatio* auch dann wirksam ist, wenn der Kaufgegenstand nicht gegenwärtig ist. Die Voraussetzungen für einen Eigentumserwerb mittels *mancipatio* sind das zivile Eigentum des Vormanns und die Einhaltung des Formalakts. Als abstraktes Verfügungsgeschäft kommt es bei der *mancipatio* auch dann zur Eigentumsübertragung, wenn es an einer gültigen *iusta causa* mangelt. Da MERKUR als Veräußerer ziviler Eigentümer des Grundstücks ist und dieses dem Sachverhalt nach an CARMENTA manzipiert wird, ist CARMENTA nach Vollzug des Formalakts derivativ Eigentümerin des Grundstücks geworden. Da es, anders als beim Eigentumserwerb mittels *traditio,* beim Eigentumserwerb mittels *mancipatio* keiner tatsächlichen Übergabe der Kaufsache bedarf, ist CARMENTA bereits in Rom zivile Eigentümerin des Grundstücks geworden.

Zu beachten ist aber, dass MERKUR seiner Nachbarin PALES ein Jahr zuvor die Servitut (Dienstbarkeit, *servitus*), ihre Schafe über sein Grundstück treiben zu dürfen, eingeräumt hat. Bei einer Dienstbarkeit handelt es sich um ein beschränktes dingliches Recht an einer fremden Sache, aufgrund dessen der Eigentümer der mit der Servitut belasteten Sache eine Einwirkung des Servitutsberechtigten zu dulden (*pati*) oder ein Verhalten, zu dem er als Eigentümer befugt wäre, zu unterlassen (*non facere*) hat. Der mit einer Servitut Belastete kann aber idR nicht zu einem Tun verpflichtet sein – *servitus in faciendo consistere nequit.*

Bei der PALES eingeräumten Servitut, ihre Schafe über MERKURs Grund treiben zu dürfen (*actus*), handelt es sich um eine Wegeservitut. Diese zählt wie die Wasser- und Weideservituten zu den Feldservituten (*servitutes praediorum rusticorum*). Wie bei den Gebäudeservituten (*servitutes praediorum urbanorum*) handelt es sich auch bei den Feldservituten um Grunddienstbarkeiten (Prädialservituten). Erfordernisse für eine Grunddienstbarkeit sind, dass das Grundstück, zu dessen Gunsten die Servitut besteht (herrschendes Grundstück, *praedium dominans*), und das mit der Servitut belastete Grundstück (dienendes Grundstück, *praedium serviens*) benachbart sind (*vicinitas*) und dass die Servitut für das herrschende Grundstück nützlich (*utilitas*) ist. *Utilitas* ist gegeben, wenn die Servitut eine bessere Nutzung des herrschenden Grundstücks ermöglicht und dafür auch notwendig ist. Da PALES und MERKUR dem Sachverhalt nach Eigentümer benachbarter Grundstücke sind, ist *vicinitas* gegeben. Zudem ermöglicht die Servitut eine bessere Erreichbarkeit des Viehmarktes von PALES' Grundstück aus und dadurch dessen bessere Nutzung, weshalb auch *utilitas* vorliegt.

MERKUR hat es daher zu dulden, dass PALES ihre Schafe über sein Grundstück treibt. Insoweit sind seine Eigentümerbefugnisse beschränkt. Kommt es nun zur Veräußerung des Grundstücks an CARMENTA, so kann ihr MERKUR nur ein mit der Wegeservitut belastetes Eigentum übertragen: *res transit cum suo onere* – die Sache geht mit ihrer Last über. Es gilt: *nemo plus iuris ad alium transferre potest quam ipse habet* – niemand kann mehr an Recht an einen anderen übertragen, als er selbst hat.

Somit hat künftig CARMENTA als neue Eigentümerin des belasteten Grundstücks zu dulden, dass PALES, als Eigentümerin des herrschenden Grundstücks, ihre Schafe über das Grundstück treibt. Für den Fall, dass CARMENTA PALES die Ausübung ihrer Servitut nicht gestattet, kann PALES mit der dinglichen *vindicatio servitutis* (auch *actio confessoria*) die Feststellung des Bestehens der Wegeservitut und die Wiederherstellung des servitutskonformen Zustandes begehren. Zudem wird sie vom Prätor durch prohibitorische Interdikte geschützt, vorausgesetzt, sie übt die Servitut *nec vi, nec clam, nec precario* aus.

Nach der Fragestellung ist weiters zu prüfen, ob bzw wann CARMENTA Besitz am Grundstück erlangt. Besitz erwirbt man *corpore et animo*, dh durch Herstellung der faktischen Herrschaft über die Sache (*corpus*), verbunden mit dem Willen, die Sache für sich zu haben (*animus*). Bei Abschluss des Kaufvertrages und Vornahme der *mancipatio* in Rom stellt CARMENTA weder ein körperliches Naheverhältnis zu dem in Tusculum gelegenen Grundstück her noch hat sie zu diesem Zeitpunkt einen Besitzwillen. Erklärt CARMENTA, das Grundstück in drei Tagen übernehmen zu wollen, so kommt damit ihr *animus rem sibi habendi* zum Ausdruck. Erst zu diesem Zeitpunkt möchte CARMENTA Besitzerin des Grundstücks sein. Da es, dem Juristen Paulus zufolge, beim Besitzerwerb eines Grundstücks ausreicht, wenn dieses vom Erwerber an einer beliebigen Stelle betreten wird – ohne dass es eines Abschreitens der Grundstücksgrenzen bedarf –, erwirbt CARMENTA *corpore et animo* Besitz am gekauften Grundstück, sobald sie es erstmals betritt.

Besitz und Eigentum am Pflug

Auch der Pflug steht zu Beginn des Falles im Eigentum von MERKUR (*arg*: sein Pflug) wie auch in dessen Besitz (er will den Pflug für sich haben und hat hinreichende Sachgewalt iSv *custodia*, solange sich der Pflug auf seinem Grundstück und damit in seiner Herrschaftssphäre befindet). Verkauft MERKUR den Pflug an CARMENTA, so ist zu prüfen, ob CARMENTA Eigentümerin des Pfluges geworden ist. Da es sich bei dem Pflug um eine *res nec mancipi* handelt, kommt ein derivativer Eigentumserwerb mittels (formfreier) *traditio* infrage. Um derivativ Eigentum mittels *traditio* erwerben zu können, bedarf es dreier Voraussetzungen: Der Vormann muss dinglich berechtigt, dh Eigentümer oder Verfügungsbefugter sein – *nemo plus iuris transferre potest quam ipse habet*. Anders als bei der abstrakt wirkenden *mancipatio* (oder in *iure cessio*) bedarf es bei der *traditio* als kausalem Verfügungsgeschäft eines gültigen Titels, der auf die Übertragung von Eigentum gerichtet ist (*iusta causa* bzw *titulus*). Als *iusta causa traditionis* kommen somit Kauf, Tausch, Schenkung, Darlehensaufnahme oder etwa die Bestellung einer Mitgift (*dos*) infrage. Schließlich ist es erforderlich, dass die *possessio* am Gegenstand auf den Erwerber übertragen wird (*traditio* ieS bzw *modus*). Da es beim Eigentumserwerb mittels *traditio* – neben dem Recht des Vormanns – auf einen gültigen Erwerbstitel und die Übertragung der Sache in den Besitz des Erwerbers ankommt, spricht man auch vom Prinzip von Titel und Modus.

Da MERKUR den Pflug in seinem Eigentum hat, ist die dingliche Berechtigung des Vormanns gegeben. Weiters schließen MERKUR und CARMENTA durch Willenseinigung über Ware (Pflug) und Kaufpreis (50) einen Kaufvertrag ab. Eine *iusta causa* für den Eigentumserwerb ist somit ebenfalls gegeben. Zu beachten ist aber, dass es nicht zur Übergabe des Pfluges, und zwar weder in Rom bei Abschluss des Kaufvertrages (*arg*: der Pflug ist nicht gegenwärtig) noch drei Tage später in Tusculum, als CARMENTA zur vereinbarten Übernahme erscheint (*arg*: als CARMENTA zur Abholung erscheint, hat MERKUR den Pflug bereits an ROBIGUS verkauft und übergeben), kommt. Indem CARMENTA erklärt, den Pflug in drei Tagen abholen zu wollen, äußert sie zwar ihren Besitzwillen (*animus rem sibi habendi*), da sie aber kein hinreichendes körperliches Naheverhältnis (*corpus*) zu dem Pflug herstellen kann, ist sie nicht Besitzerin geworden. Mangels Übertragung der *possessio* hat CARMENTA somit kein Eigentum an dem Pflug erworben.

Kommt es nun zu einem weiteren Verkauf des Pfluges durch MERKUR, diesmal an ROBIGUS, so ist fraglich, ob es hier zu einer Eigentumsübertragung gekommen ist. Es ist erneut zu prüfen, ob die Voraussetzungen für einen derivativen Eigentumserwerb durch *traditio* erfüllt sind. Da der Eigentumserwerb mittels *traditio* durch CARMENTA fehlgeschlagen ist, steht der Pflug nach wie vor in MERKURs Eigentum. Die dingliche Berechtigung des Veräußerers MERKUR ist somit gegeben. Indem sich MERKUR und ROBIGUS über den Austausch des Pfluges (Ware) gegen 60 (Preis) einigen, schließen sie einen Kaufvertrag ab, weshalb auch ein gültiger Erwerbstitel vorliegt. Da es auch zur Übergabe des Pfluges an ROBIGUS und somit zur Herstellung eines körperlichen Naheverhältnisses, verbunden mit dem Willen, die Sache für sich zu haben, gekommen ist, hat ROBIGUS derivativ Besitz und damit auch Eigentum erworben. Zugleich hat MERKUR Eigentum und Besitz an dem Pflug verloren.

Da CARMENTA kein Eigentum an dem Pflug erlangt hat, kann sie ihn nicht von ROBIGUS herausverlangen. Vielmehr bleibt sie auf Ansprüche aus dem mit MERKUR abgeschlossenen Kaufvertrag beschränkt. MERKURs (dolose) Verletzung seiner vertraglichen Pflicht zur Übergabe des Pfluges rechtfertigt einen Schadenersatzanspruch von CARMENTA, den sie mit der Käuferklage, der *actio empti*, durchsetzen kann.

Eigentum an den von MERKUR an NEPTUN hingegebenen Münzen

Zu prüfen ist, ob NEPTUN an den von MERKUR hingegebenen Münzen derivativ Eigentum erworben hat. Da Geld, der (wohl taxativen) Aufzählung von *res mancipi* des Juristen Gaius zufolge, nicht zu den *res mancipi* zählt, kommt ein Eigentumserwerb von NEPTUN mittels *traditio* in Betracht. Die dingliche Berechtigung und die Übertragung von Besitz sind zweifellos gegeben. Mangels anderer Anhaltspunkte im Sachverhalt ist davon auszugehen, dass MERKUR Eigentümer der Münzen ist. Auch ein Besitzerwerb von NEPTUN hat stattgefunden: Mit Übergabe der Münzen hat NEPTUN Sachherrschaft (*corpus*), da er durch das Ergreifen der Münzen ein unmittelbares körperliches Naheverhältnis herstellt. Der Eigenbesitzwille von NEPTUN kommt darin zum Ausdruck, dass er sich über die von MERKUR hingegebenen Münzen erfreut zeigt. Folglich hat NEPTUN *corpore et animo* Besitz an den Münzen erworben. Zugleich hat MERKUR Besitz verloren. Er will die Münzen nun nicht mehr für sich haben (*arg*: er möchte NEPTUN die Münzen schenken) und übt keine Sachherrschaft mehr über sie aus.

Problematisch erscheint das Vorliegen einer für den derivativen Eigentumserwerb durch *traditio* erforderlichen *iusta causa*. MERKUR übergibt die Münzen mit dem Willen, sie NEPTUN zu schenken (*animus donandi*), während sie NEPTUN im Glauben, ein Darlehen gewährt zu bekommen, entgegennimmt (*arg*: NEPTUN ruft MERKUR aus dem Fenster zu, wann das Geld denn zurückzuzahlen sei). So mag der Umstand, dass MERKUR das Geld mit den Worten „Damit sollten deine Geldprobleme für die nächsten Monate beseitigt sein!" übergibt, bei NEPTUN den Anschein erwecken, dass MERKUR ihm das Geld eben für einige Monate – und somit als Darlehen – zur Verfügung stellen möchte.

Zwar sind sowohl Schenkung (*donatio*) als auch Darlehen (*mutuum*) darauf gerichtet, dem Erwerber (unentgeltlich) Eigentum zu verschaffen (beachte: das Darlehen in Rom ist unverzinslich), jedoch ist beim Darlehen der Erwerber verpflichtet, Sachen in Umfang und Qualität der erhaltenen Darlehensvaluta nach Ablauf einer vereinbarten Zeit zurückzustellen, während den Erwerber bei der Schenkung keine Rückzahlungsverpflichtung trifft.

Fehlt, wie im vorliegenden Fall, eine Einigung zwischen Veräußerer und Erwerber, aus der hervorgeht, aufgrund welcher *causa* Eigentum übergehen soll, und erfolgt die Leistung auch nicht im Hinblick darauf, eine – wenn auch von den Parteien bloß angenommene – bereits entstandene Verpflichtung zu erfüllen (sog *causa solvendi*), so mangelt es an einer *iusta causa traditionis*.

Ungeachtet des Fehlens einer für den Eigentumserwerb mittels *traditio* erforderlichen Einigung der Parteien über den Rechtsgrund der Übergabe lässt der hochklassische Jurist Julian in einem vergleichbaren Fall Eigentum mittels *traditio* dennoch übergehen. Dies mag darin begründet sein, dass der Veräußerer und der Erwerber als kleinsten gemeinsamen Nenner Einigung darüber erzielen, dass es zu einem (unentgeltlichen) Eigentumsübergang kommen soll. Diese Sichtweise entspricht dem Prinzip der abstrakten Tradition, wonach es für den Eigentumsübergang bloß der Einigung der Parteien darüber, dass Eigentum übergehen soll, nicht aber des Vorliegens einer *iusta causa* bedarf.

Andererseits mag die Überlegung, dass im Größeren stets das Kleinere enthalten ist – *in maiore minus inest* –, *in concreto* dass jemand, der schenken will, auch zur Darlehensgewährung bereit ist, Julian dazu bewogen haben, eine *causa*, nämlich eine aus Darlehen (*causa credendi*), anzunehmen und damit einen Eigentumserwerb zu bejahen. Folgt man der Ansicht Julians, so hat NEPTUN mit der Übergabe derivativ durch *traditio* Eigentum an den Münzen erworben.

Eine andere Ansicht zur Frage, ob Eigentum an Geld, das der Übergeber schenken will, das vom Erwerber aber im Glauben, ein Darlehen gewährt zu bekommen, angenommen wird, derivativ übergeht, vertritt der spätklassische Jurist Ulpian. Mangels Einigung der Parteien darüber, ob das Geld *credendi causa* oder *donandi causa* übertragen werden soll, liegt nach Ulpian keine *iusta causa traditionis* vor, weshalb er einen derivativen Eigentumserwerb durch *traditio* verneint (Prinzip der kausalen Tradition). Nach Ansicht Ulpians hat NEPTUN mit Übergabe der Münzen kein Eigentum erlangt, sodass die Münzen nach wie vor im Eigentum von MERKUR stehen. Übergibt in der Folge NEPTUN die von MERKUR erhaltenen Münzen zum Zweck der Schuldtilgung an seine Gläubiger, so ist zu prüfen, ob dadurch ein Tatbestand des natürlichen Eigentumserwerbs erfüllt ist. Zu einem originären Eigentumserwerb an fremden Münzen kommt es, wenn diese verbraucht werden – *nummos consumere*. Dies ist dann der Fall, wenn fremdes Geld mit eigenem ununterscheidbar vermengt wird. Dem ununterscheidbaren Vermengen fremden Geldes mit eigenem wird die gutgläubige Zahlung an einen Dritten gleichgehalten.

Indem NEPTUN das von MERKUR erhaltene Geld im Glauben, Eigentümer zu sein, zur Bezahlung seiner Schulden einsetzt, kommt es zum Verbrauch (*consumptio*) der Münzen, sodass NEPTUN originär Eigentum erwirbt und in der Folge seinen Gläubigern derivativ Eigentum an den Münzen verschaffen kann. Wäre es MERKUR bis zum Verbrauch des Geldes als Eigentümer möglich gewesen, das Geld mittels *rei vindicatio* von NEPTUN herauszuverlangen, so kann er nun, nach Verbrauch des Geldes, eine bereicherungsrechtliche Klage (*condictio*) erheben, um die rechtsgrundlos bewirkte Vermögensverschiebung rückgängig zu machen.

Geht MERKUR gegen NEPTUN mit der *condictio* vor, so kann NEPTUN dagegen die *exceptio doli* (Einrede der Arglist) erheben, um MERKURs Begehren abzuwehren. Dies erscheint va deshalb gerechtfertigt, da der Empfänger NEPTUN die Münzen dem Willen des Gebers MERKUR entsprechend (MERKUR hatte das Geld in Schenkungsabsicht übergeben) verbraucht hat – *quia secundum voluntatem dantis nummi sunt consumpti.* Der Gedanke, dass ein treuwidrig im Gegensatz zu früherem Verhalten gesetztes Handeln nicht geduldet werden muss, findet Ausdruck in der Rechtsregel *venire contra factum proprium non licet* – es ist nicht erlaubt, in Widerspruch zu seinem eigenen (früheren) Verhalten aufzutreten.

▶ **(1)** Das ABGB versteht unter Eigentum als Recht das Befugnis, mit der Substanz und den Nutzungen einer Sache nach Willkür zu schalten und jeden anderen davon auszuschließen (subjektiver Eigentumsbegriff, § 354). Dem gegenüber steht der objektive Eigentumsbegriff des § 353, wonach „Eigentum" die Sache selbst, also den Gegenstand des Eigentums, bezeichnet. Wenngleich das ABGB von einem sehr weiten Sachbegriff ausgeht (alles, was von der Person verschieden ist und zum Gebrauch der Menschen dient, § 285), kann Eigentum nach hA nur an körperlichen Sachen bestehen. Körperliche Sachen sind solche, die „in die Sinne fallen" (§ 292), so zB ein Haus, ein Auto, eine Uhr, aber auch Energie (Strom, Gas). Nach § 285a sind Tiere keine Sachen, auf sie finden aber die für Sachen geltenden Vorschriften Anwendung, sofern keine abweichenden Regelungen bestehen. Eine entsprechende (schadenersatzrechtliche) Sonderregelung enthält § 1332a (vgl Fall 76). Zu den unkörperlichen Sachen zählen va Rechte, wie Forderungsrechte (zB Kaufpreisforderung) oder Immaterialgüterrechte (zB Marken-, Muster-, Patent- oder Urheberrechte). Da unkörperliche Sachen nicht tatsächlich beherrscht werden können, sind die Regeln über das Eigentumsrecht (ebenso wie die sonstigen sachenrechtlichen Bestimmungen) auf sie nicht bzw nicht voll anwendbar. So werden etwa Forderungen nicht nach den Regeln des Eigentumserwerbs, sondern nach den Zessionsnormen übertragen (vgl Fall 55). [*Koziol/Welser*, Bürgerliches Recht I¹³ (2006) 280 f, 292] **(2)** Eigentum kann entweder derivativ, dh von der Rechtsposition eines Vormanns abgeleitet, oder originär, dh ohne Mitwirkung eines Vormanns, erworben werden. Für den derivativen Eigentumserwerb folgt das ABGB (so wie etwa auch das Schweizer ZGB) dem Prinzip der kausalen Tradition. Demnach bedarf es für die Übertragung von Eigentum (so wie bei allen anderen dinglichen Rechten auch) neben eines gültigen Erwerbsgrundes (Titel) auch einer rechtlichen Erwerbungsart (Modus), § 380. Als Titel kommen alle Rechtsgeschäfte infrage, die auf die Übertragung von Eigentum gerichtet sind, va Verträge (zB Kauf, Tausch, Schenkung, Darlehen) und letztwillige Verfügungen (zB Legat), aber auch der richterliche Ausspruch (etwa bei der Teilung einer gemeinschaftlichen Sache und Zuspruch eines Teils der Sache oder des Erlöses, vgl Fall 5). Voraussetzung ist, dass der Titel gültig ist. Mangelt es etwa an der Geschäftsfähigkeit, so geht mangels gültigen Vertrages kein Eigentum über. Auch ein absolut wirkendes Veräußerungsverbot (vgl Fall 6) hindert die Eigentumsübertragung. Wird ein Vertrag nachträglich beseitigt, so ist zu differenzieren: Wirkt die Beseitigung sachenrechtlich bloß *ex nunc* (etwa bei Wandlung, Rücktritt wegen nachträglicher Unmöglichkeit oder Verzug), so bleibt die Übereignung wirksam und die Rückabwicklung des Vertrages erfolgt auf schuldrechtlicher Grundlage (mittels Leistungskondiktion). Wird der Vertrag hingegen mit sachenrechtlicher *ex tunc*-Wirkung beseitigt (etwa bei Anfechtung wegen Willensmängeln oder in Fällen relativer Nichtigkeit wie zB beim Wucher), so wird angenommen, dass der Vertrag nie existiert hat und daher auch Eigentum nie übergegangen ist. Der Modus besteht bei beweglichen Sachen grds in der körperlichen Übergabe der Sache (Traditionsprinzip, § 426), bei Liegenschaften in der Eintragung in das Grundbuch (Intabulationsprinzip, § 431, GBG, GUG). Anstelle der körperlichen Übergabe bei beweglichen Sachen ist auch die Übergabe durch Zeichen (§ 427), durch Erklärung (Übergabe kurzer Hand, Besitzkonstitut oder Besitzanweisung, § 428) oder durch Versendung (§ 429) möglich (vgl Fall 2). Zu beachten ist, dass der Modus kein bloßes Faktum, sondern ein sachenrechtliches Geschäft (Verfügungsgeschäft) darstellt und als solches den übereinstimmenden Willen der Kontrahenten, Eigentum zu übertragen, enthält. Die Übertragung des Eigentums wird in der Praxis oft unter der Bedingung der vollständigen Entgeltszahlung vereinbart. In diesen Fällen wird die Sache sofort an den Erwerber übergeben, der Eigentumserwerb findet aber erst mit vollständiger Bezahlung statt (Eigentumsvorbehalt, vgl Fall 34). Da sich beim derivativen Eigentumserwerb das Recht vom Vormann ableitet, bedarf es überdies, dass der Vormann entweder Eigentümer war oder eine Verfügungsermächtigung vom Eigentümer hatte, § 442. Eine Ausnahme hiervon enthält § 366 S 2: Veräußert ein Nichteigentümer eine fremde Sache, die er später (etwa durch Erbgang) in sein Eigentum erwirbt, so kommt es zur Heilung des rechtlichen Mangels beim Vormann (Konvaleszenz) und der Erwerber wird Eigentümer. Ein spezielles Problem der dinglichen Berechtigung des Vormanns stellt sich beim Doppelverkauf: Schließt der Eigentümer einer Sache hintereinander zwei Kaufverträge über seine Sache ab, so erwirbt bei beweglichen Sachen derjenige Eigentum, dem die Sache zuerst übergeben wird, § 430. Bei Liegenschaften kommt es auf das Einlangen des Gesuchs um Einverleibung bei Gericht an. Jener Vertragspartner, dem die Sache nicht übergeben wurde, ist auf schuldrechtliche Ansprüche (wegen Nichterfüllung) verwiesen. Wegen Eingriffs in ein fremdes Forderungsrecht gewährt die Rsp unter bestimmten Voraussetzungen einen Schadenersatzanspruch desjenigen, dem die Sache zuerst verkauft wurde, gegen denjenigen, der die Sache später gekauft und übergeben erhalten hat. [*Koziol/Welser*, Bürgerliches Recht I^{13} (2006) 325 ff] **(3)** Anders als das ABGB folgt das BGB nicht dem Prinzip der kausalen, sondern der abstrakten Tradition. So genügt es für den Eigentumserwerb nach § 929 S 1 BGB neben dem Recht des Vormanns und der Übergabe, dass Eigentümer und Erwerber Einigung darüber erzielen, dass Eigentum übergehen soll (sog dingliche Einigung). Einer Einigung der Parteien darüber, welcher Rechtsgrund der Eigentumsübertragung zugrunde liegen soll, bedarf es hingegen nicht. Nach dem BGB hindert somit die Unwirksamkeit des Rechtsgrundes nicht die Eigentumsübertragung. Stellt sich später heraus, dass das der Verfügung zugrunde liegende Geschäft unwirksam ist, so findet eine Rückabwicklung nach bereicherungsrechtlichen Grundsätzen statt. Demgegenüber herrscht im französischen Privatrecht das Konsensprinzip vor. Der Eigentumsübergang findet somit bereits dann statt, wenn der Eigentümer und der Erwerber Einigung über einen Vertrag, der auf die Übertragung von Eigentum gerichtet ist, erzielen, vorausgesetzt, die Sache ist bereits spezifiziert (kein Eigentumsübergang bei einem Gattungskauf vor Aussonderung), der Übergabe bedarf es hingegen nicht, vgl die Art 711, 938, 1138 u 1583 Code civil. **(4)** Zu den Arten des Eigentums vgl Fall 5. **(5)** Zu den Eigentumsbeschränkungen vgl Fall 6. **(6)** Zu den Servituten vgl Fall 9. **(7)** Zur rechtlichen Bedeutung des Besitzes vgl Fall 2. **(8)** Zum Besitzverlust vgl Fall 3.

Zu den einschlägigen Quellenstellen der hier erörterten Problemkreise: zur Besitzerhaltung an Grundstücken *solo animo* vgl insb Paulus D 41. 2. 3. 11 sowie Pomponius D 41. 2. 25. 2; zu den formalen Erfordernissen bei der *mancipatio* sowie zum Wortlaut der *mancipatio* vgl Gai Inst 1. 113 u 119–122; zur Aufzählung der *res mancipi* vgl Gai Inst 1. 120; zur *servitus* des *actus* vgl Celsus D 8. 3. 11; zum Grundsatz, dass eine *servitus* nicht in einem Tun bestehen kann, vgl Ulpian D 8. 5. 6. 2; zu den Erfordernissen *vicinitas* und *utilitas* bei einer *servitus* vgl insb Ulpian D 8. 3. 5. 1; zur *actio confessoria* des Servitutsberechtigten vgl Ulpian D 8. 5. 2 pr; zum Grundsatz *nemo plus iuris ad alium transferre potest quam ipse habet* vgl Ulpian D 50. 17. 54; zum Besitzerwerb an Grundstücken durch Betreten eines beliebigen Teils des Grundstücks vgl insb Paulus D 41. 2. 3. 1; zum Erfordernis der dinglichen Berechtigung des Vormanns bei Eigentumsübertragung mittels *traditio* vgl insb Ulpian D 41. 1. 20 pr; zum Eigentumserwerb mittels *traditio* und zum Erfordernis einer *iusta causa* vgl insb Diokletian u Maximian C 3. 32. 24, Paulus D 41. 1. 31 pr sowie Gai Inst 2. 19 u 20; zum derivativen Eigentumserwerb an Geld trotz fehlenden Konsenses über eine *iusta causa* vgl Julian D 41. 1. 36; zum Grundsatz *in maiore minus inest* vgl insb Labeo D 32. 29. 1 sowie Paulus D 50. 17. 110 pr; zur Ablehnung des derivativen Eigentumserwerbs an Geld bei Fehlen eines Konsenses über eine *iusta causa* sowie zur Erhebung einer *exceptio doli* gegen eine *condictio* bei gutgläubigem Verbrauch von geschenktem Geld vgl Ulpian D 12. 1. 18 pr; zum Eigentumserwerb an fremden Münzen durch ununterscheidbare Vermengung mit eigenen vgl insb Javolen D 46. 3. 78.

Fall 5: ☆☆

In alle Winde verstreut

AEOLUS stellt beim Pferdezüchter HERKULES für die Dauer seines Auslandsaufenthalts seine Pferde Eurus und Notus unentgeltlich ein. Eine Woche später besucht PROSERPINA HERKULES zwecks Ankaufs mehrerer Pferde. HERKULES verkauft PROSERPINA sein Pferd Zephyrus sowie Eurus und Notus um je 300. Bei Eurus ist HERKULES bewusst, dass es nicht sein Pferd ist. Notus verwechselt er hingegen mit einem seiner eigenen Pferde. Die drei Pferde werden PROSERPINA, die nicht weiß, dass Notus und Eurus nicht HERKULES gehören, sogleich übergeben. Zwei Monate nach Übergabe der Pferde an PROSERPINA gelingt es dem Pferd Zephyrus, aus PROSERPINAS Koppel auszubrechen und zu HERKULES zurückzukehren. Am selben Tag verkauft PROSERPINA das Pferd Notus an die gutgläubige LAVERNA um 320 und übergibt es ihr.

Weitere elf Monate später verlangt AEOLUS von PROSERPINA die Herausgabe von Eurus und von LAVERNA die Herausgabe von Notus. Gerührt von der Treue des Pferdes Zephyrus weigert sich HERKULES, es an PROSERPINA herauszugeben, als diese drei Monate nach der Flucht von Zephyrus bei ihm erscheint.

Prüfen Sie den Eigentumserwerb an den Pferden Eurus, Notus und Zephyrus!

Skizze:

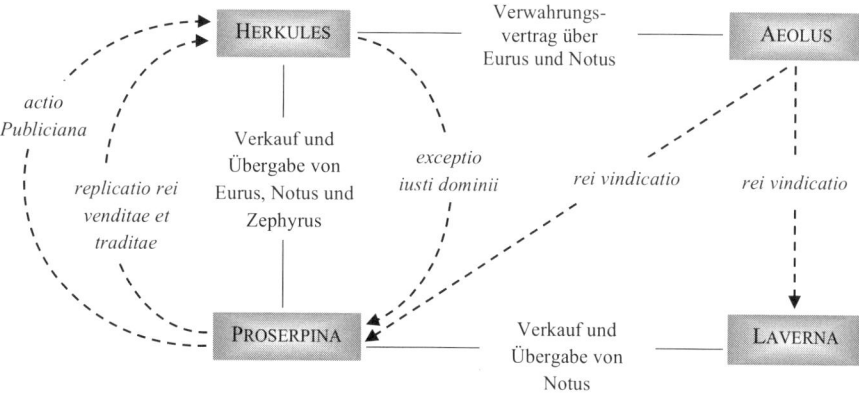

Zu behandelnde Problemkreise:

- ➤ Erwerb von *res mancipi* mittels *traditio* – bonitarisches Eigentum
- ➤ *nudum ius quiritium*
- ➤ *actio Publiciana – exceptio iusti dominii – replicatio rei venditae et traditae*
- ➤ ziviles Eigentum *vs* bonitarisches Eigentum
- ➤ Besitzposition des Verwahrers
- ➤ *nemo plus iuris transferre potest quam ipse habet*
- ➤ Ersitzung infolge eines rechtlichen Mangels beim Vormann

> Voraussetzungen des originären Eigentumserwerbs durch Ersitzung
> *res furtivae* als *res inhabiles*
> Ersitzungsfrist bei beweglichen Sachen
> Möglichkeit der Anrechnung der Ersitzungszeit des Vormanns

Eigentum am Pferd Zephyrus

Zu Beginn ist HERKULES Eigentümer des Pferdes Zephyrus (*arg*: sein Pferd) und dessen Eigenbesitzer (*arg*: er hat das Pferd Zephyrus in seiner Sachgewalt – *corpus* – und möchte es für sich haben – *animus*). Verkauft und übergibt HERKULES das Pferd Zephyrus an PROSERPINA, so ist ein derivativer Eigentumserwerb mittels *traditio* zu prüfen. Die Voraussetzungen für einen Eigentumserwerb mittels *traditio* sind die dingliche Berechtigung des Vormanns, eine *iusta causa traditionis* sowie die Übertragung des Besitzes. Da HERKULES Eigentümer des Pferdes ist, ist die dingliche Berechtigung des Vormanns gegeben. HERKULES und PROSERPINA schließen durch Willensübereinstimmung über den Austausch des Pferdes Zephyrus (Ware) gegen 300 (Kaufpreis) einen Kaufvertrag ab. Eine gültige *iusta causa* liegt somit ebenfalls vor. Da HERKULES das Pferd Zephyrus an PROSERPINA übergibt, ist es auch zu einer Besitzübertragung gekommen. PROSERPINA hat, da sie die Sachherrschaft über das Pferd Zephyrus, verbunden mit dem Willen, es für sich zu haben, hergestellt, *corpore et animo* Besitz erworben. Folglich sind alle Voraussetzungen für einen derivativen Eigentumserwerb durch *traditio* erfüllt.

Zu beachten ist aber, dass es sich beim Pferd Zephyrus um eine *res mancipi* handelt. Um derivativ ziviles Eigentum an *res mancipi* übertragen zu können, bedarf es eines formgebundenen Verfügungsgeschäfts, dh entweder einer *mancipatio* oder einer *in iure cessio*. Mittels *traditio* kann nur an *res nec mancipi* ziviles Eigentum übergehen. Erfolgt die Übertragung von *res mancipi*, wie im vorliegenden Fall, nicht mittels *mancipatio* oder *in iure cessio*, sondern durch formlose *traditio*, so erlangt der Erwerber nicht die Stellung eines zivilen Eigentümers, sondern bloß jene nach prätorischem Recht (bonitarisches Eigentum). Erst nach Ablauf der Ersitzungsfrist (bei beweglichen Sachen ein Jahr, bei unbeweglichen Sachen zwei Jahre) wird der Erwerber ziviler Eigentümer. Demnach ist PROSERPINA, bis sie das zivile Eigentum ersessen hat, bonitarische Eigentümerin des Pferdes Zephyrus. Ziviles, wenngleich auf eine bloß formale Position reduziertes Eigentum (*nudum ius quiritium*) hat bis zum Ablauf der Ersitzungsfrist HERKULES.

Entkommt in der Folge Zephyrus aus PROSERPINAs Koppel, so hat sie keine hinreichende Herrschaftsbeziehung (*custodia*) mehr, weshalb sie ihren Besitz verliert. Kehrt Zephyrus zu HERKULES zurück und nimmt ihn dieser mit dem Willen, ihn (wieder) für sich zu haben, an sich, so ist HERKULES dessen *possessor*. Fraglich ist, welche dingliche Klage PROSERPINA zur Verfügung steht, um wieder Besitz an Zephyrus zu erlangen. Da PROSERPINA das Pferd Zephyrus nur zwei Monate in ihrem Besitz hat, die Ersitzungsfrist bei beweglichen Sachen aber ein Jahr beträgt, ist PROSERPINA nach wie vor (bloß) bonitarische Eigentümerin. Anders als dem zivilen Eigentümer steht dem bonitarischen Eigentümer nicht die *rei vindicatio*, sondern die *actio Publiciana* zur Wiedererlangung seiner Sache zur Verfügung. Klagt PROSERPINA HERKULES auf Herausgabe des Pferdes Zephyrus mittels *actio Publiciana*, so kann HERKULES, da er immer noch formal ziviler Eigentümer ist, dagegen eine Einrede, die *exceptio iusti dominii*, geltend machen. PROSERPINA kann nun ihrerseits, da ihr HERKULES das Pferd Zephyrus verkauft und übergeben hat – *vendidit et tradidit* –, eine Gegeneinrede, die *replicatio rei venditae et traditae*, gegen die *exceptio* von HERKULES erheben. Demnach kann sich PROSERPINA schließlich gegen HERKULES durchsetzen und wird im Prozess obsiegen.

Eigentum an den Pferden Eurus und Notus

Zu Beginn ist AEOLUS Eigentümer (*arg*: seine Pferde) und Eigenbesitzer der Pferde Eurus und Notus. Da er die Sachgewalt selbst ausübt, verbunden mit dem Willen, die Pferde für sich zu haben, ist er unmittelbarer Eigenbesitzer. Übergibt AEOLUS seine zwei Pferde Eurus und Notus an HERKULES, damit dieser sie unentgeltlich bei sich einstellt, so schließen sie einen Verwahrungsvertrag (*depositum*). Zugleich wird AEOLUS vom unmittelbaren zum mittelbaren Eigenbesitzer. Er hat nach wie vor *animus rem sibi habendi*, das *corpus* übt er aber nicht mehr selbst aus, sondern dieses wird ihm von HERKULES vermittelt. HERKULES ist mit Übernahme der Pferde unmittelbarer Fremdbesitzer. Er hat die unmittelbare Sachgewalt und den Willen, die Pferde für AEOLUS zu haben (*animus rem alteri habendi*). Auch nach Übergabe der Pferde ist AEOLUS sowohl Besitzer als auch Eigentümer der Pferde.

Verkauft und übergibt HERKULES in der Folge die von AEOLUS zur Verwahrung übernommenen Pferde an PROSERPINA, so ist zu prüfen, ob es dadurch zum Eigentumserwerb durch PROSERPINA gekommen ist. Da Pferde zu den *res mancipi* gehören, bedarf der Erwerb des zivilen Eigentums an ihnen entweder einer *mancipatio* oder einer *in iure cessio*. Da dem Sachverhalt nach weder eine *mancipatio* noch eine *in iure cessio* vorgenommen wurde, die Pferde an PROSERPINA aber verkauft und übergeben wurden, ist ein derivativer Eigentumserwerb mittels *traditio* zu prüfen. Der Eigentumserwerb durch *traditio* bedarf des Vorliegens dreier Voraussetzungen, nämlich der dinglichen Berechtigung des Vormanns, einer gültigen *iusta causa* und der Übergabe. Indem HERKULES und PROSERPINA Konsens über den Austausch der Pferde Eurus und Notus gegen Zahlung von je 300 herstellen, kommt es zum Abschluss zweier Kaufverträge. Zu beachten ist, dass der Umstand, dass HERKULES nicht Eigentümer der Pferde ist, die Gültigkeit der Kaufverträge nicht tangiert. *Iustae causae traditionis* sind somit gegeben. Auch die Übergabe der Pferde Eurus und Notus an PROSERPINA hat stattgefunden. Es fehlt jedoch an der dinglichen Berechtigung des Vormanns. HERKULES ist nicht Eigentümer und als Verwahrer auch nicht berechtigt, über die Pferde sachenrechtlich zu verfügen. Es gilt: *nemo plus iuris transferre potest quam ipse habet*. Mangels dinglicher Berechtigung des Vormanns hat PROSERPINA derivativ kein Eigentum an den Pferden erlangt.[*] PROSERPINA ist lediglich Besitzerin der Pferde geworden. Sie möchte die Pferde wie eine Eigentümerin haben (*animus rem sibi habendi*) und hat sie übergeben erhalten (*corpus*). AEOLUS hat im Gegenzug Besitz verloren. Er möchte die Pferde zwar nach wie vor für sich haben, kann jedoch, da ihm HERKULES nun keine Sachherrschaft mehr vermittelt, sein *corpus* nicht aufrechterhalten.

Da ein derivativer Eigentumserwerb von PROSERPINA gescheitert ist, muss geprüft werden, ob PROSERPINA im Wege der Ersitzung (*usucapio*) wegen eines rechtlichen Mangels beim Vormann originär Eigentum an den Pferden erworben hat. Dafür bedarf es fünf Voraussetzungen, die kumulativ gegeben sein müssen. Zunächst muss es sich um eine ersitzungsfähige Sache (*res habilis*) handeln. Von einer Ersitzung ausgeschlossen sind Sachen, die dem Geschäftsverkehr entzogen sind (*res extra commercium*). Hiezu zählen einerseits Sachen göttlichen Rechts (*res divini iuris*, wie etwa Kultobjekte, Grabstätten oder Stadtmauern) sowie andererseits solche Sachen, die für die Öffentlichkeit bestimmt sind (*res publicae*, wie etwa öffentliche Plätze und Straßen). Ebenfalls als nicht ersitzbar gelten nach der *lex Atinia* gestohlene Sachen (*res furtivae*), solange sie nicht wieder in die Hand des Eigentümers zurückgelangt sind. Als weitere Voraussetzung bedarf es grds

---

[*] Beachte: PROSERPINA ist auch nicht bonitarische Eigentümerin geworden. Diese Rechtsstellung erlangt der Erwerber nur dann, wenn er eine *res mancipi* vom berechtigten Vormann, anstatt mittels *mancipatio* oder *in iure cessio*, aufgrund einer gültigen *causa* bloß tradiert erhält. Auch der Erwerb des bonitarischen Eigentums bedarf aber stets der dinglichen Berechtigung des Vormanns.

eines gültigen Erwerbsgrundes (*iusta causa usucapionis*). Des Weiteren muss der Erwerber gutgläubig (*bona fide*) sein, dh er darf nicht wissen, dass es dem Vormann an der dinglichen Berechtigung fehlt. Der Erwerber muss Besitz an der Sache erlangen (*possessio*). Schließlich bedarf es des Ablaufs der Ersitzungsfrist (*tempus*). Diese beträgt bei beweglichen Sachen ein Jahr und bei unbeweglichen Sachen zwei Jahre.

Zunächst gilt es, eine Ersitzung des Pferdes Eurus zu prüfen. Indem HERKULES und PROSERPINA über Eurus einen gültigen Kaufvertrag abgeschlossen haben, ist eine *iusta causa usucapionis* gegeben. Da PROSERPINA dem Sachverhalt nach nicht weiß, dass das Pferd Eurus HERKULES nicht gehört, ist PROSERPINA *bona fide*. Weiters hat PROSERPINA mit Übergabe *possessio* an dem Pferd Eurus erlangt. Auch die Ersitzungsfrist von einem Jahr bei beweglichen Sachen ist abgelaufen: Als AEOLUS bei PROSERPINA erscheint, um Eurus herauszuverlangen, hat PROSERPINA das Pferd Eurus bereits 13 Monate ununterbrochen in ihrem Besitz (*arg*: Zwei Monate nach Übergabe der Pferde an PROSERPINA gelingt es dem Pferd Zephyrus, aus PROSERPINAS Koppel auszubrechen. [...] Weitere elf Monate später verlangt AEOLUS von PROSERPINA die Herausgabe von Eurus). Zu beachten ist aber, dass HERKULES bewusst ist, dass es sich bei Eurus nicht um sein eigenes Pferd handelt. Indem HERKULES wissentlich das ihm nicht gehörende Pferd Eurus an PROSERPINA verkauft und übergibt, handelt er als *fur*. Ein *furtum* begeht, wer eine fremde bewegliche Sache in der Absicht, sich oder einen Dritten daraus zu bereichern, an sich nimmt. Das Delikt *furtum* bedarf dolosen, dh vorsätzlichen Verhaltens. Folglich scheitert der Eigentumserwerb durch PROSERPINA an der Furtivität von Eurus. Das Ersitzungsverbot gestohlener Sachen trifft nämlich nicht bloß den *fur* HERKULES selbst, sondern auch alle nachfolgenden Erwerber, sohin auch PROSERPINA. Demnach hat PROSERPINA auch im Wege der Ersitzung kein Eigentum am Pferd Eurus erlangt. Vielmehr ist AEOLUS nach wie vor Eigentümer und kann das Pferd Eurus von PROSERPINA mittels *rei vindicatio* herausverlangen. Aufgrund des mit HERKULES abgeschlossenen Kaufvertrages steht PROSERPINA, kommt es zur Eviktion durch AEOLUS, ein Anspruch wegen Rechtsmangelgewährleistung zu, den sie mit der Käuferklage, der *actio empti*, durchsetzen kann.

Anders verhält es sich mit dem Pferd Notus. Da HERKULES dem Sachverhalt nach Notus für sein eigenes Pferd hält (*arg*: HERKULES verwechselt Notus mit einem seiner eigenen Pferde) und das Pferd Notus nicht zu den *res extra commercium* zählt, stellt Notus eine ersitzungsfähige Sache (*res habilis*) dar. Auch über das Pferd Notus schließen HERKULES und PROSERPINA einen Kaufvertrag ab (*iusta causa*). Zudem erhält PROSERPINA im Glauben, HERKULES sei ein berechtigter Vormann (*bona fides*), von diesem das Pferd Notus übergeben (*possessio*). PROSERPINA ist somit Ersitzungsbesitzerin des Pferdes Notus. Zu beachten ist aber, dass PROSERPINA das Pferd Notus lediglich zwei Monate in ihrem Besitz hat (*arg*: Zwei Monate nach der Übergabe der Pferde verkauft und übergibt PROSERPINA das Pferd Notus an LAVERNA). Da die Ersitzungsfrist bei beweglichen Sachen aber ein Jahr beträgt, hat PROSERPINA das Pferd Notus nicht ersessen.

Verkauft und übergibt PROSERPINA das Pferd Notus in weiterer Folge an LAVERNA, so findet auch hier kein derivativer Eigentumserwerb mittels *traditio* statt. Zwar schließen PROSERPINA und LAVERNA durch Willenseinigung über den Austausch des Pferdes Notus gegen Zahlung von 320 einen Kaufvertrag ab (*titulus*) und es kommt auch zur Übergabe des Pferdes an LAVERNA (*modus*), doch mangelt es PROSERPINA an der dinglichen Berechtigung: Da PROSERPINA weder derivativ noch originär durch Ersitzung Eigentum am Pferd Notus erworben hat und auch nicht befugt ist, darüber dinglich zu verfügen, kann sie LAVERNA derivativ kein Eigentum übertragen – *nemo plus iuris transferre potest quam ipse habet*.

Folglich ist ein originärer Erwerb durch Ersitzung wegen eines rechtlichen Mangels beim Vormann zu prüfen. Notus ist, da er weder gestohlen ist noch zu den *res extra commercium* zählt, eine ersitzungsfähige Sache (*res habilis*). Weiters haben LAVERNA und PROSERPINA einen Kaufvertrag abgeschlossen (*iusta causa usucapionis*). Da LAVERNA dem Sachverhalt nach vom Fehlen der dinglichen Berechtigung von PROSERPINA nichts weiß, ist sie *bona fide*. Zudem wurde ihr das Pferd Notus von PROSERPINA übergeben, weshalb LAVERNA *possessio* erlangt hat. Fraglich ist aber, ob, als AEOLUS das Pferd Notus bei LAVERNA herausverlangt, die bei beweglichen Sachen erforderliche Ersitzungsfrist von einem Jahr bereits abgelaufen ist. Dies hängt davon ab, ob sich LAVERNA die Ersitzungszeit von PROSERPINA anrechnen kann. LAVERNA hat das Pferd Notus lediglich elf Monate in ihrem Besitz. Ließen sich die zwei Monate, in denen sich das Pferd Notus bei PROSERPINA als Ersitzungsbesitzerin befunden hat, zu den elf Monaten, in denen LAVERNA die *possessio* über das Pferd Notus hat, hinzurechnen (13 Monate), so wäre die Ersitzungsfrist abgelaufen.

Für die Beantwortung der Frage, ob dem Erwerber bei Einzelrechtsnachfolge, etwa beim Erwerb unter Lebenden, die Ersitzungszeit seines Vormanns angerechnet werden kann, ist zu differenzieren: Während ursprünglich eine Ersitzungszeit des Vormanns unberücksichtigt bleibt, eröffnen Kaiserreskripte der Spätklassik die Möglichkeit einer Anrechnung von Vorzeiten (*accessio temporis*). Lediglich bei Erbfolge (Gesamtrechtsnachfolge) wird seit jeher zugelassen, dass der Erbe in den Ersitzungsbesitz des Erblassers eintritt (*successio in possessionem*).

Lehnt man im vorliegenden Fall eine Anrechnung der Ersitzungszeit von PROSERPINA ab, so hat LAVERNA mangels ausreichenden *tempus* kein Eigentum erworben. Folglich ist AEOLUS Eigentümer des Pferdes Notus geblieben und kann es bei LAVERNA mittels *rei vindicatio* herausverlangen.

Lässt man eine Anrechnung von Vorzeiten hingegen zu, so ist das Tatbestandselement *tempus* erfüllt und LAVERNA hat originär Eigentum durch Ersitzung erworben. Diesfalls hat AEOLUS Eigentum verloren und wird im Eigentumsprozess gegen LAVERNA unterliegen. AEOLUS kann lediglich aufgrund des Verwahrungsvertrages mit HERKULES gegen diesen vorgehen, um Schadenersatz für den Verlust seines Pferdes Notus zu verlangen, da HERKULES seine Pflicht zur ordnungsgemäßen Verwahrung grob fahrlässig verletzt hat, indem er Notus versehentlich an PROSERPINA verkauft und übergeben hat.

▶ (1) Das österreichische Privatrecht kennt mehrere Arten des Eigentums. Den Regelfall stellt das Alleineigentum dar: Eine Sache gehört einem einzigen Rechtssubjekt. Daneben gibt es das Miteigentum zu ideellen Anteilen, §§ 825 ff. In diesem Fall sind mehrere Personen Eigentümer ein und derselben Sache, wobei das Eigentumsrecht nach Bruchteilen zwischen den Miteigentümern aufgeteilt ist. Somit gehört jedem Einzelnen nicht ein realer Teil, sondern eine Quote. Über diese Quote kann der Miteigentümer selbständig verfügen, sie etwa belasten oder veräußern, § 829. Verfügungen über die gemeinschaftliche Sache ebenso wie Regeln über deren Benutzung und Verwaltung müssen gemeinschaftlich getroffen werden. Für die Angelegenheiten der ordentlichen Verwaltung gilt das Mehrheitsprinzip nach Anteilen, § 833. Wichtige Maßnahmen bedürfen der Einstimmigkeit. Kann diese nicht hergestellt werden, muss der überstimmten Minderheit Sicherstellung für drohende Schäden geleistet werden. Wird dies von den übrigen Miteigentümern grundlos abgelehnt, so hat jeder überstimmte Miteigentümer das Recht, aus der Gemeinschaft auszutreten, § 834. Zur Aufhebung der Miteigentumsgemeinschaft kommt es, wenn dies einvernehmlich beschlossen wird. Darüber hinaus steht es jedem einzelnen Miteigentümer zu, die Teilung im Klageweg zu verlangen (Teilungsklage, §§ 830 f). Im Anschluss kommt es bei teilbaren Sachen zur Realteilung, ansonsten zur Zivilteilung durch Veräußerung der Sache und Verteilung des Erlöses unter die Miteigentümer, §§ 841 ff. Unzulässig ist die Aufhebung durch Teilungsklage dann, wenn sie zur Unzeit oder zum Nachteil der anderen Miteigentümer erfolgt, § 830. Vom Miteigentum nach ideellen Anteilen ist das Gesamthandeigentum zu unterscheiden, bei dem keiner der Gesamthandeigentümer über seinen Anteil allein verfügen darf, sondern stets gemeinschaftliches Vorgehen erforderlich ist. Die Existenz von Gesamthandeigentum im österreichischen Privatrecht ist umstritten, wird aber etwa im Gesellschaftsrecht anerkannt. So werden nach hA etwa die Personengesellschaften des UGB (OG, KG) als Gesamthandgesellschaften bezeichnet. Aufgrund seiner tatsächlichen Verbreitung von großer Relevanz ist das Institut des Wohnungseigentums nach dem WEG. Der Legaldefinition des § 2 Abs 1 WEG zufolge ist Wohnungseigentum das dem Miteigentümer einer Liegenschaft oder einer Eigentümerpartnerschaft eingeräumte dingliche Recht, ein Wohnungseigentumsobjekt (hiezu zählen Wohnungen, selbständige Räumlichkeiten [wie etwa Geschäftsräume oder Garagen] und Abstellplätze für Kfz, § 2 Abs 2 WEG) ausschließlich zu nutzen und allein darüber zu verfügen. Der Begriff Wohnungseigentum ist unscharf: Zum einen ist der Wohnungseigentümer nicht (Allein-)Eigentümer der Wohnung, sondern Miteigentümer der Liegenschaft samt Haus, verbunden mit dem alleinigen Nutzungs- und Verfügungsrecht (dh beschränkt dinglichen Recht) an einem Wohnungseigentumsobjekt. Zum anderen kommen nicht nur Wohnungen, sondern auch selbständige Räumlichkeiten und Kfz-Abstellplätze als Wohnungseigentumsobjekte infrage. Begründet wird Wohnungseigentum idR durch schriftliche Vereinbarung der Miteigentümer, den sog Wohnungseigentumsvertrag, § 3 Abs 1 Z 1 WEG. Ausnahmsweise ist auch eine Begründung durch richterliche Entscheidung möglich, vgl § 3 Abs 1 Z 2–4 WEG. Der Erwerb des dinglichen Rechts erfolgt durch Einverleibung im Grundbuch. Im Rahmen der Begründung von Wohnungseigentum ist für jedes Wohnungseigentumsobjekt ein Nutzwert festzusetzen. Der Nutzwert wird von einem Sachverständigen ermittelt und ergibt sich aus der Nutzfläche und aus Zu- und Abschlägen für werterhöhende und wertvermindernde Faktoren, § 2 Abs 8 WEG. Das Gesetz sieht vor, dass Wohnungseigentum nur von Miteigentümern erworben werden kann, denen ein dem Wohnungseigentumsobjekt entsprechender Mindestanteil an der Liegenschaft zusteht, § 2 Abs 9 WEG. Die Größe des Mindestanteils ergibt sich aus dem Verhältnis des Nutzwertes des Wohnungseigentumsobjekts zur Summe der Nutzwerte aller Wohnungseigentumsobjekte. Da der Mindestanteil und das Wohnungseigentum untrennbar miteinander verbunden sind, können sie nur gemeinsam beschränkt, belastet, veräußert, von Todes wegen übertragen oder der Zwangsvollstreckung unterworfen werden, § 11 Abs 1 WEG. Der Mindestanteil ist unteilbar, dh er kann nur einer (natürlichen oder juristischen) Person oder zwei natürlichen Personen je zur Hälfte (Eigentümerpartnerschaft gem §§ 13 ff WEG) zustehen. Während es jedem Wohnungseigentümer allein zusteht, sein Wohnungseigentumsobjekt zu nutzen und zu verwalten, sind allgemeine Teile der Liegenschaft (zB Stiegenhaus, gemeinsamer Garten etc) von der aus der Gemeinschaft aller Wohnungseigentümer zusammengesetzten Eigentümergemeinschaft zu verwalten. Die Eigentümergemeinschaft hat, beschränkt auf Angelegenheiten der Verwaltung, Rechtspersönlichkeit (§ 2 Abs 5 WEG) und wird durch die nach Miteigentumsanteilen berechnete Mehrheit der Wohnungseigentümer bzw einen Hausverwalter, sofern dieser bestellt wurde, vertreten. In Fällen einer Interessenkollision zwischen Eigentümergemeinschaft und Hausverwalter kann aus dem Kreis der Wohnungseigentümer ein Eigentümervertreter bestellt werden, § 22 WEG. Die Regeln über die Beschlussfassung bei ordentlicher und außerordentlicher Verwaltung finden sich in den §§ 28 f WEG. Minderheitsrechte zum Schutz einzelner Miteigentümer finden sich in § 30 WEG. Ergeht ein Exekutionstitel gegen die Eigentümergemeinschaft, so kann nur in das Gemeinschaftsvermögen (va in die Rücklage) vollstreckt werden. Für Ausfälle haften die Wohnungseigentümer nicht solidarisch, sondern nur im Verhältnis ihrer Miteigentumsanteile, § 18 Abs 4 WEG. Zugunsten von Forderungen der Eigentümergemeinschaft gegen einen einzelnen Wohnungseigentümer besteht ein gesetzliches Vorzugspfandrecht, § 27 WEG. Anstelle der beim schlichten Miteigentum nach § 830 möglichen Teilungsklage sieht § 36 WEG eine Klage der Mehrheit der übrigen Wohnungseigentümer auf Ausschluss eines einzelnen Wohnungseigentümers aus der Gemeinschaft vor, sofern dieser die Interessen der übrigen grob verletzt. Schutzvorschriften zugunsten jener Personen, denen die Einräumung von Wohnungseigentum schriftlich zugesagt wurde (sog Wohnungseigentumsbewerber), enthalten die §§ 37 ff WEG sowie das BTVG. [*Koziol/Welser*, Bürgerliches Recht I[13] (2006) 293 ff] **(2)** Zum Eigentumsbegriff sowie zum derivativen Eigentumserwerb vgl Fall 4. **(3)** Zu den Eigentumsbeschränkungen vgl Fall 6. **(4)** Zum Gutglaubenserwerb vom Nichtberechtigten sowie zur Ersitzung vgl Fall 7.

Zu den einschlägigen Quellenstellen der hier erörterten Problemkreise: zur Aufzählung der *res mancipi* vgl Gai Inst 1. 120; zum Besitzverlust an entlaufenem Vieh vgl Paulus D 41. 2. 3. 13; zur *actio Publiciana* vgl Ulpian D 6. 2. 1 pr, ders D 6. 2. 9. 4 sowie Gai Inst 4. 36; zur *exceptio rei venditae et traditae* vgl insb Ulpian D 21. 3. 1 pr sowie Hermogenian D 21. 3. 3; zur Qualifizierung des wissentlichen Verkaufs einer fremden beweglichen Sache als *furtum* vgl insb Diokletian u Maximian C 7. 26. 7 u dies C 7. 27. 2 sowie Gai Inst 2. 50; zum Grundsatz *nemo plus iuris ad alium transferre potest quam ipse habet* vgl Ulpian D 50. 17. 54; zum Scheitern des derivativen Eigentumserwerbs aufgrund fehlender dinglicher Berechtigung des Vormanns vgl insb Ulpian D 41. 1. 20 pr; zum originären Eigentumserwerb durch *usucapio* bei gutgläubigem Erwerb vom Nichtberechtigten vgl insb Gai Inst 2. 43; zur Funktion der *usucapio* vgl insb Gaius D 41. 3. 1, Neraz D 41. 10. 5 pr sowie Gai Inst 2. 44; zum Ersitzungsverbot von *res furtivae* vgl insb Pomponius D 41. 3. 24 pr, Julian D 41. 3. 33 pr sowie Gai Inst 2. 45 u 49; zur Anrechnung der Ersitzungszeit des Erblassers vgl insb Paulus D 4. 6. 30 pr, ders D 41. 3. 4. 15 sowie ders D 41. 4. 2. 19; zur Möglichkeit der Anrechnung der Ersitzungszeit des Vormanns bei Einzelrechtsnachfolge, etwa bei Erwerb unter Lebenden, vgl insb Iust Inst 2. 6. 13 oder beim Legat vgl insb Paulus D 41. 3. 14. 1.

Variante:

AEOLUS **klagt** PROSERPINA **auf Herausgabe des Pferdes Eurus mittels** *rei vindicatio*. **Nach** *litis contestatio* **befiehlt** PROSERPINA **ihrer reitunerfahrenen Sklavin Luna, dass diese auf Eurus reitend eine Nachricht an** PROSERPINAS **in den Albaner Bergen wohnenden Geschäftspartner überbringt. Luna lenkt Eurus so nahe an einen Grat, dass Eurus abstürzt und stirbt.**

Wie ist die Rechtslage? Skizzieren Sie im Rahmen Ihrer Lösung den Ablauf des römischen Zivilprozesses!

Zu behandelnde Problemkreise:

 ➢ Zweiteilung des römischen Zivilprozesses: *in iure / apud iudicem*
 ➢ *litis contestatio*
 ➢ Rolle des Prätors / des *iudex* im Verfahren
 ➢ kein Einlassungszwang im Vindikationsprozess
 ➢ Aufbau der Klageformel der *rei vindicatio*: *intentio – clausula arbitraria – condemnatio*
 ➢ Restitutionsauftrag an den Beklagten (*iussum de restituendo*)
 ➢ Verurteilung auf den Schätzwert (*iusiurandum in litem*) bei Verweigerung der Herausgabe der Sache
 ➢ Voraussetzung für die Aktivlegitimation zur *rei vindicatio*
 ➢ Passivlegitimation im Eigentumsprozess
 ➢ Haftungsmaßstab des Beklagten: sabinianische *vs* prokulianische Auffassung
 ➢ Auswahlverschulden – *culpa in eligendo*

Als ziviler Eigentümer ist AEOLUS berechtigt, mittels *rei vindicatio* das Pferd Eurus bei jedem, der es hat, herauszuverlangen – *ubi rem meam invenio, ibi vindico*. Die *rei vindicatio* ist die Klage des nichtbesitzenden zivilen Eigentümers gegen den besitzenden Nichteigentümer.

Zunächst gilt es, die Grundzüge des römischen Zivilprozesses zu erläutern. Das römische Zivilverfahren wird in zwei Abschnitte unterteilt, in das Verfahren vor dem Prätor, *in iure*, und in jenes vor dem Richter, *apud iudicem*. Dem Prätor, einem der höchsten Beamten in Rom, obliegt die Gerichtsbarkeit. Zu Beginn seiner einjährigen Amtszeit verkündet er das Edikt, in dem er bekanntgibt, welche Klagen und Einreden er gewähren wird.[*] Die Funktion des Richters (*iudex*) ist es, die Richtigkeit der Behauptungen der Parteien festzustellen. Ihm obliegt somit die Beweiswürdigung. Aufgrund der vorgegebenen Prozessformel hat der *iudex* den Beklagten zu verurteilen (*condemnatio*) oder ihn freizusprechen (*absolutio*). Anders als der Prätor ist der Richter kein Hoheitsträger, sondern eine Privatperson und muss über keine juristische Ausbildung verfügen.

Am Beginn des Zivilprozesses erscheinen die Parteien vor dem Prätor, um ihren Streit anhängig zu machen. Der Kläger trägt dem Prätor den Gegenstand des Streites vor und formuliert daraufhin sein Begehren. Indem der Prozessgegner dieses Begehren bestreitet, lässt er sich in den Prozess ein. Zu beachten ist, dass der Beklagte nicht gezwungen werden kann, sich in den Vindikationsprozess einzulassen. Diese „Einlassungsfreiheit" wird aber dadurch abgeschwächt, dass der Besitzer einer beweglichen Sache mittels *actio ad exhibendum* zur Vorlage *in iure* geklagt werden kann. Dieser Behelf ist eine *actio in personam* mit Einlassungszwang. Weist der Besitzer die Sache in der Folge nicht vor, wird er verurteilt, als wäre er in einer *rei vindicatio* unterlegen. Weist er die Sache zwar vor, weigert er sich aber, sich als Beklagter in die *rei vindicatio* einzulassen, so ermächtigt der Prätor den Kläger zur Inbesitznahme der Sache (*duci vel ferri pati*). Bei Liegenschaften steht gegen den Besitzer, der die Herausgabe verweigert, das *interdictum quem fundum* zur Verfügung.

Nach Prozesseinlassung prüft der Prätor, ob dem Begehren des Klägers eine *actio* aus seinem Edikt entspricht. Hält der Prätor das Begehren des Klägers für unzulässig, so verweigert er es, eine Klage zu gewähren (*denegatio actionis*). Entspricht das Begehren einer *actio* bzw hat der Prätor im Wege der Analogie eine neue Klage (*actio in factum* oder *actio utilis*) geschaffen, weil er das Klagebegehren für zulässig erachtet, diesem aber keine Klage im Edikt entspricht, so bestellt er den *iudex*, dem dann die weitere Verfahrensführung obliegt. Am Ende des Verfahrens *in iure* legt der Prätor – zum Beweis durch Aufnahme einer Zeugenurkunde – das Prozessprogramm fest. Diesen Akt, in dem sich sowohl der Kläger als auch der Beklagte dem Prozessprogramm unterwerfen, bezeichnet man als *litis contestatio* (Streitbezeugung). Die Prozessformel im Edikt gibt das Streitprogramm, dh den weiteren Ablauf des Verfahrens, vor. Die Prozessformel der *rei vindicatio* ist in drei Teile gegliedert: *intentio – clausula arbitraria – condemnatio*. Die *intentio* nennt die Anspruchsgrundlage, die bei der *rei vindicatio* in der Behauptung des Klägers, quiritischer Eigentümer der Sache zu sein, liegt. Im zweiten Abschnitt der Formel, der *clausula arbitraria*, wird dem Beklagten aufgetragen – sofern dem Kläger der Eigentumsbeweis gelingt –, die Sache herauszugeben (*iussum de restituendo*). Der dritte und letzte Teil der Prozessformel sieht die Verurteilung (*condemnatio*) des Beklagten auf den Schätzwert der Sache im Urteilszeitpunkt – *quanti ea res erit* – vor, sollte er die Sache nicht restituieren. Zu beachten ist, dass im römischen Zivilprozess die Verurteilung nicht auf Herausgabe der Sache, sondern stets auf Geld lautet. Im Falle der dolosen Weigerung, die Sache herauszugeben, wird der Beklagte auf einen Schätzwert verurteilt, der sich nach einem vom Kläger geleisteten Schätzungseid (*iusiurandum in litem*) bemisst.

Zur *rei vindicatio* aktivlegitimiert und somit Kläger ist derjenige, der sein quiritisches Eigentum an der Sache behauptet (vgl die *intentio*). Dem Kläger obliegt die Beweislast, dass er der

---

[*] Der Prätor ist auch rechtsschöpferisch tätig, indem er das in manchen Bereichen überkommene *ius civile* adaptiert (*ius honorarium*). So beruht etwa das bonitarische Eigentum, welches man an einer *res mancipi* dann erwirbt, wenn diese bloß tradiert wird, und welches mittels *actio Publiciana* durchgesetzt werden kann, auf prätorischer Rechtsschöpfung.

quiritische Eigentümer ist. Folglich hat AEOLUS darzulegen, dass er das Pferd Eurus entweder derivativ erworben hat oder dass es durch *usucapio* (allenfalls durch eine „natürliche" Erwerbsart) sein Eigentum geworden ist. Stützt sich AEOLUS als Kläger auf einen derivativen Erwerb, so hat er nachzuweisen, dass auch sein Vormann ziviler Eigentümer der Sache war. Der Nachweis des eigenen derivativen Erwerbs von einer Kette von Vormännern bis hin zu einem originären Eigentumserwerb ist bisweilen schwer zu führen und wird daher als *probatio diabolica* (teuflischer Beweis) bezeichnet. Um sich diesen uU schwierigen Beweis zu ersparen, kann AEOLUS alternativ die *actio Publiciana* anstellen, sofern er die Voraussetzungen des Ersitzungsbesitzes nachweisen kann. Misslingt AEOLUS nämlich der Beweis des quiritischen Eigentums, so weist der *iudex* das Klagebegehren ab und PROSERPINA wird freigesprochen.

Beklagter und damit passivlegitimiert im Eigentumsprozess ist grds der Besitzer der Sache. Das bedeutet, dass der Beklagte idR sowohl bei *litis contestatio* als auch bei Urteilsfällung Besitzer der Sache sein muss. Da PROSERPINA das Pferd Eurus bei *litis contestatio* besitzt, ist sie somit (jedenfalls vorerst) passivlegitimiert und damit Beklagte.

Fraglich ist nun, wie sich der Umstand, dass Eurus nach *litis contestatio* und vor Urteilsfällung untergeht, auf das Verfahren auswirkt. Da mit Untergang des Pferdes Eurus einerseits das an ihm bestehende Eigentumsrecht untergeht, andererseits PROSERPINA nun nicht mehr Besitzerin und damit nicht mehr passivlegitimiert ist, gilt es zu prüfen, ob PROSERPINA AEOLUS schadenersatzpflichtig wird. Die Frage, ob bzw unter welchen Voraussetzungen der Beklagte dem klagenden Eigentümer für den Untergang der eingeklagten Sache zwischen *litis contestatio* und Urteilsfällung einzustehen hat, wird von den römischen Juristen nicht einheitlich beantwortet. Führt der Beklagte den Untergang der eingeklagten Sache dolos herbei, so gilt *dolus pro possessione est*, sodass es jedenfalls zu einer Verurteilung des Beklagten kommt. So hat nach der Auffassung der Sabinianer der Beklagte zunächst nur für einen durch *dolus* verursachten Untergang der Sache einzustehen. Später wird die Haftung des Beklagten auf *culpa* erweitert. Dieser Haftungsmaßstab entspricht dem Grundsatz, dass Schadenersatz grds nur bei rechtswidriger und schuldhafter Schadenszufügung an fremden Sachen zu leisten ist. Nach Ansicht der Prokulianer soll der Beklagte – ausgehend vom *restituere*-Prinzip bei der *rei vindicatio* – für jeden Verlust der Sache, auch durch Zufall, einstehen. Das *restituere* der Klageformel sieht vor, dass der siegreiche Kläger so gestellt werden soll, als wäre ihm die Sache bei *litis contestatio* herausgegeben worden. Hätte der Beklagte die Sache bei *litis contestatio* restituiert, dann wäre sie nicht untergegangen. Eine weitere Begründung für die prokulianische Ansicht findet sich auch im Formelwortlaut der *rei vindicatio*: Gibt der Beklagte nach der *clausula arbitraria* die Sache nicht heraus, so wird er verurteilt, ohne dass darauf abgestellt wird, warum er sie nicht restituiert.

Indem PROSERPINA ihre reitunerfahrene Sklavin Luna einsetzt, damit diese mit dem Pferd Eurus eine Nachricht überbringt, handelt PROSERPINA insofern fahrlässig, als ihr ein Vorwurf bei der Auswahl der von ihr verwendeten Hilfsperson gemacht werden kann (*culpa in eligendo*). Der Gedanke, dass man für das Handeln jener Personen, derer man sich zum eigenen Nutzen bedient, einstehen muss, findet Ausdruck in der Rechtsregel *ex qua persona quis lucrum capit, eius factum praestare debet*. So spricht sich etwa auch der Jurist Paulus für das Vorliegen fahrlässigen Verhaltens (und damit für eine Haftung des Beklagten) aus, wenn der Beklagte ein eingeklagtes Schiff weniger geeigneten Personen – *minus idoneis hominibus* – überlässt und dieses untergeht. Da PROSERPINA das Pferd Eurus ihrer reitunerfahrenen Sklavin Luna und damit einer Person, die nicht über die erforderlichen Fähigkeiten für das Reiten verfügt, anvertraut hat, trifft PROSERPINA ein Auswahlverschulden. Folglich hat PROSERPINA AEOLUS für den Untergang des Pferdes Eurus einzustehen und ihm den Wert des Pferdes Eurus zu ersetzen.

► **(1)** Das Eigentum ist, wie die übrigen dinglichen Rechte auch, ein absolutes, dh gegenüber jedermann geschütztes Recht. Um das Eigentumsrecht an seiner Sache bei Dritten geltend zu machen, steht dem Eigentümer die Eigentumsklage (*rei vindicatio*, § 366) zur Verfügung. Sie ist auf die Herausgabe der Sache bzw Räumung der Liegenschaft gerichtet. Der Eigentümer dringt mit der Eigentumsklage nicht durch, wenn der Beklagte ein Recht zur Innehabung (zB Mietvertrag, Pfandrecht usw) nachweisen kann. Nach der Rsp dringt der Eigentümer auch gegen denjenigen nicht durch, der sein Recht zur Innehabung aus einer geschlossenen Kette von Titeln zum Eigentümer ableitet (siehe etwa beim Untermieter). Neben der Herausgabe der Sache kann der Eigentümer mit der Eigentumsklage auch den Zuwachs seiner Sache verlangen, §§ 404 ff. Während aber der redliche Besitzer Eigentum an den gezogenen Früchten erwirbt und sie daher nicht herausgeben muss (§ 330), hat der unredliche Besitzer sowohl die tatsächlich gezogenen Früchte auszufolgen als auch für die bereits verbrauchten Früchte bzw für die aus Nachlässigkeit nicht gezogenen Ersatz zu leisten (§ 335). Gemäß § 329 trifft den redlichen Besitzer keine Haftung für die Verschlechterung bzw den Untergang der eingeklagten Sache. Demgegenüber hat der unredliche Besitzer jeden Nachteil zu ersetzen, der dem Eigentümer nicht entstanden wäre, hätte sich die Sache bei ihm befunden, § 335 (Haftung für *casus mixtus*). Zum Aufwandersatzanspruch des redlichen Besitzers vgl Fall 11 Variante. Um sich den bei der Eigentumsklage nach § 366 mitunter mühsamen Beweis des Eigentums der Vormänner bis hin zu einem originären Erwerb zu ersparen, kann der Eigentümer sein Herausgabebegehren auch auf die *actio Publiciana* (Klage aus dem rechtlich vermuteten Eigentum [§ 372], vgl Fall 2) stützen. Spezielle Rechtsbehelfe, die aus dem Eigentumsrecht resultieren, sind die Eigentumsfeststellungsklage (dient der Feststellung des Eigentumsrechts im Streitfall, § 228 ZPO), die Exszindierungsklage (ermöglicht es dem Eigentümer zu verhindern, dass seine Sache in die gegen den Inhaber der Sache gerichtete Zwangsvollstreckung einbezogen wird, § 37 EO), die Aussonderungsklage (ermöglicht dem Eigentümer die Herausgabe seiner Sache, wenn sich der Inhaber der Sache in Konkurs befindet, § 44 IO), die Löschungsklage (gerichtet auf die Löschung des zu Unrecht eingetragenen bücherlichen Nachmannes, § 61 GBG) sowie die Eigentumsfreiheitsklage (gerichtet auf Abwehr von Störungen [§ 523], vgl Fall 9). [*Koziol/Welser*, Bürgerliches Recht I[13] (2006) 345 ff] **(2)** Zur Gehilfenhaftung vgl Fall 74.

Zu den einschlägigen Quellenstellen der hier erörterten Problemkreise: zum Ablauf der *rei vindicatio* vgl insb Gai Inst 4. 16 u 17; zur *actio ad exhibendum*, um die Vorlage der Sache *in iure* zu bewirken, vgl insb Ulpian D 10. 4. 3. 6 u 10; zur Ermächtigung des Prätors, dass die *in iure* präsente Sache durch den Kläger weggeführt werde, vgl insb Ulpian D 2. 3. 1. 1; zur Frage der Haftung des Beklagten für einen Untergang der eingeklagten Sache nach *litis contestatio* vgl insb Paulus D 5. 3. 40 pr sowie Ulpian D 6. 1. 15. 3; zum *restituere*-Prinzip vgl insb Paulus D 50. 16. 35; zur Haftung des Beklagten für *culpa* (*in eligendo*) vgl insb Paulus D 6. 1. 16. 1; zur Haftung für das Verhalten von Hilfspersonen, derer man sich zum eigenen Nutzen bedient, vgl insb Ulpian D 50. 17. 149.

Fall 6:

Der diebische Verehrer

SILVANUS macht dem Schafzüchter VERTUMNUS Anfang März brieflich das Angebot, ihm sein Schaf Ikarus um 50 sowie seinen Hirtensklaven Bacchus um 200 zu verkaufen. VERTUMNUS lässt SILVANUS wissen, dass er das Angebot annehme. Kurz darauf sendet SILVANUS den Sklaven Bacchus zu VERTUMNUS, der diesem sogleich aufträgt, das Schaf Ikarus abzuholen. Bei SILVANUS angekommen, übernimmt Bacchus das Schaf Ikarus. Zudem kauft er das Schaf Daedalus, das ihm zu Ikarus passend erscheint. VERTUMNUS ist mit der Auswahl des Schafes Daedalus zufrieden. In der kommenden Nacht schleicht sich CARNA in den Stall von VERTUMNUS und nimmt das Schaf Daedalus mit.

Im Juli desselben Jahres gibt SILVANUS VERTUMNUS eine Silberkette mit der Bitte, diese in seinem (SILVANUS') Namen seiner in Rom lebenden (gewaltfreien) Nichte POMONA als Geburtstagsgeschenk zu überbringen. VERTUMNUS, der schon des Längeren ein Auge auf POMONA geworfen hat, übergibt ihr die Silberkette sowie einen Brief, in dem Folgendes geschrieben steht: „Mit diesem Schmuckstück gestehe ich dir meine Liebe! Dein VERTUMNUS." POMONA ist hoch erfreut. Nicht jedoch SILVANUS. Als er im Oktober erfährt, was geschehen ist, ist er so verärgert, dass er die Silberkette von POMONA sowie den Sklaven Bacchus und das Schaf Ikarus von VERTUMNUS zurückverlangt.

Wer ist Besitzer, wer Eigentümer der Schafe Daedalus und Ikarus sowie des Sklaven Bacchus im Laufe des Falles? Wer ist Eigentümer der Silberkette? Ist SILVANUS berechtigt, die Silberkette von POMONA bzw den Sklaven Bacchus von VERTUMNUS herauszuverlangen? Wer kann gegen CARNA vorgehen und mit welchen Klagen?

Zu behandelnde Problemkreise:

➢ Sklave als *res mancipi*
➢ Erwerb von bonitarischem Eigentum bei Übertragung einer *res mancipi* durch *traditio*
➢ Voraussetzungen für einen derivativen Eigentumserwerb mittels *traditio*
➢ *nudum ius quiritium*
➢ *rei vindicatio – exceptio rei venditae et traditae*
➢ Schafe als *res nec mancipi* – Eigentumserwerb mittels *traditio*
➢ Besitzerwerb *animo nostro, corpore alieno*
➢ *iussum* als Ausdruck des *animus possidendi* des Gewalthabers hinsichtlich eines konkreten Erwerbsgeschäftes
➢ *ratihabitio* – nachträgliche Genehmigung
➢ Delikt *furtum*
➢ *rei vindicatio* oder *condictio furtiva* als sachverfolgende Klagen
➢ *actio furti* als pönale Klage
➢ Eigentumserwerb an der Silberkette mittels *traditio*
➢ Schenkung als *iusta causa traditionis*
➢ dolose Überschreitung der Verfügungsermächtigung – *furtum*
➢ *rei vindicatio – exceptio doli*
➢ *venire contra factum proprium*

▶ (1) Wenngleich das Eigentum das umfassendste Recht, das man an einer Sache haben kann, ist, so kann es dennoch nicht schrankenlos ausgeübt werden, § 364 Abs 1. So darf bei der Ausübung des Eigentumsrechts einerseits nicht in Rechte Dritter eingegriffen werden, andererseits nicht gegen öffentliche Beschränkungen verstoßen werden. Einschränkungen des Eigentumsrechts wegen Gefährdung von Rechten Dritter finden sich va im Nachbarrecht, §§ 364–364c. § 364 Abs 1 letzter Satz statuiert ein allgemeines Rücksichtnahmegebot unter Eigentümern benachbarter Grundstücke. So müssen Grundstückseigentümer Immissionen (das sind von außen auf eine Liegenschaft einwirkende Störungen von gewisser Dauer, wie Abwässer, Rauch, Gase, Geruch, Geräusche etc) so weit dulden, als diese das ortsübliche Maß nicht überschreiten und die ortsübliche Nutzung des Grundstücks nicht wesentlich beeinträchtigen. Wird hingegen das ortsübliche Maß überschritten oder ist die ortsübliche Nutzung des Grundstücks wesentlich beeinträchtigt, so kann der gestörte Nachbar die Immission untersagen, § 364 Abs 2. Ebenfalls untersagen kann ein Grundstückseigentümer seinem Nachbarn die von dessen Bäumen oder anderen Pflanzen ausgehenden Einwirkungen durch den Entzug von Licht oder Luft, wenn diese das ortsübliche Maß überschreiten und zu einer unzumutbaren Beeinträchtigung der Benutzung des Grundstücks führen, § 364 Abs 3. In diesem Fall ist eine Klage aber nur dann möglich, wenn ein Einigungsversuch vor einer Schlichtungsstelle, einem Bezirksgericht oder einem Mediator gescheitert ist. Überhänge und in den Grund eindringende Wurzeln fremder Bäume und Pflanzen dürfen fachgerecht und unter möglichster Schonung auf Kosten des beeinträchtigten Grundeigentümers entfernt werden. Droht dem Beeinträchtigten durch den Baum bzw die Pflanze ein Schaden, so sind die Entfernungskosten zwischen Beeinträchtigtem und Eigentümer des Baumes bzw der Pflanze zu teilen, § 422 Abs 2. Jedenfalls nicht zu dulden hat der Grundstückseigentümer eine unmittelbare Zuleitung, sofern hiefür kein besonderer Rechtstitel besteht, § 364 Abs 2 letzter Satz. Der durch Immissionen beeinträchtigte Nachbar hat, sofern eine erstmalige Gefährdung oder Wiederholungsgefahr besteht, einen Anspruch auf Unterlassung. Zur Entfernung von allenfalls schon auf seine Liegenschaft gelangten Immissionen steht dem Nachbarn ein Beseitigungsanspruch zu. Von diesen verschuldensunabhängigen Ansprüchen unberührt bleibt ein Anspruch des Nachbarn auf Schadenersatz, sofern er durch die Immissionen Schäden erlitten hat. Jene Immissionen, die von einer Bergwerksanlage oder einer sonstigen behördlich genehmigten Anlage ausgehen, hat der Nachbar in dem von der Genehmigung umfassten Umfang auch dann zu dulden, wenn sie das ortsübliche Ausmaß übersteigen und die ortsübliche Nutzung seines Grundstücks wesentlich beeinträchtigen. Zum Ausgleich gebührt dem beeinträchtigten Nachbarn ein (verschuldensunabhängiger) Schadenersatzanspruch (sog Eingriffshaftung), § 364a. Beschränkungen des Eigentumsrechts können auch durch Verfügungen des Eigentümers selbst erfolgen. So kann der Eigentümer einem Dritten entweder ein beschränktes dingliches Recht, etwa ein Pfandrecht, an seiner Sache einräumen oder ihm vertraglich ein (bloß) obligatorisches Recht zum Gebrauch (zB Miete, Leihe), allenfalls auch zur Fruchtziehung (zB Pacht) gewähren. Während obligatorische Rechte an einer Sache grds nur relativ, dh gegenüber dem Eigentümer, der sie eingeräumt hat, wirken, kommt (beschränkten) dinglichen Rechten absolute Wirkung zu, sodass sie auch gegen einen späteren Erwerber der Sache durchgesetzt werden können. Zur Wirkung von Bestandrechten, die in das Grundbuch eingetragen sind, vgl Fall 47. Ebenfalls zu Einschränkungen des Eigentumsrechts führen Veräußerungs- und Belastungsverbote. Diese können entweder gesetzlicher, richterlicher oder rechtsgeschäftlicher Natur sein. Während das Veräußerungsverbot die Eigentumsübertragung untersagt, verbietet das Belastungsverbot die Einräumung von Pfandrechten und anderen beschränkten dinglichen Nutzungsrechten (nicht aber von Bestandrechten). Zu beachten ist aber, dass rechtsgeschäftlichen Veräußerungs- bzw Belastungsverboten grds nur obligatorische Wirkung zukommt. Das heißt, dass die gegen das Verbot vorgenommene Verfügung Dritten gegenüber wirksam ist. Der Verfügende wird dem Verbotsberechtigten gegenüber aber schadenersatzpflichtig. Absolut, dh auch gegenüber Dritten wirkt das Verbot nur dann, wenn es zwischen Ehegatten, Eltern und Kindern oder deren Ehegatten begründet und im Grundbuch eingetragen wird, § 364c. Diesfalls ist die Verfügung unwirksam. Sowohl obligatorische als auch dingliche Veräußerungs- bzw Belastungsverbote erlöschen spätestens mit dem Tod des Eigentümers. Öffentlich-rechtliche Eigentumsbeschränkungen sind va bei Grundstücken zahlreich und ergeben sich insb aus Flächenwidmungsplänen und Bauordnungen, ferner aus Bestimmungen des Umweltschutzes, des Naturschutzes usw. Fallen Beschränkungen des Eigentumsrechts später weg (zB Lockerung der Bauordnung, Beendigung eines Bestandvertrages), so dehnt sich das Eigentumsrecht von selbst wieder aus (sog Elastizität des Eigentums). Im Interesse der Allgemeinheit kann dem Eigentümer in bestimmten Fällen sein Eigentum gegen Entschädigung teilweise oder sogar zur Gänze entzogen werden (Enteignung, § 365). [*Koziol/Welser*, Bürgerliches Recht I^{13} (2006) 280 ff] **(2)** Zum Eigentumsbegriff sowie zum derivativen Eigentumserwerb vgl Fall 4. **(3)** Zu den Arten des Eigentums vgl Fall 5. **(4)** Zur rechtlichen Bedeutung des Besitzes vgl Fall 2. **(5)** Zum Besitzverlust vgl Fall 3.

Zu den einschlägigen Quellenstellen der hier zu erörternden Problemkreise: zur Aufzählung der *res mancipi* vgl Gai Inst 1. 120; zum Eigentumserwerb mittels *traditio* und zum Erfordernis einer *iusta causa* vgl insb Diokletian u Maximian C 3. 32. 24, Paulus D 41. 1. 31 pr sowie Gai Inst 2. 19 u 20; zum Besitzerwerb durch einen erworbenen Sklaven durch Sendung dieses Sklaven zu den übrigen zu erwerbenden Sachen vgl Papinian D 41. 2. 48; zum Besitzerwerb durch Gewaltunterworfene *animo nostro, corpore alieno* vgl insb Paulus D 41. 2. 3. 12; zur nachträglichen Genehmigung eines Erwerbsgeschäfts vgl Ulpian D 46. 3. 12. 4; zum Tatbestand des *furtum* vgl etwa Paulus D 47. 2. 1. 3 sowie Gai Inst 3. 195; zur *exceptio rei venditae et traditae* vgl insb Ulpian D 21. 3. 1 pr sowie Hermogenian D 21. 3. 3; keine Eigentumsübertragung bei Überschreitung der Verfügungsbefugnis sowie zur *exceptio doli* des Beschenkten bei Rückforderung der geschenkten Sache vgl Javolen D 39. 5. 25.

2. KAPITEL

Ersitzung

Lit: *Benke/Meissel*, Römisches Sachenrecht[10] (2012) 101–112;
Hausmaninger/Selb, Römisches Privatrecht[9] (2001) 153–157;
Kaser/Knütel, Römisches Privatrecht[20] (2014) 144–149;
Apathy/Klingenberg/Pennitz, Einführung in das römische Recht[5] (2012) 124–128.

Fall 7:

Tempus fugit [*]

Der Antiquitätenhändler VULCANUS verkauft irrtümlich eine der FORTUNA gehörende tragbare Sonnenuhr an den gutgläubigen SATURNUS. SATURNUS hat die Sonnenuhr vier Monate bei sich, als er von PICUS gebeten wird, ihm die Sonnenuhr gegen Zahlung von 10 pro Monat zum Gebrauch zu überlassen. SATURNUS stimmt zu und übergibt PICUS die Sonnenuhr. Neun Monate später treffen SATURNUS und PICUS einander am Campus Martius, wo SATURNUS PICUS die in dessen Haus befindliche Sonnenuhr zum Kauf anbietet. PICUS freut sich, die Sonnenuhr endgültig behalten zu können, und willigt ein.
Drei Monate später gerät PICUS in einen finanziellen Engpass, weshalb er sich gezwungen sieht, die Sonnenuhr an AURORA zu verkaufen. In Gegenwart der Sonnenuhr wird vereinbart, dass AURORA die Sonnenuhr in einer Woche abholen werde. PICUS befiehlt seinem Sklaven Amor, die Sonnenuhr zu verpacken und zur Abholung bereitzustellen. Der etwas zerstreute Amor legt anstelle der Sonnenuhr eine von PICUS' Sanduhren in eine Kiste, verschnürt sie und übergibt sie AURORA, die annimmt, dass sich darin die Sonnenuhr befindet. Am Heimweg von PICUS, noch bevor AURORA die Kiste öffnet, wird sie ihr auf der Straße von CONSUS aus der Hand gerissen, der damit flieht.

Wer ist Eigentümer der Sonnenuhr in den einzelnen Stadien des Falles? Wer kann gegen CONSUS vorgehen und mit welcher/n Klage(n)?

Vorüberlegungen:

- ➢ Welcher Voraussetzungen bedarf der Eigentumserwerb mittels *traditio*?
- ➢ Was besagt der Grundsatz *nemo plus iuris transferre potest quam ipse habet*?
- ➢ Welcher Voraussetzungen bedarf eine Ersitzung infolge des Mangels der dinglichen Berechtigung des Vormanns?
- ➢ Wie lange ist die Ersitzungszeit bei beweglichen Sachen?
- ➢ Genügt es, wenn dem Ersitzungsbesitzer die Herrschaft über die zu ersitzende Sache bloß vermittelt wird?
- ➢ Welche Besitzposition hat PICUS, als ihm die Sonnenuhr zur Nutzung übergeben wird?
- ➢ Erwirbt PICUS durch *traditio* Eigentum an der Sonnenuhr?
- ➢ Was versteht man unter Besitzerwerb *solo animo*?

---

[*] Die Zeit flieht, iSv die Zeit vergeht rasch. Eigentlich: *Sed fugit interea, fugit irreparabile tempus* – Aber es flieht inzwischen die Zeit, und sie flieht unwiederbringlich (Vergil, *Georgica* 3. 284).

➢ Woran scheitert der derivative Eigentumserwerb von AURORA an der Sonnenuhr bzw an der Sanduhr?

➢ Welche Klagen können aufgrund eines *furtum* erhoben werden?

Zunächst ist zu prüfen, ob SATURNUS derivativ mittels *traditio* Eigentum an FORTUNAs Sonnenuhr erworben hat. Für den Eigentumserwerb mittels *traditio* müssen folgende drei Voraussetzungen vorliegen: Der Vormann muss dinglich berechtigt, dh Eigentümer oder Verfügungsbefugter der Sache sein. Weiters bedarf es eines gültigen Titels, der auf die Übertragung von Eigentum abzielt (*iusta causa*), sowie der Übertragung der *possessio* an der Sache vom Veräußerer auf den Erwerber (*traditio* ieS). Der zwischen VULCANUS und SATURNUS durch Willenseinigung über Ware und Preis abgeschlossene Kaufvertrag stellt einen rechtlich anerkannten Titel zum Erwerb von Eigentum dar. Eine *iusta causa traditionis* ist somit gegeben. Auch die Übertragung des Besitzes an der Sonnenuhr auf SATURNUS hat stattgefunden (*arg*: SATURNUS hat die Sonnenuhr vier Monate bei sich). SATURNUS hat *animo et corpore* Besitz erlangt. Der derivative Eigentumserwerb durch SATURNUS scheitert jedoch an der fehlenden dinglichen Berechtigung von VULCANUS, da dieser weder Eigentümer noch Verfügungsbefugter der Sonnenuhr ist. Nach dem Grundsatz *nemo plus iuris transferre potest quam ipse habet* kann er SATURNUS kein Eigentum an der Sonnenuhr übertragen. Somit steht die Sonnenuhr nach wie vor im Eigentum von FORTUNA.

Da der derivative Eigentumserwerb von SATURNUS gescheitert ist, muss geprüft werden, ob SATURNUS originär, im Wege der Ersitzung (*usucapio*), Eigentum an der Sonnenuhr erworben hat. Die Voraussetzungen einer Ersitzung infolge eines rechtlichen Mangels beim Vormann, *in concreto* wegen der fehlenden dinglichen Berechtigung des Übergebers, sind erstens, die Sache muss ersitzungsfähig sein (*res habilis*), dh, es darf sich nicht um eine gestohlene Sache (*res furtiva*) oder um eine Sache, die außerhalb des Rechtsverkehrs steht (*res extra commercium*), handeln. Als zweite Voraussetzung bedarf es eines gültigen Rechtsgrundes, der, wäre der Vormann dinglich berechtigt gewesen, dem Erwerber Eigentum verschafft hätte (*iusta causa usucapionis* bzw *titulus*). Drittens muss der Erwerber gutgläubig (*bona fide*) sein. Das ist er, wenn er den Mangel, an dem der derivative Eigentumserwerb gescheitert ist, nicht kennt. Viertens muss der Erwerber fehlerfrei Eigenbesitz an der zu ersitzenden Sache erlangt haben (*possessio*). Als fünfte und letzte Voraussetzung bedarf es des ununterbrochenen Besitzes des Erwerbers während der Ersitzungsfrist (*tempus*). Diese beträgt bei beweglichen Sachen ein Jahr, bei unbeweglichen Sachen zwei Jahre.

Da die Sonnenuhr dem Sachverhalt nach nicht gestohlen ist und sie auch nicht außerhalb des Privatrechtsverkehrs steht, handelt es sich bei ihr um eine *res habilis*. Eine *iusta causa usucapionis* besteht in dem zwischen SATURNUS und VULCANUS abgeschlossenen Kaufvertrag. SATURNUS ist überdies *bona fide*. Er weiß nicht, dass VULCANUS nicht dinglich berechtigt ist (*arg*: VULCANUS verkauft die Sonnenuhr an den gutgläubigen SATURNUS). Dabei ist zu beachten, dass der gute Glaube bei der Ersitzung nach römischem Recht auch dann noch vorliegt, wenn der Erwerber die fehlende dingliche Berechtigung des Vormanns hätte erkennen können. Fahrlässigkeit schadet der *bona fides* somit nicht. Vielmehr wird der Erwerber selbst dann noch als gutgläubig angesehen, wenn er sich über Umstände, die der Ersitzung entgegenstehen, im Zweifel befindet. Wie oben bei der Prüfung des derivativen Eigentumserwerbs bereits festgestellt, hat die Übertragung des Besitzes auf SATURNUS bereits stattgefunden. SATURNUS ist, da er die Sonnenuhr wie ein Eigentümer haben möchte, deren Eigenbesitzer. Mangels anderer Anhaltspunkte im Sachverhalt hat SATURNUS nicht nur rechtmäßig (weil auf einem Rechtsgrund beruhend), sondern auch fehlerfrei, dh *nec vi, nec clam, nec precario*, Besitz an der Sonnenuhr erlangt. SATURNUS ist somit im Zeitpunkt der Übergabe der Sonnenuhr durch VULCANUS Ersitzungsbesitzer geworden.

Da es sich um eine tragbare Sonnenuhr und somit um eine bewegliche Sache handelt, bedarf es des ununterbrochenen Besitzes von einem Jahr, damit SATURNUS durch *usucapio* deren Eigentümer wird. Zu beachten ist aber, dass der Erwerber die Sachgewalt nicht stets selbst ausüben muss. Vielmehr reicht es aus, wenn für ihn die Sachherrschaft während der Ersitzungsdauer von einem Detentor ausgeübt wird.

SATURNUS ist in den ersten vier Monaten ab Erhalt der Sonnenuhr unmittelbarer Eigenbesitzer. Er möchte die Sonnenuhr wie ein Eigentümer haben (*animus possidendi*) und hat, da er die Sonnenuhr bei sich hat, unmittelbare Sachgewalt (*corpus*). Indem SATURNUS und PICUS Einigung darüber herstellen, dass PICUS die Sonnenuhr gegen Zahlung von 10 pro Monat für eigene Zwecke gebrauchen darf, schließen sie einen Mietvertrag (*locatio conductio rei*) ab. Kommt es nun zur Übergabe der Sonnenuhr an PICUS aufgrund des Mietvertrages, so übt SATURNUS die Sachherrschaft von nun an nicht mehr selbst aus, sondern diese wird ihm von PICUS vermittelt. Da PICUS als Mieter die Sonnenuhr für SATURNUS haben möchte (*animus rem alteri habendi*) und er sie bei sich hat, ist er unmittelbarer Fremdbesitzer und SATURNUS, da er die Sonnenuhr nach wie vor für sich haben möchte (*animus rem sibi habendi*), die Sachherrschaft aber nun nicht mehr selbst ausübt, mittelbarer Eigenbesitzer. SATURNUS ist somit nach wie vor Ersitzungsbesitzer und die Ersitzungsfrist läuft weiter.

Nimmt PICUS neun Monate nach der Übernahme der Sonnenuhr das Kaufangebot von SATURNUS an, so kommt es durch Willenseinigung über Ware und Preis zum Abschluss eines Kaufvertrages. Zu prüfen ist daher, ob PICUS derivativ durch *traditio* Eigentum an der Sonnenuhr erworben hat. Dazu müssen wieder die Voraussetzungen *iusta causa*, Besitzübertragung und Recht des Vormanns geprüft werden. Eine *iusta causa* ist gegeben, da SATURNUS und PICUS einen Kaufvertrag abgeschlossen haben. Die Besitzübertragung erfolgt mittels *traditio brevi manu*: PICUS, der als Detentor die Sonnenuhr bisher bloß innehatte, kommt mit dem *possessor* SATURNUS überein, die Sonnenuhr künftig als Besitzer für sich zu haben. PICUS gibt seinen Fremdbesitzwillen auf und fasst erlaubterweise Eigenbesitzwillen. Sein *animus rem sibi habendi* kommt darin zum Ausdruck, dass er sich freut, die Sonnenuhr endgültig behalten zu können. Da PICUS als Mieter die Sachherrschaft über die Sonnenuhr bereits ausübt und sich die Sonnenuhr auch in seiner Herrschaftssphäre befindet (*arg*: die Sonnenuhr befindet sich in PICUS' Haus), ist das Erfordernis *corpus* ebenfalls erfüllt. Es bedarf nun nicht, dass PICUS die Sonnenuhr an SATURNUS zurückgibt, damit SATURNUS PICUS Besitz an der Sonnenuhr übertragen kann. Da es bei der *traditio brevi manu* somit keines gesonderten Übertragungsaktes bedarf, spricht man auch von einem Traditionssurrogat. PICUS ist daher bereits durch die Vereinbarung mit SATURNUS am Campus Martius – ohne dass ein weiterer Bemächtigungsakt seitens PICUS erforderlich ist – mittels *traditio brevi manu* Eigenbesitzer der Sonnenuhr geworden. Zugleich hat SATURNUS Besitz an der Sonnenuhr verloren.

Für die Beantwortung der Frage, ob PICUS auch Eigentum an der Sonnenuhr erlangt hat, gilt es noch zu prüfen, ob SATURNUS ein berechtigter Vormann ist. Dies ist dann zu bejahen, wenn die Ersitzungsfrist von einem Jahr bei beweglichen Sachen mittlerweile abgelaufen ist und SATURNUS die Sonnenuhr daher ersessen hat. Da SATURNUS die Sonnenuhr als Ersitzungsbesitzer vier Monate bei sich hatte und ihm weitere neun Monate die Sachherrschaft von PICUS vermittelt wurde, hatte SATURNUS die Sonnenuhr, als er sie PICUS zum Verkauf anbietet, bereits 13 Monate ununterbrochen in seinem Besitz. SATURNUS hat daher mittels *usucapio* originär Eigentum an der Sonnenuhr erworben. Als Eigentümer ist SATURNUS berechtigt, über die Sonnenuhr dinglich zu verfügen, weshalb er PICUS Eigentum an ihr übertragen kann. Folglich ist PICUS am Campus Martius derivativ durch *traditio* Eigentümer der Sonnenuhr geworden.

Kommt es in der Folge zum Verkauf der Sonnenuhr von PICUS an AURORA, so ist zu untersuchen, ob eine neuerliche Übereignung der Sonnenuhr durch *traditio* stattgefunden hat. Sowohl das Recht des Vormanns (PICUS ist ihr Eigentümer) als auch ein gültiger, auf die Übertragung von Eigentum gerichteter Rechtsgrund (Kaufvertrag zwischen PICUS und AURORA) sind gegeben. Es findet jedoch keine Übertragung der *possessio* an der Sonnenuhr auf AURORA statt. Zwar erfolgt die Einigung zwischen AURORA und PICUS in Gegenwart der Sonnenuhr, sodass das Tatbestandselement *corpus* erfüllt wäre, doch hat AURORA zu diesem Zeitpunkt noch keinen *animus possidendi*. Ihr Wille, die Sonnenuhr zu kaufen (ein Verpflichtungsgeschäft abzuschließen), ist vom Willen, die Sonnenuhr für sich zu haben (ein Verfügungsgeschäft vorzunehmen), zu unterscheiden. Da AURORA mit PICUS vereinbart, die Sonnenuhr in einer Woche abzuholen, gibt sie zu erkennen, die Sonnenuhr erst dann haben zu wollen. Doch auch als AURORA eine Woche später zur Abholung erscheint, erlangt sie keinen Besitz an der Sonnenuhr, da ihr Amor, der Sklave von PICUS, anstelle der verkauften Sonnenuhr eine Sanduhr übergibt. AURORA ist daher wegen fehlender Besitzerlangung nicht Eigentümerin der Sonnenuhr geworden. Mangels erfolgreicher Übereignung ist daher nach wie vor PICUS Eigentümer der Sonnenuhr. Aufgrund des Kaufvertrages steht es AURORA aber zu, mittels der Käuferklage, der *actio empti*, die Übergabe der Sonnenuhr von PICUS zu verlangen.

Schließlich gilt es noch zu prüfen, ob AURORA an der von Amor übergeben erhaltenen Sanduhr derivativ Eigentum mittels *traditio* erworben hat. Das Recht des Vormanns ist gegeben: PICUS ist Eigentümer der Sanduhr (*arg*: Amor legt eine von PICUS' Sanduhren in eine Kiste). Auch hat AURORA Besitz an der Sanduhr erlangt. Das Tatbestandselement *corpus* ist erfüllt, da sie die Sanduhr übergeben erhält und mitnimmt. Auch der *animus possidendi* ist gegeben. AURORAS Wille ist darauf gerichtet, den Inhalt der übergeben erhaltenen Kiste für sich zu haben. Dass sich in Wahrheit etwas anderes in der Kiste befindet, als AURORA annimmt, ist unerheblich. AURORA hat somit *animo et corpore* Besitz an der Sanduhr erlangt. Der Eigentumserwerb scheitert aber daran, dass die Übergabe der Sanduhr auf keinem gültigen Rechtgrund beruht. Da Inhalt des zwischen PICUS und AURORA abgeschlossenen Kaufvertrages die Sonnenuhr (und eben nicht die Sanduhr) ist, mangelt es dem Eigentumserwerb mittels *traditio* an einer gültigen *iusta causa*. Eine Ersitzung von AURORA an der Sanduhr scheitert an einer fehlenden *iusta causa usucapionis*. Zudem fehlt das ausreichende *tempus* von einem Jahr bei beweglichen Sachen (*arg*: Am Heimweg von PICUS, noch bevor AURORA die Kiste öffnet, wird sie ihr auf der Straße von CONSUS aus der Hand gerissen, der damit flieht). PICUS ist somit auch Eigentümer der Sanduhr geblieben. Indem CONSUS AURORA die Kiste aus der Hand reißt und damit flieht, verliert sie die für die Besitzerhaltung an beweglichen Sachen grds notwendige Sachherrschaft (*custodia*). Zugleich hat CONSUS Eigenbesitz erworben: Er will die Kiste samt Inhalt für sich haben (sonst hätte er sie AURORA nicht entrissen und wäre nicht damit geflohen) und er stellt auch ein ausreichendes körperliches Naheverhältnis her. Da CONSUS seine Besitzposition nicht von einem Vormann ableitet, sondern sie aus eigener Machtvollkommenheit herstellt, hat er originär Besitz erworben. Der Besitz von CONSUS ist weder rechtmäßig (ihm fehlt ein Erwerbstitel) noch fehlerfrei (er hat die Kiste, in der sich die Sanduhr befindet, gewaltsam – *vi* – an sich gebracht). Da CONSUS die ihm nicht gehörende Sanduhr und somit eine fremde bewegliche Sache mit der Absicht, sich aus ihr zu bereichern, an sich nimmt, begeht er ein *furtum*. Fraglich ist, wer gegen CONSUS vorgehen kann und welche rechtlichen Mittel hiezu zur Verfügung stehen.

Zugunsten von AURORA kommt ein possessorischer Schutz mittels Besitzinterdikten infrage. Da es sich bei dem von CONSUS gestohlenen Gegenstand um eine bewegliche Sache handelt, ist das *interdictum utrubi*, ein prohibitorisches Interdikt, einschlägig. Ursprünglich schützt es denjenigen, der innerhalb des letzten Jahres den längeren fehlerfreien Besitz an der Sache gehabt hat, ab Justinian schließlich den letzten fehlerfreien Besitzer. Stellt AURORA das *interdictum utrubi* an, so ist es CONSUS, da er AURORA gegenüber fehlerhaft besitzt, verboten, sich gegen einen allfälligen Wiederbemächtigungsakt seitens AURORA zur Wehr zu setzen. Zu beachten ist, dass im Interdiktenverfahren lediglich geprüft wird, wer im Verhältnis der Streitparteien – *alter ab altero* – fehlerfrei bzw fehlerhaft besitzt. Wem an der Sache ein dingliches Recht zusteht, wird im petitorischen Verfahren geklärt. PICUS als Eigentümer der Sanduhr steht zur Wiedererlangung bzw, um Ersatz des Sachwerts zu erlangen, die *rei vindicatio* zur Verfügung. Da die Sanduhr durch Diebstahl abhandengekommen ist, kann PICUS auch die *condictio furtiva* gegen CONSUS anstellen. Anders als die *rei vindicatio*, die sich gegen jeden Sachbesitzer richtet, kann die *condictio furtiva* nur gegen den Dieb angestellt werden. Zu beachten ist, dass es sich sowohl bei der *rei vindicatio* als auch bei der *condictio furtiva* um sachverfolgende Klagen handelt. PICUS kann daher nicht beide Klagen erheben, sondern muss sich vor dem Prätor für eine der beiden entscheiden (elektive Konkurrenz). Aufgrund des *furtum* hat PICUS überdies einen Anspruch auf Buße, den er mit der *actio furti* geltend machen kann. Da es sich bei der *actio furti* um eine Pönalklage handelt, kann sie PICUS gemeinsam mit einer der sachverfolgenden Klagen erheben (kumulative Konkurrenz).

▶ **(1)** Aus Gründen des Verkehrsschutzes lässt das ABGB den Übernehmer beim Erwerb vom Nichtberechtigten bei Vorliegen bestimmter Voraussetzungen sofort, ohne dass es eines Ablaufs von Fristen bedarf, originär Eigentum erwerben. In diesen Fällen des Erwerbs vom Nichtberechtigten erachtet der Gesetzgeber ausnahmsweise den Übernehmer als schutzwürdiger als den Eigentümer. Notwendige Voraussetzung der Schutzwürdigkeit ist der gute Glaube des Übernehmers. Man spricht daher auch vom Gutglaubenserwerb vom Nichtberechtigten. Zentrale Bestimmung des gutgläubigen Eigentumserwerbs an beweglichen Sachen ist § 367. Dafür müssen folgende Voraussetzungen gegeben sein: Neben dem Vorliegen einer beweglichen Sache und dem guten Glauben des Übernehmers bedarf es eines gültigen entgeltlichen Titelgeschäfts sowie der Übergabe der Sache. Zudem muss eine der folgenden Alternativvoraussetzungen vorliegen: Der Erwerb ist entweder im Rahmen einer öffentlichen Versteigerung, vom Unternehmer im gewöhnlichen Betrieb seines Unternehmens, vom Vertrauensmann oder im Rahmen einer außergerichtlichen Pfandverwertung (§ 367 iVm § 466d) erfolgt. Der Gutglaubenserwerb nach § 367 ist ausschließlich auf bewegliche Sachen zugeschnitten. Bei Liegenschaften kommt ein gutgläubiger Erwerb etwa kraft Vertrauens auf den Grundbuchsstand infrage (materielles Publizitätsprinzip, § 1500, §§ 62 ff GBG, vgl Fall 9). Gutgläubig ist grds, wer weder weiß noch vermuten muss, dass der Übergeber nicht Eigentümer ist. Der gute Glaube an die Verfügungsbefugnis genügt beim Erwerb vom Unternehmer im gewöhnlichen Betrieb seines Unternehmens (va weil Sachen, die ein Unternehmer veräußert, oft mit einem Eigentumsvorbehalt des Produzenten bzw Großhändlers belastet sind), § 368 S 2, sowie beim Erwerb im Rahmen der außergerichtlichen Pfandverwertung, § 466d. Bereits leichte Fahrlässigkeit zerstört den guten Glauben. Typische Fälle, in denen der Übernehmer Verdacht schöpfen muss, dass der Übergeber nicht dinglich berechtigt ist, nennt § 368 Abs 2 (etwa das Vorliegen eines auffällig geringen Preises). Der gute Glaube des Übernehmers muss jedenfalls zum Zeitpunkt der Übergabe vorliegen, spätere Kenntnis vom Mangel der dinglichen Berechtigung schadet nicht. Ein Gutglaubenserwerb findet nur aufgrund eines entgeltlichen Rechtsgeschäftes statt. Dies resultiert aus der Überlegung, dass der Übernehmer weniger schutzwürdig als der Eigentümer ist, wenn er selbst keine Gegenleistung erbringen muss (etwa bei Schenkung). Zudem muss das Rechtsgeschäft gültig sein. Die Regeln des Gutglaubenserwerbs können nur die fehlende dingliche Berechtigung des Übergebers, nicht aber ein fehlerhaftes Titelgeschäft substituieren (somit kein Gutglaubenserwerb bei Geschäftsunfähigkeit oder bei Veräußerung durch einen vollmachtslosen Vertreter). Zudem bedarf es der Übergabe der Sache an den Übernehmer. Schließlich muss einer der vier in § 367 genannten speziellen Erwerbsfälle vorliegen. Der Erwerb durch öffentliche Versteigerung erfolgt mit Zuschlag und setzt eine behördliche Genehmigung, eine ordnungsgemäße Bekanntmachung und die Zuständigkeit des Versteigerungsorgans voraus. Der Übernehmer ist beim Erwerb in einer öffentlichen Versteigerung deshalb besonders schützenswert, weil er auf die staatliche Aufsicht über die Versteigerung vertraut (Rechtsscheinprinzip). Zudem würden Nachforschungen hinsichtlich der dinglichen Berechtigung an zu versteigernden Sachen den Geschäftsverkehr übermäßig belasten (Verkehrsschutzprinzip). Beim Erwerb vom Unternehmer im gewöhnlichen Betrieb seines Unternehmens beruht die Schutzwürdigkeit des Übernehmers auf seinem Vertrauen auf die meist staatlich legitimierte Unternehmereigenschaft (zB Gewerbeberechtigung). Das Vertrauen und somit die Schutzwürdigkeit endet jedoch bei Geschäften, die nicht zum gewöhnlichen Betrieb des Unternehmens gehören (daher zB kein Gutglaubenserwerb an einer vom Blumenhändler verkauften Uhr). Vertrauensmann ist, wem der Eigentümer die Sache willentlich und wissentlich in dessen Gewahrsame gegeben hat (zB Mieter, Entleiher, Usufruktuar, Faustpfandgläubiger). Der gutgläubige Eigentumserwerb vom Vertrauensmann lässt sich va damit rechtfertigen, dass sich der Eigentümer selbst ausgesucht hat, wem er seine Sache überlässt. Folglich ist er weniger schutzwürdig als der Übernehmer. Zu beachten ist, dass bei Veräußerung durch öffentliche Versteigerung und vom Unternehmer im gewöhnlichen Betrieb seines Unternehmens auch an gestohlenen, verloren gegangenen oder sonst abhandengekommenen Sachen ein Gutglaubenserwerb möglich ist. Dies ist für den Erwerb vom Vertrauensmann *per definitionem* ausgeschlossen, da hier verlangt wird, dass der Eigentümer die Sache freiwillig in die Gewahrsame eines anderen übertragen hat. Der Erwerb im Rahmen der außergerichtlichen Pfandverwertung erfolgt entweder durch einen dazu befugten Unternehmer in öffentlicher Versteigerung, durch freihändigen Verkauf oder auf eine andere, zwischen Pfandbesteller und Pfandgläubiger vereinbarte Art, §§ 466a Abs 3 sowie 466b Abs 2 u 4. Liegen alle Voraussetzungen für einen gutgläubigen Eigentumserwerb nach § 367 vor, so erwirbt der Übernehmer originär Eigentum. Belastungen, die der Übernehmer weder kannte noch kennen musste, erlöschen, § 367 Abs 2. Dem ehemaligen Eigentümer steht kein (bereicherungsrechtlicher) Anspruch gegen den gutgläubigen Erwerber zu, sehr wohl aber ein Anspruch gegen den Übergeber auf den Erlös (Verwendungsanspruch nach § 1041) sowie allenfalls auf Schadenersatz. Neben dem Gutglaubenserwerb nach § 367 kennt das ABGB einen Gutglaubenserwerb vom Scheinerben (§ 824 S 2) sowie an ununterscheidbaren Sachen nach § 371. [*Koziol/Welser*, Bürgerliches Recht I^{13} (2006) 330 ff] **(2)** Kommt ein Gutglaubenserwerb nach § 367 bzw kraft Vertrauens auf das Grundbuch nicht infrage (etwa wegen Fehlens eines gültigen oder entgeltlichen Titelgeschäftes), so kann allenfalls ein Eigentumserwerb im Wege der Ersitzung stattfinden, §§ 1452 ff. Ersitzung ist Erwerb von Eigentum (oder bestimmter anderer dinglicher Rechte wie etwa Servituten oder Reallasten) infolge Zeitablaufs. Die Ersitzung lässt den Übernehmer das Recht originär erwerben. Gleichzeitig verliert der bisher Berechtigte sein Recht, § 1478. Die allgemeinen Voraussetzungen jeder Ersitzung sind eine ersitzungsfähige Sache (§ 1455) und die Ausübung qualifizierten Besitzes während der gesetzlich vorgeschriebenen Zeit. Man unterscheidet zwischen eigentlicher und uneigentlicher Ersitzung. Die eigentliche Ersitzung (§ 1466) erfordert rechtmäßigen, redlichen und echten Besitz. Der Titel muss darauf gerichtet sein, Eigentum zu verschaffen, § 1461 (anders als nach § 367 ist somit ein Rechtserwerb auch bei Schenkung möglich). Hingegen reicht ein Titel, der bloß zum Gebrauch berechtigt (etwa Miete oder Leihe), nicht aus, § 1462. Die Ersitzungsfrist beträgt bei beweglichen Sachen grds drei Jahre, bei unbeweglichen Sachen grds 30 Jahre. Beim Erwerb von Sachen, die dem Staat oder einer anderen juristischen Person gehören, ist bei beweglichen Sachen eine Frist von sechs, bei unbeweglichen Sachen von 40 Jahren vorgesehen, § 1472. Bei Abwesenheit des Voreigentümers kommt es zu einer Verlängerung bzw Hemmung der Ersitzungszeit, §§ 1475, 1496. Erfolgt der Erwerb von einem unechten oder unredlichen Besitzer bzw von einem unbekannten Vormann, so verdoppelt sich die Frist, § 1476. Kommt es nach Beginn der Ersitzung zur Veräußerung der Sache, so kann sich der Erwerber, sofern auch sein Besitz den Ersitzungsvoraussetzungen entspricht, die Ersitzungszeit des Veräußerers einrechnen, § 1493. Die uneigentliche Ersitzung (§ 1477) verlangt bloß redlichen und echten, nicht aber rechtmäßigen Besitz. Anders als bei der eigentlichen Ersitzung findet daher auch dann ein Eigentumserwerb statt, wenn das Titelgeschäft ungültig ist. Dafür beträgt die Ersitzungsfrist auch bei beweglichen Sachen 30 Jahre bzw 40 Jahre, wenn der Voreigentümer der Staat oder eine andere juristische Person ist. Zu beachten ist: Da der Rechtserwerb bei der Ersitzung unmittelbar mit Ablauf der Fristen eintritt, kommt es bei Liegenschaften zur Durchbrechung des Intabulationsprinzips gem § 4 GBG (wonach Modus für den Erwerb von dinglichen Rechten die Eintragung im Grundbuch ist). [*Koziol/Welser*, Bürgerliches Recht I^{13} (2006) 337 ff]

Zu den einschlägigen Quellenstellen der hier erörterten Problemkreise: zum Scheitern des derivativen Eigentumserwerbs durch *traditio* aufgrund fehlender dinglicher Berechtigung des Vormanns vgl insb Ulpian D 41. 1. 20 pr; zum Grundsatz *nemo plus iuris ad alium transferre potest quam ipse habet* vgl Ulpian D 50. 17. 54; zur Funktion der *usucapio* vgl insb Gaius D 41. 3. 1, Neraz D 41. 10. 5 pr sowie Gai Inst 2. 44; zum Vorliegen der *bona fides* bei Annahme, dass die Sache im Eigentum des Veräußerers steht, vgl insb Paulus D 18. 1. 27 u Gai Inst 2. 43 bzw, dass dieser darüber verfügungsbefugt ist, vgl insb Modestin D 50. 16. 109; zum Erfordernis des fehlerfreien Besitzes bei der *usucapio* vgl insb Paulus D 41. 2. 5 u Papinian D 41. 8. 8; zum Besitzerwerb mittels *traditio brevi manu* vgl insb Ulpian D 6. 2. 9. 1, ders D 12. 1. 9. 9 sowie Gaius D 41. 1. 9. 5; zum Besitzverlust durch freiwillige Aufgabe der Sachherrschaft bei Übergabe an den Erwerber vgl insb Paulus D 41. 2. 3. 9; zum Eigentumserwerb mittels *traditio* und zum Erfordernis einer *iusta causa* vgl insb Diokletian u Maximian C 3. 32. 24, Paulus D 41. 1. 31 pr sowie Gai Inst 2. 19 u 20; zur Befürwortung einer *usucapio* aufgrund eines Ersatztitels *pro suo* vgl insb Proculus D 23. 3. 67, Pomponius D 41. 10. 3 u ders D 41. 10. 4. 2; zur Ablehnung einer *usucapio pro emptore* vgl insb Paulus D 41. 4. 2. 6; zur Befürwortung einer *usucapio pro emptore* bei Vorliegen eines *tolerabilis error* vgl Neraz D 41. 10. 5. 1 bzw einer *iusta causa erroris* vgl African D 41. 4. 11; zur Ablehnung einer *usucapio* mangels Vorliegens einer *iusta causa* vgl Ulpian D 41. 3. 27; zu den Interdikten *uti possidetis* und *utrubi* als *interdicta duplicia* vgl insb Gai Inst 4. 160; zum Wortlaut des *interdictum utrubi* vgl insb Ulpian D 43. 31. 1 pr; zur Zulässigkeit, sich einer gewaltsam entzogenen Sache wiederzubemächtigen, vgl insb Julian D 43. 16. 17; zum Delikt *furtum* bei Wegnahme einer fremden Sache in Bereicherungsabsicht vgl etwa Paulus D 47. 2. 1. 3 sowie Gai Inst 3. 195.

Fall 8: ☆☆

Der Hundefänger

MINERVA gibt dem Hundezüchter PORTUNUS ihre zwei Wachhunde unentgeltlich in Obsorge. Am 1.1. verkauft und übergibt PORTUNUS irrtümlich einen der Wachhunde an die gutgläubige JUNO. Der zweite Hund wird bei PORTUNUS einen Tag später vom Hundefänger VOLTURNUS gestohlen. Am 1.4. kauft JUNO vom zwölfjährigen FONS, den JUNO für dessen Zwillingsschwester Flora hält, dessen Hundeleine, die ihr sogleich übergeben wird. Am selben Tag erfährt JUNO, dass der an sie verkaufte Hund nicht PORTUNUS gehört. Als JUNO mit dem bei PORTUNUS gekauften Hund (ebenfalls am 1.4.) spazieren geht, reißt sich dieser von der Leine los und verschwindet unauffindbar im Dickicht. Einen Monat später wird der Hund völlig abgemagert von VOLTURNUS im Wald entdeckt, der den Hund, da dieser kein Erkennungszeichen trägt, für herrenlos hält und mitnimmt. Am 1.6. entkommen beide Hunde bei VOLTURNUS. Der an JUNO verkaufte Hund läuft zu JUNO, der andere zu PORTUNUS zurück. PORTUNUS hält den zu ihm zurückgelaufenen Hund für einen ihm gehörenden und verkauft und übergibt ihn am 1.7. an den ahnungslosen APOLLO.

Am 1.8. des Folgejahres verlangt MINERVA ihre zwei Hunde von JUNO und APOLLO sowie der Tutor von FONS die Leine von JUNO heraus. Mit Erfolg?

Skizze:

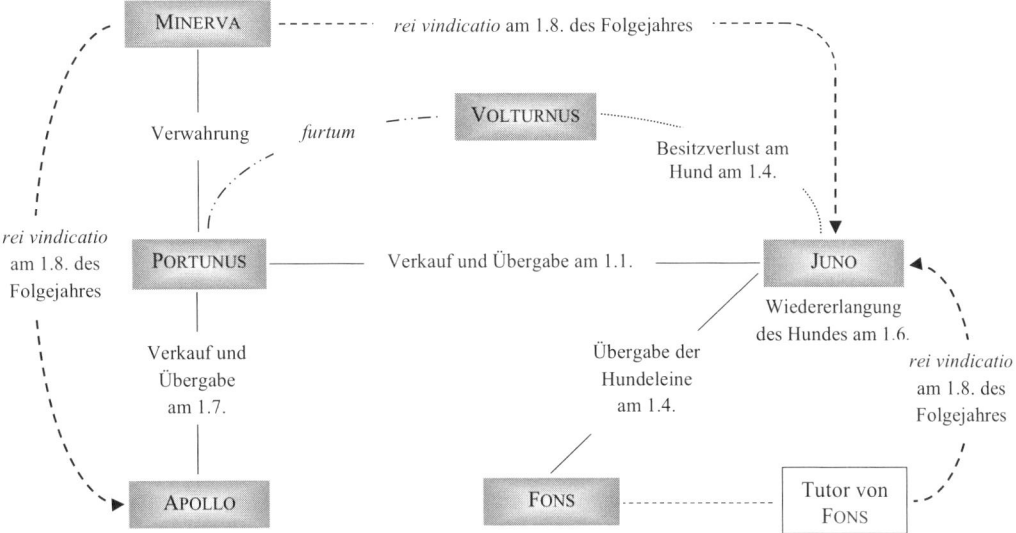

Zu behandelnde Problemkreise:

➢ Verwahrer als Detentor
➢ Voraussetzungen für einen Eigentumserwerb mittels *traditio*
➢ Voraussetzungen für einen Eigentumserwerb mittels *usucapio*
➢ *mala fides superveniens non nocet*

> Besitzerhaltung/-verlust an beweglichen Sachen
> keine Ersitzung bei Wiedererlangung des Besitzes *mala fide*
> Begehung des Delikts *furtum*
> Ersitzungsverbot gestohlener Sachen nach der *lex Atinia*
> *reversio in potestatem*
> Unwirksamkeit eines Verpflichtungsgeschäfts wegen unzureichender Geschäftsfähigkeit von *pupilli*
> Ersitzung infolge fehlender *iusta causa traditionis*
> Tatsachenirrtum *vs* Rechtsirrtum

Eigentum an den Wachhunden

Anfangs ist MINERVA sowohl Besitzerin der Wachhunde (sie hat die Hunde in ihrer Sachgewalt und will sie für sich haben) als auch deren Eigentümerin (*arg*: ihre Wachhunde). Übergibt MINERVA die Wachhunde an PORTUNUS in dessen Obsorge, so schließen sie einen Verwahrungsvertrag (*depositum*). PORTUNUS ist als Verwahrer unmittelbarer Fremdbesitzer der Wachhunde. Er hat *animus rem alteri habendi* und übt für MINERVA die Sachgewalt aus. MINERVA ist von nun an mittelbare Eigenbesitzerin. Sie möchte die Wachhunde nach wie vor für sich haben (*animus rem sibi habendi*), die Sachherrschaft übt sie aber nun nicht mehr selbst aus, sondern diese wird ihr von PORTUNUS vermittelt. Auf die Eigentümerstellung von MINERVA hat die Verwahrung freilich keine Auswirkung.

Eigentum an dem von PORTUNUS an JUNO übergebenen Wachhund

Verkauft und übergibt PORTUNUS am 1.1. einen der ihm in Obsorge gegebenen Wachhunde an JUNO, so ist zu erörtern, ob dies zu einer Änderung der Eigentumsverhältnisse führt. Infrage kommt ein derivativer Eigentumserwerb von JUNO mittels *traditio*. Dafür bedarf es einer *iusta causa* (*titulus*), der Übertragung des Besitzes (*modus*) und der dinglichen Berechtigung des Vormanns. Eine *iusta causa* ist gegeben, da PORTUNUS und JUNO durch Konsens über Ware und Preis einen Kaufvertrag abgeschlossen haben. Auch zur Besitzübertragung des Wachhundes an JUNO ist es gekommen (*arg*: der Wachhund wird JUNO übergeben). JUNO hat *animo et corpore* Besitz an dem Hund erlangt. Zugleich hat MINERVA Besitz verloren, weil ihr PORTUNUS nun keine Sachherrschaft mehr vermittelt. Da PORTUNUS aber weder Eigentümer des Wachhundes ist noch von MINERVA dazu berechtigt worden ist, den Wachhund zu veräußern, scheitert der derivative Eigentumserwerb von JUNO an der dinglichen Berechtigung von PORTUNUS. Es gilt: *nemo plus iuris transferre potest quam ipse habet*. Zu beachten ist, dass die Wirksamkeit des Kaufvertrages als bloß obligatorisches Verhältnis von der mangelnden dinglichen Berechtigung von PORTUNUS unberührt bleibt. Auch Sachen, die einem nicht gehören, kann man verkaufen.

Folglich ist ein originärer Eigentumserwerb am Hund im Wege der Ersitzung (*usucapio*) wegen fehlender dinglicher Berechtigung des Vormanns zu prüfen. Da der Wachhund weder eine *res extra commercium* noch eine *res furtiva* ist (beachte: PORTUNUS verkauft und übergibt den Wachhund irrtümlich an JUNO), gilt er als ersitzungsfähig (*res habilis*). Der Kaufvertrag zwischen PORTUNUS und JUNO stellt eine *iusta causa usucapionis* dar. Auch die Übergabe des Wachhundes an JUNO hat, wie bereits bei der Prüfung des derivativen Eigentumserwerbs dargelegt, stattgefunden (*possessio*). Zudem ist JUNO *bona fide*: Im Zeitpunkt der Besitzerlangung weiß JUNO nicht, dass der Wachhund nicht PORTUNUS gehört (*arg*: PORTUNUS verkauft und übergibt den Hund an die gutgläubige JUNO). Zu beachten ist, dass die Tatsache, dass JUNO später, am 1.4., erfährt, dass der Hund nicht PORTUNUS gehört hat, keinen Einfluss auf die gutgläubig begonnene Ersitzung hat. Es gilt: *mala fides superveniens non nocet* – schlechter Glaube, der nachträglich entsteht, schadet der Ersitzung nicht. Da es sich bei dem Hund um eine bewegliche Sache handelt, beträgt die Ersitzungsfrist ein Jahr. JUNO müsste also, um Eigentum an dem Hund durch *usucapio* zu erwerben, diesen ein Jahr ununterbrochen in ihrem Besitz haben. Ein Besitzverlust beendet die Ersitzung. Zu prüfen ist daher, ob JUNO Besitz am Hund verliert, als ihr dieser am 1.4. entkommt. Zum unfreiwilligen Besitzverlust an beweglichen Sachen kommt es grds dann, wenn die faktische Herrschaftsbeziehung (*custodia*) zu ihnen verloren geht. So spricht sich etwa der Jurist Nerva für einen sofortigen Besitzverlust aus, wenn Vieh entläuft, uzw selbst dann, wenn das Vieh noch von keinem Dritten in Besitz genommen wurde – *nam pecus aberraverit protinus desinere a nobis possideri, licet a nullo possideatur*. Da sich der Hund dem Zugriff JUNOs derart entzieht, dass sie jegliche Beherrschungsmöglichkeit über ihn verliert (*arg*: der Hund verschwindet unauffindbar im Dickicht), verliert sie die *custodia* und damit Besitz. Folglich ist auch die Ersitzung beendet.

Nimmt in der Folge VOLTURNUS den Hund an sich (*corpus*), um ihn für sich zu haben (*animus*), so ist er dessen neuer Besitzer. Da VOLTURNUS seine Besitzposition nicht von einem Vormann ableitet, sondern sie aus eigener Machtvollkommenheit herstellt, hat er originär Besitz erlangt. Zu beachten ist, dass ein Eigentumserwerb seitens VOLTURNUS durch *occupatio* nicht infrage kommt, da es sich bei dem Hund um keine herrenlose Sache (*res nullius*) handelt.* Vielmehr steht der Hund nach wie vor im Eigentum von MINERVA. Auch im Wege der Ersitzung kann VOLTURNUS nicht Eigentümer werden. Zum einen fehlt es an einer *iusta causa*, zum anderen hat VOLTURNUS den Hund lediglich einen Monat in seinem Besitz, als der Hund bei ihm entkommt. Weiters gilt es zu beachten, dass derjenige, der eine fremde verloren gegangene Sache findet, öffentlich Anzeige über den Fund zu erstatten hat, möchte er sich nicht dem Verdacht der Fundverheimlichung und somit des *furtum* aussetzen – *hi ergo ostendunt non furandi animo se fecisse*. Da VOLTURNUS nicht in der Absicht handelt, sich an dem Hund unrechtmäßig zu bereichern (*arg*: er hält den Hund für herrenlos), er also keine Diebstahlsabsicht hat, begeht er kein *furtum* – *qui pro delicto rem iacentem occupavit, furtum non committit*. Dennoch ist er gut beraten, Anzeige zu erstatten, um dem Verdacht der Fundunterschlagung zu entgehen.

Kehrt der Hund am 1.6. zu JUNO zurück und hat sie ihn bis zum 1.8. des Folgejahres in ihrem Besitz, so stellt sich die Frage, ob JUNO originär durch *usucapio* Eigentum erworben hat. Dabei ist zu beachten, dass bei Wiedererlangung des Besitzes die Ersitzungsfrist neu zu laufen beginnt. Eine Anrechnung von Vorzeiten ist nicht möglich. Hat JUNO den Hund nun vom 1.6. bis zum 1.8. des Folgejahres, als MINERVA den Hund bei ihr herausverlangt, ununterbrochen in ihrem Besitz, so wäre die Ersitzungsfrist von einem Jahr bei beweglichen Sachen abgelaufen. Die Ersitzung scheitert jedoch daran, dass JUNO bei Wiedererlangung des Besitzes am 1.6. nicht (mehr) *bona fide* ist (*arg*: am 1.4. erfährt JUNO, dass der Hund nicht PORTUNUS gehört). Wenngleich ein schlechter Glaube, der sich nachträglich einstellt, einer laufenden Ersitzung nicht schadet, so ist eine Ersitzung für den Fall ausgeschlossen, dass Besitz an der Sache zwischenzeitlich verloren geht und später *mala fide* wiedererlangt wird – *non capiet usu, quia initium secundae possessionis vitiosum est*. Folglich hat JUNO auch nicht durch *usucapio* Eigentum an dem Hund erlangt.

MINERVA kann daher am 1.8. des Folgejahres als zivile Eigentümerin des Hundes erfolgreich die *rei vindicatio* anstellen, um wieder in den Besitz des Hundes zu gelangen.

---

*   Da der Hund ein zahmes Tier (Haustier) ist, gilt er nicht als herrenlos, wenn er entläuft. Anders verhält es sich bei wilden Tieren, die okkupiert worden sind: Entkommen diese wieder in ihre natürliche Freiheit, so geht an ihnen mit dem Besitzverlust zugleich das Eigentum verloren, sodass sie wieder als herrenlos gelten.

Eigentum an dem von PORTUNUS an APOLLO übergebenen Wachhund

Wird der zweite von MINERVA bei PORTUNUS in Pflege gegebene Hund von VOLTURNUS gestohlen, so verliert MINERVA Besitz, da PORTUNUS die Sachherrschaft nun nicht mehr aufrechterhalten kann. Zugleich erwirbt VOLTURNUS originär *animo et corpore* Besitz am Hund. Der Besitz von VOLTURNUS ist weder rechtmäßig (ihm fehlt ein Erwerbstitel) noch fehlerfrei (er hat den Hund heimlich – *clam* – entzogen). Da VOLTURNUS somit *iniustus possessor* ist, wird er nicht durch Besitzinterdikte geschützt, sollte MINERVA den Hund eigenmächtig wieder in ihren Besitz bringen. Zu beachten ist, dass PORTUNUS als Verwahrer bloßer Detentor ist und daher keinen Interdiktenschutz genießt. Lediglich der Erbpächter, der Prekarist, der Pfandgläubiger und der Sequester zählen zum Kreis der interdiktengeschützten Fremdbesitzer.

Ein Eigentumserwerb von VOLTURNUS an dem Hund kommt nicht infrage: Ein derivativer Erwerb scheitert, da keine Übertragung von einem dinglich Berechtigten aufgrund einer *iusta causa* erfolgt ist. Auch eine Ersitzung hat nicht stattgefunden: Durch den Diebstahl seitens VOLTURNUS stellt der Hund eine *res furtiva* dar. VOLTURNUS begeht ein *furtum*, da er sich einer fremden beweglichen Sache in der Absicht, sich aus ihr zu bereichern, bemächtigt. Die *lex Atinia* bestimmt, dass gestohlene Sachen so lange nicht ersessen werden können, bis sie wieder in die Hand des Eigentümers zurückgekehrt sind. Zudem fehlt es an einer *iusta causa usucapionis*, VOLTURNUS ist nicht *bona fide* und er hat den Hund auch nicht während der für bewegliche Sachen notwendigen Ersitzungsfrist von einem Jahr ununterbrochen in seinem Besitz. Folglich ist MINERVA nach wie vor Eigentümerin des Hundes. Sie könnte daher in diesem Stadium des Falles mittels *rei vindicatio* den Hund bei VOLTURNUS herausverlangen. Alternativ könnte sie auch, da VOLTURNUS ein *fur* ist, die *condictio furtiva* erheben. Eine dieser beiden sachverfolgenden (reipersekutorischen) Klagen könnte MINERVA mit der pönalen *actio furti* kumulieren.

Gelangt der Hund in der Folge wieder zu PORTUNUS zurück und nimmt ihn dieser im Glauben, es handle sich um einen seiner Hunde, an sich, so ist PORTUNUS Besitzer des Hundes. Verkauft und übergibt PORTUNUS den Hund am 1.7. an APOLLO, so stellt sich die Frage, ob es dadurch zu einer Änderung der sachenrechtlichen Zuordnung des Hundes kommt. Derivativ mittels *traditio* kann APOLLO nicht Eigentümer des an ihn verkauften und übergebenen Hundes werden, da es seinem Vormann PORTUNUS an der dinglichen Berechtigung fehlt – *nemo plus iuris transferre potest quam ipse habet*. Somit ist zu prüfen, ob APOLLO originär durch Ersitzung Eigentum erworben hat. Dies ist zu verneinen. Zwar ist eine *iusta causa usucapionis* gegeben (Kaufvertrag zwischen PORTUNUS und APOLLO), APOLLO ist *bona fide* (APOLLO ist ahnungslos), APOLLO hat die *possessio* am Hund erlangt (der Hund wird APOLLO übergeben) und auch die Ersitzungsfrist von einem Jahr bei beweglichen Sachen ist abgelaufen (am 1.7. erhält APOLLO den Hund übergeben, am 1.8. des Folgejahres wird er von MINERVA herausverlangt). Die Ersitzung scheitert jedoch daran, dass der Hund eine gestohlene Sache (*res furtiva*) ist. Nach der *lex Atinia* gelten gestohlene Sachen so lange als nicht ersitzungsfähig, bis sie wieder zum Eigentümer zurückgelangt sind (*reversio in potestatem*). Erst dann gilt die Sache als vom Makel der Furtivität befreit und kann in der Folge ersessen werden. Zu beachten ist, dass es nicht ausreicht, dass die beim Besitzmittler gestohlene Sache bloß an diesen zurückgelangt. Vielmehr muss die Sache in die unmittelbare Herrschaftssphäre des Eigentümers gelangen und diesem bewusst sein, dass es sich um seine Sache handelt. Da der von VOLTURNUS gestohlene Hund lediglich zum Verwahrer PORTUNUS, nicht jedoch zur Eigentümerin MINERVA zurückgekehrt ist, hat keine *reversio in potestatem* stattgefunden. Somit gilt der Hund nach wie vor als furtiv und kann von APOLLO nicht ersessen werden. MINERVA kann daher am 1.8. des Folgejahres den Hund von APOLLO zu Recht mit der *rei vindicatio* herausverlangen.

Eigentum an der Hundeleine

Zu prüfen ist, ob JUNO derivativ Eigentum durch *traditio* an der ihr von FONS übergebenen Hundeleine erworben hat. Dafür sind drei Voraussetzungen zu prüfen: Erstens muss der Vormann dinglich berechtigt sein. Dies ist der Fall, da FONS Eigentümer der Hundeleine ist (*arg*: FONS' Hundeleine). Zweitens bedarf es, dass der Erwerber Besitz an der Sache erlangt. Auch dies ist zu bejahen, da JUNO die Hundeleine übergeben erhält. Dabei ist darauf hinzuweisen, dass FONS als *pupillus*[*] (FONS ist zwölf Jahre alt) nicht ohne Zustimmung seines Tutors Besitz übertragen kann – *non ut animo, sed ut corpore desinat possidere*. Somit erfolgt der Besitzerwerb von JUNO nicht derivativ, sondern originär. Drittens muss der Erwerb auf einem rechtlich anerkannten Erwerbstitel beruhen. Als Gewaltfreier kann FONS zwar eigenes Vermögen haben, als *pupillus* ist er aber kraft der Rechtsordnung nicht berechtigt, selbständig, ohne *auctoritas* seines Tutors, darüber zu verfügen. Folglich ist der von FONS und JUNO intendierte Kaufvertrag wegen unzureichender Geschäftsfähigkeit von FONS nicht gültig. JUNO hat somit mangels gültiger *iusta causa* nicht derivativ Eigentum an der Hundeleine erworben.

Fraglich ist, ob zugunsten von JUNO ein originärer Eigentumserwerb durch Ersitzung infolge eines rechtlichen Mangels beim Vormann stattgefunden hat. Da die Hundeleine keine gestohlene Sache (*res furtiva*) ist und sie auch nicht außerhalb des Privatrechtsverkehrs steht (*res extra commercium*), handelt es sich bei ihr um eine ersitzungsfähige Sache (*res habilis*). Die fehlende *iusta causa* (*usucapionis*) wird im vorliegenden Fall durch den Glauben von JUNO, FONS sei (voll) geschäftsfähig, überbrückt. So begnügen sich die römischen Juristen beim Erwerb von beschränkt Geschäftsfähigen mit dem guten Glauben des Erwerbers. Dabei ist zu beachten, dass der Erwerber nur dann als gutgläubig angesehen wird, wenn er über Tatsachen irrt (*error facti non nocet*). Befindet er sich hingegen in einem Rechtsirrtum, so gilt er nicht als *bona fide* und eine Ersitzung ist ausgeschlossen (*error iuris nocet*).

Da Mädchen bereits mit Vollendung des zwölften Lebensjahres als mündig und damit als geschäftsfähig gelten und JUNO annimmt, es handle sich beim zwölfjährigen FONS um dessen Zwillingsschwester Flora, unterliegt JUNO einem Tatsachenirrtum. Darauf hinzuweisen ist, dass nach römischem Recht der Erwerber nicht verpflichtet ist, Nachforschungen anzustellen, ob seine Vorstellungen der Wirklichkeit entsprechen. Vielmehr genügt es, dass der Erwerber den Mangel, an dem die Übereignung scheitert, nicht kennt. Fahrlässige Unkenntnis schadet der *bona fides* also nicht. Da JUNO glaubt, dass sie die Leine von FONS' geschäftsfähiger Schwester kauft, ist sie *bona fide* und eine Ersitzung ist möglich. Auch die für die Ersitzung erforderliche Übertragung der *possessio* an JUNO hat, wie bei der Prüfung des derivativen Eigentumserwerbs gezeigt, bereits stattgefunden. Da JUNO die Hundeleine zudem vom 1.4. bis zum 1.8. des Folgejahres, als sich der Tutor von FONS bei ihr meldet, ununterbrochen in ihrem Besitz hat, ist auch die Ersitzungsfrist von einem Jahr bei beweglichen Sachen abgelaufen. Folglich hat JUNO durch Ersitzung originär Eigentum an der Hundeleine erworben. Der Tutor von FONS wird daher nicht mit der *rei vindicatio* gegen JUNO durchdringen.

▶ **(1)** Finder iSd ABGB ist, wer eine verlorene (§ 388 Abs 1) oder vergessene (§ 388 Abs 2) Sache entdeckt und an sich nimmt, § 389 Abs 1. Derjenige, dem die Sache abhandengekommen ist, heißt Verlustträger, § 389 Abs 2 (idR der Eigentümer, aber etwa auch ein zur Innehabung Berechtigter, zB ein Mieter). Es besteht keine Rechtspflicht, sich verlorener oder vergessener Sachen anzu-

---

[*] Die Grenze der Mündigkeit bei Buben wird von den römischen Juristen nicht einheitlich gezogen. Nach der älteren Meinung der Sabinianer ist die feierliche Einkleidung in die Mannestoga (*toga virilis*) ausschlaggebend, während die Schule der Prokulianer eine feste Altersgrenze von 14 Jahren vertritt.

nehmen. Wer sie aber dennoch an sich nimmt, hat den Fund der Fundbehörde (Bürgermeister, §§ 4 Abs 3 u 14 Abs 5 SPG) anzuzeigen und die Sache abzugeben sowie die Pflicht, Auskünfte, die der Ausforschung des Verlustträgers dienen, zu erteilen, § 390. Diese Pflichten entfallen bei einer Sache, deren Wert € 10 nicht übersteigt, es sei denn, es ist erkennbar, dass sie für den Verlustträger eine erhebliche Bedeutung hat, § 391. Der Finder erlangt Eigentum an der gefundenen Sache nach Ablauf eines Jahres, sofern sie der Verlustträger nicht vorher herausverlangt. Bei Kleinfunden iSd § 391 beginnt die Frist mit dem Finden, sonst mit der Fundanzeige, § 395. Meldet sich der Verlustträger vor Ablauf der Frist, so ist ihm die Sache herauszugeben und der Finder hat Anspruch auf Ersatz seiner Aufwendungen und auf Finderlohn, § 392. Der Anspruch entfällt, wenn den Finder eine privat- oder öffentlich-rechtliche Rettungspflicht trifft, bei schuldhafter Verletzung der Anzeige-, Abgabe- und Auskunftspflichten oder wenn die Sache auch sonst ohne Gefährdung wiedererlangt worden wäre, § 394. Wer einen Fund verheimlicht, macht sich überdies der Unterschlagung gem § 134 StGB strafbar. Zur Höhe des Finderlohns vgl §§ 393, 396. Besondere Vorschriften bestehen hinsichtlich des Schatzfundes. Ein Schatz ist eine Kostbarkeit, zB Geld oder Schmuck, die so lange im Verborgenen gelegen ist, dass man ihren Eigentümer nicht mehr eruieren kann, § 398. Anders als beim Fund verlorener oder vergessener Sachen handelt es sich beim Schatz um eine herrenlose Sache. Grundsätzlich entsteht am Schatz je zur Hälfte Miteigentum des Entdeckers und des Grundeigentümers, § 399. Wer einen Schatz im Zuge einer unerlaubten Handlung entdeckt, ohne Wissen und Willen des Eigentümers gesucht oder den Fund verheimlicht hat, geht seines Anteils verlustig. Sein Anteil fällt demjenigen zu, der den Fund angezeigt hat, ansonsten dem Staat, § 400. [*Koziol/Welser*, Bürgerliches Recht I^{13} (2006) 314 ff] **(2)** Mit den Regeln über die Geschäftsfähigkeit verfolgt das Gesetz den Zweck, Geschäftsunfähige vor den Gefahren der privatautonomen Rechtsgestaltung zu schützen, uzw selbst dann, wenn der Verhandlungspartner von der Geschäftsunfähigkeit gar nichts wissen konnte (kein Vertrauensschutz). Geschäftsunfähigen ist es nicht möglich, im Bereich ihrer Geschäftsunfähigkeit gültige Rechtsgeschäfte zu schließen. Um dennoch am Rechtsleben teilhaben zu können, bedürfen sie eines Vertreters. Gesetzliche Vertreter Minderjähriger sind grds deren Eltern. Sind Volljährige nicht geschäftsfähig (geistig Behinderte oder psychisch Kranke), so kommt die Bestellung eines Sachwalters in Betracht, vgl Fall 14. Das Gesetz gewährt die Geschäftsfähigkeit nach Altersstufen (geschlechtsneutral, vgl Art 7 B-VG) gestaffelt. Volle Geschäftsfähigkeit erlangt der geistig gesunde Mensch mit Vollendung des 18. Lebensjahres (Volljährigkeit). Davor ist man ein Minderjähriger. Die Gruppe der Minderjährigen unterteilt man in unmündige Minderjährige unter sieben Jahren (Kinder), unmündige Minderjährige ab dem vollendeten siebten bis zum vollendeten 14. Lebensjahr und mündige Minderjährige (ab dem vollendeten 14. Lebensjahr bis zum vollendeten 18. Lebensjahr). Kinder sind grds vollkommen geschäftsunfähig, § 865. Sie können ohne Mitwirkung des gesetzlichen Vertreters weder Rechte erwerben noch sich verpflichten. Von Kindern abgeschlossene Rechtsgeschäfte sind absolut nichtig. Hiervon besteht jedoch eine wichtige Ausnahme: Schließt eine Person unter sieben Jahren ein Geschäft, das von Personen dieses Alters üblicherweise geschlossen wird und eine geringfügige Angelegenheit des täglichen Lebens betrifft, so wird dieses Geschäft mit Erfüllung der das Kind treffenden Pflichten rückwirkend rechtswirksam, § 170 Abs 3 (sog Taschengeldparagraf). Da das Kind bei einer Schenkung keine Pflichten treffen, die es erfüllen kann, wäre dem Gesetzeswortlaut nach eine Heilung einer Schenkung betreffend einer geringfügigen Angelegenheit des täglichen Lebens ausgeschlossen. Die hL sieht darin jedoch eine planwidrige Unvollständigkeit des Gesetzes und wendet § 170 Abs 3 analog auf alltägliche Schenkungen an (*argumentum a maiori ad minus*). Unmündige Minderjährige über sieben Jahren können neben den von § 170 Abs 3 erfassten Geschäften auch solche Geschäfte abschließen, aus denen sie ausschließlich berechtigt werden. Dass das Geschäft bloß wirtschaftlich vorteilhaft ist (zB Kauf einer Sache um 60, die 100 wert ist), reicht nicht. Rechtsgeschäfte, aus denen dem Unmündigen Verpflichtungen erwachsen, sind nicht schlechthin nichtig, sondern bloß schwebend unwirksam (*negotia claudicantia*), bis der gesetzliche Vertreter seine Genehmigung erteilt oder diese verweigert hat. Bis zur Entscheidung des gesetzlichen Vertreters ist der Vertragspartner an seine Erklärung gebunden, § 865. Er kann dem gesetzlichen Vertreter aber eine angemessene Frist für die Entscheidung setzen.

Stimmt der gesetzliche Vertreter dem Geschäft zu, so gilt das Geschäft als mit dem Unmündigen rückwirkend wirksam zustande gekommen. Mündige Minderjährige sind zunächst zu all dem befugt, zu dem auch Unmündige befugt sind. Darüber hinaus können sie über Sachen, die ihnen zur freien Disposition überlassen worden sind, sowie über ihr Einkommen aus eigenem Erwerb frei verfügen, soweit es dadurch nicht zu einer Gefährdung der Befriedigung ihrer Lebensbedürfnisse kommt, § 170 Abs 2. Zudem ist es mündigen Minderjährigen möglich, selbständig Dienstverträge (nicht aber Ausbildungs- und Lehrverträge) zu schließen. Nach § 171 S 2 hat der gesetzliche Vertreter aber das Recht, den Dienstvertrag aus wichtigem Grund zu kündigen. Darüber hinaus sind mündige Minderjährige beschränkt testierfähig. Sie können vor dem Gericht oder dem Notar ein Testament errichten, § 569. Ab dem 18. Geburtstag ist man volljährig und damit grds voll geschäftsfähig. Rechtsgeschäfte, die man als Minderjähriger abgeschlossen hat, kann man nun auch selbst nachträglich genehmigen. Diese Genehmigung bedarf der Schriftform, § 168. [*Koziol/Welser*, Bürgerliches Recht I^{13} (2006) 54 ff]

Zu den einschlägigen Quellenstellen der hier erörterten Problemkreise: zur Unschädlichkeit eines sich nachträglich einstellenden schlechten Glaubens für eine *usucapio* vgl insb Paulus D 41. 1. 48. 1; zum Besitzverlust an entlaufenem Vieh vgl Paulus D 41. 2. 3. 13; zur Beendigung der *usucapio* bei Besitzverlust vgl insb Paulus D 41. 3. 2; zum originären Eigentumserwerb an *res nullius* durch *occupatio* vgl insb Gaius D 41. 1. 3 pr; zum originären Eigentumserwerb an einer *res derelicta* durch denjenigen, der sie in Besitz nimmt, vgl insb Javolen D 41. 1. 58; zur Haftung des Finders wegen *furtum* vgl insb Ulpian D 47. 2. 43. 4 u 8; kein *furtum* desjenigen, der eine nicht derelinquierte Sache im Glauben, sie sei derelinquiert, an sich nimmt, vgl insb PS 2. 31. 27; keine Ersitzung, wenn der Besitz an einer verlorenen Sache *mala fide* wiedererlangt wird, vgl insb Paulus D 41. 3. 15. 2 sowie Julian D 41. 4. 7. 4; zum Ersitzungsverbot von *res furtivae* vgl insb Pomponius D 41. 3. 24 pr, Julian D 41. 3. 33 pr sowie Gai Inst 2. 45 u 49; zur *res furtiva* als Ersitzungshindernis sowie zur *reversio in potestatem* vgl insb Paulus D 41. 3. 4. 6 sowie Labeo D 41. 3. 49; keine *animo*-Besitzaufgabe von *pupilli* ohne *auctoritas tutoris* vgl insb Ulpian D 41. 2. 29; zur *usucapio* bei gutgläubigem Erwerb von *pupilli* vgl insb Ulpian D 6. 2. 7. 4 sowie Gaius D 6. 2. 13. 2; zum Vorliegen von *bona fides* bei Irrtum über das Alter des Veräußerers vgl insb Paulus D 41. 4. 2. 15; keine Ersitzung bei Vorliegen eines Rechtsirrtums vgl insb Pomponius D 22. 6. 4, ders D 41. 3. 31 pr u 32. 1.

Fall 9: ☆

Carpe noctem! [*]

MARS hat von PLUTO einen in Tibur[**] gelegenen Bauernhof mit mehreren Ländereien geerbt und die Erbschaft angetreten. MARS verkauft und übergibt an den von JUPITER mit einer Landwirtschaft als Pekulium ausgestatteten Sklaven Robigus eines der im Nachlass befindlichen Grundstücke, auf dem mehrere Apfelbäume stehen. Weder MARS noch Robigus wissen, dass PLUTO das Grundstück von VENUS bloß gepachtet hatte.

Als JUPITER das von Robigus gekaufte Grundstück zehn Monate später erstmals selbst besichtigt, erkennt er es als jenes von VENUS. In der folgenden Nacht schleicht sich AESCULAPIUS auf das Grundstück und pflückt sämtliche Apfelbäume leer. Weitere 14 Monate später räumt JUPITER seiner Nachbarin LEVANA das Recht, Regenwasser von ihrem Haus mittels eines Rohres über sein Grundstück abzuleiten, ein. Tags darauf übergibt JUPITER das Grundstück schenkungsweise an HERKULES, der nichts von dem der LEVANA eingeräumten Recht weiß. Als HERKULES zu bauen beginnt, stößt er auf das von LEVANA verlegte Rohr und entfernt es. Drei Jahre später lässt LEVANA ein neues Rohr verlegen und leitet ihr Regenwasser über das Grundstück von HERKULES ab.

Wer ist Eigentümer des Grundstücks und der Äpfel im Laufe des Falles? Kann HERKULES gegen LEVANAs Vorgehensweise rechtliche Schritte ergreifen?

Vorüberlegungen:

➢ Kann Robigus als Sklave für sich selbst Besitz und Eigentum erwerben?
➢ Wie lässt sich der Besitzerwerb von Robigus für seinen *dominus* JUPITER begründen?
➢ Woran scheitert der derivative Eigentumserwerb mittels *traditio* seitens JUPITER?
➢ Was sind die Voraussetzungen für eine Ersitzung infolge des Mangels der dinglichen Berechtigung des Vormanns?
➢ Ist JUPITER *bonae fidei possessor* iSd Ersitzung?
➢ Hat es einen Einfluss auf die Ersitzung, wenn der Erwerber nachträglich erfährt, dass von einem nicht berechtigten Vormann gekauft wurde?
➢ Welche Position erlangt der Erwerber, dem eine *res mancipi* bloß tradiert wird?
➢ Wie ist das von JUPITER der LEVANA eingeräumte Recht zu qualifizieren?
➢ Welcher Voraussetzungen bedarf eine *usucapio libertatis*?
➢ Wie kann sich der Eigentümer zur Wehr setzen, wenn jemand behauptet, eine Servitut an seinem Grundstück zu haben?
➢ Was versteht man unter *fructus naturales*?
➢ Was spricht für, was gegen einen Eigentumserwerb an den Äpfeln durch JUPITER?
➢ Wie ist das Verhalten von AESCULAPIUS zu qualifizieren?

---

[*] Pflücke die Nacht. Eigentlich: *Carpe diem* – Pflücke den Tag iSv nütze den heutigen Tag, ohne an die Sorgen von morgen zu denken (Horaz, *Carmen* 1. 11). Sentenz aus der von Horaz an Leukonoë gerichteten Ode, in der er sie auffordert, die knappe Lebenszeit in jedem Augenblick zu nützen und nichts auf den folgenden Tag zu verschieben.

[**] Das heutige Tivoli.

Eigentum am Grundstück

Zu Beginn ist VENUS Besitzerin und Eigentümerin des Grundstücks. Sie ist Eigenbesitzerin (*possessor*), da sie Eigenbesitzwillen (*animus rem sibi habendi*) hat. Die Sachgewalt (*corpus*) wurde vom Pächter PLUTO ausgeübt, der das Grundstück als Detentor innehatte. Für die Dauer der Pacht war VENUS somit mittelbare Eigenbesitzerin und PLUTO unmittelbarer Fremdbesitzer.

Kommt es in der Folge zum Verkauf und zur Übergabe des Grundstücks durch PLUTOS Erben MARS an den Sklaven Robigus, so stellt sich die Frage, ob sich dadurch die sachenrechtliche Zuordnung des Grundstücks ändert.

Ein Eigentumserwerb durch Robigus kommt nicht infrage, da er als Gewaltunterworfener für sich selbst weder Besitz erwerben noch Träger von Vermögensrechten sein kann. Sehr wohl aber kann Robigus als ein mit einem *peculium* ausgestatteter Sklave für seinen *dominus* JUPITER Besitz wie auch dingliche Rechte erwerben. Folglich ist zu prüfen, ob JUPITER derivativ Eigentum mittels *traditio* am Grundstück erworben hat. Hierfür bedarf es zunächst eines gültigen Titels. Wenngleich Robigus als Sklave zwar nicht vermögensfähig ist, so kann er dennoch rechtsgeschäftliche Verpflichtungen eingehen, die, obwohl nicht einklagbar, dennoch wirksam erfüllt werden können (sog Naturalobligationen). Folglich ist durch Willenseinigung zwischen MARS und Robigus über den Austausch des Grundstücks (Ware) gegen Zahlung eines Geldbetrages (Kaufpreis) ein Kaufvertrag zustande gekommen. Dieser stellt eine *iusta causa* für den derivativen Eigentumserwerb dar. Als weitere Voraussetzung bedarf es, dass die *possessio* an der Sache auf den Erwerber übergeht. Zu prüfen ist daher, ob JUPITER *animo et corpore* Besitz am Grundstück erlangt hat. Das Tatbestandselement *corpus* ist erfüllt, da das Grundstück an Robigus als Gewaltunterworfenen und damit als verlängerte Hand von JUPITER übergeben worden ist. Das Tatbestandselement *animus* manifestiert sich in der Erteilung des *peculium* (Sondervermögen, das der Gewalthaber seinem Gewaltunterworfenen zur selbständigen Verwaltung überlässt) durch JUPITER an seinen Sklaven Robigus. Zu beachten ist, dass in der Einräumung eines *peculium* der Erwerbswille des Gewalthabers bloß generell-abstrakt zutage tritt. Entschließt sich Robigus, das Grundstück zu kaufen und zu übernehmen, so kommt es zur Konkretisierung des von JUPITER im *peculium* allgemein gehaltenen Erwerbswillens. Folglich ist auch das Tatbestandselement *animus* erfüllt. Da Robigus als Gewaltunterworfener bloß als Besitzdiener fungiert, wird JUPITER unmittelbarer Besitzer des Grundstücks, sobald es Robigus von MARS übergeben erhält. Titel und Modus sind somit gegeben. Der derivative Eigentumserwerb durch *traditio* scheitert jedoch an der fehlenden dinglichen Berechtigung von MARS, da er weder Eigentümer noch Verfügungsbefugter des Grundstücks ist – *nemo plus iuris transferre potest quam ipse habet*.

Es ist daher zu prüfen, ob JUPITER im Wege der Ersitzung infolge eines rechtlichen Mangels beim Vormann originär Eigentümer des Grundstücks werden kann. Dafür müssen folgende fünf Voraussetzungen gegeben sein: *res habilis*, *titulus*, *bona fides*, *possessio* und *tempus*. Von einer Ersitzung ausgeschlossen sind Sachen, die außerhalb des Privatrechtsverkehrs stehen (*res extra commercium*). Nach der *lex Atinia* gelten außerdem gestohlene Sachen (*res furtivae*) als nicht ersitzungsfähig. Erst wenn die Rückkehr der gestohlenen Sache an den Eigentümer erfolgt ist, kann sie wieder ersessen werden (*reversio ad dominum*). Zu beachten ist, dass an Grundstücken kein *furtum* begangen werden kann. Das Ersitzungsverbot gestohlener Sachen wird schließlich durch die *leges Iuliae et Plautiae* auf alle gewaltsam in Besitz genommenen Sachen erweitert, womit nun auch Grundstücke als nicht ersitzbar gelten können. Da dem Sachverhalt keine gegenteiligen Anhaltspunkte zu entnehmen sind, handelt es sich bei dem Grundstück um eine ersitzungsfähige Sache (*res habilis*). Auch eine *iusta causa usucapionis* liegt vor: Der zwischen MARS und Robigus geschlossene Kaufvertrag stellt einen wirksamen Titel für den Eigentumserwerb dar. Die Übertragung der *possessio* von MARS an JUPITER mittels dessen Pekuliarsklaven Robigus hat, wie im Rahmen der Prüfung des derivativen Eigentumserwerbs gezeigt, ebenfalls stattgefunden. JUPITER ist durch seinen Sklaven Robigus fehlerfreier Besitzer des Grundstücks geworden. Schließlich muss noch geprüft werden, ob JUPITER gutgläubig (*bona fide*) ist. *Bona fides* liegt grds dann nicht vor, wenn der Erwerber im Zeitpunkt der Besitzerlangung den Mangel, an dem der derivative Eigentumserwerb gescheitert ist, kennt. Ist dies der Fall, so ist der Erwerber *mala fide* und es findet keine Ersitzung statt. Da JUPITER bei Übernahme des Grundstücks durch seinen Sklaven Robigus – und somit im Zeitpunkt der Besitzerlangung – vom Grundstückserwerb noch gar nicht Bescheid wusste, konnte er zu diesem Zeitpunkt auch nicht wissen, dass das Grundstück von einem Nichtberechtigten verkauft wurde. Folglich war JUPITER *bona fide*. Zudem ist auch der Sklave Robigus gutgläubig, als er das Grundstück kauft (*arg*: Robigus weiß nicht, dass MARS nicht Eigentümer ist). So spricht sich etwa der Jurist Celsus für eine Ersitzung aus, wenn ein Pekuliarsklave gutgläubig eine Sache kauft und sein *dominus* erst bei Kenntnis des Geschäfts weiß, dass die Sache einer vom Verkäufer verschiedenen Person gehört – *si servus bona fide emerit peculiari nomine, ego ubi primum cognovi sciam alienam, processuram usucapionem Celsus ait: initium enim possessionis sine vitio fuisse*. Folglich kann JUPITER mit Besitzerlangung am Grundstück durch seinen Sklaven mit der Ersitzung beginnen. Zu beachten ist, dass der Umstand, dass JUPITER zehn Monate später, als er das Grundstück erstmals selbst besichtigt, dieses als das Grundstück der VENUS erkennt, der *bona fide* begonnenen Ersitzung nicht schadet. Es gilt: *mala fides superveniens non nocet*. Schließlich ist auch die Ersitzungsfrist von zwei Jahren bei unbeweglichen Sachen abgelaufen. JUPITER hat das Grundstück, bis er es an HERKULES übergibt, 24 Monate ununterbrochen in seinem Besitz und somit originär durch *usucapio* Eigentum daran erlangt.

Kommt es in der Folge zur Übergabe des Grundstücks an HERKULES, so ist wieder zu prüfen, ob ein derivativer Eigentumserwerb mittels *traditio* stattgefunden hat. Das Recht des Vormanns ist gegeben: JUPITER ist als Eigentümer des Grundstücks berechtigt, darüber rechtsgeschäftlich zu verfügen. Auch die Übertragung der *possessio* auf HERKULES hat stattgefunden (*arg*: tags darauf übergibt JUPITER das Grundstück an HERKULES). Schließlich stellt die Schenkung (*donatio*) einen gültigen Titel dar. Somit sind die Voraussetzungen für einen derivativen Eigentumserwerb durch *traditio* erfüllt.

Zu beachten ist aber, dass es sich bei dem Grundstück um ein italisches (es liegt in Tibur) und somit um eine *res mancipi* handelt. Um derivativ ziviles Eigentum an *res mancipi* zu erwerben, bedarf es neben dem Recht des Vormanns der Durchführung eines formgebundenen Verfügungsgeschäfts, dh entweder einer *mancipatio* oder einer *in iure cessio*. Mittels *traditio* kann nur an *res nec mancipi* ziviles Eigentum übergehen. Erfolgt die Übertragung einer *res mancipi*, wie im vorliegenden Fall, nicht mittels *mancipatio* oder *in iure cessio*, sondern durch formlose *traditio*, so wird der Erwerber nicht ziviler, sondern bloß bonitarischer Eigentümer. Erst nach Ablauf der Ersitzungsfrist (bei beweglichen Sachen ein Jahr, bei unbeweglichen Sachen zwei Jahre) wird der Erwerber ziviler Eigentümer. Demnach ist HERKULES, bis er das zivile Eigentum ersessen hat, bonitarischer Eigentümer des Grundstücks. Ziviles, wenngleich auf eine bloß formale Position reduziertes Eigentum (*nudum ius quiritium*) hat bis zum Ablauf der Ersitzungsfrist JUPITER.

Weiters gilt es zu beachten, dass JUPITER, bevor er das Grundstück schenkungsweise an HERKULES übergeben hat, seiner Nachbarin LEVANA das Recht, Regenwasser von ihrem Haus über sein Grundstück abzuleiten, eingeräumt hatte. Bei diesem Recht handelt es sich um eine Dienstbarkeit (*servitus*), dh um ein beschränktes dingliches Recht an einer fremden Sache, aufgrund dessen der Eigentümer der mit der Servitut belasteten Sache eine Einwirkung des Servitutsberechtigten zu dulden (*pati*) oder ein Verhalten, zu dem er als Eigentümer befugt wäre, zu unterlassen (*non facere*) hat. Das der LEVANA eingeräumte Recht, Regenwasser von ihrem Haus über JUPITERs Grundstück abzuleiten (*ius fluminis*), ist eine Grunddienstbarkeit und zählt zu den Gebäudedienstbarkeiten (Urbanalservituten, *servitutes praediorum urbanorum*). Bei den Grunddienstbarkeiten ist erforderlich, dass jenes Grundstück, zu dessen Vorteil die Servitut besteht (herrschendes Grundstück, *praedium dominans*), und das mit der Servitut belastete Grundstück (dienendes Grundstück, *praedium serviens*) benachbart sind (*vicinitas*) und dass die Servitut für das herrschende Grundstück nützlich (*utilitas*) ist. Da LEVANA Eigentümerin eines benachbarten Grundstücks ist, liegt *vicinitas* vor. Auch ermöglicht die Servitut eine bessere Nutzung der herrschenden Liegenschaft (*utilitas*). JUPITER hat es daher zu dulden, dass LEVANA Regenwasser mittels eines Rohres über sein Grundstück ableitet. Insoweit sind seine Eigentümerbefugnisse eingeschränkt.

Kommt es nun zur Veräußerung des Grundstücks an HERKULES, so kann JUPITER nach dem Grundsatz *nemo plus iuris ad alium transferre potest quam ipse habet* nur ein mit dem Abflussrecht belastetes Eigentum übertragen. Es gilt: *res transit cum suo onere* – die Sache geht mit ihrer Last über. Somit hat künftig HERKULES als neuer Eigentümer des belasteten Grundstücks zu dulden, dass LEVANA Regenwasser über das Grundstück ableitet. Entfernt HERKULES das Rohr, so könnte LEVANA mit der dinglichen *vindicatio servitutis* (auch *actio confessoria*) die Feststellung des Bestehens des Abflussrechts und die Wiederherstellung des servitutskonformen Zustandes begehren. Zudem wird sie vom Prätor durch prohibitorische Interdikte geschützt, vorausgesetzt, sie übt die Servitut *nec vi, nec clam, nec precario* aus.

Zu beachten ist aber, dass der Eigentümer der servitutsbelasteten Sache die Freiheit von der Servitut ersitzen kann (*usucapio libertatis*, Ersitzung der Eigentumsfreiheit). Diesfalls kommt es zum Erlöschen der Servitut, sodass der ehemalige Servitutsberechtigte sein beschränktes dingliches Recht verliert. Voraussetzung für die Ersitzung der Eigentumsfreiheit ist die Nichtausübung der Servitut (*non usus*) durch den Berechtigten, uzw bei beweglichen Sachen für eine Dauer von einem, bei unbeweglichen Sachen von zwei Jahren. Bei Gebäudeservituten ist überdies erforderlich, dass während der Frist ein servitutswidriger Zustand besteht. Da LEVANA für eine Dauer von drei Jahren kein Regenwasser über das benachbarte Grundstück abgeleitet hat, sie also die Servitut nicht ausgeübt hat, ist die Frist von zwei Jahren bei unbeweglichen Sachen abgelaufen. Indem HERKULES das Rohr entfernen ließ, lag außerdem ein Zustand vor, der der Ausübung der Servitut offensichtlich entgegenstand. Somit ist es zur Ersitzung der Freiheit von der Servitut gekommen, womit das Abflussrecht von LEVANA erloschen ist. Lässt LEVANA nun ein neues Rohr verlegen, um Regenwasser über das benachbarte Grundstück abzuleiten, so kann sich HERKULES als neuer Eigentümer (er hat mittlerweile das zivile Eigentum ersessen) dagegen zur Wehr setzen. Als quiritischem Eigentümer steht ihm die *actio negatoria* (Eigentumsfreiheitsklage) zu, um die Feststellung der Freiheit von der behaupteten Servitut sowie die Herstellung jenes Zustandes, der ohne Beeinträchtigung bestünde, zu begehren. LEVANA ist daher verpflichtet, das von ihr verlegte Rohr zu entfernen.

Eigentum an den Äpfeln

Dringt AESCULAPIUS eines Nachts in das Grundstück ein und pflückt er Äpfel, die er sodann an sich nimmt, so hat er sich, da er sich unrechtmäßig und in Bereicherungsabsicht fremder beweglicher Sachen bemächtigt, als *fur* zu verantworten.

Da zur Erhebung der Klagen aus einem *furtum* grds der Eigentümer der gestohlenen Sache aktivlegitimiert ist, muss zunächst geprüft werden, wer Eigentümer der gepflückten Äpfel ist.

Bei Äpfeln handelt es sich um natürliche Früchte (*fructus naturales*), dh um wiederkehrende, von einer Sache ohne Beeinträchtigung ihrer Substanz erzielbare Erträgnisse. *Fructus naturales* stellen, solange sie mit der Muttersache verbunden sind, deren unselbständigen Bestandteil dar. Kommt es zur Trennung der Frucht von der Muttersache, so wird, sofern nicht eine besondere Fruchterwerbsregel zum Tragen kommt, der Eigentümer der Muttersache Eigentümer der getrennten Frucht (Substantialprinzip). Da zum Zeitpunkt des Abpflückens der Äpfel VENUS Eigentümerin des Grundstücks ist, würde grds sie Eigentümerin der Äpfel werden. Zum Kreis jener Personen, denen eine besondere Fruchterwerbsregel zustattenkommt, zählen einerseits der Nießbraucher (*usufructuarius*) und der Pächter (*conductor*) – sie erwerben Eigentum durch Ergreifen (*perceptio*) – und andererseits der Erbpächter (*emphyteuta*) und der gutgläubige Besitzer (*bonae fidei possessor*) – sie erwerben Eigentum bereits mit Trennung (*separatio*). Während der Fruchtnießer, der Pächter und der Erbpächter ihre Berechtigung vom Eigentümer ableiten, gilt der Fruchterwerb des *bonae fidei possessor* als originär. Begründen lässt sich der sofortige Eigentumserwerb des *bonae fidei possessor* an den separierten Früchten mit dem sog Produktionsprinzip: Dem gutgläubigen Besitzer soll damit der Aufwand für die Kultivierung der Liegenschaft ausgeglichen werden – *pro cultura et cura*. Dieser Ausgleichsgedanke findet sich wieder im Rechtssprichwort *bonae fidei possessor fructus suos facit* – der redliche Besitzer macht sich die Früchte zu eigen.

Da es durch das Abpflücken durch AESCULAPIUS zur *separatio* gekommen ist, ist zu prüfen, ob JUPITER dadurch Eigentum an den Äpfeln erworben hat. Fraglich ist daher, ob JUPITER hinsichtlich des Fruchterwerbs als *bonae fidei possessor* zu qualifizieren ist, wenngleich er im Zeitpunkt des Pflückens der Äpfel durch AESCULAPIUS bereits in Kenntnis war, dass er das Grundstück vom Nichtberechtigten erworben hatte. Die Frage, ob ein nachträglich hervorkommender schlechter Glaube einen künftigen Fruchterwerb ausschließt oder ob es auch beim Fruchterwerb genügt, dass die Ersitzung der Muttersache bloß gutgläubig begonnen wurde, wird von den römischen Juristen nicht einheitlich beantwortet. So sprechen sich etwa die Juristen Pomponius und Paulus gegen einen Fruchterwerb desjenigen aus, der zwischenzeitlich erfahren hat, dass er nicht Eigentümer der fruchttragenden Sache ist. Nach dieser Ansicht gilt für den Fruchterwerb *mala fides superveniens nocet*. Eine andere Ansicht vertritt der Jurist Julian, wenn er auch denjenigen Eigentum an den Früchten erwerben lässt, der nachträglich erfahren hat, dass er nicht Eigentümer der Muttersache ist. Vielmehr erachtet Julian den Erwerber der fruchttragenden Sache auch hinsichtlich eines Fruchterwerbs so lange als gutgläubig, solange diese nicht evinziert worden ist – *bonae fidei emptor quod ad percipiendos fructus intellegi debet, quamdiu evictus fundus non fuerit*.

Folgt man der Ansicht von Pomponius und Paulus, so hat, mangels guten Glaubens von JUPITER zum Zeitpunkt der Separation, nicht dieser, sondern VENUS, als Eigentümerin des Grundstücks, Eigentum an den Äpfeln erlangt. Schließt man sich hingegen der Meinung Julians an, so schadet es dem Fruchterwerb seitens JUPITER nicht, wenn dieser in der Zwischenzeit erfahren hat, dass er das Grundstück vom Nichtberechtigten erworben hat. Nach dieser Ansicht hat JUPITER im Zeitpunkt der Trennung der Äpfel von den Bäumen durch AESCULAPIUS originär Eigentum an ihnen erworben.

Als Eigentümer der gepflückten Äpfel stehen nun VENUS bzw JUPITER als sachverfolgende Klagen entweder die *rei vindicatio* oder die *condictio furtiva* zur Verfügung (alternative Konkurrenz). Mittels *rei vindicatio* kann VENUS bzw JUPITER die Äpfel, solange diese noch existieren, von jedem Sachbesitzer herausverlangen. Die *condictio furtiva* kann hingegen nur gegen den Dieb AESCULAPIUS angestellt werden, jedoch auch dann noch, wenn die Äpfel nicht mehr vorhanden sind. Da es sich bei den Äpfeln um Sachen handelt, deren Gebrauch zum Verbrauch führt (*res quae usu consumuntur*), wird es VENUS bzw JUPITER vorziehen, mit der *condictio furtiva* anstelle der *rei vindicatio* gegen AESCULAPIUS vorzugehen, um Wertersatz für die Äpfel zu erlangen. Eine dieser sachverfolgenden Klagen kann VENUS bzw JUPITER mit der pönalen *actio furti* kumulieren.

▶ **(1)** Ein Gutglaubenserwerb von Liegenschaften kann nicht auf § 367 gestützt werden, da von dieser Bestimmung ausschließlich bewegliche Sachen erfasst sind. Bei Liegenschaften kommt ein gutgläubiger Erwerb kraft Vertrauens auf das Grundbuch in Betracht (Vertrauensgrundsatz, materielles Publizitätsprinzip). Voraussetzungen dieses Gutglaubenserwerbs von Liegenschaften sind eine falsche Grundbuchseintragung, die Redlichkeit des Erwerbers (nur wer die Unrichtigkeit der Grundbuchseintragung weder kannte noch kennen musste, ist redlich) sowie ein gültiger (und nach der Rsp auch entgeltlicher) Titel. Einerseits wird das Vertrauen auf die Richtigkeit einer bereits ursprünglich objektiv unrichtigen Eintragung geschützt (positives materielles Publizitätsprinzip, §§ 62 ff GBG), andererseits das Vertrauen auf die Richtigkeit einer anfänglich objektiv richtigen, im Nachhinein aber unrichtig gewordenen Eintragung (negatives materielles Publizitätsprinzip, § 1500, § 71 GBG). Ist eine Eintragung ursprünglich unrichtig, so ist der tatsächlich Berechtigte aber nicht schutzlos. Welche rechtlichen Schritte er gegen die unrichtige Eintragung unternehmen kann, hängt davon ab, ob er von der unrichtigen Eintragung gerichtlich verständigt wurde. Ist eine Verständigung erfolgt, so hat der tatsächlich Berechtigte über die unrichtige Eintragung während der Rekursfrist eine Streitanmerkung zu erwirken und dann fristgerecht die Löschungsklage einzubringen, andernfalls die Rechtsposition desjenigen, der auf die falsche Eintragung vertraut hat (etwa eines gutgläubigen Erwerbers), unanfechtbar wird. Hat hingegen keine Verständigung des tatsächlich Berechtigten stattgefunden, so kann er die Löschung der unrichtigen Eintragung innerhalb von drei Jahren ab dem Ansuchen um die (unrichtige) Eintragung beantragen, § 64 GBG. Insofern empfiehlt es sich, als Liegenschaftseigentümer spätestens alle drei Jahre (sog Schreijahre) Einsicht in das Grundbuch zu nehmen, um einem allfälligen redlichen Erwerb eines Dritten zuvorzukommen. Vertraut der Erwerber hingegen auf eine ursprünglich richtige, im Nachhinein aber unrichtig gewordene Eintragung, so erfolgt der Erwerb des gutgläubigen Dritten bei Vorliegen der Voraussetzungen sofort mit Eintragung im Grundbuch. [*Koziol/Welser*, Bürgerliches Recht I^{13} (2006) 364 ff] **(2)** Die Regeln über die Dienstbarkeiten finden sich in den §§ 472 ff. Das ABGB unterscheidet zwischen Grunddienstbarkeiten (Realservituten) und persönlichen Dienstbarkeiten (Personalservituten), § 473. Grunddienstbarkeiten können ausschließlich an Liegenschaften eingeräumt werden. Der Verpflichtete ist der jeweilige Eigentümer der mit der Servitut belasteten Liegenschaft (dienendes Grundstück), der Berechtigte ist der jeweilige Eigentümer des Grundstücks, zu dessen Gunsten die Servitut besteht (herrschendes Grundstück). Die Realservitut muss grds der vorteilhafteren oder bequemeren Benützung des herrschenden Grundstücks dienen, § 473. Personalservituten können sowohl an beweglichen als auch an unbeweglichen Sachen begründet werden. Hier ist der Berechtigte eine ganz bestimmte Person. Verpflichteter ist wiederum der Eigentümer der mit der Servitut belasteten Sache. Das ABGB nennt drei Arten von Personalservituten, nämlich den Fruchtgenuss (Ususfruktus, §§ 509 ff, vgl Fall 13 Variante), den Gebrauch (Usus, §§ 504 ff) und das Wohnungsrecht (Habitatio, § 521). Daneben lässt es das ABGB ausdrücklich zu, dass Servituten, die inhaltlich Realservituten sind, als Personalservituten eingeräumt werden, § 479 (sog unregelmäßige Dienstbarkeiten). Zur Begründung einer Dienstbarkeit bedarf es, wie grds bei allen dinglichen Rechten, eines Titels, eines Modus und der dinglichen Berechtigung desjenigen, der die Servitut bestellt. Als Titel kommen etwa ein (entgeltlicher oder unentgeltlicher) Servitutsbestellungsvertrag oder eine letztwillige Verfügung (Erbeinsetzung oder Legat) in Betracht. Bei beweglichen Sachen bilden den Modus die Übergabsarten nach §§ 426 ff (vgl Fall 2), bei unbeweglichen Sachen erfolgt die Eintragung in das Grundbuch, uzw in das C-Blatt (Lastenblatt) der dienenden Liegenschaft. Ein originärer Erwerb von Servituten kann durch Ersitzung erfolgen oder durch redlichen Erwerb bei beweglichen Sachen analog § 367 (vgl Fall 7) bzw bei Liegenschaften kraft Vertrauens auf das Grundbuch nach den § 1500, §§ 62 ff GBG. Zudem können Dienstbarkeiten auch durch Richterspruch begründet werden, so etwa im Notwegerecht (vgl das NotwegeG). Dem Servitutsberechtigten steht gegenüber jedem, der die Ausübung seiner Servitut stört, die Servitutsklage (*actio confessoria*, § 523 1. Alternative) zur Verfügung. Sie ist auf Unterlassung der Störung und Herstellung des servitutskonformen Zustandes sowie auf Feststellung des Bestehens der Servitut gerichtet. Auch kann mit der *actio confessoria* die Einverleibung der Servitut beantragt werden. Dies ist wichtig, etwa bei einer ersessenen Servitut, da diese sonst bei Veräußerung der belasteten Liegenschaft an einen auf den Grundbuchsstand vertrauenden Erwerber – negatives Publizitätsprinzip – verloren geht. Dienstbarkeiten erlöschen grds mit Untergang der belasteten Sache (§ 525), durch Verzicht (§ 524), durch Konfusion (Zusammenfall von Eigentümer- und Servitutsberechtigtenstellung, § 526) oder etwa durch Verjährung (30 Jahre, bzw gegenüber juristischen Personen 40 Jahre). Ein besonderer Fall der Verjährung ist die „Ersitzung" der Eigentumsfreiheit. Sie verlangt, dass sich der Verpflichtete der Ausübung der Servitut widersetzt und es der Berechtigte für eine Dauer von drei Jahren dabei bewenden lässt, § 1488. Personalservituten erlöschen, sofern sie nicht ausdrücklich auf die Erben ausgedehnt worden sind, mit Tod des Berechtigten, § 529. Von den Dienstbarkeiten zu unterscheiden sind die Reallasten. Zwar handelt es sich auch bei der Reallast um ein beschränktes dingliches Recht an einer fremden Sache, im Unterschied zur Dienstbarkeit besteht die Verpflichtung des Reallastverpflichteten aber in einem positiven Tun, meist in der Erbringung wiederkehrender Leistungen, § 12 GBG. Die Leistungspflicht des Reallastverpflichteten kann entweder in Geld, Naturalien oder Diensten bestehen. Man unterscheidet persönliche Reallasten und Grundreallasten. [*Koziol/Welser*, Bürgerliches Recht I^{13} (2006) 419 ff] **(3)** Behauptet jemand zu Unrecht, eine Servitut an einer fremden Sache zu haben (bzw überschreitet jemand seine Servitutsberechtigung), so kann sich der Eigentümer mit der Eigentumsfreiheitsklage (*actio negatoria*, § 523) zur Wehr setzen. Über den Wortlaut des § 523 hinaus dient die *actio negatoria* aber nicht nur zur Abwehr von servitutsanmaßendem oder -überschreitendem Verhalten, sondern allgemein zur Abwehr jeder Art von unerlaubten Eingriffen in das Eigentumsrecht (va von Immissionen). Die *actio negatoria* richtet sich, Wiederholungsgefahr vorausgesetzt, auf Unterlassung weiterer Eingriffe, auf Feststellung des Nichtbestehens eines Eingriffsrechts sowie auf Wiederherstellung jenes Zustandes, der vor dem Eingriff bestanden hat, allenfalls auch auf Schadenersatz. [*Koziol/Welser*, Bürgerliches Recht I^{13} (2006) 350 f] **(4)** Zum Eigentumserwerb an Früchten durch Separation vgl Fall 14.

Zu den einschlägigen Quellenstellen der hier erörterten Problemkreise: zum Besitzerwerb durch Gewaltunterworfene bei Vorliegen eines *peculium*, auch ohne Wissen des Gewalthabers, vgl insb Paulus D 41. 2. 1. 5, ders D 41. 2. 3. 12 sowie Papinian D 41. 2. 44. 1; zur fehlenden Vermögensfähigkeit von Gewaltunterworfenen vgl insb Papinian D 41. 2. 49. 1; zum Vorliegen der *bona fides* bei Annahme, dass die Sache im Eigentum des Veräußerers steht, vgl insb Paulus D 18. 1. 27 u Gai Inst 2. 43 bzw dass dieser darüber verfügungsbefugt ist, vgl insb Modestin D 50. 16. 109; zur Ersitzung einer durch den Pekuliarsklaven erworbenen Sache, wenn der *dominus* später vom Erwerb erfährt und weiß, dass die Sache einem Dritten gehört, vgl insb Paulus D 41. 4. 2. 13; zur Unschädlichkeit eines sich nachträglich einstellenden schlechten Glaubens für eine *usucapio* vgl insb Paulus D 41. 1. 48. 1; zur Unterscheidung von *servitutes praediorum rusticorum* und *urbanorum* vgl insb Gai Inst 2. 14; zur *servitus fluminis* vgl insb Gaius D 8. 2. 2 sowie Ulpian D 39. 3. 1. 17; zur *usucapio libertatis* einer Urbanalservitut durch Nichtausübung der Servitut während eines bestimmten Zeitraumes und Herstellung eines der Servitut widersprechenden Zustandes vgl insb Gaius D 8. 2. 6; zur *actio confessoria* des Servitutsberechtigten sowie zur *actio negatoria* des Eigentümers vgl insb Gaius D 8. 5. 2 pr; zum Fruchterwerb des *bonae fidei possessor* vgl insb Paulus D 7. 4. 13, Julian D 22. 1. 25. 1, Paulus D 41. 1. 48 pr sowie Iust Inst 2. 1. 35; zur Kontroverse hinsichtlich des Fruchterwerbs eines Ersitzungsbesitzers, der zwischenzeitlich erfahren hat, dass die fruchttragende Sache nicht dem Veräußerer gehört, vgl insb Julian D 22. 1. 25. 2 sowie Paulus D 41. 1. 48. 1.

Fall 10: ✭✩

Odysseus auf Irrwegen

BACCHUS verkauft und übergibt DIANA am 1.3. seinen Hengst Odysseus sowie einen Sattel. Weder BACCHUS noch DIANA wissen, dass der Sattel PALES gehört. DIANA führt Odysseus auf ihre Weide. Einen Monat später gelingt es Odysseus, auf die benachbarte Weide des QUIRINUS zu gelangen, wo dieser seine zum Verkauf stehenden Pferde hält. Am Morgen des 1.9. besichtigt MERKUR bei QUIRINUS auf dessen Koppel den Hengst Odysseus. Wenige Stunden später treffen sie einander in den Thermen und vereinbaren, dass Odysseus dem MERKUR um 500 verkauft sei. Gleichzeitig bittet QUIRINUS MERKUR, ihm den Hengst noch für vier Monate zu Transportzwecken unentgeltlich zur Verfügung zu stellen, womit sich MERKUR einverstanden erklärt. QUIRINUS und MERKUR wissen nicht, dass es sich bei Odysseus um DIANAS Pferd handelt. Am 1.11. beerbt QUIRINUS DIANA. Einen Monat später erscheint die gutgläubige JUVENTAS bei QUIRINUS und kauft den sich unter den Erbschaftsgegenständen von DIANA befindenden Sattel sowie mehrere Pferde. QUIRINUS entgeht es, dass sich unter den verkauften Pferden auch der Hengst Odysseus befindet. JUVENTAS nimmt den Sattel sowie die Pferde sofort mit.

Am 15.12. erscheint MERKUR bei JUVENTAS und verlangt den Hengst Odysseus heraus. Drei Monate später wird JUVENTAS auch von PALES aufgesucht, die die Herausgabe des Sattels begehrt. Zu Recht?

Skizze:

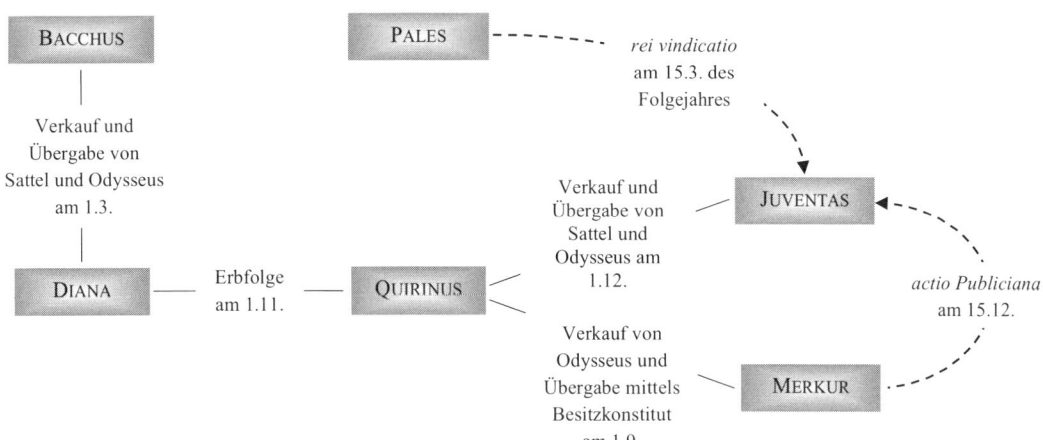

Zu behandelnde Problemkreise:

a) hinsichtlich des Hengstes Odysseus
- ➢ Übertragung einer *res mancipi* durch formlose *traditio* – bonitarisches Eigentum
- ➢ Ersitzung infolge eines Formmangels
- ➢ Voraussetzungen für den derivativen Eigentumserwerb mittels *traditio*
- ➢ Besitzübertragung mittels Besitzkonstitut

➢ Leihnehmer als Detentor
➢ Ersitzung infolge fehlender dinglicher Berechtigung des Vormanns
➢ nachträgliche Heilung der fehlenden dinglichen Berechtigung – Konvaleszenz
➢ Doppelverkauf durch einen Nichtberechtigten
➢ stärkere Stellung desjenigen Erwerbers, dem die Sache zuerst übergeben worden ist
➢ *actio Publiciana* als sachverfolgende Klage

b) hinsichtlich des Sattels

➢ Voraussetzungen für den derivativen Eigentumserwerb mittels *traditio*
➢ Ersitzung infolge fehlender dinglicher Berechtigung des Vormanns
➢ Möglichkeit des Eintritts des Erben in die Ersitzung des Erblassers – *successio in possessionem*
➢ keine Anrechnung von Vorzeiten bei Einzelrechtsnachfolge nach klassischem römischen Recht – *accessio temporis* erst in der Spätklassik möglich

Zu den einschlägigen Quellenstellen der hier zu erörternden Problemkreise: zum Besitzverlust an entlaufenem Vieh vgl Paulus D 41. 2. 3. 13; zur Beendigung der *usucapio* bei Besitzverlust vgl insb Paulus D 41. 3. 2; zum Besitzerwerb mittels *constitutum possessorium* vgl insb Ulpian D 6. 1. 77, Celsus D 41. 2. 18 pr sowie Marcellus D 41. 2. 19 pr; zum Doppelverkauf durch einen Nichtberechtigten und zur nachträglichen Heilung des rechtlichen Mangels beim Vormann, da dieser den Eigentümer beerbt, vgl insb Pomponius D 21. 3. 2; zur besseren Lage desjenigen Käufers bei einem Doppelverkauf, dem die Sache zuerst übergeben wurde, vgl Neraz D 19. 1. 31. 2 u Ulpian D 44. 4. 4. 32 bzw desjenigen Käufers, der die Sache besitzt, vgl Ulpian D 6. 2. 9. 4; zur *actio Publiciana* vgl insb Ulpian D 6. 2. 1 pr sowie Gai Inst 4. 36; zur Anrechnung der Ersitzungszeit des Erblassers vgl insb Paulus D 4. 6. 30 pr, ders D 41. 3. 4. 15 sowie ders D 41. 4. 2. 19; zur Möglichkeit der Anrechnung der Ersitzungszeit des Vormanns bei Einzelrechtsnachfolge, etwa bei Erwerb unter Lebenden, vgl insb Iust Inst 2. 6. 13 oder beim Legat vgl insb Paulus D 41. 3. 14. 1.

Natürlicher Eigentumserwerb

Lit: *Benke/Meissel*, Römisches Sachenrecht[10] (2012) 128–148;
Hausmaninger/Selb, Römisches Privatrecht[9] (2001) 158–164;
Kaser/Knütel, Römisches Privatrecht[20] (2014) 149–155;
Apathy/Klingenberg/Pennitz, Einführung in das römische Recht[5] (2012) 128–131.

Fall 11:

Olivenöl, kaltgepresst!

NEPTUN verkauft und übergibt JANUS ein Grundstück mit Olivenbäumen. Weder NEPTUN noch JANUS wissen, dass das Grundstück in Wahrheit POMONA gehört. JANUS errichtet auf dem Grundstück ein Fundament und baut darauf einen Pavillon (Kosten 800), wodurch sich der Wert des Grundstücks um 500 erhöht. Ein Jahr nach der Übernahme des Grundstücks begibt sich JANUS für zwei Monate nach Lutetia[*]. In Abwesenheit von JANUS besetzt HERKULES das Grundstück im Wissen, dass es von JANUS bewirtschaftet wird. Als JANUS zurückkehrt, beschließt er in Anbetracht des furchteinflößenden Aussehens von HERKULES vorerst nichts zu unternehmen. HERKULES erntet sämtliche Oliven, presst daraus fünf Metreten[**] Olivenöl und verkauft und übergibt es an LUNA. LUNA leert das gekaufte Olivenöl versehentlich in ein von MERKUR zur Verwahrung übernommenes Fass, in dem sich drei Metreten Olivenöl von MERKUR befinden.

Wenige Monate nach seiner Besetzung des Grundstücks wird HERKULES des Olivenpflückens überdrüssig und er verlässt das Grundstück. JANUS kehrt wieder auf das Grundstück zurück. Ein Jahr später erscheint POMONA bei JANUS und verlangt das Grundstück heraus.

Wie ist die Rechtslage?

Vorüberlegungen:

- Hat JANUS derivativ durch *traditio* Eigentum am Grundstück erworben?
- Kommt eine *usucapio* des Grundstücks durch JANUS infrage?
- Wie wirkt sich die Besetzung des Grundstücks von HERKULES auf die Ersitzung von JANUS aus?
- Wann geht Besitz an Grundstücken ungewollt verloren?
- Was besagt die Regel *superficies solo cedit*?
- In welcher Höhe steht dem gutgläubigen Bauführer Ersatz für seine Aufwendungen zu?
- Was versteht man im juristischen Sinn unter dem Begriff „Frucht"?
- Wer ist Eigentümer der von HERKULES gepflückten Oliven, bevor dieser sie presst?
- Welche natürliche Eigentumserwerbsart kommt infrage, wenn HERKULES die Oliven presst?

---

[*] Das heutige Paris.
[**] Eine Metrete entspricht etwa 40 Litern.

> Was bestimmt die sabinianische, was die prokulianische Meinung bei der *specificatio*?
> Nach welchem Kriterium erfolgt die Zuweisung einer verarbeiteten Sache nach der *media sententia*?
> Was versteht man unter Vermischung im rechtlichen Sinn? Was bewirkt sie?

Eigentum am Grundstück sowie am Pavillon

Das Grundstück steht zunächst im Eigentum von POMONA (*arg*: das Grundstück gehört POMONA). Verkauft und übergibt NEPTUN das Grundstück an JANUS, so ist ein derivativer Eigentumserwerb durch *traditio* zu prüfen. Der Kaufvertrag stellt ein Rechtsgeschäft dar, das auf die Übertragung von Eigentum gerichtet ist. Eine *iusta causa* liegt somit vor. Auch die Übertragung der *possessio* am Grundstück hat dem Sachverhalt nach stattgefunden. Der Modus ist somit ebenfalls gegeben. Der derivative Eigentumserwerb scheitert jedoch an der fehlenden dinglichen Berechtigung von NEPTUN, da dieser weder Eigentümer noch Verfügungsbefugter des Grundstücks ist – *nemo plus iuris transferre potest quam ipse habet*. Folglich kommt ein originärer Eigentumserwerb mittels *usucapio* in Betracht. Dafür bedarf es des Vorliegens folgender fünf Voraussetzungen: *res habilis, titulus, bona fides, possessio* und *tempus*. Das Grundstück ist weder eine *res extra commercium* noch ist es gewaltsam in Besitz genommen worden (was nach den *leges Iuliae et Plautiae* der Ersitzbarkeit entgegenstehen würde). Der zwischen NEPTUN und JANUS abgeschlossene Kaufvertrag stellt einen Titel dar, aufgrund dessen JANUS Eigentum erworben hätte, wäre NEPTUN ein berechtigter Vormann gewesen. Eine *iusta causa usucapionis* liegt somit ebenfalls vor. Auch kennt JANUS den Mangel der fehlenden dinglichen Berechtigung von NEPTUN nicht, weshalb er *bona fide* ist. Schließlich hat auch die Übertragung der *possessio* am Grundstück stattgefunden. JANUS beginnt daher ab der Übernahme des Grundstücks dieses zu ersitzen. Da für den Eigentumserwerb durch *usucapio* an unbeweglichen Sachen ein ununterbrochener Besitz von zwei Jahren erforderlich ist, gilt es zu untersuchen, wie sich der Umstand, dass JANUS das Grundstück für zwei Monate verlässt bzw dass sich HERKULES auf dem Grundstück niederlässt, auf den Besitz von JANUS auswirkt. Grundsätzlich verbleibt eine Sache im Besitz, solange an ihr die *custodia* besteht, dh solange die Beherrschungsmöglichkeit gegeben ist und man sie für sich haben will (*animus possidendi*). Dies gilt, mit Ausnahme vom entflohenen Sklaven (*servus fugitivus*), für bewegliche Sachen. Bei unbeweglichen Sachen hat sich, ausgehend von nur zu bestimmten Zeiten im Jahr genutzten Grundstücken, die Meinung durchgesetzt, dass auch eine *solo animo*-Besitzerhaltung möglich ist. Die Tatsache, dass sich JANUS vorübergehend nicht auf dem Grundstück befindet, lässt ihn folglich nicht Besitz verlieren. Begibt sich in der Folge HERKULES auf das Grundstück, mit der Absicht, sich dort niederzulassen, so bewirkt dies, nach Ansicht des Juristen Labeo zu einem ähnlich gelagerten Fall, aber sehr wohl eine Änderung der Besitzverhältnisse. Labeo ist der Auffassung, der Eindringling erwerbe sofort – mit dem Besetzen – Besitz am Grundstück, womit der Abwesende Besitz verliere. Eine andere Meinung, die sich letztlich durchgesetzt hat, vertritt der Jurist Ulpian, wenn er den Besitz des Abwesenden erst dann als verloren ansieht, wenn dem Abwesenden das Vertreiben des Eindringlings misslingt. Dieser Ansicht folgt der Jurist Pomponius und er spricht sich auch dann für einen Besitzverlust des Abwesenden aus, wenn auf die Wiederbemächtigung (etwa aus Furcht vor dem Eindringling) von vornherein verzichtet wird – *nos ita animo desinamus possidere, quod suspicemur repelli nos posse ab eo, qui ingressus sit in possessionem*. Da JANUS erst gar nicht versucht, HERKULES zu vertreiben (*arg*: in Anbetracht des furchteinflößenden Aussehens von HERKULES beschließt JANUS, vorerst nichts zu unternehmen), verliert JANUS Besitz am Grundstück. HERKULES hat, da er sich in Bemächtigungsabsicht (*animus*) auf das Grundstück begibt (*corpus*), originär Besitz erworben. Zu beachten ist aber, dass mit dem Verlust des Besitzes von JANUS am Grundstück auch die Ersitzung ergebnislos ein Ende findet.

Als Ersitzungsbesitzer hätte JANUS in diesem Stadium des Falles die Möglichkeit, mittels *actio Publiciana* gegen HERKULES vorzugehen, um wieder Besitz am Grundstück zu erlangen. Daneben käme ein possessorischer Schutz mittels Besitzinterdikten in Betracht. Da es sich um ein Grundstück handelt, wäre das Grundstücksinterdikt *uti possidetis* einschlägig. Das *interdictum uti possidetis* ist in erster Linie auf Besitzerhaltung (prohibitorisches Interdikt) gerichtet: Der Prätor verbietet Gewaltanwendung gegen den letzten fehlerfreien Besitzer. Da der Prätor aber auch gegen einen Wiederbemächtigungsakt desjenigen, gegenübcr dem der Gegner fehlerhaft besitzt, die Gewaltanwendung untersagen kann, kommt dem *interdictum uti possidetis* auch eine restitutorische (wiederherstellende) Wirkung zu.

Kehrt in der Folge JANUS auf das Grundstück zurück, nachdem es HERKULES verlassen hat, so erlangt JANUS wieder Besitz daran. Da sich JANUS nach wie vor im Glauben befindet, er habe das Grundstück vom Eigentümer erworben, kann er es wieder zu ersitzen beginnen. Zu beachten ist, dass er sich die Ersitzungszeit vor seinem Besitzverlust nicht anrechnen kann. Vielmehr beginnt die Ersitzungsfrist mit Wiedererlangung des Besitzes am Grundstück neu zu laufen. Erscheint nun ein Jahr später POMONA bei JANUS und verlangt sie das Grundstück heraus, so scheitert der Eigentumserwerb von JANUS durch Ersitzung letztendlich am mangelnden *tempus*, da bei unbeweglichen Sachen ein ununterbrochener Besitz von zwei Jahren erforderlich ist. Somit ist POMONA nach wie vor Eigentümerin des Grundstücks und kann es mit der *rei vindicatio* von JANUS herausverlangen.

Zu prüfen ist weiters, wer Eigentümer des von JANUS errichteten Pavillons ist. Da JANUS den Pavillon auf einem Fundament errichtet, gilt dieser als mit dem Boden, auf dem er steht, fest verbunden. Dies bewirkt, dass der Pavillon als Nebensache in rechtlicher Hinsicht dem Boden als Hauptsache folgt. Es gilt: *superficies solo cedit* – der Oberbau folgt (in seinem rechtlichen Schicksal) dem Boden. Somit hat POMONA als Grundstückseigentümerin durch feste Verbindung (*accessio,* genauer durch *aedificatio*), originär Eigentum am Pavillon erworben. Zu beachten ist, dass der Pavillon als Bauwerk rechtlich gesehen eine lose Verbindung der verwendeten Baumaterialien darstellt. An diesen hat JANUS als gutgläubiger Bauführer (er hält sich bei Errichtung des Pavillons irrtümlich für den Eigentümer des Grundstücks) ruhendes Eigentum (*dominium dormiens*). Zwar kann JANUS – wie sonst bei loser Verbindung von beweglichen Sachen – nicht die Trennung und anschließend die Herausgabe der Materialien verlangen, sein Eigentum erwacht aber wieder (und er kann das Baumaterial herausverlangen), sollte es zum Abbruch bzw zum Einsturz des Pavillons kommen.

JANUS hat aber auch die Möglichkeit, möchte er nicht den Abbruch des Pavillons abwarten, von POMONA Ersatz seiner Aufwendungen zu verlangen. Wird JANUS von POMONA mit der *rei vindicatio* auf Herausgabe des Grundstücks geklagt, so kann er ihr als gutgläubiger Bauführer eine *exceptio doli* entgegenhalten. Damit macht JANUS sein Retentionsrecht geltend: Er darf das Grundstück so lange zurückhalten, bis ihm POMONA seine Aufwendungen ersetzt hat. Zu beachten ist, dass die Höhe des Aufwandersatzanspruchs des Bauführers nicht in jedem Fall mit den Kosten der Bauführung gleichzusetzen ist. Vielmehr ist der Ersatzanspruch mit der durch die Bauführung bewirkten Wertsteigerung des Grundstücks begrenzt – *reddat impensam, ut fundum recipiat, usque eo dumtaxat, quo pretiosior factus est.* Für den Fall, dass die Wertsteigerung höher ist als die Kosten der Bauführung, so gebührt Aufwandersatz freilich nur in Höhe der Kosten der Bauführung – *si plus pretio fundi accessit, solum quod impensum est.* Folglich kann JANUS die Kosten der Bauführung für den Pavillon nicht in voller Höhe (800), sondern nur im Ausmaß der Wertsteigerung von POMONAS Grundstück (500) geltend machen. Erhält JANUS einen Ausgleich von POMONA für seine wertsteigernden Aufwendungen, so erlischt damit sein ruhendes Eigentum an den Baumaterialien.

Eigentum an den Oliven sowie an dem daraus gepressten Olivenöl

Bei Oliven handelt es sich um Früchte (*fructus naturales*), dh um wiederkehrende, von einer Sache ohne Beeinträchtigung ihrer Substanz erzielbare Erträgnisse. Bis zur Lostrennung sind Früchte unselbständige Bestandteile der Muttersache und gehören dem Eigentümer der Muttersache. Erst wenn es zur Absonderung kommt, wird die Frucht zur selbständigen Sache und es stellt sich die Frage nach deren rechtlichem Schicksal. Sofern keine besondere Fruchterwerbsregel zum Tragen kommt, gehören Früchte nach ihrer Trennung dem Eigentümer der Muttersache. Zum Kreis jener Personen, die aufgrund einer besonderen Fruchterwerbsregel Eigentum erwerben, zählen der Erbpächter (*emphyteuta*) und der gutgläubige Besitzer (*bonae fidei possessor*) – sie erwerben Eigentum bereits mit Trennung (*separatio*) – sowie der Nießbraucher (*usufructuarius*) und der Pächter (*conductor*) – sie erwerben Eigentum durch Ergreifen (*perceptio*).

Da POMONA Eigentümerin des Grundstücks und damit Eigentümerin der (mit dem Boden fest verbundenen, weil verwurzelten) Olivenbäume ist, stehen die Oliven, solange sie sich auf den Olivenbäumen befinden, im Eigentum von POMONA. Doch auch mit dem Pflücken der Oliven durch HERKULES tritt insofern keine Änderung der sachenrechtlichen Zuordnung der Oliven ein, als mangels Vorliegens eines Fruchterwerbstatbestandes die Oliven nach ihrer Trennung POMONA gehören. Zu beachten ist, dass weder HERKULES noch JANUS im Zeitpunkt der Trennung *bonae fidei possessores* iSd Fruchterwerbs sind: HERKULES ist zwar Besitzer des Grundstücks und damit auch der Olivenbäume, er hält sich aber nicht für den Eigentümer (*arg*: er besetzt das Grundstück im Wissen, dass es von JANUS bewirtschaftet wird, er handelt also dolos). Folglich ist HERKULES nicht *bona fide*. JANUS hingegen glaubt zwar, derivativ Eigentum am Grundstück erworben zu haben, dh er ist *bona fide*, zum Zeitpunkt der Trennung der Früchte ist er aber, wie oben gezeigt, nicht (mehr) *possessor*. POMONA könnte in diesem Stadium des Falles mittels *rei vindicatio* bzw *condictio furtiva* die Oliven bei HERKULES herausverlangen. Eine dieser beiden sachverfolgenden Klagen könnte sie mit der pönalen *actio furti* kumulieren.

Stellt in der Folge HERKULES aus den gepflückten Oliven Olivenöl her, so ist zu prüfen, ob HERKULES originär durch Verarbeitung (*specificatio*) Eigentum daran erworben hat. Der auf natürlicher Vernunft (*naturalis ratio*) beruhende, daher „natürliche" Eigentumserwerb mittels *specificatio* kommt grds dann in Betracht, wenn aus fremdem Material eine neue Sache (*nova species*) hergestellt wird. Dass von einer neuen Sache gesprochen werden kann, ergibt sich meist daraus, dass sie anders bezeichnet wird als jene, aus der sie hergestellt worden ist – *transire in nomen proprium*. Zu beachten ist, dass ein Eigentumserwerb an fremdem Material durch *specificatio* nur dann infrage kommt, wenn der Produzent die Verarbeitung im eigenen Namen (*suo nomine*) bzw im Namen einer Person (*alieno nomine*), die nicht dinglich berechtigt ist, vornimmt. Keine Änderung der sachenrechtlichen Zuordnung findet hingegen statt, wenn die Verarbeitung im Einvernehmen mit dem Eigentümer der Sache erfolgt, etwa im Rahmen eines Werkvertrages: Der Werkbesteller bleibt Eigentümer der von ihm hingegebenen und vom Werkunternehmer verarbeiteten Sache.

Die Frage, ob die (ohne Vereinbarung mit dem Materialeigentümer vorgenommene) Verarbeitung fremden Materials zu einem Eigentumserwerb des Produzenten (bzw desjenigen, in dessen Namen die Verarbeitung vorgenommen wird) führt, ist Gegenstand einer Kontroverse zwischen der sabinianischen und der prokulianischen Rechtsschule. Nach Meinung der Sabinianer soll derjenige Eigentümer des Endprodukts sein, von dem das Material stammt. Dieser Ansicht liegt die Überlegung zugrunde, dass das Material Grundlage einer jeden Sache ist und es auch dann erhalten bleibt, wenn eine Sache mit anderer Gestalt entsteht – *quia sine materia nulla species effici potest.*

Die Rechtsschule der Prokulianer hingegen legt den Schwerpunkt auf die Form des Gegenstandes. Nach dieser Ansicht führt das gestalterische Einwirken zum Untergang der Sache und damit zum Erlöschen des an ihr bestehenden Eigentumsrechts. Die hergestellte Sache steht daher vorerst in niemandes Eigentum – *quia quod factum est, antea nullius fuerat* – und wird im Zuge des Spezifikationsvorgangs vom Produzenten mittels Aneignung (*occupatio*) in sein Eigentum erworben.

In der Spätklassik setzt sich eine vermittelnde Meinung (*media sententia*) beider Ansichten durch, wonach der Produzent dann Eigentum an der verarbeiteten Sache erwirbt, wenn diese nicht mehr in ihren Ursprungszustand zurückgeführt werden kann. Lässt sich die verarbeitete Sache hingegen wieder in ihren ursprünglichen Zustand zurückführen, so gilt die sabinianische Meinung und es findet keine Änderung der Eigentumsverhältnisse statt.

Da sich der Verarbeitungsvorgang der Pressung von Oliven in Olivenöl nicht mehr rückgängig machen lässt, hat nach der *media sententia* (und nach prokulianischer Rechtsansicht) HERKULES als Produzent originär Eigentum durch *specificatio* am Olivenöl erworben. POMONA kann daher nicht mit der *rei vindicatio* die Herausgabe des Olivenöls verlangen. Als ehemalige Eigentümerin der Oliven steht ihr aber ein Ausgleichsanspruch gegen HERKULES in Höhe des Wertes der gepressten Oliven zu, den sie, da HERKULES die Verarbeitung bösgläubig vorgenommen hat (er weiß, dass er nicht Eigentümer der Oliven ist), mit der *condictio furtiva* geltend machen kann.

Verkauft und übergibt HERKULES das gepresste Olivenöl in der Folge an LUNA, so erwirbt sie derivativ Eigentum daran: HERKULES ist als Eigentümer berechtigt, über das Olivenöl sachenrechtlich zu verfügen (Recht des Vormanns), durch die Übergabe erlangt LUNA *animo et corpore* Besitz (*modus*) und durch Willenseinigung über Ware und Preis ist ein Kaufvertrag zustande gekommen (*titulus*).

Leert LUNA das gekaufte Olivenöl in der Folge in ein von MERKUR zur Verwahrung übernommenes – mit dessen Olivenöl gefülltes – Fass, so findet eine ununterscheidbare Vermischung (*confusio*) statt. Bei ungewollter Vermischung von Flüssigkeiten verschiedener Eigentümer (Ähnliches gilt bei ununterscheidbarer Vermengung fester Stoffe – *commixtio*) bleibt das Eigentum der Betroffenen an ihren Beiträgen grds bestehen. Jeder Betroffene kann die *vindicatio pro parte* (Mengenvindikation) erheben und jenen Anteil der Mischung herausverlangen, der seinem Beitrag entspricht. Anders verhält es sich, wenn die Vermischung (bzw Vermengung) einvernehmlich erfolgt ist. In diesem Fall entsteht Miteigentum (*communio*). Beabsichtigen die Parteien dessen Auflösung, so erfolgt zunächst mittels *actio communi dividundo* eine Aufteilung im Verhältnis der Anteile, die dann von den Berechtigten mit der *rei vindicatio* herausverlangt werden können.

Da im vorliegenden Fall die ununterscheidbare Vermischung des Olivenöls von LUNA mit dem Olivenöl von MERKUR versehentlich und somit nicht im Einvernehmen erfolgt ist, kann LUNA eine Mengenvindikation in Höhe ihres Anteils (fünf Metreten) und MERKUR in Höhe seines Anteils (drei Metreten) anstellen. Dass jener Anteil am Olivenöl, den LUNA bzw MERKUR über eine *vindicatio pro parte* erhält, auch Olivenöl beinhaltet, das vom jeweils anderen stammt, ist Folge der Mengenvindikation. Für den Fall, dass sich die Qualität des Olivenöls von LUNA und MERKUR unterscheidet, kann dies der *iudex* berücksichtigen und demjenigen, von dem das höherwertige Olivenöl stammt, einen entsprechend größeren Anteil zuweisen.

Folgt man hinsichtlich der Verarbeitung der Oliven durch HERKULES nicht der *media sententia* bzw der prokulianischen Ansicht, sondern der Meinung der Sabinianer, so hat HERKULES nicht Eigentum am Olivenöl erworben. Vielmehr steht es im Eigentum von POMONA. Folglich kann HERKULES LUNA auch nicht mittels *traditio* derivativ Eigentum am Olivenöl übertragen –

nemo plus iuris transferre potest quam ipse habet. Auch eine Ersitzung durch LUNA aufgrund der fehlenden dinglichen Berechtigung des Vormanns scheidet aus, da HERKULES die Oliven im Wissen, dass sie nicht ihm gehören, gepflückt hat, um sich aus ihnen zu bereichern. Die Oliven sind daher *res furtivae*. Daran ändert sich (nach sabinianischer Ansicht) auch dann nichts, wenn sie zu Olivenöl verarbeitet werden. Das Olivenöl ist eine *res inhabilis*, weshalb es von LUNA nicht ersessen werden kann. Kommt es in der Folge zur ununterscheidbaren Vermischung des Olivenöls mit jenem von MERKUR, so steht daher auch nicht LUNA, sondern POMONA als zivile Eigentümerin der fünf Metreten Olivenöl die *vindicatio pro parte* zu.

▶ **(1)** Das ABGB knüpft an die Verarbeitung und die Vereinigung (worunter das Gesetz sowohl die Verbindung, die Vermengung als auch die Vermischung versteht) weitgehend die gleichen Rechtsfolgen, §§ 414 ff. Zu beachten ist, dass die gesetzlichen Bestimmungen nur dann zur Anwendung gelangen, wenn die Beteiligten nicht einvernehmlich vorgehen. Liegt ein gültiger Vertrag vor, der die Rechtsfolgen der Verarbeitung bzw Vereinigung regelt, so geht dieser den gesetzlichen Bestimmungen vor. Liegt kein Vertrag vor bzw ist dieser ungültig, etwa wegen rechtlicher Unmöglichkeit (zB weil vereinbart ist, dass das Eigentum an einer Sache, die unselbständiger Bestandteil einer fremden Sache wird, bestehen bleiben soll), so kommt es darauf an, ob die Rückführung in den vorigen Zustand möglich und tunlich ist. Ist dies der Fall, so bleibt jeder Beteiligte Eigentümer seiner Sache und kann die Rückführung verlangen. Ist die Rückführung hingegen unmöglich oder untunlich (was regelmäßig bei wertsteigernder Verarbeitung der Fall ist, da die Rückführung den bei der Verarbeitung entstandenen Aufwand frustrieren würde), so entsteht Miteigentum der Beteiligten entsprechend dem Verhältnis der wirtschaftlichen Werte ihrer Beiträge. Eine auf diese Weise entstandene Miteigentumsgemeinschaft wird aber nicht nach den allgemeinen Regeln der §§ 830 ff, 841 ff aufgehoben, sondern es gilt die Sonderregel des § 415. Demnach kommt jenem Beteiligten, den an der Verarbeitung/Vereinigung kein Verschulden trifft, die Wahl zu, ob er das Produkt in sein Alleineigentum übernimmt oder es dem anderen überlässt. Bei schuldlosem Vorgehen bzw bei gleichem Verschulden der Beteiligten kommt das Wahlrecht demjenigen zu, dessen Beitrag mehr wert ist. Derjenige, der Alleineigentümer wird, hat dem anderen den Wert dessen Beitrags zu ersetzen (Verwendungsanspruch). Kommt es zur Zusammenführung gleichartiger Stoffe und lässt sich die Höhe der Beiträge der Beteiligten bestimmen, so entsteht ebenfalls Miteigentum, die Auseinandersetzung erfolgt aber insofern anders, als jeder Beteiligte die Herausgabe einer seinem Beitrag entsprechenden Quote verlangen kann (Quantitätsvindikation). Eine Sonderbestimmung für die Vermengung sog ununterscheidbarer Sachen (womit va Geld oder Inhaberpapiere gemeint sind), die sich mit der Regelung des § 415 nur schwer vereinen lässt, enthält § 371. Nach dieser Bestimmung entsteht bei Vermengung ununterscheidbarer Sachen Alleineigentum des Besitzers des Gemenges. Um die Diskrepanz zwischen den Rechtsfolgen des § 415 und jenen des § 371 zu lösen, haben sich mehrere Theorien bemüht, von denen zwei genannt seien: Nach der sog Abgrenzungstheorie entsteht dann Miteigentum nach § 415, wenn die vermengten Sachen noch vom sonstigen Vermögen räumlich abgegrenzt sind, ansonsten Alleineigentum des Besitzers nach § 371. Nach anderer Auffassung entsteht Miteigentum nach § 415 dann, wenn die Anteile am Gemenge feststellbar sind, unabhängig davon, ob sie noch abgegrenzt sind. Lassen sich die Anteile hingegen nicht bestimmen, so gilt § 371 (Feststellbarkeitstheorie). Kein Miteigentum entsteht dann, wenn eine Sache mit fremdem Material bloß ausgebessert wird (und daher keine Verarbeitung ieS vorliegt, § 416) bzw wenn es zur Verbindung von Haupt- und Nebensache kommt. In diesen Fällen entsteht Alleineigentum des Eigentümers der ausgebesserten Sache bzw der Hauptsache. Dem anderen steht ein Anspruch auf Wertersatz seiner Arbeitsleistung bzw seines zum unselbständigen Bestandteil der Hauptsache gewordenen Materials zu. [*Koziol/Welser*, Bürgerliches Recht I[13] (2006) 318 ff] **(2)** Zum Zurückbehaltungsrecht des Besitzers an der eingeklagten Sache wegen eines auf die Sache gemachten Aufwandes vgl sogleich Variante. **(3)** Zum Gutglaubenserwerb vom Nichtberechtigten sowie zur Ersitzung vgl Fall 7. **(4)** Zum Eigentumserwerb durch Bauführung vgl Fall 13.

Zu den einschlägigen Quellenstellen der hier erörterten Problemkreise: zur *solo animo*-Besitzerhaltung an Grundstücken vgl insb Paulus D 41. 2. 3. 11 sowie Ulpian D 43. 16. 1. 25; zum Besitzverlust an Grundstücken vgl insb Ulpian D 41. 2. 6. 1 sowie Pomponius D 41. 2. 25. 2; zur Beendigung der *usucapio* bei Besitzverlust vgl insb Paulus D 41. 3. 2; zum Wortlaut des *interdictum uti possidetis* vgl insb Ulpian D 43. 17. 1 pr; zum Grundsatz *superficies solo cedit* vgl insb Gai Inst 2. 73; zum Eigentumserwerb an einem auf eigenem Grund mit fremdem Material gebauten Gebäude sowie zum Ersatzanspruch des ehemaligen Materialeigentümers vgl insb Gaius D 41. 1. 7. 10; zum Ersatz der Baukosten des gutgläubigen Bauführers vgl insb Celsus D 6. 1. 38; zum Zurückbehaltungsrecht des *bonae fidei possessor* wegen der von ihm gemachten Aufwendungen vgl insb Papinian D 6. 1. 48 u 65 pr; kein Eigentumserwerb des Diebes an den Früchten der gestohlenen Sache vgl insb Paulus D 41. 3. 4. 19; zur Schulenkontroverse zum Eigentumserwerb durch *specificatio* vgl insb Gai Inst 2. 79 sowie zur *media sententia* vgl insb Gaius D 41. 1. 7. 7, Paulus D 41. 1. 24 u 26 pr sowie Iust Inst 2. 1. 25; zur ununterscheidbaren Vermischung bzw Vermengung von Stoffen verschiedener Eigentümer bzw zur *vindicatio pro parte* vgl insb Ulpian D 6. 1. 3. 2 sowie ders D 6. 1. 5 pr u 1; zur Entstehung von Miteigentum bei einvernehmlicher *confusio* bzw *commixtio* vgl insb Ulpian D 6. 1. 5 pr, Gaius D 41. 1. 7. 8 sowie Iust Inst 2. 1. 27 u 28; zur *actio communi dividundo* vgl insb Ulpian D 6. 1. 5 pr.

Variante:

Zehn Monate nachdem JANUS wieder auf das Grundstück zurückgekehrt ist, pflückt er die Hälfte der Olivenbäume leer und verkauft die Oliven am Markt. Als JANUS erfährt, dass er nicht Eigentümer des Grundstücks ist, verlässt ihn jegliche Lust am Olivenernten. Stattdessen lässt er einen Säulengang samt Fundamenten errichten, den er mit Stuckatur verziert (Kosten 400, Wertsteigerung des Grundstücks 300). POMONA klagt JANUS mit der *rei vindicatio* auf Herausgabe des Grundstücks. Mangels Ernte von JANUS gehen zwischen *litis contestatio* und Urteilsfällung Oliven im Wert von 200 verloren.

Vorüberlegungen:

➢ Wie ist der römische Zivilprozess aufgebaut?
➢ Wem obliegt die Beweislast bei der *rei vindicatio*?
➢ Wann erwirbt der *bonae fidei possessor* Eigentum an den Früchten?
➢ Welche Auswirkung hat die *litis contestatio* auf den Fruchterwerb des *bonae fidei possessor*?
➢ Was besagt das *restituere*-Prinzip?
➢ Was versteht man unter *fructus percepti*, was unter *fructus percipiendi*?
➢ Welche Ansprüche hat der schlechtgläubige Bauführer?

Das römische Zivilverfahren ist in zwei Abschnitte, in das Verfahren vor dem Prätor, *in iure*, und in jenes vor dem *iudex*, *apud iudicem*, unterteilt. Nachdem der Kläger sein Begehren vorgetragen hat, prüft der Prätor, ob es einer *actio* in seinem Edikt entspricht. Ist dies der Fall bzw hat er im Wege der Analogie eine neue Klage (*actio in factum* oder *actio utilis*) geschaffen, weil er das Klagebegehren für rechtsschutzwürdig erachtet, diesem aber keine Klage im Edikt entspricht, so bestellt er den *iudex*, dem dann die weitere Verfahrensführung obliegt. Andernfalls verweigert es der Prätor, eine Klage zu geben, und weist den Antrag des Klägers zurück (*denegatio actionis*). Der Verfahrensabschnitt *in iure* schließt damit ab, dass der Prätor – zum Beweis durch Aufnahme einer Zeugenurkunde – das Prozessprogramm festlegt und sich sowohl der Kläger als auch der Beklagte dem Prozessprogramm unterwerfen (*litis contestatio*).

Als zivile Eigentümerin kann POMONA mittels *rei vindicatio* das Grundstück von JANUS als besitzendem Nichteigentümer herausverlangen. Es gilt: *ubi rem meam invenio, ibi vindico*. Dafür bedarf es, dass POMONA ihr Begehren auf Herausgabe des Grundstücks vor dem Prätor vorbringt. Bestreitet JANUS dieses Begehren, so lässt er sich in den Prozess ein, womit der Streit anhängig ist. Zu beachten ist, dass JANUS nicht gezwungen werden kann, sich in den Eigentumsprozess einzulassen – *invitus nemo rem cogitur defendere* (kein direkter Einlassungszwang bei *actiones in rem*). Verweigert JANUS die Einlassung in den Prozess, so kann er aber, da es um ein Grundstück geht, mit dem *interdictum quem fundum* – einem Rechtsbehelf *in personam* mit Einlassungszwang – aufgefordert werden, das Grundstück herauszugeben, widrigenfalls er verurteilt wird, als wäre er in einer *rei vindicatio* unterlegen.

Da POMONA als Klägerin beweisen muss, dass sie quiritische Eigentümerin ist, hat sie darzulegen, dass zu ihren Gunsten ein derivativer Eigentumserwerb bzw ein originärer Eigentumserwerb durch *usucapio* stattgefunden hat. Stützt sich POMONA auf einen derivativen Erwerb, so muss sie nachweisen, dass auch ihr Vormann ziviler Eigentümer der Sache war. Da der Nachweis des eigenen derivativen Erwerbs von einer Kette von Vormännern bis hin zu einem originären Eigentumserwerb bisweilen schwer zu führen ist, wird er auch als *probatio diabolica* (teuflischer Beweis) bezeichnet. Um sich diesen uU schwierigen Beweis zu ersparen, kann POMONA alternativ die *actio Publiciana* anstellen, sofern sie die Voraussetzungen des Ersitzungsbesitzes erfüllt. Misslingt POMONA nämlich der Beweis des quiritischen Eigentums, so weist der *iudex* das Klagebegehren ab und JANUS wird freigesprochen. Kann POMONA den Beweis des quiritischen Eigentums erbringen, so wird JANUS aufgetragen, das Grundstück zu restituieren (*iussum de restituendo*), andernfalls er auf den Schätzwert des Grundstücks im Verurteilungszeitpunkt, das *quanti ea res erit*, verurteilt wird. Bei doloser Weigerung seitens JANUS, das Grundstück zu restituieren, erfolgt seine Verurteilung in Höhe eines von der Klägerin POMONA bestimmten Schätzwertes des Grundstücks (*iusiurandum in litem*).

Zu beachten ist, dass der Restitutionsauftrag nicht nur die Sache selbst, sondern auch Früchte, die der Beklagte zwischen *litis contestatio* (Streitbezeugung) und Urteilsfällung aus der Sache gezogen hat (*fructus percepti*), sowie Früchte, die der Kläger in dieser Zeit hätte ziehen können (*fructus percipiendi*), umfasst. Dadurch soll der siegreiche Kläger so gestellt werden, wie er stünde, wäre ihm die Sache bei *litis contestatio* herausgegeben worden (*restituere*-Prinzip).

Folglich hat JANUS die Oliven, die er nach seiner Rückkehr auf das Grundstück und vor Kenntnisnahme, dass es sich bei dem Grundstück um ein fremdes handelt – und somit vor *litis contestatio* –, gepflückt hat, nicht zu restituieren bzw für sie Wertersatz zu leisten. Vielmehr hat er als *bonae fidei possessor* durch Trennung (*separatio*) der Früchte (Oliven) von der Muttersache (Olivenbäume) originär Eigentum an ihnen erworben. Verkauft und übergibt er die gepflückten Oliven am Markt, so kann er dem Erwerber daher derivativ Eigentum an ihnen verschaffen. Nach dem *restituere*-Prinzip hat JANUS POMONA aber für jene Oliven, die er in der Zeit zwischen *litis contestatio* und Urteilsfällung zu ernten verabsäumt hat, Ersatz zu leisten. Der Restitutionsanspruch von POMONA umfasst daher neben dem Grundstück auch Ersatz für die zu ziehenden Früchte in Höhe von 200.

Schließlich gilt es noch zu untersuchen, ob JANUS seinerseits ein Anspruch auf Aufwandersatz hinsichtlich des von ihm errichteten Säulengangs zusteht. Da der Säulengang mit dem Boden durch Fundamente – und damit fest – verbunden ist, hat an ihm, so wie am Pavillon, POMONA als Eigentümerin des Grundstücks nach dem Grundsatz *superficies solo cedit* originär durch Verbindung (*accessio*) Eigentum erworben. Zu beachten ist aber, dass JANUS bei Errichtung des Säulengangs bereits wusste, dass er nicht Eigentümer des Grundstücks ist. Da JANUS somit nicht mehr *bona fide* war, steht ihm kein Anspruch auf Aufwandersatz hinsichtlich des Säulengangs zu, uzw weder in Höhe der Kosten der Bauführung (400) noch in Höhe der dadurch bewirkten Wertsteigerung des Grundstücks (300). Vielmehr hat JANUS, da er bewusst auf fremdem Boden gebaut hat, sein Eigentum an den Baumaterialien endgültig verloren – *si scit alienum solum esse, sua voluntate amississe proprietatem materiae intelligitur*. Der Jurist Julian gewährt dem schlechtgläubigen Bauführer aber ein *ius tollendi*. Dieses berechtigt den schlechtgläubigen Bauführer, sein Bauwerk abzutragen und das Baumaterial mitzunehmen. Dabei ist aber zu beachten, dass von diesem Wegnahmerecht nur insoweit Gebrauch gemacht werden darf, als es dem Berechtigten zum Vorteil gereicht. Unzulässig ist es hingegen, wenn es bloß zum Zweck, dem Eigentümer zu schaden, ausgeübt wird. Es gilt: *neque malitiis indulgendum est*. JANUS darf daher beispielsweise nicht die am Säulengang angebrachte Stuckatur abschlagen.

▶ (1) Der Herausgabeanspruch des Klägers mit der *rei vindicatio* umfasst neben der Sache selbst auch einen während der Innehabung des Beklagten angefallenen Zuwachs, §§ 404 ff. Während der redliche Besitzer alle bis zur Klagszustellung abgesonderten Früchte behalten darf (§ 330), muss der unredliche Besitzer jeden erlangten Vorteil herausgeben, dh auch alle gezogenen Früchte, § 335. Darüber hinaus hat er für die bereits verbrauchten Früchte sowie für jene, die er zu ziehen unterlassen hat, Ersatz zu leisten. Unabhängig von der Redlichkeit hat der Besitzer dem Eigentümer ein angemessenes Entgelt für die Benützung der Sache zu leisten. Für die Beantwortung der Frage, ob dem Besitzer ein Anspruch auf Ersatz der Aufwendungen zusteht, die er zugunsten der eingeklagten Sache gemacht hat, ist zwischen redlichem und unredlichem Besitzer zu unterscheiden: Der redliche Besitzer hat Anspruch auf Ersatz des notwendigen Aufwandes (dieser dient zur fortdauernden Erhaltung der Sache) und des nützlichen Aufwandes (dieser bewirkt eine andauernde Werterhöhung der Sache), § 331. Aufwendungen, die bloß zum Vergnügen bzw zur Verschönerung gemacht wurden (Luxusaufwendungen), werden ihm zwar nicht ersetzt, er darf sie aber wegnehmen und behalten (*ius tollendi*, § 332). Der Aufwandersatz ist zweifach begrenzt, uzw einmal durch die Höhe des tatsächlich Aufgewendeten und zum anderen durch die Höhe der gegenwärtigen Wertsteigerung. Der unredliche Besitzer kann Ersatz gleich einem Geschäftsführer ohne Auftrag (§ 336 iVm §§ 1036 ff, angewandte Geschäftsführung) verlangen. Da der unredliche Besitzer dadurch besser gestellt werden würde als der redliche (nach § 1036 gebührt dem Geschäftsführer nämlich auch Ersatz solcher notwendigen Aufwendungen, die fruchtlos geblieben sind), wird nach hA auch dem unredlichen Besitzer nur Ersatz für noch fortwirkende Aufwendungen gewährt. Nützliche Aufwendungen erhält der unredliche Besitzer nur dann ersetzt, wenn diese zum klaren und überwiegenden Vorteil des Eigentümers getätigt wurden, § 1037 S 2. Luxusaufwendungen darf auch der unredliche Besitzer wegnehmen und behalten. Weder der redliche noch der unredliche Besitzer hat Anspruch auf Ersatz des Preises, den er an einen Vormann geleistet hat, um die Sache zu erhalten, § 333. Ein Anspruch auf angemessene Vergütung steht dem Besitzer aber ausnahmsweise dann zu, wenn er die Sache redlich erworben und dadurch dem Eigentümer insofern einen Nutzen verschafft hat, als dieser die Sache sonst wahrscheinlich nicht wiedererlangt hätte. Stehen dem Besitzer Gegenansprüche (va wegen eines auf die Sache gemachten Aufwandes) gegen den Eigentümer zu, so hat er gem § 334 ein Zurückbehaltungsrecht an der eingeklagten Sache nach § 471 (sog allgemeines Zurückbehaltungsrecht). (2) Das Zurückbehaltungsrecht nach § 471 berechtigt den Besitzer, die Herausgabe der Sache so lange zu verweigern, bis sein Anspruch befriedigt bzw sichergestellt ist, es berechtigt ihn aber nicht, die Sache zu verwerten (kein Befriedigungsrecht). Gegenstand des Zurückbehaltungsrechts können nur (bewegliche und unbewegliche) körperliche Sachen sein, nicht aber unkörperliche. Kein Zurückbehaltungsrecht nach § 471 steht demjenigen zu, der die Sache eigenmächtig oder listig entzogen hat oder dem sie zur Leihe, zur Verwahrung oder in Bestand gegeben wurde, § 1440 S 2. Ebenfalls kein Zurückbehaltungsrecht besteht dann, wenn der Gegenanspruch nicht gegen den Kläger (hier: den vindizierenden Eigentümer), sondern gegen einen Dritten zusteht oder wenn, etwa bei Eigentümerwechsel, der Gegenanspruch gegen den ehemaligen Eigentümer zustand. Vom Zurückbehaltungsrecht nach § 471 zu unterscheiden ist das allgemeine Leistungsverweigerungsrecht nach § 1052, das (mit Verwertungsbefugnis ausgestattete) unternehmerische Zurückbehaltungsrecht nach §§ 369 ff UGB, jenes des Gastwirtes an eingebrachten Sachen nach § 970c und jenes durch Richterspruch sowie rechtsgeschäftlich begründete Zurückbehaltungsrechte. Zur Haftung des Beklagten für eine Verschlechterung bzw den Untergang der eingeklagten Sache vgl Fall 5 Variante. [*Koziol/Welser*, Bürgerliches Recht I¹³ (2006) 346 ff] **(3)** Zum Eigentumserwerb an Früchten durch Separation vgl Fall 14.

Zu den einschlägigen Quellenstellen der hier erörterten Problemkreise: zum Ablauf der *rei vindicatio* vgl insb Gai Inst 4. 16 u 17; kein Einlassungszwang bei *actiones in rem* vgl insb Furius Anthianus D 6. 1. 80 sowie Ulpian D 50. 17. 156 pr; zum *interdictum quem fundum* vgl insb FIRA II 306 Nr IV; zum Umfang der Restitutionspflicht des Beklagten vgl insb Gaius D 6. 1. 20 sowie Paulus D 50. 16. 35; zum Anspruch des Klägers auf *fructus percepti et percipiendi* vgl insb Paulus D 6. 1. 33; zum Fruchterwerb des *bonae fidei possessor* vgl insb Paulus D 7. 4. 13, Julian D 22. 1. 25. 1, Paulus D 41. 1. 48 pr sowie Iust Inst 2. 1. 35; zum Verlust des Eigentums an wissentlich auf fremdem Grund verbautem Material vgl insb Gaius D 41. 1. 7. 12; zum *ius tollendi* des schlechtgläubigen Bauführers vgl insb Ulpian D 6. 1. 37; zum Grundsatz *neque malitiis indulgendum est* vgl insb Celsus D 6. 1. 38.

Fall 12: ☆

Nulla dies sine linea [*]
oder: Der Gemäldestreit

APOLLO ist ein berühmter, wenn auch mittelloser Künstler. Um seiner Angebeteten, MINERVA, eine Freude zu machen, malt er ein Porträt von ihr und schenkt es ihr. Weder APOLLO noch MINERVA wissen, dass die Holztafel, auf der das Porträt gemalt ist, aus dem Atelier des VULCANUS stammt. Drei Wochen später fabriziert APOLLO aus einem aus VULCANUS' Atelier gestohlenen goldenen Kerzenhalter einen Armreif und schenkt ihn VENUS. MINERVA, die von dem Geschenk an VENUS erfährt, wirft aus Eifersucht das von APOLLO erhaltene Bild mit den Worten „Dieses Gemälde will ich nie wieder sehen!" am Wegesrand weg.

FAUNUS, der MINERVAS Handlung beobachtet hat, nimmt das Gemälde an sich und verkauft es der Kunstsammlerin PROSERPINA, die nichts von der Vorgeschichte weiß. Zwei Monate später erscheint VULCANUS bei PROSERPINA und verlangt das Gemälde als das seine heraus. VULCANUS engagiert für den Gemäldeprozess den Rhetor SATURNUS, der zwar eine brillante Prozessrede verfasst, jedoch nicht weiß, dass er diese auf einer dem *iudex* JUPITER gehörenden Papyrusrolle geschrieben hat.

Wer ist Eigentümer des Gemäldes, des Armreifs sowie der von SATURNUS beschriebenen Papyrusrolle?

Zu behandelnde Problemkreise:

a) hinsichtlich des Gemäldes
➢ Vorliegen einer festen Verbindung
➢ *accessio cedit principali*
➢ Kriterium der Vindizierbarkeit
➢ Sonderfall: *tabula picta*
➢ Aufgabe von Besitz und Eigentum – *res derelicta*
➢ Eigentumserwerb durch *occupatio*

b) hinsichtlich des Armreifs
➢ Herstellung einer neuen Sache aus fremdem Material *suo nomine*
➢ Kontroverse zwischen Sabinianern und Prokulianern
➢ *media sententia*

c) hinsichtlich der Papyrusrolle
➢ feste Verbindung beweglicher Sachen
➢ *accessio cedit principali*

---

[*] Kein Tag ohne Linie (nach Plinius, *Naturalis historia* 35. 84: *Apelli fuit alioqui perpetua consuetudo numquam tam occupatum diem agendi, ut non lineam ducendo exerceret artem, quod ab eo in proverbium venit* – Es war im Übrigen die stete Gewohnheit des Apelles, niemals einen Tag so beschäftigt zu verbringen, ohne sich wenigstens durch einen Strich in seiner Kunst geübt zu haben, was durch ihn sprichwörtlich wurde); Zitat von Apelles (356–308 v Chr), dem wohl berühmtesten Maler der griechischen Antike, mit dem er seinen Wunsch zum Ausdruck bringt, dass kein Tag ohne einen neuen (Pinsel-)Strich vergehen möge.

Eigentum am Gemälde

Übergibt APOLLO MINERVA schenkungsweise das Gemälde, so ist zu prüfen, ob sie daran derivativ durch *traditio* Eigentum erworben hat. Da der derivative Eigentumserwerb ua die dingliche Berechtigung des Vormanns voraussetzt, muss zunächst untersucht werden, ob APOLLO Eigentümer des Gemäldes ist. Zu Beginn ist VULCANUS Eigentümer der später von APOLLO bemalten Tafel. Mangels Angaben im Sachverhalt hat zwischen VULCANUS und APOLLO keine auf einem gültigen Erwerbstitel (*iusta causa*) beruhende Übertragung der *possessio* an der Tafel (*traditio* ieS) stattgefunden. Folglich ist APOLLO nicht derivativ durch *traditio* Eigentümer der Tafel geworden. Auch ein originärer Eigentumserwerb von APOLLO durch *usucapio* scheitert bereits an einer fehlenden *iusta causa usucapionis*. In Betracht zu ziehen ist schließlich ein originärer Eigentumserwerb durch Verbindung (*accessio*). Werden zwei (oder mehrere) bewegliche Sachen verschiedener Eigentümer, ohne dass die Eigentümer einvernehmlich vorgehen, miteinander zu einer einheitlichen Sache verbunden, so gilt der Grundsatz *accessio cedit principali* – die Nebensache folgt in rechtlicher Hinsicht der Hauptsache. Das bedeutet, dass der Eigentümer der Hauptsache (*res principalis*) Eigentümer der Nebensache (*accessio*) wird. Diese sachenrechtliche Wirkung tritt aber nur dann ein, wenn die Sachen fest miteinander verbunden werden, wie es etwa der Fall ist, wenn eine Sache an eine andere angeschweißt (*ferruminatio*) wird. Liegt hingegen eine bloß lose Verbindung vor, wie sie etwa beim Anlöten (*adplumbatio*) gegeben ist, tritt sachenrechtlich keine Änderung ein. In diesem Fall kann jeder Beteiligte die Trennung und Vorlage seiner Sache mittels *actio ad exhibendum* und daraufhin deren Herausgabe mit der *rei vindicatio* verlangen. Von einer festen Verbindung kann insb dann gesprochen werden, wenn eine Trennung unweigerlich die Beschädigung der zusammengefügten Sachen zur Folge hätte bzw wenn sie nur mit unwirtschaftlich hohem Aufwand möglich wäre.

Diesen Überlegungen folgend, kann die Bemalung der Tafel durch APOLLO als feste Verbindung zweier beweglicher Sachen (Tafel und Farbe) qualifiziert werden: Zum einen würde die Trennung der von APOLLO aufgetragenen Farbe (durch Abkratzen bzw Abschwemmen) von der Tafel zur Unbrauchbarkeit und damit zum wirtschaftlichen Untergang der Farbe führen. Zum anderen stünde der für die restlose Entfernung der Farbe von der Tafel notwendige Aufwand, sodass diese wieder bemalt werden kann, wohl in keinem Verhältnis zum Wert der Tafel. Durch das Bemalen der Tafel ist somit eine einheitliche Sache entstanden, die eine eigene Bezeichnung, nämlich „Gemälde", trägt.

Weiters gilt es festzustellen, wer die Hauptsache und wer die Nebensache beigebracht hat. Grundsätzlich ist für die Bestimmung von Haupt- und Nebensache das Kriterium der Vindizierbarkeit ausschlaggebend. Dabei stellt sich, ausgehend vom allgemeinen Sprachgebrauch, die Frage, wie die einheitliche Sache im Rahmen eines Vindikationsverfahrens bezeichnet werden würde, *in concreto* als „(mit Farbe) bemalte Tafel" oder als „auf Tafel aufgetragene Farbe". Nach dieser Betrachtungsweise wäre somit die Tafel die Hauptsache und die Farbe die Nebensache und daher VULCANUS als Tafeleigentümer Eigentümer des Gemäldes.

Zu beachten ist aber, dass es zur bemalten Tafel (*tabula picta*) in der Hochklassik eine Sondermeinung gibt, die für die Bestimmung von Haupt- und Nebensache nicht auf die Vindizierbarkeit, sondern auf den bei der Bemalung geschaffenen künstlerischen Wert abstellt. Dieser Überlegung folgt später auch Justinian, wenn er argumentiert, dass es lächerlich wäre, wenn die Malerei eines Apelles oder Parrhasius (zwei der berühmtesten Maler der Antike) als nebensächlicher Bestandteil einer billigen Tafel folgen würde – *ridiculum est enim picturam Apellis vel Parrhasii in accessionem vilissimae tabulae cedere*. Nach dieser Ansicht erwirbt daher nicht der Tafeleigentümer an der Bemalung, sondern der Maler an der Tafel Eigentum. Insofern gilt: *tabula picturae* *cedit.* Die vom Juristen Gaius überlieferte, von ihm jedoch abgelehnte Sondermeinung zur *tabula picta* kann sich in der Spätklassik schließlich nicht durchsetzen.[*]

Nach herrschender Ansicht in der Hochklassik zur *tabula picta* hat somit APOLLO als Maler originär Eigentum am Gemälde erworben. Folglich kann VULCANUS keine *rei vindicatio* gegen APOLLO anstellen. Sehr wohl aber steht VULCANUS ein Anspruch auf Wertersatz für die Tafel zu.

Den Quellen zufolge wird dem ehemaligen Tafeleigentümer eine *actio utilis* gewährt – *consequens est, ut utilis mihi actio adversum te dari debeat.* Der Umstand, dass der das Gemälde besitzende Maler dagegen eine *exceptio doli* erheben kann, um Ersatz für den Malaufwand zu erlangen, legt es nahe, dass hier die *actio utilis* auf Übereignung des Gemäldes gerichtet ist. Dies erscheint va dann konsequent, wenn der Maler, der Eigentum am Gemälde erworben hat, dem ehemaligen Tafeleigentümer keinen Wertersatz für die Tafel leistet. Um den ehemaligen Tafeleigentümer nicht leer ausgehen zu lassen, wird ihm die *actio utilis* gegeben, um das Gemälde zu erlangen, vorausgesetzt, er hat dem Maler Ersatz für den Malaufwand geleistet.

Da APOLLO Eigentümer und somit berechtigter Vormann des Gemäldes ist, kann er MINERVA derivativ Eigentum daran übertragen. Zudem stellt die Schenkung (*donatio*) eine *causa* für den derivativen Eigentumserwerb dar (*titulus*) und auch die Übertragung der *possessio* am Gemälde an MINERVA ist erfolgt (*modus*). Folglich hat MINERVA derivativ durch *traditio* Eigentum am Gemälde erworben.

Wirft in der Folge MINERVA das Gemälde am Wegesrand weg, so gibt sie *animo et corpore* Besitz daran auf. Fraglich ist, ob die Besitzaufgabe zugleich auch zum Eigentumsverlust führt. Für die Beantwortung dieser Frage kommt es darauf an, ob MINERVA mit der Absicht handelt, auch das Eigentum am Gemälde preiszugeben (*animus derelinquendi*). Nach Ansicht der Prokulianer erlischt das Eigentum an einer derelinquierten Sache erst durch Ergreifen eines Dritten. Nach sabinianischer Ansicht, die sich später auch durchsetzt, erlischt es hingegen bereits mit der Preisgabe der Sache – *statim nostram esse desinere rem, quam derelinquimus.* Da sich MINERVA von dem Gemälde mit der erkennbaren Absicht, das Eigentum daran aufzugeben, trennt (*arg*: MINERVA wirft das von APOLLO erhaltene Bild mit den Worten „Dieses Gemälde will ich nie wieder sehen!" am Wegesrand weg), geht nach herrschender Ansicht das Eigentum unter, sodass das Gemälde als herrenlos (derelinquiert) gilt. An *res derelictae* erwirbt durch Aneignung (*occupatio*) unmittelbar Eigentum, wer sie mit Aneignungswillen (*animus*) ergreift (*corpus*). Ein sofortiger Eigentumserwerb findet statt, wenn es sich um eine *res nec mancipi* handelt. Demgegenüber verschafft die Besitzergreifung an derelinquierten *res mancipi* vorerst bloß bonitarisches Eigentum, sodass der Okkupant erst mit Ablauf der Ersitzungsfrist ziviler Eigentümer wird.

Nimmt nun FAUNUS das derelinquierte Gemälde an sich (*corpus*), mit dem Willen, es sich anzueignen (*animus*), so erwirbt er originär durch *occupatio* Besitz und zugleich Eigentum daran. Da es sich beim Gemälde um eine *res nec mancipi* handelt, wird FAUNUS sofort, mit Ergreifen, Eigentümer des Gemäldes. Verkauft und übergibt er das Gemälde sodann an PROSERPINA, so erwirbt sie derivativ durch *traditio* Eigentum daran: FAUNUS ist als Eigentümer ein berechtigter

---

[*] Die Sondermeinung zur *tabula picta* mag auf dem Gedanken beruhen, dass mit der Bemalung der Tafel – gleichsam wie bei einer *specificatio* – eine neue Sache (nämlich ein Gemälde) entsteht. Folgt man nun der prokulianischen Lehre zur *specificatio*, wonach es durch die Verarbeitung zum Untergang der Sache und des daran bestehenden Eigentumsrechts und zugleich zur Erschaffung einer neuen, vorerst herrenlosen Sache kommt, die der Produzent sodann okkupiert, so wird der Maler als Produzent Eigentümer des Gemäldes. Diese Rechtsfolge entspricht auch der in der Klassik aufkommenden, die Ansichten der Sabinianer und der Prokulianer vermittelnden Meinung zur *specificatio* (*media sententia*), wonach bei nicht rückführbarer Verarbeitung der Produzent Eigentum an der neuen Sache erwirbt: Da der Vorgang der Bemalung (va in Hinblick auf die Farbe) nicht mehr rückgängig gemacht werden kann, wird der Maler Eigentümer des Gemäldes.

Vormann, der zwischen PROSERPINA und FAUNUS abgeschlossene Kaufvertrag stellt eine *iusta causa traditionis* dar und die Übertragung der *possessio* am Gemälde von FAUNUS an PROSERPINA hat ebenfalls stattgefunden. VULCANUS ist somit nicht Eigentümer des Gemäldes und wird daher mit seinem Begehren auf Herausgabe des Gemäldes scheitern.

Folgt man hinsichtlich der Bemalung der Tafel von APOLLO nicht der in der Hochklassik vorherrschenden Ansicht zur *tabula picta*, sondern jener von Gaius bzw in der Spätklassik herrschenden, etwa von Paulus vertretenen Meinung – wonach es auch für die bemalte Tafel für die Bestimmung von Haupt- und Nebensache auf die Vindizierbarkeit ankommt –, so wird VULCANUS als Tafeleigentümer Eigentümer des Gemäldes. Diesfalls könnte VULCANUS das Gemälde, solange APOLLO es noch bei sich hat, von diesem vindizieren. APOLLO könnte dagegen, als gutgläubiger Besitzer, eine *exceptio doli* erheben und das Gemälde so lange zurückhalten, bis er von VULCANUS Ersatz für seinen Malaufwand erhalten hat.

Da APOLLO nicht Eigentümer des Gemäldes geworden ist, kann er nach dem Grundsatz *nemo plus iuris transferre potest quam ipse habet* MINERVA nicht derivativ Eigentum übertragen. MINERVA ist, da das Gemälde eine *res habilis* ist (es ist weder eine *res extra commercium* noch eine *res furtiva*), die Schenkung eine *iusta causa usucapionis* darstellt, MINERVA *bona fide* ist (*arg*: MINERVA weiß nicht, dass die Tafel aus dem Atelier des VULCANUS stammt) und die Übertragung der *possessio* am Gemälde bereits erfolgt ist, Ersitzungsbesitzerin des Gemäldes. Um originär durch *usucapio* Eigentum am Gemälde zu erwerben, müsste sie es, da es sich um eine bewegliche Sache handelt, ein Jahr ununterbrochen in ihrem Besitz haben. Da MINERVA aber bereits drei Wochen später den Besitz am Gemälde aufgibt, hat sie mangels ausreichenden *tempus* kein Eigentum daran erworben. Vielmehr ist nach wie vor VULCANUS Eigentümer des Gemäldes. Da MINERVA somit nicht Eigentümerin des Gemäldes ist, kann sie es auch nicht derelinquieren. Das Gemälde ist daher keine herrenlose Sache, sondern steht im Eigentum von VULCANUS. Folglich kann es FAUNUS nicht durch *occupatio* in sein Eigentum erwerben. Er ist bloß Besitzer des Gemäldes geworden, als er es mit dem Willen, es für sich zu haben (*animus*), an sich nimmt (*corpus*). Zu beachten ist, dass FAUNUS bei Ergreifen des Gemäldes annimmt, dass das Gemälde herrenlos ist (*arg*: er beobachtet MINERVA – die er wider besseres Wissen für die Eigentümerin hält –, wie sie das Gemälde wegwirft). Folglich kann ihm nicht der Vorwurf einer Fundunterschlagung gemacht werden, wenn er es, ohne Anzeige zu erstatten, behält.

Verkauft und übergibt FAUNUS das Gemälde in der Folge an PROSERPINA, so kann auch sie mangels dinglicher Berechtigung ihres Vormanns nicht derivativ Eigentum erwerben. PROSERPINA ist als gutgläubige Erwerberin (*arg*: PROSERPINA kennt die Vorgeschichte des Gemäldes nicht) einer ersitzungsfähigen Sache, die ihr aufgrund eines Titels, der ihr Eigentum verschafft hätte, wäre FAUNUS dinglich berechtigt gewesen (Kaufvertrag), übergeben wurde, Ersitzungsbesitzerin des Gemäldes. Da das Gemälde aber bereits zwei Monate nach der Übertragung der *possessio* bei PROSERPINA vindiziert wird und daher die bei beweglichen Sachen erforderliche Ersitzungsfrist von einem Jahr noch nicht abgelaufen ist, hat PROSERPINA nicht durch *usucapio* Eigentum erworben. Folglich kann VULCANUS als Eigentümer das Gemälde mit der *rei vindicatio* bei PROSERPINA herausverlangen. Aufgrund des mit FAUNUS abgeschlossenen Kaufvertrages steht PROSERPINA, da es zur Eviktion des Gemäldes gekommen ist, ein Anspruch wegen Rechtsmangelgewährleistung zu, den sie mit der Käuferklage, der *actio empti*, durchsetzen kann.

Eigentum am Armreif

Für die Beantwortung der Frage, ob VENUS an dem von APOLLO in Schenkungsabsicht übergebenen Armreif derivativ durch *traditio* Eigentum erworben hat, ist zunächst zu prüfen, ob APOLLO

Eigentümer des Armreifs war. Der Kerzenhalter, aus dem APOLLO den Armreif herstellt, steht zunächst im Eigentum von VULCANUS. Durch den Diebstahl des Kerzenhalters erlangt APOLLO originär Besitz daran. APOLLO handelt mit Bereicherungsabsicht, womit sein Besitzwille zutage tritt. Durch das Ergreifen des Kerzenhalters stellt er ein hinreichendes körperliches Naheverhältnis her. APOLLO hat aber weder derivativ durch *traditio* (mangels *iusta causa*) noch originär durch *usucapio* (mangels Vorliegens einer *res habilis*, einer *iusta causa usucapionis* und eines guten Glaubens) Eigentum am Kerzenhalter erworben. In diesem Stadium des Falles ist APOLLO lediglich unrechtmäßiger (sein Besitz beruht nicht auf einem Erwerbstitel) und unechter (er hat den Kerzenhalter heimlich – *clam* – an sich gebracht) Besitzer des Kerzenhalters. Zugunsten von VULCANUS kommt ein possessorischer Schutz mittels Besitzinterdikten infrage. Da es sich bei dem von APOLLO gestohlenen Gegenstand um eine bewegliche Sache handelt, ist das *interdictum utrubi*, ein prohibitorisches Interdikt, einschlägig. Als Eigentümer kann VULCANUS die *rei vindicatio* anstellen, um den Kerzenhalter wiederzuerlangen bzw um Ersatz des Sachwerts zu erhalten. Da der Kerzenhalter durch Diebstahl abhandengekommen ist, kann VULCANUS alternativ die *condictio furtiva* gegen APOLLO erheben. Eine dieser sachverfolgenden Klagen wird VULCANUS mit der pönalen *actio furti* kumulieren.

Stellt APOLLO in der Folge im eigenen Namen aus dem Kerzenhalter eine Sache mit veränderter Form (*nova species*), nämlich einen Armreif, her, so kommt ein originärer Eigentumserwerb von APOLLO durch *specificatio* in Betracht. Für die Beantwortung der Frage, ob die verarbeitete Sache dem Produzenten gehört (bzw demjenigen, in dessen Namen die Verarbeitung erfolgt) oder demjenigen, dessen Material zur Herstellung verwendet wurde, ist zwischen der Ansicht der Sabinianer und jener der Prokulianer zu unterscheiden. Die sabinianische Lehre betrachtet den Ausgangsstoff als wesentliches Kriterium für die sachenrechtliche Zuordnung des Endprodukts – *quia sine materia nulla species effici potest*. Demnach soll der Eigentümer des Ausgangsstoffes auch Eigentümer des Endprodukts sein. Für die Rechtsschule der Prokulianer ist hingegen die Form des Gegenstandes entscheidend. Wird nun eine neue Sache durch Verarbeitung geschaffen, so bewirkt dies, dass die alte Sache und damit das an ihr bestehende Eigentumsrecht untergeht – *quia quod factum est, antea nullius fuerat*. Die neue Sache ist somit zunächst eine herrenlose (*res nullius*). An dieser erwirbt der Produzent sodann durch *occupatio* Eigentum. Bereits in der Klassik bildet sich eine Kombination (*media sententia*) beider Standpunkte heraus: Ist der Verarbeitungsprozess reversibel, dh kann die verarbeitete Sache wieder in den ursprünglichen Zustand zurückgeführt werden, so findet keine Eigentumsänderung statt. Diesfalls gilt die sabinianische Meinung und der Materialeigentümer ist Eigentümer des Endprodukts. Ist die Rückführbarkeit hingegen nicht gegeben, so ist der prokulianischen Ansicht zu folgen und der Produzent erwirbt Eigentum an der verarbeiteten Sache.

Für den vorliegenden Fall bedeutet das, da der aus Gold bestehende Armreif eingeschmolzen und daraus wieder ein Kerzenhalter hergestellt werden kann, dass APOLLO nicht Eigentum an dem Armreif erworben hat, sondern dass der Armreif VULCANUS gehört. Zu beachten ist, dass der Umstand, dass der Armreif nicht tatsächlich wieder in einen Kerzenhalter zurückgeführt wird, unerheblich ist. Vielmehr reicht es aus, dass die verarbeitete Sache wieder in den ursprünglichen Zustand zurückgeführt werden könnte – *si species ad materiam reverti possit*.

Folglich scheitert auch der derivative Eigentumserwerb von VENUS am Armreif: Zwar erfolgt die Übertragung der *possessio* von APOLLO auf VENUS (*traditio* ieS) aufgrund einer Schenkung (*iusta causa*), doch ist APOLLO nicht dinglich berechtigt. Auch eine Ersitzung von VENUS am Armreif kommt nicht infrage, da dieser nach wie vor mit dem Makel der Furtivität behaftet ist und daher so lange, bis er wieder in den Besitz des Eigentümers zurückgelangt ist (*reversio in potestatem*), nicht ersessen werden kann. Somit ist nach wie vor VULCANUS Eigentümer des Armreifs, weshalb er ihn erfolgreich mittels *rei vindicatio* von VENUS herausverlangen kann.

Folgt man hingegen der prokulianischen Meinung zur *specificatio*, so ist APOLLO als Produzent originär Eigentümer des Armreifs geworden und er kann VENUS derivativ Eigentum übertragen. Diesfalls steht VULCANUS als ehemaligem Materialeigentümer ein Anspruch auf Wertersatz gegen APOLLO zu. Da APOLLO bewusst eine fremde Sache in Bereicherungsabsicht verarbeitet hat, er die Verarbeitung also bösgläubig vorgenommen hat, wird VULCANUS mittels *condictio furtiva* gegen APOLLO vorgehen und zusätzlich mit der *actio furti* Buße begehren.

Eigentum an der von SATURNUS beschriebenen Papyrusrolle

Zu Beginn des Falles steht die Papyrusrolle im Eigentum von JUPITER (*arg:* eine dem *iudex* JUPITER gehörende Papyrusrolle). Schreibt nun SATURNUS eine Rede auf die Papyrusrolle, so kommt es zu einer Verbindung zweier beweglicher Sachen von unterschiedlichen Eigentümern, nämlich der Papyrusrolle von JUPITER und dem von SATURNUS verwendeten Schreibstoff. Da die Beschreibung der Papyrusrolle durch SATURNUS nicht im Einvernehmen mit JUPITER erfolgt, ist ein natürlicher Eigentumserwerb durch *accessio* zu prüfen. Hierfür bedarf es, dass durch die Verbindung eine einheitliche Sache entstanden ist. Werden nämlich Sachen verschiedener Eigentümer bloß zu einer zusammengesetzten Sache verbunden, so findet, mangels fester Verbindung, keine Eigentumsänderung statt. Da sich der Schreibstoff nicht von der Papyrusrolle trennen lässt, ohne dass er dadurch zerstört werden würde, liegt eine feste Verbindung und somit eine einheitliche Sache vor. Weiters muss eruiert werden, von wem die Haupt- und von wem die Nebensache stammt. Ausgehend vom allgemeinen Sprachgebrauch wird man eher eine „beschriebene Papyrusrolle" vor Gericht vorlegen bzw vindizieren als „auf Papyrus geschriebenen Schreibstoff". Nach dem Prinzip der Vindizierbarkeit ist daher die Papyrusrolle die Hauptsache und der Schreibstoff bzw die damit geschriebene Schrift die Nebensache – *litterae cartulis cedunt*. Nach dem Grundsatz *accessio cedit principali* ist somit JUPITER, da von ihm die Papyrusrolle stammt, Eigentümer der beschriebenen Papyrusrolle und kann sie von SATURNUS vindizieren. SATURNUS kann sich dagegen aber mit der *exceptio doli* zur Wehr setzen und die Papyrusrolle so lange zurückhalten, bis ihm JUPITER Ersatz für seinen Schreibaufwand (im Ausmaß der Werterhöhung der Papyrusrolle) geleistet hat.

▶ **(1)** Zum Gutglaubenserwerb vom Nichtberechtigten sowie zur Ersitzung vgl Fall 7. **(2)** Zum Fund vgl Fall 8. **(3)** Zum Eigentumserwerb durch Verarbeitung vgl Fall 11. **(4)** Zum Zurückbehaltungsrecht des Besitzers an der eingeklagten Sache wegen eines auf die Sache gemachten Aufwandes vgl Fall 11 Variante. **(5)** Zum Eigentumserwerb durch Aneignung vgl Fall 14.

Zu den einschlägigen Quellenstellen der hier erörterten Problemkreise: zum Grundsatz, dass die Nebensache in ihrem rechtlichen Schicksal der Hauptsache folgt, vgl insb Paulus D 6. 1. 23. 5; zur Bestimmung von Haupt- und Nebensache bei *accessio* beweglicher Sachen vgl etwa Paulus D 6. 1. 23. 4, ders D 41. 1. 26 pr u Pomponius D 41. 1. 27. 2; zur Frage, ob das Eigentum an einer *tabula picta* dem Eigentümer der Tafel oder dem Maler zukommt, vgl insb Paulus D 6. 1. 23. 3, Gaius D 41. 1. 9. 2, Gai Inst 2. 78 sowie Iust Inst 2. 1. 34; zum *animus derelinquendi* vgl insb Gai Inst 4. 153 u PS 2. 31. 27; zum originären Eigentumserwerb an einer *res derelicta* durch denjenigen, der sie in Besitz nimmt, vgl insb Javolen D 41. 1. 58; zum Erlöschen des Eigentums des Derelinquenten mit Preisgabe der Sache vgl insb Ulpian D 47. 2. 43. 5 bzw mit Ergreifen durch einen Dritten vgl insb Paulus D 41. 7. 2. 1; zur Frage der Haftung des Finders einer Sache wegen *furtum* sowie zur Anzeige des Fundes vgl insb Ulpian D 47. 2. 43. 8; zur Schulenkontroverse zum Eigentumserwerb durch *specificatio* vgl insb Gai Inst 2. 79 sowie zur *media sententia* vgl insb Gaius D 41. 1. 7. 7, Paulus D 41. 1. 24 u 26 pr sowie Iust Inst 2. 1. 25; zum Grundsatz, dass das Eigentum an der Schrift dem Eigentum am Papyrus bzw Pergament folgt, vgl insb Paulus D 6. 1. 23. 3, Ulpian D 10. 4. 3. 14, Gaius D 41. 1. 9. 1, Gai Inst 2. 77 sowie Iust Inst 2. 1. 33; zur Zurückhaltung des Schriftstückes mittels *exceptio doli*, bis Wertersatz für die *impensa scripturae* geleistet worden ist, vgl insb Gaius D 41. 1. 9. 1, Gai Inst 2. 77 sowie Iust Inst 2. 1. 33.

Fall 13: ☆☆

Magna domus, parva quies *

JUVENTAS kauft bei AESCULAPIUS Anfang März 20 Holzbalken aus dessen 100 Holzbalken umfassendem Lager. JUVENTAS markiert 20 Balken, zahlt den Kaufpreis, nimmt die Balken aber noch nicht mit. Tags darauf erscheint PICUS bei AESCULAPIUS, der sämtliche Balken kauft, bezahlt und mitnimmt. Dass sich unter den gekauften Balken auch die von JUVENTAS markierten befinden, fällt PICUS nicht auf. AESCULAPIUS ist hoch erfreut, für 20 Balken „zweimal bezahlt worden zu sein".

Im April verbaut PICUS sämtliche Balken in den Dachstuhl seiner in Puteoli** gelegenen Villa. Dabei bemerkt er die Markierungen und erkennt sie als jene von seiner Nachbarin JUVENTAS. Da PICUS eine großzügige Auffahrt zu seiner Villa plant, kauft er, ebenfalls im April, das benachbarte Grundstück von JUVENTAS, die PICUS irrtümlich für die Eigentümerin hält. Tatsächlich gehört das Grundstück der abwesenden LIBITINA. Da PICUS das Hausbauen langsam teuer kommt, entwendet er die der CARMENTA gehörenden eingetopften Zypressen, die er sogleich im neu erworbenen Grundstück als Allee einpflanzt. Alle Zypressen wurzeln an.

Im Mai des übernächsten Jahres meldet sich JUVENTAS bei PICUS und verlangt die 20 markierten Balken heraus. Zur gleichen Zeit erscheint CARMENTA bei PICUS und möchte die Zypressen zurückhaben. Wie ist die Rechtslage?

Vorüberlegungen:

➢ Welchen Erklärungswert messen die römischen Juristen dem Anzeichnen gekaufter Holzbalken zu?
➢ Erwirbt JUVENTAS oder PICUS derivativ durch *traditio* Eigentum an den markierten Holzbalken?
➢ Kann PICUS durch *usucapio* Eigentümer der Holzbalken werden?
➢ Wie wirkt sich der Einbau der Balken in den Dachstuhl von PICUS' Villa sachenrechtlich aus?
➢ Welche Klage(n) kann JUVENTAS gegen PICUS erheben und worauf ist bzw sind diese gerichtet?
➢ Erwirbt PICUS Eigentum an dem von JUVENTAS gekauften Grundstück?
➢ Was bewirkt das Einpflanzen, was das Wurzelschlagen der Zypressen auf dem von JUVENTAS gekauften Grundstück?

Eigentum an den von JUVENTAS markierten Holzbalken

Zunächst ist ein derivativer Eigentumserwerb an den Holzbalken durch JUVENTAS zu prüfen. Da es sich bei den Holzbalken um *res nec mancipi* handelt, kommt ein Eigentumserwerb mittels *traditio* infrage. Hierfür müssen drei Voraussetzungen gegeben sein, nämlich die dingliche Be-

---

* Großes Haus, wenig Ruhe. Eigentlich: *parva domus, magna quies* – kleines Haus, große Ruhe (nach Seneca, *Thyestes* 468 f – *tuta [...] est domus, rebusque parvis magna praestatur quies* – Sicher [...] ist das Haus, und den kleinen Verhältnissen wird große Ruhe gewährt).
** Das heutige Pozzuoli.

rechtigung des Vormanns, ein gültiger Titel sowie die Übertragung der *possessio* auf den Erwerber. Die dingliche Berechtigung des Vormanns ist gegeben, da AESCULAPIUS Eigentümer der Holzbalken ist (*arg*: Holzbalken aus dessen 100 Holzbalken umfassendem Lager). Auch stellt der zwischen JUVENTAS und AESCULAPIUS abgeschlossene Kaufvertrag eine *iusta causa traditionis* dar. Fraglich ist aber, ob auch ein Besitzerwerb zugunsten von JUVENTAS stattgefunden hat. Besitz erwirbt man *corpore et animo*, dh durch Herstellen der faktischen Herrschaft über die Sache (*corpus*), verbunden mit dem Willen, die Sache für sich zu haben (*animus*). Indem JUVENTAS die Holzbalken markiert (und sie damit auch berührt), ist das Tatbestandselement *corpus* gegeben. Fraglich ist aber, ob JUVENTAS zu diesem Zeitpunkt auch schon den Willen hat, die Balken für sich zu haben (*animus possidendi*). Zu beachten ist, dass JUVENTAS' Besitzwille nicht schon dadurch zutage tritt, dass sie mit AESCULAPIUS einen Kaufvertrag über die Balken abschließt. Der Wille, einen Kaufvertrag (dh ein Verpflichtungsgeschäft) abzuschließen, ist nämlich vom Willen, die gekaufte Sache auch übergeben zu erhalten (dh ein Verfügungsgeschäft abzuschließen), zu unterscheiden. Da JUVENTAS keine Erklärung abgibt, aus der ihr *animus possidendi* ausdrücklich zutage tritt, muss untersucht werden, ob JUVENTAS ein Verhalten gesetzt hat, aus dem ihr Besitzwille konkludent hervorgeht. Nach Ansicht der Juristen Alfen und Paulus gelten gekaufte Holzbalken als übergeben, wenn sie der Erwerber angezeichnet hat – *videri autem trabes traditas, quas emptor signasset*. Das Anzeichnen wird als (konkludent) zum Ausdruck gebrachter Besitzwille des Käufers gewertet. Folglich hat JUVENTAS im Zeitpunkt des Anzeichnens Besitz und zugleich Eigentum an den Holzbalken erworben.

Verkauft und übergibt AESCULAPIUS in der Folge die Holzbalken an PICUS, so scheitert ein derivativer Eigentumserwerb von PICUS durch *traditio* an der fehlenden dinglichen Berechtigung des Vormanns, da AESCULAPIUS nicht mehr Eigentümer ist – *nemo plus iuris transferre potest quam ipse habet*. Folglich muss geprüft werden, ob PICUS originär durch *usucapio* Eigentum an den Holzbalken erwerben kann. Voraussetzungen für eine Ersitzung infolge der fehlenden dinglichen Berechtigung des Vormanns sind *res habilis* (die Sache darf weder gestohlen sein noch außerhalb des rechtsgeschäftlichen Verkehrs stehen), *iusta causa* (ein Titel, der auf die Übertragung von Eigentum abzielt), *bona fides* (der Erwerber darf nichts von der fehlenden dinglichen Berechtigung seines Vormanns wissen), *possessio* (Besitzerlangung durch den Erwerber) und *tempus* (ununterbrochener Besitz von einem Jahr bei beweglichen und von zwei Jahren bei unbeweglichen Sachen). Zu beachten ist, dass AESCULAPIUS, indem er wissentlich fremde bewegliche Sachen (die der JUVENTAS gehörenden Holzbalken) mit Bereicherungsabsicht (*arg*: AESCULAPIUS ist hoch erfreut, für 20 Balken „zweimal bezahlt zu werden") einem Dritten zukommen lässt (an PICUS verkauft und übergibt), ein *furtum* begeht. Folglich sind die von JUVENTAS markierten Holzbalken gestohlene Sachen, die nach der *lex Atinia* so lange als nicht ersitzbar gelten, bis sie wieder in die Gewalt der Eigentümerin JUVENTAS zurückgekehrt sind (*reversio in potestatem* bzw *ad dominum*). Wenngleich PICUS die Holzbalken aufgrund eines Kaufvertrages (*iusta causa*) im Glauben, diese stünden im Eigentum von AESCULAPIUS (*arg*: PICUS fällt zunächst nicht auf, dass sich unter den gekauften Balken auch die von JUVENTAS markierten befinden, *bona fides*), übergeben erhalten hat (*possessio*) und er die Balken mehr als ein Jahr ununterbrochen in seinem Besitz hat (*arg*: PICUS erhält die Balken im März übergeben, im Mai des folgenden Jahres verlangt sie JUVENTAS heraus), so scheitert eine Ersitzung jedoch bereits daran, dass die Holzbalken *res furtivae* sind. PICUS hat somit auch nicht im Wege der Ersitzung Eigentum an den von JUVENTAS markierten Holzbalken erworben.

Schließlich gilt es zu erörtern, wie sich das Verbauen der Holzbalken in den Dachstuhl von PICUS' Villa auf deren sachenrechtliches Schicksal auswirkt. Infrage kommt ein natürlicher Eigentumserwerb von PICUS durch Verbindung (*accessio*). Ein Eigentumserwerb durch *accessio* findet grds dann statt, wenn Sachen verschiedener Eigentümer zu einer einheitlichen Sache, dh fest miteinander verbunden werden, ohne dass dabei die Eigentümer einvernehmlich vorgehen. Eine Ausnahme hiervon besteht beim Einbau fremder Materialien in ein Gebäude. Wenngleich das (mit Fundamenten errichtete) Gebäude nach der Regel *superficies solo cedit* mit dem Boden eine einheitliche Sache bildet und diesem rechtlich zufällt, so gilt das Gebäude an sich jedoch bloß als aus den zur Errichtung verwendeten Materialien zusammengesetzte Sache. Aus Gründen der Wirtschaftlichkeit (der Gebäudeeigentümer soll nicht gezwungen werden, sein Gebäude zu demolieren), wird jedoch eine bei lösbaren Verbindungen grds zulässige Trennung über eine *actio ad exhibendum* mit anschließender Vindikation nicht gestattet – *nec ad exhibendum agi potest, quia lex duodecim tabularum solvi vetaret*. Solange das Gebäude besteht, ruht das Eigentum am mitverbauten Material (*dominium dormiens*). Erst wenn es zum Abbruch bzw Einsturz des Gebäudes kommt, kann der Eigentümer die Herausgabe seines Materials begehren. Der Materialeigentümer hat aber bereits davor die Möglichkeit, vom Bauführer Wertersatz für sein Material zu verlangen – im Falle dolosen Vorgehens seitens des Bauführers mit der *condictio furtiva*, andernfalls mittels *actio in factum*. Hat der Bauführer Ersatz geleistet, so verliert der Ersatzberechtigte sein ruhendes Eigentum und das Material gehört dem Bauführer.

Ein spezieller Rechtsbehelf zum Ausgleich für denjenigen, der nicht auf sein unzulässigerweise verbautes Material greifen kann, ist die *actio de tigno iuncto* (Klage wegen des verbauten Balkens). Die *actio de tigno iuncto* ist eine Bußklage, die auf den doppelten Wert des verbauten Materials gerichtet ist. Ungeachtet des Wortlauts ist die *actio de tigno iuncto* aber nicht auf Holzbalken beschränkt, sondern umfasst auch andere Baumaterialien – *appellatione autem tigni omnes materiae significantur, ex quibus aedificia fiunt*.

JUVENTAS kann, da PICUS bei Einbau der Holzbalken gewusst hat, dass diese nicht ihm, sondern JUVENTAS gehören (*arg*: PICUS bemerkt die Markierungen und erkennt sie als jene von JUVENTAS), mittels *condictio furtiva* Anspruch auf Wertersatz geltend machen bzw mittels *actio de tigno iuncto* das *duplum* des Materialwerts verlangen. Sieht man die *actio de tigno iuncto* als rein pönale Klage an, so kann sie mit der sachverfolgenden *condictio furtiva* kumuliert werden, bzw bleiben die Holzbalken im Eigentum von JUVENTAS, sollte sie keine Klage auf Wertersatz erheben. Spricht man der *actio de tigno iuncto* jedoch auch sachverfolgende Wirkung zu, so geht in ihr die Klage auf Wertersatz auf und das ruhende Eigentum von JUVENTAS erlischt, sodass die Balken in das Eigentum von PICUS übergehen, wenn dieser das *duplum* leistet.

Die Herausgabe der Holzbalken (Trennung und Vorlage mittels *actio ad exhibendum* und anschließende Vindikation) kann JUVENTAS jedoch erst dann erreichen, wenn der Dachstuhl von PICUS' Villa einstürzt bzw abgetragen wird.

Eigentum an dem von PICUS von JUVENTAS gekauften Grundstück sowie an den Zypressen

Zu Beginn ist CARMENTA sowohl Besitzerin als auch Eigentümerin der Zypressen (*arg*: die ihr gehörenden Zypressen). Indem PICUS die 20 fremden eingetopften Zypressen mit Bereicherungsabsicht an sich nimmt, begeht er ein *furtum*. PICUS ist somit *animo et corpore* unrechtmäßiger (sein Besitz beruht nicht auf einem gültigen Erwerbstitel) und unechter (er hat die Zypressen heimlich – *clam* – entzogen) Besitzer der Zypressen geworden. PICUS hat weder derivativ durch *traditio* (mangels *iusta causa*) noch originär mittels *usucapio* (mangels einer ersitzungsfähigen Sache, *iusta causa* und *bona fides*) Eigentum an den Zypressen erworben. In diesem Stadium des Falles könnte CARMENTA als Eigentümerin mittels *rei vindicatio* gegen PICUS vorgehen, um die Zypressen bzw Wertersatz für sie zu erlangen. Alternativ könnte sie die *condictio furtiva* erheben. Eine dieser beiden sachverfolgenden Klagen könnte sie mit der pönalen *actio furti* kumulieren.

Setzt PICUS die gestohlenen Zypressen in der Folge in das von JUVENTAS gekaufte Grundstück ein, so ist zu prüfen, wie sich dies auf das sachenrechtliche Schicksal der Zypressen auswirkt. Grundsätzlich gilt, dass alles, was mit dem Boden fest verbunden wird, diesem in seinem rechtlichen Schicksal folgt – *superficies solo cedit*. Da die von PICUS eingesetzten Zypressen Wurzeln geschlagen haben (*arg*: sämtliche von PICUS eingepflanzten Zypressen wurzeln an), gelten sie als mit dem Boden fest verbunden (*implantatio*) und teilen fortan das rechtliche Schicksal des Grundstücks. Folglich hat CARMENTA Eigentum an den Zypressen verloren. CARMENTA bleibt darauf beschränkt, Wertersatz vom Eigentümer des Grundstücks, der durch *accessio* Eigentum an den Zypressen erworben hat, zu verlangen. Folglich gilt es herauszufinden, wer Eigentümer des Grundstücks ist.

Zu Beginn steht das Grundstück im Eigentum von LIBITINA (*arg*: das Grundstück gehört LIBITINA). Kauft PICUS das Grundstück und erhält er es von JUVENTAS übergeben, so ist zu prüfen, ob er derivativ Eigentümer geworden ist. Zu beachten ist, dass es sich bei dem Grundstück um ein italisches und somit um eine *res mancipi* handelt (*arg*: das Grundstück befindet sich in Puteoli). Um derivativ ziviles Eigentum an *res mancipi* zu erwerben, bedarf es eines formgebundenen Verfügungsgeschäfts, dh entweder einer *mancipatio* oder einer *in iure cessio*. Da dem Sachverhalt nach weder eine *mancipatio* noch eine *in iure cessio* vorgenommen wurde, das Grundstück an PICUS aber verkauft und übergeben wurde, kommt ein derivativer Eigentumserwerb mittels formloser *traditio* infrage. Für den Fall, dass alle Voraussetzungen für einen Eigentumserwerb mittels *traditio* vorliegen, würde PICUS aber nicht die Stellung eines zivilen Eigentümers, sondern bloß jene nach prätorischem Recht (bonitarisches Eigentum) erlangen. Erst nach Ablauf der Ersitzungsfrist (bei unbeweglichen Sachen zwei Jahre) würde er ziviler Eigentümer werden.

Die Voraussetzungen für einen Eigentumserwerb mittels *traditio* sind das Recht des Vormanns, ein rechtlich anerkannter Titel, der auf die Übertragung von Eigentum gerichtet ist (*titulus* bzw *iusta causa*), und die Übertragung der *possessio* (*modus* bzw *traditio* ieS). Der derivative Eigentumserwerb scheitert an der dinglichen Berechtigung von JUVENTAS. Sie ist weder Eigentümerin noch befugt, über das Grundstück zu verfügen. Es gilt: *nemo plus iuris transferre potest quam ipse habet*. Wenngleich der zwischen PICUS und JUVENTAS abgeschlossene Kaufvertrag eine *iusta causa traditionis* darstellt (auch über Sachen, die einem nicht gehören, kann ein wirksamer Kaufvertrag abgeschlossen werden) und auch die Übertragung der *possessio* an PICUS stattgefunden hat, ist PICUS nicht derivativ Eigentümer geworden. Vielmehr steht das Grundstück nach wie vor im Eigentum von LIBITINA. Folglich wird LIBITINA auch Eigentümerin der von PICUS bei CARMENTA gestohlenen und auf ihrem Grundstück eingepflanzten Zypressen, sobald diese Wurzeln schlagen. In diesem Stadium des Falles könnte daher LIBITINA das Grundstück mitsamt den angewurzelten Zypressen von PICUS vindizieren.

Da der derivative Eigentumserwerb von PICUS an der dinglichen Berechtigung seiner Verkäuferin JUVENTAS gescheitert ist, muss geprüft werden, ob PICUS originär im Wege der *usucapio* Eigentümer des Grundstücks geworden ist. Da das Grundstück weder eine *res extra commercium* ist noch gewaltsam in Besitz genommen wurde (was nach den *leges Iuliae et Plautiae* die Unersitzbarkeit nach sich ziehen würde), ist es eine *res habilis*. Auch ist mit dem Kaufvertrag zwischen PICUS und JUVENTAS eine *iusta causa usucapionis* gegeben. Des Weiteren ist PICUS *bona fide*, da er JUVENTAS irrtümlich für die Eigentümerin hält. Die Übertragung der *possessio* auf PICUS hat ebenfalls stattgefunden. Schließlich ist auch die Ersitzungsfrist von zwei Jahren bei unbeweglichen Sachen bereits abgelaufen, als CARMENTA bei PICUS im Mai des übernächsten Jahres erscheint, um die Zypressen herauszuverlangen. PICUS hat somit originär durch Ersitzung Eigentum am Grundstück erworben. Da die angewurzelten Zypressen dem rechtlichen Schicksal des Grundstücks folgen, ist PICUS nun auch Eigentümer der Zypressen geworden. Zu beachten ist, dass sich daran auch dann nichts ändern würde, wenn die Zypressen später einmal vom Grundstück getrennt werden würden, etwa durch Ausgraben – *si rursus eruta sit, non ad priorem dominum revertitur*. CARMENTA als ehemalige Eigentümerin der Zypressen wird daher ihren Anspruch auf Wertersatz gegen PICUS richten. Da PICUS beim Einpflanzen der Zypressen bewusst war, dass diese ihm nicht gehören, er also bösgläubig vorgegangen ist, wird CARMENTA Wertersatz mit der *condictio furtiva* geltend machen. Zusätzlich kann sie Buße mit der *actio furti* begehren.

▶ **(1)** Fehlt eine Vereinbarung zwischen dem Grundeigentümer und dem Bauführer hinsichtlich der sachenrechtlichen Folgen der Bauführung, so gilt, mit einer Ausnahme (§ 418 S 3, s sogleich unten), dass das Gebäude unselbständiger Bestandteil des Grundstücks wird, dh der Grundeigentümer das Gebäude in sein Eigentum erwirbt (*superficies solo cedit*). Eine Vereinbarung, wonach dem Grundeigentümer der Grund auch weiterhin gehören, der Materialeigentümer aber Eigentümer des Gebäudes werden soll, ist nach hA nur dann rechtsgültig, wenn es sich bei dem Gebäude um ein Superädifikat (§ 435) oder ein Bauwerk, das Zubehör eines Baurechts iSd BauRG ist, handelt. Das ABGB differenziert hinsichtlich der vertragslosen Bauführung zwischen a) dem Bauen auf eigenem Grund mit fremdem Material (§ 417), b) dem Bauen auf fremdem Grund mit eigenem Material (§ 418) und c) dem Bauen auf fremdem Grund mit fremdem Material (§ 419). Ad a) Wer ohne Erlaubnis mit fremdem Material auf eigenem Grund baut, erwirbt originär Eigentum am Bauwerk, ist dem ehemaligen Materialeigentümer aber zum Ausgleich des verwendeten Materials verpflichtet. War der Bauführer redlich (dh konnte er sich aus wahrscheinlichen Gründen für den Eigentümer bzw Bauberechtigten hinsichtlich des Materials halten), so gebührt dem ehemaligen Materialeigentümer der gemeine Wert, das ist der Einkaufspreis des Materials. Der unredliche Bauführer hat den höchsten am Markt erzielbaren Preis des Materials zu ersetzen. Ad b) Das Bauen mit eigenem Material auf fremdem Grund führt dann zum Eigentumserwerb des Grundeigentümers am Gebäude, wenn er von der Bauführung keine Kenntnis hat oder wenn er zwar von der Bauführung Kenntnis hat, der Bauführer aber unredlich ist. Dem redlichen Bauführer sind die notwendigen und nützlichen Kosten der Bauführung zu ersetzen, der unredliche Bauführer ist wie ein Geschäftsführer ohne Auftrag zu behandeln (angewandte Geschäftsführung), dh er erhält nur für jene Aufwendungen Ersatz, die zum klaren und überwiegenden Vorteil des Grundeigentümers sind, § 1037 S 2 (vgl auch Fall 11 Variante). Wirkt sich die Bauführung nachteilig für den Grundeigentümer aus, so kann er auch die Wiederherstellung des vorigen Zustandes (dh Abtragung des Bauwerks auf Kosten des Bauführers) verlangen (§ 523), uzw nach hA auch vom redlichen Bauführer. Eine Ausnahme vom Grundsatz *superficies solo cedit* ordnet § 418 S 3 an. Demnach erwirbt nämlich der Bauführer Eigentum am verbauten Grund (inkl der zur Benützung des Bauwerks unbedingt notwendigen Grundflächen), sofern er redlich ist, der Grundeigentümer von der Bauführung weiß und sie nicht sofort untersagt. Der Eigentumserwerb des Bauführers ist ein außerbücherlicher (Durchbrechung des Eintragungsgrundsatzes) und einer der wenigen Fälle des Eigentumserwerbs durch Verschweigung. Der Bauführer hat dem ehemaligen Grundeigentümer den gemeinen Wert des erworbenen Grundstücks zu ersetzen. Schwierigkeiten bereitet der Fall, dass beim Bauen die Grenze zum Nachbargrundstück überschritten wird, sodass bloß ein Teil des mit eigenem Material erbauten Bauwerks auf fremdem Grund gebaut wird (sog Grenzüberbau). Da das Bauwerk unteilbar ist, kann der Nachbar nicht Eigentümer des auf seinen Grund hinüberragenden Teils des Bauwerks werden. Nach hA kommt es zur Vereinigung der beiden Liegenschaften iSd §§ 415 f, sodass außerbücherliches Miteigentum an den Liegenschaften und am Bauwerk entsteht. Bei bloß geringfügigen Überbauungen wird § 416 analog angewendet, sodass der Bauführer Alleineigentum an dem Bauwerk und an der überbauten Fläche des Nachbargrundstücks erwirbt. Gemäß § 418 S 3 erwirbt der Bauführer aber dann jedenfalls Alleineigentum am Bauwerk und am überbauten Grund, wenn die Bauführung redlich erfolgt, der Nachbar die Grenzverletzung bemerkt und die Bauführung nicht sofort untersagt. Ad c) Wird auf fremdem Grund mit fremdem Material gebaut, so richtet sich gem § 419 das Rechtsverhältnis zwischen Bauführer und Grundeigentümer nach § 418 und jenes zwischen Bauführer und Materialeigentümer nach § 417. In diesem Fall erwirbt der Grundeigentümer Alleineigentum am Bauwerk, sofern nicht § 418 S 3 greift. [*Koziol/Welser*, Bürgerliches Recht I¹³ (2006) 322 ff] **(2)** Soll ein auf fremdem Grund errichtetes Gebäude nicht dem Grundeigentümer, sondern dem Bauführer gehören, so hat die Begründung eines Baurechts oder die Errichtung eines Superädifikats zu erfolgen. In diesen Fällen kommt es zur Durchbrechung des Grundsatzes *superficies solo cedit*. Das Baurecht ist das (beschränkte) dingliche, veräußerliche und vererbliche Recht, auf oder unter der Bodenfläche eines fremden Grundstücks ein Bauwerk zu haben, § 1 BauRG. Das Baurecht kann nur auf nicht weniger als zehn und nicht mehr als 100 Jahre bestellt werden und entsteht durch grundbücherliche Eintragung im Lastenblatt. Erlischt das Baurecht, so fällt das Bauwerk als unselbständiger Bestandteil des Bodens an den Grundeigentümer. Ein Superädifikat (das Gesetz spricht von Überbau) ist ein Bauwerk, das auf fremdem Grund mit der Absicht errichtet wird, dass es nicht stets darauf bleiben soll, § 435. Anders als beim Baurecht handelt es sich beim Superädifikat nicht um ein besonderes beschränktes dingliches Recht, sondern um selbständiges Eigentum an einem auf fremdem Grund errichteten Bauwerk. Die fehlende Belassungsabsicht muss bereits bei Baubeginn objektiv erkennbar sein und kann sich etwa aus der Art der Bauweise ergeben (zB Markthütte) oder aus der Grundnutzungsvereinbarung (zB befristeter Mietvertrag). Keine Voraussetzung ist, dass der Bauführer die Absicht hat, das Bauwerk nach Beendigung des Grundnutzungsverhältnisses zu entfernen. Da Überbauten rechtlich als bewegliche Sachen gelten, ist an ihnen ein Gutglaubenserwerb nach § 367 möglich. Die Übertragung eines Superädifikats (nicht aber dessen erstmaliger Erwerb) bedarf aber dennoch der Urkundenhinterlegung im Grundbuch. [*Koziol/Welser*, Bürgerliches Recht I¹³ (2006) 250 ff; 434 ff] **(3)** Für das Säen und Pflanzen auf fremdem Grund gelten gem § 420 die gleichen Regeln wie bei der Bauführung (mit Ausnahme des § 418 S 3), sodass es jedenfalls zum Eigentumserwerb des Grundeigentümers kommt. Beim Säen findet der Eigentumserwerb mit der Aussaat, beim Pflanzen mit dem Wurzelschlagen statt. Ein Ausgleichsanspruch richtet sich nach den §§ 417 ff. [*Koziol/Welser*, Bürgerliches Recht I¹³ (2006) 325] **(4)** Zum Gutglaubenserwerb vom Nichtberechtigten sowie zur Ersitzung vgl Fall 7.

Zu den einschlägigen Quellenstellen der hier erörterten Problemkreise: zur Rechtsmeinung, dass vom Käufer angezeichnete Balken als übergeben gelten, vgl Paulus D 18. 6. 15 (14). 1; zum Scheitern des derivativen Eigentumserwerbs durch *traditio* aufgrund fehlender dinglicher Berechtigung des Vormanns vgl insb Ulpian D 41. 1. 20 pr; zum Grundsatz *superficies solo cedit* vgl insb Gai Inst 2. 73; zum Eigentumserwerb an einem auf eigenem Grund mit fremdem Material gebauten Gebäude sowie zum Ersatzanspruch des ehemaligen Materialeigentümers vgl insb Gaius D 41. 1. 7. 10; zur Unzulässigkeit, auf Abtrennung verbauter Materialien mittels *actio ad exhibendum* zu klagen, sowie zur *actio de tigno iuncto* auf das *duplum* des Werts des verbauten Materials vgl insb Paulus D 10. 4. 6, Gaius D 41. 1. 7. 10 u Iust Inst 2. 1. 29; zur *actio de tigno iuncto* vgl insb Ulpian D 47. 3. 1 pr; zur Kumulierung von *rei vindicatio* und *actio de tigno iuncto* vgl insb Ulpian D 47. 3. 2; zur Vindikation von eingebauten Baumaterialien, sobald diese vom fremden Gebäude getrennt sind, vgl insb Ulpian D 44. 2. 7. 2; zum Eigentumserwerb des Grundstückseigentümers an angewurzelten Pflanzen vgl insb Diokletian u Maximian C 3. 32. 11, Gaius D 41. 1. 7. 13, ders D 41. 1. 9 pr, Paulus D 41. 1. 26. 1, Gai Inst 2. 74 sowie Iust Inst 2. 1. 31.

Variante:

Um wieder zu Geld zu kommen, räumt PICUS der Landwirtin FLORA gegen Zahlung von 100 einen *ususfructus* an seiner Schafherde mittels *in iure cessio* ein. Kurz vor der von FLORA geplanten Schur dringt VERTUMNUS auf FLORAs Weide ein, schert sämtliche Schafe und nimmt die Wolle an sich.

Wem steht die von VERTUMNUS geschorene Wolle zu?

Vorüberlegungen:

 ➢ Was ist der *ususfructus*?
 ➢ Wie kann ein *ususfructus* eingeräumt werden, wodurch erlischt er?
 ➢ Was versteht man unter *fructus naturales*?
 ➢ Wie erwirbt der Usufruktuar Eigentum an den Früchten?
 ➢ Wie wird dem Usufruktuar Rechtsschutz gewährt?

Der Definition des Juristen Paulus zufolge ist der *ususfructus* (auch Nießbrauch oder Fruchtnießung) das (dingliche) Recht, fremde Sachen unter Erhaltung ihrer Substanz zu gebrauchen und aus ihnen Früchte zu ziehen – *usus fructus est ius alienis rebus utendi fruendi salva rerum substantia*. In der Spätklassik wird der *ususfructus* aufgrund seiner Nähe zu den Servituten als Personalservitut aufgefasst.* Während Grunddienstbarkeiten (Prädialservituten, *servitutes praediorum*) dem jeweiligen Eigentümer des herrschenden Grundstücks zustehen, kommen die Befugnisse bei persönlichen Dienstbarkeiten (Personalservituten, *servitutes personales*) einer bestimmten Person zu.

Ursprünglich wurde der *ususfructus* durch Vermächtnis bestellt und hatte den Zweck, die Versorgung gewisser weiblicher Familienangehöriger, wie etwa der Witwe oder unverheirateter Töchter, sicherzustellen. Der *ususfructus* kann aber, jedenfalls seit der Klassik, auch unter Lebenden eingeräumt werden. Diesfalls erfolgt die Einräumung, wie im vorliegenden Fall zwischen PICUS und FLORA vorgenommen, regelmäßig mittels *in iure cessio*.** Aufgrund seiner Höchstpersönlichkeit erlischt der *ususfructus* mit Tod des Berechtigten, ferner durch *capitis deminutio* (Freiheits- und Bürgerrechtsverlust bzw Ausscheiden aus der Familienstellung), Verzicht durch *in iure cessio*, Vereinigung der Stellung des Usufruktuars mit jener des Eigentümers der zum Nießbrauch gegebenen Sache (*consolidatio*) sowie seit Justinian mit formlosem Verzicht. Schließlich kommt es auch bei Nichtausübung des *ususfructus* (*non usus*), bei unbeweglichen Sachen nach zwei Jahren, bei beweglichen Sachen nach einem Jahr, zum Erlöschen des *ususfructus*.

---

* Ebenfalls zu den Personalservituten zählt der dem *ususfructus* weitgehend nachempfundene *usus* (dingliches Gebrauchsrecht). Anders als beim *ususfructus* ist der Berechtigte beim *usus* aber lediglich zum Gebrauch, nicht jedoch auch zur Fruchtziehung berechtigt (eine bescheidene Fruchtziehung zum Eigengebrauch wird aber auch dem Usuar gestattet). Andere Nutzungsrechte, die als Personalservituten ausgestaltet werden können, sind das dingliche Wohnrecht (*habitatio*) sowie das dingliche Recht auf Arbeitsleistung fremder Sklaven oder Tiere (*operae servorum vel animalium*).

** Die Bestellung eines *ususfructus* kann auch dergestalt erfolgen, dass der Veräußerer, der seine Sache durch *mancipatio* oder *in iure cessio* übereignet, sich den Nießbrauch an der Sache vorbehält (Übereignung *deducto usu fructu*), ferner durch *adiudicatio* (Richterspruch im Rahmen eines Teilungsverfahrens) bzw an Provinzialgrundstücken durch *pactiones et stipulationes*. Seit Justinian kann die Einräumung auch formlos erfolgen.

Vor Übergabe der Nießbrauchssache ist der Usufruktuar verpflichtet, dem Eigentümer in einer Sicherheitsleistung (*cautio usufructuaria*) zu versprechen, dass er die Sache nach Art eines *vir bonus* nutzen werde. Aus diesem Sicherheitsversprechen ergibt sich die Pflicht des Usufruktuars, die Sache instand zu halten, etwa ein Gebäude zu reparieren oder ein Feld zu kultivieren. Für FLORA bedeutet das, dass sie die von PICUS übernommenen Schafe etwa versorgen und kranke Tiere pflegen muss. Besteht der *ususfructus*, wie im vorliegenden Fall, an einer Anzahl körperlich selbständiger Sachen (Schafe), die wirtschaftlich eine Einheit bilden (Gesamtsache, *universitas rerum**; hier die Schafherde), so hat der Usufruktuar die Pflicht, die Nießbrauchssache in ihrer Gesamtheit zu erhalten. Verenden Schafe aus PICUS' Herde, so ist FLORA daher verpflichtet, die Herde durch Neuanschaffungen in ihrem Bestand zu erhalten – *in locum capitum defunctorum alia summittere*.

Da das Recht des Usufruktuars va in der Fruchtziehung besteht, ist zu prüfen, ob FLORA als Nießbraucherin auf die von VERTUMNUS geschorene Wolle greifen kann. Bei der Wolle handelt es sich um Früchte (*fructus naturales*) iSv wiederkehrenden, von einer Sache (Muttersache) ohne Beeinträchtigung ihrer Substanz gewinnbaren Erträgnissen. Solange die Früchte mit der Muttersache verbunden sind, teilen sie deren rechtliches Schicksal, gehören also dem Eigentümer der Muttersache. Mit der Trennung von der Muttersache werden die Früchte zu selbständigen Sachen, die grds dem Eigentümer der Muttersache zufallen. Zu beachten ist, dass im Falle der Einräumung eines *ususfructus* eine besondere Fruchterwerbsregel zur Anwendung kommt. Als Nießbraucherin der Schafherde erwirbt FLORA mit *perceptio*, dem tatsächlichen Ergreifen, Eigentum an den Früchten (der Wolle). Da FLORA die Wolle aber nicht ergriffen hat, sondern VERTUMNUS sie getrennt und an sich genommen hat, ist FLORA nicht Eigentümerin der Wolle geworden. Vielmehr gehört die Wolle, mangels *perceptio* durch FLORA, PICUS als Eigentümer der Muttersache (der Schafe). PICUS kann daher die Wolle von VERTUMNUS vindizieren. Da VERTUMNUS durch die unerlaubte Wegnahme einer fremden beweglichen Sache, um sich aus ihr zu bereichern, ein *furtum* begangen hat, kann PICUS alternativ die *condictio furtiva* erheben. Die *rei vindicatio* bzw die *condictio furtiva* als sachverfolgende Klage kann PICUS mit der pönalen *actio furti* kumulieren. FLORA als Nießbraucherin hat jedoch keine Möglichkeit, direkt gegen VERTUMNUS vorzugehen. Sie ist darauf beschränkt, PICUS mit der *vindicatio ususfructus* (die gleich wie die Servitutsklage auch *actio confessoria* heißt) zu belangen, um ihn aufzufordern, ihr die Wolle bzw Wertersatz zu verschaffen, sollte er nicht von sich aus rechtliche Schritte gegen VERTUMNUS ergreifen.

▶ **(1)** Der Fruchtgenuss (Nießbrauch, *usus fructus*) ist das beschränkte dingliche Recht, eine fremde Sache unter Schonung ihrer Substanz ohne jede Einschränkung zu nutzen, § 509. Als Personalservitut erlischt der Fruchtgenuss grds mit Tod des Berechtigten (vgl auch Fall 9). Üblicherweise wird der Fruchtgenuss an Liegenschaften eingeräumt, doch können auch bewegliche Sachen und sogar unkörperliche Sachen wie Rechte zum Fruchtgenuss gegeben werden. Der Fruchtnießer erwirbt mit Separation Eigentum an den Früchten. Den Fruchtnießer trifft die Pflicht, die zum Fruchtgenuss erhaltene Sache instand zu halten und aus dem Ertrage Ausbesserungen, Ergänzungen und Herstellungen zu besorgen, § 513. Der Fruchtnießer haftet nur für eine verschuldete Verschlechterung der Sache. Bei Gefährdung der Substanz hat der Fruchtnießer dem Eigentümer Sicherheit zu leisten, § 520. Ist der Fruchtgenuss beendet, so ist die Sache dem Eigentümer zurückzustellen. [*Koziol/Welser*, Bürgerliches Recht I^{13} (2006) 425 f] **(2)** Zum Fruchterwerb allgemein vgl Fall 14.

---

* Eine Gesamtsache wird insofern als rechtliche Einheit verstanden, als über sie in ihrer Gesamtheit sachenrechtlich verfügt werden kann, sie etwa übereignet oder verpfändet oder an ihr, wie im vorliegenden Fall, ein *ususfructus* eingeräumt werden kann. Die Frage des Besitzes oder einer Ersitzung stellt sich aber jeweils in Hinblick auf die einzelne zur Gesamtsache gehörende Sache.

Zu den einschlägigen Quellenstellen der hier erörterten Problemkreise: zur Definition des *ususfructus* vgl insb Paulus D 7. 1. 1 u Iust Inst 2. 4 pr; zur Begründung eines *ususfructus* durch *in iure cessio* vgl insb Gai Inst 2. 30 u 32; zum Erlöschen eines *ususfructus* vgl insb PS 3. 6. 28–33; zur *cautio usufructuaria* sowie zum Versprechen, den Fruchtgenuss *boni viri arbitratu* auszuüben, vgl insb Ulpian D 7. 1. 13 pr u ders D 7. 9. 1 pr; zum Begriff des *corpus ex distantibus* vgl insb Pomponius D 41. 3. 30 pr; zur Pflicht des *usufructuarius*, gestorbene Tiere einer zum *ususfructus* gegebenen Herde durch andere Tiere zu ersetzen, vgl insb Ulpian D 7. 1. 68. 2; zum Fruchterwerb des *usufructuarius* durch *perceptio* vgl insb Paulus D 7. 4. 13, Gaius D 22. 1. 19 pr sowie Julian D 22. 1. 25. 1; zur *condictio* des Eigentümers gegen denjenigen, der vom *usufructuarius* noch nicht perzipierte Früchte gestohlen hat, vgl insb Ulpian D 7. 1. 12. 5 u 13; zur *vindicatio ususfructus* vgl insb Ulpian D 7. 3. 1. 4, ders D 7. 4. 1 pr, ders D 7. 6. 1 pr u Paulus D 7. 6. 6.

Fall 14: ☆

Homo trium litterarum *

FORTUNA fängt im Frühjahr im weitläufigen Wald des CONSUS einen Hirsch und bringt ihn in ihren Stall. In der kommenden Nacht bricht VOLTURNUS den Stall von FORTUNA auf und führt den Hirsch weg. Im Spätherbst wirft der Hirsch bei VOLTURNUS sein Geweih ab. Am Ende des Jahres verkauft und übergibt VOLTURNUS den Hirsch sowie das Geweih an den unwissenden PORTUNUS. PORTUNUS zahlt unerlaubterweise und wissentlich mit Münzen, die ihm sein Bekannter AMOR zur unentgeltlichen Verwahrung übergeben hat. VOLTURNUS, der nicht weiß, wem die Münzen gehören, steckt sie in seinen mit eigenen Münzen gefüllten Beutel.

Im März des darauffolgenden Jahres schnitzt PORTUNUS aus dem Geweih eine Puppe sowie 20 Knöpfe. Drei Monate später wird PORTUNUS geisteskrank, weshalb für ihn ein Kurator bestellt wird. Kurz darauf verkauft und übergibt PORTUNUS die Puppe und die Knöpfe an LEVANA, die den Verkäufer PORTUNUS für gesund hält. Die Knöpfe werden LEVANA eine Woche später von VOLTURNUS gestohlen, der sie an seinen Mantel annäht. Der Hirsch entkommt bei PORTUNUS und verschwindet unauffindbar in den Bergen. Im Spätsommer des nächsten Jahres verlangt der Kurator von PORTUNUS bei LEVANA die Puppe und bei VOLTURNUS die Knöpfe heraus.

Wer hat Eigentum am Hirsch, an den von PORTUNUS an VOLTURNUS übergebenen Münzen sowie am Geweih bzw an der Puppe und den Knöpfen im Laufe des Falles?

Skizze:

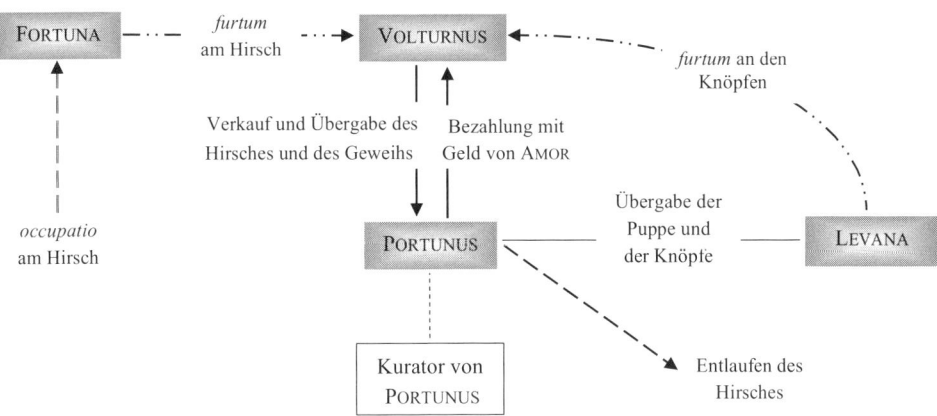

Zu behandelnde Problemkreise:

- ➢ wilde Tiere als *res nullius*
- ➢ Eigentumserwerb durch *occupatio*

---

* Ein Mann mit drei Buchstaben (Plautus, *Aulularia* 2. 4. 46); gemeint sind die Buchstaben F-U-R – lateinisch *fur* = der Dieb.

➢ Verwirklichung des Delikts *furtum*
➢ keine Ersitzung von *res furtivae*
➢ kein Eigentumserwerb des Diebes an den Früchten der gestohlenen Sache
➢ Eigentumserwerb an fremden Münzen durch ununterscheidbare Vermengung mit eigenen Münzen
➢ Herstellung einer neuen Sache aus fremdem Material *suo nomine*
➢ Kontroverse zwischen sabinianischer und prokulianischer Rechtsschule
➢ *media sententia*
➢ kein derivativer Eigentumserwerb mangels gültigen Titels wegen unzureichender Geschäftsfähigkeit
➢ Ersitzung wegen eines rechtlichen Mangels beim Vormann
➢ Überbrückung der fehlenden *iusta causa usucapionis* durch die *bona fides* des Erwerbers
➢ keine Änderung der Eigentumsverhältnisse bei loser Verbindung
➢ *actio ad exhibendum* auf Trennung und Vorlage und anschließende *rei vindicatio*
➢ Besitz- und Eigentumsverlust an wilden Tieren, wenn diese ihre natürliche Freiheit wiedererlangen

▶ **(1)** Solange die Frucht noch nicht von der Muttersache getrennt ist, teilt sie als unselbständiger Bestandteil der Muttersache deren rechtliches Schicksal, weshalb sie dem Eigentümer der Muttersache gehört. Auch nach Absonderung gehört die Frucht grds dem Eigentümer der Muttersache, § 405. Dieser wird aber von Personen verdrängt, denen ein dingliches oder obligatorisches Nutzungsrecht an der Muttersache zusteht. Sie erwerben grds durch Separation Eigentum an den Früchten. Dinglich nutzungsberechtigt sind etwa der Usufruktuar oder der Usuar (der Usuar erwirbt nach hM aber erst durch Perzeption Eigentum an den Früchten). Obligatorisch nutzungsberechtigt ist der Pächter. Ebenfalls durch Separation erwirbt der redliche Besitzer einer Sache Eigentum an den Früchten, § 330. Kraft Gewohnheitsrechts hat jedermann das Recht, Pilze, Beeren und Kräuter zu sammeln sowie Blumen zu pflücken. Von diesem Recht darf aber nur schonend Gebrauch gemacht werden. Eine weitere Einschränkung dieses Gewohnheitsrechts ergibt sich aus § 174 Abs 3 lit b Z 2 ForstG, wonach das Sammeln von mehr als zwei Kilogramm Pilzen pro Tag eine Verwaltungsübertretung darstellt (und daher auch nicht zum Eigentumserwerb führt). Schließlich hat der Eigentümer des Nachbargrundstücks das Recht, sich die auf den überhängenden Ästen befindlichen bzw von diesen heruntergefallenen Früchte anzueignen (Überhangs- bzw Überfallsrecht gem § 422). [*Koziol/Welser*, Bürgerliches Recht I[13] (2006) 317 f] **(2)** Durch Zueignung (Okkupation) erwirbt Eigentum, wer eine herrenlose Sache mit dem Willen, diese in sein Eigentum zu erwerben, in seinen Besitz nimmt, § 381. Sonderregelungen für die Aneignung bestehen bei sog ansprüchigen Sachen. Ansprüchige Sachen (etwa bestimmte wilde Tiere und Bodenschätze) können sich nur Personen, die das „Vorrecht der Zueignung" haben (Anspruchsberechtigte), aneignen, § 382. Während über zahme und gezähmte Tiere deren Eigentümer die Verfügungsmacht hat, gelten wilde Tiere als herrenlos. Aufgrund zahlreicher Sondervorschriften kann sie sich aber dennoch nicht jeder aneignen, sondern nur Jagd- und Fischereiberechtigte. Nach den kompetenzrechtlichen Bestimmungen des B-VG ist das Jagd- und Fischereiwesen Landessache. Das österreichische Jagdwesen sowie das Fischereiwesen stützen sich sohin auf neun Landesjagdgesetze und neun dazugehörige Durchführungsverordnungen. Das Jagdrecht ist untrennbar mit dem Eigentum an Grund und Boden verbunden. Das Recht der Jagdausübung hat der Grundeigentümer aber nur dann, wenn er die sog Eigenjagdberechtigung besitzt. Diese wird ihm idR dann zugesprochen, wenn er einen zusammenhängenden Grundbesitz von mehr als 115 Hektar (in manchen Bundesländern mehr als 300 Hektar) an Grundfläche hat. Vorausgesetzt, der Grundeigentü-

mer hat eine Jagdkarte (diese setzt die Ablegung der Jagdprüfung voraus), kann er dieses Eigenjagd-
gebiet selbst bejagen, sonst muss er es verpachten oder verwalten lassen. Kleinere Grundstücke, die
nicht zu Eigenjagden gehören, werden zu Jagdgenossenschaften zusammengefasst, deren Mitglieder
die jeweiligen Grundeigentümer sind. Anders als das Jagdrecht ist das Fischereirecht nicht zwingend
mit dem Eigentum am Gewässer verbunden. Vielmehr ist es ein selbständiges Recht, das übertragen
werden und verjähren kann. Befindet sich das Gewässer in Privateigentum, so steht das Fischereirecht grds dem Eigentümer zu. Ähnlich wie beim Jagdwesen besteht eine Einteilung der Fischwässer
in Fischereireviere. Die Fischerei steht dem Fischereiausübungsberechtigten zu. Die Aneignung mi-
neralischer Rohstoffe regelt das MinroG. Unterschieden werden bergfreie mineralische Rohstoffe (sie
sind der ausschließlichen Verfügung des Grundeigentümers entzogen und können von jedem, der bestimmte Voraussetzungen erfüllt, gewonnen werden), bundeseigene Mineralien (sie stehen im Eigentum des Bundes) und grundeigene mineralische Rohstoffe (diese stehen dem Grundeigentümer zu).
[*Koziol/Welser*, Bürgerliches Recht I^{13} (2006) 311 ff] **(3)** Zum Gutglaubenserwerb vom Nichtberechtigten sowie zur Ersitzung vgl Fall 7. **(4)** Zum Eigentumserwerb durch Verarbeitung vgl Fall 11. **(5)** Voll
geschäftsfähig ist man grds mit Vollendung des 18. Lebensjahres (Volljährigkeit; zum stufenweisen
Erlangen der Geschäftsfähigkeit Unmündiger vgl Fall 8). Ungeachtet der Volljährigkeit nicht (voll)
geschäftsfähig sind Personen, die den Gebrauch der Vernunft nicht haben, § 865. Geschäftsunfähig
sind somit einerseits Personen, die aufgrund einer Geisteskrankheit oder psychischen Störung ihre
Angelegenheiten dauerhaft nicht selbst wahrnehmen können, andererseits jene Personen, die bloß vorübergehend nicht im Besitz ihrer geistigen Kräfte sind (bspw aufgrund von Alkohol- oder Drogen-
konsum), solange dieser Zustand andauert. Gem § 865 S 1 können Geisteskranke bzw Geistesschwache aber Geschäfte iSd § 170 Abs 3 (Geschäfte, die eine geringfügige Angelegenheit des alltäglichen
Lebens betreffen, werden mit Erfüllung der den Geschäftsunfähigen treffenden Pflichten rückwirkend
rechtswirksam) schließen. Befindet sich der Geisteskranke bzw Geistesschwache vorübergehend im
Vollbesitz seiner geistigen Kräfte (*lucidum intervallum*), sodass er seine Angelegenheiten ausnahmsweise selbst wahrnehmen kann, so besteht, solange dieser Zustand anhält, keine Beschränkung der
Geschäftsfähigkeit. Dies gilt aber nur dann, wenn kein Sachwalter bestellt ist. Für Personen, die aufgrund einer geistigen Behinderung oder psychischen Krankheit nicht in der Lage sind, ihre Angelegenheiten ohne Gefahr eines Nachteils für sich zu besorgen, ist auf Antrag oder von Amts wegen ein
Sachwalter zu bestellen. Zu beachten ist, dass eine Sachwalterbestellung nur unter der Maßgabe des
§ 268 infrage kommt, dh va dann nicht, wenn der Betroffene eine Vorsorgevollmacht iSd § 284f errichtet hat (Subsidiarität der Sachwalterschaft). Die Person des Sachwalters kann aus dem Kreis der
Verwandten des Betroffenen stammen oder eine fremde (nicht zwingend juristisch ausgebildete) Person sein. Der Sachwalter (bzw Vorsorgebevollmächtigte) übernimmt die Personen- und Vermögens-
vorsorge und schließt Rechtsgeschäfte für den Betroffenen ab. Je nach Art und Reichweite der geistigen Beeinträchtigung kann der Sachwalter bloß für einzelne Angelegenheiten, für einen bestimmten
Kreis von Angelegenheiten oder für alle Angelegenheiten des Betroffenen bestellt werden. Innerhalb
des Wirkungskreises des Sachwalters kann der Betroffene ohne dessen Zustimmung rechtsgeschäftlich weder verfügen noch sich verpflichten, § 280 Abs 1. Vom Betroffenen ohne Zustimmung des Sachwalters vorgenommene Rechtsgeschäfte, durch die er sich verpflichtet, gelten bis zur Genehmigung
des Sachwalters als schwebend unwirksam, § 865 S 2. Bloß berechtigende Rechtsgeschäfte kann der
Betroffene aber auch ohne Mitwirkung des Sachwalters vornehmen, vorausgesetzt, er ist seiner geistigen Kräfte nicht gänzlich beraubt. Jedenfalls aber kann eine besachwaltete Person solche Geschäfte
schließen, die geringfügige Angelegenheiten des täglichen Lebens betreffen, § 280 Abs 2. Da die Bestellung des Sachwalters (durch Beschluss des Außerstreitgerichts) konstitutiv wirkt, bleibt der Betroffene auch in einem *lucidum intervallum* in dem im Sachwalterschaftsbeschluss festgelegten Rahmen geschäftsunfähig. Zu beachten ist, dass *lucida intervalla*, unabhängig von einer Sachwalterschaft, deliktsfähig machen (vgl Fall 76). Bessert sich der Zustand des Betroffenen dauerhaft, so ist
die Sachwalterschaft vom Gericht einzuschränken bzw der Sachwalter seines Amtes zu entheben.
[*Koziol/Welser*, Bürgerliches Recht I^{13} (2006) 59 ff]

Zu den einschlägigen Quellenstellen der hier zu erörternden Problemkreise: zum Eigentumserwerb durch *occupatio* vgl Gaius D 41. 1. 3 pr, Gai Inst 2. 66 u Iust Inst 2. 1. 12; zum Eigentumserwerb an wilden Tieren vgl insb Gaius D 41. 1. 1. 1, ders D 41. 1. 5. 1 u Iust Inst 2. 1. 13; zum Eigentumserwerb an fremden Münzen durch ununterscheidbare Vermengung mit eigenen vgl insb Javolen D 46. 3. 78; zum Ersitzungsverbot von *res furtivae* vgl Pomponius D 41. 3. 24 pr, Julian D 41. 3. 33 pr sowie Gai Inst 2. 45 u 49; kein Eigentumserwerb des Diebes an den Früchten der gestohlenen Sache vgl insb Paulus D 41. 3. 4. 19; zur Schulenkontroverse zum Eigentumserwerb durch *specificatio* vgl insb Gai Inst 2. 79 sowie zur *media sententia* vgl insb Gaius D 41. 1. 7. 7, Paulus D 41. 1. 24 u 26 pr; zur *usucapio* bei Erwerb von einem *furiosus* vgl insb Ulpian D 6. 2. 7. 2, Paulus D 41. 3. 13. 1 u ders D 41. 4. 2. 16; zur Verbindung von beweglichen Sachen vgl insb Paulus D 6. 1. 23. 2 u 3, Gaius D 41. 1. 9. 1, Paulus D 41. 1. 26. 2 u Pomponius D 41. 1. 27. 2; zur Unterscheidung von fester und loser Verbindung vgl insb Paulus D 6. 1. 23. 5; zum Eigentumsverlust an wilden Tieren, wenn diese in ihre natürliche Freiheit entkommen, vgl insb Gaius D 41. 1. 3. 2, ders D 41. 1. 5 pr u Gai Inst 2. 67.

3. Teil

PFANDRECHT
(PIGNUS)

Lit: *Benke/Meissel*, Römisches Schuldrecht[7] (2006) 67–68;
Benke/Meissel, Römisches Sachenrecht[10] (2012) 191–216;
Hausmaninger/Selb, Römisches Privatrecht[9] (2001) 181–190, 221–223;
Kaser/Knütel, Römisches Privatrecht[20] (2014) 174–183, 234–235;
Apathy/Klingenberg/Pennitz, Einführung in das römische Recht[5] (2012) 147–154, 162.

Fall 15: ☆

Caesar und Cleopatra

Grundsachverhalt:

VEIOVIS bittet DIANA um ein Darlehen in Höhe von 1000. DIANA erklärt sich bereit, VEIOVIS das Darlehen zu gewähren, sofern ihre Forderung auf Rückzahlung des hingegebenen Betrages, fällig in einem Jahr, besichert wird. Zu diesem Zweck verpfändet VEIOVIS DIANA besitzlos seine zwei Hunde Caesar und Cleopatra (Wert je 300). DIANA übergibt VEIOVIS 1000 als Darlehen, jedoch erst nachdem ihr als weitere Sicherheit von LIBITINA ein Ohrgehänge (Wert 600) verpfändet und übergeben worden ist.

Variante A:

LIBITINA fällt nicht auf, dass es sich bei dem Ohrgehänge um ein von PALES geliehenes handelt. VEIOVIS teilt DIANA mit, dass er den Hund Caesar um 500 verkaufen könne. Dem stimmt DIANA vorbehaltlos zu. Daraufhin verkauft und übergibt VEIOVIS den Hund Caesar an AMOR. Den Erlös bewahrt VEIOVIS in seiner Truhe auf. Die Hündin Cleopatra wird eines Nachts von einer Giftschlange gebissen und stirbt. In Trauer um seine Hündin präpariert sie VEIOVIS und stellt sie zum Andenken in sein Atrium (Wert des Präparats 200). Als PALES erfährt, wo sich ihr Ohrgehänge befindet, verlangt sie es von DIANA heraus. Bei Fälligkeit kann VEIOVIS das Darlehen nicht zurückzahlen.

Kann DIANA einen pfandrechtlichen Anspruch geltend machen?

Skizze:

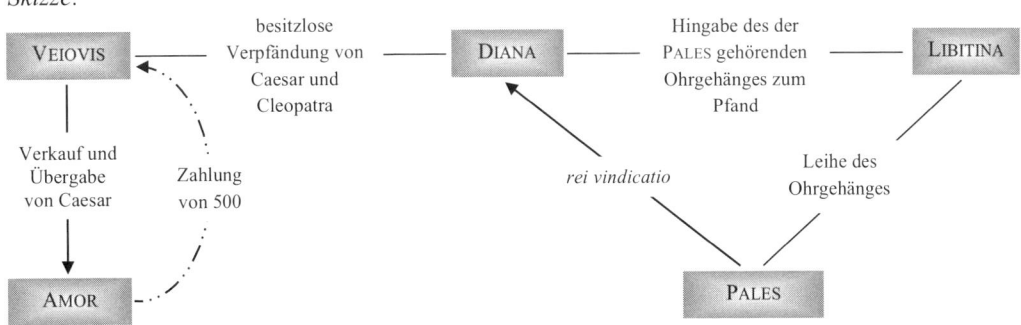

Vorüberlegungen:

a) hinsichtlich des Hundes Caesar

➢ Welcher Voraussetzungen bedarf das Zustandekommen eines rechtsgeschäftlich begründeten Pfandrechts?

➢ Was versteht man unter Akzessorietät?

➢ Unter welchen Voraussetzungen kommt ein Darlehen zustande?

➢ Was versteht man unter einem besitzlosen Pfand, was unter einem Faustpfand?

➢ Welche Auswirkung hat es, wenn der Pfandgläubiger der Veräußerung der Pfandsache durch den Pfandbesteller vorbehaltlos zustimmt?

➢ Hat der Pfandgläubiger einen pfandrechtlichen Anspruch hinsichtlich des vom Pfandbesteller durch den Verkauf der Pfandsache lukrierten Erlöses?

b) hinsichtlich der Hündin Cleopatra

➢ Wie wirkt sich der Untergang der Pfandsache auf das an ihr bestehende Pfandrecht aus?

➢ Wie kann bewirkt werden, dass das Pfandrecht an der aus der Pfandsache hergestellten Sache fortbesteht?

c) hinsichtlich des Ohrgehänges

➢ Was versteht man unter einem Drittpfand?

➢ Wie kommt ein Pfandrealvertrag zustande?

➢ Was kann der Pfandgläubiger aus dem Pfandrealvertrag verlangen, wenn er an der zum Pfand gegebenen Sache kein Pfandrecht erlangt hat?

Pfandrecht an den Hunden Caesar und Cleopatra

Zu prüfen ist, ob DIANA an den Hunden Caesar und Cleopatra ein Pfandrecht erworben hat. Das Pfandrecht (*pignus*) ist das beschränkte dingliche Recht an einer fremden Sache, das dem Berechtigten (Pfandgläubiger) ermöglicht, sich bei Fälligkeit und Nichterfüllung seiner Forderung vorzugsweise aus ihr zu befriedigen. Zur Durchsetzung des Pfandrechts steht dem Pfandgläubiger eine dingliche Klage, die *actio pigneraticia in rem* (auch *vindicatio pignoris* oder *actio* [*quasi*] *Serviana*), zur Verfügung. Für die rechtsgeschäftliche Begründung eines Pfandrechts müssen drei Voraussetzungen gegeben sein: Erstens muss der Pfandbesteller dinglich berechtigt, dh (zumindest bonitarischer) Eigentümer (*rem in bonis debitoris fuisse*) oder Verfügungsbefugter der Pfandsache sein. Wie bei jeder Übertragung eines dinglichen Rechts gilt auch hier: *nemo plus iuris transferre potest quam ipse habet*. Zweitens muss, da das Pfandrecht streng akzessorisch ist, eine Forderung zugunsten des Gläubigers bestehen, die besichert werden soll (*propter pecuniam debitam*). Drittens bedarf es einer formlosen Abrede zwischen Gläubiger und Schuldner, aus der sich ergibt, an welcher/n Sache(n) das Pfandrecht und für welche Forderung(en) es bestehen soll. Bei dieser Abrede, die als *conventio pignoris* bezeichnet wird, handelt es sich um ein sachenrechtliches Verfügungsgeschäft.

Die dingliche Berechtigung des Pfandbestellers VEIOVIS ist gegeben, da die Hunde Caesar und Cleopatra in seinem Eigentum stehen (*arg*: seine zwei Hunde). Fraglich ist, ob auch eine zu sichernde Forderung zugunsten von DIANA besteht. Zu prüfen ist daher, ob zwischen DIANA und VEIOVIS ein Darlehen (*mutuum*) zustande gekommen ist. Beim *mutuum* handelt es sich um die unentgeltliche Übertragung von Geld oder anderen vertretbaren Sachen (*res fungibiles*) in das

Eigentum des Empfängers, verbunden mit der Abrede, dass der Empfänger nach einer bestimmten Zeit dieselbe Menge derselben Gattung – *tantundem eiusdem generis et qualitatis* – zurückzugeben hat. Als Realvertrag kommt das Darlehen durch *conventio*, das ist die einvernehmliche Zweckbestimmung der Parteien, und durch *datio*, eine reale, von den Kontrahenten durchzuführende Übergabe der Darlehensvaluta, zustande.

Indem sich DIANA auf Bitte von VEIOVIS hin bereit erklärt, ihm ein Darlehen in Höhe von 1000 zu gewähren (*conventio*), die 1000 mangels anderer Anhaltspunkte aus ihrem Eigentum stammen und auch an VEIOVIS übergeben werden (*datio*), ist ein Darlehen zustande gekommen. DIANA hat somit eine Forderung gegen VEIOVIS auf Rückzahlung von 1000, fällig nach Ablauf der vereinbarten Darlehensfrist von einem Jahr. Da der Darlehensvertrag eine gültige *iusta causa traditionis* darstellt, ist VEIOVIS derivativ Eigentümer der 1000 geworden.

Schließlich sind DIANA und VEIOVIS übereingekommen, dass die Hunde zur Besicherung der Darlehensforderung verpfändet sein sollen. Eine *conventio pignoris* liegt somit ebenfalls vor. DIANA hat daher an den Hunden Caesar und Cleopatra ein Pfandrecht erworben. Da sich DIANAs Pfandrecht auf bestimmte Einzelgegenstände bezieht, liegen Spezialpfänder vor. Zur Geltendmachung ihres Pfandrechts bei Fälligkeit und Nichtzahlung von VEIOVIS steht DIANA als Pfandgläubigerin die *actio pigneraticia in rem* (*vindicatio pignoris*) zu.

Da VEIOVIS die Hunde an DIANA nicht übergeben hat, liegt kein Faustpfand, sondern ein besitzloses Pfand vor. Folglich ist kein Pfandrealvertrag zwischen DIANA und VEIOVIS zustande gekommen. Der Pfandrealvertrag (der ebenso wie das dingliche Pfandrecht und auch die Pfandsache selbst als *pignus* bezeichnet wird) ist ein Realvertrag und bedarf daher neben der Einigung der Parteien, dass die Sache als Pfand dienen soll (*conventio*), auch der tatsächlichen Übergabe der Pfandsache (*datio*).

Verkauft und übergibt in der Folge VEIOVIS den Hund Caesar an AMOR, so stellt sich die Frage, wie sich dies auf das Pfandrecht von DIANA auswirkt. Grundsätzlich gilt, dass der Pfandbesteller die (besitzlos) verpfändete Sache nicht eigenmächtig veräußern darf. Tut er es dennoch und ist ihm bewusst, dass an der Sache ein Pfandrecht besteht, so hat er sich, vorausgesetzt, es handelt sich um eine bewegliche Sache, als *fur* zu verantworten – *quamvis dominus sit, furtum facit* –, weshalb er dem Erwerber wohl kein Eigentum übertragen kann. In diesem Fall scheitert wohl auch ein originärer Eigentumserwerb durch Ersitzung, da furtive Sachen nicht ersessen werden können. Veräußert der Pfandbesteller die Pfandsache hingegen irrtümlich (bzw handelt es sich um eine unbewegliche Sache), so erlangt der Erwerber zwar Eigentum, jedoch nur ein mit dem Pfandrecht belastetes. Nach dem Grundsatz *nemo plus iuris transferre potest quam ipse habet* kann der Pfandbesteller die Sache nur mit dem Pfandrecht belastet veräußern. Es gilt: *res transit cum suo onere* – die Sache geht mit ihrer Last über.

Erfolgt die Veräußerung, wie im vorliegenden Fall, in Kenntnis des Pfandgläubigers (*arg*: VEIOVIS teilt DIANA seine Verkaufsabsicht mit) und hat der Pfandgläubiger der Veräußerung zugestimmt, so richtet sich das weitere sachenrechtliche Schicksal der Pfandsache danach, ob sich der Pfandgläubiger das Pfandrecht vorbehält oder nicht. Im ersten Fall bleibt das Pfandrecht bestehen und der Erwerber erlangt belastetes Eigentum. Im zweiten Fall wird die Zustimmung des Pfandgläubigers als Verzicht auf sein Pfandrecht gewertet, weshalb das Pfandrecht erlischt.

Da DIANA dem Verkaufswunsch von VEIOVIS vorbehaltlos zustimmt, erlischt ihr Pfandrecht am Hund Caesar und VEIOVIS kann AMOR unbelastetes Eigentum an dem Hund übertragen.

DIANA kann daher bei Fälligkeit und Nichtzahlung des Darlehens nicht auf den bei AMOR befindlichen Hund Caesar greifen. Auch ein pfandrechtlicher Zugriff von DIANA auf den von VEIOVIS in seiner Truhe verwahrten Erlös kommt nicht infrage, da der Erlös nicht verpfändet worden ist.

Weiters gilt es zu untersuchen, wie sich der Umstand, dass die ebenfalls an DIANA verpfändete Hündin Cleopatra durch einen Schlangenbiss stirbt und daraufhin aus ihr ein Präparat hergestellt wird, auf das Pfandrecht von DIANA auswirkt. Grundsätzlich führt der Untergang der Pfandsache, wie er bei Tod eines Tieres gegeben ist, zum Erlöschen des an ihr bestehenden Pfandrechts – *re extincta pignus perit*. Gleiches gilt, wenn der Sachuntergang im Zuge der Herstellung einer neuen Sache erfolgt: Die aus der Pfandsache hergestellte neue Sache unterliegt grds nicht dem Pfandrecht. So spricht sich der Jurist Cassius, dessen Entscheidung der Jurist Paulus referiert, etwa dann gegen das Fortbestehen eines Pfandrechts aus, wenn aus dem Holz eines verpfändeten Waldes ein Schiff hergestellt wird, da es sich beim Schiff um etwas vom Wald Verschiedenes handelt – *quia aliud sit materia, aliud navis*. Beabsichtigen die Parteien, dass auch alles, was aus der Pfandsache hergestellt wird, vom Pfandrecht umfasst sein soll, so müssen sie dies, so Cassius, der Pfandabrede ausdrücklich hinzufügen – *ideo nominatim in dando pignore adiciendum esse ait: ,quaeque ex silva facta natave sint'*. Auf diese Weise kann etwa erreicht werden, dass nicht bloß der verpfändete Wald, sondern auch ein aus seinem Holz hergestelltes Schiff dem pfandrechtlichen Zugriff des Pfandgläubigers unterliegt.

Da der Pfandabrede zwischen DIANA und VEIOVIS keine entsprechende Vereinbarung zu entnehmen ist, hat DIANA kein Pfandrecht an dem aus der Hündin Cleopatra hergestellten Präparat. Vielmehr ist ihr Pfandrecht mit dem Tod von Cleopatra erloschen.

Pfandrecht am Ohrgehänge

Schließlich gilt es noch zu prüfen, ob DIANA an dem von LIBITINA[*] übergebenen Ohrgehänge ein Pfandrecht erworben hat. Da das Ohrgehänge zur Besicherung der Darlehensforderung von DIANA dienen soll und die Darlehensforderung von DIANA, wie oben gezeigt, zu Recht besteht, ist die Voraussetzung der Akzessorietät erfüllt. Sind Schuldner der zu sichernden Forderung (Personalschuldner) und Pfandbesteller (Realschuldner) verschiedene Personen, so spricht man von einem Drittpfand. Neben dem Schuldnervermögen haftet somit noch eine weitere, nicht dem Personalschuldner gehörende Sache für die Forderung.

Weiters haben LIBITINA und DIANA eine Pfandabrede geschlossen (*arg*: LIBITINA verpfändet DIANA als weitere Sicherheit ein Ohrgehänge). Die Einräumung des Pfandrechts scheitert jedoch an der dinglichen Berechtigung von LIBITINA, da sie weder Eigentümerin noch Verfügungsbefugte des Ohrgehänges ist – *nemo plus iuris transferre potest quam ipse habet*. Als Leihnehmerin hat LIBITINA lediglich ein vertragliches Nutzungsrecht an dem Ohrgehänge, nicht aber das Recht, darüber sachenrechtlich zu verfügen. Folglich hat DIANA an dem Ohrgehänge kein Pfandrecht erworben und daher keine *exceptio pigneraticia* gegen die *rei vindicatio* von PALES, wenn diese es herausverlangt.

Zu beachten ist aber, dass es mit der Übergabe des Ohrgehänges (*datio*), verbunden mit der Abrede, dass es als Pfand dienen soll (*conventio*), zum Abschluss eines Pfandrealvertrages zwischen DIANA und LIBITINA gekommen ist. Aufgrund des Pfandrealvertrages kann nun DIANA von LIBITINA verlangen, dass ihr an einer anderen Sache, nämlich an einer, über die LIBITINA verfügungsberechtigt ist, ein Pfandrecht eingeräumt wird. Zur Durchsetzung ihres Anspruchs aus dem Pfandrealvertrag steht DIANA die *actio pigneraticia in personam contraria* zur Verfügung.

---

[*] Die vorliegenden Fälle zum Pfandrecht werden ungeachtet des *senatus consultum Vellaeanum*, wonach es Frauen untersagt ist, Interzessionsgeschäfte (worunter eine Bürgschaft, ein Schuldbeitritt, eine befreiende Schuldübernahme oder eben auch die Bestellung eines Pfandes für einen Dritten fallen) abzuschließen, bearbeitet. Ausführlicher zu den Rechtsfolgen bei Verletzung des *senatus consultum Vellaeanum* vgl Fall 63.

Festzuhalten ist, dass DIANA bei Fälligkeit und Nichtzahlung des Darlehens durch VEIOVIS weder am Hund Caesar und dem Präparat der Hündin Cleopatra noch am Ohrgehänge ein Pfandrecht hat. Bis zur Verpfändung einer neuen Sache durch LIBITINA (die DIANA sodann verwerten kann, um sich aus deren Erlös zu befriedigen) bleibt DIANAs Darlehensforderung ungesichert bestehen. DIANA ist darauf beschränkt, gegen VEIOVIS aus dem Darlehensvertrag vorzugehen. Zur Durchsetzung ihres Anspruchs auf Rückzahlung der 1000 steht ihr die *actio certae creditae pecuniae* bzw *condictio* zur Verfügung.

▶ Das ABGB definiert das Pfandrecht als das dingliche Recht des Gläubigers, sich bei Nichterfüllung einer fälligen und bestimmten Forderung aus der Pfandsache vorrangig zu befriedigen, § 447. Gegenstand eines Pfandrechts können körperliche wie unkörperliche, bewegliche wie unbewegliche Sachen sein. Voraussetzung ist aber, dass sie verwertbar sind. Da sich eine Urkunde nicht verwerten lässt, kann an ihr kein Pfandrecht bestehen, sehr wohl aber ein Zurückbehaltungsrecht. Als Sachen eines Pfandrechts kommen somit neben beweglichen körperlichen Sachen auch (bzw va) Liegenschaften, Forderungen, Fruchtgenussrechte, aber auch Pfandrechte selbst (sog Afterpfandrecht), Miteigentumsanteile, Gesellschaftsanteile und Patentrechte in Betracht. Ist die zum Pfand gegebene Sache eine bewegliche, so liegt ein Fahrnispfand vor. Bei pfandrechtlicher Besicherung einer Forderung durch eine Liegenschaft spricht man von einer Hypothek (vgl Fall 19). Das Pfandrecht ist durch folgende Prinzipien geprägt: 1) Akzessorietät, 2) Spezialität, 3) Recht an fremder Sache, 4) Publizität, 5) Priorität und 6) ungeteilte Pfandhaftung. Ad 1) Der Bestand des Pfandrechts hängt von einer zu besichernden Forderung ab, §§ 449 S 1, 469 S 1 (Ausnahme bei Hypotheken, vgl Fall 19). Auch künftige Forderungen können durch ein Pfandrecht besichert werden, vorausgesetzt, die Personen, der Rechtsgrund und die Höhe der Forderung sind bestimmt. Die Pfandsache haftet sowohl für die Hauptforderung als auch für Nebengebühren wie etwa Verzugszinsen, Prozess- und Exekutionskosten sowie für Schadenersatzansprüche wegen Nichterfüllung und Konventionalstrafen. Ad 2) Ein Pfandrecht kann grds nur an bestimmten Einzelsachen begründet werden. Es gibt daher kein Pfandrecht an einer Gesamtsache oder als Generalhypothek am gesamten Vermögen des Schuldners. Auch die Forderung, die durch das Pfandrecht besichert werden soll, muss zumindest bestimmbar sein (Ausnahme bei Hypotheken, vgl Fall 19). Ad 3) Pfandgläubiger und Eigentümer der Pfandsache sind grds verschiedene Personen (Ausnahmen bei Hypotheken, vgl Fall 19). Die Pfandsache gehört daher entweder dem Schuldner oder einem Dritten (Drittpfandbesteller). Ad 4) Dritten muss erkennbar sein, dass an einer Sache ein Pfandrecht besteht. Daher müssen bewegliche Sachen, sollen sie als Pfand dienen, an den Pfandgläubiger übergeben werden (Faustpfandprinzip). Eine Übergabe kurzer Hand oder mittels Besitzanweisung ist zulässig, nicht jedoch via Besitzkonstitut, da sich die Sache diesfalls weiterhin beim Schuldner befindet und daher potenzielle Gläubiger den Entzug der Sache aus dem Haftungsfonds nicht erkennen können. Eine bloße Sichtbarmachung durch Aufstellen von Schildern oÄ, die auf die Verpfändung hinweisen, reicht grds nicht aus (anders die Anbringung von Pfändungsmarken im Zuge der gerichtlichen Pfändung). Lediglich wenn die körperliche Übergabe nicht oder nur schwer möglich ist (etwa bei einem Warenlager oder sehr großen Maschinen), ist eine Übergabe durch solche Zeichen, aus denen jedermann das Bestehen des Pfandrechts erkennen kann (etwa durch Anbringen von Hinweistafeln), zulässig, § 452. Bei Warenlagern verlangt der OGH überdies, dass dem Pfandschuldner der Zutritt verwehrt ist. Wird die Pfandsache an den Pfandschuldner zurückgestellt, so erlischt das Pfandrecht. Bei der Verpfändung einer Liegenschaft tritt an die Stelle der Übergabe die Eintragung der Hypothek in das Grundbuch (Intabulationsprinzip). Bei der Verpfändung von Forderungen wird dem Bedürfnis der Publizität dadurch Rechnung getragen, dass es zur Verständigung des Schuldners der verpfändeten Forderung kommt (Drittschuldnerverständigung) bzw bei Forderungen, die in unternehmerische Geschäftsbücher eingetragen sind (Buchforderungen), durch Buchvermerk in den Geschäftsbüchern des Forderungsgläubigers (= Pfandschuldners). Ad 5) Insbesondere an Liegenschaften können mehrere Pfandrechte bestellt werden. Diesfalls geht das ältere Pfandrecht den jüngeren vor.

Erlischt die Forderung und damit das Pfandrecht der vorrangigen Pfandgläubiger, so kommt es zwingend zum Vorrücken des nachrangigen Pfandgläubigers (Vorrückungsprinzip). Ad 6) Bei teilweiser Begleichung der Forderung bleibt das Pfandrecht an der gesamten Sache bzw an allen zum Pfand gegebenen Sachen aufrecht (Ausnahmen nach der Rsp bei Hypotheken und beim Geldpfand). Der Schuldner kann daher grds bei teilweiser Tilgung der Forderung nicht die anteilige Freigabe der Pfandsache verlangen. [*Koziol/Welser*, Bürgerliches Recht I^{13} (2006) 370 ff]

Zu den einschlägigen Quellenstellen der hier erörterten Problemkreise: zu den Begriffen *pignus* und *hypotheca* vgl insb Ulpian D 13. 7. 9. 2 sowie Marcian D 20. 1. 5. 1; zum Vorliegen eines besitzlosen Pfandes vgl insb Ulpian D 13. 7. 1 pr; zur dinglichen Klage des Pfandgläubigers vgl insb Scaevola D 13. 7. 43 pr, Paulus 20. 1. 28 u 29 pr, Ulpian D 44. 2. 11. 10 sowie Marcellus D 44. 2. 19; zur Voraussetzung, dass der Pfandbesteller (zumindest bonitarischer) Eigentümer der Pfandsache ist, vgl insb Gaius D 20. 1. 15. 1; zum Untergang des Pfandrechts bei vorbehaltloser Zustimmung des Pfandgläubigers zur Veräußerung der Pfandsache vgl insb Ulpian D 20. 6. 4. 1 sowie Marcian D 20. 6. 8. 14 u 15; zum Erlöschen des Pfandrechts bei Untergang der Pfandsache vgl insb Marcian D 20. 6. 8 pr; zur Interpretation der Pfandabrede, ob auch alles, was aus der Pfandsache hergestellt wird, als verpfändet gilt, vgl insb Paulus D 13. 7. 18. 3; zum Wesen des Pfandrealvertrages vgl insb Gaius D 44. 7. 1. 6 sowie Iust Inst 3. 14. 4; zur Klage des Pfandgläubigers, wenn ihm der Schuldner eine fremde Sache zum Pfand gegeben hat, vgl insb Ulpian D 13. 7. 9 pr, Marcian D 13. 7. 32 sowie Ulpian D 13. 7. 36. 1.

Variante B:

Das der DIANA verpfändete und übergebene Ohrgehänge gehört LIBITINA. Da VEIOVIS sein gesamtes Geld für Besuche bei Gladiatorenspielen und Pferderennen ausgibt, benötigt er erneut ein Darlehen. CONSUS gibt ihm 150 als Darlehen, jedoch erst, nachdem ihm von VEIOVIS die Hunde Caesar und Cleopatra verpfändet und übergeben worden sind.
Da LIBITINA in Anbetracht von VEIOVIS' ausschweifendem Lebenswandel dessen Zahlungsunfähigkeit und damit die Versteigerung ihres Ohrgehänges befürchtet, begleicht sie einen Teil (600) von VEIOVIS' Darlehensschuld bei DIANA und verlangt das Ohrgehänge mit der Begründung, dass DIANAs verbleibende Forderung mit den von VEIOVIS verpfändeten Hunden ohnedies hinreichend besichert sei, zurück. DIANA verweigert die Herausgabe des Ohrgehänges. Eine Woche später betrachtet DIANA das Ohrgehänge am offenen Fenster stehend. Durch ungeschicktes Hantieren fällt es ihr aus dem Fenster und in die Kloake, wodurch es unauffindbar verloren geht. Bei Fälligkeit der Darlehensforderung von DIANA ist VEIOVIS zahlungsunfähig.

Wäre DIANA verpflichtet gewesen, LIBITINA das Ohrgehänge zurückzugeben? Steht LIBITINA ein Anspruch gegen DIANA zu? Ist DIANA berechtigt, die Hunde Caesar und Cleopatra zu verwerten?

Skizze:

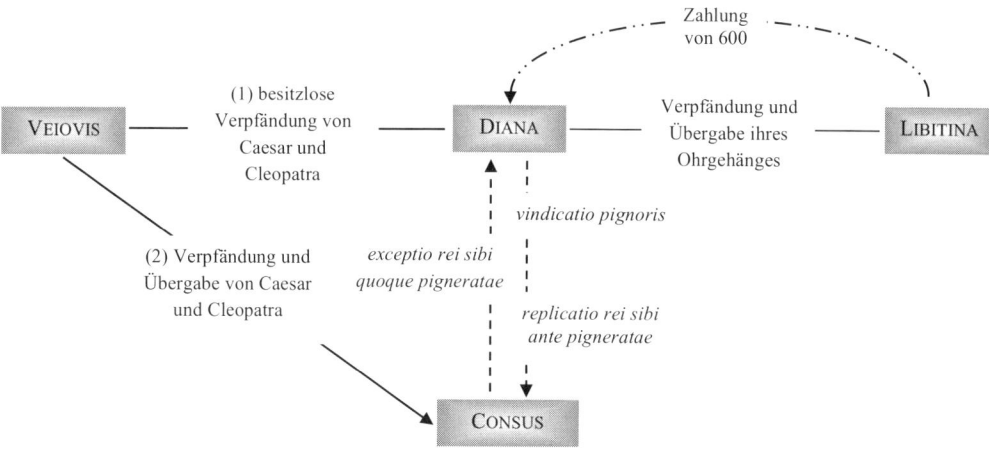

Vorüberlegungen:

a) hinsichtlich des Ohrgehänges

➢ Was besagt das Prinzip der ungeteilten Pfandhaftung?
➢ Wofür haftet der Pfandgläubiger hinsichtlich der zum Pfand übergebenen Sache?
➢ An welchem Prinzip orientiert sich die Haftung beim Pfandrealvertrag?
➢ Mit welcher Klage kann der Pfandbesteller vom Pfandgläubiger Schadenersatz für seine zum Faustpfand gegebene Sache verlangen?

b) hinsichtlich der Hunde Caesar und Cleopatra

➢ Ist es zulässig, dieselbe Sache mehreren Gläubigern zu verpfänden?
➢ Was ist das Problem bei der Mehrfachverpfändung und wie wird es von den klassischen römischen Juristen gelöst?
➢ Wonach richtet sich der Pfandrang üblicherweise?
➢ Mit welcher Klage kann der nichtbesitzende Pfandgläubiger die Pfandsache herausverlangen?
➢ Wem steht die *exceptio rei sibi quoque pigneratae*, wem die *replicatio rei sibi ante pigneratae* zu?
➢ Was kann mit dem *ius offerendi ac succedendi* bewirkt werden?
➢ Wie wird die Verwertung der Pfandsache üblicherweise vorgenommen?
➢ Wie wird jener Teil des Versteigerungserlöses, der über die besicherte Forderung hinausgeht, bezeichnet?
➢ Wie erlangt ein nachrangiger Pfandgläubiger einen nach Befriedigung des vorrangigen Pfandgläubigers verbleibenden Versteigerungserlös?
➢ Welche Klage hat der Pfandbesteller, um einen nach Befriedigung sämtlicher Pfandgläubiger verbleibenden Erlös zu erlangen?

Pfandrecht am Ohrgehänge

Steht das an DIANA für ihre Darlehensforderung (Akzessorietät) verpfändete Ohrgehänge (*conventio pignoris*) in LIBITINAs Eigentum (dingliche Berechtigung), so erlangt DIANA ein Pfandrecht daran. Da es zur Übergabe des Ohrgehänges an DIANA gekommen ist, liegt ein Faustpfand vor. Das Faustpfand hat, im Unterschied zu einem besitzlosen Pfand, zwei Vorteile: Einerseits wird durch die Übergabe der Pfandsache an den Pfandgläubiger Dritten erkennbar, dass an der Sache ein Pfandrecht besteht (Publizität). Andererseits hat der Pfandgläubiger die Pfandsache bei Fälligkeit und Nichtzahlung bereits bei sich, womit er es sich erspart, den Sachinhaber ausfindig zu machen und dann die Pfandsache herauszuverlangen. Ein Nachteil des Faustpfandes ist, dass dem Schuldner dadurch die Möglichkeit genommen wird, die Pfandsache einzusetzen, um den geschuldeten Betrag zu erwirtschaften. Dies spielt etwa bei verpfändeten Grundstücken, Sklaven oder Nutztieren eine Rolle.

Durch Übergabe des Ohrgehänges (*datio*) und Pfandabrede (*conventio*) ist ein Pfandrealvertrag zwischen DIANA und LIBITINA zustande gekommen.

Begleicht LIBITINA einen Teil der durch das Ohrgehänge besicherten Schuld von VEIOVIS (600), so stellt sich die Frage, ob LIBITINA berechtigt ist, das DIANA zum Pfand gegebene Ohrgehänge zurückzuverlangen, zumal die nun noch verbleibende Forderung (400) durch die von VEIOVIS verpfändeten Hunde (Wert gesamt 600) ausreichend besichert ist. Grundsätzlich kann der Pfandbesteller die zum Pfand gegebene Sache dann zurückverlangen, wenn das Pfandrecht durch Wegfall der zu sichernden Schuld erloschen ist (Akzessorietät des Pfandrechts). Zur Tilgung der Schuld kommt es etwa durch Erfüllung der den Schuldner treffenden Verpflichtung, durch Erlass (Verzicht des Gläubigers auf seine Forderung) oder durch Kompensation (Aufrechnung einer Forderung gegen eine andere). Zu beachten ist, dass aber nur der gänzliche Wegfall der zu sichernden Schuld das Pfandrecht zum Erlöschen bringt. Dies gilt auch dann, wenn mehrere Gegenstände für eine Schuld verpfändet worden sind. Dass das Pfandrecht an allen verpfändeten Sachen bestehen bleibt, bis die gesamte Schuld getilgt ist, wird als Prinzip der ungeteilten Pfandhaftung bezeichnet – *indivisa est pignoris causa*.

Da VEIOVIS' Schuld von LIBITINA nicht zur Gänze beglichen wurde, bleibt das Pfandrecht am Ohrgehänge erhalten. In diesem Stadium des Falles ist LIBITINA daher nicht berechtigt, das Ohrgehänge von DIANA zurückzuverlangen. Einen Anspruch auf Ersatz der an DIANA gezahlten 600 kann LIBITINA bei VEIOVIS nach Maßgabe der Regeln der Geschäftsführung ohne Auftrag (*negotiorum gestio*) geltend machen.

Der Umstand, dass das Ohrgehänge in die Kloake fällt, wodurch es unwiederbringlich verloren geht, kommt dessen Untergang gleich. Nach dem Grundsatz *re extincta pignus perit* ist das Pfandrecht von DIANA am Ohrgehänge erloschen.

Zu prüfen ist nun, ob LIBITINA aus dem Pfandrealvertrag ein Anspruch gegen DIANA auf Wertersatz des Ohrgehänges zusteht. Die Haftung beim Pfandrealvertrag richtet sich nach dem Utilitätsprinzip. Demnach trägt jene Vertragspartei das größere Risiko für eine Verschlechterung oder einen Untergang der hingegebenen Sache, deren Interesse das Geschäft primär dient. Da die Übergabe der Pfandsache (und damit das Zustandekommen des Pfandrealvertrages) ausschließlich im Interesse des Pfandgläubigers erfolgt, trifft ihn eine vergleichsweise strenge Haftung. Demnach hat der Pfandgläubiger die Verschlechterung bzw den Untergang der Pfandsache dann zu vertreten, wenn ihm vorsätzliches oder fahrlässiges Verhalten bzw mangelnde Bewachung (*custodia*) vorzuwerfen ist. Lediglich eine Verschlechterung bzw einen Untergang infolge höherer Gewalt hat der Pfandgläubiger nicht zu vertreten.

Da der Pfandgläubigerin DIANA das Ohrgehänge durch ungeschicktes Hantieren aus dem Fenster und in die Kloake fällt, ist ihr Verhalten als fahrlässig zu beurteilen. Folglich haftet sie für den Untergang des Ohrgehänges und wird LIBITINA ersatzpflichtig. Zur Durchsetzung ihres Anspruchs auf Wertersatz steht LIBITINA als Pfandbestellerin aus dem Pfandrealvertrag die *actio pigneraticia in personam directa* zu.

Pfandrecht an den Hunden Caesar und Cleopatra

An den Hunden Caesar und Cleopatra hat DIANA, wie oben gezeigt, ein Pfandrecht erworben. Da die Hunde bei VEIOVIS verbleiben, liegt ein besitzloses Pfand vor. Mangels *datio* ist daher kein Pfandrealvertrag zwischen VEIOVIS und DIANA zustande gekommen.

Kommt es nun zu einer weiteren Verpfändung der Hunde an CONSUS, so sind neuerlich die Voraussetzungen für das Zustandekommen eines Pfandrechts zu prüfen: VEIOVIS ist als Eigentümer der Hunde berechtigt, CONSUS ein Pfandrecht an ihnen einzuräumen. Die Voraussetzung der dinglichen Berechtigung des Pfandbestellers an der Pfandsache ist somit erfüllt. Auch eine zu sichernde Forderung zugunsten von CONSUS ist gegeben: Indem CONSUS als Eigentümer des Geldes (Recht des Vormanns) VEIOVIS die Darlehensvaluta in Höhe von 150 (*res fungibilis*) mit der Abrede (*conventio*), dass VEIOVIS denselben Betrag nach vereinbarter Zeit zurückzuzahlen hat, übergibt (*datio*), kommt ein Darlehensvertrag (*mutuum*) zustande. Die zu sichernde Forderung besteht daher in der Darlehensforderung von CONSUS (Akzessorietät). Auch eine *conventio pignoris* liegt vor (*arg*: zur Besicherung verpfändet VEIOVIS CONSUS seine zwei Hunde). Folglich hat CONSUS an den Hunden Caesar und Cleopatra ein Pfandrecht erworben. Der Umstand, dass die Hunde bereits an DIANA gültig verpfändet worden sind, steht der nachfolgenden Verpfändung an CONSUS nicht im Wege. Die Begründung mehrerer Pfandrechte an ein und derselben Sache (Mehrfachverpfändung) wird schrittweise entwickelt: Zunächst lassen die römischen Juristen, wie etwa African, das Pfandrecht eines Zweitgläubigers nur unter der aufschiebenden Bedingung des Erlöschens des Pfandrechts des Erstgläubigers (etwa durch Schuldtilgung) entstehen – *tunc enim priore dimisso sequentis confirmatur pignus*. Bleibt die Forderung des Erstgläubigers bei Fälligkeit jedoch unbeglichen und kommt es zur Verwertung der Pfandsache, so kann die Bedingung nicht eintreten, weshalb der Zweitgläubiger kein Pfandrecht erwirbt. In diesem Fall kann dem fehlenden Rechtsschutz des Zweitgläubigers dadurch begegnet werden, dass ihm der Schuldner den nach Befriedigung des Erstgläubigers verbleibenden Versteigerungserlös, den Überschuss, verpfändet – *si simpliciter convenerit de eo quod excedit ut sit hypothecae*. Ein unbedingtes Pfandrecht des Zweitgläubigers, das bereits im Zeitpunkt der Verpfändung entsteht, wird schließlich ab der Hochklassik, etwa vom Juristen Marcellus, anerkannt – *duobus diversis temporibus eandem rem pignori dederit*.

Das Pfandrecht von CONSUS am Hund Caesar bzw an der Hündin Cleopatra ist somit im Verpfändungszeitpunkt gültig entstanden. Da die Hunde an CONSUS auch übergeben worden sind, liegt ein Faustpfand vor. Die mit der *conventio* verbundene Übergabe der Hunde bewirkt zugleich das Zustandekommen eines Pfandrealvertrages. Möchte nun DIANA bei Fälligkeit und Nichtzahlung ihrer Darlehensforderung von VEIOVIS auf die Hunde greifen, so stellt sich die Frage, ob CONSUS, dem die Hunde ebenfalls verpfändet worden sind, verpflichtet ist, sie an DIANA herauszugeben. Zu prüfen ist daher, wessen Pfandrecht – jenes von DIANA oder jenes von CONSUS – höherrangig ist. Der Rang des Pfandrechts spielt va dann eine Rolle, wenn der Erlös der Pfandsache nicht ausreicht, um alle Pfandgläubiger zu befriedigen. In diesem Fall wird zunächst die Forderung des erstrangigen Pfandgläubigers, dann, sofern noch etwas vorhanden ist, jene des zweitrangigen Pfandgläubigers usw befriedigt. Zudem steht es im Belieben des erstrangigen Pfandgläubigers, zu welchem Zeitpunkt er die Pfandverwertung vornimmt.

Für die Rangordnung der Pfandrechte bei einer Mehrfachverpfändung kommt es grds auf die Priorität der Pfandbestellung, dh auf den Zeitpunkt der Begründung des Pfandrechts, an. Dieses

Prinzip findet Ausdruck im Satz: *prior tempore, potior iure*. Demnach hat derjenige Gläubiger, dem die Sache zuerst verpfändet worden ist, das höherrangige Pfandrecht. Ist eine Sache hingegen an zwei (oder mehrere) Gläubiger gleichzeitig verpfändet worden, so hat derjenige von ihnen die bessere Stellung, der die Pfandsache besitzt – *melior est condicio possidentis*.

Für den vorliegenden Fall bedeutet das, da DIANAs Pfandrecht an den Hunden zeitlich früher entstanden ist als jenes von CONSUS (DIANA wurden die Hunde zuerst verpfändet), dass ihr Pfandrecht im ersten Rang steht und jenes von CONSUS im zweiten Rang. Um in den Besitz der Pfandsache zu kommen, kann DIANA die *actio pigneraticia in rem* (auch *vindicatio pignoris* oder *actio Serviana*) gegen CONSUS erheben. Dagegen wird CONSUS einwenden, dass ihm die Hunde ebenfalls verpfändet worden sind – *exceptio rei sibi quoque pigneratae*. DIANA wird gegen die Einrede von CONSUS replizieren, dass ihr Pfandrecht an den Hunden früher entstanden ist – *replicatio rei sibi ante pigneratae* –, und letztlich obsiegen. Erlangt DIANA auf diese Weise Besitz an den Hunden, so liegt eine *datio* vor, durch welche ein Pfandrealvertrag mit VEIOVIS zustande kommt.

Als erstrangige Pfandgläubigerin hat DIANA das vorrangige Befriedigungsrecht an einem allfälligen Verwertungserlös der Hunde. Zudem kann sie den Zeitpunkt der Verwertung bestimmen.

Zu beachten ist, dass CONSUS als nachrangigem Pfandgläubiger das *ius offerendi ac succedendi* zusteht. Dies ermöglicht ihm, DIANA die Erfüllung ihrer Forderung anzubieten und so in ihren Rang vorzurücken. Macht er von diesem Recht Gebrauch, so hat er es künftig in der Hand, den Verwertungszeitpunkt festzulegen. Aus dem Erlös der Pfandsache kann er sich dann im Ausmaß seiner eigenen wie auch der von ihm eingelösten Forderung von DIANA befriedigen.

Macht CONSUS vom *ius offerendi ac succedendi* nicht Gebrauch, so kann DIANA – Fälligkeit und Nichterfüllung ihrer Forderung vorausgesetzt –, zur Pfandverwertung schreiten, um sich aus dem Erlös der Pfandsache zu befriedigen.

In älterer Zeit führt die Nichterfüllung der Schuld bei Fälligkeit dazu, dass dem Pfandgläubiger die Pfandsache verfällt, er also Eigentümer der Pfandsache wird. Da der Wert der verpfändeten Sache die Höhe der Schuld aber uU beträchtlich übersteigen kann, setzt sich die Übung durch, dass die Parteien vereinbaren, dass die Verwertung durch Verkauf zu erfolgen hat und ein allfälliger Mehrerlös (*superfluum, hyperocha*) dem Schuldner zufällt. Mit der Zeit verdrängt die Verkaufsabrede (*pactum de vendendo*) die Verfallsabrede (*lex commissoria*), sodass sie in der Klassik schließlich nicht mehr ausdrücklich ausbedungen werden muss, sondern bereits aufgrund des Geschäftsverkehrs als stillschweigend vereinbart gilt – *sed etsi non convenerit de distrahendo pignore, hoc tamen iure utimur, ut liceat distrahere*. Zum Schutz des Schuldners vor wucherischer Ausbeutung wird die *lex commissoria* schließlich im Jahre 320 n Chr durch Kaiser Konstantin verboten.

Beabsichtigt DIANA, die Hunde zu verkaufen, so hat sie dies VEIOVIS (in nachklassischer Zeit durch dreimalige *denuntiatio*) anzuzeigen. Ein Pfandverkauf erfolgt regelmäßig in Form einer öffentlichen Versteigerung. Ausgeschlossen vom Erwerb der Sache sind sowohl der Pfandbesteller als auch der Pfandgläubiger. Für den Fall, dass ein Verkauf mangels Interessenten nicht gelingen sollte, kann dem Pfandgläubiger aber durch kaiserliche Verfügung das Eigentum an der Pfandsache zugesprochen werden (*impetratio dominii*).

Da DIANA als Pfandgläubigerin berechtigt ist, die Hunde zu veräußern, kann sie dem Erwerber derivativ Eigentum an ihnen verschaffen – *verum incipit emptor dominium rei habere*. Kommt es in der Folge zum Verkauf der Hunde Caesar und Cleopatra zu einem Preis entsprechend ihrem Wert (dh zu jeweils 300), so kann sich DIANA in Höhe ihrer noch offenen Darlehensforderung von 400 aus dem Verkaufserlös befriedigen. Erhält DIANA den Kaufpreis, so erlischt ihre Darlehensforderung.

Zu beachten ist, dass mit der Pfandverwertung sämtliche Pfandrechte untergehen – *si vendidit is quis ante pignus accepit, persecutio tibi hypothecaria superesse non potest*. Die nachrangigen Gläubiger können aber auf einen allfälligen, nach Befriedigung des Erstgläubigers verbleibenden Erlös (*superfluum, hyperocha*) greifen.

Jenen Teil des Erlöses, der DIANAs Forderung übersteigt, hat sie daher an CONSUS als nachrangigen Pfandgläubiger herauszugeben. Um das *superfluum* in Höhe seiner Forderung (150) zu erlangen, steht CONSUS eine der Pfandklage nachgebildete *actio utilis* zur Verfügung. Jener nach Begleichung der Forderung des Zweitgläubigers CONSUS verbleibende Teil des *superfluum* (50) gebührt VEIOVIS als Pfandbesteller und ehemaligem Eigentümer. Aus dem Pfandrealvertrag kann VEIOVIS zu dessen Erlangung die *actio pigneraticia in personam directa* gegen DIANA erheben.

▶ **(1)** Der Entstehung nach werden drei Arten von Pfandrechten unterschieden: das rechtsgeschäftliche, das richterliche und das gesetzliche Pfandrecht. Voraussetzungen für ein rechtsgeschäftlich begründetes Pfandrecht sind, wie bei der Übertragung sämtlicher dinglicher Rechte, ein Titel (§ 449), der Modus (§§ 451 ff) und das Recht des Vormanns. Als Titel kommen entweder ein Pfandbestellungsvertrag oder ausnahmsweise eine letztwillige Verfügung in Betracht. Der Modus stellt bei beweglichen körperlichen Sachen die Übergabe, bei Liegenschaften die Einverleibung im C-Blatt und bei Forderungen die Verständigung des Drittschuldners bzw bei verbücherten Forderungen der Buchvermerk dar. Schließlich muss der Pfandbesteller Eigentümer oder Verpfändungsbefugter sein, § 442. Zum rechtsgeschäftlichen Pfandrechtserwerb, zum Pfandbestellungsvertrag sowie zu den Rechten und Pflichten des Pfandgläubigers und des Pfandschuldners vgl Fall 27. **(2)** Ist der Pfandbesteller nicht Eigentümer bzw nicht verpfändungsbefugt, so kommt bei beweglichen Sachen ein gutgläubiger Pfandrechtserwerb nach den Voraussetzungen des gutgläubigen Eigentumserwerbs gem § 367 (vgl Fall 7), auf den § 456 Abs 1 verweist, infrage. Demnach bedarf es eines gültigen Pfandbestellungsvertrages über eine bewegliche körperliche Sache, die an den gutgläubigen Erwerber übergeben wurde. Von den drei Alternativvoraussetzungen des § 367 kommt va der Erwerb vom Vertrauensmann in Betracht. Sind die Voraussetzungen für einen gutgläubigen Pfandrechtserwerb gegeben und möchte der Eigentümer die Verwertung seiner Sache verhindern, muss er den Pfandgläubiger schadlos halten oder er lässt das Pfand fahren und nimmt den Verpfänder aus dem Titel des Schadenersatzes in Anspruch, § 456 Abs 1. Bei Liegenschaften ist ein gutgläubiger Pfandrechtserwerb analog den § 1500, §§ 62 ff GBG kraft Vertrauens auf den Grundbuchsstand möglich (vgl Fall 9). **(3)** Richterliche Pfandrechte werden durch das Exekutionsgericht, beruhend auf einem rechtskräftigen Urteil (Exekutionstitel), begründet (Pfändung), § 253 EO. Dadurch wird der Gläubiger geschützt, sollte der Schuldner während des Exekutionsverfahrens in Konkurs geraten und damit die Forderung uneinbringlich werden. Bei körperlichen beweglichen Sachen erfolgt die Pfändung durch Aufnahme in das Pfändungsprotokoll und durch Anbringen von Zeichen, um die Pfändung ersichtlich zu machen. Zu einer Übergabe der gepfändeten Gegenstände an den Gläubiger oder das Gericht kommt es bei der gerichtlichen Pfändung nicht. Bei Liegenschaften wird die Pfändung durch Eintragung des Pfändungspfandrechts in das C-Blatt des Grundbuchs begründet, §§ 87 ff EO. Die Pfändung von Forderungen geschieht durch Doppelverbot: Dem Drittschuldner wird verboten, an den Schuldner zu leisten, und dem Schuldner wird verboten, über die Forderung zu verfügen. **(4)** Gibt das Gesetz selbst den Titel und den Modus für die Pfandrechtsbegründung ab, so entsteht das Pfandrecht bereits mit Erfüllung des gesetzlichen Tatbestandes. Demnach hat etwa der Vermieter an den vom Mieter eingebrachten Sachen ein Pfandrecht (§ 1101 Abs 1 u 2) sowie der Verpächter an dem auf dem Pachtgut befindlichen Vieh, an den Wirtschaftsgeräten und Früchten (§ 1101 Abs 3). Zum gesetzlichen Pfandrecht des Vermieters/Verpächters vgl Fall 48. Ebenfalls ein gesetzliches Pfandrecht hat der Rechtsanwalt an dem bei ihm befindlichen Geld des Mandanten (§ 19 RAO) sowie der Kommissionär (§ 397 UGB), der Spediteur (§ 410 UGB), der Lagerhalter (§ 421 UGB) und der Frachtführer (§ 440

UGB) an den von ihnen übernommenen Sachen. [*Koziol/Welser*, Bürgerliches Recht I^{13} (2006) 376 ff] **(5)** Zum Erlöschen des Pfandrechts kommt es jedenfalls dann, wenn die Forderung erlischt, insb mit ihrer Tilgung (Prinzip der Akzessorietät des Pfandrechts). Dieser Grundsatz ist beim Liegenschaftspfand insofern durchbrochen, als hier das Pfandrecht erst mit Löschung im Grundbuch erlischt. Zu beachten ist, dass nur die Zahlung des Schuldners zur Tilgung und damit zum Erlöschen des Pfandrechts führt, § 469. Zahlt ein Dritter, so geht die Forderung mit den Sicherheiten auf ihn über (Legalzession nach § 1358, vgl Fall 68). Ungeachtet des Fortbestehens der Forderung erlischt das Pfandrecht etwa mit Verzicht des Pfandgläubigers auf das Pfandrecht, mit Untergang der Pfandsache (§ 467), mit gutgläubigem lastenfreien Erwerb oder durch Rückstellung der Pfandsache an den Pfandbesteller. Hypotheken können verjähren, § 1499. Faustpfandrechte können nicht verjähren, sondern bleiben bestehen, solange der Gläubiger die Pfandsache bei sich hat, §1483. Zu keinem ersatzlosen Erlöschen des Pfandrechts kommt es in den Fällen einer Pfandrechtswandlung (Modifikation). Unter Pfandrechtswandlung versteht man die Änderung des Pfandgegenstandes unter Aufrechterhaltung der Identität des Pfandrechts. Zu einem Übergang des Pfandrechts von der Pfandsache auf einen an dessen Stelle in das Vermögen des Schuldners tretenden Gegenstand kommt es nur bei besonderer gesetzlicher Regelung. Wird etwa die Pfandsache enteignet, so geht das Pfandrecht auf die Entschädigungssumme über (§§ 22, 34 EisbEG). Wird das versicherte Gebäude zerstört, so erfasst das Pfandrecht die Forderung gegen den Versicherer (§§ 99 ff VersVG). Kommt es zu einer Verarbeitung der Pfandsache durch den Eigentümer, so umfasst das Pfandrecht die neue Sache. [*Koziol/Welser*, Bürgerliches Recht I^{13} (2006) 403 ff]

Zu den einschlägigen Quellenstellen der hier erörterten Problemkreise: zum Prinzip *indivisa est pignoris causa* vgl insb Ulpian D 20. 1. 19 u Papinian D 21. 2. 65; zur Klage des Pfandbestellers auf Rückgabe der Pfandsache nach Tilgung der Schuld, auch wenn ihm diese nicht gehört, vgl insb Ulpian D 13. 7. 9. 4; zur Haftung des Pfandgläubigers vgl insb Diokletian u Maximian C 8. 13. 19, Gaius D 13. 6. 18 pr u Ulpian D 13. 7. 13. 1; zur mehrfachen Verpfändung derselben Sache vgl insb Gaius D 20. 1. 15. 2; zum Grundsatz *prior tempore, potior iure* vgl insb Antoninus C 8. 17. 3; zur Nachverpfändung unter der aufschiebenden Bedingung, dass das erstrangige Pfandrecht erlischt, vgl insb African D 20. 4. 9. 3; zur (Gegen-)Einrede des vorrangigen Pfandgläubigers bei Mehrfachverpfändung vgl insb Marcian D 20. 4. 12 pr u Marcellus D 44. 2. 19; zum *ius vendendi* des erstrangigen Pfandgläubigers vgl insb Diokletian u Maximian C 8. 17. 8, Marcian D 20. 4. 12. 9 sowie Papinian D 20. 5. 1; zum *ius offerendi ac succedendi* eines nachrangigen Pfandgläubigers vgl insb Severus u Antoninus C 8. 17. 1, Papinian D 20. 4. 3 pr, Gaius D 20. 4. 11. 4, Marcian D 20. 4. 12. 9 sowie Tryphonin D 49. 15. 12. 12; zum *pactum de vendendo* sowie zur Verfügungsbefugnis des Pfandgläubigers bei Verkauf der Pfandsache vgl insb Ulpian D 13. 7. 4; zur Pflicht des Pfandgläubigers zur dreimaligen *denuntiatio* vor Pfandverkauf vgl insb PS 2. 5. 1 u 2. 13. 5; zur Klage des nachrangigen Pfandgläubigers auf den ihm gebührenden Teil des Erlöses, der die Forderung des erstrangigen Pfandgläubigers übersteigt, vgl Marcian D 20. 4. 12. 5; zum Erlöschen sämtlicher Pfandrechte mit Pfandverkauf vgl insb Alexander C 8. 19. 1 pr; zur *impetratio dominii* vgl insb Alexander C 8. 33. 1; zur Klage des Pfandbestellers auf das *superfluum* vgl insb Diokletian u Maximian C 8. 27. 20.

Fall 16:

Flora, labora!

Die Textilhandwerkerin FLORA kauft bei JUNO im März die Weberinnensklavin Carna und erhält sie übergeben. Zur Besicherung des in einem halben Jahr fälligen Kaufpreises verpfändet FLORA JUNO ihren am Weingarten des VOLTURNUS eingeräumten *ususfructus*. FLORA übergibt JUNO den Weingarten und sie vereinbaren, dass die Erträgnisse aus dem *ususfructus* auf die aushaftende Kaufpreisforderung anzurechnen sind. Anfang April erscheint POMONA bei FLORA, die sich für den Kauf von FLORAs Webstuhl interessiert. Handelseins werden sie jedoch erst eine Woche später, als sie sich zufällig bei einem Thermenbesuch begegnen. Da FLORA dringend Geld benötigt, den Webstuhl jedoch noch verwenden möchte, vereinbaren sie, dass POMONA den Kaufpreis sofort bezahle, FLORA den Webstuhl aber noch für ein Jahr gegen Zahlung eines monatlichen Entgelts verwenden dürfe.

Da die Geschäfte von FLORA nicht besonders gut laufen, sieht sie sich gezwungen, bei QUIRINUS einen Kredit zu nehmen und ihm dafür ihre Textilwerkstatt (besitzlos) zu verpfänden. Um möglichst bald wieder in die schwarzen Zahlen zu kommen, arbeitet FLORA nun noch eifriger. Dabei bemerkt FLORA nicht, dass sie einen der LUNA gehörenden Ballen Wolle, den LUNA bei ihrem letzten Besuch bei FLORA vergessen hat, mit eigener Farbe rot gefärbt und zur Herstellung einer Toga verwendet hat. Ende September stirbt FLORA. Zu diesem Zeitpunkt ist sowohl die Forderung von JUNO als auch jene von QUIRINUS fällig, jedoch unbeglichen.

Hat JUNO ein Pfandrecht erlangt? Steht QUIRINUS im Todeszeitpunkt von FLORA ein pfandrechtlicher Anspruch hinsichtlich der Weberinnensklavin Carna, des Webstuhls und der roten Toga zu?

Zu behandelnde Problemkreise:

a) hinsichtlich des ususfructus
➢ Zulässigkeit der Verpfändung eines Rechts
➢ *ususfructus* als beschränktes dingliches Recht an einer fremden Sache
➢ Befugnis des Pfandgläubigers zur Fruchtziehung – Nutzpfand
➢ Höchstpersönlichkeit des *ususfructus*
➢ Erlöschen des Pfandrechts bei Untergang des Pfandgegenstandes

b) hinsichtlich der Sklavin Carna, des Webstuhls und der roten Toga
➢ Verpfändung einer Gesamtsache
➢ bloße *traditio* einer *res mancipi* – bonitarisches Eigentum
➢ Besitzübertragung mittels *constitutum possessorium*
➢ natürlicher Eigentumserwerb durch feste Verbindung – *accessio cedit principali*
➢ eigenmächtige Herstellung einer neuen Sache aus fremdem Material
➢ Kontroverse zwischen Sabinianern und Prokulianern – *media sententia*

Pfandrecht von JUNO

Verpfändet FLORA JUNO ihren an VOLTURNUS' Weingarten eingeräumten *ususfructus*, so ist zu prüfen, ob JUNO ein Pfandrecht daran erworben hat.

Zunächst gilt es zu erörtern, worum es sich bei einem *ususfructus* handelt. Der Definition des Juristen Paulus zufolge ist der *ususfructus* (auch Fruchtgenuss oder Nießbrauch) das (beschränkte dingliche) Recht, fremde Sachen unter Erhaltung ihrer Substanz zu gebrauchen und aus ihnen Früchte zu ziehen. Der Usufruktuar erwirbt Eigentum an den Früchten mit Besitzergreifung (*perceptio*). Bis zur *perceptio* durch den Usufruktuar gehören die von der fruchttragenden Sache getrennten Früchte dem Eigentümer der fruchttragenden Sache.

Gegenstand eines Pfandrechts können neben körperlichen Sachen auch Rechte, va Forderungen des Pfandbestellers gegen einen Dritten[*] (Forderungspfandrecht, *nomen pignori datum*), sein. Die Verpfändbarkeit dinglicher Rechte an fremden Sachen, wie etwa von Felddienstbarkeiten (nicht hingegen von Gebäudedienstbarkeiten), des Erbpachtrechts und des *ususfructus*, wird spätestens ab der Spätklassik anerkannt. Die von FLORA und JUNO intendierte Verpfändung des von FLORA an VOLTURNUS' Weingarten bestehenden *ususfructus* ist daher zulässig.

Für die Beantwortung der Frage, ob JUNO an dem *ususfructus* von FLORA am Weingarten von VOLTURNUS ein Pfandrecht erlangt hat, müssen, wie auch sonst bei der rechtsgeschäftlichen Begründung eines Pfandrechts, folgende drei Voraussetzungen vorliegen: Es bedarf der dinglichen Berechtigung des Pfandbestellers, einer gültigen, zu sichernden Forderung des Gläubigers (Akzessorietät) und einer Pfandabrede (*conventio pignoris*). Da FLORA von VOLTURNUS als Eigentümer des Weingartens daran einen *ususfructus* eingeräumt erhalten hat, ist die dingliche Berechtigung von FLORA als Pfandbestellerin gegeben. Eine gültige Forderung von JUNO, die besichert werden soll, besteht ebenfalls (Kaufpreisforderung von JUNO). Schließlich haben FLORA und JUNO auch eine Pfandabrede geschlossen (*arg*: zur Besicherung verpfändet FLORA JUNO ihren am Weingarten des VOLTURNUS eingeräumten *ususfructus*). Folglich hat JUNO ein Pfandrecht am *ususfructus* von FLORA erworben. Die von FLORA und JUNO der *conventio pignoris* beigefügte Abrede, dass die Erträgnisse aus dem *ususfructus* auf die aushaftende Kaufpreisforderung anzurechnen sind, entspricht der Figur des Nutzpfandes (*antichresis*). Grundsätzlich ist der Pfandgläubiger nicht befugt, die Pfandsache zu gebrauchen oder aus ihr Früchte zu ziehen. Vielmehr stellt ein unerlaubter Gebrauch der Pfandsache durch den Pfandgläubiger einen Gebrauchsdiebstahl (*furtum usus*) dar. Bei dem aus dem hellenistischen Raum übernommenen Nutzpfand werden die vom Pfandgläubiger gezogenen Früchte idR zunächst auf die Zinsen und sodann auf das Kapital der Forderung angerechnet (Amortisation oder Totsatzung). Ein allfälliger Überschuss ist dem Pfandbesteller herauszugeben.[**] Ist, wie im vorliegenden Fall, vereinbart, dass die vom Pfandgläubiger gezogenen Früchte nur die Kapitalschuld (*in concreto* die Kaufpreisschuld von FLORA) abdecken sollen, so spricht man auch von reiner Amortisationsantichrese. Folglich wäre JUNO verpflichtet, jene Früchte, deren Wert ihre Kaufpreisforderung übersteigt, an FLORA herauszugeben. Da diesfalls JUNOs Forderung beglichen wäre, würde auch das Pfandrecht untergehen, weshalb der Weingarten an FLORA zurückzustellen wäre.

---

[*] Die Besonderheit von Forderungspfandrechten liegt darin, dass die Verwertung nicht durch Verkauf erfolgt, sondern durch Einziehung der Forderung seitens des Pfandgläubigers beim Schuldner (dem sog Drittschuldner) in Höhe des Betrages der besicherten Forderung. Ist die verpfändete Forderung hingegen nicht auf Geld, sondern auf Leistung einer sonstigen Sache gerichtet, so kann der Pfandgläubiger vom Drittschuldner deren Herausgabe verlangen. Diese Sache haftet dem Pfandgläubiger sodann als Sachpfand nach allgemeinen Grundsätzen. Zur Durchsetzung seines Anspruchs gegen den Drittschuldner steht dem Pfandgläubiger eine *actio utilis* zur Verfügung.

[**] Ebenfalls möglich ist es, zu vereinbaren, dass der Gläubiger die Früchte anstelle von Zinsen behalten darf, es aber zu keiner Anrechnung auf die Hauptforderung kommen soll und der Gläubiger an der fruchttragenden Sache kein Pfandrecht, sondern nur ein Zurückbehaltungsrecht hat. Diesfalls hat der Gläubiger keine Verwertungsbefugnis hinsichtlich der ihm übergebenen Sache.

Stirbt nun aber FLORA, noch bevor es zur Begleichung der Kaufpreisschuld kommt, so stellt sich die Frage, wie sich dieser Umstand auf JUNOS Pfandrecht am *ususfructus* auswirkt. Zu beachten ist, dass der *ususfructus* aufgrund seiner Höchstpersönlichkeit mit dem Tod des Berechtigten erlischt. Dies ergibt sich einerseits aus der Versorgungsfunktion des *ususfructus* (oft dient er zur Versorgung weiblicher Hinterbliebener), die wegfällt, wenn der zu Versorgende stirbt, andererseits würde die Vererblichkeit[*] des *ususfructus* zu einer dauerhaften Aushöhlung des Eigentumsrechts führen. Mit dem Tod von FLORA ist somit der *ususfructus* am Weingarten von VOLTURNUS erloschen. Da Gegenstand von JUNOS Pfandrecht der *ususfructus* ist, das Pfandrecht aber nur so lange bestehen kann, solange die Pfandsache existiert, ist mit Erlöschen des *ususfructus* auch das daran bestehende Pfandrecht von JUNO untergegangen. VOLTURNUS kann daher als Eigentümer mit der *rei vindicatio* die Herausgabe seines Weingartens von JUNO begehren und wird obsiegen. Zu beachten ist, dass die Kaufpreisforderung von JUNO durch den Tod von FLORA nicht erlischt, sondern auf die Erben von FLORA übergeht.[**] Ihren Anspruch auf Bezahlung des Kaufpreises wird JUNO daher bei Fälligkeit bei FLORAS Erben geltend machen.

Pfandrecht von QUIRINUS

Der Fragestellung nach ist weiters zu prüfen, ob QUIRINUS ein Pfandrecht erworben hat und wenn ja, welche Gegenstände es umfasst. Dafür muss zunächst die zwischen FLORA und QUIRINUS abgeschlossene Pfandabrede untersucht werden. Da vereinbart ist, dass FLORAS Textilwerkstatt verpfändet sein soll, ist der Gegenstand des Pfandrechts eine Sachgesamtheit. Von einer Sachgesamtheit (auch Gesamtsache, *universitas rerum* bzw *corpus ex distantibus*) spricht man, wenn eine Vielzahl von körperlich selbständigen Sachen derart wirtschaftlich zusammenhängen, dass man sie rechtlich als einheitliche Sache behandelt und deshalb über sie als Gesamtheit *uno actu* verfügt werden kann. Folglich lässt sich ein Pfandrecht nicht nur an einer einzelnen Sache (Spezialpfand), sondern auch an einer Gesamtsache wirksam begründen. Daneben ist auch die Verpfändung des gesamten gegenwärtigen wie auch des künftigen Vermögens zulässig (Generalpfand). Die zur Begründung eines Generalpfandrechts zwischen Schuldner und Gläubiger geschlossene *conventio generalis* wird aber dahingehend eingeschränkt, dass jene Gegenstände als vom Generalpfandrecht nicht umfasst gelten, an denen der Schuldner auch kein Spezialpfand eingeräumt hätte – *quae verisimile est quemquam specialiter obligaturum non fuisse* –, wie etwa Hausrat oder Kleidung.

Folglich haben FLORA und QUIRINUS über FLORAS Textilwerkstatt eine gültige Pfandabrede (*conventio pignoris*) abgeschlossen. Auch eine zu besichernde Forderung ist mit Gewährung des Kredits von QUIRINUS an FLORA wirksam entstanden. Die Voraussetzung der Akzessorietät, wonach das Pfandrecht sowohl in seinem Ent- als auch in seinem Bestehen von einer zu sichernden Forderung abhängt, ist somit ebenfalls erfüllt. Für die Beantwortung der Frage, welche Gegenstände im Todeszeitpunkt von FLORA von QUIRINUS' Pfandrecht umfasst sind, ist zu beachten, dass die Textilwerkstatt einer laufenden Auswechslung der einzelnen in ihr befindlichen Sachen unterliegt – Rohstoffe werden angeschafft und verarbeitet, hergestellte Produkte werden veräußert

---

[*] Der *ususfructus* als dingliches Recht ist aufgrund seiner Höchstpersönlichkeit auch nicht unter Lebenden übertragbar. Sehr wohl möglich ist aber die Übertragung der Ausübung der aus dem *ususfructus* entspringenden Nutzungsrechte auf schuldrechtlichem Wege. Ein auf diese Art entstandenes Nutzungsrecht endet freilich, gemeinsam mit dem *ususfructus*, mit dem Tod des Usufruktuars.

[**] Wenngleich Schulden des Erblassers nach klassischem römischen Recht nicht als Teil des Nachlasses (*hereditas*) gelten, gehen sie (mit Ausnahme solcher aus Pönalklagen) dennoch auf die Erben über. Für sie haften die Erben, selbst bei überschuldetem Nachlass, unbegrenzt. Eine Beschränkung der Haftung der Erben auf die Höhe des Wertes des Nachlasses (*beneficium inventarii*) kennt erst das justinianische Recht.

etc. Diesem Umstand Rechnung tragend gilt bei der Verpfändung eines Geschäftslokals das Pfandrecht an jenen Einzelsachen, die der Schuldner veräußert und die aus seinem Lokal hinausgebracht werden, als erloschen, wobei dem Pfandgläubiger die Zustimmung zur lastenfreien Weiterveräußerung jeweils unterstellt wird. Umgekehrt gelten jene Sachen, die der Schuldner erwirbt und in sein Lokal einbringt, als vom Pfandrecht umfasst. Da der Schuldner seine Waren somit unbelastet veräußern kann, führt die Verpfändung zu keiner Behinderung des Geschäftsverkehrs (ein Erwerber muss nicht fürchten, eine mit einem Pfandrecht belastete Sache zu erhalten). Folglich kann der Schuldner die verpfändete Gesamtsache uneingeschränkt nutzen, um Kapital für die Begleichung des geschuldeten Betrages zu erzielen. Zugleich bleibt das Sicherungsinteresse des Pfandgläubigers insofern gewahrt, als all jene Sachen, die vom Schuldner im Rahmen des Betriebes seines Unternehmens angeschafft werden, dem Pfandrecht unterliegen. So entscheidet etwa der Jurist Scaevola, dass bei Tod des Schuldners, der eine *taberna* verpfändet hat, jene Einzelsachen als vom Pfandrecht umfasst gelten, die sich zum Todeszeitpunkt des Schuldners in der *taberna* befinden – *ea, quae mortis tempore debitoris in taberna inventa sunt, pignori obligata esse videntur.*

Zu beachten ist, dass nur solche Sachen vom Pfandrecht umfasst sein können, an denen der Pfandbesteller dinglich berechtigt ist. Folglich muss geprüft werden, welche Sachen aus der Werkstatt FLORA bis zu ihrem Tod in ihrem Eigentum hatte.

Zunächst gilt es zu untersuchen, ob FLORA Eigentümerin der Weberinnensklavin Carna geworden ist. Da die Sklavin Carna an FLORA verkauft und übergeben worden ist, kommt ein derivativer Eigentumserwerb mittels *traditio* infrage. Dafür sind drei Voraussetzungen erforderlich: Erstens muss der Vormann dinglich berechtigt, dh Eigentümer oder Verfügungsbefugter, sein – *nemo plus iuris transferre potest quam ipse habet.* Zweitens bedarf es eines gültigen Titels, der auf die Übertragung von Eigentum gerichtet ist (*iusta causa* bzw *titulus*). Drittens muss die *possessio* am Gegenstand auf den Erwerber übertragen werden (*traditio* ieS bzw *modus*). Das Recht des Vormanns ist gegeben: JUNO ist als Eigentümerin der Sklavin Carna berechtigt, rechtsgeschäftlich über sie zu verfügen. Mit dem zwischen JUNO und FLORA abgeschlossenen Kaufvertrag liegt ein gültiger Titel vor. Schließlich hat auch die Übertragung der *possessio* auf FLORA stattgefunden (*arg*: FLORA erhält die Weberinnensklavin Carna übergeben). Somit sind die Voraussetzungen für einen derivativen Eigentumserwerb durch *traditio* erfüllt. Zu beachten ist aber, dass es sich bei Sklaven um *res mancipi* handelt, weshalb der Erwerb des zivilen Eigentums an ihnen neben dem Recht des Vormanns der Durchführung eines formgebundenen Verfügungsgeschäfts, dh entweder einer *mancipatio* oder einer *in iure cessio*, bedarf. Mittels formloser *traditio* kann ziviles Eigentum nur an *res nec mancipi* derivativ erworben werden. Wird die Übertragung einer *res mancipi*, wie im vorliegenden Fall, nicht mittels *mancipatio* oder *in iure cessio*, sondern durch formlose *traditio* vorgenommen, so erlangt der Erwerber nicht ziviles, sondern bloß bonitarisches Eigentum. Erst nach Ablauf der Ersitzungsfrist (bei beweglichen Sachen ein Jahr, bei unbeweglichen Sachen zwei Jahre) wird der Erwerber ziviler Eigentümer. Da im Todeszeitpunkt von FLORA die Ersitzungsfrist von einem Jahr noch nicht abgelaufen ist (*arg*: die Sklavin wurde im März übergeben und im September stirbt FLORA), steht die Sklavin Carna bis dahin im bonitarischen Eigentum von FLORA. Da es für die Voraussetzung der dinglichen Berechtigung am Pfandgegenstand genügt, dass er sich *in bonis* des Pfandbestellers befindet (dh dieser die Stellung eines bonitarischen Eigentümers hat), unterliegt daher die Weberinnensklavin Carna dem Pfandrecht von QUIRINUS.

Weiters ist zu untersuchen, ob auch der Webstuhl im Eigentum von FLORA steht und damit von QUIRINUS' Pfandrecht umfasst ist. Zunächst ist FLORA sowohl Besitzerin (der Webstuhl befindet sich bei FLORA und sie möchte ihn für sich haben) als auch Eigentümerin des Webstuhls (*arg*: FLORAs Webstuhl). Dies ändert sich auch dann nicht, als POMONA bei FLORA erscheint und ihre

Absicht, den Webstuhl kaufen zu wollen, kundtut. Mangels Abschlusses eines Verpflichtungsgeschäfts und Vornahme eines Verfügungsgeschäfts bleibt FLORA in diesem Stadium des Falles Besitzerin und Eigentümerin des Webstuhls.

Fraglich ist, ob es zu einem derivativen Eigentumserwerb mittels *traditio* am Webstuhl durch POMONA kommt, als sie sich mit FLORA eine Woche später über dessen Kauf einigt. Die dingliche Berechtigung der Verkäuferin FLORA ist gegeben, da sie Eigentümerin des Webstuhls ist. Der Kaufvertrag stellt einen rechtlich anerkannten Titel für den derivativen Eigentumserwerb dar. Die Übertragung des Besitzes auf POMONA hat ebenfalls stattgefunden, uzw mittels *constitutum possessorium*: Indem die Erwerberin POMONA mit der bisherigen Eigenbesitzerin FLORA übereinkommt, dass FLORA den Webstuhl künftig als Mieterin (dh als Detentorin) für POMONA innehaben soll, gibt FLORA ihren *animus rem sibi habendi* auf. Zugleich kommt durch POMONAs Einverständnis zur mietweisen Überlassung des Webstuhls an FLORA POMONAs Erwerbswille zum Ausdruck. Da POMONA einen *animus rem sibi habendi* fasst, die Sachherrschaft aber nicht selbst ausübt, sondern ihr diese von FLORA vermittelt wird, ist sie mittelbare Eigenbesitzerin des Webstuhls. FLORA hingegen ist unmittelbare Fremdbesitzerin, da sie die unmittelbare Sachgewalt und als Mieterin einen *animus rem alteri habendi* hat. Da der Besitzerwerb mittels *constitutum possessorium* keines körperlichen Übertragungsaktes bedarf, sondern der Besitzwille im Vordergrund steht, spricht man auch von Besitzerwerb *solo animo*. Zu beachten ist aber, dass auf das Tatbestandselement *corpus* nicht verzichtet wird: Die Sachherrschaft wird dem Erwerber vom bisherigen *possessor* als Detentor vermittelt. Folglich hat POMONA mittels *constitutum possessorium* derivativ Besitz und, da alle Voraussetzungen für einen Eigentumserwerb mittels *traditio* gegeben sind, zugleich Eigentum am Webstuhl erworben, als sie in den Thermen mit FLORA über den Kauf des Webstuhls handelseins wird. FLORA ist somit im Zeitpunkt der Verpfändung ihrer Werkstatt nicht mehr Eigentümerin des Webstuhls. Folglich ist der Webstuhl nicht vom Pfandrecht umfasst und unterliegt daher bei Fälligkeit und Nichtzahlung des Kredits nicht dem pfandrechtlichen Zugriff von QUIRINUS.

Schließlich gilt es noch zu prüfen, ob die von FLORA hergestellte Toga im maßgeblichen Zeitpunkt ihr gehört und daher dem Pfandrecht von QUIRINUS unterliegt. Die Wolle, aus der die Toga in der Folge hergestellt wird, gehört zu Beginn des Falles LUNA (*arg*: ein LUNA gehörender Ballen Wolle). Färbt nun FLORA die Wolle versehentlich, weil sie glaubt, dass sie ihr gehört (und damit eigenmächtig), mit eigener Farbe, so kommt ein originärer Eigentumserwerb durch *accessio* (Verbindung) zweier beweglicher Sachen infrage. Im vorliegenden Fall handelt es sich um eine feste Verbindung von Farbe und Wolle, da eine Trennung der Farbe von der Wolle, sofern diese, etwa durch Auswaschen, überhaupt möglich ist, zur Zerstörung der Farbe führen würde. Für die Frage, wem die durch Verbindung entstandene Sache gehört, kommt es darauf an, welche der zur Verbindung herangezogenen Sachen die Haupt- und welche die Nebensache ist. Nach dem Grundsatz *accessio cedit principali* wird nämlich der Eigentümer der Hauptsache Eigentümer der Nebensache. Nach Ansicht der römischen Juristen kommt es bei der Bestimmung von Haupt- und Nebensache weniger auf den Wert der verbundenen Sachen oder auf den für die Verbindung geleisteten Arbeitsaufwand an als vielmehr darauf, wie man die neue verbundene Sache in einem Vindikationsprozess bezeichnet würde (Kriterium der Vindizierbarkeit). Da in einem Eigentumsprozess eher „rot gefärbte Wolle" als „rote Farbe auf Wolle" verlangt werden würde, stellt die Wolle als Trägersubstanz die Hauptsache und die rote Farbe die Nebensache dar – *si meam lanam infeceris, purpuram nihilo minus meam esse*. Folglich ist LUNA, da die Wolle aus ihrem Eigentum stammt, Eigentümerin der rot gefärbten Wolle. FLORA als ehemaliger Eigentümerin der roten Farbe stünde in diesem Stadium des Falles ein Anspruch auf Ersatz des Wertes der

Farbe sowie für den beim Färben entstandenen Arbeitsaufwand, sofern sich dieser wertsteigernd ausgewirkt hat, zu. Würde LUNA die Herausgabe der gefärbten Wolle mittels *rei vindicatio* verlangen, so könnte FLORA ihren Wertersatzanspruch mittels *exceptio doli* geltend machen und die Wolle so lange zurückbehalten, bis sie von LUNA Wertersatz erhalten hat.

Fabriziert FLORA in der Folge aus der Wolle eine Toga, so stellt sich die Frage, ob es dadurch zu einem originären Eigentumserwerb von FLORA mittels *specificatio* (Verarbeitung) gekommen ist. Ein natürlicher Eigentumserwerb mittels *specificatio* ist grds immer dann in Betracht zu ziehen, wenn aus fremdem Material eigenmächtig (*suo nomine*) eine neue Sache (*nova species*) hergestellt wird. Dass von einer neuen Sache gesprochen werden kann, ergibt sich regelmäßig daraus, dass sie eine andere Bezeichnung trägt als jene, aus der sie erzeugt worden ist. Da im vorliegenden Fall das Ausgangsmaterial (Wolle) anders bezeichnet wird als das daraus hergestellte Produkt (Toga), kann von einer *nova species* gesprochen werden. Die Frage, ob die eigenmächtig vorgenommene Verarbeitung fremden Materials zu einem Eigentumserwerb des Produzenten führt (Produktionsprinzip) oder der Eigentümer des Ausgangsstoffs auch Eigentümer des Endprodukts sein soll (Substantialprinzip), ist Gegenstand einer Schulenkontroverse zwischen Sabinianern und Prokulianern. Ausgehend von der Überlegung, dass das Material Grundlage eines jeden Gegenstandes ist und es auch erhalten bleibt, wenn sich die Gestalt des Gegenstandes ändert, soll nach Ansicht der sabinianischen Rechtsschule derjenige Eigentümer des Endprodukts sein, von dem das Material stammt. Für die Rechtsschule der Prokulianer ist hingegen die äußere Erscheinungsform eines Gegenstandes maßgeblich. Nach prokulianischer Ansicht führt das gestalterische Einwirken auf eine Sache zu deren Untergang und damit zum Erlöschen des an ihr bestehenden Eigentumsrechts. Die hergestellte Sache ist daher zunächst eine *res nullius*, die im Zuge des Spezifikationsvorgangs vom Produzenten kraft *naturalis ratio* okkupiert wird. In der Spätklassik setzt sich eine die Ansichten der Sabinianer und der Prokulianer harmonisierende Lösung (*media sententia*) durch, nach der es auf die Rückführbarkeit der Verarbeitung ankommt: Lässt sich die verarbeitete Sache wieder in ihren ursprünglichen Zustand zurückführen, so gilt die sabinianische Meinung und es findet keine Änderung der Eigentumsverhältnisse statt. Ist der Verarbeitungsvorgang hingegen irreversibel, so erwirbt der Produzent Eigentum an der verarbeiteten Sache. Da sich der Herstellungsvorgang der Toga aus der Wolle nicht mehr rückgängig machen lässt, hat nach der *media sententia* (und nach prokulianischer Rechtsansicht) FLORA als Produzentin originär Eigentum durch *specificatio* an der roten Toga erworben. LUNA als ehemalige Eigentümerin der Wolle hat gegen FLORA, da diese die Verarbeitung gutgläubig vorgenommen hat (*arg*: FLORA bemerkt nicht, dass es sich bei dem zur Herstellung der Toga verwendeten Ballen Wolle um jenen von LUNA handelt), eine *actio in factum* auf Wertersatz.

Schließt man sich hingegen der sabinianischen Meinung an, so steht die Toga im Eigentum von LUNA, die sie daher mittels *rei vindicatio* von FLORA herausverlangen wird. Dagegen könnte FLORA die *exceptio doli* einwenden, um Ersatz für die ihr bei der Herstellung der Toga entstandenen, wertsteigernden Aufwendungen zu verlangen. Folgt man dieser Ansicht, so hat QUIRINUS mangels Eigentumserwerbs von FLORA kein Pfandrecht an der roten Toga erworben.

Festzuhalten ist, dass nach der *media sententia* (sowie nach prokulianischer Ansicht) das Pfandrecht von QUIRINUS somit neben der Sklavin Carna auch die rote Toga umfasst, an der FLORA durch *specificatio* Eigentum erworben hat. Bei Fälligkeit seiner Forderung auf Rückzahlung des Kredits ist QUIRINUS daher befugt, die Sklavin Carna und die rote Toga zu verwerten, um sich aus dem erzielten Erlös zu befriedigen. Sollte der Erlös die Forderung von QUIRINUS übersteigen, so hat er den überschießenden Teil (das *superfluum*) an die Erben von FLORA herauszugeben. Bleibt der Erlös hingegen hinter QUIRINUS' Forderung zurück, so kann sich QUIRINUS für die Begleichung des ungedeckten Teils seiner Forderung an FLORAs Erben wenden.

▶ (1) Kein Gegenstand eines Pfandrechts können jene Sachen sein, die einem Verpfändungs- bzw Pfändungsverbot unterliegen (etwa Pflichtteilsansprüche), Gesamtsachen oder das gesamte Vermögen das Schuldners (Prinzip der Spezialität), Sachen, die im Eigentum des Gläubigers stehen (Prinzip des Rechts an einer fremden Sache, Ausnahme ist die Eigentümerhypothek), weiters Grunddienstbarkeiten und Reallasten sowie der *usus*. (2) Vor Fälligkeit der besicherten Forderung hat der Pfandgläubiger die Pfandsache sorgfältig zu verwahren (§§ 1369, 459), er darf aus ihr keine Früchte ziehen (Verbot der Antichrese, § 1372), sie ohne Erlaubnis des Pfandschuldners nicht gebrauchen und hat sie nach Begleichung der Forderung zurückzustellen. Für eine verschuldete Verschlechterung der Pfandsache hat der Pfandgläubiger Ersatz zu leisten, § 459. Der Pfandgläubiger kann ein anderes Pfand verlangen, wenn das hingegebene Pfand durch Verschulden des Pfandbestellers oder durch einen erst nach Pfandbestellung zutage getretenen Mangel zur Deckung der Forderung nicht ausreicht, § 458. (3) Zum Schutz des Pfandrechts hat der Faustpfandgläubiger als Rechtsbesitzer die Besitzstörungsklage. Mit der Pfandklage (*actio Serviana*) kann der Faustpfandgläubiger sein Pfandrecht als absolutes Recht gegenüber jedermann geltend machen, um die Pfandsache herauszuverlangen. Zum Schutz vor Einwirkungen, die die Sicherheit des Pfandrechts bedrohen, wird dem Pfandgläubiger ein Anspruch auf Unterlassung gewährt (Devastationsklage). Diese spielt va bei verpfändeten Liegenschaften eine Rolle (etwa bei Verschlechterung der Verwertbarkeit wegen eines für den Ersteher ungünstigen Mietvertrages, den dieser zu übernehmen verpflichtet ist). Die Pfandklage kann der Pfandgläubiger in Analogie zu § 372 auch als *actio Publiciana* gegen jeden, der ein schlechteres Recht zum Besitz hat, anstellen. Mit der Pfandvorrechtsklage kann der Pfandgläubiger seinen Anspruch auf vorzugsweise Befriedigung aus dem Erlös der Pfandsache gegenüber jedem, der die Pfandsache gerichtlich pfändet, geltend machen, § 258 EO. Im Konkurs bzw Ausgleich des Pfandbestellers steht dem Pfandgläubiger ein Absonderungsrecht zu, § 48 IO. [*Koziol/Welser*, Bürgerliches Recht I¹³ (2006) 374 ff; 390 f; 402 f] (4) Zur Übergabe durch Zeichen vgl Fall 2. (5) Zum Fruchtgenuss vgl Fall 13 Variante. (6) Zum Eigentumserwerb durch Verarbeitung und Vereinigung vgl Fall 11.

Zu den einschlägigen Quellenstellen der hier erörterten Problemkreise: zur Definition des *ususfructus* vgl insb Paulus D 7. 1. 1 u Iust Inst 2. 4 pr; zur Begründung eines *ususfructus* durch *in iure cessio* vgl insb Gai Inst 2. 30 u 32; zum Fruchterwerb des *usufructuarius* durch *perceptio* vgl insb Paulus D 7. 4. 13, Gaius D 22. 1. 19 pr sowie Julian D 22. 1. 25. 1; zur Verpfändung eines *ususfructus* vgl insb Marcian D 20. 1. 11. 2; zur Verpfändung von Felddienstbarkeiten vgl insb Paulus D 20. 1. 12; zum *nomen pignori datum* vgl insb Diokletian u Maximian C 4. 39. 7, Alexander C 8. 16. 4 u Paulus D 13. 7. 18 pr; zum *furtum usus* des Pfandgläubigers bei unerlaubter Nutzung des Pfandes vgl insb Gaius D 47. 2. 55 pr; zum Begriff des Nutzpfandes vgl insb Marcian D 13. 7. 33 u ders D 20. 1. 11. 1; zum Erlöschen eines *ususfructus* vgl insb PS 3. 6. 28–33; zum Begriff des *corpus ex distantibus* vgl insb Pomponius D 41. 3. 30 pr; zur Verpfändung eines *corpus ex distantibus* vgl insb Marcian D 20. 1. 13 pr u Scaevola D 20. 1. 34 pr; zur Einräumung eines Generalpfandes sowie zum Ausschluss gewisser Sachen vom Generalpfand vgl insb Ulpian D 20. 1. 6 u Paulus D 20. 1. 7; zur Voraussetzung, dass der Pfandbesteller (zumindest bonitarischer) Eigentümer der Pfandsache ist, vgl insb Gaius D 20. 1. 15. 1; zum Besitzerwerb mittels *constitutum possessorium* vgl insb Ulpian D 6. 1. 77, Celsus D 41. 2. 18 pr sowie Marcellus D 41. 2. 19 pr; zur Bestimmung von Haupt- und Nebensache bei einer *accessio* beweglicher Sachen vgl etwa Paulus D 6. 1. 23. 4, ders D 41. 1. 26 pr u Pomponius D 41. 1. 27. 2; zum Grundsatz, dass die Nebensache in ihrem rechtlichen Schicksal der Hauptsache folgt, vgl insb Paulus D 6. 1. 23. 5; zum Eigentumserwerb des Wolleigentümers an der Farbe bei Färben der Wolle vgl Paulus D 41. 1. 26. 2; zur Schulenkontroverse zum Eigentumserwerb durch *specificatio* vgl insb Gai Inst 2. 79 sowie zur *media sententia* vgl insb Gaius D 41. 1. 7. 7, Paulus D 41. 1. 24 u 26 pr sowie Iust Inst 2. 1. 25.

Fall 17: ✰✰

Wer zuerst kommt, mahlt zuerst

JUPITER mietet Anfang Jänner von VESTA eine in Ostia gelegene Wohnung mit Blick auf das Meer für die Dauer von drei Jahren. Der jährliche Zins von 400 ist jeweils am Jahresende fällig. Um die Wohnung einzurichten, geht JUPITER im Februar zum Möbelhändler AEOLUS, von dem er gutgläubig einen der LEVANA gehörenden, nicht furtiven Marmortisch (Wert 500) kauft. JUPITER erhält den Tisch übergeben und stellt ihn in die gemietete Wohnung.

Im März des nächsten Jahres verpfändet JUPITER den Tisch an FAUNUS zur Sicherung einer im Dezember fälligen Kaufpreisforderung in Höhe von 200, die FAUNUS gegen JUPITERS Schwager PICUS hat. Der Tisch verbleibt bei JUPITER. Am Ende des Jahres bleibt JUPITER den Jahresmietzins schuldig. VESTA befiehlt ihren Sklaven, JUPITERS Marmortisch aus der Wohnung abzutransportieren und in ihren Keller zu sperren. VESTAS Sklaven tun, wie ihnen geheißen. Da auch die Kaufpreisforderung von FAUNUS bei Fälligkeit unbeglichen bleibt, möchte FAUNUS auf den Marmortisch greifen, um ihn zu verwerten.

Wird FAUNUS mit seinem Begehren auf Herausgabe des Marmortisches Erfolg haben?

Zu behandelnde Problemkreise:

- ➢ derivativer Eigentumserwerb mittels *traditio*
- ➢ originärer Eigentumserwerb durch *usucapio* wegen eines rechtlichen Mangels beim Vormann
- ➢ Voraussetzungen für das Zustandekommen eines rechtsgeschäftlich begründeten Pfandrechts
- ➢ Drittpfandbestellung
- ➢ *pignus tacitum* des Vermieters an den vom Mieter eingebrachten Sachen
- ➢ Konvaleszenz des Pfandrechts
- ➢ Perklusionsrecht des Vermieters
- ➢ Entstehen des Pfandrealvertrages mit Besitzerlangung des Pfandgläubigers an der Pfandsache
- ➢ Mehrfachverpfändung – *prior tempore, potior iure*
- ➢ *actio pigneraticia in rem*
- ➢ *exceptio rei sibi ante pigneratae*
- ➢ *ius offerendi ac succedendi*
- ➢ Pfandverwertung
- ➢ *actio utilis* des nachrangigen Pfandgläubigers auf den nach Befriedigung des vorrangigen Pfandgläubigers verbleibenden Versteigerungserlös
- ➢ *actio pigneraticia in personam directa* des Pfandbestellers auf das *superfluum*

Zur Beantwortung der Frage, ob FAUNUS berechtigt ist, den Marmortisch von VESTA herauszuverlangen, um ihn zwecks Befriedigung seiner Forderung zu verwerten, ist zu prüfen, ob er am Marmortisch ein Pfandrecht erlangt hat. Ein rechtsgeschäftlich begründetes Pfandrecht kommt unter drei Voraussetzungen zustande: Erstens muss der Pfandbesteller an der Pfandsache dinglich berechtigt sein. Zweitens bedarf es einer zu sichernden Forderung des Gläubigers (Grundsatz der Akzessorietät des Pfandrechts). Drittens ist erforderlich, dass die Parteien eine Pfandabrede (*conventio pignoris*) getroffen haben. Da FAUNUS eine Kaufpreisforderung hat, die besichert werden soll, ist die Voraussetzung der Akzessorietät erfüllt. Ist, wie im vorliegenden Fall, der Schuldner der zu sichernden Forderung (Personalschuldner, *in concreto* JUPITERs Schwager PICUS) eine vom Pfandbesteller (Realschuldner, *in concreto* JUPITER) verschiedene Person, so spricht man von einem Drittpfand. In diesem Fall haftet dem Gläubiger bei Fälligkeit und Nichterfüllung seiner Forderung neben dem Schuldnervermögen noch die vom Drittpfandbesteller verpfändete Sache. Indem JUPITER den Tisch an FAUNUS zur Besicherung der Kaufpreisforderung verpfändet, haben sie eine Verpfändungsabrede geschlossen. Schließlich muss noch untersucht werden, ob JUPITER auch sachenrechtlich berechtigt ist, über den Marmortisch zu verfügen. Dies ist JUPITER dann, wenn er (zumindest bonitarischer) Eigentümer des Marmortisches oder darüber verfügungsbefugt ist. Es gilt, wie bei der Übertragung bzw Einräumung sämtlicher dinglicher Rechte, der Grundsatz *nemo plus iuris transferre potest quam ipse habet*. Da JUPITER den Marmortisch gekauft und übergeben erhalten hat, ist zu prüfen, ob er derivativ durch *traditio* Eigentum daran erworben hat. Voraussetzungen dafür sind die dingliche Berechtigung des Vormanns, ein Rechtsgeschäft, das auf die Übertragung von Eigentum gerichtet ist (*titulus* bzw *iusta causa*), und die Übertragung des Besitzes an der Sache auf den Erwerber (*modus* bzw *traditio* ieS). Der erforderliche Titel ist mit dem Kaufvertrag zwischen JUPITER und AEOLUS gegeben. Ebenso hat die Besitzübertragung stattgefunden (*arg*: JUPITER erhält den Tisch übergeben). Der derivative Eigentumserwerb scheitert aber am fehlenden Recht des Vormanns, da der Marmortisch nicht AEOLUS, sondern LEVANA gehört. Infrage kommt daher ein originärer Eigentumserwerb von JUPITER durch Ersitzung (*usucapio*) infolge fehlender dinglicher Berechtigung des Vormanns. Dafür müssen folgende fünf Voraussetzungen geprüft werden: *res habilis, titulus, bona fides, possessio* und *tempus*. Da der Marmortisch nicht außerhalb des Privatrechtsverkehrs steht und es sich bei ihm dem Sachverhalt nach ausdrücklich um keine *res furtiva* handelt, ist das Erfordernis einer ersitzungsfähigen Sache (*res habilis*) gegeben. Auch eine *iusta causa usucapionis* liegt mit dem zwischen JUPITER und AEOLUS geschlossenen Kaufvertrag vor. Zudem ist JUPITER *bona fide*: JUPITER weiß nicht, dass der Marmortisch nicht AEOLUS gehört (*arg*: JUPITER kauft von AEOLUS gutgläubig einen der LEVANA gehörenden Marmortisch). Auch die Übergabe des Marmortisches an JUPITER hat, wie bereits bei der Prüfung des derivativen Eigentumserwerbs dargelegt, stattgefunden. Da JUPITER den Marmortisch wie ein Eigentümer haben möchte, ist er Eigenbesitzer. Schließlich hat JUPITER den Marmortisch für die Dauer der bei beweglichen Sachen erforderlichen Ersitzungsfrist von einem Jahr ununterbrochen in seinem Besitz, weshalb er originär Eigentum an ihm erworben hat.

Da die Ersitzungsfrist im Verpfändungszeitpunkt bereits abgelaufen war (*arg*: JUPITER hat den Tisch im Februar gekauft und übergeben erhalten und ihn im März des darauffolgenden Jahres – und sohin 13 Monate später – an FAUNUS verpfändet), ist die dingliche Berechtigung von JUPITER gegeben, weshalb FAUNUS ein Pfandrecht am Marmortisch erworben hat. Da der Marmortisch nicht an FAUNUS übergeben wird, handelt es sich um ein besitzloses Pfand. Mangels *datio* ist daher zwischen JUPITER und FAUNUS kein Pfandrealvertrag zustande gekommen.

FAUNUS wäre daher grds berechtigt, den Marmortisch bei Fälligkeit und Nichtbegleichung seiner Forderung von jedem, der den Tisch bei sich hat, mittels *actio pigneraticia in rem* (bzw *vindicatio pignoris*) herauszuverlangen, damit er ihn verwerten und sich aus dem Erlös im Ausmaß seiner Forderung befriedigen kann. Da sich der Marmortisch bei VESTA befindet, wird FAUNUS seinen Herausgabeanspruch gegen sie richten. VESTA ist aber nur dann zur Herausgabe des Marmortisches verpflichtet, sofern ihre sachenrechtliche Position hinsichtlich des Marmortisches schwächer ist als jene von JUPITER. Zu prüfen ist daher, ob VESTA ein dingliches Recht am Marmortisch hat. Dafür ist zunächst das zwischen ihr und JUPITER bestehende Vertragsverhältnis zu erörtern. Indem sich JUPITER und VESTA über die Überlassung der Wohnung gegen Zahlung von 400 pro Jahr, fällig jeweils am Jahresende, einigen, schließen sie einen Mietvertrag (*locatio conductio rei*) ab. Zu beachten ist, dass bei der Wohnungsmiete jene Gegenstände, die der Mieter in die Wohnung eingebracht hat, damit sie dort auf Dauer bleiben (*invecta illata*), als dem Vermieter zur Sicherung seiner vertraglichen Ansprüche (va auf Bezahlung des Mietzinses), verpfändet gelten. Während ursprünglich die Verpfändung der vom Mieter einer Wohnung eingebrachten Sachen einzelvertraglich ausbedungen werden musste, wird eine entsprechende Vertragsklausel mit der Zeit so üblich, dass sie auch dann als vereinbart gilt, wenn sie nicht ausdrücklich in den Mietvertrag aufgenommen wird – *quae in praedia urbana inducta illata sunt pignori esse credantur, quasi id tacite convenerit*. Man spricht daher auch vom stillschweigend vereinbarten Pfandrecht (*pignus tacitum*) des Vermieters an den vom Mieter eingebrachten Sachen.[*] Zu prüfen ist daher, ob VESTA als Vermieterin der Wohnung ein Pfandrecht an dem von JUPITER eingebrachten Marmortisch erworben hat. Dafür bedarf es wieder der drei Voraussetzungen eines vertraglichen Pfandrechts, nämlich einer Pfandabrede, einer zu sichernden Forderung und der dinglichen Berechtigung des Pfandbestellers hinsichtlich der verpfändeten Sache.

Da VESTA und JUPITER die Verpfändung von *invecta illata* nicht ausdrücklich abbedungen haben, gelten diese mit Einbringung als stillschweigend verpfändet (*conventio tacita*). Der Marmortisch, als Möbelstück ein typisches Inventar einer Wohnung, wäre somit grds vom *pignus tacitum* erfasst, sobald ihn JUPITER in die Wohnung einbringt. Zudem besteht eine zu sichernde Forderung von VESTA, nämlich die Mietzinsforderung, die jeweils am Jahresende fällig ist (Akzessorietät). Zu beachten ist aber, dass JUPITER im Zeitpunkt der Einbringung des Marmortisches im Februar (noch) nicht dessen Eigentümer ist. Da bei Einbringung des Marmortisches die Ersitzungsfrist von einem Jahr noch nicht abgelaufen ist, ist JUPITER zu diesem Zeitpunkt lediglich bloßer Ersitzungsbesitzer. Mangels dinglicher Berechtigung von JUPITER hat daher VESTA im Zeitpunkt der Einbringung des Marmortisches in die von JUPITER gemietete Wohnung kein Pfandrecht erworben. Fraglich ist aber, ob der Umstand, dass JUPITER das Eigentum am Marmortisch schließlich ersitzt, dazu führt, dass VESTA letztlich doch ein Pfandrecht daran erwirbt. So lässt etwa der Jurist Paulus den Gläubiger, dem eine Sache zum Pfand gegeben wird, die nicht dem Pfandbesteller gehört – *res aliena pignori data* –, die dieser aber später in sein Eigentum erwirbt, nachträglich ein Pfandrecht erlangen. Es kommt also zur Heilung der pfandrechtlichen Stellung des Gläubigers (Konvaleszenz). Zur Geltendmachung seines Pfandrechts wird dem Pfandgläubiger eine der allgemeinen Pfandklage nachgebildete *actio pigneraticia in rem utilis* gewährt.

Diesen Überlegungen folgend, hat VESTA nachträglich, durch den Eigentumserwerb von JUPITER durch Ersitzung, ein Pfandrecht am Marmortisch erworben. Dabei ist zu beachten, dass VESTA bei Fälligkeit und Nichtzahlung des Mietzinses nicht klageweise vorgehen muss, um an die verpfändeten Sachen zu gelangen. Vielmehr hat sie als Vermieterin das Recht, auf die von JUPITER eingebrachten (und daher verpfändeten) Sachen, wie etwa den Marmortisch, eigenmächtig zuzugreifen und sie wegzusperren (Perklusionsrecht). Hat der Mieter seine Verpflichtungen erfüllt, kann er aber mittels *interdictum de migrando* die Freigabe der beschlagnahmten Sachen begehren, sofern er beim Ausziehen am Fortschaffen seiner Sachen durch den Vermieter gehindert wird.

---

[*] Zu beachten ist, dass es sich beim *pignus tacitum* um *ius dispositivum*, dh um vertraglich abdingbares Recht handelt. Die Vertragsparteien können daher die Verpfändung durch ausdrückliche Vereinbarung einschränken oder gänzlich ausschließen.

Lässt VESTA bei Fälligkeit und Nichtzahlung des Mietzinses den Marmortisch von ihren Sklaven wegsperren, so ist sie zu dieser Vorgehensweise jedenfalls berechtigt. Zu beachten ist, dass VESTA mit Beschlagnahme des Marmortisches (Fremd-)Besitz daran erlangt und damit ein Pfandrealvertrag entsteht.

Zur Beantwortung der Frage, ob VESTA verpflichtet ist, den Marmortisch an FAUNUS, der ebenfalls ein Pfandrecht daran erworben hat, herauszugeben, muss geprüft werden, wessen Pfandrecht im höheren Rang steht. Bei einer Mehrfachverpfändung gilt grds, dass derjenige Pfandgläubiger das höherrangige Recht an der Pfandsache hat, dessen Pfandrecht zuerst entstanden ist – *prior tempore, potior iure*. Lediglich bei gleichzeitiger Begründung kommt es für die bessere pfandrechtliche Position darauf an, wer die Sache besitzt – *melior est condicio possidentis*.

Da das (stillschweigende) Pfandrecht von VESTA durch den Eigentumserwerb von JUPITER (mit Ablauf der Ersitzungsfrist im Februar) entstanden ist, die Verpfändung des Marmortisches an FAUNUS aber erst später (nämlich im März) erfolgt ist, hat VESTA die stärkere pfandrechtliche Position. Ihr Pfandrecht steht im ersten und jenes von FAUNUS im zweiten Rang.

Wird nun VESTA von FAUNUS mittels *actio pigneraticia in rem* (bzw *vindicatio pignoris*) auf Herausgabe des Marmortisches geklagt, so kann sie mittels *exceptio rei sibi ante pigneratae* einwenden, dass ihr Pfandrecht früher entstanden ist, und wird obsiegen. Als erstrangige Pfandgläubigerin hat VESTA das vorrangige Befriedigungsrecht an dem Marmortisch und ihr steht das Verkaufsrecht (*ius vendendi*) zu, weshalb sie den Verwertungszeitpunkt wählen kann. FAUNUS als nachrangiger Pfandgläubiger hat aber das Recht, VESTA die Erfüllung ihrer Mietzinsforderung anzubieten, um in ihren Rang einzurücken (*ius offerendi ac succedendi*). Übt FAUNUS dieses Recht aus, so steht nun ihm das *ius vendendi* zu und er kann einen für ihn günstigen Zeitpunkt für die Verwertung festlegen. Aus dem Verwertungserlös kann sich FAUNUS sodann im Umfang seiner eigenen wie auch der von ihm eingelösten Forderung von VESTA befriedigen. Unklar ist, ob ein nachrangiger Pfandgläubiger, der das *ius offerendi ac succedendi* ausübt, damit auch das Pfandrecht des vorrangigen Pfandgläubigers erwirbt, da aufgrund des Prinzips der Akzessorietät mit Bezahlung der Forderung grds das zu deren Sicherung bestehende Pfandrecht erlischt. Dass die römischen Juristen, um dem nachrückenden Pfandgläubiger den Pfandrang zu erhalten, eine Forderungsabtretung annehmen, ist zumindest denkbar.

Macht FAUNUS vom *ius offerendi ac succedendi* nicht Gebrauch, so kann VESTA bei Fälligkeit und Nichterfüllung ihrer Mietzinsforderung den Marmortisch verwerten, um sich aus dessen Erlös im Ausmaß ihrer Mietzinsforderung zu befriedigen. Um JUPITER die Gelegenheit zu geben, den Marmortisch durch Begleichung seiner Schuld auszulösen, hat VESTA ihm die beabsichtigte Verwertung (nach nachklassischem Recht durch dreimalige *denuntiatio*) anzuzeigen. Die Verwertung erfolgt sodann durch Verkauf, etwa im Rahmen einer öffentlichen Versteigerung. Dabei gilt VESTA aufgrund ihres *ius vendendi* als Verfügungsbefugte des Marmortisches, sodass sie dem Erwerber derivativ Eigentum verschaffen kann.

Kommt es in der Folge zum Verkauf des Marmortisches zu einem Preis in Höhe dessen Wertes (500), so kann sich VESTA in Höhe ihrer Mietzinsforderung von 400 daraus befriedigen, womit ihre Forderung erlischt. Zugleich geht mit der Pfandverwertung das zugunsten der Kaufpreisforderung von FAUNUS bestehende Pfandrecht am Marmortisch unter. Als nachrangigem Pfandgläubiger steht ihm der nach Befriedigung von VESTA verbleibende Erlös bis zum Betrag seiner Kaufpreisforderung zu, den er mittels *actio utilis* fordern kann.

Da der die Forderung von VESTA überschießende Teil des Verwertungserlöses (100) nicht ausreicht, um FAUNUS in Höhe seiner gesamten Kaufpreisforderung (200) zu befriedigen, bleibt dessen ungedeckter Teil (100) ungesichert bestehen. Hinsichtlich der verbleibenden 100 kann sich FAUNUS nur an PICUS als Schuldner aus dem Kaufvertrag wenden. Zur Durchsetzung seines Anspruchs auf Zahlung von 100 steht FAUNUS die Klage des Verkäufers, die *actio venditi*, zur Verfügung.

▶ **(1)** Wird die Forderung bei Fälligkeit nicht (zur Gänze) bezahlt, so steht es dem Pfandgläubiger frei, ob er die Sachhaftung in Anspruch nimmt, dh die Pfandsache verwertet, um sich aus dem Erlös zu befriedigen (§ 461), oder ob er die Personalhaftung in Anspruch nimmt und auf das sonstige Vermögen des Schuldners greift. Bei beweglichen körperlichen Sachen kann die Pfandverwertung entweder gerichtlich oder außergerichtlich erfolgen, bei Liegenschaften hingegen ausschließlich gerichtlich. Unzulässig ist die Vereinbarung, wonach die Sache nach Fälligkeit und Nichterfüllung der Schuld dem Gläubiger zufallen soll (Verbot der *lex commissoria*), § 1371. Bei gerichtlicher Pfandverwertung muss der Gläubiger zunächst ein auf Geldleistung lautendes Urteil erwirken. Mit diesem erhält er einen Exekutionstitel und kann dann die gerichtliche Pfändung der ihm verpfändeten Sache beantragen. Da das Urteil nur gegen den Schuldner der Forderung wirkt, muss bei Drittpfandbestellung der Pfandgläubiger vom Pfandbesteller mittels Pfandrechtsklage die Zahlung der Forderung bei sonstiger Exekution in die Pfandsache begehren. Bei der Verwertung der Pfandsache durch Versteigerung darf der Schuldner, bzw bei Drittpfandbestellung der Dritte, nicht mitbieten, § 463. Kommt es zum gerichtlichen Verkauf, so erlischt das Pfandrecht an der Pfandsache und geht auf den Erlös über (Pfandrechtswandlung, vgl Fall 15 Variante), der dann zur Tilgung der Forderung verwendet wird. Ein Überschuss ist an den Pfandbesteller herauszugeben. Einen Fehlbetrag hat der Schuldner nachzuzahlen, § 464. Bestehen an der Pfandsache mehrere Pfandrechte verschiedener Gläubiger (was va bei Liegenschaften häufig vorkommt) und deckt der Erlös nicht sämtliche Forderungen ab, so kommt es für die Verteilung des Erlöses auf den Pfandrang an. Dieser richtet sich nach dem Zeitpunkt des Entstehens des Pfandrechts (*prior tempore, potior iure*), dh nach dem Zeitpunkt, in dem der Publizitätsakt gesetzt wird (bei Liegenschaften ist das die Eintragung der Hypothek im Grundbuch, bei Faustpfändern die Übergabe). Mehrere Pfandgläubiger werden bei Verteilung des Erlöses ihrem Pfandrang entsprechend voll befriedigt (Meistbotverteilung) und nicht etwa quotenmäßig. Ein nachrangiger Pfandgläubiger, der nach diesem Regime keine oder nur eine unzureichende Befriedigung seiner Forderung erfährt, kann die Versteigerung durch einen vorrangigen Pfandgläubiger aber dadurch verhindern, dass er diesem die Einlösung seiner Forderung gegen Eintritt in dessen Rechte (er erhält die Forderung und das Pfandrecht) anbietet, § 462 (Einlösungsrecht, *ius offerendi*). Dadurch kann ein nachrangiger Pfandgläubiger erreichen, dass die Verwertung zu einem späteren Zeitpunkt, zu dem er sich einen höheren Erlös erwartet, der auch seine Forderung deckt, vorgenommen wird. Besondere Verwertungsarten finden sich für Bargeld (dieses wird dem Gläubiger ausgefolgt), für Forderungen (diese werden dem Gläubiger überwiesen, die er dann in eigenem Namen einziehen kann, §§ 303 ff EO) und für Liegenschaften (anstelle einer Zwangsversteigerung können sie auch in Zwangsverwaltung gegeben werden; der erwirtschaftete Erlös kommt dann dem Gläubiger zu, §§ 97 ff EO). Eine vereinfachte Befriedigungsmöglichkeit bei beweglichen körperlichen Sachen stellt die außergerichtliche Pfandverwertung dar, §§ 466a–e. Diese erfolgt meist durch Verkauf im Rahmen einer öffentlichen Versteigerung durch einen dazu befugten Unternehmer. Hat die Pfandsache einen Markt- oder Börsenpreis, so steht es dem Gläubiger grds frei, den Verkauf freihändig vorzunehmen. Der Verkauf ist dem Pfandbesteller anzudrohen und darf frühestens einen Monat nach Androhung erfolgen, § 466b. [*Koziol/Welser*, Bürgerliches Recht I^{13} (2006) 393 ff] **(2)** Zum gesetzlichen Pfandrecht des Vermieters vgl Fall 48.

Zu den einschlägigen Quellenstellen der hier erörterten Problemkreise: zum Scheitern des derivativen Eigentumserwerbs durch *traditio* aufgrund fehlender dinglicher Berechtigung des Vormanns vgl insb Ulpian D 41. 1. 20 pr; zum Grundsatz *nemo plus iuris ad alium transferre potest quam ipse habet* vgl Ulpian D 50. 17. 54; zur Funktion der *usucapio* vgl insb Gaius D 41. 3. 1, Neraz D 41. 10. 5 pr sowie Gai Inst 2. 44; zur Konvaleszenz des Pfandrechts bei nachträglichem Eigentumserwerb des Pfandbestellers vgl insb Diokletian u Maximian C 8. 15. 5, Paulus D 13. 7. 41, Papinian D 20. 1. 1 pr, Ulpian D 20. 1. 21. 2 sowie Modestin D 20. 1. 22; zum stillschweigenden Pfandrecht des *locator* an den *invecta illata* vgl insb Paulus D 2. 14. 4 pr, Marcian D 20. 2. 2, Ulpian D 20. 2. 3 sowie Neraz D 20. 2. 4 pr u 1; zur Frage, welche Sachen des *conductor* als verpfändet gelten, vgl Pomponius D 20. 2. 7. 1; zur Frage, für welche Forderungen des *locator* die eingebrachten Sachen als verpfändet gelten, vgl Marcian D 20. 2. 2; zur Möglichkeit des *locator*, die eingebrachten Sachen eigenmächtig zu beschlagnahmen, vgl insb Paulus D 20. 2. 9; zum *interdictum de migrando* vgl insb Ulpian D 43. 32. 1 pr; zur mehrfachen Verpfändung derselben Sache vgl insb Gaius D 20. 1. 15. 2; zum Grundsatz *prior tempore, potior iure* vgl insb Antoninus C 8. 17. 3; zur (Gegen-)Einrede des vorrangigen Pfandgläubigers bei Mehrfachverpfändung vgl insb Marcian D 20. 4. 12 pr u Marcellus D 44. 2. 19; zum *ius offerendi ac succedendi* eines nachrangigen Pfandgläubigers vgl insb Severus u Antoninus C 8. 17. 1, Papinian D 20. 4. 3 pr, Gaius D 20. 4. 11. 4, Marcian D 20. 4. 12. 9 sowie Tryphonin D 49. 15. 12. 12; zum *pactum de vendendo* sowie zur Verfügungsbefugnis des Pfandgläubigers bei Verkauf der Pfandsache vgl insb Ulpian D 13. 7. 4; zur Klage des nachrangigen Pfandgläubigers auf den ihm gebührenden Teil des Erlöses, der die Forderung des erstrangigen Pfandgläubigers übersteigt, vgl Marcian D 20. 4. 12. 5; zum Fortbestehen der durch das Pfand ungedeckten Forderung vgl insb Gaius D 12. 1. 28.

Fall 18: ☆

Necessitas feriis caret[*]

Der Landwirt SILVANUS pachtet von PROSERPINA einen Acker zum Weizenanbau für fünf Jahre zu einem jährlichen Zins von 500, fällig jeweils am Jahresende. SILVANUS bringt auf den Acker seinen Ochsen (Wert 200) und seinen Pflug (Wert 100) ein. Um den Acker bestellen zu können, kauft SILVANUS bei CERES drei Tonnen Saatweizen um 300. Der Kaufpreis ist in einem Jahr fällig. Zur Besicherung der Kaufpreisforderung verpfändet SILVANUS CERES seinen Ochsen und seinen Pflug besitzlos.

Damit er seine Schulden bald begleichen kann, legt SILVANUS bei der Feldarbeit kaum Ruhepausen ein, sodass der Ochse nach Einbringung der Ernte (Wert 200) aufgrund der Anstrengungen behandelt werden muss. SILVANUS bringt den Ochsen zum Tierarzt AESCULAPIUS. Um die Heilmittel für den Ochsen bezahlen zu können, gewährt AESCULAPIUS SILVANUS ein Darlehen in Höhe von 100, wofür ihm SILVANUS den Ochsen verpfändet. Der Ochse bleibt zur Beobachtung bei AESCULAPIUS. Einen Monat vor Fälligkeit zahlt SILVANUS 150 an CERES. Da SILVANUS der Meinung ist, dass der Rest der Forderung durch den Ochsen hinreichend besichert ist, verkauft und übergibt er den Pflug an JUVENTAS. Bei Fälligkeit kann SILVANUS den Pachtzins nicht leisten. Auch die zweite Hälfte von CERES' Kaufpreisforderung bleibt bei Fälligkeit unbeglichen.

Wie ist die Rechtslage?

Skizze:

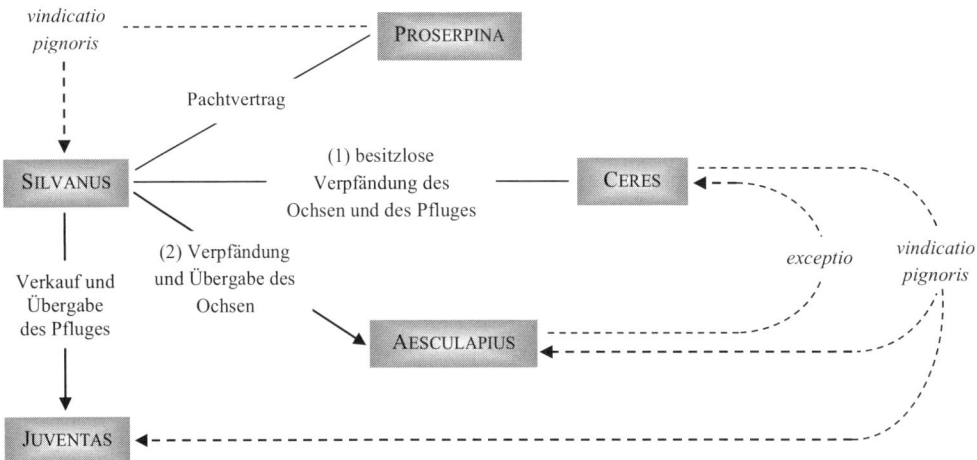

Vorüberlegungen:

➢ Welcher Voraussetzungen bedarf das Zustandekommen eines vertraglichen Pfandrechts?
➢ Worauf bezieht sich das (stillschweigend vereinbarte) Pfandrecht bei der Verpachtung eines landwirtschaftlichen Grundstücks?

---

[*] Die Not kennt keinen Ruhetag (nach Palladius, *De agri cultura* 1. 6. 7).

➤ Was bewirkt das Einbringen von Gegenständen auf das gepachtete Grundstück?

➤ Wie kommt der Verpächter in den Besitz der ihm stillschweigend verpfändeten Sachen?

➤ Wonach richtet sich grds die Rangordnung bei einer Mehrfachverpfändung?

➤ Was versteht man unter einem Pfandvorrang?

➤ Wem steht das *ius offerendi ac succedendi* zu und was kann damit erreicht werden?

➤ Wie erfolgt die Pfandverwertung grds?

➤ Mit welcher Klage kann ein nachrangiger Pfandgläubiger die Herausgabe des nach der Befriedigung der Forderung des erstrangigen Pfandgläubigers verbleibenden Versteigerungserlöses erlangen?

➤ Was besagt der Grundsatz der ungeteilten Pfandhaftung?

➤ Wie wirkt sich der eigenmächtige Verkauf der Pfandsache durch den Pfandbesteller auf das daran bestehende Pfandrecht aus?

➤ Welche Klage hat der Pfandbesteller, um das *superfluum* zu erlangen?

▶ **(1)** Zu den Prinzipien des Pfandrechts vgl Fall 15. **(2)** Zum gesetzlichen Pfandrecht des Verpächters vgl Fall 48.

Zu den einschlägigen Quellenstellen der hier zu erörternden Problemkreise: zum *pignus tacitum* des Verpächters an den vom Pächter geernteten Früchten vgl insb Pomponius D 20. 2. 7 pr; zum Eigentumserwerb des Pächters an den Früchten durch *perceptio* vgl insb African D 47. 2. 62. 8; zum Grundsatz, dass man an eigener Sache kein Pfandrecht haben kann, vgl Ulpian D 50. 17. 45 pr; zum *interdictum Salvianum* des Verpächters auf Besitzerlangung der ihm vom Pächter ausdrücklich verpfändeten *invecta illata* vgl Julian D 43. 33. 1 pr u 1 sowie Gai Inst 4. 147; zum Pfandvorrang bei Einräumung eines Pfandrechts, das zur Besicherung einer Forderung aus einem Darlehen dient, das zur Erhaltung der Pfandsache gewährt wird, vgl insb Ulpian D 20. 4. 5 u 6; zum *ius offerendi ac succedendi* eines nachrangigen Pfandgläubigers vgl insb Severus u Antoninus C 8. 17. 1, Papinian D 20. 4. 3 pr, Gaius D 20. 4. 11. 4, Marcian D 20. 4. 12. 9 sowie Tryphonin D 49. 15. 12. 12; zur Klage des nachrangigen Pfandgläubigers auf den ihm gebührenden Teil des Erlöses, der die Forderung des erstrangigen Pfandgläubigers übersteigt, vgl Marcian D 20. 4. 12. 5; zum Prinzip *indivisa est pignoris causa* vgl Ulpian D 20. 1. 19 sowie Papinian D 21. 2. 65; zum Fortbestand des Pfandrechts bei Verkauf der Pfandsache durch den Pfandbesteller ohne Zustimmung des Pfandgläubigers vgl insb Marcian D 20. 6. 8. 15; zur Klage des Pfandbestellers auf das *superfluum* vgl insb Diokletian u Maximian C 8. 27. 20.

Fall 19: ☆☆

Überdruss vom Nussgenuss!

JANUS hat AURORA für eine Darlehensforderung von 5000 besitzlos seine Nussbaumplantage (Wert 4000) verpfändet. Zwei Monate vor Fälligkeit entwurzelt ein Orkan sämtliche Nussbäume, wodurch sich der Wert des Grundstücks um 1000 verringert. Zuvor hat JANUS die Nussbäume leer gepflückt, die Nüsse aufgeschlagen und die Nusskerne (Wert 500) zur Aufbewahrung in seine Fässer geleert. Aus den entwurzelten Nussbaumstämmen fertigt JANUS einen Katapult (Wert 800) und verpfändet und übergibt ihn MARS für eine Werklohnforderung (100). Kurze Zeit später verpfändet und übergibt MARS den Katapult im Glauben, es handle sich um eines seiner Kriegswerkzeuge, an FORTUNA, der er noch 200 an Schadenersatz schuldet. MARS erlässt JANUS den Werklohn. Die der FORTUNA geschuldeten 200 kann MARS bei Fälligkeit nicht leisten.

Da JANUS befürchtet, das Darlehen bei Fälligkeit an AURORA nicht zurückzahlen zu können, verkauft und übergibt er das an sie verpfändete Grundstück an NEPTUN um 3000, was er AURORA aber nicht mitteilt. Den Verkaufserlös investiert JANUS in ein gewinnversprechendes, jedoch risikoreiches Geschäft und er verliert alles. NEPTUN, dem die Vorgeschichte des Grundstücks unbekannt ist, baut darauf ein Haus (Baukosten 2000), wodurch sich der Wert des Grundstücks um 1500 erhöht.

Wie ist die Rechtslage?

Zu behandelnde Problemkreise:

a) hinsichtlich der Nussbaumplantage

- ➤ Voraussetzungen für die rechtsgeschäftliche Begründung eines Pfandrechts
- ➤ besitzloses Pfand *vs* Besitzpfand
- ➤ Interpretation der Pfandabrede unter Berücksichtigung des Grundsatzes *superficies solo cedit*
- ➤ kein Untergang des Pfandrechts bei Wertminderung der Pfandsache
- ➤ Veräußerung der Pfandsache durch den Pfandbesteller in Kenntnis des Pfandrechts und ohne Verständigung des Pfandgläubigers
- ➤ kein *furtum* bei unbeweglichen Sachen
- ➤ *res transit cum suo onere*
- ➤ Klage des Pfandgläubigers gegen den Besitzer der Pfandsache auf Herausgabe
- ➤ Einrede des gutgläubigen Bauführers und Zurückbehaltungsrecht, bis ihm seine wertsteigernden Aufwendungen ersetzt werden – Kontroverse Paulus – African
- ➤ stillschweigende Verpfändung von Früchten bei besitzloser Verpfändung einer fruchttragenden Sache
- ➤ keine Änderung der Sachidentität bei Aufschlagen von Nüssen

b) hinsichtlich des Katapults

- ➤ Interpretation der Pfandabrede dahingehend, ob auch alles, was aus der Pfandsache hergestellt wird, vom Pfandrecht umfasst sein soll
- ➤ Erlöschen des Pfandrechts mit Untergang der Pfandsache

➤ *res aliena pignori data*
➤ Zustandekommen eines Pfandrealvertrages
➤ Erlöschen des Pfandrechts bei Schulderlass
➤ *actio pigneraticia in personam contraria* auf Einräumung eines Pfandrechts an einer dem Schuldner gehörenden Sache

▶ Für Pfandrechte an Liegenschaften (Hypotheken) gelten grds die allgemeinen pfandrechtlichen Regeln. Dennoch gibt es einige Besonderheiten. So besteht der Modus, nicht wie bei beweglichen körperlichen Sachen, in der Übergabe an den Pfandgläubiger, sondern in der Einverleibung der Hypothek im C-Blatt (Lastenblatt) des Grundbuchs der verpfändeten Liegenschaft. Bei der Verpfändung von Liegenschaften kommt es gewissermaßen zur Durchbrechung des Prinzips der Akzessorietät, des Vorrückungsprinzips und des Verbots von Pfandrechten an eigener Sache: Anders als bei beweglichen Sachen erlischt das Pfandrecht an einer Liegenschaft nicht *eo ipso* mit Tilgung der Forderung, sondern erst mit Einverleibung der Löschung im Grundbuch, § 469 S 3 u 4. Bis dahin besteht es formell weiter. Damit die Hypothek auch formell erlischt, ist der Gläubiger bei Begleichung der gesamten Forderung zur Ausstellung einer Löschungserklärung verpflichtet. Bis zur Löschung hat der Eigentümer der Liegenschaft ein Verfügungsrecht über den von der Forderung befreiten Pfandrang (sog forderungsentkleidete Eigentümerhypothek), das ihm ermöglicht, im selben Rang und bis zur Höhe der bestehenden Hypothek zur Sicherung einer neuen Forderung eine Hypothek einverleiben zu lassen, § 469. Ein entsprechendes Verfügungsrecht steht dem Eigentümer aber nur dann zu, wenn er sich dieses gegenüber allenfalls vorhandenen nachrangigen Hypothekargläubigern ausdrücklich vorbehalten hat und dieser Vorbehalt im Grundbuch angemerkt ist, § 469a S 2. Die Rangwahrung durch eine forderungsentkleidete Eigentümerhypothek birgt aber die Gefahr eines gutgläubigen Pfandrechtserwerbs. Verfügt nämlich der Hypothekargläubiger über die nicht mehr bestehende Hypothekarforderung, indem er sie an einen Erwerber abtritt, der auf den Grundbuchsstand und damit auf das Bestehen der Hypothek vertrauen darf (was nicht eingetragen ist, gilt nicht, negatives Publizitätsprinzip, § 1500), so erwirbt dieser gutgläubig die Hypothekarforderung (als Sach-, nicht als Personalhaftung). Um die Gefahr eines gutgläubigen Pfandrechtserwerbs zu vermeiden, kann der Eigentümer der Liegenschaft auch die Hypothek löschen lassen und zugleich einen Rangvorbehalt anmerken lassen, § 58 GBG. Damit wird erreicht, dass dem Eigentümer der Liegenschaft die Einverleibung einer neuen Hypothek im Rang und bis zur Höhe der gelöschten Hypothek binnen dreier Jahre vorbehalten bleibt. Eine zweite Form einer Hypothek an eigener Liegenschaft stellt die echte oder forderungsbekleidete Eigentümerhypothek dar. Sie entsteht dadurch, dass die Stellung des Drittpfandbestellers und jene des Gläubigers vereinigt werden, etwa durch Erbgang, § 1446 S 1, oder im Wege der Legalzession, § 1358 (wenn der Drittpfandbesteller den Gläubiger befriedigt, um die Verwertung seiner Liegenschaft zu verhindern). Diesfalls kann der Eigentümer der Liegenschaft entweder die Hypothek löschen lassen oder sie mitsamt der Forderung abtreten, § 1446 S 2. Kommt es wegen einer nachrangigen Hypothek zur Versteigerung der Liegenschaft, so kann der Eigentümer als Pfandgläubiger seiner eigenen Sache selbst Befriedigung aus dem Erlös verlangen, § 470 S 2. Zu einer Abschwächung des Spezialitätsprinzips kommt es bei einer Hypothek, die nicht für eine bestimmte Forderung (Festbetragshypothek), sondern für einen Höchstbetrag aus einem bestimmten Grundverhältnis eingeräumt wird, § 14 Abs 2 GBG (Höchstbetragshypothek). Der (nicht taxativen) Aufzählung des § 14 Abs 2 GBG zufolge kommen als mit einer Höchstbetragshypothek zu sichernde Forderungen solche wegen Gewährung eines Kredits, aus einer übernommenen Geschäftsführung, aus dem Titel der Gewährleistung oder des Schadenersatzes infrage. Das Pfandrecht besteht in diesen Fällen immer nur insoweit, als es eine offene Forderung gibt, die zu sichern ist. Die konkrete Auslastung der Höchstbetragshypothek ist aus dem Grundbuch jedoch nicht ersichtlich. Eine wichtige Besonderheit bei Pfandrechten an Liegenschaften besteht schließlich darin, dass die Verwertung anstelle einer Zwangsversteigerung in Form einer

Zwangsverwaltung erfolgen kann, §§ 97 ff EO. Der durch die zwangsweise Bewirtschaftung der Liegenschaft erwirtschaftete Erlös ist sodann dem Gläubiger auszuhändigen. [*Koziol/Welser*, Bürgerliches Recht I^{13} (2006) 395 ff]

Zu den einschlägigen Quellenstellen der hier zu erörternden Problemkreise: zum Fortbestehen des Pfandrechts bei Verschlechterung der Pfandsache sowie zum Zurückbehaltungsrecht des gutgläubigen Bauführers, bis er vom vindizierenden Pfandgläubiger Ersatz seiner wertsteigernden Aufwendungen erhalten hat, vgl insb Paulus D 20. 1. 29. 2; zur Gegenmeinung, dass dem gutgläubigen Bauführer kein Zurückbehaltungsrecht, sondern ein vertraglicher Anspruch gegen den Veräußerer zusteht, vgl insb African D 39. 2. 44. 1; zur Interpretation der Pfandabrede, ob auch alles, was aus der Pfandsache hergestellt wird, als verpfändet gilt, vgl insb Paulus D 13. 7. 18. 3; zum Grundsatz, dass bei Verpfändung eines Hauses auch der Grund, auf dem es errichtet ist, vom Pfandrecht umfasst ist, vgl insb Paulus D 13. 7. 21; zur stillschweigenden Verpfändung von Früchten bei besitzloser Verpfändung einer fruchttragenden Sache vgl insb Alexander C 8. 14. 3, Papinian D 20. 1. 1. 2, Gaius D 20. 1. 15 pr sowie Paulus D 20. 1. 29. 1; zum Verkauf der Pfandsache ohne Zustimmung des Pfandgläubigers vgl insb Marcian D 20. 6. 8. 15 u Paulus D 47. 2. 67 (66) pr; zum Erlass mittels *pactum de non petendo* vgl insb Ulpian D 2. 14. 7. 8; zum Erlöschen des Pfandrechts bei Erlass mittels *pactum de non petendo* vgl insb Marcian D 20. 6. 5 pr; zur Klage des Pfandgläubigers, wenn ihm der Schuldner eine fremde Sache zum Pfand gegeben hat, vgl insb Ulpian D 13. 7. 9 pr, Marcian D 13. 7. 32 sowie Ulpian D 13. 7. 36. 1.

II. Vertragsrecht

1. Teil

REALVERTRÄGE

1. KAPITEL

Darlehensvertrag
(mutuum)

Lit: *Benke/Meissel*, Römisches Schuldrecht[7] (2006) 40–51;
Hausmaninger/Selb, Römisches Privatrecht[9] (2001) 213–216;
Kaser/Knütel, Römisches Privatrecht[20] (2014) 230–232;
Apathy/Klingenberg/Pennitz, Einführung in das römische Recht[5] (2012) 158–160.

Fall 20:

Der fremdfinanzierte Streitwagen

SATURNUS möchte sich einen Streitwagen kaufen, zu dessen Anschaffung ihm aber das Geld fehlt. Am 10.1. trifft er am Forum die wohlhabende VENUS und bittet sie um ein Darlehen in Höhe von 1000. VENUS sagt ihm die Gewährung des Darlehens sofort zu und verspricht, den Betrag in einer Woche persönlich bei ihm vorbeizubringen. SATURNUS und VENUS vereinbaren eine Laufzeit von einem Jahr. Auf Drängen von VENUS verspricht ihr SATURNUS formlos 2 % Zinsen *per annum*. Vereinbarungsgemäß übergibt VENUS am 17.1. SATURNUS 1000. VENUS verlangt am 10.1. des darauffolgenden Jahres von SATURNUS die Zahlung von 1020 (Rückzahlung des Darlehens samt Zinsen).

Wird VENUS mit ihrem Begehren Erfolg haben?

Vorüberlegungen:

- ➤ Welcher Voraussetzungen bedarf das Zustandekommen eines *mutuum*?
- ➤ Wann spricht man von vertretbaren Sachen?
- ➤ Wie ist die formlose Zusage, künftig ein Darlehen gewähren zu wollen, zu beurteilen?
- ➤ Zählt das *mutuum* zu den *bonae fidei iudicia* oder zu den *iudicia stricti iuris*?
- ➤ Wie ist die formlose Vereinbarung von Zinsen bei einem *mutuum* zu beurteilen?
- ➤ Mit welcher Klage kann der Darlehensgeber die Rückzahlung des Darlehens begehren?

Zu prüfen ist das Zustandekommen eines *mutuum*, eines römisch-rechtlichen Darlehensvertrages, zwischen VENUS und SATURNUS. Das *mutuum* wird begründet durch die mit Übereignung verbundene Hingabe vertretbarer Sachen mit der Vereinbarung, dieselbe Menge derselben Güte nach vereinbarter Zeit zurückzustellen (*tantundem eiusdem generis reddere*). Als Realvertrag kommt das *mutuum* durch die von den Parteien durchgeführte Sachhingabe (*datio*), verbunden mit der einvernehmlichen Zweckbestimmung (*conventio*), zustande. Zu beachten ist, dass die Zusage, künftig ein Darlehen zu gewähren, nur dann verbindlich ist, wenn sie in Stipulationsform erfolgt.

Eine formlose Darlehenszusage (*pactum de mutuo dando*) schafft hingegen keinen klagbaren Anspruch. Erst wenn der Realakt der körperlichen Übergabe zur Willensübereinkunft der Parteien hinzutritt, ist die Vertragsbeziehung begründet. Als weitere Voraussetzung für das gültige Zustandekommen eines *mutuum* bedarf es, dass es sich bei der Darlehensvaluta um vertretbare Sachen (*res fungibiles*), dh um Sachen, die im Geschäftsverkehr nach Maß, Zahl oder Gewicht beschrieben werden, handelt. Schließlich muss der Darlehensgeber Eigentümer oder Verfügungsbefugter der Darlehensvaluta sein, damit er dem Darlehensnehmer Eigentum an ihr verschaffen kann.

Indem VENUS SATURNUS auf dessen Bitte hin am 10.1. die Gewährung eines Darlehens zusagt, schließen sie eine Darlehens-*conventio* ab. Weiters handelt es sich bei Geld um vertretbare Sachen. Mangels anderer Anhaltspunkte im Sachverhalt stehen die zum Darlehen hinzugebenden Münzen im Eigentum der Darlehensgeberin VENUS. *conventio allein reicht nicht*

Zu beachten ist, dass es am 10.1. mangels Übergabe des Geldes an SATURNUS noch nicht zum Abschluss des Darlehens gekommen ist. Erst als am 17.1. VENUS die Darlehensvaluta in Höhe von 1000 an SATURNUS übergibt, liegt eine *datio* vor und das *mutuum* kommt zustande. Mit der Zuzählung der Darlehensvaluta in das Vermögen von SATURNUS hat er derivativ Eigentum an ihr erworben, da der Darlehensvertrag eine *iusta causa traditionis* darstellt. *Zins ≠ mutuum*

Weiters gilt es, die Zinsabrede zwischen VENUS und SATURNUS zu beurteilen. Das *mutuum* ist als unentgeltliches Freundschaftsgeschäft konzipiert und daher grds unverzinslich. Da der Darlehensnehmer beim *mutuum* nur zur Leistung in Umfang und Qualität der hingegebenen Darlehensvaluta (*tantundem eiusdem generis et qualitatis*) verpflichtet ist und aufgrund des strengrechtlichen Charakters der Klage aus dem *mutuum* (*iudicium stricti iuris*), kann die Zahlung von Zinsen bei einem *mutuum* nicht wirksam vereinbart werden. Eine formlose Zinsabrede, so wie sie im gegenständlichen Fall getroffen worden ist, lässt sich mit der Klage aus dem *mutuum* daher nicht durchsetzen. Sollen Zinsen geschuldet sein, so müssen diese gesondert durch Stipulation versprochen werden. So wäre es entweder möglich gewesen, dass SATURNUS VENUS neben der Rückzahlung der 1000 aus dem *mutuum* die Zahlung weiterer 20 stipulationsweise verspricht, oder VENUS und SATURNUS hätten ursprünglich eine Stipulation über 1020 abgeschlossen.

Erst in spätklassischer Zeit ist eine formlose Zinsabrede insofern beachtlich, als sie eine Naturalobligation begründet: Formlos zugesagte Zinsen können zwar nicht eingeklagt, aber wirksam geleistet werden. Bereits geleistete Zinsen können daher bereicherungsrechtlich nicht zurückverlangt werden. Da SATURNUS VENUS die Zahlung von Zinsen nicht stipulationsweise, sondern bloß formfrei versprochen hat, schuldet er VENUS lediglich 1000.

Verlangt VENUS die Zahlung von SATURNUS am 10.1. des darauffolgenden Jahres, so stellt sich die Frage, ob bereits Fälligkeit, dh jener Zeitpunkt, zu dem SATURNUS verpflichtet ist, seine Leistung zu erbringen, eingetreten ist. Der Fälligkeitszeitpunkt ergibt sich aus der in der Darlehens-*conventio* von VENUS und SATURNUS vereinbarten Laufzeit von einem Jahr. Da das Darlehen am 17.1. des vorangegangenen Jahres durch Zuzählung der Darlehensvaluta – und nicht bereits am 10.1. mit bloßer *conventio* – zustande gekommen ist, endet auch die Darlehensfrist erst am 17.1. Da das Darlehen somit erst am 17.1. fällig ist, wird VENUS am 10.1. keinen Erfolg mit der Geltendmachung ihres Anspruches auf Rückzahlung haben. Für den Fall, dass SATURNUS am 17.1. nicht leistet, steht VENUS die *actio certae creditae pecuniae* bzw *condictio* zu, mit der sie die Zahlung von 1000 verlangen kann. Leistet SATURNUS 1000 an VENUS, so erfolgt dies mit übereignender *traditio*, wodurch VENUS Eigentümerin des Geldes wird. 17.1.

▶ Eine Abkehr von der Realvertragskonstruktion beim Darlehen hat erst jüngst, durch das Darlehens- und Kreditrechtsänderungsgesetz (DaKRÄG), welches am 11. 06. 2010 in Kraft getreten ist, stattgefunden. War der Darlehensvertrag bis zur Reform als Realvertrag konzipiert, der erst durch

Zuzählung der Darlehensvaluta begründet wurde, so ist er nun als Konsensualvertrag ausgestaltet, § 983. Gegenstand eines Darlehens können entweder Geld oder andere vertretbare Sachen sein, § 984 Abs 1 S 1. Mangels anderer Vereinbarung gilt ein Darlehensvertrag iZw als entgeltlich, § 984 Abs 1 S 2. Dem Bedürfnis, bei unentgeltlicher Darlehensgewährung den Darlehensgeber vor Übereilung zu schützen, trägt nach Wegfall der Realvertragskonstruktion § 984 Abs 2 Rechnung. Demnach bedarf ein unentgeltlicher Darlehensvertrag ohne Übergabe der Darlehensvaluta zu seiner Wirksamkeit der Schriftform (vgl idZ auch die Formvorschriften bei der Schenkung, Fall 29). Gemäß § 986 Abs 1 kann ein Darlehensvertrag auf bestimmte oder unbestimmte Zeit abgeschlossen werden. Abgesehen von der Möglichkeit der einvernehmlichen Beendigung endet ein befristeter Darlehensvertrag grds durch Zeitablauf, § 986 Abs 3, während ein unbefristeter Darlehensvertrag unter Einhaltung einer einmonatigen Frist durch ordentliche Kündigung beendet wird, § 986 Abs 2. Ungeachtet einer vereinbarten Vertragsdauer ist jeder Vertragsteil berechtigt, durch außerordentliche Kündigung ohne Einhaltung einer Kündigungsfrist den Darlehensvertrag vorzeitig aufzulösen, § 987. Eine spezielle Form des Darlehensvertrages stellt der Kreditvertrag, das ist ein entgeltlicher Darlehensvertrag über Geld, dar, § 988. Mangels anderer Vereinbarung schuldet der Kreditnehmer 4 % Jahreszinsen, § 1000 Abs 1. Haben sich beim Kreditvertrag seit dem Vertragsabschluss Umstände ergeben, die eine Verschlechterung der Vermögenslage des Kreditnehmers oder eine Entwertung bedungener Sicherheiten in einem solchen Ausmaß erweisen, dass die Rückzahlung des Kredits bzw die Leistung der Zinsen selbst bei Verwertung der Sicherheiten gefährdet sind, so räumt § 991 dem Kreditgeber das Recht ein, die Auszahlung des Kreditbetrages zu verweigern. Mit dem Darlehens- und Kreditrechts-Änderungsgesetz wurde das VKrG geschaffen, womit es zur Umsetzung der Verbraucherkreditrichtlinie (RL 2008/48/EG) gekommen ist. Das VKrG ist auf Kreditverträge mit einem Gesamtbetrag von mindestens € 200 anzuwenden, wenn der Kreditgeber ein Unternehmer iSd KSchG und der Kreditnehmer ein Verbraucher iSd KSchG ist, §§ 2, 4 VKrG. Das VKrG schützt den Konsumenten va dadurch, dass ihm der Unternehmer vor Vertragsabschluss bestimmte Informationen (etwa über den effektiven Jahreszinssatz oder die Art der Abzahlung usw) zur Verfügung stellen muss (sog vorvertragliche Informationspflichten), § 6 VKrG. Weiters ist der Unternehmer verpflichtet, den Kreditvertrag sowie wichtige Informationen (etwa jene nach § 6 VKrG) auf Papier oder einem anderen dauerhaften Datenträger zur Verfügung zu stellen (sog Dokumentationspflicht), § 9 VKrG. Verstößt der Unternehmer gegen seine Informations- und Dokumentationspflichten, so droht eine Verwaltungsstrafe bis zu € 10.000 (§ 28 VKrG) und es kann gem § 9 Abs 5 VKrG zur Vertragskorrektur kommen. Gemäß § 7 VKrG ist der Unternehmer überdies zu einer Bonitätsprüfung des Verbrauchers verpflichtet. Ein eigenes Rücktrittsrecht bei Verbraucherkrediten enthält § 12 VKrG. Demnach kann ein Verbraucher ohne Angabe von Gründen innerhalb von 14 Tagen vom Kreditvertrag zurücktreten. Der Fristenlauf beginnt mit der Ausfolgung der Vertragsbedingungen und der nötigen Informationen gem § 9 VKrG, frühestens jedoch mit dem Vertragsabschluss. Gemäß § 16 VKrG ist der Verbraucher berechtigt, den Kredit zur Gänze oder teilweise vorzeitig zurückzuzahlen, womit es auch zu einer entsprechenden Reduzierung der Kreditkosten kommt.

Zu den einschlägigen Quellenstellen der hier erörterten Problemkreise: zur Klagbarkeit eines in Stipulationsform erteilten Darlehensversprechens vgl insb Paulus D 45. 1. 68; zur Hingabe vertretbarer Sachen beim *mutuum* vgl insb Paulus D 12. 1. 2. 1 sowie Gai Inst 3. 90; zur Übertragung des Eigentums an der Darlehensvaluta vgl insb Paulus D 12. 1. 2. 2; zur Unverbindlichkeit formloser Zinsabreden vgl insb African D 19. 5. 24; zum formfreien Zinsversprechen als *naturalis obligatio* vgl insb Ulpian D 46. 3. 5. 2; zur Möglichkeit, stipulierte Zinsen einzuklagen, vgl insb Paulus D 2. 14. 4. 3 sowie ders D 12. 1. 40; zur Unzulässigkeit der Rückforderung formlos zugesagter und geleisteter Zinsen vgl insb Severus u Antoninus C 4. 32. 3, Ulpian D 12. 6. 26 pr sowie Scaevola D 46. 3. 102. 1.

Variante A:

Nicht SATURNUS, sondern sein gewaltunterworfener Sohn PICUS begehrt das Darlehen von VENUS, um den Streitwagen für sich zu erwerben. Nachdem PICUS auf VENUS' Nachfrage hin zugesichert hat, gewaltfrei zu sein, und VENUS nichts Gegenteiliges bekannt ist, übergibt sie ihm 1000. Einen Monat nach Übergabe der Darlehensvaluta wird PICUS tatsächlich gewaltfrei, da sein Vater SATURNUS während eines Auslandsaufenthaltes stirbt. Am Ende der vereinbarten Laufzeit verlangt VENUS das Darlehen von PICUS zurück. Wird sie Erfolg haben?

Vorüberlegungen:

- ➤ Welche Besonderheiten gibt es bei der Darlehensgewährung an Haussöhne?
- ➤ Was ist die Funktion des *senatus consultum Macedonianum*?
- ➤ Auf welche Arten kann der Prätor bei Anwendung des *senatus consultum Macedonianum* Rechtsschutz gewähren?
- ➤ Was versteht man unter einer Naturalobligation?
- ➤ Kann sich der Haussohn auch dann auf das *senatus consultum Macedonianum* berufen, wenn er später gewaltfrei wird?
- ➤ Wie wirkt es sich auf den Schutz des *senatus consultum Macedonianum* aus, wenn der Haussohn vorgibt, gewaltfrei zu sein, und der Darlehensgeber darauf vertraut?

Schließt nicht SATURNUS, sondern sein unter *patria potestas* stehender Sohn PICUS das Darlehen ab, so ist zu prüfen, ob das *senatus consultum Macedonianum* zur Anwendung kommt. Das aus der zweiten Hälfte des ersten Jahrhunderts n Chr stammende *senatus consultum Macedonianum* untersagt die Gewährung von Gelddarlehen an Haussöhne. Zweck dieses Senatskonsults ist es, Väter vor Übergriffen ihrer Haussöhne zu schützen, wenn diese von ihren Darlehensgläubigern bedrängt werden. So soll den Anlass für das *senatus consultum Macedonianum* ein Haussohn namens Macedo gegeben haben, der, um als gewaltfreier Erbe seine Schulden begleichen zu können, seinen Vater ermordet hat. Der Schutz des *senatus consultum Macedonianum* kann auf unterschiedliche Weise gewährt werden. Entweder der Prätor verweigert dem Darlehensgeber im Verfahren *in iure* die Klage (*actionem denegare*), oder er gewährt sie und nimmt eine *exceptio senatus consulti Macedoniani* in das Streitprogramm auf, mit der der Haussohn den Anspruch des Darlehensgebers auf Rückzahlung im Verfahren *apud iudicem* abwehren kann. Im letzteren Fall obliegt die Prüfung eines Verstoßes gegen das Senatskonsult somit nicht dem Prätor, sondern dem *iudex*.

Zu beachten ist, dass ein Darlehen, auf das das *senatus consultum Macedonianum* anzuwenden ist, zwar nicht eingeklagt, aber wirksam erfüllt werden kann. Die Verpflichtung des Haussohnes zur Rückzahlung des Darlehens stellt somit eine Naturalobligation (*naturalis obligatio*) – das ist eine Schuld, die besteht und daher wirksam erfüllt werden kann, aber nicht einklagbar ist – dar. Zahlt der Haussohn das Darlehen zurück, so kann er den geleisteten Betrag daher nicht bereicherungsrechtlich als nicht geschuldete Leistung (*indebitum*) zurückverlangen.

Für die Beantwortung der Frage, ob das *senatus consultum Macedonianum* auf das Darlehen mit PICUS anzuwenden ist, ist zunächst festzuhalten, dass es grds genügt, wenn der Darlehensnehmer im Zeitpunkt der Darlehensaufnahme gewaltunterworfen ist. Stirbt PICUS' Vater und wird PICUS somit gewaltfrei, so steht dies der Anwendung des *senatus consultum Macedonianum* folglich nicht entgegen. Da PICUS zum Zeitpunkt der Darlehensaufnahme *filius familias* war, würde er somit grds unter dem Schutz des *senatus consultum Macedonianum* stehen. Zu beachten ist aber, dass die Darlehensgeberin VENUS nicht wusste, dass PICUS *filius familias* ist. So soll nach Ansicht des Juristen Julian die *exceptio senatus consulti Macedoniani* nur dann gewährt werden, wenn der Darlehensgeber gewusst hat oder hätte wissen können – *qui sciret aut scire potuisset* –, dass er einem Haussohn ein Darlehen gibt. Erst recht wird die *exceptio* dann verwehrt, wenn der Darlehensgeber darlegen kann, dass ihm die Gewaltunterworfenheit seines Vertragspartners deshalb unbekannt war, weil sich der Haussohn bei der Darlehensaufnahme als *pater familias* ausgegeben hat.

Da VENUS von PICUS über dessen Gewaltfreiheit getäuscht wurde (*arg*: PICUS sichert VENUS auf ihre Nachfrage hin zu, gewaltfrei zu sein) und sie daher weder gewusst hat noch hätte wissen können, dass PICUS *filius familias* ist, wird sich PICUS, wenn er von VENUS mittels *actio certae creditae pecuniae* bzw *condictio* auf Rückzahlung des Darlehens geklagt wird, nicht auf das *senatus consultum Macedonianum* berufen können. Nach Tod wg List

---

Zu den einschlägigen Quellenstellen der hier erörterten Problemkreise: zum Anlassfall für das *senatus consultum Macedonianum* vgl Ulpian D 14. 6. 1 pr; zum Vorliegen einer *naturalis obligatio* bei Anwendbarkeit des *senatus consultum Macedonianum* vgl insb Paulus D 14. 6. 10; zur Unzulässigkeit der Rückforderung des vom *filius familias* aufgenommenen und zurückgezahlten Darlehens vgl insb Marcian D 12. 6. 40 pr, Ulpian D 14. 6. 7. 15 u 16 sowie ders D 14. 6. 9. 4; zum Schutz des *senatus consultum Macedonianum* auch nach dem Tod des *pater familias* vgl insb Ulpian D 14. 6. 1 pr; zum Schutz des *senatus consultum Macedonianum*, wenn der Darlehensgeber weiß oder hätte wissen können, dass der Darlehensnehmer *filius familias* ist, vgl insb Pomponius D 14. 6. 19; zur Verweigerung des Schutzes des *senatus consultum Macedonianum*, wenn der *filius familias* vorgibt, *pater familias* zu sein, vgl Pertinax C 4. 28. 1.

Variante B:

VENUS sagt SATURNUS die Gewährung eines Darlehens in Höhe von 1000 für ein Jahr zu, nur werde er das Geld nicht von ihr, sondern von APOLLO erhalten, der ihr noch 1000 aus einem Kaufvertrag schuldet. VENUS teilt daraufhin APOLLO mit, dass dieser den geschuldeten Betrag an SATURNUS auszahlen solle.
Bei APOLLO angelangt, übergibt dieser SATURNUS 900. Am Heimweg von APOLLO wird SATURNUS von Räubern überfallen, die ihm die 900 abnehmen. Am Ende der vereinbarten Laufzeit verlangt VENUS 1000 von SATURNUS, der sich, unter Berufung auf den Überfall, weigert zu zahlen. Kann VENUS ihren Anspruch erfolgreich durchsetzen?

Anweisungsdarlehen

Skizze:

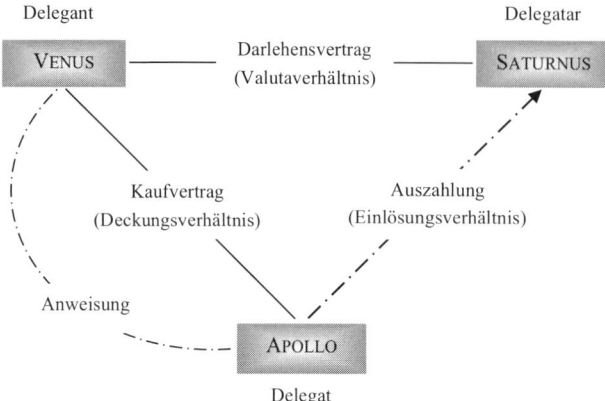

Vorüberlegungen:

> ➢ Wann spricht man von einem Anweisungsdarlehen?
> ➢ Inwiefern weicht das Anweisungsdarlehen vom Grundmodell eines *mutuum* ab?
> ➢ Was geschieht bei einer Zahlungsanweisung?
> ➢ Welche Wirkungen treten ein, wenn einer Zahlungsanweisung Folge geleistet wird?
> ➢ Welche Rolle spielt es, wenn die an den Darlehensnehmer ausgezahlte Darlehensvaluta weniger beträgt, als die Parteien in der Darlehens-*conventio* vereinbart haben?
> ➢ Wer trägt beim *mutuum* das Risiko eines zufälligen Untergangs der ausgezahlten Darlehensvaluta?

Indem sich VENUS und SATURNUS über die Gewährung eines Darlehens in Höhe von 1000 für eine Laufzeit von einem Jahr zugunsten von SATURNUS einigen, treffen sie eine Darlehens-*conventio*. Da die Auszahlung der 1000 aber nicht von der Darlehensgeberin VENUS, sondern von APOLLO, also einem Dritten, erfolgen soll, ist zwischen VENUS und SATURNUS ein Anweisungsdarlehen intendiert. Beim Anweisungsdarlehen handelt es sich um die älteste, bereits in der Klassik weitgehend anerkannte Sonderform des *mutuum*. Das Anweisungsdarlehen unterscheidet sich vom gewöhnlichen Darlehen dadurch, dass die *datio* nicht unmittelbar vom Darlehensgeber, sondern von einem Dritten vorgenommen wird und damit die Valuta nicht aus dem Eigentum des Darlehensgebers, sondern aus dem Eigentum des Dritten stammt. Gleich wie beim Grundmodell des *mutuum* bedarf es aber auch beim Anweisungsdarlehen der tatsächlichen Übergabe vertretbarer Sachen an den Darlehensnehmer, der dadurch Eigentum an ihnen erwirbt, verbunden mit einer entsprechenden Darlehens-*conventio* zwischen Darlehensgeber und Darlehensnehmer.

Die Aufforderung von VENUS an ihren Schuldner APOLLO, die ihr aufgrund eines Kaufvertrages geschuldeten 1000 an SATURNUS auszuzahlen, stellt eine Zahlungsanweisung (*delegatio solvendi*) dar. Bei der Zahlungsanweisung erteilt der Anweisende (Delegant) dem Angewiesenen (Delegat) die Ermächtigung, in seinem Namen und auf seine Rechnung dem Anweisungsempfänger (Delegatar) zu leisten. Ist, wie im vorliegenden Fall, der Delegat Schuldner des Deleganten und leistet er an den Delegatar, so bewirkt die Leistung zweierlei: Einerseits erfüllt der Delegat seine Schuld aufgrund des Schuldverhältnisses mit dem Deleganten (Deckungsverhältnis). Andererseits kommt es zu einer Leistung des Deleganten an den Delegatar (Valutaverhältnis), da die Leistung eines Dritten auf Anweisung der eigenen Leistung gleichgehalten wird. Das Verhältnis zwischen Delegat und Delegatar wird als Einlösungsverhältnis bezeichnet. Zahlt APOLLO auf Anweisung von VENUS 900 an SATURNUS, so wird dadurch APOLLO teilweise von seiner Verpflichtung aufgrund des Kaufvertrages (Deckungsverhältnis) zur Zahlung des Kaufpreises gegenüber VENUS befreit. APOLLO schuldet VENUS somit nur noch 100 aus dem Kaufvertrag. Im Valutaverhältnis (Verhältnis zwischen VENUS und SATURNUS) bewirkt die Zahlung eine Darlehens-*datio* und somit das Zustandekommen eines *mutuum* zwischen VENUS und SATURNUS.

Zu beachten ist aber, dass ein *mutuum* nur über jenen Betrag zustande kommen kann, der sowohl in der Darlehens-*conventio* genannt als auch von der Darlehens-*datio* umfasst ist. Da die *conventio* zwischen VENUS und SATURNUS ein Darlehen in Höhe von 1000 vorsieht, die *datio* von APOLLO an SATURNUS aber bloß 900 umfasst, ist auch das Darlehen zwischen VENUS und SATURNUS nur über 900 zustande gekommen.

Werden SATURNUS die von APOLLO erhaltenen 900 von einer Räuberbande abgenommen, so stellt sich die Frage, wen der Verlust des Geldes trifft. Mit der realen Übergabe (*traditio*) der 900 vom berechtigten Vormann aufgrund eines Darlehens (*iusta causa*) hat SATURNUS derivativ Eigentum am Geld erlangt. Nach dem Grundsatz *casum sentit dominus* trifft somit ihn der Nachteil des Verlusts des Geldes. Folglich hat SATURNUS ungeachtet des Umstandes, dass er das Geld aufgrund des Raubüberfalls nicht zum Ankauf des Streitwagens verwenden konnte, das Darlehen zurückzuzahlen. Da der Darlehensnehmer zur Leistung in Art und Umfang der erhaltenen Darlehensvaluta verpflichtet ist, kann VENUS bei Fälligkeit nicht 1000, sondern bloß 900 von SATURNUS verlangen. Ihren Anspruch wird VENUS mittels *actio certae creditae pecuniae* bzw *condictio* durchsetzen.

Zu den einschlägigen Quellenstellen der hier erörterten Problemkreise: zum Anweisungsdarlehen vgl insb Ulpian D 12. 1. 9. 8 sowie ders D 12. 1. 15; zur Rückzahlungsverpflichtung des Darlehensnehmers in Höhe jenes Betrages, der sowohl in der *conventio* genannt als auch von der *datio* umfasst ist, vgl insb Ulpian D 12. 1. 11. 1.

Fall 21: ☆☆

In angustiis amici apparent [*]

VEIOVIS benötigt dringend Geld für die Anschaffung von Weizen (Kosten 2000), um seine *familia* zu ernähren. VEIOVIS bittet daher seinen Bekannten PORTUNUS, ihm ein Darlehen zu gewähren. Da PORTUNUS über kein Bargeld verfügt, seinem Freund aber helfen möchte, übergibt er VEIOVIS schweren Herzens seine geliebte zehnbändige Enzyklopädie (Wert 1200), damit VEIOVIS diese um mindestens 1200 verkaufe. Den Erlös könne VEIOVIS ein Jahr lang als Darlehen behalten. Bereits eine Woche später gelingt es VEIOVIS, die Bücher um 1500 an LAVERNA zu verkaufen, die ihm sogleich den Kaufpreis übergibt.

Um die noch fehlenden 500 zu erlangen, fragt VEIOVIS bei JUVENTAS um die Gewährung eines Darlehens an. Auch JUVENTAS verfügt über kein Bargeld, doch fällt ihr ein, dass ihre Bekannte CARMENTA bei ihr 500 in einem verschlossenen Geldsack hinterlegt hat, auf den sie unentgeltlich aufpassen solle. JUVENTAS fragt bei CARMENTA nach, ob sie das verwahrte Geld verwenden dürfe, was ihr CARMENTA verbietet. Aus Mitleid mit der *familia* von VEIOVIS entnimmt JUVENTAS die 500 aus dem Geldsack dennoch und gibt sie ihm. VEIOVIS, der JUVENTAS für die Eigentümerin des Geldes hält, vereinbart mit ihr die Rückzahlung der 500 in drei Monaten. Zuhause schüttet VEIOVIS die von JUVENTAS erhaltenen 500 in seine Truhe, in der sich die 1500 aus dem Verkauf der Enzyklopädie befinden.

Wie ist die Rechtslage?

Skizze:

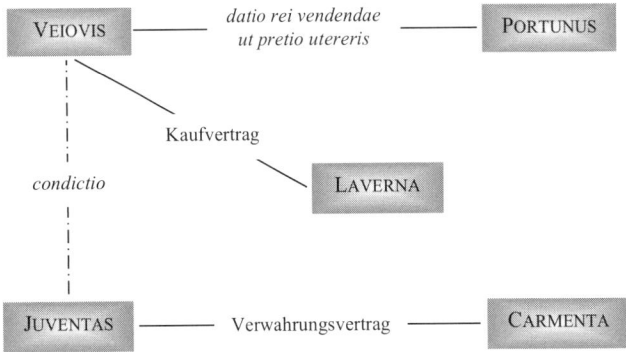

Zu behandelnde Problemkreise:

- ➢ Voraussetzungen für das Zustandekommen eines *mutuum*
- ➢ rechtliche Einordnung der Hingabe einer Sache, verbunden mit der Vereinbarung, dass sie der Übernehmer verkaufen könne und diesem der Erlös kreditiert sei
- ➢ Kontroverse zwischen Ulpian und Julian

---

[*] In der Not zeigt sich, wer ein wahrer Freund ist (Petron, *Satyricon* 61).

➤ Interessenverteilung beim Mandat
➤ Durchsetzung von Innominatkontrakten
➤ Zustandekommen eines Verwahrungsvertrages
➤ unrechtmäßiger Gebrauch der hinterlegten Sache – *furtum*
➤ Auszahlung des verwahrten Geldes *invito domino*
➤ *condictio furtiva und rei vindicatio* als sachverfolgende Klagen
➤ *actio furti* als pönale Klage
➤ *nemo plus iuris transferre potest quam ipse habet*
➤ originärer Eigentumserwerb durch ununterscheidbare Vermengung von fremdem Geld mit eigenem – *nummos consumere*
➤ nachträgliches Entstehen einer Rückzahlungsverpflichtung

Vertragsverhältnis zwischen VEIOVIS und PORTUNUS

Zu prüfen ist, ob zwischen VEIOVIS und PORTUNUS ein *mutuum* (zinsenloses Darlehen) zustande gekommen ist. Beim *mutuum* handelt es sich um die unentgeltliche Übertragung von Geld oder anderen vertretbaren Sachen in das Eigentum des Empfängers, verbunden mit der Abrede, dass der Empfänger nach einer bestimmten Zeit dieselbe Menge derselben Gattung – *tantundem eiusdem generis et qualitatis* – zurückzugeben hat. Für das Zustandekommen eines *mutuum* ist neben der einvernehmlichen Zweckbestimmung (*conventio*) eine reale, von den Kontrahenten durchzuführende Übergabe (*datio*) vertretbarer Sachen, an denen der Erwerber Eigentum erlangt, erforderlich. Unter vertretbaren Sachen (*res fungibiles*) versteht man solche Sachen, die man im Wirtschaftsleben nach Maß, Zahl oder Gewicht zu bestimmen pflegt – *quae pondere mensura constant.*

Im vorliegenden Fall besteht die *conventio* darin, dass VEIOVIS die Enzyklopädie verkaufen und den Verkaufserlös für die Dauer von einem Jahr als Darlehen verwenden könne. Da jedoch der von PORTUNUS an VEIOVIS übergebene Gegenstand eine Enzyklopädie und somit keine vertretbare Sache darstellt, ist zum Zeitpunkt der Übergabe der Enzyklopädie kein Darlehen zustande gekommen. Zudem ist VEIOVIS aufgrund der *conventio* nicht verpflichtet, Bücher an PORTUNUS zurückzustellen, sondern Geld.

Zu beachten ist, dass die Verkaufserlaubnis von PORTUNUS VEIOVIS zum Verfügungsbefugten über die Enzyklopädie macht, sodass VEIOVIS derivativ Eigentum an ihr übertragen kann. Erhält VEIOVIS in der Folge den Kaufpreis, so wird er Eigentümer des Geldes.

Die Übergabe einer (unvertretbaren) Sache anstelle von Geld, verbunden mit der Abrede, dass der Empfänger die Sache verkaufen möge, um den Erlös als Darlehen zu behalten – *datio rei vendendae ut pretio utereris –*, wird im Mittelalter als *contractus mohatrae*** bezeichnet.

Die Frage, ob bei einem *contractus mohatrae* ein Darlehen zustande kommt, ist Gegenstand einer Juristenkontroverse. So bejaht der Spätklassiker Ulpian, der sich Nerva anschließt, das Zustandekommen eines *mutuum* dann, wenn es zum Verkauf der übergebenen Sache – dh wohl zur Zuzählung des Verkaufserlöses an den Darlehenswerber – kommt. Dies führt zu einer Verkehrserleichterung: Dem Darlehenswerber bleibt es erspart, den Erlös an den Geber der Sache auszuzahlen, damit ihm dieser den Betrag als Darlehensvaluta übergeben kann.

Gelingt VEIOVIS der Verkauf der Enzyklopädie und erhält er von der Käuferin LAVERNA den Kaufpreis übergeben, so kann in der Übergabe des Geldes (als vertretbare Sache) eine *datio* iS

** Das Wort *mohatra* stammt aus dem Arabischen und bezeichnet einen Kauf auf Kredit, dem die Vereinbarung des sofortigen Rückkaufs um einen geringeren, bar zu bezahlenden Preis beigefügt ist. Dadurch konnte das Verbot, Zinsen zu zahlen, umgangen werden.

eines Darlehens (*datio mutui*) gesehen werden. Folgt man der Ansicht von Ulpian, so ist zwischen VEIOVIS und PORTUNUS im Zeitpunkt der Zuzählung des Kaufpreises ein Darlehen in Höhe von 1500 zustande gekommen. Folglich kann PORTUNUS im Fälligkeitszeitpunkt mit der *actio certae creditae pecuniae* bzw mittels *condictio* von VEIOVIS die Zahlung von 1500 verlangen.

Eine andere Ansicht hinsichtlich des Zustandekommens eines Darlehens beim *contractus mohatrae* vertritt der Hochklassiker Julian, dessen Meinung sich sein Schüler African anschließt. Mangels realer Hingabe der Darlehensvaluta aus dem Eigentum des um ein Darlehen Gebetenen an den Darlehenswerber kann nach dieser Ansicht kein Darlehen zustande kommen. Ebenso wie das Vereinbarungsdarlehen, welches von Julian als bloße Vereinbarung ohne *datio* nicht als *mutuum* anerkannt wird, wird auch ein Darlehen in Form eines *contractus mohatrae* von Julian abgelehnt. Nach dieser Ansicht ist zwischen VEIOVIS und PORTUNUS kein *mutuum* zustande gekommen. Folgt man der Ansicht Julians, so stellt sich die Frage, auf welcher Grundlage PORTUNUS die Zahlung der 1500 von VEIOVIS nach Ablauf der vereinbarten Frist von einem Jahr verlangen kann. Infrage kommt ein Anspruch aus Mandat (Auftragsvertrag). Zu prüfen ist, ob zwischen PORTUNUS und VEIOVIS ein Mandat mit dem Inhalt, dass VEIOVIS die Enzyklopädie für PORTUNUS verkaufen soll, zustande gekommen ist (Verkaufsmandat). Ist dies zu bejahen, so kann PORTUNUS als Auftraggeber von VEIOVIS als Auftragnehmer die Herausgabe des von VEIOVIS Erlangten mittels *actio mandati directa* verlangen. Bei einem Mandat handelt es sich um die unentgeltliche Führung eines Geschäfts im Interesse eines anderen. Der Auftragsvertrag kommt als Konsensualvertrag mit Übereinkunft der Parteien über das auszuführende Geschäft zustande.

Zu beachten ist, dass beim Mandat das Geschäft ein für den Auftragnehmer fremdes zu sein hat und grds im Interesse des Auftraggebers (*mandatum mea gratia*), allenfalls auch eines Dritten (*mandatum aliena gratia*), zu bestehen hat. Ebenfalls zulässig ist es, wenn das Geschäft im gemischten Interesse, etwa von Auftraggeber und Auftragnehmer (*mandatum mea et tua gratia*), liegt. Abgelehnt wird das Vorliegen eines Mandats von den römischen Juristen aber dann, wenn das übernommene Geschäft ausschließlich im Interesse desjenigen besteht, der die Ausführung des Geschäfts übernommen hat – *si tua tantum gratia tibi mandem, supervacuum est mandatum*. Da im vorliegenden Fall PORTUNUS kein Interesse am Verkauf seiner Enzyklopädie hat, sondern der Verkauf ausschließlich im Interesse von VEIOVIS liegt (*arg*: VEIOVIS benötigt Geld und darf sich den Erlös als Darlehen behalten), ist das Vorliegen eines Mandats zu verneinen. VEIOVIS ist zum Verkauf der Enzyklopädie somit nicht beauftragt, sondern bloß ermächtigt. Da die Vereinbarung, die übergebene Sache verkaufen zu dürfen und den Verkaufserlös kreditiert zu erhalten, auch sonst keinem anerkannten Vertrag im Schema der römischen Kontrakte entspricht, kann die vertragliche Beziehung zwischen VEIOVIS und PORTUNUS als Innominatkontrakt qualifiziert werden. Bei den Innominatkontrakten handelt es sich um Vereinbarungen, die keinem der anerkannten zivilen Kontrakte entsprechen und daher ursprünglich nicht mit einer Vertragsklage durchsetzbar sind. Erst im Zuge der weiteren Entwicklung in der Klassik gewährt der Prätor zur Durchsetzung atypischer Vereinbarungen eigene Klagen, genannt *actiones praescriptis verbis*. Folgt man der Ansicht Julians und verneint man das Zustandekommen eines *mutuum* zwischen VEIOVIS und PORTUNUS, so steht PORTUNUS bei Fälligkeit die *actio praescriptis verbis* zu, um die Zahlung der 1500 von VEIOVIS zu bewirken.

Vertragsverhältnisse zwischen JUVENTAS und CARMENTA sowie zwischen VEIOVIS und JUVENTAS

Das Vertragsverhältnis zwischen JUVENTAS und CARMENTA ist als Verwahrungsvertrag (*depositum*) zu qualifizieren. Als Realvertrag kommt das *depositum* durch *conventio* und *datio* zustande. Indem sich JUVENTAS bereit erklärt hat, CARMENTAs Geldsack zu verwahren, und es zur Hingabe des Geldsacks an JUVENTAS gekommen ist, liegt ein Verwahrungsvertrag vor. Aufgrund des *depositum* ist der Verwahrer (Depositar) verpflichtet, die übernommene Sache unentgeltlich zu verwahren und sie dem Hinterleger (Deponenten) auf dessen Verlangen zurückzugeben. Mangels anderer Vereinbarung ist der Verwahrer nicht berechtigt, die hinterlegte Sache zu gebrauchen. Hat der Hinterleger von Geld dem Verwahrer die Erlaubnis erteilt, das hinterlegte Geld zu verwenden, so spricht man nach moderner Doktrin von einem *depositum irregulare*. Eine Verwendungserlaubnis ist regelmäßig dann anzunehmen, wenn Geld unversiegelt hinterlegt wird – *pecunia non obsignata deposita*. Da JUVENTAS und CARMENTA keine entsprechende Vereinbarung getroffen haben und sich das verwahrte Geld in einem verschlossenen Sack befindet, liegt ein gewöhnlicher Verwahrungsvertrag vor. Aus dem Verwahrungsvertrag steht CARMENTA die *actio depositi directa* auf Herausgabe des zur Verwahrung übergebenen Geldes zu.

Entnimmt JUVENTAS entgegen dem ausdrücklichen Verbot von CARMENTA – *invito domino* – die 500 aus dem Geldsack und übergibt sie die 500 an VEIOVIS, so hat sie sich als *fur* zu verantworten. Ein *furtum* begeht, wer sich einer fremden beweglichen Sache unbefugt und in der Absicht bemächtigt, sich oder einen Dritten daraus zu bereichern. Das Delikt erfordert doloses, dh vorsätzliches Handeln. Da JUVENTAS bewusst das von CARMENTA hinterlegte Geld an VEIOVIS übergibt, handelt sie dolos und ist daher als *fur* zu qualifizieren. Folglich kann CARMENTA gegen JUVENTAS mittels *condictio furtiva* vorgehen. Kumulieren kann sie die *condictio furtiva* als sachverfolgende Klage mit der *actio furti*, die eine pönale Klage ist.

Zu prüfen ist, ob zwischen VEIOVIS und JUVENTAS ein *mutuum* zustande gekommen ist. Zur Begründung eines *mutuum* bedarf es der mit Übereignung verbundenen Hingabe vertretbarer Sachen mit der Vereinbarung, dieselbe Menge derselben Güte – *tantundem eiusdem generis et qualitatis* – nach vereinbarter Zeit zurückzustellen. Als Realvertrag kommt das *mutuum* durch *datio* (Hingabe der Darlehensvaluta an den Darlehensnehmer) und *conventio* (Willenseinigung hinsichtlich des Zwecks der Hingabe der Valuta) zustande. Als weitere Voraussetzung muss es sich bei der Darlehensvaluta um vertretbare Sachen handeln, dh, dass sie im Wirtschaftsverkehr nach Maß, Zahl oder Gewicht erfasst werden. Zudem muss der Darlehensgeber Eigentümer bzw Verfügungsbefugter der Darlehensvaluta sein, damit er dem Darlehensnehmer Eigentum an der Darlehensvaluta verschaffen kann.

Eine Darlehens-*conventio* ist gegeben, da sich VEIOVIS und JUVENTAS über den Abschluss eines Darlehens in Höhe von 500 mit einer Laufzeit von drei Monaten einigen. Die Hingabe der Darlehensvaluta hat ebenfalls stattgefunden (*arg*: VEIOVIS erhält von JUVENTAS 500). Zudem besteht die Darlehensvaluta in Geld und ist daher eine vertretbare Sache. Da JUVENTAS aber das von CARMENTA zur Verwahrung übernommene und daher fremdes Geld VEIOVIS übergibt, kann sie VEIOVIS kein Eigentum daran verschaffen – *nemo plus iuris transferre potest quam ipse habet*. Folglich ist das Zustandekommen eines Darlehens zwischen VEIOVIS und JUVENTAS mangels wirksamer *datio* zu verneinen.

Schüttet VEIOVIS in der Folge das von JUVENTAS übergebene Geld zu seinem Geld in eine Truhe, so ist zu prüfen, ob VEIOVIS dadurch einen Tatbestand des natürlichen Eigentumserwerbs erfüllt hat. Zu einem originären Eigentumserwerb an fremden Münzen kommt es, wenn diese verbraucht werden – *nummos consumere*. Dies ist dann der Fall, wenn fremdes Geld mit eigenem ununterscheidbar vermengt wird. Dem ununterscheidbaren Vermengen fremden Geldes mit eigenem wird die gutgläubige Zahlung an einen Dritten, der dadurch Eigentümer des Geldes wird, gleichgehalten. Indem VEIOVIS das von JUVENTAS erhaltene Geld in seine Truhe schüttet und es dadurch mit seinem Geld ununterscheidbar vermengt, erwirbt VEIOVIS originär Eigentum daran. Zu beachten ist, dass keine Eigentumsänderung eintritt, solange die Münzen beim Empfänger noch identifizierbar sind. Eine Geldvindikation ist daher so lange möglich, als das empfangene Geld als Einheit (*corpus nummorum*) vom restlichen Vermögen des Empfängers abgrenzbar ist. Bis zu dem Zeitpunkt, in dem VEIOVIS das Geld in seine Truhe schüttet, könnte daher CARMENTA als Eigentümerin des Geldes dieses mittels *rei vindicatio* von VEIOVIS herausverlangen. Löst VEIOVIS das *corpus nummorum* auf, indem er die von JUVENTAS erhaltenen 500 mit eigenem Geld ununterscheidbar vermengt, so verliert CARMENTA Eigentum daran und kann die 500 nicht mehr bei VEIOVIS vindizieren. CARMENTA ist somit darauf beschränkt, gegen JUVENTAS mittels *actio depositi directa* bzw *condictio furtiva* sowie kumulativ mittels *actio furti* vorzugehen. Zu beachten ist, dass CARMENTA gegen VEIOVIS nicht mit Klagen aus dem Diebstahl vorgehen kann, da VEIOVIS bei Entgegennahme des Geldes gutgläubig war (*arg*: VEIOVIS hält JUVENTAS für die Eigentümerin der 500).

Kommt es nun zum Eigentumserwerb am Geld durch VEIOVIS, indem er das Geld mit eigenem vermengt, so stellt sich die Frage, ob sich der nachträgliche Eigentumserwerb durch VEIOVIS heilend auf das ursprünglich mangelhafte Darlehensgeschäft mit JUVENTAS auswirkt. So gewährt etwa der Jurist Ulpian gegen denjenigen eine *condictio* – infrage kommt entweder jene aus Darlehen oder jene aufgrund ungerechtfertigter Bereicherung –, der von einem Dieb Münzen zum Darlehen erhalten hat, sobald er sie verbraucht hat – *consumptis eis nascitur condictio*. Gewährt man im vorliegenden Fall JUVENTAS eine *condictio* auf Rückzahlung der 500 gegen VEIOVIS, so wird sie auf Verlangen von CARMENTA aufgrund des *furtum* verpflichtet sein, CARMENTA diese Klage abzutreten. Dies erscheint jedenfalls dann als gerechtfertigt, wenn CARMENTA mittels der Klagen aus dem Diebstahl bzw aus dem *depositum* nichts von JUVENTAS erhält, weil diese insolvent ist.

▶ **(1)** Zum Darlehensvertrag vgl Fall 20. **(2)** Zum Auftragsvertrag vgl Fall 54. **(3)** Zum Verwahrungsvertrag vgl Fall 23. **(4)** Zum Eigentumserwerb durch Vereinigung vgl Fall 11.

Zu den einschlägigen Quellenstellen der hier erörterten Problemkreise: zum Zustandekommen eines *mutuum*, wenn die zum Verkauf hingegebene Sache, deren Erlös man als Darlehen verwenden darf, verkauft wird, vgl insb Diokletian u Maximian C 4. 2. 8, Ulpian D 12. 1. 4 pr u 11 pr sowie ders D 19. 5. 19 pr; zur Ablehnung des Zustandekommens eines *mutuum* mangels *datio* vgl insb African D 17. 1. 34 pr; zum Zustandekommen eines *depositum* vgl insb Ulpian D 16. 3. 1 pr; zum unbefugten Gebrauch der hinterlegten Sache durch den Depositar vgl insb Gai Inst 3. 196; zur Möglichkeit der Vindikation, solange das *corpus nummorum* besteht, vgl insb Alexander C 3. 41. 1; zur Vindikation des zur Verwahrung gegebenen Geldes, das unerlaubt als Darlehen gegeben wurde, vor Verbrauch vgl insb Diokletian u Maximian C 4. 34. 8; zum Eigentumserwerb an fremden Münzen durch ununterscheidbare Vermengung mit eigenen vgl insb Javolen D 46. 3. 78; zur Gewährung einer *condictio* bei Verbrauch von unerlaubt als Darlehen gegebenem Geld vgl insb Ulpian D 12. 1. 13 pr u 1, Julian D 12. 1. 19. 1 sowie Paulus D 46. 1. 56. 2.

Variante:

Bevor VEIOVIS die von PORTUNUS erhaltene Enzyklopädie verkaufen kann, wird diese bei einem Großbrand zerstört. Besorgt um das Wohlergehen der *familia*, erbittet der von VEIOVIS mit einem Pekulium ausgestattete Sklave AEOLUS von FORTUNA die Gewährung eines Darlehens in Höhe von 2000. FORTUNA erklärt sich bereit und übergibt AEOLUS 2000 als Darlehen für die Dauer von drei Monaten. AEOLUS kauft Weizen, bäckt daraus Brot und versorgt damit die Mitglieder der *familia* von VEIOVIS. Im Fälligkeitszeitpunkt des Darlehens kann AEOLUS nicht leisten. Das Pekulium ist zu diesem Zeitpunkt wertlos.

Wie ist die Rechtslage?

Zu behandelnde Problemkreise:

➢ Gefahrtragung beim sog *contractus mohatrae*
➢ Utilitätsprinzip
➢ Zustandekommen eines Darlehens
➢ Rechtsnatur vertraglicher Verpflichtungen von Sklaven
➢ *peculium* als umfassende und unbeschränkbare Befugnis zum Abschluss von Rechtsgeschäften
➢ Haftung des *dominus* über eine *actio de peculio* bis zum Wert des *peculium* im Zeitpunkt der Verurteilung
➢ Haftungserweiterung über eine *actio de in rem verso*

Vertragsverhältnis zwischen VEIOVIS und PORTUNUS

Geht die Enzyklopädie durch einen Großbrand, dh durch ein Ereignis höherer Gewalt, unter, bevor VEIOVIS sie verkaufen kann, so stellt sich die Frage, wer das Risiko des zufälligen Untergangs zu tragen hat. Grundsätzlich trifft den Eigentümer der Sache deren zufälliger Untergang nach der Regel *casum sentit dominus*. Da es noch nicht zum Verkauf der Enzyklopädie gekommen ist, steht die Enzyklopädie nach wie vor im Eigentum von PORTUNUS. Zu beachten ist aber, dass aufgrund der Vereinbarung zwischen VEIOVIS und PORTUNUS besondere Gefahrtragungsregeln zur Anwendung kommen. Bei der Vereinbarung, die übergebene Sache zu verkaufen, damit man den Erlös als Darlehen behalten darf, dem sog *contractus mohatrae*, hat diejenige Vertragspartei das Risiko für den zufälligen Untergang der Sache zu tragen, die das größere wirtschaftliche Interesse am Zustandekommen des Vertrages hat (Utilitätsprinzip). So unterscheidet der Jurist Nerva für die Frage der Gefahrtragung danach, ob der um ein Darlehen Gebetene die Sache ohnedies verkaufen wollte und ihm der Darlehenswerber mit seiner Verkaufsbereitschaft daher gelegen kam oder ob der Verkauf vom Geber der Sache nicht beabsichtigt war. Im ersten Fall hat der Geber die Gefahr für einen zufälligen Untergang zu tragen, gleich so, als hätte er die Sache einem beliebigen Dritten gegeben, damit dieser die Sache – als Mandatar – für ihn verkaufe. Im zweiten Fall hingegen gehe, so Nerva, ein zufälliger Verlust der Sache zulasten des Darlehenswerbers. Dies gelte vor allem dann, wenn ein zinsenloses Darlehen gewährt werden sollte – *maxime si sine usuris credidi*. Da im vorliegenden Fall der Verkauf der Enzyklopädie im ausschließlichen Interesse des Darlehenswerbers VEIOVIS liegt, trägt dieser das Risiko für den zufälligen Untergang der Enzyklopädie. PORTUNUS kann seinen Anspruch aus diesem untypischen Vertrag mit der *actio praescriptis verbis* durchsetzen, um von VEIOVIS Ersatz für den Wert der Enzyklopädie (1200) zu erlangen.

Vertragsverhältnis zwischen AEOLUS und FORTUNA

Zwischen AEOLUS und FORTUNA ist es mit Übergabe (*datio*) von 2000 (Geld) von der Eigentümerin, verbunden mit der Abrede, dass AEOLUS das Geld drei Monate als Darlehen verwenden darf (*conventio*), zum Abschluss eines Darlehens (*mutuum*) gekommen. Zu beachten ist, dass nicht AEOLUS an den 2000 Eigentum erwirbt (als *servus* ist er nicht vermögensfähig), sondern sein *dominus* VEIOVIS. Das *peculium* ermöglicht es AEOLUS, für seinen *dominus* Besitz und Eigentum zu erwerben. Wenngleich AEOLUS als Sklave grds nicht Träger von schuldrechtlichen Forderungen sein kann, so kann er aber Verpflichtungen eingehen, die, obwohl nicht einklagbar, dennoch wirksam erfüllt werden können. Die Rückzahlungsverpflichtung von AEOLUS aus dem Darlehen stellt somit eine Naturalobligation dar. Folglich ist es FORTUNA zwar nicht möglich, bei Fälligkeit des Darlehens im Klagsweg gegen AEOLUS vorzugehen, um die Rückzahlung der 2000 zu bewirken. Kommt es aber zur Rückzahlung des Geldes durch AEOLUS, so kann er das Geleistete nicht mehr als *indebitum* zurückfordern.

Zahlt AEOLUS das Darlehen in der Folge nicht zurück, so stellt sich die Frage, ob FORTUNA ihren Anspruch gegen AEOLUS auf dessen *dominus* VEIOVIS über eine adjektizische Klage erstrecken kann. Die vom Prätor geschaffenen sog adjektizischen (hinzugefügten) Klagen ermöglichen es in bestimmten Fällen, einen Anspruch gegen gewaltunterworfene oder vermögenslose Geschäftspartner auf einen hinter ihnen stehenden Gewalthaber (*dominus, pater familias*) oder Geschäftsherrn zu erstrecken. Über eine adjektizische Klage haftet der Gewalthaber bzw Geschäftsherr aber nicht anstelle des Handelnden, sondern neben diesem – *hoc enim edicto non transfertur actio, sed adicitur.* Da VEIOVIS seinem Sklaven AEOLUS ein *peculium* eingeräumt hat, kommt zunächst eine Haftungserweiterung über eine *actio de peculio* in Betracht. Bei einem *peculium* handelt es sich um Sondervermögen, das der Gewalthaber seinem Gewaltunterworfenen zur selbständigen Bewirtschaftung überlässt. In der Einräumung eines *peculium* manifestiert sich der generell-abstrakte Erwerbswille des Gewalthabers. Zugleich begründet das *peculium* eine adjektizische Haftung des Gewalthabers, und zwar selbst für solche Verbindlichkeiten, die funktional mit dem *peculium* nichts zu tun haben. Zu beachten ist aber, dass die Haftung über eine *actio de peculio* auf den Wert des *peculium* im Zeitpunkt der Verurteilung des Gewalthabers beschränkt ist – *dumtaxat de peculio.* Da dem Sachverhalt nach das *peculium* von AEOLUS wertlos ist, scheidet eine Erstreckung der Darlehensforderung auf VEIOVIS mittels *actio de peculio* aus.

Zu denken wäre weiters an eine Haftungserweiterung über eine *actio de in rem verso*. Voraussetzung hierfür ist, dass es durch die rechtsgeschäftliche Tätigkeit des Gewaltunterworfenen zu einer Bereicherung (*versio*), dh zu einem vermögenswerten Vorteil, des Gewalthabers gekommen ist. Es stellt sich daher die Frage, ob VEIOVIS durch die Aufnahme des Darlehens durch AEOLUS bereichert wurde. Im vorliegenden Fall liegt die Bereicherung von VEIOVIS durch die Darlehensaufnahme von AEOLUS darin, dass AEOLUS den Darlehensbetrag einsetzt, um Nahrungsmittel für die *familia* von VEIOVIS zu erwerben. Damit tätigt AEOLUS einen notwendigen Aufwand für seinen *dominus*. VEIOVIS bleibt es daher erspart, anderweitig ein Gelddarlehen aufzunehmen, um Nahrungsmittel für seine *familia* anzukaufen. Die Darlehensaufnahme von AEOLUS bewirkt somit eine Ersparnis für dessen *dominus* VEIOVIS. Folglich haftet VEIOVIS für die Rückzahlung des von AEOLUS aufgenommenen Darlehens bis zur Höhe der eingetretenen Bereicherung (die hier mit der Höhe des aufgenommenen Darlehensbetrages gleichzusetzen ist). FORTUNA kann daher bei Fälligkeit des Darlehens die Rückzahlung der 2000 von VEIOVIS mittels *actio certae creditae pecuniae* mit dem Zusatz *de in rem verso* verlangen.

Zu den einschlägigen Quellenstellen der hier erörterten Problemkreise: zur Gefahrtragung desjenigen, der das überwiegende Interesse am Verkauf der hingegebenen Sache hat, vgl insb Ulpian D 12. 1. 11 pr; zur Rückzahlungsverpflichtung aus dem *mutuum* ungeachtet des Verlusts des Geldes durch *vis maior* vgl Gaius D 44. 7. 1. 4; zur Klagemöglichkeit mittels *actio praescriptis verbis* bei Hingabe einer Sache mit der Vereinbarung, diese zu verkaufen und den Erlös als Darlehen verwenden zu dürfen, vgl insb Ulpian D 19. 5. 19 pr; zum Wesen der adjektizischen Haftung vgl insb Paulus D 14. 1. 5. 1; zum Wesen des *peculium* sowie zur Berechnung dessen Wertes vgl insb Ulpian D 15. 1. 5. 4; zur Haftung über eine *actio de in rem verso* für den Fall, dass kein *peculium* vorhanden ist, vgl insb Alfen D 15. 3. 16; zum Vorliegen einer haftungsbegründenden *versio* durch Darlehensaufnahme eines Gewaltunterworfenen, um eine Verpflichtung des Gewalthabers zu erfüllen, vgl insb Paulus D 14. 6. 17, sowie um Nahrungsmittel oder Kleidung anzuschaffen, vgl insb Ulpian D 15. 3. 3. 3.

Fall 22: ☆

Der sonnige Olivenhain

VESTA bittet den Olivenölproduzenten SILVANUS, bei BACCHUS einen Geldbetrag von 10.000, den dieser ihr aus einem Werkvertrag schuldet, einzutreiben. SILVANUS sagt ihr dies gerne zu. Bei BACCHUS angelangt, erhält SILVANUS von diesem 10.000 übergeben. Auf seinem Heimweg kommt SILVANUS an einem sonnigen Olivenhain vorbei, der zum Verkauf steht. SILVANUS trifft PLUTO, den Verkäufer des Olivenhains, am Comitium und sie einigen sich auf einen Kaufpreis in Höhe von 15.000. Der Kaufpreis und der Olivenhain sollen in einem Monat übergeben werden. Da SILVANUS lediglich 5.000 bei sich hat, fragt er brieflich bei VESTA an, ob er die von BACCHUS eingetriebenen 10.000 für fünf Monate als Darlehen verwenden dürfe. VESTA erklärt sich einverstanden, teilt ihm aber schriftlich mit, dass sie gerne 5 % Zinsen hätte. SILVANUS zahlt an PLUTO 15.000. Als SILVANUS den Olivenhain übernehmen möchte, muss er feststellen, dass zwei Tage zuvor ein Orkan mehr als die Hälfte der Olivenbäume entwurzelt hat. SILVANUS verlangt daraufhin den Kaufpreis zurück.

Um den – in Erwartung einer reichen Olivenernte zugesagten – Öllieferungen nachkommen zu können, ersucht SILVANUS CERES um ein Darlehen über 30 Metreten Olivenöl, Laufzeit ein Jahr, was ihm CERES sofort zusagt. CERES übergibt daraufhin SILVANUS ein Fass, in dem sich 35 Metreten Olivenöl befinden. Sowohl CERES als auch SILVANUS nehmen irrtümlich an, dass sich im Fass 30 Metreten befinden.

Auf welcher rechtlichen Grundlage und wieviel kann VESTA nach Ablauf der fünf Monate von SILVANUS verlangen? Wird SILVANUS mit seinem Begehren auf Rückzahlung des Kaufpreises Erfolg haben? Mit welcher Klage kann CERES wann und wieviel zurückverlangen?

Zu behandelnde Problemkreise:

➢ unentgeltliche Führung eines Geschäfts in fremdem Interesse – *mandatum*
➢ Leistung der 10.000 von BACCHUS an SILVANUS als Zahlstelle (*solutionis causa adiectus*) mit schuldbefreiender Wirkung
➢ Voraussetzungen für das Zustandekommen eines Darlehens
➢ Kontroverse zwischen Ulpian und Julian hinsichtlich des sog Vereinbarungsdarlehens
➢ formloses Zinsversprechen beim *mutuum*
➢ Möglichkeit der Vereinbarung von Zinsen beim Mandat als *bonae fidei iudicium*
➢ Zustandekommen eines Kaufvertrages
➢ nachträgliche Verschlechterung der Kaufsache infolge höherer Gewalt
➢ Perfektion beim Kaufvertrag
➢ *periculum est emptoris*
➢ Rückforderung eines Naturaldarlehens mittels *condictio triticaria*
➢ Rückforderung einer irrtümlich geleisteten Nichtschuld mittels *condictio indebiti*

Zu den einschlägigen Quellenstellen der hier zu erörternden Problemkreise: zum Wesen des *mandatum* als unentgeltlichen Freundschaftsdiensts vgl insb Paulus D 17. 1. 1. 4; zum *mandatum* als Konsensualvertrag vgl insb Paulus D 17. 1. 1 pr; zur Frage, ob ein *mutuum* bei Vereinbarung, dass der Mandatar das eingetriebene Geld als Darlehen verwenden dürfe, zustande kommt, vgl insb Ulpian D 12. 1. 15 sowie African D 17. 1. 34 pr; zur Unverbindlichkeit formloser Zinsabreden vgl insb African D 19. 5. 24; zur Gefahrtragung des Käufers bei *emptio perfecta* vgl insb Paulus D 18. 6. 8 pr sowie Iust Inst 3. 23. 3; zur Hingabe von Naturalien zum Darlehen vgl insb Gai Inst 3. 90; zur Rückzahlungsverpflichtung des Darlehensnehmers in Höhe jenes Betrages, der sowohl in der *conventio* genannt als auch von der *datio* umfasst ist, vgl insb Ulpian D 12. 1. 11. 1; zur Rückforderung einer irrtümlich geleisteten Nichtschuld mittels *condictio indebiti* vgl insb Ulpian D 12. 6. 1. 1 sowie Gai Inst 3. 91.

▶ **(1)** Zum Darlehensvertrag vgl Fall 20. **(2)** Zur nachträglichen Unmöglichkeit vgl Fall 36. **(3)** Zur Rückforderung einer irrtümlich geleisteten Nichtschuld mittels *condictio indebiti* vgl Fall 56.

Variante:

SILVANUS **kann nach Ablauf der fünf Monate nicht zahlen.** VESTA **ist bereit, ihm die Schuld für einen Monat zu stunden, was sie ihm formlos zusagt. Eine Woche später hat es sich** VESTA **anders überlegt und verlangt die Zahlung von** SILVANUS **ohne weiteren Aufschub. Die Entwurzelung von mehr als der Hälfte der Olivenbäume durch einen Orkan hat in der Zeit zwischen** SILVANUS' **Besichtigung des Olivenhains und seinem Treffen mit** PLUTO **auf dem Comitium stattgefunden. Wenige Tage nach der Übergabe muss** SILVANUS **feststellen, dass sich lediglich 25 Metreten Olivenöl in dem von** CERES **übergebenen Fass befinden.**

Wie ist die Rechtslage?

Zu behandelnde Problemkreise:

➢ Stundung durch formloses *pactum de non petendo* bei *iudicia stricti iuris* bzw bei *bonae fidei iudicia*
➢ teilweise anfängliche objektive Unmöglichkeit
➢ *id quod actum est* als Auslegungsmaxime bei *bonae fidei negotia*
➢ Rückforderung einer irrtümlich geleisteten Nichtschuld mittels *condictio indebiti*
➢ Leistungspflicht des Darlehensnehmers – *tantundem eiusdem generis reddere*

▶ **(1)** Eine Vereinbarung, mit der die Fälligkeit nachträglich hinausgeschoben wird, bezeichnet man als Stundung. Neben dieser die Fälligkeit hinausschiebenden Stundung (eigentliche Stundung) gibt es die sog „reine" Stundung, bei der der Gläubiger mit der Geltendmachung seiner Forderung über den Fälligkeitszeitpunkt hinaus zuwartet. Anders als bei der eigentlichen Stundung, bei der der Schuldner mangels Fälligkeit nicht in Verzug gerät, bleibt bei der reinen Stundung der Schuldner in Verzug, sodass er zur Leistung von Verzugszinsen verpflichtet ist. Zur Hemmung der Verjährung kommt es aber auch bei der reinen Stundung (Fortlaufshemmung). Ob eine eigentliche oder eine reine Stundung vorliegt, ist iZw durch Auslegung zu klären. Bei einer vor Eintritt der Fälligkeit vereinbarten Stundung handelt es sich idR um eine eigentliche Stundung. Von der vereinbarten Stundung unterscheidet man die richterliche Stundung (Bsp: Das Gericht hat über Antrag des Mieters eine Räumungsexekution aufzuschieben, wenn dem Mieter die Obdachlosigkeit droht [oder andere besonders berücksichtigungswürdige Umstände vorliegen] und dem Vermieter der Aufschub zumutbar ist, § 35 MRG) sowie die gesetzliche Stundung (Zwangsstundung, Moratorium, etwa in Kriegszeiten). [*Koziol/Welser*, Bürgerliches Recht[13] II (2007) 38] **(2)** Zur anfänglichen Unmöglichkeit vgl Fall 31. **(3)** Zur Rückforderung einer irrtümlich geleisteten Nichtschuld mittels *condictio indebiti* vgl Fall 56.

Zu den einschlägigen Quellenstellen der hier zu erörternden Problemkreise: zur Einredemöglichkeit des Schuldners einer gestundeten Forderung aufgrund eines *pactum de non petendo* vgl insb Gai Inst 4. 122; zum Grundsatz *impossibilium nulla obligatio est* vgl Celsus D 50. 17. 185; zur Ungültigkeit des Kaufs einer nicht existenten Sache vgl insb Paulus D 18. 1. 15 pr; zum *id quod actum est* bzgl der Leistungspflichten der Parteien beim *bonae fidei iudicium* vgl insb Ulpian D 19. 1. 11. 1; zur Ablehnung des Zustandekommens eines Kaufvertrages über ein Grundstück, wenn Bäume vom Wind umgeworfen wurden und es in Hinblick auf diese Bäume gekauft wurde, vgl insb Papinian D 18. 1. 58; zur Frage des Zustandekommens eines Kaufvertrages über ein Haus, das vor Kaufabschluss teilweise abgebrannt ist, vgl Paulus D 18. 1. 57 pr; zur Möglichkeit der Rückforderung des Kaufpreises bei Ungültigkeit des Kaufvertrages vgl insb Paulus D 18. 4. 7; zur Rückforderung einer irrtümlich geleisteten Nichtschuld mittels *condictio indebiti* vgl insb Ulpian D 12. 6. 1. 1 sowie Gai Inst 3. 91; zur Rückzahlungsverpflichtung des Darlehensnehmers in Höhe jenes Betrages, der sowohl in der *conventio* genannt als auch von der *datio* umfasst ist, vgl insb Ulpian D 12. 1. 11. 1.

2. KAPITEL

Verwahrungsvertrag
(depositum)

Lit: *Benke/Meissel*, Römisches Schuldrecht[7] (2006) 53–61;
Hausmaninger/Selb, Römisches Privatrecht[9] (2001) 219–221;
Kaser/Knütel, Römisches Privatrecht[20] (2014) 233–234;
Apathy/Klingenberg/Pennitz, Einführung in das römische Recht[5] (2012) 161–162.

Fall 23: ☆

Eine überstürzte Abreise

AURORA erklärt sich auf Bitte von JANUS hin bereit, ihm ihre zwei Esel für einen Monat zur Durchführung von Transporten unentgeltlich zur Verfügung zu stellen. Die Esel werden JANUS sogleich übergeben. Als JANUS die Esel zurückgeben möchte, bittet ihn AURORA, die Esel noch einen Monat bei ihm einstellen zu dürfen, da sie spontan verreisen müsse. Zudem wäre sie JANUS sehr dankbar, wenn er für die Dauer ihrer Abwesenheit ihre Halskette (Wert 300) und ihr Silbergeschirr aufbewahren könnte. JANUS erklärt sich bereit, dies unentgeltlich zu tun, übernimmt die Kette und das Geschirr und führt die Esel wieder in seinen Stall. Beim Antreiben der störrischen Tiere verletzt JANUS aus grober Unachtsamkeit einen der Esel schwer (Wertminderung 40). Als JANUS und seine Frau zu einem Empfang geladen sind, schmückt JANUS seine Frau mit AURORAS Kette. Auf dem Heimweg werden JANUS und seine Frau von bewaffneten Räubern überfallen, die JANUS' Frau die Kette gewaltsam abnehmen.

Als AURORA vom Verlust ihrer Kette erfährt, gerät sie in Rage und kündigt JANUS die Freundschaft. JANUS ist ob des seiner Ansicht nach ungebührlichen Verhaltens von AURORA so erzürnt, dass er sich nur dann bereit erklärt, ihr das Silbergeschirr herauszugeben, wenn sie ihm 10 zahle. AURORA übergibt JANUS widerwillig 10. Die Esel werde JANUS ihr nur dann geben, wenn ihm die Fütterungskosten für die vergangenen zwei Monate (monatlich 5 pro Esel) ersetzt werden.

Erhält AURORA von JANUS Wertersatz für die Kette? Ist das Begehren von JANUS hinsichtlich der Fütterungskosten für die Esel rechtens? Wie ist die Zahlung der 10 von AURORA an JANUS für die Herausgabe des Silbergeschirrs zu beurteilen?

Vorüberlegungen:

> ➤ Wie kommt ein Leihvertrag zustande?
> ➤ Welche Rechte und Pflichten treffen den Leihgeber, welche den Leihnehmer?
> ➤ Welcher Voraussetzungen bedarf das Zustandekommen eines Verwahrungsvertrages?
> ➤ Was versteht man unter dem Utilitätsprinzip?
> ➤ Wofür haftet der Verwahrer grds?
> ➤ Wie ist ein unbefugter Gebrauch der hinterlegten Sache durch den Verwahrer zu beurteilen?

➢ Welche Aufwendungen hinsichtlich der übernommenen Sache werden dem Leihnehmer, welche dem Verwahrer ersetzt?

➢ Was versteht man unter einem Retentionsrecht?

➢ Wann können Forderungen aufgerechnet werden?

➢ Wie kann die Rückgabe einer Leistung, die im Hinblick auf einen sittenwidrigen Zweck erbracht wurde, bewirkt werden?

Vertragsverhältnisse zwischen AURORA und JANUS hinsichtlich der zwei Esel

Zu prüfen ist, ob zwischen AURORA und JANUS ein Leihvertrag (*commodatum*) zustande gekommen ist. Beim *commodatum* erhält der Leihnehmer (Kommodatar) vom Leihgeber (Kommodant) eine Sache zum unentgeltlichen Gebrauch übergeben. Das *commodatum* zählt zu den *bonae fidei iudicia* und kommt als Realvertrag mit *conventio*, der Vereinbarung, dass der Leihnehmer die Sache unentgeltlich gebrauchen darf, verbunden mit der *datio*, der realen Hingabe der Leihsache an den Leihnehmer, zustande. Indem sich AURORA auf die Bitte von JANUS hin bereit erklärt, ihm ihre zwei Esel für einen Monat zur Durchführung von Transporten unentgeltlich zur Verfügung zu stellen (*conventio*), und JANUS die Esel übergeben werden (*datio*), liegt ein *commodatum* vor. Für die Dauer der Gebrauchsüberlassung ist JANUS Detentor und vermittelt AURORA Besitz an den Eseln.

Bittet AURORA JANUS nach Ablauf der Leihdauer, die Esel für einen Monat bei ihm einstellen zu dürfen, und sagt ihr dies JANUS, ohne hierfür ein Entgelt zu verlangen, zu, so liegt eine *conventio* für eine Verwahrung (*depositum*) vor. Beim *depositum* übernimmt der Verwahrer (Depositar) vom Hinterleger (Deponenten) eine bewegliche Sache unentgeltlich in seine Obhut. Gleich wie das *commodatum* ist auch das *depositum* ein Realvertrag und zählt zu den *bonae fidei iudicia*. Führt JANUS die Tiere wieder zurück in seinen Stall, so gelten sie ab nun als aufgrund eines *depositum* an ihn übergeben. Sachenrechtlich ändert sich die Position von JANUS nicht. Auch als Verwahrer ist JANUS bloß Detentor, hat aber, anders als zuvor als Kommodatar, keine Befugnis zum Sachgebrauch.

Erleidet einer der zur Verwahrung übernommenen Esel eine Verletzung, so stellt sich die Frage, ob JANUS AURORA hierfür ersatzpflichtig wird. Die Haftung beim *depositum* orientiert sich am sog Utilitätsprinzip. Demnach trägt jene Vertragspartei das größere Risiko für eine Verschlechterung oder Zerstörung der übergebenen Sache, deren Interesse das Geschäft hauptsächlich dient. Da die Verwahrung regelmäßig im ausschließlichen Interesse des Deponenten liegt, haftet der Depositar, der für die Aufbewahrung kein Entgelt erhält, nur für *dolus*, dh für arglistiges bzw grob treuwidriges Verhalten. Im Laufe der Zeit lassen die römischen Juristen den Depositar schließlich auch für grobe Fahrlässigkeit (*culpa lata*) haften – *Nerva diceret latiorem culpam dolum esse*. Da die Verletzung des Esels auf das grob unachtsame Verhalten (= *culpa lata*) von JANUS zurückzuführen ist, haftet er für die durch die Verletzung bedingte Wertminderung des Esels. AURORA kann ihren Anspruch auf Ersatz des erlittenen Schadens in Höhe von 40 mittels *actio depositi directa* geltend machen.

Für die Beantwortung der Frage, ob bzw in welchem Ausmaß JANUS ein Anspruch auf Ersatz der Fütterungskosten für die Esel zusteht, ist zu differenzieren: Im ersten Monat hat JANUS die Esel als Kommodatar inne. Da der Kommodatar die Leihsache unentgeltlich verwenden darf, hat er allgemeine Verpflegungskosten, zu denen va die Kosten für die Ernährung für ein entliehenes Tier zählen, selbst zu tragen – *cibariorum impensae ad eum pertinent, qui utendum accepisset.* Lediglich Schäden, die der Kommodatar durch die Leihsache erlitten hat, oder solche Aufwendungen, die nicht zum gewöhnlichen Betrieb zu zählen sind, wie etwa Kosten für eine tierärztliche Behandlung, sofern die zu behandelnde Verletzung nicht auf das Verhalten des Kommodatars zurückzuführen ist, sind vom Kommodanten zu ersetzen. Folglich hat JANUS jene Fütterungskosten, die ihm im ersten Monat entstanden sind, selbst zu tragen.

Anders verhält es sich hinsichtlich der Fütterungskosten für jene Zeit, in der JANUS die Esel zur Verwahrung übernommen hat. Der *bona fides* entspricht es, dass dem Depositar, der dem Deponenten mit der unentgeltlichen Verwahrung einen Freundschaftsdienst erweist, jene Aufwendungen ersetzt werden, die die verwahrte Sache verursacht hat. Folglich hat AURORA JANUS jene Fütterungskosten, die ihm im zweiten Monat entstanden sind (10), zu ersetzen. Zur Geltendmachung seines Anspruchs steht JANUS die *actio depositi contraria* zur Verfügung. Weigert sich AURORA in der Folge, JANUS die Fütterungskosten für die Dauer der Verwahrung zu ersetzen, so steht es ihm grds zu, die Esel so lange zurückzuhalten, bis er Ersatz der Kosten erhält (Retentionsrecht).

Zu beachten ist, dass JANUS, sollte AURORA Ersatz für die Wertminderung des Esels mittels *actio depositi directa* verlangen, seinen Anspruch auf Ersatz der Fütterungskosten auch im Wege der Aufrechnung (*compensatio*) geltend machen könnte. Bei der Aufrechnung werden zwei einander entgegenstehende Forderungen in jenem Ausmaß, in dem sie sich decken, getilgt. Eine Kompensation ist grds dann zulässig, wenn die aufzurechnenden Forderungen fällig sowie prozessual leicht zu ermitteln (liquid) sind und die Ansprüche konnex sind, dh aus demselben Vertragsverhältnis (*ex eadem causa*) stammen. Aus prozessualer Sicht bedarf es nach klassischem römischen Recht keiner Gleichartigkeit der gegenseitigen Forderungen, da es im Zuge des Prozesses zur Umrechnung der Leistungspflichten in Geld kommt (Prinzip der *condemnatio pecuniaria*). Da sowohl die Schadenersatzforderung von AURORA als auch die Forderung von JANUS auf Ersatz der Fütterungskosten ihre Grundlage in demselben Vertragsverhältnis haben, fällig und mangels anderer Anhaltspunkte im Sachverhalt leicht feststellbar sind, können sie miteinander aufgerechnet werden. Eine Gleichartigkeit der Forderungen ist ebenfalls gegeben, da beide Ansprüche auf Geld gerichtet sind. Da es sich beim *depositum* um ein *bonae fidei iudicium* handelt, ist die Aufrechnung der gegenseitigen Forderungen von AURORA und JANUS durch den *iudex* im Rahmen der *bona fides* zu berücksichtigen. Kommt es zur Verrechnung, so werden die Verbindlichkeiten aufgehoben, soweit sie sich decken. Folglich wird AURORA im Urteil nur der Überschuss in Höhe von 30 zugesprochen werden.

Vertragsverhältnisse zwischen AURORA und JANUS hinsichtlich der Halskette und des Silbergeschirrs

Durch die Übergabe der Halskette (*datio*) an JANUS, verbunden mit der Vereinbarung, dass sie JANUS unentgeltlich verwahren werde (*conventio*), kommt es zum Abschluss eines weiteren Verwahrungsvertrages zwischen AURORA und JANUS. Gerät die Halskette in der Folge abhanden, indem Räuber sie gewaltsam an sich nehmen, so stellt sich die Frage, ob JANUS für ihren Verlust einzustehen hat. Grundsätzlich trifft den Depositar nur dann eine Haftung, wenn er die Verschlechterung oder den Untergang der verwahrten Sache vorsätzlich bzw grob fahrlässig herbeigeführt hat. Das Risiko, dass die verwahrte Sache durch höhere Gewalt, niederen Zufall oder leichte Fahrlässigkeit des Depositars verschlechtert wird oder untergeht, trägt somit idR der Deponent. Der Überfall bewaffneter Räuber ist als Ereignis höherer Gewalt zu qualifizieren. Von einem Ereignis höherer Gewalt spricht man, wenn dessen Eintritt von Menschen nicht voraussehbar bzw nicht beherrschbar ist.

Da JANUS als Depositar für den Zufallsbereich somit grds nicht einzustehen hat, würde der Verlust der Kette AURORA treffen. Zu beachten ist aber, dass sich JANUS, indem er seine Frau mit der hinterlegten Kette schmückt, vertragswidrig verhält. Der Depositar ist grds nicht berechtigt, die verwahrte Sache zu verwenden. Tut er es dennoch, so begeht er einen Gebrauchsdiebstahl (*furtum usus*) und haftet auch für einen Untergang der Sache infolge von *vis maior – teneri te depositi, quia semel dolo fecisti*. Die Haftung des *fur* für eine Verschlechterung bzw einen Untergang der gestohlenen Sache infolge eines Ereignisses höherer Gewalt findet in der Parömie *fur semper in mora est* – der Dieb ist immer in Verzug – Ausdruck: Gemeint ist, dass sich der Dieb ab dem Zeitpunkt der Wegnahme der Sache hinsichtlich der Verpflichtung zur Rückgabe in Verzug befindet. So wie ein Schuldner einer vertraglichen Leistung, der sich (in vorwerfbarer Weise) in Schuldnerverzug befindet, für den zufälligen Untergang bzw eine zufällige Verschlechterung der geschuldeten Sache einzustehen hat, haftet auch der Dieb für jedweden Untergang bzw jedwede Verschlechterung der gestohlenen Sache.

Folglich kann sich JANUS als *fur* nicht darauf berufen, dass der Verlust der Kette durch ein Ereignis höherer Gewalt eingetreten ist. Vielmehr hat er AURORA den Wert ihrer Halskette (300) zu ersetzen. Zur Durchsetzung ihres Anspruchs auf Ersatz der 300 steht AURORA die *actio depositi directa* zur Verfügung.

Schließlich gilt es noch, die Zahlung von AURORA an JANUS in Höhe von 10, um wieder in den Besitz ihres Silbergeschirrs zu gelangen, zu beurteilen. Indem sich JANUS bereit erklärt, das Silbergeschirr unentgeltlich in Verwahrung zu nehmen (*conventio*), und es ihm zu diesem Zweck von AURORA übergeben wird (*datio*), ist auch über das Silbergeschirr ein *depositum* zustande gekommen. Da das *depositum* ein unentgeltliches Geschäft unter Freunden darstellt, ist die Vereinbarung eines Entgelts für den Depositar grds nicht möglich. Ist von den Parteien eine entgeltliche Verwahrung beabsichtigt, so kann entweder ein Entgelt stipulationsweise versprochen werden, oder die Parteien schließen von vornherein einen anderen Vertrag, nämlich einen Werkvertrag (*locatio conductio operis*), ab. Beim Werkvertrag ist der Werkbesteller (*locator*) verpflichtet, dem Werkunternehmer (*conductor*) für die Erbringung des Werkes – etwa für die Übernahme einer Sache in Obsorge – ein Entgelt (*merces*) zu leisten. Da AURORA und JANUS aber weder ein Entgelt stipulationsweise vereinbart noch einen Werkvertrag, sondern einen Verwahrungsvertrag abgeschlossen haben, kann AURORA, ohne zur Leistung eines Entgelts verpflichtet zu sein, von JANUS die Herausgabe des Silbergeschirrs begehren. Verlangt JANUS für die Herausgabe des Silbergeschirrs ein nicht vereinbartes Entgelt und leistet ihm AURORA dieses, so beruht diese Leistung auf einer sittenwidrigen Zweckvereinbarung, weshalb das Geleistete zurückgefordert werden kann. So gewähren die römischen Juristen dem Hinterleger einer Sache einen bereicherungsrechtlichen Anspruch, wenn sich der Verwahrer nur gegen Erbringung einer nicht vereinbarten Leistung bereit erklärt, die verwahrte Sache herauszugeben, und der Hinterleger diese Leistung erbringt. Da AURORA die 10 dafür bezahlt hat, dass JANUS eine Pflicht erfüllt, die er aufgrund des Verwahrungsvertrages ohnehin zu erfüllen hat, steht es AURORA zu, die an ihn gezahlten 10 zurückzufordern. Ihren Anspruch auf Rückerstattung der 10 wird AURORA mittels *condictio ob turpem (vel iniustam) causam* geltend machen.

▶ **(1)** Der Verwahrungsvertrag ist in den §§ 957 ff geregelt und als Realvertrag ausgestaltet. Das bloße Versprechen, eine Sache, die noch nicht übergeben wurde, in Verwahrung zu nehmen, ist noch kein Verwahrungsvertrag, sondern ein Vorvertrag iSd § 936. Der Verwahrungsvertrag kann sich sowohl auf bewegliche als auch auf unbewegliche Sachen beziehen (§ 960) und entgeltlich oder unentgeltlich sein (§ 969). Der Verwahrer ist weder Sach- noch Rechtsbesitzer, sondern bloß Inhaber der anvertrauten Sache und nicht zu deren Gebrauch berechtigt. Die Pflicht des Verwahrers zur Obsorge für die anvertraute Sache erschöpft sich nicht in der bloßen Zurverfügungstellung von Raum (diesfalls läge Leihe oder Miete vor), sondern der Verwahrer hat alle erforderlichen Maßnahmen zu treffen, damit die anvertraute Sache keinen Schaden nimmt (Bsp: Verpflegung des in Verwahrung genommenen Tieres). Der Verwahrer haftet dem Hinterleger für Schäden, die aus der Unterlassung der pflichtgemäßen Obsorge resultieren, nicht aber für Zufall, und zwar selbst dann nicht, wenn er die verwahrte Sache unter Aufopferung seiner eigenen Sachen hätte retten können, § 964. Gebraucht der Verwahrer die ihm anvertraute Sache, gibt er sie ohne Not und ohne Erlaubnis einem Dritten in Verwahrung oder verzögert er die Rückstellung, so haftet er auch für jeden zufälligen Schaden, der sonst nicht eingetreten wäre, § 965 (sog *casus mixtus*-Haftung). Zur besonderen Haftung für zur Verwahrung gegebene Sachen nach der Gastwirtehaftung vgl Fall 49. Zu den Pflichten des Hinterlegers zählt die Zahlung eines Entgelts, sofern dieses vereinbart wurde, § 969. Weiters hat er die dem Verwahrer entstandenen notwendigen und (nach den Regeln der Geschäftsführung ohne Auftrag) nützlichen Aufwendungen zu ersetzen sowie für von ihm schuldhaft zugefügte Schäden oder wenn der Verwahrer im Notfall zur Rettung der hinterlegten Sache seine eigenen Sachen aufgeopfert hat, Ersatz zu leisten, § 967. Für die wechselseitigen Forderungen des Verwahrers und des Hinterlegers einer beweglichen Sache besteht eine Präklusivfrist von 30 Tagen ab dem Zeitpunkt der Rückstellung. Zu beachten ist, dass der Verwahrer zur Sicherung seiner Ansprüche weder ein Retentionsrecht noch ein Kompensationsrecht hat, § 1440. Anderes gilt hingegen, wenn die Verwahrung nur eine Nebenpflicht zu einem anderen Vertrag (bspw Werkvertrag) darstellt. Den nach der Gastwirtehaftung haftenden Personen wird, um deren erhöhte Haftung auszugleichen, ein Zurückbehaltungsrecht an den eingebrachten Sachen eingeräumt, § 970c. Kommt es im Nachhinein zu einer Änderung der für einen Verwahrungsvertrag typischen Punkte, etwa weil dem Verwahrer der Gebrauch der Sache gestattet wird, so geht der Vertrag bspw in einen Leihvertrag (bei unvertretbaren Sachen) oder in einen Darlehensvertrag (bei vertretbaren Sachen) über, § 959 (Novation, vgl Fall 55). Der Verwahrungsvertrag zählt zu den Dauerschuldverhältnissen und kann entweder auf bestimmte oder unbestimmte Zeit abgeschlossen werden. Ein auf unbestimmte Dauer abgeschlossener Verwahrungsvertrag kann von jedem Vertragspartner nach Belieben aufgekündigt werden, § 963. Nach Ablauf der Verwahrungszeit hat der Verwahrer die hinterlegte Sache in jenem Zustand, in dem er sie übernommen hat, und mit allem Zuwachs zurückzustellen, § 961. Der Hinterleger kann die Sache jederzeit, dh auch vor Ablauf einer vereinbarten Verwahrungszeit, zurückfordern, hat aber dem Verwahrer einen dadurch verursachten Nachteil zu ersetzen, § 962 S 1. Der Verwahrer hingegen darf die Sache nur dann vorzeitig zurückgeben, wenn er sie aufgrund eines unvorhersehbaren Umstandes nicht mehr sicher oder ohne seinen eigenen Nachteil verwahren kann, § 962 S 2. [*Koziol/Welser*, Bürgerliches Recht II^{13} (2007) 195 ff] **(2)** Die Kompensation (Aufrechnung) ist die Aufhebung einer Forderung durch eine Gegenforderung. Die Forderungen erlöschen, soweit sie sich decken, § 1438. Zu unterscheiden sind die einverständliche und die einseitige Aufrechnung. Die einverständliche Aufrechnung bedarf lediglich einer einzigen Voraussetzung, nämlich der Gegenseitigkeit der Forderungen, dh dass der Aufrechnende zugleich Gläubiger und Schuldner des Aufrechnungsgegners ist (vgl aber die §§ 19 f IO). Eine Ausnahme hiervon gibt es bei der Zession: So kann der Schuldner (*debitor cessus*) gegen die abgetretene Forderung des Neugläubigers (Zessionar) auch mit allen Forderungen, die ihm gegen den Altgläubiger (Zedenten) bis zur Verständigung von der Abtretung entstanden sind, aufrechnen. Zur Zession vgl Fall 55. Eine einseitige Kompensation bedarf neben der Gegenseitigkeit vor allem einer Aufrechnungserklärung. Wenngleich der Wortlaut des § 1438 den Eindruck erweckt, dass die Kompensation automatisch (*eo ipso*) eintritt, sobald sich zwei Forderungen kompensabel gegenüberstehen, lehnt dies die hM va aus Rechtsschutzüberlegungen ab (kein *ipso iure compensatur*). Zu beachten ist aber, dass die Aufrechnungserklärung zurückwirkt, nämlich auf jenen Zeitpunkt, zu dem sich die Forderungen erstmals aufrechenbar gegenüberstanden. Somit kann auch mit bereits verjährten Forderungen aufgerechnet werden. Die Aufrechnungserklärung ist dann wirksam, wenn die aufzurechnenden Forderungen gültig, gleichartig und fällig sind. Gültig sind Forderungen, wenn sie wirksam zustande gekommen und klagbar sind. Gleichartigkeit ist jedenfalls bei Geldschulden, aber auch bei anderen Gattungsschulden derselben Gattung und Güte gegeben. Nicht notwendig für eine Kompensation ist es, dass die Forderungen aus demselben Rechtsgrund erwachsen oder dass sie gleich hoch sind. Auch die Liquidität (leichte Beweisbarkeit der Forderung des Aufrechnenden) ist nach geltendem Recht keine Voraussetzung für die Kompensation. Unzulässig ist eine Kompensation dann, wenn sie gesetzlich verboten ist. So sind etwa eigenmächtig oder listig entzogene, entlehnte, in Verwahrung oder in Bestand genommene Sachen kein Gegenstand der Kompensation, § 1440 S 2. Das Aufrechnungsverbot gilt aber nur einseitig, dh für den Dieb, Verwahrer usw. Ebenfalls möglich ist es, ein Aufrechnungsverbot zu vereinbaren (zur einschränkenden Möglichkeit der Vereinbarung eines Aufrechnungsverbots zulasten des Verbrauchers vgl § 6 Abs 1 Z 8 KSchG). [*Koziol/Welser*, Bürgerliches Recht II¹³ (2007) 101 ff] **(3)** Zum Leihvertrag vgl Fall 25. **(4)** Zur Rückforderung einer Leistung wegen ungerechten oder verwerflichen Grundes gem § 1174 Abs 1 S 3 vgl Fall 30.

Zu den einschlägigen Quellenstellen der hier erörterten Problemkreise: zum Zustandekommen eines *commodatum* vgl insb Ulpian D 13. 6. 1 pr u 1; zum Zustandekommen eines *depositum* vgl insb Ulpian D 16. 3. 1 pr; zur Haftung des Depositars vgl insb Ulpian D 16. 3. 1. 8, Celsus D 16. 3. 32 sowie Gaius D 44. 7. 1. 5; kein Ersatz der Fütterungskosten des Kommodatars vgl insb Gaius D 13. 6. 18. 2; zum Ersatz der Fütterungskosten des Depositars vgl insb Modestin Coll 10. 2. 5; zum Ersatz von Schäden und Aufwendungen, die der Depositar durch die hinterlegte Sache erlitten hat, vgl insb Ulpian D 16. 3. 5 pr sowie Modestin D 16. 3. 23; zum Rückbehaltungsinteresse des Depositars hinsichtlich ersatzfähiger Aufwendungen vgl insb Modestin Coll 10. 2. 6; zur Geltendmachung von Gegenansprüchen entweder mittels Konträrklage oder mittels *compensatio* vgl insb Gaius D 13. 6. 18. 4; zur *compensatio* bei *bonae fidei iudicia* durch den *iudex* vgl insb Gai Inst 4. 63 sowie Iust Inst 4. 6. 30; zum unbefugten Gebrauch der hinterlegten Sache durch den Depositar vgl insb Gai Inst 3. 196; zur Haftungsverschärfung des Depositars, wenn er die hinterlegte Sache dolos unbefugt gebraucht, vgl insb Ulpian D 16. 3. 1. 25; zur Klagsformel der *actio depositi* vgl Gai Inst 4. 47; zur infamierenden Wirkung einer Verurteilung aufgrund der *actio depositi* vgl insb Julian D 3. 2. 1 sowie Modestin Coll 10. 2. 4; zur Rückforderung einer Leistung, die gegeben wurde, um eine hinterlegte Sache zurückzuerhalten, vgl Ulpian D 12. 5. 2. 1.

Fall 24:

Officium oblatum saepe ingratum *

DIANA möchte in ihr neu erworbenes Landhaus übersiedeln. Da dort das *triclinium* noch renoviert werden muss, bittet sie ihren Bekannten QUIRINUS, ihren großen Eichenholztisch für drei Monate unentgeltlich einstellen zu dürfen. QUIRINUS sagt ihr dies gerne zu und sie stellen den Tisch in QUIRINUS' Keller zu seinen dort gelagerten Möbeln. Zudem übergibt ihm DIANA 400 und sie vereinbaren ein *depositum irregulare*, Laufzeit drei Monate sowie formlos 5 % Zinsen. Schließlich gelingt es QUIRINUS, DIANA zu überreden, ihm für die Dauer der Renovierung auch ihre prunkvolle Marmorstatue (Wert 1000) in Verwahrung zu geben. QUIRINUS stellt die Statue, wie mit DIANA vereinbart, in seinem Atrium auf, da er sich erwartet, von seinen Gästen bewundert zu werden.

QUIRINUS weiß, dass zur Zeit der Schneeschmelze seine Kellerräumlichkeiten regelmäßig überflutet werden, weshalb er seine eigenen Möbel in einen trockenen Raum bringt. Der Eichenholztisch von DIANA verbleibt im Keller und nimmt Schaden (200). Die Marmorstatue sowie die von DIANA übergebenen 400 werden eines Nachts gestohlen.

Wie ist die Rechtslage?

Zu behandelnde Problemkreise:

- ➤ Zustandekommen eines *depositum*
- ➤ Haftung des Depositars
- ➤ Haftung des Depositars bei Verletzung der *diligentia quam in suis rebus* hinsichtlich der verwahrten Sache
- ➤ *culpa in abstracto vs culpa in concreto*
- ➤ Utilitätsprinzip
- ➤ Veränderung des Haftungsregimes bei Abweichung von der bei einem Vertrag typischen Interessenverteilung
- ➤ Eigentumserwerb des Empfängers der Münzen beim sog *depositum irregulare*
- ➤ Gefahrtragung beim sog *depositum irregulare*
- ➤ *depositum* als *bonae fidei iudicium*
- ➤ Zulässigkeit der Vereinbarung von Zinsen

▶ Wird Geld oder werden Wertpapiere in Verwahrung gegeben, so kann dies auf unterschiedliche Weise erfolgen. Werden sie verschlossen (etwa in einem Umschlag) übergeben, so liegt ein gewöhnlicher Verwahrungsvertrag (reguläres Depot, *depositum regulare*) vor, und es kommen die Regeln über den Verwahrungsvertrag nach den §§ 957 ff zur Anwendung (vgl Fall 23). Besondere Verwahrungsarten für Wertpapiere sind im DepotG geregelt. Neben der Sonderverwahrung (§ 2 DepotG), der Sammelverwahrung (§§ 4 ff DepotG) und der Summenverwahrung (§ 7 DepotG) kennt das DepotG auch die unregelmäßige Verwahrung (unregelmäßiges Depot, *depositum irregulare*), § 8 DepotG. Bei der unregelmäßigen Verwahrung erlangt die verwahrende Bank Eigentum an den Wertpapieren bzw an dem Geldbetrag. Der Hinterleger hat bloß einen schuldrechtlichen Anspruch auf Rückgabe in Art und Umfang des Hingegebenen. Gemäß § 8 Abs 2 DepotG ist die unregelmäßige Verwahrung als Darlehen anzusehen, sobald der Verwahrer Eigentum an den Wertpapieren er-

---

* Ein angebotener Dienst ist oft unwillkommen, iSv wer zur Unzeit gefällig sein will, ist lästig.

wirbt. Vergleiche idZ auch § 959, wonach ein Verwahrungsvertrag, wenn dem Verwahrer der Gebrauch der Sache später gestattet wird, bei vertretbaren Sachen in einen Darlehensvertrag und bei unvertretbaren Sachen in einen Leihvertrag übergeht. [*Koziol/Welser*, Bürgerliches Recht II[13] (2007) 198]

Zu den einschlägigen Quellenstellen der hier zu erörternden Problemkreise: zum Zustandekommen eines *depositum* vgl insb Ulpian D 16. 3. 1 pr; zur Haftung des Depositars vgl insb Ulpian D 16. 3. 1. 8 sowie Gaius D 44. 7. 1. 5; zum Haftungsmaßstab der *diligentia quam in suis rebus* des Depositars vgl insb Celsus D 16. 3. 32 sowie Iust Inst 3. 14. 3; zur Haftungsverschärfung des Depositars, wenn er sich zur Verwahrung aufgedrängt hat, vgl insb Ulpian D 16. 3. 1. 35; zur Klagsformel der *actio depositi* vgl Gai Inst 4. 47; zur infamierenden Wirkung einer Verurteilung aufgrund der *actio depositi* vgl insb Julian D 3. 2. 1 sowie Modestin Coll 10. 2. 4; zur unversiegelten Hinterlegung von Geld und zur *actio depositi* auf Rückzahlung samt (Verzugs-)Zinsen vgl insb Papinian D 16. 3. 25. 1; zur Möglichkeit einer Zinsenvereinbarung bei einem *bonae fidei iudicium* bei Hinterlegung von Geld vgl insb Papinian D 16. 3. 24, Scaevola D 16. 3. 28 sowie Paulus D 16. 3. 29. 1; zum Eigentumserwerb des Empfängers bei offener Hinterlegung von Geld vgl insb Alfen D 19. 2. 31; zur Gefahrtragung des Empfängers bei Gebrauchserlaubnis hinsichtlich des hinterlegten Geldes vgl insb Paulus Coll 10. 7. 9.

Leihvertrag
(commodatum)

Lit: *Benke/Meissel*, Römisches Schuldrecht[7] (2006) 61–67;
Hausmaninger/Selb, Römisches Privatrecht[9] (2001) 216–219;
Kaser/Knütel, Römisches Privatrecht[20] (2014) 232–233;
Apathy/Klingenberg/Pennitz, Einführung in das römische Recht[5] (2012) 160–161.

Fall 25: ☆☆

Der gefiederte Freund

Da JUNO eine Attraktion für ihre nächste Feier benötigt, bittet sie NEPTUN, ihr seinen Papagei Aeneas (Wert 100), der das Gedicht *odi et amo* von Catull aufsagen kann, für die Dauer der Feier unentgeltlich zu überlassen. NEPTUN stimmt zu und übergibt JUNO seinen Papagei Aeneas. Bei JUNO wird Aeneas von PROSERPINA gestohlen, die ihn an den Tierhändler VERTUMNUS, der nicht weiß, wie PROSERPINA zu dem Vogel gekommen ist, um 100 verkauft und übergibt. VERTUMNUS bezahlt PROSERPINA sofort den Kaufpreis. Zwei Monate später besucht NEPTUN VERTUMNUS in dessen Tierhandlung und kauft, als Ersatz für seinen Aeneas, einen bestimmten Papagei um 120, den sein Sohn am nächsten Tag abholen werde. Der Preis ist in einem Monat zu bezahlen. Für die Kaufpreisschuld von NEPTUN bürgt CONSUS mittels *fideiussio*. Am nächsten Tag holt NEPTUNS Sohn den Papagei bei VERTUMNUS ab und bringt ihn zu seinem Vater. Als der Vogel plötzlich *odi et amo* anstimmt, bemerkt NEPTUN, dass es sich bei dem Vogel um keinen anderen als seinen verloren geglaubten Aeneas handelt. NEPTUN verweigert daraufhin die Bezahlung des Kaufpreises an VERTUMNUS, weshalb sich VERTUMNUS an CONSUS wendet und von diesem die Zahlung der 120 verlangt.

Wie ist die Rechtslage?

Skizze:

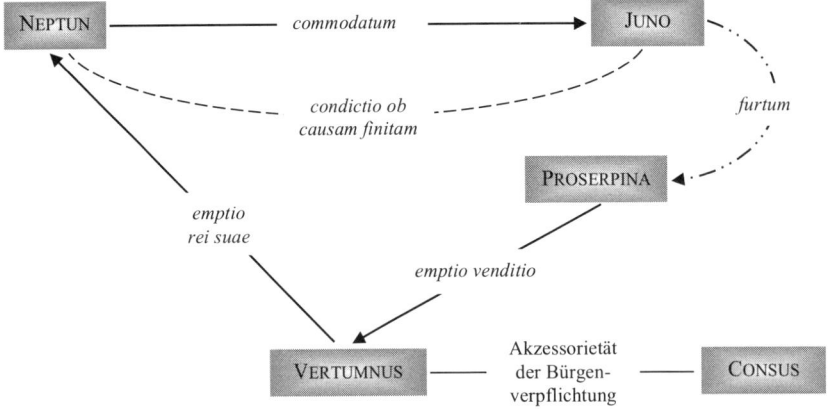

Vorüberlegungen:

- ➢ Wie kommt ein *commodatum* zustande?
- ➢ Haftet der Kommodatar für *custodia*?
- ➢ Welche Klage(n) kann der Eigentümer gegen den Dieb erheben?
- ➢ Wer ist zur *actio furti* grds aktivlegitimiert?
- ➢ Was spricht dafür, dass der Kommodatar die *actio furti* erheben kann, wenn die geliehene Sache bei ihm gestohlen wird?
- ➢ Muss der Verkäufer dem Käufer Eigentum an der verkauften Sache verschaffen?
- ➢ Was besagt das Eviktionsprinzip?
- ➢ Welche Rolle spielt es, wenn der Verkäufer weiß, dass es sich bei der verkauften Sache um eine *res furtiva* handelt?
- ➢ Was hat der Verkäufer dem Käufer zu ersetzen, wenn dieser Rechtsmangelgewährleistung geltend macht?
- ➢ Wie ist der Kauf der eigenen Sache rechtlich zu beurteilen?
- ➢ Wann spricht man von anfänglicher objektiver rechtlicher Unmöglichkeit?
- ➢ Was bedeutet es, dass die *fideiussio* akzessorisch ist?
- ➢ Wie kann eine erbrachte Leistung, deren Rechtsgrund weggefallen ist, zurückgefordert werden?

Vertragsverhältnis zwischen NEPTUN und JUNO

Zu prüfen ist, ob zwischen NEPTUN und JUNO ein Leihvertrag (*commodatum*) zustande gekommen ist. Bei der Leihe handelt es sich um die unentgeltliche Überlassung einer Sache zum Gebrauch. Die Leihe ist ein *bonae fidei iudicium* und kommt als Realvertrag mit *conventio*, der Vereinbarung, dass der Leihnehmer die Sache unentgeltlich gebrauchen darf, verbunden mit der *datio*, der realen Hingabe der Leihsache an den Leihnehmer, zustande. Indem NEPTUN der Bitte von JUNO, ihr seinen Papagei Aeneas unentgeltlich für die Dauer ihrer Feier zu überlassen, zustimmt (*conventio*) und er ihr den Papagei übergibt (*datio*), kommt es zum Abschluss eines Leihvertrages. Der Leihnehmer (Kommodatar) ist zum schonenden, die Substanz der Leihsache nicht beeinträchtigenden Gebrauch berechtigt und hat dem Leihgeber (Kommodant) die Sache nach Ablauf der vereinbarten Dauer zurückzustellen. Indem PROSERPINA den Papagei Aeneas (eine fremde bewegliche Sache) unbefugt und mit der Absicht, sich zu bereichern, wegnimmt, begeht sie ein *furtum*. Gerät der Papagei infolge des Diebstahls durch PROSERPINA abhanden, so stellt sich die Frage, ob JUNO NEPTUN hierfür einzustehen hat. Die Haftung des Kommodatars richtet sich nach dem Utilitätsprinzip. Demnach hat derjenige Vertragspartner das größere Risiko zu tragen, der das größere wirtschaftliche Interesse am Zustandekommen des Vertrages hat. Da der Kommodatar den Leihgegenstand unentgeltlich verwenden darf, der Kommodant aber idR keinen Nutzen aus der Leihe zieht, hat der Kommodatar grds für *dolus*, *culpa* und *custodia* einzustehen. Folglich trifft JUNO der Verlust des Papageien infolge mangelnder Bewachung, weshalb sie NEPTUN den Wert des Vogels ersetzen muss. Seinen Anspruch auf Wertersatz in Höhe von 100 kann NEPTUN mit der *actio commodati directa* durchsetzen.

Alternativ kann NEPTUN als Eigentümer des Papageien die Diebin PROSERPINA mit der *condictio furtiva* bzw, solange sie noch im Besitz des Vogels ist, mit der *rei vindicatio* belangen. Zu beachten ist, dass sich NEPTUN für einen dieser Behelfe vor dem Prätor entscheiden muss, da es sich bei ihnen um sachverfolgende (reipersekutorische) Klagen handelt und sie daher nicht kumuliert werden können (alternative Konkurrenz). Als pönale Klage kann zusätzlich die *actio furti* gegen die Diebin PROSERPINA angestellt werden. Fraglich ist, wer zur Erhebung der *actio furti* aktivlegitimiert ist. Grundsätzlich steht die *actio furti* dem Eigentümer der gestohlenen Sache zu. Der Jurist Modestin spricht sich jedoch für eine Aktivlegitimation des Kommodatars anstelle des Kommodanten als Eigentümer zur Erhebung der *actio furti* aus. Dies aber nur unter der Voraussetzung, dass der Kommodatar solvent ist, sodass nicht die Gefahr besteht, dass der Kommodant vom Kommodatar keinen Wertersatz erhält. Ist der Kommodatar nämlich insolvent, so würde die an ihn geleistete Buße in die Konkursmasse geraten und stünde sämtlichen Konkursgläubigern zur quotenmäßigen Befriedigung zur Verfügung.

Der Gedanke, dass derjenige zur Erhebung der *actio furti* berechtigt sein soll, in dessen Interesse es liegt, dass sich die Sache in Sicherheit befindet – *cuius interest rem salvam esse* –, findet sich etwa auch beim Werkvertrag. Nach dem Juristen Gaius hat der für *custodia* haftende Wäscher (*fullo*) oder Flickschneider (*sarcinator*) anstelle des Eigentümers die *actio furti*, um gegen den Dieb vorzugehen. Dies gilt auch hier nur für den Fall, dass der *fullo* bzw *sarcinator* über ausreichende Mittel verfügt, um für den Verlust der Sache einzustehen – *si modo is fullo aut sarcinator rei praestandae sufficiat*. Unter der Voraussetzung, dass die Leihnehmerin JUNO solvent ist, kann daher sie, anstelle von NEPTUN, mit der *actio furti* gegen die Diebin PROSERPINA vorgehen.

Hat JUNO an NEPTUN Schadenersatz geleistet, so wird ihr NEPTUN die *condictio furtiva* gegen die Diebin PROSERPINA abzutreten haben.

Zu beachten ist, dass JUNO als Leihnehmerin bloß Detentorin und nicht Interdiktenbesitzerin ist. Folglich kommen ihr nicht die Mittel des Besitzschutzes gegen die Diebin PROSERPINA zugute.

Vertragsverhältnisse zwischen PROSERPINA und VERTUMNUS sowie zwischen VERTUMNUS und NEPTUN

Indem sich PROSERPINA und VERTUMNUS über den Austausch des Papageien Aeneas gegen Zahlung von 100 einigen, schließen sie einen Kaufvertrag (*emptio venditio*) ab. Der Kaufvertrag kommt als Konsensualkontrakt mit Willensübereinstimmung über die *essentialia negotii*, das sind Ware und Preis, zustande. Als *bonae fidei iudicium* sind die Pflichten der Vertragsparteien beim Kaufvertrag vom *iudex* am Maßstab der *bona fides* zu beurteilen. Werden der Papagei und der Kaufpreis in Höhe von 100 wechselseitig übergeben, so kommt es zur Erfüllung der die Parteien treffenden Hauptleistungspflichten aus dem Kaufvertrag. Zu beachten ist, dass VERTUMNUS nicht Eigentümer des Papageien geworden ist. Um derivativ durch *traditio* Eigentum zu erwerben, bedarf es eines gültigen Titels, der Übergabe des Sache sowie der dinglichen Berechtigung des Vormanns. Wenngleich der Papagei aufgrund eines gültigen Kaufvertrages (*titulus*) an VERTUMNUS übergeben wurde (*modus*), so scheitert der derivative Erwerb von VERTUMNUS aber an der mangelnden dinglichen Berechtigung von PROSERPINA. Als Diebin ist PROSERPINA bloß Besitzerin des Vogels, nicht jedoch dessen Eigentümerin bzw Verfügungsbefugte. Nach dem Grundsatz *nemo plus iuris transferre potest quam ipse habet* kann daher VERTUMNUS derivativ kein Eigentum an dem Papagei Aeneas erlangen. Mit Übergabe des Papageien durch PROSERPINA ist VERTUMNUS lediglich dessen Besitzer geworden.

Fraglich ist, ob zwischen VERTUMNUS und NEPTUN ein gültiger Kaufvertrag zustande gekommen ist. Da PROSERPINA bzw VERTUMNUS kein Eigentum an dem Papagei Aeneas erworben haben, ist nach wie vor NEPTUN dessen Eigentümer. Folglich stellt der Kauf des Papageien Aeneas durch NEPTUN einen Kauf der eigenen Sache (*emptio rei suae*) dar. Da der Kauf der eigenen Sache als rechtlich unmöglich angesehen wird, ist das Zustandekommen eines gültigen Kaufvertrages zwischen VERTUMNUS und NEPTUN zu verneinen – *suae rei emptio non valet*.

Mangels gültigen Kaufvertrages hat VERTUMNUS gegen NEPTUN keinen Anspruch auf Zahlung der 120.

Es stellt sich daher die Frage, ob VERTUMNUS die Zahlung der 120 von CONSUS aufgrund des Bürgschaftsversprechens erlangen kann. Zu beachten ist, dass der Bürge bei der *fideiussio* dem Gläubiger das zu leisten verspricht, was der Hauptschuldner tatsächlich schuldet (*quod Maevius debet*), und nicht, wie etwa bei *sponsio* oder *fidepromissio*, was der Hauptschuldner dem Gläubiger ursprünglich zu leisten versprochen hat (*idem quod Maevius promisit*). Darin kommt das Prinzip der materiellen Akzessorietät der Bürgschaftsverpflichtung bei der *fideiussio* zum Ausdruck. Fehlt es daher an einer zu besichernden Hauptschuld, so entsteht bei der *fideiussio* auch keine Verpflichtung des Bürgen. Da mangels gültigen Kaufvertrages zwischen VERTUMNUS und NEPTUN keine Kaufpreisschuld von NEPTUN entstanden ist, ist CONSUS nicht zur Zahlung der 120 verpflichtet. VERTUMNUS steht folglich auch gegen CONSUS kein durchsetzbarer Anspruch auf Zahlung der 120 zu.

Zu prüfen ist weiters, ob VERTUMNUS aus dem Kaufvertrag mit PROSERPINA ein Anspruch aus Rechtsmangelgewährleistung zusteht. Nach römischem Recht ist der Verkäufer grds nicht verpflichtet, dem Käufer Eigentum an der verkauften Sache zu verschaffen, sondern bloß ungestörten Besitz und Fruchtziehung einzuräumen – *uti frui habere possidereque licere*. Ein Anspruch des Käufers aus Rechtsmangelgewährleistung entsteht idR dann, wenn der Besitz des Käufers an der Kaufsache gestört wird. Eine zur Rechtsmangelgewährleistung führende Beeinträchtigung des ungestörten Besitzes liegt vor, wenn es zur Eviktion, dh zur erfolgreichen Geltendmachung eines dinglichen Rechts durch einen Dritten, kommt. Dem Sachverhalt nach liegt keine Eviktion vor. Zu beachten ist, dass dem Käufer ausnahmsweise auch ohne Vorliegen einer Eviktion ein Anspruch aus Rechtsmangelgewährleistung zustehen kann. Dies ist etwa dann der Fall, wenn der Verkäufer wissentlich eine fremde Sache unbefugt verkauft und dem Käufer übergibt. Der Verstoß des Verkäufers gegen die *bona fides* rechtfertigt es, dass der Käufer, auch ohne dass es zur Eviktion gekommen ist, gegen den Verkäufer vorgehen kann. Da die Verkäuferin PROSERPINA als *fur* weiß, dass ihr der an VERTUMNUS verkaufte Papagei Aeneas nicht gehört, handelt sie dolos. Folglich ist VERTUMNUS berechtigt, gegen PROSERPINA aus dem Titel der Rechtsmangelgewährleistung vorzugehen, ohne dass es zu einer Eviktion gekommen ist. VERTUMNUS ist das Interesse, Eigentum an dem Papagei erlangt zu haben – *quanti mea intersit meam esse factam* –, von PROSERPINA zu ersetzen. Die Höhe seines Ersatzanspruches ergibt sich aus der Gegenüberstellung seines konkreten Vermögens mit dem hypothetischen Vermögen, hätte ihm PROSERPINA Eigentum an dem Papagei Aeneas verschafft. Wäre VERTUMNUS Eigentümer des Vogels geworden, so wäre der Kaufvertrag mit NEPTUN gültig zustande gekommen und VERTUMNUS hätte einen durchsetzbaren Anspruch auf Zahlung von 120 gegen NEPTUN erlangt und damit einen Weiterveräußerungsgewinn von 20 erzielt. Da VERTUMNUS seinerseits den Kaufpreis in Höhe von 100 bereits an PROSERPINA bezahlt hat, ist sein Ersatzanspruch gegen PROSERPINA mit 120 zu beziffern, den er mittels *actio empti* durchsetzen kann.

Zu beachten ist, dass VERTUMNUS keine Kenntnis von der Furtivität des Papageien hat (*arg*: VERTUMNUS weiß nicht, wie PROSERPINA zu dem Vogel gekommen ist). Hätte nämlich neben der Verkäuferin PROSERPINA auch der Käufer VERTUMNUS gewusst, dass es sich bei dem Papagei um eine gestohlene Sache handelt, so wäre der Kaufvertrag wegen anfänglicher rechtlicher Unmöglichkeit nicht zustande gekommen – *a neutra parte obligatio contrahitur*.

Schließlich gilt es noch zu klären, wie sich der Umstand, dass NEPTUN wieder in den Besitz seines verloren geglaubten Papageien Aeneas gelangt ist, auf die erbrachte Schadenersatzleistung der Leihnehmerin JUNO auswirkt. Infrage kommt ein bereicherungsrechtlicher Anspruch von JUNO auf Rückzahlung des geleisteten Schadenersatzes in Höhe von 100. Ein Anspruch auf Rückforderung des Geleisteten mittels *condictio (ob causam finitam)* besteht, wenn der Rechtsgrund, auf dem die Leistung zum Zeitpunkt ihrer Erbringung beruhte, später wegfällt. So gewährt etwa der Jurist Cassius dem *fullo*, der für abhandengekommene Kleider Ersatz geleistet hat, eine *condictio* zur Rückforderung des geleisteten Wertersatzes, wenn der Eigentümer später wieder in den Besitz der Kleider gelangt. Da der Grund, warum JUNO zur Zahlung des Wertersatzes verpflichtet war, später, als NEPTUN den Papagei Aeneas wiedererlangt, wegfällt, kann sie von NEPTUN entweder mittels *actio commodati contraria* oder mittels *condictio (ob causam finitam)* die Rückzahlung des geleisteten Schadenersatzes (100) verlangen.

▶ **(1)** Das ABGB definiert die Leihe als unentgeltliche Überlassung einer unvertretbaren Sache zum Gebrauch, § 971. Als Realvertrag kommt die Leihe mit Übergabe der Leihsache an den Leihnehmer zustande. Das bloße Versprechen, eine Sache zum Gebrauch zu überlassen, ist noch keine Leihe, sondern ein Vorvertrag iSd § 936. Gegenstand der Leihe können sowohl bewegliche als auch unbewegliche Sachen sein. Die Leihe ist ein Dauerschuldverhältnis. Mangels Vereinbarung ergibt sich die Dauer der Leihe aus dem Gebrauchszweck. Während der Vertragsdauer darf der Leihgeber, außer dies ist ausdrücklich vereinbart worden, die Sache selbst dann nicht früher zurückfordern, wenn sie für ihn unentbehrlich geworden ist, § 976. Der Leihnehmer darf die Sache idR auch vorzeitig zurückstellen, sofern dies für den Leihgeber nicht nachteilig ist (etwa weil ihm die vorzeitige Rückstellung Verwahrungskosten verursachen würde), § 977. Leihe (und nicht Miete) liegt nach der Jud dann vor, wenn der Leihnehmer bloß einen Anerkennungszins leistet oder die mit der vertragsgemäßen Gebrauchsüberlassung verbundenen Kosten übernimmt (Wartungskosten für ein Kfz, Fütterungskosten für ein Tier, Betriebskosten für eine Wohnung/ein Haus). Der Leihnehmer hat das Recht auf den vertraglich bedungenen bzw üblichen Gebrauch der Sache. Für die Vertragsdauer ist der Leihnehmer Rechtsbesitzer und genießt daher Besitzschutz, und zwar sowohl gegenüber Dritten als auch gegenüber dem Leihgeber. Aufgrund der Unentgeltlichkeit hat der Leihgeber nicht Gewähr zu leisten. Er haftet nach denselben Grundsätzen wie ein Geschenkgeber, dh grds nur für vorsätzlich zugefügte Schäden. Der Leihgeber haftet aber für positive Vertragsverletzung und die Verletzung vorvertraglicher Aufklärungspflichten (Bsp: Überlassung eines Kfz ohne Versicherungsschutz). Mangels anderer Vereinbarung hat der Leihnehmer die mit dem gewöhnlichen Gebrauch der Sache verbundenen Aufwendungen selbst zu tragen, § 981 S 1. Fallen außerordentliche Aufwendungen an, so kann der Leihnehmer die Sache dem Leihgeber zurückstellen. Will oder kann der Leihnehmer dies nicht, so muss er die Kosten vorläufig selbst tragen, doch werden sie ihm, gleich einem redlichen Besitzer, ersetzt, § 981 S 2. Der Leihnehmer haftet dem Leihgeber für jeden schuldhaft verursachten Schaden. Bei unerlaubter Weitergabe der Leihsache an einen Dritten, unbefugtem Gebrauch oder verspäteter Rückgabe hat er auch für einen zufälligen Untergang der Sache einzustehen, § 979 (Haftung für *casus mixtus*). Verwendet der Leihnehmer die Sache vertragswidrig, so kann der Leihgeber die Sache sofort zurückfordern, 978. Die Ansprüche des Leihgebers wegen Missbrauchs oder Beschädigung der Leihsache sowie der Anspruch des Leihnehmers auf Ersatz außerordentlicher Aufwendungen müssen innerhalb von 30 Tagen ab Rückstellung der Sache geltend gemacht werden (Präklusivfrist), § 982. Der Anspruch auf Rückgabe der Sache verjährt in 30 Jahren. Ein Anspruch auf Schadenersatz bei verschuldetem Untergang der Leihsache verjährt in drei Jahren, § 1489. Hat der Leihnehmer bei Verlust der Leihsache Ersatz geleistet und wird die Sache wiedergefunden, so hat der Leihnehmer sie an den Eigentümer herauszugeben, sofern dieser den empfangenen Betrag zurückerstattet, § 980. Von der Leihe gem den §§ 971 ff ist das Prekarium (Bittleihe) zu unterscheiden. Dabei handelt es sich um Leihe unter jederzeitigem Widerruf seitens des Leihgebers. Entgegen dem Wortlaut des § 974 wird das Prekarium dennoch als Vertrag qualifiziert, da jedenfalls Einigung der Parteien über den Gebrauch der Sache herrscht. Folglich finden auf das Prekarium weitgehend die Vorschriften über die Leihe Anwendung. Anders als der Leihnehmer ist der Prekarist aber kein Rechtsbesitzer. In der Praxis ist va die Unterscheidung des Prekariums von der Miete bedeutsam, da das Prekarium immer wieder benützt wird, um die zugunsten des Mieters zwingenden Bestimmungen des MRG, va den Kündigungsschutz, zu umgehen. [*Koziol/Welser*, Bürgerliches Recht II[13] (2007) 202 ff] **(2)** Zum Kaufvertrag vgl Fall 29. **(3)** Zur anfänglichen Unmöglichkeit vgl Fall 31. **(4)** Zur Bürgschaft vgl Fall 68. **(5)** Zur Rechtsmangelgewährleistung vgl Fall 43. **(6)** Zur Rückforderung einer Leistung wegen nachträglichen Wegfalls des Rechtsgrundes vgl Fall 47.

Zu den einschlägigen Quellenstellen der hier erörterten Problemkreise: zum Zustandekommen eines *commodatum* vgl insb Ulpian D 13. 6. 1 pr u 1; zur Haftung des Kommodatars für *custodia* vgl insb Ulpian D 13. 6. 5. 3, 5, 6 u 14; zum Delikt *furtum* vgl etwa Paulus D 47. 2. 1. 3 sowie Gai Inst 3. 195; zur Aktivlegitimation zur *actio furti* desjenigen, *cuius interest rem salvam esse* vgl Gai Inst 3. 203, etwa des *fullo* oder des *sarcinator* vgl Gai Inst 3. 205 sowie des Kommodatars vgl Modestin Coll 10. 2. 6 sowie Gai Inst 3. 206; zur Klagsformel der *actio commodati* vgl Gai Inst 4. 47; zur Gültigkeit des Verkaufs einer fremden Sache vgl insb Ulpian D 18. 1. 28; zur Unwirksamkeit einer *emptio rei suae* vgl insb Pomponius D 18. 1. 16 pr; zur Akzessorietät der Bürgschaftsverpflichtung vgl insb Paulus D 46. 1. 56. 2; keine Eigentumsverschaffungspflicht des Verkäufers vgl insb Ulpian D 18. 1. 25. 1; zur Haftung des Verkäufers für das *uti frui habere licere* der verkauften Sache vgl insb Julian D 21. 2. 8; zur Haftung des Verkäufers auf das Interesse *rem meam esse factam* bei Kenntnis des Verkäufers von der Furtivität der Sache vgl insb African D 19. 1. 30. 1; zum Rückforderungsanspruch des *fullo* von geleistetem Wertersatz für abhandengekommene und wiedergefundene Sachen vgl Ulpian D 12. 7. 2.

Variante:

Macht es einen Unterschied, wenn VERTUMNUS den Papagei Aeneas erst 13 Monate nach Übergabe durch PROSERPINA an NEPTUN verkauft und dessen Sohn übergibt?

Zu behandelnde Problemkreise:

> derivativer Eigentumserwerb durch *traditio*
> *nemo plus iuris transferre potest quam ipse habet*
> Ersitzung infolge eines rechtlichen Mangels beim Vormann
> *res furtiva* als Ersitzungshindernis
> *lex Atinia*
> *reversio in potestatem*

Ungeachtet des gültigen Kaufvertrages (*titulus*) und der Übergabe des Papageien Aeneas (*modus*) scheitert ein derivativer Eigentumserwerb durch VERTUMNUS an der fehlenden dinglichen Berechtigung der Verkäuferin PROSERPINA – *nemo plus iuris transferre potest quam ipse habet*. Da die Ersitzungsfrist für bewegliche Sachen zwölf Monate beträgt, stellt sich die Frage, ob VERTUMNUS, da er den Papagei erst nach Ablauf von 13 Monaten an NEPTUN verkauft und an dessen Sohn übergibt, originär durch *usucapio* Eigentum erworben hat. Wäre dies zu bejahen, so käme der Kaufvertrag mit NEPTUN gültig zustande, da NEPTUN nicht mehr Eigentümer des Papageien wäre und daher kein Kauf der eigenen Sache vorliegen würde.

Zu prüfen ist eine Ersitzung wegen eines rechtlichen Mangels beim Vormann. Um originär Eigentum durch Ersitzung erwerben zu können, müssen folgende Voraussetzungen erfüllt sein: Bei der zu ersitzenden Sache muss es sich um eine *res habilis* handeln, es bedarf des Vorliegens einer *iusta causa usucapionis*, der Erwerber muss *bona fide* sein, dh er darf den Mangel der dinglichen Berechtigung nicht kennen, die Sache muss übergeben worden und die Ersitzungsfrist abgelaufen sein.

Da zwischen VERTUMNUS und PROSERPINA ein gültiger Kaufvertrag zustande gekommen ist, ist das Vorliegen einer *iusta causa usucapionis* zu bejahen. Auch ist VERTUMNUS *bona fide*, da er dem Sachverhalt nach nicht weiß, wie PROSERPINA zu dem Papagei gekommen ist. Zudem wurde VERTUMNUS der Papagei bereits übergeben. Da die Ersitzungszeit bei beweglichen Sachen ein Jahr beträgt, VERTUMNUS den Vogel bereits 13 Monate besitzt, bevor er ihn an NEPTUN verkauft und an dessen Sohn übergibt, ist die Ersitzungsfrist abgelaufen. Zu beachten ist aber, dass der Papagei Aeneas von PROSERPINA gestohlen wurde und daher als *res furtiva* weder von ihr, noch von einem späteren Erwerber ersessen werden kann.

Folglich ist auch nach Ablauf von 13 Monaten VERTUMNUS nicht Eigentümer des Papageien Aeneas geworden. Da somit NEPTUN nach wie vor Eigentümer des Papageien Aeneas ist, scheitert das Zustandekommen eines Kaufvertrages zwischen VERTUMNUS und NEPTUN auch in diesem Fall aufgrund rechtlicher Unmöglichkeit (Kauf der eigenen Sache).

Nach der *lex Atinia* gilt eine gestohlene Sache erst dann als vom Makel der Furtivität befreit, wenn die Sache wieder in den Besitz des Eigentümers gelangt und dieser die Sache als die seine erkennt (*reversio in potestatem*). Da der Papagei Aeneas wieder in den Besitz von NEPTUN als dessen Eigentümer gelangt und dieser den Papagei als den seinen erkennt, gilt der Papagei Aeneas von nun an nicht mehr als furtiv und könnte daher in Zukunft ersessen werden. Zu beachten ist, dass keine *reversio* iSd *lex Atinia* vorliegen würde, wenn der bei der Leihnehmerin JUNO als Besitzmittlerin gestohlene Papagei Aeneas bloß an JUNO, nicht aber an NEPTUN als Eigentümer zurückgelangt wäre. Nach der *lex Atinia* muss die Sache nämlich stets unmittelbar in den Besitz des Eigentümers zurückgelangen – *in potestatem domini redire debet*.

▶ **(1)** Zum derivativen Eigentumserwerb vgl Fall 4. **(2)** Zum gutgläubigen Eigentumserwerb vom Nichtberechtigten sowie zur Ersitzung vgl Fall 7.

Zu den einschlägigen Quellenstellen der hier erörterten Problemkreise: zum Grundsatz *nemo plus iuris transferre potest quam ipse habet* vgl Ulpian D 50. 17. 54; zum Scheitern des derivativen Eigentumserwerbs durch *traditio* aufgrund fehlender dinglicher Berechtigung des Vormanns vgl insb Ulpian D 41. 1. 20 pr; zur Funktion der *usucapio* vgl insb Gaius D 41. 3. 1, Neraz D 41. 10. 5 pr sowie Gai Inst 2. 44; zum Vorliegen der *bona fides* bei Annahme, dass die Sache im Eigentum des Veräußerers steht, vgl insb Paulus D 18. 1. 27 u Gai Inst 2. 43 bzw, dass dieser darüber verfügungsbefugt ist, vgl insb Modestin D 50. 16. 109; zum Ersitzungsverbot von *res furtivae* vgl insb Pomponius D 41. 3. 24 pr, Julian D 41. 3. 33 pr sowie Gai Inst 2. 45 u 49; zur *res furtiva* als Ersitzungshindernis sowie zur *reversio in potestatem* vgl insb Paulus D 41. 3. 4. 6 sowie Labeo D 41. 3. 49.

Fall 26:

Der große Preis von Ostia

ROBIGUS bittet seinen Bekannten, den Schmied HERKULES, ihm für seine Teilnahme beim Wagenrennen um den großen Preis von Ostia zwei schnelle Pferde unentgeltlich zur Verfügung zu stellen. HERKULES erklärt sich bereit und kann ROBIGUS überzeugen, auch seinen Wagen für das Rennen zu verwenden. HERKULES erhofft sich durch die am Wagen angebrachten Werbeschilder eine Steigerung des Umsatzes seiner Schmiede. Der Wagen und die Pferde werden ROBIGUS übergeben. Da HERKULES ROBIGUS den Sieg nicht vergönnt, übergibt er ihm ein Pferd, von dem er weiß, dass es sich mit einer Seuche angesteckt hat. Wenige Tage vor dem Rennen bricht die Seuche bei dem Pferd aus, weshalb es ROBIGUS tierärztlich behandeln lassen muss (Kosten 50). Zuvor hat sich ROBIGUS' Fohlen (Wert 200) mit der Seuche angesteckt.

Um dennoch beim Rennen starten zu können, zäumt ROBIGUS den von der Kunstreiterin LEVANA zum Ausreiten geliehenen Hengst (Wert 500) auf, wenngleich er weiß, dass LEVANA es niemals zulassen würde, dass ihr Hengst bei einem Rennen eingesetzt wird. ROBIGUS nimmt am Rennen teil und geht als Erster durch das Ziel. Als LEVANAs Hengst in den Stall gebracht wird, wird er von einem Blitz getroffen und stirbt. MARS, ROBIGUS' größter Konkurrent, führt den von HERKULES übernommenen Wagen heimlich weg, um ihn für sich zu behalten. Als ROBIGUS nach Hause kommt, muss er feststellen, dass sein von HERKULES' Pferd angestecktes Fohlen aufgrund der Seuche verendet ist.

Beurteilen Sie die Ansprüche von ROBIGUS, HERKULES und LEVANA!

Zu behandelnde Problemkreise:

- ➤ Zustandekommen eines Leihvertrages
- ➤ Kenntnis des Leihgebers von der Mangelhaftigkeit der Leihsache
- ➤ Ersatz von Schäden und von über den gewöhnlichen Betriebsaufwand hinausgehenden Aufwendungen, die dem Leihnehmer durch die geliehene Sache entstanden sind
- ➤ Retentionsrecht des Leihnehmers
- ➤ Haftung des Leihnehmers
- ➤ Utilitätsprinzip
- ➤ Veränderung des Haftungsregimes bei Abweichung von der bei der Leihe typischen Interessenverteilung
- ➤ *rei vindicatio* und *condictio furtiva* als sachverfolgende Klagen, *actio furti* als pönale Klage
- ➤ Haftung des Leihnehmers für einen Untergang der Leihsache infolge von *vis maior* bei unbefugtem Gebrauch der Leihsache

Zu den einschlägigen Quellenstellen der hier zu erörternden Problemkreise: zum Zustandekommen eines *commodatum* vgl insb Ulpian D 13. 6. 1 pr u 1; zum Ersatzanspruch des Kommodatars für aufgewendete Heilungskosten vgl insb Modestin Coll 10. 2. 5; zur Schadenersatzpflicht des Kommodanten bei wissentlicher Hingabe einer mangelhaften Leihsache vgl insb Gaius D 13. 6. 18. 3; zum Rückbehaltungsinteresse des Kommodatars hinsichtlich ersatzfähiger Aufwendungen vgl insb Julian D 47. 2. 60 (59); zur Geltendmachung von Gegenansprüchen des Kommodatars vgl insb Gaius D 13. 6. 18. 4; zur Haftung des Kommodatars vgl insb Ulpian D 13. 6. 5. 14, Gaius D 13. 6. 18 pr, Julian D 13. 6. 19 sowie PS 2. 4. 2; zur Haftungseinschränkung des Kommodatars bei aufgedrängter Leihe vgl insb Ulpian D 13. 6. 5. 10 sowie Gaius D 13. 6. 18 pr; zum unbefugten Gebrauch der geliehenen Sache durch den Kommodatar vgl insb Gai Inst 3. 197; zur Haftung des Kommodatars für einen Untergang der Leihsache infolge von *vis maior*, wenn er die Gebrauchserlaubnis überschreitet, vgl insb Gaius D 13. 6. 18 pr.

4. KAPITEL

Pfandrealvertrag
(pignus)

* **Lit:** *Benke/Meissel*, Römisches Schuldrecht[7] (2006) 67–68;
Benke/Meissel, Römisches Sachenrecht[10] (2012) 191–216;
Hausmaninger/Selb, Römisches Privatrecht[9] (2001) 181–190, 221–223;
Kaser/Knütel, Römisches Privatrecht[20] (2014) 174–183, 234–235;
Apathy/Klingenberg/Pennitz, Einführung in das römische Recht[5] (2012) 147–154, 162.

Fall 27:

Aqua alta[*]

LUNA übergibt JUPITER am 1.9. in dessen am Tiber gelegenen Haus 50 Sesterzen zur Verwahrung. JUPITER sagt ihr die Verwahrung unentgeltlich zu und legt die Sesterzen in seine Schublade, die er versperrt. LUNA verspricht, die Münzen in drei Monaten bei JUPITER abzuholen. Einen Monat später, am 1.10., trifft JUPITER LUNA zufällig beim Jagen im Wald und fragt sie, ob er die 50 Sesterzen für zwei Monate als Darlehen verwenden dürfe. LUNA stimmt zu, verlangt aber eine dingliche Besicherung. JUPITER übergibt ihr den Jagdhund Lupus, den er bei sich führt, zum Pfand. JUPITER hat Lupus vor fünf Monaten bei AMOR käuflich erworben und angenommen, ihn vom Eigentümer gekauft zu haben. Tatsächlich aber gehört Lupus FLORA. Am 3.10., kurz vor JUPITERs Heimkehr, wird sein Haus aufgrund eines Hochwassers überschwemmt, wodurch die von LUNA hingegebenen 50 Sesterzen unauffindbar verloren gehen.

Bei Fälligkeit des Darlehens weigert sich JUPITER zu zahlen. JUPITER meint, zur Rückzahlung nicht verpflichtet zu sein, da er das Geld aufgrund des Verlustes im Zuge der Überschwemmung gar nicht verwenden konnte. LUNA möchte daraufhin den Jagdhund versteigern. Bevor es zur Versteigerung kommt, meldet sich FLORA, die nachweisen kann, dass der Jagdhund ihr gehört, woraufhin ihn LUNA an FLORA herausgibt.

Welche Ansprüche stehen LUNA gegen JUPITER zu?

Vorüberlegungen:

- ➤ Wie kommt ein Verwahrungsvertrag zustande?
- ➤ Welche Besitzposition hat der Verwahrer hinsichtlich der hinterlegten Sache?
- ➤ Unter welchen Voraussetzungen kommt ein Darlehen zustande?
- ➤ Wie erfolgt der Besitzerwerb bei der *traditio brevi manu*?
- ➤ Wer hat den Untergang der Darlehensvaluta nach deren Übergabe an den Darlehensnehmer infolge höherer Gewalt zu tragen?
- ➤ Welcher Voraussetzungen bedarf das Zustandekommen eines vertraglichen Pfandrechts?

---

* Hohes Wasser. Mit dem Ausdruck *acqua alta* (ital. Hochwasser) wird das in den Wintermonaten regelmäßig auftretende Hochwasser in Venedig bezeichnet.

➢ Wie kommt ein Pfandrealvertrag zustande?
➢ Was kann der Pfandgläubiger aus dem Pfandrealvertrag verlangen, wenn er an der zum Pfand gegebenen Sache kein Pfandrecht erlangt hat?

Indem sich JUPITER am 1.9. bereit erklärt, die ihm von LUNA übergebenen 50 Sesterzen für die Dauer von drei Monaten unentgeltlich für sie zu verwahren, kommt es zum Abschluss eines Verwahrungsvertrages (*depositum*). Das *depositum* zählt zu den Realverträgen und ist ein *bonae fidei iudicium*. Der Verwahrungsvertrag zwischen JUPITER und LUNA stellt, da LUNA JUPITER keine Gebrauchserlaubnis erteilt hat, ein reguläres *depositum* dar. Anders als beim *depositum irregulare*, bei dem der Verwahrer bloß die gleiche Summe Geldes zurückzustellen hat, ist JUPITER aus dem Verwahrungsvertrag mit LUNA verpflichtet, dieselben Münzen, die LUNA bei ihm hinterlegt hat, zurückzugeben. Als Verwahrer ist JUPITER bloß Detentor der Sesterzen und vermittelt LUNA Besitz daran. LUNA bleibt während der Verwahrung Eigentümerin und (mittelbare) Eigenbesitzerin der Sesterzen.

Kommt es einen Monat nach Abschluss des Verwahrungsvertrages zu einer neuerlichen Vereinbarung zwischen JUPITER und LUNA, in der LUNA JUPITER auf dessen Bitte hin gestattet, die verwahrten Sesterzen als Darlehen zu verwenden, so ist zu prüfen, ob auch tatsächlich ein Darlehen zustande gekommen ist. Beim Darlehensvertrag (*mutuum*) handelt es sich um die unentgeltliche Übertragung von Geld oder anderer vertretbarer Sachen in das Eigentum des Darlehensnehmers, der sich verpflichtet, nach Ablauf der vereinbarten Zeit ebenso viel derselben Gattung zurückzustellen – *tantundem eiusdem generis reddere*. Als Realvertrag kommt das *mutuum* durch *conventio*, die einvernehmliche Zweckbestimmung, und *datio*, die Übergabe der Darlehensvaluta an den Darlehensnehmer, zustande. Indem LUNA JUPITER erlaubt, die in ihrem Eigentum stehenden (Recht des Vormanns) bei ihm hinterlegten Sesterzen (vertretbare Sachen) als Darlehen zu verwenden, liegt eine Darlehens-*conventio* vor. Die *datio* erfolgt in Form einer *traditio brevi manu*. Als Verwahrer ist JUPITER unmittelbarer Fremdbesitzer der Sesterzen. Er hat *animus rem alteri habendi* und übt das körperliche Naheverhältnis für LUNA aus. Vereinbaren JUPITER und LUNA in der Folge, dass JUPITER die Sesterzen für zwei Monate als Darlehen verwenden darf, so gibt LUNA ihren Eigenbesitzwillen (*animus rem sibi habendi*) an den Sesterzen auf und JUPITER fasst erlaubterweise Eigenbesitzwillen. Da JUPITER die Sesterzen bereits als Verwahrer innehat und er das Erfordernis *corpus* somit schon erfüllt, ist es nun nicht erforderlich, dass JUPITER die Sesterzen an LUNA übergibt, damit sie ihm Besitz an ihnen übertragen kann. JUPITER ist daher bereits mit der Vereinbarung, die hinterlegten Sesterzen als Darlehen verwenden zu dürfen – ohne dass es des Ergreifens der Sesterzen durch ihn bedarf –, Eigenbesitzer und, da das Darlehen eine *iusta causa* für den derivativen Eigentumserwerb durch *traditio* darstellt, auch Eigentümer der Sesterzen geworden. Folglich ist zwischen JUPITER und LUNA am 1.10. ein Darlehen mit einer Laufzeit von zwei Monaten zustande gekommen.

Gehen die Sesterzen folglich durch eine Überschwemmung unauffindbar verloren, so stellt sich die Frage, wer ihren Verlust zu tragen hat. Die Überschwemmung von JUPITERs Haus ist als Ereignis höherer Gewalt (*vis maior*), das ist ein Geschehnis, das von Menschen nicht vorhersehbar bzw nicht abwendbar ist, zu qualifizieren. Nach dem Grundsatz *casum sentit dominus* trifft grds den Eigentümer der zufällige Untergang der Sache. Da JUPITER bereits am 1.10. durch *traditio brevi manu* Eigentum an den Sesterzen erlangt hat, geht der Verlust der Sesterzen infolge der Überschwemmung am 3.10. zu seinen Lasten. Folglich ist JUPITER, ungeachtet des Umstandes, dass er die Sesterzen nicht wie beabsichtigt verwenden konnte, zu deren Rückzahlung an LUNA verpflichtet. Zur Durchsetzung ihres Anspruchs auf Leistung von 50 Sesterzen steht LUNA bei Fälligkeit die *actio certae creditae pecuniae* bzw *condictio* zur Verfügung.

Zahlt JUPITER bei Fälligkeit das Darlehen nicht zurück, so stellt sich die Frage, ob LUNA den von JUPITER übergebenen Jagdhund Lupus verwerten kann, um sich aus dessen Erlös zu befriedigen. Zu prüfen ist daher, ob LUNA ein Pfandrecht an dem Jagdhund Lupus erworben hat. Beim Pfandrecht (*pignus*) handelt es sich um das beschränkte dingliche Recht an einer fremden Sache, sich aus ihr zu befriedigen, wenn der Schuldner bei Fälligkeit die geschuldete Leistung nicht oder nicht vollständig erbringt. Die Voraussetzungen für das Entstehen eines Pfandrechts sind, dass eine zu besichernde Forderung zugunsten des Pfandgläubigers besteht (Akzessorietät), eine Pfandabrede (*conventio pignoris*) abgeschlossen wird und dass der Pfandbesteller Eigentümer oder Verfügungsbefugter der Pfandsache ist. Aufgrund des gültig zustande gekommenen Darlehens hat LUNA gegen JUPITER eine Forderung auf Rückzahlung von 50 Sesterzen. Die Akzessorietät ist somit gegeben. Indem JUPITER LUNA den Jagdhund Lupus übergibt, damit dieser als Pfand dienen soll, schließen sie eine Pfandabrede. Zu prüfen ist, ob JUPITER Eigentümer des Jagdhundes Lupus ist. Da JUPITER den Jagdhund Lupus vom Nichtberechtigten erworben hat, ist JUPITER derivativ nicht Eigentümer geworden. Auch originär, im Wege der Ersitzung, hat JUPITER kein Eigentum am Hund erlangt, da die Ersitzungsfrist für bewegliche Sachen ein Jahr beträgt, JUPITER den Jagdhund Lupus aber erst vor fünf Monaten käuflich erworben und übergeben erhalten hat. Da die übrigen Ersitzungsvoraussetzungen (*res habilis*, *titulus*, *bona fides*, *possessio*) vorliegen, ist JUPITER Ersitzungsbesitzer des Jagdhundes Lupus. Auch für eine Verfügungsbefugnis von JUPITER über den Jagdhund bietet der Sachverhalt keine Anhaltspunkte. Mangels Eigentümerstellung bzw Verfügungsbefugnis kann JUPITER LUNA kein Pfandrecht an dem Jagdhund Lupus einräumen. Es gilt: *nemo plus iuris transferre potest quam ipse habet*. LUNA hat daher kein Pfandrecht an dem Jagdhund Lupus erworben. Folglich ist LUNA nicht berechtigt, bei Fälligkeit und Nichtzahlung von JUPITER den Jagdhund zu verwerten. Vielmehr hat sie ihn an FLORA, dessen Eigentümerin, herauszugeben.

Fraglich ist, ob zwischen JUPITER und LUNA ein Pfandrealvertrag, der in den Quellen ebenfalls als *pignus* bezeichnet wird, zustande gekommen ist. Als Realvertrag kommt dieser durch Einigung der Parteien (*conventio*) und Übergabe der Pfandsache (*datio*) zustande. Indem JUPITER den Jagdhund an LUNA übergibt, liegt eine *datio* vor. Eine *conventio* ist ebenfalls gegeben, da JUPITER und LUNA vereinbaren, dass der Jagdhund als Pfand dienen soll. Folglich ist zwischen JUPITER und LUNA ein Pfandrealvertrag zustande gekommen. Aus dem Pfandrealvertrag ist LUNA berechtigt, von JUPITER mittels *actio pigneraticia in personam contraria* die Verpfändung einer Sache, über die JUPITER verfügungsbefugt ist, zu verlangen.

▶ **(1)** Der Pfandbestellungsvertrag stellt den Titel für den rechtsgeschäftlichen Pfandrechtserwerb dar und ist ein zwischen dem Pfandgläubiger und dem Pfandbesteller geschlossener Konsensualvertrag. Gelegentlich stellt auch das Gesetz den Titel dar, etwa beim Pfandrecht des Vermieters an den vom Mieter eingebrachten Sachen gem § 1101, vgl auch Fall 48. Der Pfandbestellungsvertrag ist darauf gerichtet, ein Pfand bestellen zu wollen, er ist also ein Verpflichtungsgeschäft. Darüber hinaus kann in ihm der Gebrauch bzw die Verwertung der Pfandsache näher geregelt werden. Unzulässig ist die Vereinbarung, wonach der Pfandgläubiger bei Fälligkeit und Nichtzahlung Eigentum an der Pfandsache erhalten soll (*lex commissoria*, Verfallsabrede), § 1371. Ebenfalls unzulässig ist die Einräumung einer Fruchtnießung (Antichrese) zugunsten des Pfandgläubigers, § 1372. Damit soll der Schuldner vor wucherischen Zinsen in Form einer oft nicht nachvollziehbaren Fruchtziehung geschützt werden. Aus dem Pfandbestellungsvertrag ist der Pfandgläubiger verpflichtet, die Pfandsache sorgfältig zu verwahren und diese dem Pfandbesteller bei Begleichung der Schuld zurückzustellen. Für einen schuldhaft zugefügten Schaden hat der Pfandgläubiger Ersatz zu leisten, § 459. Der Pfandbesteller hat dem Pfandgläubiger ein Ersatzpfand zu bestellen, wenn die Pfandsache durch Verschulden des Pfandbestellers verschlechtert wird oder durch einen erst nach Pfandbestellung hervorgekommenen Mangel die Pfandsache zur Bedeckung der Schuld nicht ausreicht, § 458. Vom Pfandbestellungsvertrag als schuldrechtlichem Sicherungsgeschäft (Verpflichtungsgeschäft) ist der Pfandvertrag als dinglicher Vertrag (Verfügungsgeschäft) zu unterscheiden. Der Pfandvertrag (§ 1368) stellt die Einigung über den Pfandrechtserwerb dar. Tritt bei beweglichen Sachen die Übergabe, bei unbeweglichen Sachen die Eintragung des Pfandrechts (Hypothek) in das Grundbuch hinzu (Modus), so ist das Pfandrecht entstanden, § 451. Um dem Pfandgläubiger ein Pfandrecht einräumen zu können, muss der Pfandbesteller Eigentümer oder Verfügungsbefugter der Pfandsache sein. [*Koziol/Welser*, Bürgerliches Recht I^{13} (2006) 376 f; 390 f] **(2)** Zu den Prinzipien des Pfandrechts vgl Fall 15. **(3)** Zum gutgläubigen Pfandrechtserwerb vgl Fall 15 Variante. **(4)** Zum Rechtsschutz des Pfandgläubigers vgl Fall 16. **(5)** Zum Verwahrungsvertrag vgl Fall 23. **(6)** Zum Darlehensvertrag vgl Fall 20.

Zu den einschlägigen Quellenstellen der hier erörterten Problemkreise: zum Zustandekommen eines *depositum* vgl insb Ulpian D 16. 3. 1 pr; zur Verwahrung von Geld und zum Zustandekommen eines *mutuum* bei nachträglicher Gebrauchserlaubnis vgl insb Ulpian D 12. 1. 9. 9; zur Gefahrtragung für hinterlegtes Geld, wenn dem Empfänger später erlaubt wird, das Geld als Darlehen zu verwenden, vgl insb Paulus Coll 10. 7. 9; zur Voraussetzung, dass der Pfandbesteller (zumindest bonitarischer) Eigentümer der Pfandsache ist, vgl insb Gaius D 20. 1. 15. 1; zum Grundsatz *nemo plus iuris transferre potest quam ipse* habet vgl Ulpian D 50. 17. 54; zum Scheitern des derivativen Eigentumserwerbs durch *traditio* aufgrund fehlender dinglicher Berechtigung des Vormanns vgl insb Ulpian D 41. 1. 20 pr; zur Funktion der *usucapio* vgl insb Gaius D 41. 3. 1, Neraz D 41. 10. 5 pr sowie Gai Inst 2. 44; zum Vorliegen der *bona fides* bei Annahme, dass die Sache im Eigentum des Veräußerers steht, vgl insb Paulus D 18. 1. 27 u Gai Inst 2. 43 bzw, dass dieser darüber verfügungsbefugt ist, vgl insb Modestin D 50. 16. 109; zum Wesen des Pfandrealvertrages vgl Gaius D 44. 7. 1. 6 sowie Iust Inst 3. 14. 4; zur Klage des Pfandgläubigers, wenn ihm der Schuldner eine fremde Sache zum Pfand gegeben hat, vgl insb Ulpian D 13. 7. 9 pr, Marcian D 13. 7. 32 sowie Ulpian D 13. 7. 36. 1.

Fall 28: ☆

Der Finanzjongleur

AESCULAPIUS bestellt bei PALES die Herstellung einer Blumenvase binnen einer Woche gegen Zahlung von 80. Das Material, aus dem die Vase hergestellt werden soll, stellt AESCULAPIUS zur Verfügung. Da AESCULAPIUS derzeit nicht liquid ist, gestattet ihm PALES, die 80 erst in einem Monat zu bezahlen. Zur Besicherung ihrer Forderung verpfändet und übergibt ihr AESCULAPIUS seine zwei Brieftauben (Wert je 50).

Um PALES bezahlen zu können, bittet AESCULAPIUS LIBITINA um ein Darlehen in Höhe von 80, Laufzeit zwei Monate, was ihm LIBITINA zusagt. Zur Besicherung ihrer Forderung verpfändet ihr AESCULAPIUS seine Sklavin Carna besitzlos und er erhält von LIBITINA 80. Am nächsten Tag kauft AESCULAPIUS bei FONS einen Taubenschlag um 100. Der Kaufpreis ist in drei Monaten fällig. Zur Besicherung der Kaufpreisforderung verpfändet und übergibt AESCULAPIUS Carna an FONS. Noch bevor AESCULAPIUS die 80 an PALES übergeben kann, werden sie bei ihm gestohlen.

Als AESCULAPIUS die von PALES fabrizierte Vase mit Wasser befüllt, stellt sich heraus, dass diese, bedingt durch einen Fehler bei der Herstellung, undicht ist. AESCULAPIUS kann die Vase nur zu Dekorationszwecken verwenden, hätte dafür aber nur 40 gezahlt. Da AESCULAPIUS meint, dass nun wohl eine Taube zur Besicherung von PALES' Forderung ausreiche, verlangt er eine Taube heraus. PALES verweigert jedoch die Herausgabe. Zwei Tage später entkommt eine der Tauben durch Unachtsamkeit von PALES. Bei Fälligkeit kann AESCULAPIUS die Forderung von PALES nicht begleichen, weshalb PALES die Taube versteigert. Der Erlös beträgt 50.

Welche Ansprüche stehen AESCULAPIUS gegen PALES zu? Kann LIBITINA bei Fälligkeit des Darlehens die Sklavin Carna bei FONS herausverlangen, um sie zu verwerten? Welche Ansprüche ergeben sich, wenn der Versteigerungserlös von Carna 200 beträgt?

Zu behandelnde Problemkreise:

➢ Zustandekommen eines Werkvertrages
➢ Rechte und Pflichten des Werkbestellers bzw des Werkunternehmers
➢ Sachmangelgewährleistung – Minderung des Werklohns
➢ Zustandekommen eines Pfandrechts
➢ Akzessorietät beim Pfandrecht
➢ Zustandekommen eines Pfandrealvertrages
➢ Prinzip der ungeteilten Pfandhaftung – *indivisa est pignoris causa*
➢ *exceptio pigneraticia* des Pfandgläubigers, wenn der Pfandbesteller gegen ihn die *rei vindicatio* anstellt, ohne dass die Schuld beglichen wurde
➢ Haftung des Pfandgläubigers für *dolus, omnis culpa* und *custodia*
➢ Veräußerung der Pfandsache zur Verwertung
➢ Anspruch des Pfandbestellers auf das *superfluum*
➢ Zustandekommen eines *mutuum*
➢ Rangordnung der Pfandrechte bei Mehrfachverpfändung – *prior tempore, potior iure*
➢ Klage des Pfandgläubigers, um in den Besitz der Pfandsache zu gelangen
➢ *exceptio rei sibi quoque pigneratae – replicatio rei sibi ante pigneratae*

> Möglichkeit des nachrangigen Pfandgläubigers, die Forderung des vorrangigen Pfandgläubigers abzulösen, um in dessen Pfandrang einzurücken – *ius offerendi ac succedendi*
> Anspruch des nachrangigen Pfandgläubigers auf einen nach Befriedigung des vorrangigen Pfandgläubigers verbleibenden Teil des Versteigerungserlöses

► **(1)** Zum Werkvertrag vgl Fall 49. **(2)** Zum Darlehensvertrag vgl Fall 20. **(3)** Zum Pfandrealvertrag vgl Fall 27. **(4)** Zu den Prinzipien des Pfandrechts vgl Fall 15. **(5)** Zur Pfandverwertung vgl Fall 17.

Zu den einschlägigen Quellenstellen der hier zu erörternden Problemkreise: zur Haftung des *conductor* für eine mangelhafte Ausführung des Werkes vgl insb Javolen D 19. 2. 51. 1; zum Wesen des Pfandrealvertrages vgl Gaius D 44. 7. 1. 6 sowie Iust Inst 3. 14. 4; zum Prinzip *propter indivisam pignoris causam* vgl insb Ulpian D 20. 1. 19 u Papinian D 21. 2. 65; zur Haftung des Pfandgläubigers vgl insb Diokletian u Maximian C 8. 13. 19, Gaius D 13. 6. 18 pr u Ulpian D 13. 7. 13. 1; zur Klage des Pfandschuldners auf das *superfluum* vgl insb Diokletian u Maximian C 8. 27. 20; zur mehrfachen Verpfändung derselben Sache vgl insb Gaius D 20. 1. 15. 2; zum Grundsatz *prior tempore, potior iure* vgl insb Antoninus C 8. 17. 3; zur dinglichen Klage des Pfandgläubigers vgl insb Scaevola D 13. 7. 43 pr, Paulus 20. 1. 28 u 29 pr, Ulpian D 44. 2. 11. 10 sowie Marcellus D 44. 2. 19; zur (Gegen-)Einrede des vorrangigen Pfandgläubigers bei Mehrfachverpfändung vgl insb Marcian D 20. 4. 12 pr u Marcellus D 44. 2. 19; zur Klage des nachrangigen Pfandgläubigers auf den ihm gebührenden Teil des Erlöses, der die Forderung des erstrangigen Pfandgläubigers übersteigt, vgl Marcian D 20. 4. 12. 5; zum *ius offerendi ac succedendi* eines nachrangigen Pfandgläubigers vgl insb Severus u Antoninus C 8. 17. 1, Papinian D 20. 4. 3 pr, Gaius D 20. 4. 11. 4, Marcian D 20. 4. 12. 9 sowie Tryphonin D 49. 15. 12. 12.

2. Teil

KAUFVERTRAG
(EMPTIO VENDITIO)

1. KAPITEL
Vom Zustandekommen

Lit: *Benke/Meissel*, Römisches Schuldrecht[7] (2006) 76–108;
Hausmaninger/Selb, Römisches Privatrecht[9] (2001) 225–236;
Kaser/Knütel, Römisches Privatrecht[20] (2014) 241–245;
Apathy/Klingenberg/Pennitz, Einführung in das römische Recht[5] (2012) 163–168.

Fall 29:

Non omne, quod nitet, aurum est [*]

HERKULES, leidenschaftlicher Antiquitätensammler, besucht den großen Kunstmarkt am Forum Romanum. In der Auslage des Geschäftslokals von QUIRINUS entdeckt HERKULES eine Marmorstatue, die ihm besonders gut gefällt. Wenig später trifft HERKULES QUIRINUS auf dem Comitium, wo ihm QUIRINUS die Statue für 500 anbietet. HERKULES erklärt sich mit dem Preis einverstanden und lässt QUIRINUS wissen, dass er die Statue am Ende seines Marktbesuches abholen und bezahlen werde. Am Marktstand des MARS findet HERKULES für seine Tochter ein bernsteinfarbenes Amulett (Wert 100) sowie für seine Gemahlin einen silbernen Armreif (Wert 120). MARS, der schon länger ein Auge auf HERKULES' Tochter geworfen hat, verlangt für das Amulett bloß 5, um seine Großzügigkeit unter Beweis zu stellen, und bittet HERKULES, dessen Tochter von ihm grüßen zu lassen. Als Gegenleistung für den Armreif verpflichtet sich HERKULES MARS gegenüber zur Übergabe seines Kerzenhalters und zur Bezahlung von 80. Sowohl das Amulett als auch der Armreif werden HERKULES sofort übergeben.

Schließlich entdeckt HERKULES am Marktstand der JUNO einen vergoldeten Briefbeschwerer, den er irrtümlich für massiv golden hält, und erklärt, diesen kaufen zu wollen. Der Briefbeschwerer und der Preis (300) werden sofort übergeben. Als HERKULES am Heimweg bei QUIRINUS die Statue entgegennehmen möchte, gibt ihm dieser zu verstehen, dass er es sich anders überlegt hat und statt 500 doch lieber 600 für die Statue hätte.

Wie sind die einzelnen Vereinbarungen von HERKULES rechtlich zu beurteilen?

Vorüberlegungen:

➢ Welcher Voraussetzungen bedarf das Zustandekommen eines Kaufvertrages?
➢ Welche Klage steht dem Käufer, welche dem Verkäufer zu?

---

[*] Es ist nicht alles Gold, was glänzt.

➢ Wann liegt ein *pretium verum* vor?
➢ Wann spricht man von einer *donatio*?
➢ Schadet es der Qualifizierung einer Vereinbarung als Kauf, wenn die Gegenleistung für die Ware bloß teilweise in Geld besteht?
➢ Wie ist ein *error in substantia* zu beurteilen?
➢ Wird QUIRINUS mit seinem Begehren, 600 statt der vereinbarten 500 für die Statue haben zu wollen, durchdringen?

Einleitung: Bei der *emptio venditio* handelt es sich um einen Konsensualvertrag, der auf die wechselseitige Übergabe von Ware gegen Geld gerichtet ist. Für das gültige Zustandekommen eines Kaufvertrages bedarf es der Willensübereinstimmung der Verhandlungspartner zumindest über die *essentialia negotii*, das sind der Kaufgegenstand und der Kaufpreis. Wollen die Parteien auch andere Aspekte, etwa die Art der Preiszahlung oder die Modalitäten der Warenlieferung (*accidentalia negotii*), regeln, so bedarf es auch über diese Punkte des Konsenses, damit der Kaufvertrag insgesamt zustande kommt.

Vertragsverhältnis zwischen HERKULES und QUIRINUS hinsichtlich der Statue

Indem sich HERKULES und der Händler QUIRINUS über den Austausch einer bestimmten Statue gegen 500 einigen, kommt es zwischen ihnen zum Kaufvertragsabschluss. Zu beachten ist, dass es für das Zustandekommen eines Kaufvertrages weder der Zahlung des Kaufpreises noch der Übergabe der Ware bedarf. Der Kaufvertrag kommt in dem Zeitpunkt zustande, in dem HERKULES das Angebot von QUIRINUS (Statue gegen Zahlung von 500) annimmt. Die Vereinbarung, dass sowohl die Statue als auch die 500 später zu übergeben sind, betrifft die Modalitäten der Abwicklung und muss ebenfalls vom Willen beider Vertragspartner getragen sein, damit der Kaufvertrag zustande kommt. Da HERKULES und QUIRINUS auch über diese Nebenpunkte (*accidentalia negotii*) ein Einvernehmen erzielen, liegt ein gültiger Kaufvertrag vor. Erklärt QUIRINUS in der Folge, statt des vereinbarten Kaufpreises in Höhe von 500 einen Kaufpreis von 600 zu verlangen, so ist dies unbeachtlich. Da der Kaufvertrag über einen Preis von 500 zustande gekommen ist, steht es QUIRINUS nicht zu, den Kaufpreis im Nachhinein einseitig abzuändern. Vielmehr ist er zur Leistung der Marmorstatue gegen Zahlung von 500 verpflichtet. Den Anspruch auf Herausgabe der Statue kann HERKULES mit der *actio empti* durchsetzen. Zur Durchsetzung des Anspruchs auf Zahlung des Kaufpreises in Höhe von 500 steht QUIRINUS die *actio venditi* zu.

Vertragsverhältnisse zwischen HERKULES und MARS hinsichtlich des Amuletts und des Armreifs

Zu prüfen ist, ob die Vereinbarung von HERKULES und MARS über das Amulett als Kaufvertrag zu qualifizieren ist. Für das Zustandekommen eines gültigen Kaufvertrages bedarf es bereits nach klassischem römischen Recht, dass der Kaufpreis hinreichend bestimmt (*pretium certum*) und ernstgemeint (*pretium verum*) ist. Der Kaufpreis ist jedenfalls dann bestimmt, wenn er ziffernmäßig festgelegt ist. Indem HERKULES und MARS als Gegenleistung für das Amulett die Zahlung von 5 vereinbaren, würde ein *pretium certum* vorliegen. Aufgrund der augenscheinlichen Diskrepanz zwischen dem Wert des Amuletts (100) und dem von MARS veranschlagten Preis (5) nimmt der Preis aber bloß eine symbolische Größe an, weshalb kein *pretium verum* gegeben ist. Da es MARS mit seinem Angebot vielmehr darauf ankommt, seine Großzügigkeit unter Beweis zu stellen, als einen Kaufvertrag abzuschließen, handelt er mit *animus donandi*. Folglich kann das Geschäft mangels wirklichen Kaufpreises als Schenkung (*donatio*) qualifiziert werden. Zu beachten ist, dass ein Schenkungsversprechen, das nicht in Stipulationsform abgegeben wird, als *nudum pactum* keinen durchsetzbaren Anspruch auf Leistung des Gegenstandes schafft. Erst mit der tatsächlichen Übergabe der geschenkten Sache stellt die Schenkung als *causa donandi* einen Rechtsgrund für den Eigentumserwerb und somit für das Behaltendürfen der Sache dar. Indem MARS das Amulett HERKULES in der Absicht übergibt, es ihm zu schenken, wird HERKULES Eigentümer des Amuletts.

Da die von HERKULES und MARS vereinbarte Gegenleistung für den Armreif nur teilweise in Geld besteht, ist fraglich, ob über den Armreif ein Kaufvertrag zustande gekommen ist. Wenngleich die *emptio venditio* auf den Austausch von Ware gegen Geld gerichtet ist, schadet es dem gültigen Zustandekommen eines Kaufvertrages nicht, wenn das Entgelt für den Kaufgegenstand nicht zur Gänze in Geld, sondern zum Teil in einer anderen Leistung besteht. Folglich stellt die Vereinbarung über den Armreif eine *emptio venditio* dar, weshalb MARS mit der *actio venditi* die Zahlung der 80 sowie die Übergabe des Kerzenhalters verlangen kann. Nicht als Kaufvertrag, sondern als Innominatkontrakt zu qualifizieren wäre nach überwiegender Meinung der römischen Juristen die Vereinbarung dann, wenn die Gegenleistung für den Armreif ausschließlich in der Leistung des Kerzenhalters bestehen würde (siehe Variante B).

Vertragsverhältnis zwischen HERKULES und JUNO hinsichtlich des Briefbeschwerers

Da die Erklärung von HERKULES, einen Briefbeschwerer kaufen zu wollen, der in Wahrheit nur vergoldet ist, von dem tatsächlich Gewollten (Kauf eines massiv goldenen Briefbeschwerers) abweicht, stellt sich die Frage, ob der Kaufvertrag wirksam zustande gekommen ist. In der fälschlichen Annahme von HERKULES, dass es sich bei dem vergoldeten Briefbeschwerer um einen massiv goldenen handelt, unterliegt er einem Irrtum. Nach Ansicht der römischen Juristen hindert eine von einer Fehlvorstellung getragene Willenserklärung dann das Zustandekommen eines gültigen (Kauf-)Vertrages, wenn sich die Fehlvorstellung auf grundlegende Vertragselemente bezieht. So kommt nach römischem Recht mangels Willensübereinstimmung grds kein Kaufvertrag zustande, wenn ein Irrtum über den Vertragstyp (*error in negotio*) oder über die Identität des Kaufgegenstandes (*error in corpore vel obiecto*) bzw über die Höhe des Kaufpreises vorliegt. Da HERKULES aber nicht über die Identität, sondern über die Beschaffenheit des Kaufgegenstandes irrt, stellt sich die Frage, ob auch ein Irrtum über die Qualität bzw das Material (*error in substantia*) beachtlich ist und folglich zur Unwirksamkeit des Kaufvertrages führt.

Diese Frage wird von den römischen Juristen kontroversiell beantwortet. Nach der Ansicht Julians führt der Irrtum über die Substanz der Sache bereits dann zur Ungültigkeit des Vertrages, wenn die Vorstellung des Vertragspartners über die Eigenschaft der Sache bloß teilweise von der tatsächlichen Eigenschaft abweicht. So betrachtet Julian den Verkauf eines Tisches, der als massiv silbern verkauft wird, tatsächlich aber bloß versilbert ist, als unwirksam. Folgt man Julian, so ist über den Briefbeschwerer kein gültiger Vertrag zustande gekommen. Da HERKULES diesfalls durch Zahlung des Kaufpreises irrtümlich eine Nichtschuld geleistet hat, könnte er den geleisteten Kaufpreis (mittels *condictio indebiti*) kondizieren. JUNO hingegen könnte ihrerseits den Briefbeschwerer vindizieren, da es dem Eigentumserwerb durch HERKULES mangels gültigen Kaufvertrages an einer *iusta causa* fehlt.

Ulpian differenziert hinsichtlich der Beurteilung eines Eigenschaftsirrtums: Nach seiner Meinung soll der Kaufvertrag nur dann nicht wirksam sein, wenn die Vorstellung des Vertragspartners über die Eigenschaft der Sache von den tatsächlichen Eigenschaften zur Gänze abweicht. So verneint Ulpian einen gültigen Kaufvertrag, wenn eine als massiv golden verkaufte Sache zur Gänze aus Bronze besteht – *si autem aes pro auro veneat, non valet* –, befürwortet aber das Vorliegen eines Kaufes, wenn die Sache zumindest teilweise aus Gold ist.

Marcellus begnügt sich für das Vorliegen eines Kaufvertrages damit, dass die Parteien Einigung hinsichtlich der äußeren Erscheinungsform erzielt haben. Nach seiner Ansicht steht ein Irrtum, der sich lediglich auf die Substanz der Sache bezieht, der Gültigkeit eines Kaufvertrages nicht entgegen – *quia in corpus consensum est, etsi in materia sit erratum*. So erachtet Marcellus etwa den Kauf von Kupfer für Gold oder Blei für Silber als wirksam.

Nach der Ansicht von Ulpian und Marcellus wäre somit über den vergoldeten Briefbeschwerer ein gültiger Kaufvertrag zwischen HERKULES und JUNO zustande gekommen. Bejaht man das Zustandekommen eines Kaufvertrages, so könnte der Umstand, dass der Briefbeschwerer bloß vergoldet ist, allenfalls im Rahmen der Sachmangelgewährleistung Berücksichtigung finden. Ein Sachmangel liegt etwa dann vor, wenn die übergebene Sache nicht die vereinbarten Eigenschaften aufweist. Wäre Gegenstand des Kaufvertrages, dass der Briefbeschwerer massiv golden ist, so könnte HERKULES, da es bereits zur Übergabe gekommen ist, Preisminderung oder Wandlung mittels *actio empti* geltend machen.

▶ **(1)** Die zentralen Bestimmungen zum Kaufrecht finden sich in den §§ 1053 ff. Der Kaufvertrag kommt als Konsensualvertrag mit Einigung über Ware und Preis zustande. Der Verkäufer ist zur Übergabe und Übereignung des Kaufgegenstandes, der Käufer zur Kaufpreiszahlung verpflichtet, §§ 1053, 1061 f. Als Gegenstand eines Kaufvertrages kommen neben körperlichen (beweglichen wie unbeweglichen) auch unkörperliche Sachen oder Gesamtsachen in Betracht. Beim Kaufvertrag handelt es sich um ein entgeltliches und gegenseitiges Rechtsgeschäft. Als Veräußerungsvertrag ist der Kaufvertrag auf die Änderung der eigentumsrechtlichen Zuordnung einer Sache gerichtet. Der Kaufvertrag schafft als Verpflichtungsgeschäft aber bloß den Titel für den Eigentumserwerb. Erst mit dem auf einem gültigen Titel beruhenden Verfügungsgeschäft, dem Modus (der Übergabe bei beweglichen Sachen [§§ 426 ff], der Einverleibung im Grundbuch bei Liegenschaften [§ 431] bzw der Abtretung bei Forderungen [§§ 1392 ff]), kommt es zum Eigentumsübergang. Zur Vereinbarung eines Eigentumsvorbehalts vgl Fall 34. Der Abschluss von Kaufverträgen ist grds formfrei. Kaufverträge unter Eheleuten bedürfen aber der Notariatsaktform, § 1 Abs 1 lit b NotAktsG. Der Erbschaftskauf bedarf eines Notariatsaktes oder eines gerichtlichen Protokolls, § 1278 Abs 2. Zur Voraussetzung eines bestimmten bzw objektiv bestimmbaren Kaufpreises vgl Fall 30. [*Koziol/Welser*, Bürgerliches Recht II¹³ (2007) 165 ff] **(2)** Bei der Schenkung handelt es sich um einen Vertrag, durch den sich jemand verpflichtet, einem anderen eine Sache unentgeltlich zu überlassen, § 938. Als Vertrag bedarf die Schenkung der Zustimmung des Beschenkten, da niemandem ohne seinen Willen eine Zuwendung gemacht werden soll. Gegenstand einer Schenkung kann eine körperliche Sache, aber etwa auch eine Forderung sein. Gegenwärtiges Vermögen kann zur Gänze, künftiges Vermögen nur bis zum halben Wert verschenkt werden, § 944. Zum Schutz vor Übereilung bedarf eine Schenkung entweder der wirklichen Übergabe der Sache oder eines Notariatsaktes gem § 1 Abs 1 lit d NotAktsG, § 943. Eine „wirkliche Übergabe" iSd Gesetzes bedarf eines sinnfälligen, dh nach außen hin erkennbaren Aktes, aus dem sich der ernstliche Wille des Geschenkgebers, dass das Geschenk sogleich in den Besitz des Beschenkten übergehen soll, ergibt. Diesem Erfordernis genügen die körperliche Übergabe, die Übergabe kurzer Hand und die Besitzanweisung, nicht hingegen das Besitzkonstitut. Ein bloßes Schenkungsversprechen, dh eine Schenkung ohne Übergabe bzw Notariatsakt, begründet eine Naturalobligation, § 1432. Da die Vorschriften über Verzug, Nichterfüllung und Gewährleistung nur auf entgeltliche Geschäfte anzuwenden sind, trifft den Geschenkgeber in diesen Fällen keine Haftung. Zu einer Haftung des Geschenkgebers auf das Vertrauensinteresse kommt es aber dann, wenn er wissentlich eine fremde Sache verschenkt hat, § 945. Handelt der Geschenkgeber mit Verschulden, so trifft ihn eine Ersatzpflicht nach allgemeinen Grundsätzen, wobei aber regelmäßig angenommen wird, dass es Absicht der Parteien ist (§ 915), dass eine Haftung für leicht fahrlässiges Verhalten ausgeschlossen ist. Zu beachten ist, dass Schenkungen, anders als entgeltliche Verträge, auch wegen Motivirrtums angefochten werden können, § 901. Schenkungen dürfen, ebenso wie entgeltliche Verträge, grds nicht widerrufen werden, § 946. Der Widerruf einer Schenkung ist aber zulässig bei nachträglicher Bedürftigkeit des Geschenkgebers (§ 947) sowie bei grobem Undank des Beschenkten (§§ 948 f). Weitere Widerrufsgründe sind etwa die Verkürzung des schuldigen Unterhalts (§ 950), die Verkürzung des Pflichtteils (§ 951) sowie die Verkürzung von Gläubigern (AnfO, §§ 27 ff IO). Zur gemischten Schenkung vgl Fall 16. [*Koziol/Welser*, Bürgerliches Recht II[13] (2007) 190 ff] **(3)** Ausgehend von der im österreichischen Privatrecht herrschenden Vertrauenstheorie berührt der Irrtum einer Vertragspartei die Gültigkeit des Vertrages grds nicht: Der Erklärungsempfänger darf darauf vertrauen, dass eine Willenserklärung so gemeint ist, wie sie ein redlicher, verständiger Erklärungsempfänger verstehen durfte. Nur ausnahmsweise wird der Erklärungsempfänger als weniger schutzwürdig erachtet, sodass sich der Erklärende auf seinen Irrtum berufen kann und es zur Anpassung bzw Aufhebung des Vertrages kommt. Die Irrtumsregelungen der §§ 871 ff, 901 sind anzuwenden auf Verträge, nach § 876 aber auch auf einseitige, empfangsbedürftige Willenserklärungen, wie Kündigung oder Rücktritt. Sonderbestimmungen finden sich für letztwillige Verfügungen in den §§ 570 ff sowie für den Eheabschluss in den §§ 36, 37 EheG (vgl auch § 14 EPG). Bei entgeltlichen Verträgen bedarf es des Vorliegens eines Geschäftsirrtums (iwS). Dabei unterscheidet man den Erklärungsirrtum und den Geschäftsirrtum ieS. Ein Erklärungsirrtum liegt vor, wenn die objektive Bedeutung der Erklärung nicht mit dem tatsächlichen Willen des Erklärenden übereinstimmt, sei es, weil er gar keine Erklärung abgeben wollte (Erklärung ohne Erklärungsbewusstsein), sei es, weil die Erklärung fehlerhaft übermittelt wurde oder weil der Erklärende über die Bedeutung seiner Erklärung irrt (Unterschreiben einer nicht gelesenen Urkunde, in der etwas anderes als angenommen steht). Kein Erklärungsirrtum ist gegeben bei einer bloßen Fehlbezeichnung, wenn die Vertragspartner aber tatsächlich Einigung erzielt haben (*falsa demonstratio non nocet*). Ein Geschäftsirrtum (ieS) liegt vor, wenn der Erklärende über die Natur oder den Gegenstand des Geschäftes oder über Eigenschaften der Person des Vertragspartners irrt. Zu beachten ist, dass ein Irrtum über wertbildende Eigenschaften grds keinen beachtlichen Geschäftsirrtum darstellt. Der Erklärungsempfänger ist nur dann weniger schutzwürdig als der sich im Irrtum Befindende, wenn der Irrtum beachtlich ist. Dies ist dann der Fall, wenn eine der alternativen Voraussetzungen des § 871 gegeben ist: Entweder der Irrtum wurde vom Vertragspartner des Irrenden veranlasst, oder der Irrtum hätte dem Vertragspartner des Irrenden aus den Umständen offenbar auffallen müssen, oder der Irrtum wurde rechtzeitig aufgeklärt, dh der Vertragspartner des Irrenden hat noch keine Dispositionen im Vertrauen auf das gültige Zustandekommen des Vertrages getätigt. Vom Geschäftsirrtum iwS ist der Motivirrtum zu unterscheiden. Der Motivirrtum (Irrtum im Beweggrund) bezieht sich auf Umstände, die außerhalb des Geschäftsinhaltes liegen. Motivirrtümer können bei entgeltlichen Verträgen grds nicht geltend gemacht werden. Zu beachten sind Motivirrtümer etwa bei letztwilligen Verfügungen und bei unentgeltlichen Rechtsgeschäften unter Lebenden. Bei sonstigen Rechtsgeschäften unter Lebenden ist ein Motivirrtum dann beachtlich, wenn das Motiv zum Geschäftsinhalt oder zu einer echten Bedingung erhoben oder der Motivirrtum arglistig herbeigeführt wurde. Liegt ein beachtlicher Geschäftsirrtum iwS vor und ist dieser wesentlich (der Erklärende hätte das Rechtsgeschäft ohne Irrtum nicht geschlossen), so kann der Erklärende das Rechtsgeschäft anfechten. Ist der Irrtum hingegen unwesentlich (die Vertragsparteien hätten das Rechtsgeschäft ohne Irrtum anders abgeschlossen), so kommt es zur Vertragsanpassung nach § 872. Es liegt am Irrenden, ob er den Irrtum geltend macht (Gestaltungsrecht). Unterlässt er die Geltendmachung, so bleibt der Vertrag aufrecht. Die Geltendmachung des Irrtums muss nach hA gerichtlich durch Klage oder Einrede erfolgen. Das Recht zur Geltendmachung eines Irrtums verjährt gem § 1487 in drei Jahren ab Vertragsabschluss. Die Vertragsanfechtung wegen Irrtums wirkt sowohl schuldrechtlich als auch sachenrechtlich *ex tunc*. Allenfalls bereits Geleistetes ist über § 877 zurückzufordern (*condictio sine causa*). Auf das Recht zur Geltendmachung des Irrtums kann, außer für arglistiges Verhalten, wirksam verzichtet werden. Dies gilt hingegen nicht für Verträge mit Verbrauchern, § 6 Abs 1 Z 14 KSchG. [*Koziol/Welser*, Bürgerliches Recht I[13] (2006) 147 ff]

Zu den einschlägigen Quellenstellen der hier erörterten Problemkreise: zur Einordnung der *emptio venditio* als *bonae fidei iudicium* vgl insb Gai Inst 4. 62; zur *emptio venditio* als Konsensualvertrag vgl insb Gai Inst 3. 139 sowie Iust Inst 3. 23 pr; zur Abgrenzung der *emptio venditio* von der *permutatio* vgl Paulus D 18. 1. 1. 1; zum Zustandekommen eines Kaufvertrages durch *consensus* über die *essentialia negotii* vgl insb Ulpian D 18. 1. 9 pr; zum Erfordernis eines *pretium verum* vgl insb Ulpian D 18. 1. 36; zur Wirksamkeit eines Verkaufs einer Sache um einen schenkungshalber niedriger bemessenen Preis vgl insb Ulpian D 18. 1. 38; zur bloß teilweise in Geld bestehenden Gegenleistung bei der *emptio venditio* vgl etwa Pomponius D 19. 1. 6. 1; zur Beachtlichkeit eines *error in substantia* vgl Ulpian D 18. 1. 9. 2, ders D 18. 1. 14 sowie Julian D 18. 1. 41. 1.

Variante A:

HERKULES hat den Kaufpreis in Höhe von 500 für die Statue bereits an QUIRINUS gezahlt. Bevor HERKULES die Statue abholt, wird er von VESTA, einer Expertin im Bereich sakraler Kunst, aufgeklärt, dass es sich bei der von QUIRINUS angebotenen Statue um eine der Göttin Minerva geweihte Tempelstatue handelt.

anfängl, obj ,Rechtliche Unmöglichkeit

Vorüberlegungen:

➤ Welche Rolle spielt es, wenn die Kaufsache eine *res extra commercium* ist?
➤ Wann spricht man von anfänglicher objektiver Unmöglichkeit?
➤ Was besagt der Grundsatz *impossibilium nulla est obligatio*?
➤ Welcher Voraussetzungen bedarf die Rückforderung mittels *condictio indebiti*?

Es liegt ein Fall einer anfänglichen, objektiven rechtlichen Unmöglichkeit vor. Rechtlich unmöglich ist die Leistung, da es sich bei dem Kaufgegenstand um eine *res sacra* und damit um eine dem Privatrechtsverkehr entzogene Sache (*res extra commercium*) handelt. Anfängliche Unmöglichkeit liegt vor, da die Statue bei Vertragsabschluss eine *res sacra* ist. Objektive Unmöglichkeit ist gegeben, da niemand diese Statue wirksam verkaufen kann. Ist ein Fall einer anfänglichen objektiven Unmöglichkeit gegeben, so gilt *impossibilium nulla est obligatio* – Unmögliches kann nicht Gegenstand eines Vertrages sein. Folglich ist zwischen HERKULES und QUIRINUS kein gültiger Kaufvertrag zustande gekommen. Da es mangels gültigen Kaufvertrages keine Verpflichtung von HERKULES gibt, einen Kaufpreis zu bezahlen, ist fraglich, ob er die an QUIRINUS geleisteten 500 zurückverlangen kann. Infrage kommt ein Anspruch auf Rückforderung wegen irrtümlicher Leistung einer Nichtschuld. Eine Leistung, dh eine bewusste Vermögensverschiebung, hat stattgefunden, indem HERKULES 500 an QUIRINUS übergeben hat. Ein *indebitum* liegt vor, da mangels gültigen Kaufvertrages keine Verpflichtung zur Zahlung eines Kaufpreises besteht. Schließlich handelt HERKULES irrtümlich, da er bei Zahlung der 500 von der Beschaffenheit der Statue als *res extra commercium* und somit von der Ungültigkeit des Kaufvertrages nicht Bescheid weiß. HERKULES kann daher die an QUIRINUS gezahlten 500 mittels *condictio indebiti* zurückverlangen.

▶ **(1)** Zur anfänglichen Unmöglichkeit vgl Fall 31. **(2)** Zur Rückforderung einer irrtümlich geleisteten Nichtschuld mittels *condictio indebiti* vgl Fall 56.

Zu den einschlägigen Quellenstellen der hier erörterten Problemkreise: zum Grundsatz *impossibilium nulla obligatio est* vgl Celsus D 50. 17. 185; zur Unzulässigkeit der Veräußerung einer *res sacra* vgl insb Pomponius D 18. 1. 6 pr sowie Modestin D 18. 1. 62. 1; zur Möglichkeit der Rückforderung des Kaufpreises bei Ungültigkeit des Vertrages vgl insb Paulus D 18. 1. 57 pr sowie ders D 18. 4. 7; zur Rückforderung einer irrtümlich geleisteten Nichtschuld mittels *condictio indebiti* vgl insb Ulpian D 12. 6. 1. 1 sowie Gai Inst 3. 91.

Variante B:

Als Gegenleistung für den Armreif verpflichtet sich HERKULES MARS gegenüber ausschließlich zur Übergabe des Kerzenhalters. Den Armreif erhält HERKULES sofort übergeben, während HERKULES die Übergabe des Kerzenhalters an MARS verweigert.

Vorüberlegungen:

➢ Wie beurteilen die römischen Juristen eine Vereinbarung, deren Leistungsinhalt der Austausch von Ware gegen Ware ist?
➢ Was versteht man unter einem Innominatkontrakt?
➢ Welche Leistungsbeziehung liegt der Vereinbarung zwischen HERKULES und MARS zugrunde?
➢ Erwächst MARS ein klagbarer Anspruch aus der Vereinbarung mit HERKULES?

Fraglich ist, ob die Vereinbarung zwischen HERKULES und MARS über den Austausch des Armreifs gegen einen Kerzenhalter als Kaufvertrag zu qualifizieren ist. Während die Sabinianer den Austausch von Ware gegen Ware als Kaufvertrag beurteilen, handelt es sich dabei nach prokulianischer Ansicht, die sich letztlich auch durchgesetzt hat, um einen eigenständigen Vertrag, einen Tauschvertrag (*permutatio*). Die Prokulianer begründen ihre Ansicht damit, dass sich bei der Vereinbarung Ware gegen Ware nicht eruieren lasse, wer Käufer und wer Verkäufer ist – *quod in permutatione discerni non potest, uter emptor, uter venditor sit.* Folglich stellt die Vereinbarung zwischen HERKULES und MARS hinsichtlich des Austauschs des Armreifs gegen den Kerzenhalter mangels Entgelts in Geld keinen Kaufvertrag, sondern einen Tauschvertrag dar. Der Tauschvertrag zählt zu den Innominatkontrakten. Bei den Innominatkontrakten handelt es sich um Austauschverträge, die keinem der anerkannten zivilen Kontrakte entsprechen. Ursprünglich sind Innominatkontrakte nicht mit einer Vertragsklage durchsetzbar. Dort, wo eine vertragliche Bindung nicht möglich ist und eine Partei in der Erwartung, die andere Seite werde ihre Leistung erbringen, vorgeleistet hat, wird aber insofern Rechtsschutz gewährt, als die vorleistende Partei die eigene Leistung bereicherungsrechtlich zurückverlangen kann. Zur Durchsetzung des Anspruchs auf Rückleistung dient in solchen Fällen die *condictio ob causam datorum* (bzw *causa data causa non secuta*). Weigert sich HERKULES, den Kerzenhalter wie versprochen zu übergeben, so kann MARS zwar nicht auf Übergabe des Kerzenhalters klagen, er ist aber berechtigt, von HERKULES mit einer *condictio ob causam datorum* (bzw *causa data causa non secuta*) die Rückgabe des Armreifs zu verlangen.

Erst im Zuge der weiteren Entwicklung in der Klassik gewährt der Prätor zur Durchsetzung atypischer Vereinbarungen eigene Klagen, genannt *actiones praescriptis verbis.* Zu beachten ist aber, dass bei den Innominatkontrakten ein klagbarer Anspruch auf Erbringung der Gegenleistung grds nur dann besteht, wenn der Vereinbarung ein synallagmatisches Verhältnis zugrunde liegt, dh wenn eine Leistung um einer anderen Leistung willen versprochen wird, und wenn der Kläger seine Leistung (zumindest teilweise) schon erbracht hat. Da dem Verpflichtungsverhältnis zwischen HERKULES und MARS ein Leistungsversprechen *do ut des* (Übergabe des Armreifs gegen den Kerzenhalter) und somit ein Synallagma zugrunde liegt und MARS mit Übergabe des Armreifs seiner Leistungsverpflichtung bereits nachgekommen ist, kann er alternativ, anstatt die eigene Leistung zu kondizieren, HERKULES auf Übergabe des Kerzenhalters mit einer *actio praescriptis verbis* klagen.

▶ **(1)** Zum Tauschvertrag vgl Fall 62. **(2)** Zur Rückforderung einer Leistung wegen Nichteintritts des erwarteten Erfolges mittels *condictio causa data causa non secuta* vgl Fall 61.

Zu den einschlägigen Quellenstellen der hier erörterten Problemkreise: zur Schulenkontroverse hinsichtlich der Qualifizierung einer Vereinbarung des Austausches von Ware gegen Ware vgl insb Paulus D 18. 1. 1. 1; zur Unterscheidung von Kauf und Tausch vgl insb Paulus D 19. 4. 1 pr sowie ders D 19. 5. 5. 1; zur Möglichkeit der Rückforderung der eigenen Leistung mittels *condictio* bei Ausbleiben der Gegenleistung vgl Papinian D 19. 5. 7; zum Erfordernis eines Synallagmas für die Durchsetzbarkeit von Innominatkontrakten vgl insb Ulpian D 2. 14. 7. 2.

Fall 30:

Honigkuchen statt Falkenbeize [*]

DIANA, passionierte Jägerin, möchte von SILVANUS einen Welpen aus dem Wurf seiner Jagdhündin kaufen. Sogleich wählt DIANA einen Hund aus. Um einander nicht zu übervorteilen, legen sie fest, dass JANUS, ein in Fachkreisen sehr geschätzter Veterinärarzt und anerkannter Hundezüchter, den Kaufpreis für den Welpen festlegen soll. In Kenntnis um DIANAS Jagdleidenschaft erzählt ihr SILVANUS, dass er auch ein Falkenpärchen sein Eigen nennt, von dem er Nachwuchs erwartet. Begeistert von dem Gedanken, künftig auf Falkenbeize gehen zu können, verpflichtet sich DIANA zur Zahlung von 20 pro geschlüpftem Küken (Wert eines Küken 30). Auf dem Heimweg kommt DIANA im Tiergeschäft ihres Bekannten BACCHUS vorbei und kauft ein mit wertvollen Steinen besetztes Hundehalsband (Wert 260). Da BACCHUS DIANA sehr zugeneigt ist und ihr eine Freude machen möchte, verlangt er für das Halsband nur 150. Bevor JANUS einen Preis für den Welpen festlegt, erklärt DIANA, am Kauf des Hundes nicht mehr interessiert zu sein. Das Gelege der Falken besteht zwar aus zehn (befruchteten) Eiern, es schlüpft aber kein einziges Küken, da SILVANUS die Eier für die Zubereitung eines Honigkuchens verwendet.

Wie sind die Vereinbarungen über den Welpen, die Küken und das Halsband zu beurteilen?

Zu behandelnde Problemkreise:

- ➢ Zustandekommen eines Kaufvertrages
- ➢ Voraussetzung eines *pretium certum*
- ➢ Bestimmung des Kaufpreises durch einen Dritten nach dem *arbitrium viri boni*
- ➢ *emptio rei speratae vs emptio spei*
- ➢ Erfüllungsfiktion
- ➢ Voraussetzung eines *pretium verum*

Vereinbarung über den Welpen

Als DIANA aus dem Wurf der Hündin des SILVANUS einen zum Verkauf stehenden Welpen aussucht, besteht Einigung über den Kaufgegenstand. Für das gültige Zustandekommen eines Kaufvertrages bedarf es neben der Willensübereinkunft über den Kaufgegenstand jedenfalls auch des Konsenses über den Kaufpreis, der neben dem Erfordernis hinreichender Ernstlichkeit auch dem Bestimmtheitsgebot entsprechen muss. Ein bestimmter Kaufpreis (*pretium certum*) ist dann gegeben, wenn der Preis ziffernmäßig festgelegt oder zumindest bestimmbar ist. Bestimmbarkeit des Kaufpreises ist dann gegeben, wenn er sich nach objektiven Kriterien feststellen lässt. Bestimmbar, weil an ein objektives Kriterium gebunden, ist der Kaufpreis etwa dann, wenn vereinbart wird, dass die Sache um so viel verkauft sein soll, wie sich in einer verschlossenen Geldschatulle befindet oder um wie viel der Verkäufer die Sache seinerseits gekauft hat. Die Frage, ob bei Übertragung der Preisfestlegung an einen Dritten ein *pretium certum* gegeben und daher ein gültiger Vertrag zustande gekommen ist, wird von den römischen Juristen nicht einheitlich beantwortet. Die Juristen Ofilius und Proculus bejahen, wohl ausgehend von der Überlegung, dass der zur

---

[*] Falkenbeize nennt man die Jagd auf wilde Tiere, va Federwild, mithilfe von Greifvögeln.

Preisfestsetzung berufene Dritte die Schätzung des Kaufpreises mit der Sorgfalt eines *vir bonus* vornimmt – *arbitrium viri boni* –, bereits dann einen gültigen Kaufvertrag, wenn die Parteien einen Dritten zur Preisbestimmung nominieren. Nach dieser Ansicht ist bereits durch die von den Parteien einvernehmliche Bestimmung des Dritten zur Preisfestsetzung das Vorliegen eines *pretium certum* und somit das Zustandekommen eines Kaufvertrages zu bejahen. Nach einer anderen Meinung (Labeo und Cassius) führt die Nominierung eines Dritten zur Festlegung des Kaufpreises – wohl mangels eines (hinreichend bestimmten) Kaufpreises – nicht zum Kaufvertragsabschluss.

Folgt man der ersten Ansicht, so kommt zwischen DIANA und SILVANUS ein Kaufvertrag über den Welpen in dem Zeitpunkt zustande, in dem die Parteien JANUS, der als Veterinärarzt und Fachmann auf dem Gebiet der Hundezucht als nach dem Maßstab eines *vir bonus* handelnd anzusehen ist, zur Schätzung des Preises berufen. Die spätere Erklärung DIANAS, an dem Kauf des Welpen nicht mehr interessiert zu sein, ist rechtlich unerheblich. Von einem gültig zustande gekommenen Kaufvertrag kann einseitig nicht abgegangen werden. SILVANUS kann folglich einen von JANUS für den Welpen festgesetzten Kaufpreis mit der *actio venditi* von DIANA verlangen.

Nach anderer Ansicht kommt mangels Vorliegens eines (bestimmten) Kaufpreises kein Kauf über den Welpen zustande. Erst die Zustimmung von DIANA und SILVANUS zu einem von JANUS ziffernmäßig festgelegten Preis würde in diesem Fall einen Kaufvertrag entstehen lassen.

Vereinbarung über die Küken

Indem DIANA und SILVANUS vereinbaren, dass DIANA für jedes geschlüpfte Küken des nächsten Geleges von SILVANUS' Falkenpärchen einen Preis von 20 zu leisten hat, schließen sie einen Kauf einer zukünftigen Sache (*emptio rei speratae*) ab. Zu beachten ist, dass es sich bei der Vereinbarung zwischen DIANA und SILVANUS um keinen Hoffnungskauf (*emptio spei*) handelt, da DIANA und SILVANUS keinen Pauschalpreis, sondern einen Preis pro Mengeneinheit (20 pro Küken) festgelegt haben. Anders als bei der *emptio spei*, bei der ein unbedingter Kaufvertrag vorliegt, handelt es sich bei der *emptio rei speratae* um einen Kaufvertrag, bei dem die Rechtswirkungen vom Eintritt eines zukünftigen ungewissen Ereignisses (*condicio*) abhängen. Der Kauf der künftigen Sache ist als aufschiebend bedingter Kaufvertrag ausgestaltet. Zu beachten ist, dass der Eintritt der Bedingung die Wirkungen des Kaufvertrages *ex tunc* entstehen lässt. Tritt die Bedingung ein, so gilt der Vertrag als zum ursprünglichen Vereinbarungszeitpunkt wirksam zustande gekommen.

Da im vorliegenden Fall ungewiss ist, ob ein Küken schlüpfen wird, hängen die Rechtswirkungen des Kaufvertrages zwischen DIANA und SILVANUS von einem zukünftigen ungewissen Ereignis ab. Schlüpft ein Küken, so kommt es zum Bedingungseintritt und der Kaufvertrag entfaltet seine Rechtswirkungen rückbezogen auf jenen Zeitpunkt, in dem DIANA und SILVANUS die Vereinbarung getroffen haben. Aufgrund der Tatsache, dass kein einziges Küken schlüpft, tritt die Bedingung nicht ein und der Kaufvertrag wird nicht wirksam. Zu beachten ist, dass der Bedingungseintritt aber bloß deshalb ausbleibt, weil sich SILVANUS vereinbarungswidrig verhält, indem er die Eier zum Backen verwendet und sie dadurch vernichtet.

Vereitelt eine Vertragspartei den Bedingungseintritt, so setzen die römischen Juristen die Vereitelung des Bedingungseintritts dem tatsächlichen Eintritt der Bedingung gleich – *sed si id egerit venditor, ne nascatur aut fiant, ex empto agi posse*. Da der Eintritt der Bedingung bloß fingiert wird, spricht man idZ von einer Erfüllungsfiktion.

Fingiert man im vorliegenden Fall den Eintritt der Bedingung und nimmt man daher einen wirksamen Kaufvertrag an, so ist SILVANUS aufgrund seines schuldhaften Verhaltens verpflichtet, DIANA das Interesse an der ordnungsgemäßen Erfüllung des Vertrages (Erfüllungsinteresse) zu ersetzen. DIANA ist so zu stellen, als ob der Vertrag ordnungsgemäß erfüllt worden wäre. Die Höhe des Erfüllungsinteresses wird mittels Differenzmethode berechnet. Dabei vergleicht man den tatsächlichen Vermögensstand des Vertragspartners mit dem hypothetischen Vermögensstand, wäre vereinbarungsgemäß geleistet worden. Die Höhe des Erfüllungsinteresses von DIANA ergibt sich somit aus dem Wert von zehn Küken (300) abzüglich des zu leistenden Kaufpreises von 200. DIANA kann somit 100 mittels *actio empti* von SILVANUS verlangen.

Vereinbarung über das Hundehalsband

Die Vereinbarung zwischen DIANA und BACCHUS stellt einen Kaufvertrag dar, da Willenseinigung über die Ware und den Kaufpreis besteht. Der Umstand, dass der Kaufpreis vom Verkäufer BACCHUS mit 150 aus Zuneigung zur Käuferin DIANA und somit schenkungshalber niedriger angesetzt ist, als es dem Wert des Halsbandes (260) entspricht, hindert nach Ansicht der römischen Juristen nicht das Zustandekommen eines Kaufvertrages. Einen an sich ernstgemeinten Preis niedriger zu veranschlagen, als es dem Wert der Ware entspricht, schadet somit nicht. Ein Rechtsgeschäft, das Elemente mehrerer anerkannter Verträge, wie etwa hier eines Kaufvertrages und einer Schenkung, enthält, wird nach moderner Terminologie als gemischtes Rechtsgeschäft bezeichnet.

▶ **(1)** Gemäß § 1054 muss der Kaufpreis in barem Gelde bestehen. Dies ist aber nicht wörtlich zu nehmen. Auch unbare Zahlung (Buchgeld) oder die Hingabe eines Wechsels steht mit dem Wesen des Kaufes nicht in Widerspruch. Das Bargeldprinzip dient va der Abgrenzung des Kaufes vom Tausch. Weiters muss der Kaufpreis bestimmt oder objektiv bestimmbar sein, § 1054. Bestimmbarkeit ist etwa dann gegeben, wenn die Parteien einen Markt-, Börsen- oder Ladenpreis vereinbaren oder wenn sie den Kauf zum orts- oder kundenüblichen Preis abschließen. Die Parteien können die Preisfestsetzung auch an einen Dritten übertragen, § 1056. Dieser darf nicht mit Willkür handeln, sondern hat einen „billigen Preis" festzulegen. Nennt der Dritte innerhalb der festgesetzten Frist keinen Preis oder möchte, sofern keine Frist festgelegt wurde, eine der Kaufvertragsparteien vor der Preisbestimmung zurücktreten, so gilt der Kaufvertrag iZw als nicht geschlossen, § 1056. Die privatautonome Preisgestaltung wird va durch Festlegung von Höchst- und Mindestpreisen beschränkt. Bei Verstößen ist die davon abweichende Preisvereinbarung ungültig und es gilt der gesetzliche Preis, § 917a. Der Restvertrag bleibt aufrecht. Auf die Möglichkeit einer freien Preisfestsetzung beschränkend wirken auch die Bestimmungen zum Wucher (§ 879 Abs 2 Z 4) sowie zur Verkürzung über die Hälfte (§§ 934 f, vgl Fall 31). [*Koziol/Welser*, Bürgerliches Recht II¹³ (2007) 167 f] **(2)** Eine gemischte Schenkung (§ 935) liegt vor, wenn die Parteien einen Teil der Leistung als geschenkt ansehen wollen, nicht aber bereits dann, wenn bloß die Leistung des einen wertvoller als jene des anderen ist. Auf gemischte Schenkungen findet die Verkürzung über die Hälfte (§§ 934 f) keine Anwendung. Im Rahmen der Gewährleistung ist Preisminderung nur insoweit zuzulassen, als der nachzulassende Betrag den Wert des geschenkten Teils übersteigt. Ob die Formvorschriften auch auf gemischte Schenkungen anzuwenden sind, ist strittig. Bei Vorliegen von Schenkungswiderrufsgründen umfasst zwar der Widerruf einer gemischten Schenkung das gesamte Geschäft, der Beschenkte kann aber die Aufhebung des Vertrages dadurch abwenden, indem er einen für den Schenkungsteil angemessenen Betrag leistet (*facultas alternativa*, analog zu § 934). Zur Schenkung allgemein vgl Fall 29. [*Koziol/Welser*, Bürgerliches Recht II¹³ (2007) 194 f] **(3)** Zu atypischen sowie gemischten Verträgen allgemein vgl Fall 61. **(4)** Nach hA stellt der Kauf einer künftigen Sache (§ 1275) einen durch Sachentstehung bedingten Kaufvertrag dar, wobei der Verkäufer das Risiko des Bedingungseintritts und der Käufer das Qualitätsrisiko trägt. [*Koziol/Welser*, Bürgerliches Recht II¹³ (2007) 181]

Zu den einschlägigen Quellenstellen der hier erörterten Problemkreise: zum Erfordernis eines *pretium certum* vgl insb Ulpian D 18. 1. 7. 1 sowie Gaius D 18. 1. 35. 1; zur Kontroverse hinsichtlich der Benennung eines Dritten zur Preisfestsetzung für das Zustandekommen einer *emptio venditio* vgl Gai Inst 3. 140; zum *arbitrium viri boni* vgl insb Pomponius D 17. 2. 6 sowie Proculus D 17. 2. 78; zur *emptio rei speratae* vgl Pomponius D 18. 1. 8 pr; zur Gleichsetzung der Vereitelung der Bedingung mit dem tatsächlichen Eintritt der Bedingung vgl Ulpian D 50. 17. 161; zum Ersatz des *quanti interest rem habere* bei Nichterfüllung des Vertrages vgl insb Ulpian D 19. 1. 1 pr; zum Erfordernis eines *pretium verum* vgl insb Ulpian D 18. 1. 36; zur Wirksamkeit eines Verkaufs einer Sache um einen schenkungshalber niedriger bemessenen Preis vgl insb Ulpian D 18. 1. 38.

Variante:

Macht es einen Unterschied, wenn DIANA nicht eine Bekannte, sondern die Ehefrau von BACCHUS ist?

Zu behandelnde Problemkreise:

➢ Ehegattenschenkungsverbot
➢ aus Schenkungsabsicht niedriger bemessener Kaufpreis

Nach römischem Recht sind Schenkungen unter Ehegatten verboten. Ein Verstoß gegen dieses Verbot hat die Nichtigkeit des Geschäftes zur Folge. In den römischen Quellen finden sich unterschiedliche Motive für ein solches Verbot. Mit dem Ehegattenschenkungsverbot sollen in gewaltfreien Ehen wirtschaftlich ungerechtfertigte Vermögensverschiebungen unterbunden werden. Ulpian führt als Begründung an, dass Ehegatten einander nicht durch maßloses Schenken wechselseitig berauben sollen – *ne mutuo amore invicem spoliarentur donationibus non temperantes.* In augusteischer Zeit sollten durch das Verbot von Ehegattenschenkungen Umgehungen der erbrechtlichen Erwerbsbeschränkungen hintangehalten werden.

Um das Verbot nicht durch einen fingierten Kauf unterlaufen zu können, wird auch ein schenkungshalber niedriger bemessener Preis unter Eheleuten nicht als Kaufpreis anerkannt. Die Vereinbarung zwischen DIANA und BACCHUS ist aufgrund des Verstoßes gegen das Ehegattenschenkungsverbot absolut nichtig. Mangels gültiger *iusta causa* erwirbt DIANA daher kein Eigentum an dem Hundehalsband. BACCHUS ist somit Eigentümer des Halsbandes geblieben und könnte es daher mit der *rei vindicatio* herausverlangen. Da die Zuwendung von BACCHUS verbotswidrig erfolgt ist, kommt alternativ eine Rückforderung des Halsbandes aus bereicherungsrechtlicher Sicht, mittels *condictio ob (turpem vel) iniustam causam*, in Betracht.

▶ **(1)** Um Manipulationen zum Nachteil von Gläubigern des Ehegatten zu unterbinden, bedürfen Ehepakte, Kauf-, Tausch-, Renten- und Darlehensverträge sowie Schuldanerkenntnisse unter Ehegatten der Notariatsaktsform, § 1 Abs 1 lit a und b NotAktsG. Zur Notariatsaktspflicht von Schenkungen ohne wirkliche Übergabe vgl Fall 29. Zu beachten ist, dass die Nichteinhaltung gesetzlicher Formvorschriften grds die Nichtigkeit des Rechtsgeschäfts zur Folge hat. Diese Nichtigkeitsfolge ist aber insofern eingeschränkt, als formunwirksame Rechtsgeschäfte eine Naturalobligation erzeugen. Wird daher auf ein formunwirksames Geschäft hin geleistet, so wird dadurch der Formmangel geheilt und das Geleistete kann nicht mehr zurückgefordert werden, § 1432. Nach hL kommt es aber nur dort zu einer Heilung des Formmangels durch Erfüllung, wo dies dem Normzweck der Formvorschrift nicht entgegensteht. So ist eine Heilung etwa dann abzulehnen, wenn der Zweck der Formvorschrift im Gläubigerschutz besteht, wie etwa bei notariatsaktspflichtigen Verträgen unter Ehegatten. Ist der Formzweck hingegen der Schutz vor Übereilung (wie etwa bei der formpflichtigen Schenkung oder beim Schriftlichkeitserfordernis beim Bürgschaftsvertrag), so heilt die Erfüllung den Formmangel. [*Koziol/Welser*, Bürgerliches Recht I^{13} (2006) 184 ff] **(2)** Die Rückforderung der Leistung wegen verpönten Grundes (*condictio ob turpem vel iniustam causam*) gewährt § 1174 Abs 1 S 3. Demnach kann zurückgefordert werden, was zur Verhinderung einer unerlaubten Handlung demjenigen gegeben wurde, der diese Handlung begehen wollte. Leistet bspw jemand einen Geldbetrag, um die Begehung eines Delikts, etwa eine Entführung, zu verhindern, so kann das Geleistete über § 1174 Abs 1 S 3 zurückgefordert werden. [*Koziol/Welser*, Bürgerliches Recht II^{13} (2007) 281]

Zu den einschlägigen Quellenstellen der hier erörterten Problemkreise: zur Unwirksamkeit einer *emptio venditio* unter Ehegatten bei einem schenkungshalber niedriger bemessenen Kaufpreis vgl Ulpian D 18. 1. 38; zu den Motiven des Ehegattenschenkungsverbots vgl etwa Ulpian D 24. 1. 1 u 3; zur Rückforderung einer verbotswidrigen Zuwendung unter Ehegatten mittels *condictio ob iniustam causam* vgl Gaius D 24. 1. 6.

Fall 31: ☆

Wenn ich einmal reich wär...

VENUS hat eine größere Summe Geldes geerbt. Zwecks sicherer Veranlagung kauft sie von SATURNUS ein Grundstück mit unmittelbarem Zugang zum Meer um einen Preis von 3000. Eine Woche später erfährt SATURNUS, dass der Wert des verkauften Grundstückes aufgrund der ausgezeichneten Lage 7000 beträgt.

Um sich vornehm zu schmücken, geht VENUS mit dem verbleibenden Geld zu dem in Rom ansässigen Juwelier APOLLO, von dem sie weiß, dass dieser ein einzigartiges, von der verstorbenen Künstlerin LIBITINA gefertigtes Paar Ohrringe (Wert 1500) um 1000 zum Verkauf anbietet. VENUS und APOLLO werden sofort handelseins. Da sich die Ohrringe in APOLLOs gut bewachtem Lager in Ostia befinden, vereinbaren APOLLO und VENUS, dass die Übergabe der Ohrringe und die Zahlung des Kaufpreises in einer Woche stattfinden sollen. Zur Besicherung der Kaufpreisforderung verpfändet und übergibt PICUS APOLLO seine Goldfibel. VENUS vereinbart mit einem Tagelöhner, dass dieser die Ohrringe abholen soll, und zahlt ihm 20. Zwei Tage vor der geplanten Abholung der Ohrringe lässt APOLLO VENUS mitteilen, dass einer der beiden Ohrringe vor einem Monat bei einer Überschwemmung seiner Lagerräumlichkeiten verloren gegangen ist. VENUS verweigert die Zahlung des Kaufpreises, weshalb APOLLO die Goldfibel von PICUS verwerten möchte.

Wie ist die Rechtslage?

Skizze:

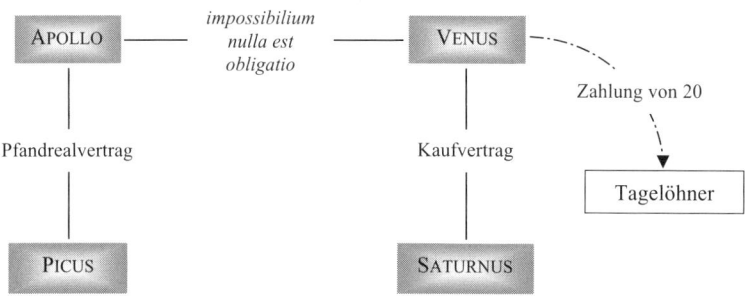

Zu behandelnde Problemkreise:

➢ Voraussetzung eines *pretium iustum*
➢ *laesio enormis*
➢ *facultas alternativa*
➢ anfängliche objektive (Teil-)Unmöglichkeit
➢ *id quod actum est* als Auslegungsmaxime bei *bonae fidei negotia*
➢ Ersatz des Vertrauensschadens
➢ Vertrauensschaden *vs* Nichterfüllungsschaden
➢ Zustandekommen eines Pfandrealvertrages
➢ Akzessorietät beim Pfandrecht

Vereinbarung zwischen VENUS und SATURNUS über das Grundstück

Mit der Einigung über den Austausch des Grundstücks gegen Zahlung von 3000 kommt es zum Kaufvertragsabschluss zwischen VENUS und SATURNUS. Da der Kaufpreis in Höhe von 3000 hinreichend bestimmt und auch nicht bloß symbolisch ist, liegt sowohl ein *pretium certum* als auch ein *pretium verum* vor. Da SATURNUS und VENUS für das Grundstück, das 7000 wert ist, als Kaufpreis bloß 3000 vereinbaren, ist ein grobes Missverhältnis zwischen dem Wert des Kaufgegenstandes und dem Kaufpreis gegeben. Während nach klassischem römischen Recht die Festlegung der Höhe des Kaufpreises weitgehend der privatautonomen Rechtsgestaltung der Parteien überlassen bleibt – *circumvenire se invicem contrahentibus naturaliter licet* –, kommt in der Nachklassik zunehmend der Gedanke auf, dass der Kaufpreis einer Sache auch gerecht zu sein habe (*pretium iustum*). So gewähren diokletianische Reskripte dem Verkäufer eines Grundstücks die Aufhebung des Kaufvertrages, sofern der Kaufpreis nicht einmal der Hälfte des Wertes des Grundstücks entspricht. Macht der Verkäufer von seinem Gestaltungsrecht Gebrauch und wird der Vertrag aufgehoben, so kommt es zur Rückabwicklung der erbrachten Leistungen. Die Aufhebung des Kaufvertrages kann der Käufer aber abwenden, indem er bis zum vollen Wert der Sache aufzahlt. Die moderne Doktrin bezeichnet dieses Rechtsinstitut als *laesio enormis.*

In nachklassischer Zeit könnte SATURNUS, da der Kaufpreis (3000) unter der Hälfte des wahren Wertes des Grundstückes (7000) liegt, die Aufhebung des Kaufvertrages verlangen und das Grundstück von VENUS zurückfordern. SATURNUS müsste seinerseits den erhaltenen Kaufpreis an VENUS zurückgeben. Um die Rückforderung des Grundstücks zu verhindern, müsste VENUS die Differenz zwischen dem Kaufpreis und dem wahren Wert des Grundstücks (4000) an SATURNUS leisten. Da VENUS zwar durch Aufzahlung auf den wahren Wert von ihrer Pflicht, das Grundstück herauszugeben, befreit wird, sie zur Aufzahlung aber nicht verpflichtet ist, handelt es sich um einen Fall der *facultas alternativa.* Es gilt: *una res in obligatione, duae res in solutione.*

Vereinbarung zwischen VENUS und APOLLO hinsichtlich der Ohrringe

Zu prüfen ist, ob zwischen VENUS und APOLLO ein gültiger Kaufvertrag über die Ohrringe zustande gekommen ist. Grundsätzlich bedarf es für die Gültigkeit eines Kaufvertrages, dass die Erbringung des Kaufgegenstandes möglich ist. Eine Vereinbarung, die auf eine Leistung abzielt, die unmöglich ist, ist ungültig. Es gilt der Grundsatz: *impossibilium nulla est obligatio* – Unmögliches kann nicht Inhalt einer Vereinbarung sein.

Ein Kaufvertrag über eine Leistung, die anfänglich objektiv unmöglich ist, kommt somit grds nicht zustande. Folglich stellt sich die Frage, welche Auswirkungen der Untergang des einen Ohrrings auf die Vereinbarung zwischen VENUS und APOLLO hat.

Aufgrund des Umstandes, dass es sich bei den Ohrringen um Einzelstücke handelt, kann die vereinbarte Leistung (Übergabe dieses Paares Ohrringe) von niemandem mehr erbracht werden und ist daher unmöglich. Da der eine Ohrring bereits zum Zeitpunkt der Kaufvereinbarung infolge einer Überschwemmung untergegangen war, liegt ein Fall einer anfänglichen faktischen Unmöglichkeit vor. Da sich die Unmöglichkeit nur auf einen der beiden Ohrringe bezieht, der zweite Ohrring aber noch erbracht werden kann, ist ein Fall einer Teilunmöglichkeit gegeben. Für die Beantwortung der Frage, wie sich eine Teilunmöglichkeit auf die Vereinbarung insgesamt auswirkt, kommt va dem sich aus der Vereinbarung ergebenden Willen der Parteien, dem *id quod actum est,* zentrale Bedeutung zu. Stellt sich heraus, dass die Parteien den Vertrag, wäre ihnen die Unmöglichkeit eines Teils der Leistung rechtzeitig bekannt gewesen, gar nicht abgeschlossen hätten, so entspricht die faktische Teilunmöglichkeit einer wirtschaftlichen Gesamtunmöglichkeit und der Vertrag gilt als insgesamt nicht abgeschlossen. Ergibt sich hingegen aus der Vereinbarung, dass die Parteien auch nur über den möglichen Teil einen Vertrag abgeschlossen hätten, so ist der Vertrag über diesen Teil gültig und es kommt zu einer Anpassung der Leistungspflichten.

Da VENUS an der Übergabe des einen Ohrrings kein Interesse haben wird (*arg*: sie kauft die Ohrringe, um sich vornehm zu schmücken), hätte sie keinen Kaufvertrag abgeschlossen, wäre ihr zum Zeitpunkt der Vereinbarung bekannt gewesen, dass ein Ohrring untergegangen ist. Ein weiteres Indiz dafür, dass VENUS nur am Kauf beider Ohrringe ein Interesse hat, ist darin zu sehen, dass für die Ohrringe ein Pauschalpreis vereinbart wurde und die Ohrringe daher von den Parteien als einheitlicher Kaufgegenstand angesehen wurden. Folglich führt der Umstand, dass die Leistung teilweise unmöglich ist, wirtschaftlich betrachtet zu einer Gesamtunmöglichkeit, weshalb der Kauf zur Gänze ungültig ist.

Fraglich ist, ob VENUS von APOLLO Ersatz für die Kosten des Tagelöhners (20) verlangen kann, die infolge der Ungültigkeit des Kaufvertrages frustriert sind. Diese Kosten, die VENUS im Vertrauen auf das gültige Zustandekommen des Vertrages mit APOLLO entstanden sind, stellen einen Vertrauensschaden dar. Diesen wird ihr APOLLO jedenfalls dann ersetzen müssen, wenn ihm ein Verstoß gegen die *bona fides* angelastet werden kann, etwa weil er VENUS trotz Kenntnis vom Untergang des einen Ohrrings nicht davon informiert hat. Nach moderner Auffassung spricht man in diesem Zusammenhang von einer Verletzung vorvertraglicher Schutz- und Sorgfaltspflichten (*culpa in contrahendo*). Als Anspruchsgrundlage für den Ersatz des Vertrauensschadens kommt entweder eine der *actio empti* analoge *actio in factum* oder bei dolosem Verhalten seitens des Verkäufers eine *actio de dolo* in Betracht. Da für ein arglistiges Verhalten seitens APOLLO keine Anhaltspunkte bestehen, wird VENUS Ersatz ihrer Auslagen in Höhe von 20 mittels *actio in factum* verlangen. In den Quellen findet sich schließlich noch eine dritte Anspruchsgrundlage in Fällen anfänglicher objektiver Unmöglichkeit. Trotz Ungültigkeit des Vertrages gewährt etwa der Jurist Modestin in einem vergleichbaren Fall eine *actio empti*, die auf das Interesse, nicht getäuscht worden zu sein – *quod interest ne deceptum esse* –, gerichtet ist. Lässt man trotz ungültigen Kaufvertrages die Käuferklage zu, so kann VENUS Ersatz für die frustrierten Aufwendungen in Höhe von 20 mittels *actio empti* von APOLLO verlangen.

Zu beachten ist, dass die Differenz zwischen Kaufpreis (1000) und dem Wert der Ohrringe (1500) VENUS nicht ersetzt wird. Hierbei handelt es sich nämlich nicht um einen Schaden, der VENUS durch das Vertrauen auf die Gültigkeit des Vertrages entstanden ist, sondern der die ordnungsgemäße Erfüllung der vertraglichen Leistungspflichten betrifft. Mangels gültigen Vertrages sind aber keine Leistungspflichten entstanden, die einen Anspruch auf Ersatz des sog Erfüllungsinteresses rechtfertigen würden.

Vereinbarung zwischen APOLLO und PICUS

Zu prüfen ist, ob zwischen APOLLO und PICUS ein Pfandrealvertrag zustande gekommen ist. Als Realvertrag bedarf es für dessen gültiges Zustandekommen neben einer *conventio* auch einer *datio*. Indem PICUS APOLLO seine Goldfibel übergibt (*datio*), um die Kaufpreisschuld von VENUS zu besichern (*conventio*), kommt es zum Abschluss eines Pfandrealvertrages. Zu beachten ist, dass APOLLO aber kein Pfandrecht an der Goldfibel erlangt hat. Die Voraussetzungen für das Entstehen eines Pfandrechts sind, dass der Pfandbesteller Eigentümer oder Verfügungsbefugter der Pfandsache ist, dass eine Pfandabrede (*conventio pignoris*) abgeschlossen wird und dass eine zu besichernde Forderung besteht (Akzessorietät). PICUS ist Eigentümer der Goldfibel und es kommt zum Abschluss einer Pfandabrede (*arg*: PICUS verpfändet APOLLO als Sicherheit seine Goldfibel). Mangels gültigen Kaufvertrages zwischen VENUS und APOLLO fehlt es aber an einer zu besichernden Forderung. Folglich hat APOLLO kein Pfandrecht an der Goldfibel erlangt, weshalb er auch nicht befugt ist, diese zu verwerten. Aus dem Pfandrealvertrag ist PICUS berechtigt, von APOLLO mittels *actio pigneraticia in personam directa* die Herausgabe der Goldfibel zu verlangen.

▶ **(1)** Hat ein Vertragspartner bei einem zweiseitig verpflichtenden Rechtsgeschäft nicht einmal die Hälfte dessen, was er dem anderen gegeben hat, von diesem an dem gemeinen Werte erhalten, so kann der verkürzte Vertragspartner die Aufhebung des Vertrages und die Wiederherstellung in den vorigen Stand verlangen, § 934. Das Rechtsinstitut der *laesio enormis* (auch Verkürzung über die Hälfte) kommt jeder Vertragspartei zu und ist grds auf alle entgeltlichen Verträge anwendbar. Auf die Anfechtung wegen Verkürzung über die Hälfte kann im Vorhinein nicht wirksam verzichtet werden. Gemäß § 351 UGB kann die Verkürzung über die Hälfte bei unternehmensbezogenen Geschäften zwischen Unternehmern aber wirksam ausgeschlossen werden. Die Aufhebung des Vertrages wirkt schuldrechtlich *ex tunc* und sachenrechtlich *ex nunc*. Bereits Geleistetes ist bereicherungsrechtlich (nach hA über § 1435, *condictio ob causam finitam*) rückabzuwickeln. Der Vertragspartner des verkürzten Teils kann aber die Aufhebung des Vertrages abwenden, indem er auf den gemeinen Wert der Sache aufzahlt (*facultas alternativa*). Keine Anwendung findet die *laesio enormis* bei Kenntnis des wahren Wertes, beim Erwerb zum Wert der besonderen Vorliebe, bei gemischter Schenkung oder bei einer gerichtlichen Versteigerung (§ 935) sowie bei Glücksverträgen iSd § 1268 und bei Vergleichen iSd § 1386. Das Rechtsmittel der *laesio enormis* muss innerhalb von drei Jahren ab Vertragsabschluss gerichtlich geltend gemacht werden, § 1487. [*Koziol/Welser*, Bürgerliches Recht II[13] (2007) 93 ff] **(2)** Anfängliche Unmöglichkeit liegt vor, wenn die zu erbringende Leistung zum Zeitpunkt des Vertragsabschlusses unmöglich ist. Von der anfänglichen Unmöglichkeit zu unterscheiden ist die nachträgliche Unmöglichkeit. Hier wird die Leistung zwischen Vertragsabschluss und dem Zeitpunkt der bedungenen Übergabe unmöglich, wovon die Gültigkeit des Vertrages unberührt bleibt. Die nachträgliche Unmöglichkeit zählt zu den sog Leistungsstörungen (vgl Fall 36). Gem § 878 S 1 kann nicht Gegenstand eines Vertrages sein, was geradezu unmöglich, dh faktisch absurd oder rechtlich unmöglich ist. Faktisch absurd ist die Leistung, wenn ein verständiger Geschäftspartner die Erfüllung der Leistung für unmöglich halten musste. Rechtlich unmöglich ist die Leistung, wenn sie der Rechtsordnung unbekannt ist. Ein Vertrag über geradezu Unmögliches iSd § 878 S 1 ist nichtig. Ist die versprochene Leistung nur teilweise geradezu unmöglich, so ist mittels Vertragsauslegung zu ermitteln, ob die Parteien auch nur über den möglichen Vertragsteil einen Vertrag abgeschlossen hätten (Auslegung nach dem hypothetischen Parteiwillen). Im Zweifel ist gem § 878 S 2 von der Gültigkeit des Restvertrages auszugehen. Eine besondere Schadenersatzpflicht in Fällen anfänglicher Unmöglichkeit ordnet § 878 S 3 an. Ein Geschäftspartner, der die Unmöglichkeit kannte oder kennen musste, haftet dem anderen Teil auf das Vertrauensinteresse (negatives Interesse), dh er hat ihn so zu stellen, wie er stünde, hätte er nicht auf das Zustandekommen des Vertrages vertraut (*culpa in contrahendo*). Der Anspruch entfällt aber zur Gänze, wenn auch der Geschädigte die Unmöglichkeit kannte oder kennen musste (Kulpakompensation, vgl auch Fall 74). Zu beachten ist: Nicht von § 878 erfasst sind nach hA Fälle der schlichten Unmöglichkeit (etwa der Verkauf einer nicht mehr vorhandenen Sache oder einer fremden Sache). In Fällen der schlichten Unmöglichkeit kommt der Vertrag gültig zustande, auf den dann das Leistungsstörungsrecht anzuwenden ist, vgl § 923. Der Schuldner hat zu versuchen, die geschuldete Leistung doch noch zu erbringen. Gelingt dem Schuldner in Fällen der schlichten Unmöglichkeit die Erbringung der Leistung endgültig nicht, so ist nach wohl hA zu differenzieren: Trifft den Schuldner eine Garantieverpflichtung hinsichtlich der Möglichkeit, so hat er dem Schuldner das Erfüllungsinteresse zu ersetzen. Hat der Schuldner hingegen nur eine einfache Leistungszusage gegeben, so kann der Gläubiger vom Vertrag zurücktreten und Ersatz eines verschuldeten Schadens (Vertrauensschaden) verlangen. [*Koziol/Welser*, Bürgerliches Recht I[13] (2006) 170 ff] **(3)** Dass bereits durch die Aufnahme rechtsgeschäftlichen Kontaktes bestimmte Aufklärungs-, Schutz- und Sorgfaltspflichten entstehen, ist das Ergebnis einer Rechtsanalogie aus den §§ 874 u 878. Die schuldhafte Verletzung dieser vorvertraglichen Pflichten wird als *culpa in contrahendo* bezeichnet und kann zur Ersatzpflicht des entstandenen Schadens, idR des Vertrauensschadens, führen. [*Koziol/Welser*, Bürgerliches Recht II^{13} (2007) 16 ff] **(4)** Zum Pfandrealvertrag vgl Fall 27. **(5)** Zu den Prinzipien des Pfandrechts vgl Fall 15.

Zu den einschlägigen Quellenstellen der hier erörterten Problemkreise: zum Grundsatz der freien Preisvereinbarung durch die Vertragsparteien vgl Paulus D 19. 2. 22. 3; zur Vertragsaufhebung wegen Verkürzung über die Hälfte vgl Diokletian u Maximian C 4. 44. 2 u 8; zum Grundsatz *impossibilium nulla obligatio est* vgl Celsus D 50. 17. 185; zur Ungültigkeit des Kaufes einer nicht existenten Sache vgl insb Paulus D 18. 1. 15 pr; zum *id quod actum est* bzgl der Leistungspflichten der Parteien vgl insb Ulpian D 19. 1. 11. 1; zur Ungültigkeit des Kaufvertrages, wenn nur ein Teil der Leistung möglich ist, vgl Marcian D 18. 1. 44; zur Rückforderung des Kaufpreises und zum Ersatz frustrierter Aufwendungen beim Kauf einer nicht existenten Sache vgl insb Javolen D 18. 4. 8; zum Ersatz des *quod interest ne deceptum esse* mittels *actio empti* vgl insb Modestin D 18. 1. 62. 1 u Iust Inst 3. 23. 5; zur Gewährung einer *actio in factum* bei Ungültigkeit des Kaufes vgl Ulpian D 11. 7. 8. 1; zur Gewährung einer *actio de dolo* bei arglistigem Verhalten vgl etwa Ulpian D 4. 3. 1. 1.

Fall 32: ☆

Zum fliegenden Fisch

LEVANA, Betreiberin der Taverne „Zum fliegenden Fisch", benötigt eine größere Menge frischer Fische. In Kenntnis um die hohen Fischfangquoten des *piscator* NEPTUN verspricht sie diesem die Zahlung von 300 für den gesamten Fischfang des nächsten Monats. Bei CONSUS kauft LEVANA den Stier Taurus um 100, der ihr in einer Woche übergeben werden soll. Bevor es zur Übergabe des Stieres kommt, verkauft ihn LEVANA an POMONA, die den Kaufpreis (130) sofort bezahlt. Um den Stier abholen zu können, mietet POMONA einen Wagen um 10. Noch vor dem Weiterverkauf an POMONA ist Taurus im Stall von CONSUS im Zuge einer Feuersbrunst gestorben.

Da NEPTUN neue Fischernetze benötigt, geht er zum Händler VEIOVIS, wo ihm eine Reihe unterschiedlicher Modelle angeboten werden. Als NEPTUN, verärgert über die hohen Preise, das Geschäft verlassen möchte, versperrt ihm VEIOVIS den Weg mit den Worten: „Wenn du mir kein Netz abkaufst, säge ich den Rumpf deines Schifferbootes an und erzähle allen, dass du ein miserabler Fischer bist!" Eingeschüchtert sucht NEPTUN ein Netz aus und verpflichtet sich zur Zahlung von 50. Aufgrund stark verschmutzter Gewässer bleibt der Fischfang von NEPTUN im nächsten Monat aus.

Welche Ansprüche bestehen zwischen NEPTUN und VEIOVIS, zwischen LEVANA und CONSUS bzw zwischen LEVANA und POMONA? Hat NEPTUN einen Anspruch auf Zahlung der 300 gegen LEVANA?

Vorüberlegungen:

- ➢ Ist die Vereinbarung zwischen NEPTUN und LEVANA als *emptio spei* oder als *emptio rei speratae* zu qualifizieren?
- ➢ Wann spricht man von anfänglicher, wann von nachträglicher Unmöglichkeit?
- ➢ Ist zwischen LEVANA und CONSUS bzw zwischen LEVANA und POMONA ein gültiger Kaufvertrag zustande gekommen?
- ➢ Wann spricht man von Gefahrtragung, wann von Nichterfüllung?
- ➢ Was besagt die Rechtsregel *periculum est emptoris*?
- ➢ Kann POMONA die an LEVANA gezahlten 130 zurückverlangen? Wie sind die Mietkosten, die POMONA erwachsen sind, zu qualifizieren?
- ➢ Wie wird ein unter Zwang geschlossener Vertrag rechtlich beurteilt?
- ➢ Was besagt die Rechtsregel *coactus tamen volui*?
- ➢ Wie wird die Ausübung von Zwang bei einem *bonae fidei iudicium* berücksichtigt?

▶ **(1)** Beim Hoffnungskauf gem § 1276 handelt es sich um ein Glücksgeschäft. Der Käufer trägt die Gefahr der vereitelten Erwartung sowie das Quantitäts- und das Qualitätsrisiko. Aufgrund des aleatorischen Moments sind Ansprüche aus Gewährleistung und *laesio enormis* ausgeschlossen. [*Koziol/Welser*, Bürgerliches Recht II¹³ (2007) 181] **(2)** Wird beim Vertragsabschluss durch List oder Drohung Einfluss auf eine Willenserklärung ausgeübt, so ist der Vertrag zwar gültig, der Überlistete bzw Bedrohte hat aber die Möglichkeit der Aufhebung des Vertrages (Anfechtung), § 870. List ist die bewusste Irreführung durch Vorspiegelung falscher Tatsachen bzw Verhinderung der Kenntnisnahme der wahren Sachlage. Eine Drohung iSd § 870 ist gegeben, wenn der Wille des Erklärenden durch „ungerechte und gegründete Furcht" gebeugt wurde. Die Täuschung bzw Drohung muss kausal für die

Abgabe der Willenserklärung gewesen sein, um sich darauf berufen zu können. Dies ist dann der Fall, wenn der Vertrag ohne listige Irreführung bzw Zwang nicht oder zumindest mit anderem Inhalt abgeschlossen worden wäre. Die Verjährungsfrist für die Geltendmachung beträgt bei List 30 Jahre ab Vertragsabschluss (§ 1478), bei Drohung drei Jahre ab Wegfall der Zwangslage (§ 1487). Der Getäuschte bzw Bedrohte kann nach hA wählen, ob es zur Anfechtung oder zur Vertragsanpassung kommt. Die Vertragsanfechtung wegen List oder Drohung wirkt sowohl schuldrechtlich als auch sachenrechtlich *ex tunc*. Bereits erbrachte Leistungen sind zurückzustellen nach § 877 (*condictio sine causa*). Unabhängig davon, ob es zur Aufhebung oder zur Anpassung des Vertrages kommt, steht dem Getäuschten bzw Bedrohten nach § 874 ein Anspruch aus *culpa in contrahendo* auf das negative Interesse (Vertrauensschaden) zu. [*Koziol/Welser*, Bürgerliches Recht I[13] (2006) 167 ff] **(3)** Zur anfänglichen Unmöglichkeit vgl Fall 31. **(4)** Zur nachträglichen Unmöglichkeit vgl Fall 36.

Zu den einschlägigen Quellenstellen der hier zu erörternden Problemkreise: zur *emptio spei* vgl insb Pomponius D 18. 1. 8. 1 sowie Celsus D 19. 1. 12; zur Gefahrtragung bei perfektem Kauf vgl insb Paulus D 18. 6. 8 pr u Iust Inst 3. 23. 3; zum Grundsatz *impossibilium nulla obligatio est* vgl Celsus D 50. 17. 185; zur Ungültigkeit des Kaufes einer nicht existenten Sache vgl insb Paulus D 18. 1. 15 pr; zur Rückforderung des Kaufpreises und zum Ersatz frustrierter Aufwendungen beim Kauf einer nicht existenten Sache vgl insb Javolen D 18. 4. 8; zum Ersatz des *quod interest ne deceptum esse* mittels *actio empti* vgl insb Modestin D 18. 1. 62. 1 u Iust Inst 3. 23. 5; zur Gewährung einer *actio in factum* bei Ungültigkeit des Kaufes vgl Ulpian D 11. 7. 8. 1; zur Beeinträchtigung der Willensbildung durch *vis* und *metus* vgl Ulpian D 50. 17. 116 pr; zur Gültigkeit eines unter Zwang abgeschlossenen Rechtsgeschäftes vgl Paulus D 4. 2. 21. 5; zur Berücksichtigung von Zwang bei einem Kaufvertrag vgl etwa Alexander C 4. 44. 1.

Variante:

Macht es einen Unterschied, wenn NEPTUN VEIOVIS die Zahlung der 50 nicht aus einem Kaufvertrag, sondern aufgrund einer Stipulation schuldet?

Vorüberlegungen:

➢ Wie wird die Ausübung von Zwang bei einem *iudicium stricti iuris* berücksichtigt?
➢ Was kann mit einer *exceptio metus causa* erreicht werden?
➢ Was wird durch *restitutio in integrum* bewirkt?
➢ Wann kann eine *actio quod metus causa* angestellt werden?

Zu den einschlägigen Quellenstellen der hier zu erörternden Problemkreise: zur Möglichkeit der Erhebung einer *exceptio metus causa* gegen die Klage aus einer erzwungenen Stipulation vgl etwa Ulpian D 44. 4. 4. 33 sowie Iust Inst 4. 13. 1; zur *restitutio in integrum* sowie zur *actio quod metus causa* vgl Ulpian D 4. 2. 9. 3 sowie Paulus D 4. 2. 21. 6.

Fall 33:

Villa Rubina

Der Landschaftsmaler VULCANUS ist auf der Suche nach einem Anwesen mit Blick auf den Vesuv. Zu diesem Zweck trifft er am 1.9. JUVENTAS in Rom, wo sie ihm ihre bei Pompei gelegenen Häuser Villa Rubina, Villa Regina oder Villa Rosea zum Verkauf anbietet. Schließlich kommt es zur Willenseinigung der beiden über den Kauf der Villa Rubina zu einem Preis von 5000. Freudestrahlend erklärt VULCANUS gegenüber JUVENTAS, dass er die Villa Rosea um 5000 kaufe, und übergibt ihr den Kaufpreis.

In Erwartung, schon bald seine ersten Vesuvstudien anfertigen zu können, kauft VULCANUS von MERKUR eine *tabula*, von der VULCANUS weiß, dass MERKUR sie aus AURORAS Lager gestohlen hat. Sowohl die Tafel als auch der Kaufpreis in Höhe von 70 werden übergeben. Weder VULCANUS noch JUVENTAS ist bekannt, dass mehr als die Hälfte der Villa Rubina infolge eines Erdbebens am 20.8. eingestürzt ist.

Wie ist die Rechtslage?

Zu behandelnde Problemkreise:

- ➤ *falsa demonstratio non nocet*
- ➤ anfängliche objektive faktische Unmöglichkeit
- ➤ Teilunmöglichkeit
- ➤ Rückforderung von rechtsgrundlos Geleistetem
- ➤ anfängliche objektive rechtliche Unmöglichkeit
- ➤ Kauf einer gestohlenen Sache in Kenntnis des Käufers von der Furtivität der gekauften Sache

▶ **(1)** Eine Fehlbezeichnung schadet dem gültigen Zustandekommen eines Vertrages nicht, wenn sich der wahre Wille der Vertragsparteien deckt. Der Regel *falsa demonstratio non nocet* kommt auch im Erbrecht Bedeutung zu. Benennt der Testator die von ihm gemeinten Sachen oder Personen falsch, weiß man aber, was er tatsächlich gewollt hat, so ist die Verfügung in dem vom Erblasser gemeinten Sinn gültig, vgl § 571. [*Koziol/Welser*, Bürgerliches Recht II[13] (2007) 486 f] **(2)** Ist der Verkäufer nicht Eigentümer der verkauften Sache, so steht dies der Gültigkeit des Kaufvertrages grds nicht entgegen. Der Verkäufer kann sich das Recht an der Sache später verschaffen oder ihm wird eine Verfügungsermächtigung vom Eigentümer erteilt. Kann der Verkäufer dem Käufer nicht Eigentum an der Sache verschaffen, so wird er gewährleistungspflichtig, §§ 923, 931. Auch der Kauf vom Dieb ist gültig, sofern der Käufer nichts von dem Diebstahl weiß. Ein Vertrag zwischen Dieb und Hehler ist allerdings gesetzeswidrig (§§ 164 ff StGB) und damit nichtig, § 879. Dass Verträge, die gegen ein gesetzliches Verbot oder gegen die guten Sitten verstoßen, nichtig sind, ergibt sich aus der Generalklausel des § 879 Abs 1. Zu beachten ist aber, dass ein Verstoß gegen ein gesetzliches Verbot nur dann zur Nichtigkeit führt, wenn die betreffende Norm die Nichtigkeit ausdrücklich anordnet (vgl etwa die in § 879 Abs 2 Z 1–4 aufgezählten Fälle) oder wenn sich die Nichtigkeit aus dem Normzweck ergibt. So ist etwa der Verkauf einer Sache außerhalb der Ladenöffnungszeiten grds gültig, da hier kein Verstoß gegen ein Inhaltsverbot, sondern gegen eine bloße Ordnungsvorschrift vorliegt. Ist ein Rechtsgeschäft verbots- oder sittenwidrig, so führt dies grds zur absoluten Nichtigkeit des Geschäftes, sodass es keiner Anfechtung bedarf. Ausnahmsweise ist relative Nichtigkeit gegeben, wenn die verletzte Norm nur einen Vertragsteil schützen will. Dies ist etwa der Fall bei wucherischen Geschäften gem § 879 Abs 2 Z 4 oder bei Vertragsbestimmungen, die § 879 Abs 3 oder § 6 KSchG zuwiderlaufen. [*Koziol/Welser*, Bürgerliches Recht I^{13} (2006) 174 ff] **(3)** Zur anfänglichen Unmöglichkeit vgl Fall 31.

Zu den einschlägigen Quellenstellen der hier zu erörternden Problemkreise: zur Gültigkeit des Vertrages bei *falsa demonstratio* bei Vorliegen von übereinstimmendem Parteienwillen vgl insb Ulpian D 18. 1. 9. 1 sowie Marcian D 35. 1. 33 pr; zur Ungültigkeit des Kaufs einer nicht existenten Sache vgl insb Paulus D 18. 1. 15 pr; zur Frage des Zustandekommens eines Kaufvertrages über ein Haus, das vor Kaufabschluss teilweise abgebrannt ist, vgl Paulus D 18. 1. 57 pr; zur Rückforderung eines irrtümlich geleisteten Kaufpreises vgl insb Paulus D 18. 4. 7; zur Ungültigkeit eines Kaufvertrages über eine gestohlene Sache, wenn beide Vertragspartner deren Furtivität kennen, vgl insb Paulus D 18. 1. 34. 3.

Variante:

Macht es einen Unterschied, wenn VULCANUS nicht wusste, dass MERKUR die *tabula* von AURORA gestohlen hat?

Zu behandelnde Problemkreise:

- ➤ Kauf einer gestohlenen Sache in Unkenntnis des Käufers von der Furtivität der gekauften Sache, wenn dem Verkäufer die Furtivität bekannt ist
- ➤ Rechtsmangelgewährleistung ungeachtet einer Eviktion
- ➤ Anspruch des Käufers auf Ersatz des Interesses, Eigentum erlangt zu haben

▶ Zur Rechtsmangelgewährleistung vgl Fall 43.

Zu den einschlägigen Quellenstellen der hier zu erörternden Problemkreise: zur Gültigkeit eines Kaufvertrages über eine gestohlene Sache, wenn der Käufer deren Furtivität nicht kennt, vgl insb Ulpian D 18. 1. 28 u Paulus D 18. 1. 34. 3; zur Rechtsmangelgewährleistung unabhängig von einer Eviktion bei Kenntnis des Verkäufers von der Furtivität der Sache vgl insb African D 19. 1. 30. 1.

2. KAPITEL

Nebenabreden

Lit: *Benke/Meissel*, Römisches Schuldrecht[7] (2006) 115–121;
Hausmaninger/Selb, Römisches Privatrecht[9] (2001) 245–246;
Kaser/Knütel, Römisches Privatrecht[20] (2014) 257–258;
Apathy/Klingenberg/Pennitz, Einführung in das römische Recht[5] (2012) 185–187.

Fall 34: ☆

Genus irritabile vatum [*]

PALES verkauft am 1.8. dem Dichter AMOR für den nächsten Poesiewettbewerb ihre zwei in der Dichtkunst ausgebildeten Sklaven Fons und Flora (Wert je 110) um je 80. Die Kaufpreise sind in drei Monaten fällig. PALES und AMOR vereinbaren, dass PALES bis zur Übergabe von Fons am 20.8. die Gefahr für ihn zu tragen habe. Für den Fall, dass PALES AMOR den Sklaven Fons nicht übergeben kann, verpflichtet sie sich stipulationsweise zur Zahlung von 100. Die Sklavin Flora wird AMOR manzipiert und sofort übergeben. Dabei sichert AMOR PALES mündlich zu, dass er nach dem Poesiewettbewerb, in drei Monaten, Flora freilassen werde. Am selben Tag kauft AMOR bei VULCANUS dessen Schreibpult aus Thujenholz um 600 und erhält es übergeben. VULCANUS und AMOR vereinbaren die Bezahlung des Kaufpreises in zwölf monatlichen Raten zu je 50. Sollte AMOR mit einer Rate in Verzug geraten, so könne VULCANUS den Kauf für ungültig erklären.
Am 15.8. stirbt Fons eines natürlichen Todes. Aus Wut, dass er den Poesiewettbewerb nicht gewonnen hat, zertrümmert AMOR das Schreibpult. Bei Fälligkeit der ersten Rate weigert sich AMOR zu zahlen, da er für das kaputte Schreibpult nun ohnehin keine Verwendung mehr hat. Anstatt Flora freizulassen, manzipiert, verkauft und übergibt AMOR sie an CARMENTA, die den Kaufpreis (100) sofort bezahlt.

Wie ist die Rechtslage?

Vorüberlegungen:

➤ Was sind die *essentialia negotii* eines Kaufvertrages, was sind *accidentalia negotii*?
➤ Wie ist die Vereinbarung, für den Fall der Nichtleistung der Kaufsache 100 zahlen zu müssen, zu qualifizieren?
➤ Wann spricht man von nachträglicher Unmöglichkeit?
➤ Was versteht man unter der Leistungsgefahr, was unter der Preisgefahr?
➤ Wann ist ein Kaufvertrag perfekt?
➤ Was besagt die Regel *periculum est emptoris*?
➤ Handelt es sich bei den Gefahrtragungsregeln um *ius dispositivum* oder um *ius cogens*?
➤ Welche Rechtsfolge zieht ein Verstoß gegen eine mündliche Nebenabrede beim Manzipationskauf nach sich?

---

[*] Das reizbare Geschlecht der Dichter (Horaz, *Epistulae* 2. 2. 102).

> Wozu ist der Verkäufer bei einem Manzipationskauf verpflichtet, wenn die Kaufsache beim Käufer evinziert wird?
> Was kann der Käufer mit der *actio auctoritatis* verlangen?
> Wozu ist der Verkäufer bei der *lex commissoria* berechtigt?
> Was versteht man unter einer Resolutivbedingung, was unter einer Potestativbedingung?

Vertragsverhältnisse zwischen PALES und AMOR hinsichtlich des Sklaven Fons

Zu prüfen ist, ob zwischen PALES und AMOR ein Kaufvertrag (*emptio venditio*) zustande gekommen ist. Das Zustandekommen eines Kaufvertrages bedarf der Willenseinigung über die unverzichtbaren Vertragsbestandteile (*essentialia negotii*), das sind Ware und Preis.

Möchten die Parteien auch andere Aspekte, etwa die Modalitäten der Warenlieferung oder der Preiszahlung (*accidentalia negotii*), regeln, so bedarf es auch über diese Punkte einer Einigung, damit der Kaufvertrag zustande kommt. Solche ergänzenden Vertragsbestimmungen können als Nebenvereinbarungen (*pacta adiecta*) dem Kaufvertrag als *bonae fidei iudicium* formlos hinzugefügt werden. Da PALES und AMOR Einigung über den Austausch des Sklaven Fons gegen Zahlung von 80 sowie darüber, dass PALES bis zur Übergabe am 20.8. die Gefahr zu tragen habe, erzielen, ist zwischen ihnen ein Kaufvertrag zustande gekommen. Da die Ware nach individualisierenden Merkmalen umschrieben ist (der Sklave Fons), liegt ein Spezieskauf vor. Die Abrede, dass PALES für den Fall, dass sie Fons nicht an AMOR übergeben kann, zur Zahlung von 100 verpflichtet ist, stellt die Vereinbarung einer Vertragsstrafe dar.* Ihre Funktion besteht zunächst darin, dem Gläubiger den oft schwierigen Nachweis des Schadens bzw dessen Höhe zu ersparen – *quoniam plerumque difficilis probatio est, quanti cuiusque intersit*. Ist die Vertragsstrafe, wie im vorliegenden Fall, in Form einer Stipulation (*stipulatio poenae*) vereinbart, so erfolgt ihre Durchsetzung mittels *condictio*.

Stirbt der an AMOR verkaufte, aber noch nicht übergebene Sklave Fons vor dem Zeitpunkt der vereinbarten Übergabe, so liegt nachträgliche Unmöglichkeit vor. Da PALES den Tod von Fons nicht verschuldet hat (*arg*: Fons stirbt eines natürlichen Todes), kommen die Gefahrtragungsregeln beim Kauf zur Anwendung. Somit trägt AMOR die Leistungsgefahr, dh er erhält weder den Sklaven Fons noch eine Ersatzleistung (in Form von Schadenersatz). Für die Beantwortung der Frage, ob AMOR zur Zahlung des Kaufpreises verpflichtet bleibt, obwohl er nichts erhält (Preisgefahr), ist zunächst zu prüfen, ob der Kauf perfekt geworden ist. Perfekt ist der Kauf dann, wenn die Ware ausgesondert ist, der Preis ziffernmäßig feststeht, die Kaufsache keinen Mangel aufweist und bei aufschiebend bedingtem oder befristetem Kauf die Bedingung eingetreten bzw die Frist abgelaufen ist. Da die Ware eine Speziesschuld (Sklave Fons) darstellt, der Kaufpreis feststeht (80), keine aufschiebende Bedingung oder Befristung vereinbart wurde und der Sklave mangels anderer Anhaltspunkte im Sachverhalt mängelfrei ist, liegt zum Zeitpunkt des Vertragsabschlusses am 1.8. ein perfekter Kaufvertrag vor. Grundsätzlich hat der Käufer nach der Regel

---

* Wird die Vertragsstrafe, wie hier, für den Fall versprochen, dass eine geschuldete Leistung nicht oder nicht ordnungsgemäß erbracht wird, so spricht man von einer echten Vertragsstrafe. Lässt man sich hingegen eine Strafleistung versprechen, um eine nicht geschuldete Handlung oder Unterlassung (etwa weil diese nicht Gegenstand einer klagbaren Verbindlichkeit sein können) zu erzwingen, so liegt eine unechte Vertragsstrafe vor. Da bei der unechten Vertragsstrafe der Schuldner die Wahl hat, ob er die eigentlich bezweckte (wenngleich nicht geschuldete) Leistung erbringt oder die Strafsumme zahlt, handelt es sich hierbei um einen Anwendungsfall der *facultas alternativa* – *una res in obligatione, duae res in solutione*: Der Gläubiger kann nur die Zahlung der Vertragsstrafe verlangen. Dem Schuldner obliegt es aber, an deren Stelle die eigentlich bezweckte (nicht geschuldete) Leistung zu erbringen.

periculum est emptoris ab Perfektion die Preisgefahr zu tragen. Im vorliegenden Fall ist aber die Abrede der Parteien, wonach bis zur Übergabe am 20.8. PALES die Gefahr für einen zufälligen Untergang tragen soll, zu beachten. Da es sich bei den Gefahrtragungsregeln um nachgiebiges Recht (*ius dispositivum*) handelt, geht das von PALES und AMOR vereinbarte Gefahrtragungsreglement der Regel *periculum est emptoris* vor. Somit hat AMOR den Kaufpreis für den Sklaven Fons nicht zu bezahlen.

Fraglich ist, ob die Vertragsstrafe aus der Stipulation verfällt, dh ob PALES zur Zahlung von 100 verpflichtet ist. PALES hat AMOR die Zahlung von 100 für den Fall, dass sie den Sklaven Fons nicht übergeben kann, versprochen. Da Fons infolge seines Todes nicht mehr übergeben werden kann, ist der Wortlaut der Stipulation erfüllt. Zu beachten ist aber, dass PALES kein Verschulden an der Nichtleistung des Sklaven Fons trifft. Ob die Vertragsstrafe jedenfalls (wie etwa bei der *stipulatio duplae*) oder nur dann, wenn dem Schuldner ein Verschulden angelastet werden kann, verfällt, wird von den römischen Juristen nicht einheitlich beantwortet. Während die Prokulianer eine objektive, dh verschuldensunabhängige Haftung des Schuldners bejahen, lassen die Sabinianer den Schuldner grds nur dann haften, wenn es an ihm liegt (dh wohl, dass er es zu verantworten hat), dass die Leistung ausbleibt – *ex stipulatione non posse agi, quamdiu per promissorem non stetit, quo minus hominem dare*. Die Ansicht, dass eine Vertragsstrafe nur dann zu leisten ist, wenn den Schuldner ein Verschulden am Ausbleiben der Leistung trifft, dürfte sich in der Hochklassik schließlich weitgehend durchgesetzt haben.

Bejaht man eine objektive Haftung des Schuldners, so hat PALES AMOR die Vertragsstrafe zu leisten, wenngleich sie kein Verschulden an der Nichtleistung des Sklaven Fons trifft. AMOR kann daher mittels *condictio* 100 von PALES verlangen. Vertritt man hingegen die Ansicht, dass die Vertragsstrafe nur dann verfällt, wenn der Schuldner die Nichtleistung zu vertreten hat, so kann PALES, wenn sie von AMOR auf Zahlung der 100 mittels *condictio* geklagt wird, eine *exceptio doli* erheben, um die Klage abzuwehren.

Vertragsverhältnis zwischen PALES und AMOR hinsichtlich der Sklavin Flora

Auch über die Sklavin Flora kommt es am 1.8. zwischen PALES und AMOR zum Abschluss eines Kaufvertrages. Da die Sklavin (*res mancipi*) von PALES als deren Eigentümerin (dingliche Berechtigung des Vormanns) dem AMOR manzipiert wird, hat AMOR derivativ ziviles Eigentum an Flora erworben. Bei der von AMOR mündlich abgegebenen Zusage, die Sklavin Flora in drei Monaten freizulassen – *ut servus manumittatur* –, handelt es sich um eine im Rahmen des Manzipationskaufes abgeschlossene Nebenvereinbarung (*lex mancipio dicta*). Handelt AMOR in der Folge abredewidrig, indem er die Sklavin Flora, anstatt freizulassen, an CARMENTA verkauft, manzipiert und übergibt, so stellt sich die Frage, welche Rechtsfolge dieser Verstoß nach sich zieht.

Zu beachten ist, dass der zwischen PALES und AMOR im Rahmen der Manzipation vereinbarten Freilassungspflicht, anders als Nebenvereinbarungen im Rahmen eines Konsensualvertrages wie etwa der *emptio venditio*, dingliche Wirkung zukommt. Verstößt der Käufer gegen *leges mancipio dictae*, so fällt das Eigentum an den Verkäufer zurück und der Verkäufer kann die Sache bei jedem Sachbesitzer vindizieren. Da AMOR entgegen der Abrede die Sklavin Flora nicht freilässt, sondern an CARMENTA verkauft, manzipiert und übergibt, fällt das Eigentum an der Sklavin Flora an PALES zurück. Folglich kann PALES die Sklavin Flora bei CARMENTA vindizieren. Kommt es zur Eviktion, dh zur erfolgreichen Geltendmachung des Eigentumsrechts von PALES an der Sklavin Flora, und gibt CARMENTA die Sklavin Flora an PALES heraus bzw wird sie zur Zahlung des Schätzwertes verurteilt, so stellt sich die Frage, ob CARMENTA ein Anspruch gegen ihren Verkäufer AMOR zusteht. Auch zwischen AMOR und CARMENTA ist es durch Willenseinigung über den Austausch der Sklavin Flora gegen Zahlung von 100 zum Abschluss eines Kaufvertrages gekommen. Wird nun die an CARMENTA übergebene Sklavin Flora evinziert, so kommt ein Anspruch von CARMENTA aus Rechtsmangelgewährleistung infrage. Dabei ist zu beachten, dass auch zwischen AMOR und CARMENTA eine *mancipatio* geschlossen wurde. Aus der *mancipatio* ist der Verkäufer auf Verlangen des Käufers verpflichtet, diesem prozessualen Beistand zu leisten – *auctoritatem praestare* –, sollte ein Dritter ein dingliches Recht an der verkauften und übergebenen Sache geltend machen. Für den Fall, dass der Verkäufer die Hilfeleistung versagt oder diese erfolglos bleibt, sodass es zur Eviktion kommt, haftet der Verkäufer dem Käufer auf den doppelten Betrag des Kaufpreises. Der Anspruch des Käufers auf das *duplum* setzt voraus, dass der Käufer den Kaufpreis bereits gezahlt hat.

Fordert CARMENTA AMOR zum Prozessbeistand auf und verweigert er seine Hilfe bzw verliert CARMENTA den Prozess trotz seiner Hilfe (was der Fall sein wird, da PALES aufgrund des Verstoßes von AMOR gegen seine Freilassungspflicht [wieder] Eigentümerin von Flora ist), so kann CARMENTA, da sie den Kaufpreis (100) bereits geleistet hat, von AMOR mit der *actio auctoritatis* das *duplum* des Kaufpreises, sohin 200, verlangen.

Vertragsverhältnis zwischen VULCANUS und AMOR hinsichtlich des Schreibpults

Zwischen VULCANUS und AMOR kommt durch Willensübereinkunft über den Austausch von Ware (Schreibpult) gegen Preis (600) ein Kaufvertrag zustande. Zudem vereinbaren sie, dass der Kaufpreis in zwölf monatlichen Raten zu je 50 zu leisten ist und VULCANUS als Verkäufer für den Fall, dass AMOR mit einer Rate in Verzug gerät, vom Vertrag zurücktreten kann. Dieses als *lex commissoria* bezeichnete Rücktrittsrecht zugunsten des Verkäufers kann, da es sich beim Kaufvertrag um ein *bonae fidei iudicium* handelt, formlos als *pactum adiectum* im Rahmen des Kaufvertrages vereinbart werden.

Bei der *lex commissoria* behält sich der Verkäufer den Rücktritt vom Vertrag vor, sollte der Käufer den Kaufpreis nicht oder nicht rechtzeitig bezahlen – *si ad diem pecunia soluta non sit, ut fundus inemptus sit*. Der Kaufvertrag steht bei der *lex commissoria* unter der auflösenden Bedingung (Resolutivbedingung) der Nichtzahlung des Kaufpreises. Zu beachten ist aber, dass bei der *lex commissoria* die Auflösung des Kaufvertrages bei Zahlungsverzug des Käufers vom Willen des Verkäufers abhängt (Potestativbedingung). Der Käufer kann daher nicht, möchte er nicht mehr an den Kaufvertrag gebunden sein, den Kaufvertrag dadurch zur Auflösung bringen, dass er den Kaufpreis nicht bezahlt – *in potestate emptoris futurum, ut non dando pecuniam inemptum faceret fundum*.

Weigert sich AMOR, die Raten für das Schreibpult zu zahlen, so liegt es am Verkäufer VULCANUS, ob er den Vertrag auflöst und das Pult zurückverlangt oder ob er weiter auf die Bezahlung des Kaufpreises besteht. Da das Schreibpult von AMOR zerstört wurde, wird VULCANUS nicht vom Vertrag zurücktreten, sondern AMOR auf Zahlung der Raten, allenfalls auch auf Verzugszinsen, mit der *actio venditi* klagen.

▶ **(1)** Die Vertragsstrafe (Konventionalstrafe) ist die für den Fall der Nichterfüllung oder nicht gehörigen Erfüllung eines Vertrages vereinbarte Leistung eines pauschalierten Schadenersatzes, § 1336. Im Zweifel gebührt die Vertragsstrafe daher anstelle des Schadenersatzes für Nichterfüllung, Verzug oder Schlechterfüllung. Ist die Vertragsstrafe hingegen für den Fall der Nichteinhaltung der Erfüllungszeit oder des Erfüllungsorts vereinbart, so kann sie iZw neben der Erfüllung verlangt werden, § 1336 Abs 1 S 3. Durch die Pauschalierung soll dem Gläubiger der oft schwierige Nachweis des Vorliegens eines Schadens bzw der Schadenshöhe erspart werden. Die Vertragsstrafe gebührt somit unabhängig davon, ob bzw in welchem Umfang ein Schaden eingetreten ist. Auch ein die Vertragsstrafe übersteigender Schaden kann geltend gemacht werden. Handelt es sich beim Schuldner um einen Verbraucher, so muss dies jedoch im Einzelnen ausgehandelt worden sein, § 1336 Abs 3 S 2. Die Vertragsstrafe ist grds nur dann zu leisten, wenn den Schuldner ein Verschulden an der Nicht- oder Schlechterfüllung trifft. Kann dem Gläubiger ein Mitverschulden angelastet werden, so ist die Vertragsstrafe herabzusetzen, § 1304. Die Konventionalstrafe ist vom Bestehen einer gültigen Hauptleistungspflicht abhängig (akzessorisch). Ein Rücktritt wegen Verzuges lässt aber die Verpflichtung zur Zahlung einer Vertragsstrafe, die Verspätungsschäden abdecken soll, unberührt. Ein richterliches, nicht abdingbares Mäßigungsrecht von übermäßig hohen Vertragsstrafen sieht § 1336 Abs 2 vor. Bei der Mäßigung hat der Richter ua den Grad des Verschuldens des Schuldners, die Höhe des tatsächlich eingetretenen Schadens sowie die Vermögenslage der Vertragspartner zu berücksichtigen. Typische Anwendungsbereiche für Vertragsstrafen sind etwa das Baugewerbe, Leasinggeschäfte oder Konkurrenzklauseln in Arbeitsverträgen, vgl §§ 37 f AngG. Von der Vertragsstrafe zu unterscheiden ist die Verwirkungsabrede. Dabei wird vereinbart, dass der Schuldner bei nicht gehöriger Erfüllung seiner vertraglichen Pflichten Ansprüche gegen den Gläubiger verliert. Mit einer Verwirkungsabrede kann auch vereinbart werden, dass vom Schuldner bereits erbrachte Leistungen verfallen, dh vom Gläubiger nicht mehr zurückgegeben werden müssen (sog Verfallsklauseln). Eine besondere Art der Verwirkungsabrede stellt der Terminsverlust bei Kreditgeschäften dar. Gerät der Schuldner mit einer Rate in Verzug, so kann der Gläubiger den Gesamtbetrag sofort fällig stellen, dh der Schuldner muss alle ausständigen Raten sofort leisten. Möchte ein Unternehmer einem Verbraucher gegenüber den Terminsverlust geltend machen, so bedarf es, dass der Unternehmer seine Leistung bereits erbracht hat, der Verbraucher mit mindestens einer Rate seit mindestens sechs Wochen in Verzug ist und der Unternehmer den Verbraucher unter Androhung des Terminsverlusts und unter Setzung einer mindestens zweiwöchigen Nachfrist erfolglos gemahnt hat, § 14 Abs 3 VKrG. [*Koziol/Welser*, Bürgerliches Recht II¹³ (2007) 22 ff] **(2)** Ist vereinbart, dass die Leistungen bei einem Kaufvertrag nicht Zug um Zug zu erbringen sind, sondern dass der Verkäufer die Ware im Voraus zu leisten hat (sog Kreditkauf, § 1063), wird häufig zur Sicherung des noch ausständigen Kaufpreises ein Eigentumsvorbehalt vereinbart. Der Verkäufer übereignet die Sache unter der aufschiebenden Bedingung der rechtzeitigen und vollständigen Kaufpreiszahlung. Dabei ist aber nicht das Verpflichtungsgeschäft (der Kaufvertrag), sondern das Verfügungsgeschäft (die Übereignung der Sache) bedingt. Aufgrund des Titels (des Kaufvertrages) hat der Käufer einen Anspruch auf sofortige Ausfolgung der Sache und auf den späteren Eigentumserwerb. Bis zur vollständigen Bezahlung des Kaufpreises kann der Verkäufer die Sache zurückfordern, wenn der Käufer säumig wird. Nach hM ist die Rückforderung der Sache durch den Verkäufer bei Zahlungsverzug des Käufers iZw als Rücktritt vom Vertrag zu sehen. Der Verkäufer ist bis zur vollständigen Bezahlung Sachbesitzer und auflösend bedingter Eigentümer, weshalb er die Sache bei unberechtigten Dritten herausverlangen kann. Gerät der Käufer in Konkurs, so kann der Verkäufer die Sache aussondern, § 44 IO. Bei Einzelzwangsvollstreckung kann der Verkäufer die Sache exszindieren, § 37 EO. Der Käufer hat das Recht auf Innehabung, Gebrauch und Fruchtziehung an der Sache und wird mit Sachübergabe Rechtsbesitzer, womit er possessorischen Schutz gegenüber jedermann genießt. Der Käufer erwirbt mit der Übergabe der Sache ein übertragbares, verpfändbares und vererbliches Anwartschaftsrecht (bedingtes Eigentum). Der Käufer hat die Möglichkeit, den Eintritt der Bedingung für den Eigentumserwerb unabhängig vom Verkäufer herbeizuführen, indem er den Kaufpreis vollständig bezahlt (Gestaltungsrecht). Dem Käufer steht analog zu § 372 auch die (petitorische) *actio Publiciana* sowie entsprechend § 523 die *actio negatoria* zu. Bei Beschädigungen der Kaufsache stehen dem Käufer (neben dem Verkäufer) Schadenersatzansprüche gegenüber Dritten zu. [*Koziol/Welser*, Bürgerliches Recht I¹³ (2006) 410 ff] **(3)** Zur nachträglichen Unmöglichkeit vgl Fall 36.

Zu den einschlägigen Quellenstellen der hier erörterten Problemkreise: zur Regel *periculum est emptoris* vgl insb Paulus D 18. 6. 8 pr sowie Iust Inst 3. 23. 3; zur Abbedingung der Gefahrtragung durch Parteienvereinbarung vgl insb Ulpian D 18. 6. 10; zur Funktion der Vereinbarung einer Vertragsstrafe vgl Venuleius D 46. 5. 11 sowie Iust Inst 3. 15. 7; zur Vereinbarung einer *stipulatio poenae* vgl etwa Papinian D 45. 1. 115. 2; zur Schulenkontroverse bzgl des Vorliegens von Verschulden des Schuldners für den Verfall der Vertragsstrafe vgl insb Ulpian D 4. 8. 23. 1, Labeo D 22. 2. 9, African D 44. 7. 23 sowie Papinian D 45. 1. 115. 2; zur *exceptio doli* des schuldlosen Schuldners bei Klage auf die Vertragsstrafe vgl Ulpian D 44. 4. 4. 2; zu mündlichen Nebenabreden beim Manzipationskauf vgl etwa Ulpian D 2. 4. 10. 1, Paulus D 18. 1. 56 u ders D 18. 7. 9; zur *lex mancipio dicta*, dass die gekaufte Sklavin freigelassen werden soll, vgl insb Diokletian u Maximian C 4. 57. 6 sowie Papinian D 40. 1. 20. 2; zur dinglichen Wirkung von *leges mancipio dictae* vgl insb Severus u Antoninus C 4. 55. 1 sowie Paulus D 18. 1. 56; zur *actio auctoritatis* vgl insb PS 2. 17. 1 u 3; zum Vorliegen einer Potestativbedingung bei der *lex commissoria* vgl insb Pomponius D 18. 3. 2 sowie Paulus D 41. 4. 2. 3; zur Vereinbarung einer *lex commissoria* bei Ratenzahlung vgl insb Paulus D 4. 4. 38 pr, Pomponius D 18. 1. 6. 1 sowie Scaevola D 18. 3. 8.

Fall 35:

Das verschmähte Geschenk

Um seiner Angebeteten PROSERPINA eine Überraschung zu machen, kauft PLUTO beim Juwelier VOLTURNUS ein Smaragd-Collier um 250. PLUTO vereinbart mit VOLTURNUS, dass das Schmuckstück als nicht gekauft gelten soll, sofern es PROSERPINA nicht zusagt. Als Überlegungsfrist wird ein Zeitraum von zwei Wochen vereinbart.

JUPITER, der Vater von PROSERPINA, möchte sich ob seiner Beförderung zum Zenturio bei der römischen Armee etwas Besonderes gönnen. Bei der Kunsthändlerin LAVERNA, der Schwester von PLUTO, findet er ein Gemälde, das eine Schlachtszene vom ersten punischen Krieg abbildet (Kaufpreis 500), welches er unbedingt haben möchte. LAVERNA erklärt, dass ihm das Gemälde verkauft sein soll, wenn ihr Bruder PLUTO und PROSERPINA im nächsten Jahr heiraten. Um die Hochzeit seiner Tochter mit PLUTO und somit den Erwerb des Gemäldes voranzutreiben, übergibt JUPITER PLUTO am nächsten Tag 2000 als *dos*. Da PROSERPINA die Farbe Grün nicht ausstehen kann, verweigert sie die Annahme des Smaragd-Colliers. PLUTO ist darüber so gekränkt, dass er seine Heiratspläne verwirft und die von JUPITER erhaltenen 2000 beim Glücksspiel durchbringt. Drei Tage nach dem Besuch von JUPITER bei LAVERNA fällt das Gemälde einem Großbrand zum Opfer.

Beurteilen Sie die Ansprüche von JUPITER, LAVERNA und VOLTURNUS!

Zu behandelnde Problemkreise:

➢ Vereinbarung eines *pactum displicentiae*
➢ Kaufabschluss unter einer Resolutivbedingung
➢ Potestativbedingung
➢ Wirkung einer auflösenden Bedingung *ex nunc* oder *ex tunc*
➢ *condictio vs rei vindicatio*
➢ nachträgliche Unmöglichkeit der Leistung
➢ Leistungsgefahr *vs* Preisgefahr
➢ aufschiebende Bedingung als Perfektionshindernis
➢ Rückforderung einer Leistung mittels *condictio causa data causa non secuta*

▶ **(1)** Zu den gesetzlich geregelten Nebenvereinbarungen beim Kauf zählen etwa das Wiederkaufsrecht (§§ 1068–1070), das Rückverkaufsrecht (§ 1071), das Vorkaufsrecht (§§ 1072–1079), der Kauf auf Probe (§§ 1080–1082) sowie der Verkauf mit Vorbehalt eines besseren Käufers (§§ 1083–1085, vgl Variante). Der Kauf auf Probe steht unter der Bedingung der Genehmigung der Ware durch den Käufer. Ob es zur Genehmigung kommt, hängt vom Willen des Käufers ab (Potestativbedingung). Der Käufer kann die Genehmigung ohne Angabe von Gründen versagen. Wurde die Sache dem Käufer zum Zwecke der Besichtigung bereits übergeben, so wird dessen Schweigen als Genehmigung gewertet (entgegen der Grundregel, dass im Zivilrecht bloßes Schweigen nicht als Zustimmung gilt). Ist keine Probefrist vereinbart, so kann der Verkäufer dem Käufer eine angemessene Frist setzen, § 1082. [*Koziol/Welser*, Bürgerliches Recht II¹³ (2007) 171 ff] **(2)** Zur nachträglichen Unmöglichkeit vgl Fall 36. **(3)** Zur Rückforderung einer Leistung wegen Nichteintritts des erwarteten Erfolges mittels *condictio causa data causa non secuta* vgl Fall 61.

Zu den einschlägigen Quellenstellen der hier zu erörternden Problemkreise: zum Vorliegen einer Resolutivbedingung beim *pactum displicentiae* vgl insb Ulpian D 18. 1. 3; zum Rücktrittsvorbehalt des Käufers beim *pactum displicentiae* vgl insb Paulus D 41. 4. 2. 5 u Iust Inst 3. 23. 4; zur Vereinbarung von Bedingungen beim Kauf vgl insb Paulus D 41. 4. 2. 3, Gai Inst 3. 146 sowie Iust Inst 3. 15. 4; zur Frage, ob der Eintritt einer Bedingung *ex tunc* oder *ex nunc* wirkt, vgl insb Gaius D 20. 4. 11. 1 sowie Paulus D 45. 1. 78 pr; zum Vorliegen einer aufschiebenden Bedingung beim Kauf vgl insb Pomponius D 18. 1. 8 pr; zum Fehlen einer *iusta causa traditionis* bei aufschiebend bedingtem Kaufvertrag vgl insb Paulus D 18. 6. 8 pr; zur Bestellung der *dos* vgl insb Julian D 23. 3. 48 pr sowie Papinian D 35. 1. 71. 3; zur Rückforderung der *dos* bei Nichtzustandekommen der Ehe vgl insb Ulpian bzw Callistrat D 23. 3. 7. 3–9 pr.

Variante:

Da PLUTO den Kaufpreis (250) für das Collier nicht sofort leisten kann, gestattet ihm VOLTURNUS, den Kaufpreis erst in einem Monat zu bezahlen. Weiters vereinbaren sie, dass das Collier nur dann als verkauft gelten soll, wenn VOLTURNUS innerhalb von zwei Wochen kein besseres Angebot gemacht wird. Das Collier wird PLUTO übergeben. Eine Woche später erscheint MINERVA, die das Collier, bevor es an PLUTO übergeben worden ist, besichtigt hatte, bei VOLTURNUS und bietet ihm 250 für das Collier. MINERVA kann ebenfalls den Kaufpreis erst in einem Monat bezahlen, doch stellt sie VOLTURNUS einen Bürgen zur Besicherung des Kaufpreises.

Zu behandelnde Problemkreise:

- ➢ Vereinbarung einer *in diem addictio*
- ➢ aufschiebend bedingter Kaufvertrag
- ➢ Rückforderung mittels *rei vindicatio*

▶ Beim Verkauf mit Vorbehalt eines besseren Käufers wird der Kaufvertrag unter der Bedingung geschlossen, dass sich innerhalb einer bestimmten Frist kein besserer Käufer findet, § 1083. Ist die Kaufsache bei Vertragsabschluss bereits übergeben worden, so ist die Bedingung auflösend, ansonsten aufschiebend. Im ersten Fall erwirbt der Käufer (widerrufliches) Eigentum, im zweiten Fall hat er nach Ablauf der Frist einen obligatorischen Anspruch auf Übereignung. Bei der Beurteilung, ob der neue Käufer besser ist, kommt es alleine auf die subjektiven Vorstellungen des Verkäufers an. [*Koziol/Welser*, Bürgerliches Recht II^{13} (2007) 175]

Zu den einschlägigen Quellenstellen der hier zu erörternden Problemkreise: zum Wortlaut der *in diem addictio* vgl Paulus D 18. 2. 1; zum Vorliegen entweder einer Resolutiv- oder einer Suspensivbedingung bei der *in diem addictio* vgl insb Ulpian D 18. 2. 2 pr; zum Vorliegen eines besseren Angebots vgl insb Ulpian D 18. 2. 4. 5 u 6; zur Rückforderung der Sache mittels *rei vindicatio* bei dinglichem Rückfall nach Ausübung des Rücktrittsrechts durch den Verkäufer vgl insb Alexander C 4. 54. 4.

3. KAPITEL

Nachträgliche Unmöglichkeit

Lit: *Benke/Meissel*, Römisches Schuldrecht[7] (2006) 122–137;
Hausmaninger/Selb, Römisches Privatrecht[9] (2001) 236–239;
Kaser/Knütel, Römisches Privatrecht[20] (2014) 245–249;
Apathy/Klingenberg/Pennitz, Einführung in das römische Recht[5] (2012) 174–178.

Fall 36: ☆☆

Oleum et operam perdidi [*]

CERES kauft von VOLTURNUS den Esel Asinus um 100 sowie für die Verarbeitung ihrer frisch geernteten Oliven dessen Olivenpresse (Wert 520) um 500. Sowohl der Esel als auch die Olivenpresse sollen in einer Woche übergeben und bezahlt werden. Zur Aufbewahrung ihres Olivenöls kauft CERES von AEOLUS fünf aus dessen 20 Amphoren umfassenden Amphorenlagers um 10 pro Stück. CERES und AEOLUS vereinbaren, dass die Amphoren in einer Woche von CERES ausgesucht, bezahlt und abtransportiert werden sollen. Außerdem erwirbt CERES von AEOLUS den Ochsen Boreas (Wert 140) um 120, der ebenfalls in einer Woche bezahlt und abgeholt werden soll. Ohne Wissen von CERES bürgt ROBIGUS für die Bezahlung der Amphoren mittels *fideiussio*. In der kommenden Nacht zerbrechen 17 der 20 Amphoren infolge eines Erdbebens und der Ochse wird gestohlen. Bei Fälligkeit fordert AEOLUS ROBIGUS zur Bezahlung der Amphoren auf. ROBIGUS, der so wie AEOLUS nichts vom Untergang der Amphoren weiß, zahlt 50 an AEOLUS. Am Tag vor dem Abholtermin wird die Olivenpresse durch ein Feuer, das VOLTURNUS vergisst zu beaufsichtigen, zerstört. Auch der Esel kann nicht übergeben werden, da er einen Tag vor der geplanten Übergabe bei einem Orkan ums Leben gekommen ist. CERES lässt die eingebrachte Olivenernte (Wert 90) verfaulen, obwohl sie eine ähnliche Olivenpresse um 50 hätte anmieten können.

Prüfen Sie die Ansprüche von CERES, VOLTURNUS, AEOLUS und ROBIGUS!

---

[*] Ich habe Öl und Mühe verloren, iSv meine ganze Arbeit war umsonst (Plautus, *Poenulus* 332; Cicero, *Epistulae ad familiares* 7. 1. 3).

Skizze:

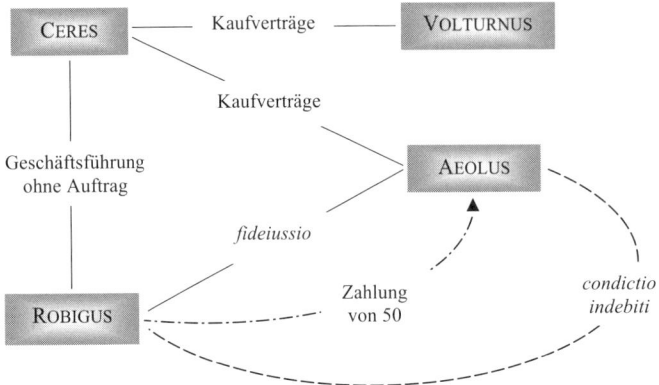

Vorüberlegungen:

➤ Welcher Voraussetzungen bedarf das Zustandekommen einer *emptio venditio*?
➤ Wann spricht man von einer Spezies-, wann von einer Gattungsschuld?
➤ Wann liegt nachträgliche Unmöglichkeit vor?
➤ Was besagt die Regel *periculum est emptoris*?
➤ Wann spricht man von *emptio contracta*, wann von *emptio perfecta*?
➤ Was ist die Leistungsgefahr, was ist die Preisgefahr?
➤ Wofür haftet der Verkäufer hinsichtlich der verkauften Sache?
➤ Was versteht man unter dem Erfüllungsinteresse und wie wird es berechnet?
➤ Was versteht man unter der Schadensminimierungsobliegenheit?
➤ Wer trägt den Verlust der verkauften und noch nicht übergebenen Sache infolge niederen Zufalls?
➤ Wann wird ein Gattungskauf perfekt?
➤ Wer sind die Vertragsparteien einer Bürgschaft? Wie wird eine *fideiussio* abgeschlossen?
➤ Was versteht man unter der Akzessorietät, was unter der Subsidiarität der Bürgschaftsverpflichtung?
➤ Wie ist das Eingehen einer Bürgschaft ohne Wissen des Schuldners zu beurteilen?
➤ Was kennzeichnet eine Geschäftsführung ohne Auftrag?
➤ Wie kann eine irrtümlich geleistete Nichtschuld zurückgefordert werden?

Vertragsverhältnisse zwischen CERES und VOLTURNUS

Zwischen CERES und VOLTURNUS kommt es durch Einigung über den Austausch des Esels Asinus (Ware) gegen Zahlung von 100 (Preis) zum Abschluss eines Kaufvertrages (*emptio venditio*). Da die Ware nach individualisierenden Merkmalen umschrieben ist (der Esel Asinus), ist ein Spezieskauf gegeben. Geht der Esel nach dem Kaufabschluss und vor der bedungenen Übergabe unter, so liegt nachträgliche Unmöglichkeit der Leistung vor. Zunächst ist zu prüfen, ob den Verkäufer VOLTURNUS ein Verschulden am Untergang des Esels trifft. Ist dies der Fall, so haftet er CERES wegen Nichterfüllung. Da der Esel bei einem Orkan ums Leben kommt, ist VOLTURNUS der Tod des Esels nicht zuzurechnen. Bei einem Orkan handelt es sich um ein Ereignis höherer Gewalt (*vis maior*). Unter einem *vis maior*-Ereignis versteht man solche Geschehnisse, die von Menschen nicht vorhersehbar bzw nicht abwendbar sind – *vis cui resisti non potest*. Es stellt sich daher die Frage, wer die Gefahr für den Untergang des Esels infolge des Orkans zu tragen hat. Das Risiko einer zufälligen Verschlechterung bzw eines zufälligen Untergangs trifft grds den Eigentümer nach dem Grundsatz *casum sentit dominus*. Da der Esel als *res mancipi* CERES weder manzipiert noch mittels *in iure cessio* übereignet worden ist (noch ein Eigentumserwerb durch *traditio* stattgefunden hat, der neben einer dinglichen Berechtigung des Vormanns und einer *iusta causa* einer Übergabe bedarf), hätte grds VOLTURNUS als Eigentümer des Esels den Verlust infolge von *vis maior* zu tragen. Geht eine Sache, die verkauft worden ist, vor ihrer Übergabe durch Zufall unter, so gelten jedoch besondere Gefahrtragungsregeln, die darauf abstellen, ob der Kauf perfekt geworden ist. Von perfektem Kauf (*emptio perfecta*) spricht man, wenn der Kauf in das Stadium der Abwicklungsreife getreten ist. Demnach ist Perfektion gegeben, wenn der Kaufpreis ziffernmäßig feststeht, die Ware konkretisiert ist, die Rechtswirkungen des Kaufvertrages nicht von einer aufschiebenden Bedingung oder Befristung abhängen und die Sache mängelfrei ist.

Geht nun die verkaufte Sache vor der bedungenen Übergabe zufällig unter, so erhält der Käufer weder die Primärleistung (Ware) noch eine Sekundärleistung (Schadenersatz). Man sagt daher, der Käufer trägt die Leistungsgefahr. Vor Perfektion trägt der Käufer aber nicht die Preisgefahr, dh er muss den Kaufpreis nicht bezahlen. Der Nachteil des zufälligen Sachuntergangs trifft den Verkäufer als Eigentümer nach der Regel *casum sentit dominus* (er erhält keinen Kaufpreis für seine untergegangene Sache). Ab Perfektion tritt jedoch eine Änderung ein, da nun der Käufer neben der Leistungsgefahr auch die Preisgefahr trägt. Das bedeutet, dass er den Kaufpreis zahlen muss, obwohl er keine Leistung erhält – *perfecta emptione periculum ad emptorem respiciet*.

Da im vorliegenden Fall die Kaufpreissumme mit 100 ziffernmäßig festgelegt ist, die Ware als Speziesschuld individuell bestimmt ist und auch sonst keine Perfektionshindernisse gegeben sind, ist der Kaufvertrag (im Zeitpunkt des Vertragsabschlusses) perfekt geworden. Nach der Regel *periculum est emptoris* hat somit CERES als Käuferin sowohl die Leistungs- als auch die Preisgefahr zu tragen. Sie hat daher den Kaufpreis zu bezahlen, obwohl sie nichts erhält. Dem Verkäufer VOLTURNUS steht zur Durchsetzung seines Anspruchs auf Bezahlung der 100 die *actio venditi* zur Verfügung.

Auch über die Olivenpresse ist es durch Willenseinigung über Ware und Preis zum Abschluss eines Kaufvertrages zwischen CERES und VOLTURNUS gekommen. Da die Olivenpresse eine Speziessache ist (*arg*: VOLTURNUS' Olivenpresse) und diese in der Zeit zwischen Kaufabschluss und bedungener Übergabe untergeht, liegt auch hier ein Fall einer nachträglichen Unmöglichkeit vor. Der Untergang der Olivenpresse ist aber nicht auf ein Ereignis höherer Gewalt zurückzuführen, sondern auf das nachlässige Verhalten des Verkäufers VOLTURNUS (*arg*: VOLTURNUS vergisst, das Feuer zu beaufsichtigen). Geht die verkaufte und noch nicht übergebene Sache aus Verschulden des Verkäufers unter, so haftet er dem Käufer wegen Nichterfüllung. Er hat dem Käufer anstelle der untergegangenen Kaufsache (Primärleistung) Schadenersatz zu leisten (Sekundärleistung). Dadurch soll der Käufer so gestellt werden, wie er stünde, wäre ordnungsgemäß erfüllt worden (Erfüllungsinteresse). Da VOLTURNUS den Untergang der Olivenpresse fahrlässig herbeigeführt hat, indem er das Feuer unzureichend beaufsichtigt hat, sodass es die Olivenpresse erfassen konnte, haftet er CERES wegen Nichterfüllung. VOLTURNUS hat CERES das Interesse, die Olivenpresse erhalten zu haben – *quanti interest rem praestitam fuisse* –, zu ersetzen. Die Berechnung des Erfüllungsinteresses erfolgt mittels Differenzmethode. Dabei kommt es zu einem Vergleich des tatsächlichen Vermögensstandes des Käufers mit jenem Vermögensstand, wäre ordnungsgemäß erfüllt worden. Hätte CERES die Olivenpresse erhalten, so hätte sie einerseits eine Sache, die 520 wert ist, für die sie 500 zu zahlen verpflichtet ist, in ihrem Vermögen. Andererseits hätte sie ihre geernteten Oliven pressen können und diese wären nicht verfault.

Da es CERES dem Sachverhalt nach aber möglich gewesen wäre, eine Olivenpresse für 50 anzumieten, um die Oliven zu pressen und so den Schaden abzuwenden, ist fraglich, ob ihr der Wert der Olivenernte (90) ersetzt wird. Zu beachten ist, dass CERES als Schadenersatzberechtigte den Schaden möglichst gering zu halten hat (sog Schadensminimierungsobliegenheit). Zwar ist CERES nicht dazu verpflichtet, eine Olivenpresse um 50 anzumieten, ihr Ersatzanspruch ist aber mit diesen Kosten beschränkt. Folglich kann CERES jenen Teil des Wertes der Olivenernte nicht veranschlagen, der über die Kosten für die Anmietung einer Olivenpresse hinausgeht (40). Somit setzt sich das Erfüllungsinteresse von CERES einerseits aus der Differenz zwischen dem Kaufpreis für die Olivenpresse (500) und deren Wert (520), das sind 20, und andererseits aus dem Wert der verfaulten Oliven, beschränkt mit den Kosten für die Anmietung einer Olivenpresse, 50, zusammen. CERES hat somit gegen VOLTURNUS einen Anspruch auf 70, den sie mittels *actio empti* durchsetzen kann.

Rechtliche Verhältnisse zwischen CERES, AEOLUS und ROBIGUS

Indem CERES und AEOLUS Willenseinigung über die Leistung des Ochsen Boreas gegen Zahlung von 120 herstellen, kommt es zum Abschluss einer *emptio venditio*. Da die Parteien den Kaufgegenstand nach individualisierenden Merkmalen umschreiben (der Ochse Boreas), liegt ein Spezieskauf vor.

Gerät der Ochse Boreas vor der bedungenen Übergabe durch Diebstahl abhanden, so liegt ein Umstand vor, der der Erfüllung des Vertrages endgültig entgegensteht (sofern der Dieb bzw der Sachbesitzer nicht ausgeforscht werden kann bzw sich dieser weigert, im Prozess die Sache herauszugeben, und daher auf den Schätzwert verurteilt wird). Es stellt sich somit die Frage, wer den Nachteil des Verlusts des Kaufgegenstandes infolge des Diebstahls zu tragen hat. Da der Verkäufer grds nicht verpflichtet ist, die verkaufte Sache mit *diligentia diligentissimi* zu behandeln, hat er für den Verlust der Kaufsache infolge mangelnder Bewachung nicht einzustehen.

Somit kommt es mit dem Verlust des Ochsen infolge des Diebstahls zur Befreiung des Verkäufers AEOLUS von seiner Leistungspflicht. Da CERES weder den Ochsen Boreas noch Schadenersatz erhält, trägt sie die Leistungsgefahr. CERES ist aber, wenngleich bereits *emptio perfecta* vorliegt (die Ware ist individualisiert, der Kaufpreis steht ziffernmäßig fest, es ist keine aufschiebende Bedingung oder Befristung vereinbart und der Ochse ist mängelfrei), anders als bei Untergang infolge höherer Gewalt, nicht verpflichtet, den Kaufpreis zu zahlen. CERES trägt daher nicht die Preisgefahr. Folglich bestehen zwischen CERES und AEOLUS hinsichtlich des Kaufes des Ochsen Boreas keine Ansprüche.

Geht man hingegen davon aus, dass den Verkäufer die Pflicht zur Bewachung des Kaufgegenstandes vor Entzug oder Beschädigung Dritter trifft, so haftet er für den Untergang infolge des Diebstahls wie für verschuldeten Untergang. So spricht sich etwa der Jurist Paulus für eine Haftung des Verkäufers für *custodia*, gleich einem Leihnehmer, aus – *custodiam autem venditor talem praestare debet, quam praestant hi quibus res commodata est*. Bejaht man eine *custodia*-Pflicht des Verkäufers, so wird AEOLUS CERES gegenüber ersatzpflichtig. AEOLUS hat ihr daher das Interesse an der vereinbarungsgemäßen Erfüllung des Vertrages zu ersetzen. Die Höhe des Erfüllungsinteresses ergibt sich aus der Differenz zwischen dem tatsächlichen Vermögensstand des Käufers und dem fiktiven Vermögensstand, wäre ordnungsgemäß geleistet worden. Da der

Wert des Ochsen 140 und der Kaufpreis 120 beträgt, wäre das Vermögen von CERES bei vereinbarungsgemäßer Erfüllung um 20 gestiegen. Folglich kann CERES, da sie den Kaufpreis für den Ochsen Boreas noch nicht bezahlt hat, 20 von AEOLUS mit der *actio empti* verlangen.

Auch hinsichtlich der fünf Amphoren kommt es durch Konsens über Ware und Preis zum Abschluss eines Kaufvertrages zwischen CERES und AEOLUS. Da CERES und AEOLUS die Ware nach generalisierenden Merkmalen umschreiben (fünf Amphoren aus dem 20 Amphoren umfassenden Lager von AEOLUS), liegt ein (beschränkter) Gattungskauf vor. Gehen nach dem Vertragsabschluss und vor der vereinbarten Übergabe 17 Amphoren unter, so können anstatt der vereinbarten fünf nur noch drei übergeben werden. Hinsichtlich der drei unversehrt gebliebenen Amphoren gilt der Grundsatz *genus non perit* – die Gattung geht nicht unter. Das bedeutet, dass der Verkäufer, solange noch Stücke aus der vereinbarten Gattung existieren, diese zu leisten hat. AEOLUS muss daher die drei noch vorhandenen Amphoren an CERES leisten. Bezüglich der zwei untergegangenen Amphoren liegt nachträgliche Unmöglichkeit vor. Da der Untergang der Amphoren auf ein Erdbeben und somit auf ein Ereignis höherer Gewalt zurückzuführen ist, trifft AEOLUS kein Verschulden an deren Untergang. CERES trägt daher die Leistungsgefahr für zwei Amphoren. Sie erhält weder die Amphoren noch Schadenersatz. Folglich stellt sich die Frage, ob CERES auch die Preisgefahr trägt, das ist die Gefahr, den Kaufpreis zahlen zu müssen, obwohl man keine Leistung erhält. Nach der Regel *periculum est emptoris* trägt der Käufer die Preisgefahr dann, wenn der Kauf perfekt geworden ist. *Emptio perfecta* ist gegeben, wenn das *quid, quale, quantum* feststeht. Perfekt ist ein (beschränkter) Gattungskauf daher dann, wenn es zur Aussonderung der zu leistenden Stücke gekommen ist, dh wenn feststeht, welche konkreten Stücke übergeben werden sollen. Da die Aussonderung dem Sachverhalt nach noch nicht stattgefunden hat (*arg*: vereinbart war, dass CERES die Amphoren erst in einer Woche aussondern soll), war der Kauf im Zeitpunkt des Erdbebens noch nicht perfekt. Folglich trägt CERES nicht die Preisgefahr für zwei Amphoren. CERES muss daher nur den Kaufpreis für die drei noch existierenden Amphoren, dh 30, bezahlen.

Fraglich ist, auf welcher rechtlichen Grundlage AEOLUS die Zahlung von ROBIGUS verlangen kann. Zwischen dem Gläubiger AEOLUS und dem Bürgen ROBIGUS ist es zum Abschluss einer Bürgschaft in Form einer *fideiussio* gekommen. Als Verbalkontrakt wird die *fideiussio* in Stipulationsform abgeschlossen.

Bei der *fideiussio* verspricht der Bürge dem Gläubiger, das zu leisten, was der Hauptschuldner tatsächlich schuldet – *quod Maevius debet*. Daher spricht man bei der *fideiussio* von materieller Akzessorietät der Bürgschaftsverpflichtung. Für die Beantwortung der Frage, ob AEOLUS bei Fälligkeit des Kaufpreises ROBIGUS anstelle von CERES in Anspruch nehmen kann, ist zu differenzieren. Nach klassischem römischen Recht ist die Stellung des Bürgen dadurch gekennzeichnet, dass er als gleichrangiger Schuldner (Solidarschuldner) neben den Hauptschuldner tritt, weshalb es dem Gläubiger freisteht, ob er bei Fälligkeit den Hauptschuldner oder den Bürgen in Anspruch nimmt. Der Gläubiger kann selbst dann auf den Bürgen greifen, wenn er zuvor gar nicht versucht hat, die Leistung vom Hauptschuldner zu bekommen. Da jedoch die Klage gegen den Hauptschuldner und jene gegen den Bürgen als solche *de eadem re* gelten, ist ein späteres Verfahren gegen den anderen ausgeschlossen (Konsumtionskonkurrenz). Erst unter Justinian gewährt man dem Bürgen das *beneficium ordinis vel excussionis*, mit dem er den Gläubiger mittels Einrede auffordern kann, zuerst den Hauptschuldner auf Zahlung zu klagen. Der Bürge haftet dem Gläubiger daher nur noch subsidiär. Damit verbunden ist, dass nun keine Konsumtionskonkurrenz mehr besteht. Der Gläubiger ist somit nicht mehr darauf beschränkt, entweder den Hauptschuldner oder den Bürgen zu klagen.

Möchte AEOLUS seinen Anspruch bei Fälligkeit bei ROBIGUS geltend machen, so steht ihm aus der *fideiussio* die *actio ex stipulatu* zur Verfügung.

Indem ROBIGUS an AEOLUS 50 leistet, wird CERES von ihrer Kaufpreiszahlungspflicht in Höhe von 30 befreit. Es stellt sich somit die Frage, wie ROBIGUS, der materiell eine fremde Schuld beglichen hat, Regress nehmen kann. Die Art und Weise, wie der Bürge beim Hauptschuldner Regress nehmen kann, richtet sich nach dem Innenverhältnis (Verhältnis zwischen Bürgen und Hauptschuldner). Da zwischen ROBIGUS und CERES kein Vertragsverhältnis besteht, ist zu prüfen, ob ROBIGUS als Geschäftsführer ohne Auftrag (*negotiorum gestor*) tätig geworden ist. Geschäftsführung ohne Auftrag liegt vor, wenn jemand bewusst und willentlich ein fremdes Geschäft führt, ohne hiezu aus Vertrag verpflichtet oder ermächtigt zu sein. Zudem muss der Geschäftsführer in Erwartung, Ersatz seiner Aufwendungen zu erhalten, handeln. Ersatzfähig sind aber nur jene Aufwendungen, die für den Geschäftsherrn (*dominus negotii*) nützlich sind. Ein Anspruch des Geschäftsführers auf ein Entgelt für seine Tätigkeit besteht nicht. Da ROBIGUS mit der Zahlung von 50 an AEOLUS keine eigene Schuld, sondern die Kaufpreisschuld von CERES begleicht, tätigt er ein fremdes Geschäft (*negotium alienum*). ROBIGUS zahlt bewusst eine fremde Schuld, weshalb er mit *animus rem alteri gerendi* handelt. Da ROBIGUS die Zahlung weder mit Schenkungsabsicht (*animus donandi*) noch aus familiärem Pflichtgefühl (*pietas*) gegenüber CERES vornimmt, wird er seine Aufwendungen von CERES ersetzt bekommen wollen (*animus recipiendi*). Fraglich ist, ob bzw inwieweit das Geschäft nützlich für CERES ist. Da CERES bloß zur Zahlung von 30 verpflichtet ist, liegt eine nützliche Geschäftsführung (*negotium utiliter gestum*) auch nur in diesem Ausmaß vor: Die Nützlichkeit der Zahlung durch ROBIGUS besteht für CERES darin, dass sie dadurch von ihrer Verpflichtung zur Zahlung des Kaufpreises in Höhe von 30 AEOLUS gegenüber befreit wird. Die übrigen 20 stellen hingegen, mangels Nützlichkeit für CERES, keine ersatzfähigen Aufwendungen dar. ROBIGUS kann folglich als *negotiorum gestor* Ersatz seiner Aufwendungen nur in Höhe von 30 aus dem Titel des Aufwandersatzes von CERES verlangen. Zur Durchsetzung seines Anspruchs auf Aufwandersatz steht ROBIGUS die *actio negotiorum gestorum contraria* zur Verfügung.

Fraglich ist, wie die von ROBIGUS zu viel gezahlten 20 rechtlich zu qualifizieren sind. Da die Kaufpreisschuld von CERES 30 beträgt, ist auch ROBIGUS nur zur Zahlung von 30 verpflichtet (Prinzip der Akzessorietät der Bürgschaftsverpflichtung). Die von ROBIGUS zu viel gezahlten 20 stellen somit eine irrtümliche Leistung einer Nichtschuld dar. Durch die Zahlung der die Forderung von AEOLUS überschießenden 20 kommt es zu einer bewussten Vermögensverschiebung, die im Hinblick auf eine Verpflichtung erbracht worden ist, die tatsächlich nicht bestand. Da ROBIGUS vom Untergang der Amphoren nichts weiß, handelt er bei Zahlung der 20 irrtümlich. Folglich kann ROBIGUS, um die Rückzahlung der rechtsgrundlos geleisteten 20 zu erwirken, mit der *condictio indebiti* gegen AEOLUS vorgehen.

Zu beachten ist, dass AEOLUS bei Annahme der 50 von ROBIGUS gutgläubig ist, er also nicht weiß, dass die zu viel gezahlten 20 nicht geschuldet sind (*arg*: AEOLUS weiß nichts vom Untergang der Amphoren). Würde AEOLUS bei Annahme der 20 hingegen wissen, dass diese nicht geschuldet sind, so könnte ROBIGUS gegen ihn mittels *actio furti* und *condictio furtiva* vorgehen, da die wissentliche Annahme einer irrtümlich geleisteten Nichtschuld ein *furtum* darstellt.

▶ **(1)** Die nachträgliche Unmöglichkeit zählt, so wie der Verzug (vgl Fall 39) und die Schlechterfüllung (Gewährleistung, vgl Fall 41, und die positive Vertragsverletzung), zu den Leistungsstörungen. Dabei handelt es sich um Störungen bei der Abwicklung eines Vertragsverhältnisses. Von den Leistungsstörungen zu unterscheiden sind die sog Wurzelmängel. Bei ihnen handelt es sich um Fehler, die das gültige Zustandekommen des Vertrages betreffen (wie etwa fehlende Geschäftsfähigkeit [vgl Fall 8 u Fall 14], Willensmängel [vgl Fall 29 u Fall 32], anfängliche Unmöglichkeit [vgl Fall 31] usw). Leistungsstörungen hingegen setzen einen gültigen Vertrag voraus. Hinsichtlich der Rechtsfolgen bei nachträglicher Unmöglichkeit unterscheidet man danach, ob die Unmöglichkeit dem Schuldner, dem Gläubiger oder keinem von beiden (zufällige Unmöglichkeit) zuzurechnen ist. Dem Schuldner ist die Unmöglichkeit dann zuzurechnen, wenn er deren Eintritt verschuldet oder sonst zu vertreten hat, §§ 920 f. Der Schuldner handelt mit Verschulden, sofern er die Unmöglichkeit vorsätzlich oder fahrlässig herbeigeführt hat. Zu vertreten hat der Schuldner die Unmöglichkeit etwa dann, wenn sein Gehilfe den Untergang verschuldet hat (§ 1313a, zur Erfüllungsgehilfenhaftung vgl Fall 74) oder wenn die Unmöglichkeit während eines von ihm verschuldeten Verzugs zufällig eintritt. Ist dem Schuldner die Unmöglichkeit zuzurechnen, so steht dem Gläubiger ein Wahlrecht zu, § 920: Er kann am Vertrag festhalten, seine eigene Leistung erbringen und vom Schuldner Schadenersatz wegen Nichterfüllung (Ersatz des Erfüllungsinteresses) verlangen (Austauschanspruch). Stattdessen kann er aber auch vom Vertrag zurücktreten. Er muss seine eigene Leistung dann nicht mehr erbringen und kann Schadenersatz in Höhe der Differenz zwischen dem Wert der unmöglich gewordenen Leistung und dem Wert der eigenen Leistung verlangen (Differenzanspruch). Zu beachten ist, dass der Austausch- und der Differenzanspruch zum selben Ergebnis führen, wenn die Leistung des Gläubigers (wie etwa des Käufers beim Kaufvertrag) in Geld besteht. Schuldet hingegen auch der Gläubiger eine Sachleistung (wie etwa beim Tausch), so führen die beiden Berechnungsmethoden zu unterschiedlichen Ergebnissen. Bsp: A und B schulden einander die wechselseitige Übergabe ihrer Autos (Tauschvertrag). Jenes von A ist 100, jenes von B 120 wert. Vor Übergabe verschuldet B mit seinem Auto einen Totalschaden. A kann nun entweder sein Auto leisten und 120 verlangen (Austauschanspruch) oder vom Vertrag zurücktreten und 20 verlangen (Differenzanspruch). Zur dem Gläubiger zuzurechnenden Unmöglichkeit finden sich im ABGB keine ausdrücklichen Regeln. Die Rechtsfolgen werden in Anlehnung an die §§ 1155, 1168 u 1419 gewonnen. Dem Gläubiger ist die Unmöglichkeit dann zuzurechnen, wenn er sich in Gläubigerverzug befindet und die Leistung zufällig unmöglich wird, wenn er selbst bzw ein ihm zuzurechnender Gehilfe die Leistungserbringung schuldhaft vereitelt oder wenn er den Leistungserfolg selbst herbeigeführt hat (Bsp: der Kunde repariert die Waschmaschine selbst, bevor der gerufene Installateur sie repariert). Liegt eine dem Gläubiger zuzurechnende Unmöglichkeit vor, so wird der Schuldner von seiner Leistungspflicht frei, behält aber den Anspruch auf die Gegenleistung des Gläubigers. Der Gläubiger trägt somit die Preisgefahr. Der Schuldner hat sich aber auf seinen Anspruch alles anzurechnen, was er sich durch die Nichterbringung seiner Leistung erspart bzw durch anderweitige Verwendung erworben oder zu erwerben absichtlich versäumt hat. Ist die Unmöglichkeit weder dem Gläubiger noch dem Schuldner zuzurechnen, so zerfällt der Vertrag, sofern eine Speziessache geschuldet ist oder die Gattungsschuld bereits konzentriert ist, § 1447. Bei nicht konkretisierten Gattungsschulden gilt *genus non perit*. Noch ausständige Leistungen müssen nicht mehr erbracht werden. Bereits Geleistetes ist nach bereicherungsrechtlichen Grundsätzen zurückzustellen, § 1447 S 3. Kann bereits Geleistetes nicht mehr zurückgestellt werden, so muss herausgegeben werden, was der Herausgabepflichtige anstelle der untergegangenen Leistung erhalten hat (stellvertretendes *commodum*, vgl sogleich in der Variante). [*Koziol/Welser*, Bürgerliches Recht II[13] (2007) 45 ff]

(2) Die Ermittlung des Erfüllungsinteresses erfolgt entweder nach der konkreten oder, sofern es einen Markt- oder Börsepreis gibt, nach der abstrakten Schadensberechnungsmethode. Bei der konkreten Schadensberechnungsmethode hat der Gläubiger den Abschluss eines Deckungskaufes nachzuweisen. Dabei ist der Gläubiger aber zum Abschluss eines möglichst günstigen Deckungsgeschäftes verpflichtet (sog Schadensminimierungsobliegenheit). Die Verletzung dieser (nicht einklagbaren und daher besser als Obliegenheit zu bezeichnenden) Pflicht des Geschädigten, den Schaden möglichst niedrig zu halten, begründet ein Mitverschulden nach § 1304 (vgl zum Mitverschulden Fall 74). Im allgemeinen Zivilrecht wird der entgangene Gewinn, anders als im Unternehmensrecht, vgl § 349 UGB, nur bei grobem Verschulden (grober Fahrlässigkeit oder Vorsatz) ersetzt. Zum sog gegliederten Schadensbegriff vgl Fall 75 sowie zur Unterscheidung des positiven Schadens vom entgangenen Gewinn vgl Fall 78.

[*Koziol/Welser*, Bürgerliches Recht II[13] (2007) 58 f] **(3)** Zur Bürgschaft vgl Fall 68. **(4)** Zur Geschäftsführung ohne Auftrag vgl Fall 71.

Zu den einschlägigen Quellenstellen der hier erörterten Problemkreise: zur Gefahrtragung des Käufers bei *emptio perfecta* vgl insb Paulus D 18. 6. 8 pr sowie Iust Inst 3. 23. 3; zum Ersatz von *quanti interest rem habere* bei Nichterfüllung vgl insb Diokletian u Maximian C 4. 49. 4, Ulpian D 19. 1. 1 pr u ders D 19. 1. 11. 9 u 10; zur Schadensminimierungsobliegenheit des Geschädigten vgl insb Paulus D 19. 1. 21. 3; zum Haftungsmaßstab des Verkäufers bzgl der verkauften Sache vgl insb Labeo D 19. 1. 54 pr; zur Haftung des Verkäufers für *custodia* vgl insb Paulus D 18. 6. 3 sowie Ulpian D 18. 6. 4. 1; zur Gefahrtragung des Verkäufers vor Aussonderung vgl insb Gaius D 18. 1. 35. 7; zur Perfektion des Kaufvertrages mit Zuzählung der Sachen vgl insb Gaius D 18. 1. 35. 5; zur Akzessorietät der Bürgschaftsverpflichtung bei der *fideiussio* vgl insb Paulus D 46. 1. 56. 2; zur Nützlichkeit einer *negotiorum gestio* bei Bezahlung einer fremden Schuld vgl insb Labeo D 3. 5. 42 (43); zur Ablehnung des Aufwandersatzes für ein dem Geschäftsherrn nicht nützliches Geschäft vgl insb Ulpian D 3. 5. 9 (10). 1; zur Rückforderung einer irrtümlich geleisteten Nichtschuld mittels *condictio indebiti* vgl insb Ulpian D 12. 6. 1. 1 sowie Gai Inst 3. 91.

Variante:

Macht es einen Unterschied, wenn AEOLUS den verkauften, aber noch nicht übergebenen Ochsen Boreas von zwei seiner zuverlässigsten Sklaven Tag und Nacht bewachen lässt, der Diebstahl des Ochsen aber dennoch gelingt?

Zu behandelnde Problemkreise:

➢ Verlust des Kaufgegenstandes trotz sorgfältiger Bewachung
➢ keine Haftung des Verkäufers
➢ *periculum est emptoris*
➢ stellvertretendes *commodum*
➢ Abtretung der Vindikation und der Diebstahlskondiktion an den Käufer

Gerät der Ochse Boreas nach Kaufabschluss und vor bedungener Übergabe trotz sorgfältiger Bewachung von AEOLUS (*arg*: AEOLUS lässt den Ochsen Boreas von zwei seiner zuverlässigsten Sklaven Tag und Nacht bewachen) infolge eines Diebstahls abhanden, so hat AEOLUS nicht für dessen Verlust einzustehen. Da der Ochse trotz bester Bewachung abhanden gerät, stellt dessen Verlust ein Ereignis höherer Gewalt dar. Folglich ist zu prüfen, wer die Gefahr für den Verlust des Ochsen zu tragen hat. Hinsichtlich der Rechtsfolgen bei Gefahrtragung ist zu unterscheiden, ob der Kaufvertrag bereits perfekt geworden ist. Da im vorliegenden Fall die Ware eine Speziesschuld darstellt (Ochse Boreas), der Kaufpreis feststeht (120), die Rechtswirkungen des Kaufvertrages nicht von einer aufschiebenden Bedingung oder Befristung abhängen und der Ochse mangels anderer Angaben im Sachverhalt mängelfrei ist, liegt ein perfekter Kauf vor. Folglich hat CERES sowohl die Leistungs- als auch die Preisgefahr zu tragen, dh sie muss den Kaufpreis bezahlen, obwohl sie nichts erhält.

Ausgehend vom Ausgleichsprinzip, das dem Kaufvertrag als synallagmatischen Vertrag inhärent ist (*do ut des*), erscheint es konsequent, dass der Verkäufer das, was er anstelle der unmöglich gewordenen Leistung erhält (das sog stellvertretende *commodum*), an den Käufer herauszugeben hat. So hat etwa nach dem Juristen Gaius der Verkäufer, dem die verkaufte Sache trotz sorgfältiger Bewachung durch Diebstahl abhandengekommen ist, dem Käufer die Vindikation und die Diebstahlskondiktion abzutreten – *scilicet vindicationem rei et condictionem exhibeat emptori*. Folglich ist AEOLUS verpflichtet, die *rei vindicatio* und die *condictio furtiva* an CERES abzutreten, damit sie den Ochsen (bzw Wertersatz für ihn) erlangen kann. AEOLUS kann seinerseits von CERES mit der *actio venditi* die Zahlung des Kaufpreises für den Ochsen Boreas verlangen.

▶ Hat der Schuldner die Unmöglichkeit der Leistung zu vertreten oder hat weder der Schuldner noch der Gläubiger die Unmöglichkeit zu vertreten und erlangt der Schuldner anstelle der unmöglich gewordenen Leistung einen anderen Vermögensgegenstand (stellvertretendes *commodum*), so hat er diesen bei Verlangen des Gläubigers herauszugeben. In diesem Fall bleibt der Gläubiger zur Erbringung der eigenen Leistung verpflichtet. Die Herausgabe des stellvertretenden *commodum* wird der Gläubiger dann verlangen, wenn dieses höher als der zu bezahlende Kaufpreis ist. Bsp: A verkauft B ein Haus um 100. Vor Übergabe an B wird es vom Blitz getroffen und brennt ab. Die Versicherungssumme für das Haus (stellvertretendes *commodum*) beträgt 150. [*Koziol/Welser*, Bürgerliches Recht II[13] (2007) 50]

Zu den einschlägigen Quellenstellen der hier erörterten Problemkreise: zur Regel *periculum est emptoris* vgl insb Paulus D 18. 6. 8 pr sowie Iust Inst 3. 23. 3; zur Abtretung von *rei vindicatio* und *condictio furtiva* an den Käufer bei Diebstahl der verkauften Sache trotz sorgfältiger Bewachung vgl insb Gaius D 18. 1. 35. 4.

Fall 37:

Die Qual der Wahl

FAUNUS besucht den Händler MERKUR zwecks Ankaufs einer Säule, da er eine Stütze für seinen Balkon benötigt. MERKUR bietet FAUNUS eine ionische und eine korinthische Säule an (Wert je 510). Da sich FAUNUS nicht entscheiden kann, welche der zwei Säulen er kaufen soll, vereinbart er mit MERKUR die Übergabe entweder der korinthischen oder der ionischen Säule um 500. Welche Säule zu leisten ist, soll MERKUR nach seiner Rückkehr von seinem Aufenthalt in Neapel, in drei Tagen, bestimmen. Sowohl die Säule als auch der Kaufpreis sollen in einer Woche übergeben werden. In der Nacht nach FAUNUS' Besuch bei MERKUR werden beide Säulen durch ein Erdbeben zerstört.

FAUNUS verweigert daraufhin die Bezahlung. Zu Recht?

Zu behandelnde Problemkreise:

➢ nachträgliche Unmöglichkeit der Leistung
➢ Untergang des Kaufgegenstandes durch höhere Gewalt
➢ Perfektion bei der Wahlschuld
➢ *periculum est emptoris*
➢ Leistungsgefahr bzw Preisgefahr

Indem sich MERKUR und FAUNUS über die Leistung entweder der ionischen Säule oder der korinthischen Säule gegen Bezahlung von 500 einigen, kommt es zum Abschluss eines Kaufvertrages. Da vereinbart ist, dass MERKUR eine von zwei bestimmten Säulen zu leisten hat, liegt eine Alternativobligation (*obligatio alternativa*) vor. Die Wahl, welche von mehreren potenziell geschuldeten Leistungen zu erbringen ist, steht grds dem Schuldner zu. Dem entspricht die Vereinbarung von MERKUR und FAUNUS, wonach der Verkäufer MERKUR als Schuldner der Ware wählen soll, welche Säule übergeben wird.

Kommt es zum Untergang sowohl der ionischen als auch der korinthischen Säule in der Zeit zwischen Kaufabschluss und vor der bedungenen Übergabe, so liegt eine nachträgliche Unmöglichkeit der Leistung vor. Da die Säulen im Zuge eines Erdbebens zerstört werden, ist MERKUR deren Untergang nicht zuzurechnen. Bei einem Erdbeben handelt es sich um ein Ereignis, das von Menschen nicht vorhersehbar bzw nicht abwendbar ist – *vis cui resisti non potest*. Es stellt sich daher die Frage, wer die Gefahr für den Untergang der Säulen infolge des Erdbebens zu tragen hat. Geht die verkaufte Sache vor der bedungenen Übergabe zufällig unter, so erhält der Käufer weder die Primärleistung (Ware) noch eine Sekundärleistung (Schadenersatz). FAUNUS trägt somit die Leistungsgefahr. Er erhält daher trotz gültigen Kaufvertrages weder eine Säule noch Schadenersatz. Folglich stellt sich die Frage, ob FAUNUS auch die Preisgefahr trägt, dh verpflichtet ist, den Kaufpreis zu bezahlen, obwohl er keine Leistung erhält. Die Preisgefahr hat der Käufer dann zu tragen, wenn der Kauf perfekt geworden ist. Perfektion ist gegeben, wenn der Kaufpreis ziffernmäßig feststeht, die Ware konkretisiert ist, keine aufschiebende Bedingung oder Befristung vorliegt und die Sache mängelfrei ist. Im vorliegenden Fall ist es mangels Auswahl der zu leistenden Säule durch MERKUR noch nicht zur Perfektion des Kaufes gekommen. Mangels perfekten Kaufvertrages hätte FAUNUS somit grds nicht die Preisgefahr zu tragen. Nach folgender Überlegung erscheint es jedoch gerechtfertigt, dass FAUNUS dennoch die Preisgefahr zu tragen hat: Wäre bloß eine der beiden Säulen infolge des Erdbebens untergegangen, so wäre es zur Konkretisierung der Leistungspflicht und somit zur Perfektion gekommen. Folglich hätte FAUNUS nach der Regel *periculum est emptoris* einen (späteren) zufälligen Untergang der noch vorhandenen Säule zu tragen gehabt – *prioris periculum ad debitorem, posterioris ad creditorem respicit*. Da der Käufer FAUNUS daher für eine der Säulen jedenfalls die Gefahr zu tragen hat, trifft ihn der Nachteil des Untergangs einer Säule auch dann, wenn beide Säulen gleichzeitig durch höhere Gewalt vernichtet werden. Folglich trägt FAUNUS neben der Leistungsgefahr auch die Preisgefahr, dh er muss den Kaufpreis bezahlen, obwohl er nichts erhält. MERKUR kann daher von FAUNUS die Bezahlung des Kaufpreises in Höhe von 500 mittels *actio venditi* verlangen.

▶Anders als nach römischem Recht geht nach geltendem Recht die Preisgefahr grds erst mit Ablieferung an den Käufer auf diesen über. Dies gilt aber nur, sofern die Unmöglichkeit dem Käufer, als Gläubiger der Ware, nicht zuzurechnen ist, vgl Fall 36. War etwa der Käufer bei zufälligem Untergang der Sache in Annahmeverzug, so bleibt er, obwohl er keine Leistung erhält, zur Erbringung der Gegenleistung verpflichtet, dh er trägt die Preisgefahr. Maßgeblich für den Gefahrenübergang ist somit der Zeitpunkt der bedungenen Übergabe. Eine Ausnahme gilt beim Versendungskauf. Hat der Käufer die Versendungsart bestimmt oder genehmigt (was bei Transportarten wie Post, Bahn oder Paketdienst vermutet wird), so trägt er die Preisgefahr ab Übergabe der Sache an den Transporteur, § 428. Zur Übergabe durch Versendung vgl Fall 2. Bei Gattungssachen setzt der Gefahrenübergang die Konzentration voraus. Auch bei Liegenschaften kommt es für den Gefahrenübergang auf die tatsächliche Übergabe und nicht etwa auf die grundbücherliche Eintragung an. [*Koziol/Welser*, Bürgerliches Recht II¹³ (2007) 29; 170 f]

Zu den einschlägigen Quellenstellen der hier erörterten Problemkreise: zum Wahlrecht des Schuldners bei der *obligatio alternativa* vgl insb Venuleius D 45. 1. 138. 1 sowie Papinian D 46. 3. 95. 1; zur Perfektion bei der *obligatio alternativa* sowie zur Pflicht des Verkäufers zur Erbringung der noch möglichen Leistung vgl insb Paulus D 18. 1. 34. 6 sowie ders D 45. 1. 128; zur Gefahrtragung des Käufers bei *emptio perfecta* vgl insb Paulus D 18. 6. 8 pr sowie Iust Inst 3. 23. 3.

Variante A:

In der Nacht nach FAUNUS' Besuch bei MERKUR wird nur die korinthische Säule durch ein Erdbeben zerstört. MERKUR übergibt im Fälligkeitszeitpunkt FAUNUS die ionische Säule nicht, da er eigentlich die korinthische Säule an FAUNUS übergeben wollte und nun der Meinung ist, aufgrund des Untergangs der korinthischen Säule von seiner Leistungspflicht befreit zu sein. In der kommenden Nacht zerstört ein Nachbeben auch die ionische Säule.

Wie wirkt sich der Untergang der ionischen Säule, wie der Untergang der korinthischen Säule auf die Leistungspflicht von MERKUR aus?

Zu behandelnde Problemkreise:

➤ Leistungsinhalt bei der Alternativobligation
➤ Alternativobligation *vs* Ersetzungsbefugnis
➤ Anspruch des Käufers auf Übergabe der Ware
➤ zufälliger Untergang der verkauften Sache bei Schuldnerverzug des Verkäufers
➤ Ersatz des Erfüllungsinteresses

Zu prüfen ist, ob MERKUR nach Untergang der korinthischen Säule die ionische Säule an FAUNUS herausgeben muss. Anders als bei der Ersetzungsbefugnis, bei der sich der Schuldner von der Leistungspflicht befreien kann, indem er anstelle der geschuldeten Leistung eine andere erbringt, sind bei der Alternativobligation sämtliche zur Auswahl stehenden Leistungen potenziell geschuldet – *duae res in obligatione*. Während bei der Ersetzungsbefugnis der zufällige Untergang der geschuldeten Leistung den Schuldner von seiner Leistungspflicht befreit, bleibt der Schuldner bei der Wahlschuld zur Erbringung der noch möglichen Leistung verpflichtet. Folglich hat MERKUR die noch mögliche, dh die ionische Säule an FAUNUS zu übergeben. Zur Durchsetzung seines Anspruchs auf Übergabe der ionischen Säule steht FAUNUS bei Fälligkeit die *actio empti* zur Verfügung.

Geht in der Folge auch die ionische Säule unter, so stellt sich die Frage, wen der Untergang wirtschaftlich trifft. Grundsätzlich hat der Käufer den zufälligen Untergang der Kaufsache zu tragen, sobald der Kauf perfekt ist – *perfecta emptione periculum ad emptorem respiciet*. Da es mit Untergang der korinthischen Säule bereits zur Konkretisierung der zu leistenden Ware gekommen ist, der Preis ziffernmäßig feststeht (500), die Wirkungen des Kaufes nicht von einer aufschiebenden Bedingung oder Befristung abhängen und die ionische Säule mangels anderer Angaben im Sachverhalt keinen Mangel aufweist, ist der Kauf perfekt.

Zu beachten ist aber, dass sich MERKUR, da er die ionische Säule zum Fälligkeitszeitpunkt an FAUNUS nicht übergibt, in Schuldnerverzug (*mora debitoris*) befindet. Schuldnerverzug ist gegeben, wenn der Schuldner zum Fälligkeitszeitpunkt die geschuldete Leistung nicht auf die gehörige Art und Weise anbietet. Gerät der Verkäufer – in subjektiv vorwerfbarer Weise – in Schuldnerverzug, so kommt es zu einer Haftungsverschärfung. Der Verkäufer haftet nun nicht bloß für einen verschuldeten, sondern auch für einen zufälligen Untergang der verkauften Sache. Folglich hat MERKUR für den Untergang der ionischen Säule infolge des Nachbebens einzustehen. FAUNUS kann daher von MERKUR Ersatz des Erfüllungsinteresses verlangen. Das Erfüllungsinteresse berechnet sich mittels der Differenzmethode: Hätte MERKUR den Kaufvertrag ordnungsgemäß erfüllt, so hätte sich das Vermögen von FAUNUS um 10 erhöht (Differenz zwischen dem Wert der Säule, 510, und dem Kaufpreis, 500). Sofern FAUNUS den Kaufpreis bereits bezahlt hat, beträgt sein Erfüllungsinteresse 510, ansonsten 10. Zur Durchsetzung seines Anspruchs steht FAUNUS als Käufer die *actio empti* zur Verfügung.

▶ **(1)** Bei der Wahlschuld steht gem § 906 iZw dem Schuldner die Wahl der zu erbringenden Leistung zu, es kann aber auch vereinbart werden, dass dem Gläubiger oder einem Dritten die Leistungsbestimmung zukommt. Die Wahl erfolgt durch Erklärung oder durch Erfüllung und kann einseitig nicht widerrufen werden. Erbringt der Schuldner irrtümlich beide Leistungen, so kann er eine bereicherungsrechtlich zurückfordern, § 1436. Das Wahlrecht kommt auch hier iZw dem Schuldner zu. Gerät der Schuldner mit der Wahl in Verzug, so hat ihn der Gläubiger alternativ, dh auf Erbringung der einen oder der anderen Leistung zu klagen. Erst in der Exekution kann der Gläubiger den Antrag auf eine der beiden Leistungen einschränken, doch kann sich der Schuldner bis zum Vollzug der Exekution durch Erbringung der anderen Leistung befreien. Kommt das Wahlrecht dem Gläubiger zu und gerät er mit der Auswahl in Verzug, so kommen die allgemeinen Regeln des Annahmeverzugs (vgl Fall 40) zur Anwendung. Daneben kann der Schuldner den Gläubiger zur Wahl auffordern. Wählt der Gläubiger selbst dann nicht, so kann der Schuldner nach seiner Wahl eine Leistung erbringen oder vom Vertrag zurücktreten, § 906 Abs 2. Wird eine der Leistungen vor der Wahl durch Zufall unmöglich, so kann der Wahlberechtigte entweder das noch existierende Stück wählen oder vom Vertrag zurücktreten, vgl § 907 S 1. Hat hingegen der Verpflichtete den Untergang verschuldet, so kann der Berechtigte entweder die noch verbliebene Sache oder Schadenersatz wegen Nichterfüllung verlangen, vgl § 907 S 2. [*Koziol/Welser*, Bürgerliches Recht II[13] (2007) 29 f] **(2)** Zum Verzug vgl Fall 39.

Zu den einschlägigen Quellenstellen der hier erörterten Problemkreise: zu den Anwendungsfällen einer *facultas alternativa* vgl etwa Diokletian u Maximian C 4. 44. 2, Ulpian D 42. 1. 6. 1 sowie Paulus D 44. 7. 44. 5; zur Pflicht des Verkäufers, die vereinbarte Leistung zum Fälligkeitszeitpunkt anzubieten, vgl insb Ulpian D 19. 1. 13. 8; zur Pflicht des Schuldners, für einen zufälligen Untergang der Sache einzustehen, wenn er sich in Verzug befindet, vgl insb Gordian C 4. 48. 4, Diokletian u Maximian C 4. 48. 6 sowie Ulpian D 30. 47. 6; zum Ersatzanspruch des Käufers bei Schuldnerverzug des Verkäufers vgl insb Paulus D 19. 1. 21. 3 sowie Neraz D 19. 1. 31. 1; zum Ersatz des *quanti interest rem habere* vgl insb Diokletian u Maximian C 4. 49. 4, Ulpian D 19. 1. 1 pr u ders D 19. 1. 11. 9 u 10.

Variante B:

In der Nacht nach FAUNUS' Besuch kippen beide Säulen im Lager von MERKUR aufgrund eines Erdbebens um, wodurch an ihnen feine, kaum sichtbare Haarrisse entstehen. MERKUR erfährt von dem Vorfall nichts. Eine Woche später wird FAUNUS die korinthische Säule und MERKUR der Kaufpreis übergeben. FAUNUS verbaut die Säule ordnungsgemäß als Stütze für seinen Balkon. Als FAUNUS' Sklave auf den Balkon hinaussteigt, bricht die Säule aufgrund der Risse zusammen und der Balkon stürzt ein, wodurch sich FAUNUS' Sklave ein Bein bricht (Heilungskosten 50).

Welche Ansprüche stehen FAUNUS gegen MERKUR zu?

Zu behandelnde Problemkreise:

- ➤ Sachmangelgewährleistung
- ➤ Preisminderung bzw Wandlung
- ➤ Mangelschaden *vs* Mangelfolgeschaden

Kommt es in der Folge zum Zusammenbruch der an FAUNUS übergebenen korinthischen Säule, so stellt sich die Frage, ob FAUNUS ein Anspruch aus Sachmangelgewährleistung zusteht. Unter Gewährleistung versteht man das verschuldensunabhängige Einstehenmüssen des Verkäufers für jene Mängel, die im Zeitpunkt der Übergabe vorhanden und nicht nach Perfektion entstanden sind und den verkehrsüblichen oder vereinbarten Gebrauch der Kaufsache beeinträchtigen. Die Risse stellen einen Sachmangel dar, da sie der Säule körperlich anhaften und deren ordnungsgemäßen Gebrauch beeinträchtigen (*arg*: die Säule bricht aufgrund der Risse zusammen). Da nur solche Mängel eine Gewährleistungspflicht des Verkäufers auslösen, die nicht nach Perfektion (sei es auch bloß ihrer Anlage nach) entstanden sind, ist zu prüfen, ob der Kaufvertrag zum Zeitpunkt des Erdbebens bereits perfekt war. *Emptio perfecta* ist gegeben, wenn die zu leistende Ware ausgesondert ist, der Kaufpreis ziffernmäßig feststeht, die Kaufsache keinen Mangel aufweist und bei aufschiebend bedingtem oder befristetem Kauf die Bedingung eingetreten bzw die Frist abgelaufen ist. Demnach liegt bei einer Wahlschuld kein perfekter Kaufvertrag vor, solange die zu leistende Ware nicht ausgewählt ist. Da die Risse an der Säule aufgetreten sind, noch bevor MERKUR die Auswahl der zu leistenden Säule vorgenommen hat, ist der Mangel der Kaufsache nicht nach Perfektion entstanden. Folglich wird MERKUR FAUNUS gewährleistungspflichtig. FAUNUS kann zwischen Preisminderung und Wandlung des Vertrages wählen. Da die Säule zerbrochen ist, wird sich FAUNUS für die Wandlung des Vertrages entscheiden. Die Wandlung ist innerhalb von sechs Monaten ab Kauf anzustellen und führt zur schuldrechtlich *ex tunc* wirkenden Auflösung des Kaufvertrages. Da kein Marktkauf eines Sklaven, Zug- bzw Tragtieres oder Herdenviehs vorliegt, kommt das Edikt der kurulischen Ädilen nicht zur Anwendung. Folglich wird FAUNUS mit der *actio empti* die Wandlung des Kaufvertrages begehren und den Kaufpreis in Höhe von 500 zurückverlangen. Zu beachten ist, dass der Käufer die Wandlung grds nur dann verlangen kann, wenn er die Kaufsache zurückgibt bzw bei von ihm verschuldeten Untergang Wertersatz für diese leistet. Da die Säule aber ohne ein Verschulden von FAUNUS untergeht, sondern aufgrund des Mangels, weswegen er die Wandlung begehrt, hat er MERKUR keinen Wertersatz für die Säule zu leisten. FAUNUS wird MERKUR allenfalls die Säulenreste herausgeben müssen.

Zu prüfen ist weiters, ob FAUNUS gegen MERKUR ein Anspruch auf Ersatz für die durch den Zusammenbruch der Säule bedingten Heilungskosten seines Sklaven (50) sowie für den eingestürzten Balkon zusteht. Die Heilungskosten sowie der eingestürzte Balkon stellen Mangelfolgeschäden dar. Bei einem Mangelfolgeschaden handelt es sich um einen Schaden, der einem Vertragspartner durch die Mangelhaftigkeit der erworbenen Sache in seinem sonstigen Vermögen entstanden ist. Ein Ersatz von Mangelfolgeschäden gebührt dem Käufer grds nur dann, wenn dem Verkäufer ein Verstoß gegen die *bona fides* vorgeworfen werden kann, etwa weil dieser die Mangelhaftigkeit der Sache verschwiegen hat oder wenn er die Mangelfreiheit ausdrücklich zugesichert hat. Da MERKUR nichts von dem Vorfall aufgrund des Erdbebens erfahren hat und es auch sonst keine Anhaltspunkte im Sachverhalt gibt, die darauf schließen lassen, dass MERKUR von den Rissen der Säule in Kenntnis war, trifft ihn kein Verschuldensvorwurf. Folglich hat MERKUR die Kosten für die Heilung von FAUNUS' Sklaven nicht zu ersetzen und keinen Wertersetz für den eingestürzten Balkon zu leisten.

▶ Zur Sachmangelgewährleistung vgl Fall 42.

Zu den einschlägigen Quellenstellen der hier erörterten Problemkreise: zur Haftung des Verkäufers für Mängel unabhängig davon, ob er diese gekannt hat, vgl insb Ulpian D 21. 1. 1. 2; zur *actio empti* als Behelf zur Geltendmachung eines Mangels außerhalb des Edikts der kurulischen Ädilen vgl insb Ulpian D 19. 1. 11. 5, ders D 19. 1. 13. 1 sowie ders D 21. 1. 1 pr; zur Möglichkeit der Geltendmachung der Wandlung mittels *actio empti* vgl insb Ulpian D 19. 1. 11. 3; zur Ersatzpflicht des Verkäufers für Schäden, die dem Käufer infolge der Mangelhaftigkeit der Ware in seinem sonstigen Vermögen entstanden sind, vgl insb Marcian D 18. 1. 45, Paulus D 19. 1. 4 pr sowie Ulpian D 19. 1. 13 pr u 1.

Variante C:

Da sich FAUNUS nicht sofort entscheiden kann, welche der Säulen er kaufen soll, vereinbart er mit MERKUR eine Überlegungsfrist von einer Woche. Als FAUNUS nach einer Woche MERKUR beim Spazieren am Tiber trifft, teilt er ihm mit, dass er sich für den Kauf der korinthischen Säule (Wert 510) entschieden habe, und zahlt den Kaufpreis (500). Um die Säule einzubauen, mietet FAUNUS einen Maurersklaven um 5. Weder FAUNUS noch MERKUR ist bekannt, dass die korinthische Säule bereits drei Tage zuvor bei einem Erdbeben untergegangen ist.

Welche Ansprüche bestehen zwischen FAUNUS und MERKUR?

Zu behandelnde Problemkreise:

- ➢ anfängliche objektive faktische Unmöglichkeit
- ➢ *impossibilium nulla est obligatio*

➢ Rückforderung von rechtsgrundlos Geleistetem
➢ Ersatz des Vertrauensschadens

Zu prüfen ist, ob auch hier zwischen MERKUR und FAUNUS ein gültiger Kaufvertrag zustande gekommen ist. Dies ist zu verneinen, da im Zeitpunkt der vertraglichen Einigung über den Kauf der korinthischen Säule diese bereits untergegangen ist. Da sich die Vereinbarung somit auf eine Leistung bezieht, die nicht (mehr) existiert, liegt eine anfängliche objektive (diese Säule kann von niemandem mehr erbracht werden) faktische Unmöglichkeit vor. Folglich ist zwischen MERKUR und FAUNUS kein Kaufvertrag zustande gekommen – *impossibilium nulla est obligatio*. Zu prüfen ist, ob FAUNUS den an MERKUR bereits bezahlten Kaufpreis zurückverlangen kann. Infrage kommt ein bereicherungsrechtlicher Anspruch wegen irrtümlicher Leistung einer Nichtschuld. Eine Leistung, dh eine bewusste Vermögensverschiebung, hat stattgefunden, da FAUNUS 500 an MERKUR übergeben hat. Eine Nichtschuld liegt vor, da mangels gültigen Kaufvertrages keine Verpflichtung zur Zahlung der 500 bestanden hat. Schließlich handelt FAUNUS irrtümlich, da er vom Untergang der Säule und somit von der Ungültigkeit des Kaufvertrages nichts weiß. FAUNUS kann daher von MERKUR die Rückzahlung der geleisteten 500 mittels *condictio indebiti* verlangen.

Fraglich ist, ob FAUNUS Anspruch auf Ersatz jener Kosten hat, die ihm durch die Anmietung des Maurersklaven (5) erwachsen sind. Bei den Mietkosten handelt es sich um Aufwendungen, die FAUNUS im Vertrauen auf das gültige Zustandekommen des Vertrages mit MERKUR entstanden sind. Diese frustrierten Aufwendungen stellen im Vermögen von FAUNUS einen Vertrauensschaden dar. Ein Anspruch auf Ersatz des Vertrauensschadens steht FAUNUS jedenfalls dann zu, wenn MERKUR ein Verstoß gegen die *bona fides* angelastet werden kann, etwa weil MERKUR FAUNUS trotz Kenntnis vom Untergang der Säule nicht informiert hat.

Die schuldhafte Verletzung vorvertraglicher Pflichten wird nach moderner Doktrin als *culpa in contrahendo* bezeichnet. Ob ein Anspruch auf Ersatz des Vertrauensschadens nach römischem Recht davon abhängt, dass den Verhandlungspartner ein Verschulden trifft, ist umstritten. Bejaht man, dass der Verkäufer für die Möglichkeit der Leistung verschuldensunabhängig einstehen muss, so steht FAUNUS ein Anspruch auf Ersatz des Vertrauensschadens gegen MERKUR zu. Als Anspruchsgrundlage für den Ersatz des Vertrauensschadens kommt entweder eine der *actio empti* analoge *actio in factum* oder bei dolosem Verhalten des Verkäufers eine *actio de dolo* als subsidiärer Rechtsbehelf in Betracht. Da für ein arglistiges Verhalten seitens MERKUR keine Anhaltspunkte gegeben sind (*arg*: weder FAUNUS noch MERKUR ist bekannt, dass die korinthische Säule bei einem Erdbeben untergegangen ist), wird FAUNUS Ersatz seiner Mietkosten in Höhe von 5 mittels *actio in factum* verlangen.

Als weitere Anspruchsgrundlage in Fällen anfänglicher objektiver Unmöglichkeit kommt die *actio empti* infrage. Trotz Ungültigkeit des Vertrages gewährt etwa der Jurist Modestin die Käuferklage, die auf das Interesse, nicht getäuscht worden zu sein – *quod interest ne deceptum esse* –, gerichtet ist. Lässt man trotz ungültigen Kaufvertrages die Käuferklage zu, so kann FAUNUS neben Rückerstattung des gezahlten Kaufpreises auch Ersatz für die frustrierten Aufwendungen in Höhe von 5 mittels *actio empti* von MERKUR verlangen.

Zu beachten ist, dass die Differenz zwischen Kaufpreis (500) und dem Wert der korinthischen Säule (510) FAUNUS nicht ersetzt wird. Hierbei handelt es sich nicht um einen Schaden, der FAUNUS durch das Vertrauen auf die Gültigkeit des Vertrages entstanden ist, sondern der die ordnungsgemäße Erfüllung der vertraglichen Leistungspflichten betrifft. Mangels gültigen Vertrages sind aber keine Leistungspflichten entstanden, die einen Anspruch auf Ersatz des Erfüllungsinteresses rechtfertigen würden.

▶ **(1)** Zur anfänglichen Unmöglichkeit vgl Fall 31. **(2)** Zur Rückforderung einer irrtümlich geleisteten Nichtschuld mittels *condictio indebiti* vgl Fall 56.

Zu den einschlägigen Quellenstellen der hier erörterten Problemkreise: zum Grundsatz *impossibilium nulla obligatio est* vgl Celsus D 50. 17. 185; zur Ungültigkeit des Kaufs einer nicht existenten Sache vgl insb Paulus D 18. 1. 15 pr; zur Möglichkeit der Rückforderung des Kaufpreises bei Ungültigkeit des Kaufvertrages vgl insb Paulus D 18. 1. 57 pr sowie ders D 18. 4. 7; zur Rückforderung einer irrtümlich geleisteten Nichtschuld vgl insb Ulpian D 12. 6. 1. 1 sowie Gai Inst 3. 91; zur Rückforderung des Kaufpreises und zum Ersatz frustrierter Aufwendungen beim Kauf einer nicht existenten Sache vgl insb Javolen D 18. 4. 8; zum Ersatz des *quod interest ne deceptum esse* mittels *actio empti* vgl insb Modestin D 18. 1. 62. 1 u Iust Inst 3. 23. 5.

Fall 38: ☆

Ein Drahtseilakt

AESCULAPIUS, Betreiber einer Zirkusarena, kauft für die Herstellung einer neuen Tribüne bei VENUS zehn Bäume (Wert 200) aus deren Wald um 150. AESCULAPIUS markiert zehn Bäume, die er für besonders massiv befindet, und vereinbart mit VENUS, diese in einer Woche zu fällen und abzuholen. Am nächsten Tag verkauft VENUS dem PORTUNUS alle Bäume ihres Waldes, der diese schlägern lässt, mitnimmt und als Brennholz verwendet. Da AESCULAPIUS folglich anderweitig Holz kaufen muss, kann er mit seiner Vorstellungssaison erst zwei Wochen später beginnen. Er ist überzeugt, dass er in diesen zwei Wochen mindestens 100 Eintrittskarten à 5 verkauft hätte.

Da AESCULAPIUS seine Seiltänzerin Luna (Wert 110) zukünftig zu zweit auftreten lassen möchte, kauft er von JUNO den Seiltänzersklaven Vertumnus (Wert 130) um 120 und vereinbart dessen Abholung in einer Woche (Wert des Seiltänzerpaares 300). Um seine neuen Attraktionen publik zu machen, erwirbt AESCULAPIUS bei JUNO 30 Papyrusrollen aus deren 80 Rollen umfassendem Lager zu je 5 und vereinbart die Auswahl und Abholung in drei Tagen. Für die Verköstigung am Pausenbüffet kauft AESCULAPIUS von FORTUNA die Ernte ihrer Apfelbaumplantage des kommenden Jahres um 15 pro Zentner Äpfel.

Als AESCULAPIUS bei JUNO erscheint, erfährt er, dass die Hälfte des Bestandes der Papyrusrollen am Vortag bei einer Überschwemmung untergegangen ist. Vertumnus ist gestorben. JUNO hat ihn vor zwei Tagen wie auch zuvor bei einer Vorführung mit ihren anderen Sklaven auftreten lassen und Vertumnus ist dabei vom Seil gestürzt.

Im Sommer werden FORTUNAS Apfelbäume von einem Schädling befallen. FORTUNA könnte den Schädling bekämpfen, tut dies aber nicht, weil sie stattdessen den Sommer lieber in ihrem Haus am Meer verbringt. Die Ernte hätte zehn Zentner Äpfel umfasst (Wert 180).

Wie ist die Rechtslage?

Zu behandelnde Problemkreise:

a) hinsichtlich der Bäume
- ➢ Erklärungswert des Anzeichnens von Bäumen auf fremdem Grund im Unterschied zum Anzeichnen von Holzbalken
- ➢ *superficies solo cedit*
- ➢ nachträgliche Unmöglichkeit
- ➢ Haftung des Verkäufers wegen Nichterfüllung
- ➢ Berechnung des Erfüllungsinteresses
- ➢ *damnum emergens vs lucrum cessans*

b) hinsichtlich der Papyrusrollen
- ➢ beschränkter Gattungskauf
- ➢ *genus non perit*

c) hinsichtlich des Sklaven Vertumnus
- ➢ Haftungsmaßstab des Verkäufers hinsichtlich der verkauften, aber noch nicht übergebenen Sache: unterschiedliche Meinungen – Labeo und Paulus
- ➢ bei Haftung des Verkäufers: Berücksichtigung des besonderen Wertes des Sklaven für den Käufer

> bei Ablehnung der Haftung des Verkäufers: Anspruch des Verkäufers auf Zahlung des Kaufpreises

d) hinsichtlich der Ernte der Apfelbaumplantage

> *emptio rei speratae vs emptio spei*
> Vereitelung des Bedingungseintritts durch den Verkäufer
> Erfüllungsfiktion

▶ **(1)** Verkauft der Verkäufer die bereits verkaufte Sache nochmals (Doppelverkauf), so wird jener Käufer Eigentümer, dem die Sache übergeben wird, §§ 430, 440. Wird dem zweiten Käufer die Sache übergeben, so wird dieser Eigentümer. Die Verpflichtung aus dem ersten Kauf wird aber so lange als erfüllbar angesehen, als der Schuldner die Sache durch Kauf wiedererlangen kann. [*Koziol/Welser*, Bürgerliches Recht II[13] (2007) 46] **(2)** Zur nachträglichen Unmöglichkeit vgl Fall 36. **(3)** Zum Kauf einer künftigen Sache vgl Fall 30.

Zu den einschlägigen Quellenstellen der hier zu erörternden Problemkreise: zum Besitzerwerb an Holzbalken durch Anzeichnen vgl insb Paulus D 18. 6. 15 (14). 1; zur sachenrechtlichen Zuordnung eines angewurzelten Baumes zum Eigentümer des Grundstückes vgl insb Gaius D 41. 1. 7. 13; zum Ersatz des *quanti interest rem habere* bei Nichterfüllung des Vertrages vgl insb Ulpian D 19. 1. 1 pr; zur Leistung von Stücken aus einer begrenzten Gattungsschuld vgl insb Scaevola D 33. 5. 22 u ders D 34. 2. 38 pr; zur Gefahrtragung des Verkäufers vor Aussonderung vgl insb Gaius D 18. 1. 35. 7; zur Frage des Haftungsmaßstabes des Verkäufers bzgl der verkauften Sache vgl insb Labeo D 19. 1. 54 pr; zur *diligentia quam in suis rebus* vgl insb Celsus D 16. 3. 32 sowie Gaius D 44. 7. 1. 5; zum Haftungsmaßstab eines *diligens pater familias* vgl insb Gaius D 13. 6. 18 pr u Alfen D 18. 6. 12; zur Höhe des Schadenersatzanspruches bei Verminderung des Wertes einer Gruppierung durch den Tod eines dazugehörigen Sklaven vgl Paulus D 9. 2. 22. 1 u Gai Inst 3. 212; zur *emptio rei speratae* vgl Pomponius D 18. 1. 8 pr; zur Gleichsetzung der Vereitelung der Bedingung mit dem tatsächlichen Eintritt der Bedingung vgl Ulpian D 50. 17. 161.

Variante:

Der Seiltänzersklave Vertumnus stürzt nicht vom Seil, sondern wird zwei Tage vor Übergabe an AESCULAPIUS von einer Räuberbande überfallen und schwer verletzt. Durch bleibende gesundheitliche Schäden kann Vertumnus nie wieder als Seiltänzer auftreten. JUNO wendet für Vertumnus Heilungskosten in Höhe von 50 auf.
AESCULAPIUS verweigert die Übernahme von Vertumnus zum vereinbarten Übergabezeitpunkt und zahlt den Kaufpreis nicht. Am nächsten Tag wird Vertumnus aus leichtem Versehen von JUNO beim Dachdecken von einem herabfallenden Dachziegel getroffen und stirbt.

Zu behandelnde Problemkreise:

> Verschlechterung der Kaufsache infolge höherer Gewalt nach Kaufabschluss und vor bedungener Übergabe
> *emptio perfecta*
> *periculum est emptoris*
> Anspruch des Verkäufers auf Ersatz der Heilungskosten

➢ Schuldnerverzug des Käufers hinsichtlich der Bezahlung des Kaufpreises
➢ Gläubigerverzug des Käufers hinsichtlich der Ware
➢ Haftung des Verkäufers bei Gläubigerverzug des Käufers nur noch für *dolus* und *culpa lata*

▶ **(1)** Zur nachträglichen Unmöglichkeit Fall 36. **(2)** Zum Schuldnerverzug vgl Fall 39, zum Gläubigerverzug vgl Fall 40.

Zu den einschlägigen Quellenstellen der hier zu erörternden Problemkreise: zur Gefahrtragung bei perfektem Kauf vgl insb Paulus D 18. 6. 8 pr sowie Iust Inst 3. 23. 3; zum Anspruch des Verkäufers auf Ersatz von Heilungs- oder Begräbniskosten vgl insb Ulpian D 19. 1. 13. 22; zum Haftungsmaßstab des Verkäufers bei Gläubigerverzug des Käufers vgl insb Paulus D 18. 6. 5, ders D 18. 6. 13 (12) sowie Pomponius D 18. 6. 18 (17); zum Freiwerden des Schuldners von seiner Leistungspflicht infolge Untergangs der Sache bei Gläubigerverzug vgl insb Javolen D 45. 1. 105; zur Verpflichtung des Käufers zur Zahlung von Verzugszinsen vgl insb Hermogenian D 18. 6. 20 (19) sowie Marcian D 22. 1. 32. 2.

4. KAPITEL

Verzug

Lit: *Benke/Meissel*, Römisches Schuldrecht[7] (2006) 138–141;
Hausmaninger/Selb, Römisches Privatrecht[9] (2001) 313–314;
Kaser/Knütel, Römisches Privatrecht[20] (2014) 220–223;
Apathy/Klingenberg/Pennitz, Einführung in das römische Recht[5] (2012) 175–179.

Fall 39: ☆

Vivarium exoticum [*]

VULCANUS, Betreiber eines exotischen Tierparks, kauft am 1.5. von MINERVA den Löwen Leo um 200. VULCANUS soll am 10.5. den Löwen abholen und den Kaufpreis bezahlen. Am selben Tag kauft VULCANUS bei PROSERPINA den Dompteur-Sklaven Amor (Wert 150) sowie die Sklavin Vesta, die die Kunst der Schlangenbeschwörung beherrscht (Wert 180), um je 150. VULCANUS bezahlt PROSERPINA sogleich 300. Die Abholung der Sklaven wird für den 1.6. vereinbart. Auf Bitte von VULCANUS erklärt sich AESCULAPIUS zur unentgeltlichen Abholung der Sklaven am 1.6. bereit.

Da VULCANUS am 10.5. das Gehege für den Löwen noch nicht fertiggestellt hat, beschließt er, den Löwen erst eine Woche später abzuholen und den Kaufpreis zu bezahlen. Am 15.5. wird der Löwe aus geringer Unachtsamkeit von MINERVA verletzt (Wertverlust 40). Aufgrund des unersättlichen Appetits des Löwen erwachsen MINERVA vom 10.5. bis zum 17.5. Fütterungskosten in Höhe von 15.

Als AESCULAPIUS am 1.6. bei PROSERPINA erscheint, können ihm die Sklaven nicht übergeben werden, da sie PROSERPINA für einen Monat, bis 30.6., an CARNA vermietet hat (Mietzins pro Sklaven 20). AESCULAPIUS ist verärgert, hat er doch 10 an Miete für einen Wagen zur Abholung der Sklaven gezahlt. In der folgenden Nacht wird Vesta im Schlaf von einer Kobra gebissen und stirbt. Amor wird erst nach Ende der Mietdauer an VULCANUS übergeben.

Wie ist die Rechtslage?

---

[*] Exotischer Tiergarten. Bereits im antiken Rom, etwa seit dem 1. Jh v Chr, wurden private Tierparks von wohlhabenden Römern zu Unterhaltungszwecken angelegt. Überliefert ist die Errichtung eines Pavillons inmitten eines privaten Tierparks, von dem aus der Gastgeber mit seinen Gästen beim Speisen die von einem als Orpheus verkleideten Sklaven durch Hornsignale angelockten Tiere beobachten konnte (Varro, *De re rustica* 2. 13). Der Bestand privater Tiergärten beschränkte sich zunächst va auf Hasen, Rot- und Schwarzwild sowie Wildziegen und -schafe. Exotische Tiere, wie Löwen, Panther, Elefanten und Krokodile, waren meist für Darbietungen im Amphitheater und für Tierhetzen (*venationes*) im Colosseum und im Circus Maximus bestimmt oder wurden in kaiserlichen Tiergärten gehalten (vgl Sueton, *Nero* 31. 1; *Historia Augusta Gordiani libri tres* 33. 1).

Skizze:

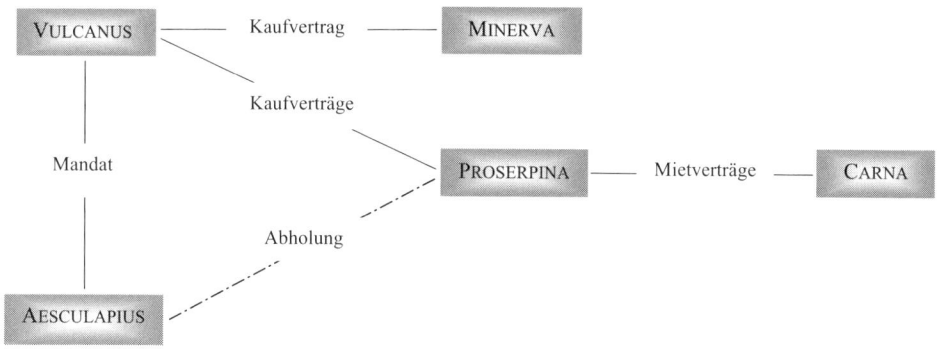

Vorüberlegungen:

➢ Wann spricht man von Gläubigerverzug/Annahmeverzug, wann von Schuldnerverzug/Leistungsverzug?

➢ Wofür haftet der Verkäufer hinsichtlich der verkauften Sache, wenn sich der Käufer in Gläubigerverzug befindet?

➢ Wann gerät der Käufer in Schuldnerverzug?

➢ Was ist Inhalt eines Mandats? Wie kommt ein Mandat zustande?

➢ Welche Rechte und Pflichten ergeben sich beim Mandat für die Parteien?

➢ Welche Aufwendungen werden dem Mandatar ersetzt?

➢ Wie kommt ein Mietvertrag wirksam zustande?

➢ Wer trägt bei einem zufälligen Untergang der in Bestand gegebenen Sache die Sachgefahr, wer die Zinsgefahr?

➢ Inwiefern verändert sich die Haftung des Verkäufers, wenn er sich in Schuldnerverzug befindet?

➢ Was hat der Verkäufer, der sich in Schuldnerverzug befindet, dem Käufer zu ersetzen bzw herauszugeben?

Kaufvertrag zwischen VULCANUS und MINERVA über den Löwen Leo

Indem sich VULCANUS und MINERVA über den Austausch des Löwen Leo gegen Zahlung von 200 (*essentialia negotii*) sowie über den Fälligkeitszeitpunkt der Warenleistung und der Kaufpreiszahlung am 10.5. einigen (*accidentalia negotii*), kommt es am 1.5. zum Abschluss eines Kaufvertrages (*emptio venditio*). Zahlt VULCANUS zum Fälligkeitszeitpunkt den Kaufpreis nicht, so gerät er in Schuldnerverzug (*mora debitoris*). MINERVA kann daher – vorausgesetzt, sie bietet den Löwen Leo ordnungsgemäß an – mittels *actio venditi* die Zahlung des Kaufpreises samt Verzugszinsen in ortsüblicher Höhe (*ex more regionis*) verlangen. Fraglich ist aber, ob VULCANUS, da der Löwe, bevor es zu dessen Übergabe kommt, von MINERVA verletzt wird, ein Schadenersatzanspruch in Höhe der Wertminderung (40) zusteht, den er MINERVAs Forderung auf Kaufpreiszahlung *compensando* entgegenhalten kann.

Zum Zeitpunkt der Schädigung des Löwen befindet sich VULCANUS in Gläubigerverzug (*mora creditoris*, Annahmeverzug). Gläubigerverzug liegt vor, wenn der Gläubiger die vom

Schuldner ordnungsgemäß angebotene Leistung zum vereinbarten Zeitpunkt nicht annimmt. Da VULCANUS und MINERVA einen Übergabetermin, an dem VULCANUS den Löwen abholen soll (Holschuld), vereinbart haben, gerät VULCANUS in Gläubigerverzug, wenn er den Löwen zu diesem Termin nicht übernimmt. Zu beachten ist, dass der Gläubigerverzug, anders als der Schuldnerverzug, keine Vertragsverletzung, sondern bloß eine sog Obliegenheitsverletzung darstellt. Das bedeutet, dass der Käufer nicht verpflichtet ist, die vom Verkäufer angebotene Ware anzunehmen, ihn aber die widrigen Folgen treffen, wenn er es nicht tut. So bewirkt der Gläubigerverzug des Käufers eine Haftungserleichterung für den Verkäufer: Haftet dieser bis zum Zeitpunkt der bedungenen Übergabe für *dolus, culpa*, bisweilen auch für *custodia*, so hat er bei Gläubigerverzug des Käufers nur noch für Vorsatz und grobe Fahrlässigkeit einzustehen. Umgekehrt erweitert sich der Risikobereich des Käufers: Wird die Ware bei Gläubigerverzug durch höhere Gewalt, niederen Zufall oder durch leichte Fahrlässigkeit des Verkäufers zerstört oder beschädigt, so erhält der Käufer keinen Schadenersatz, er bleibt aber zur Bezahlung des Kaufpreises verpflichtet. Da sich VULCANUS in Gläubigerverzug befindet und MINERVA den Löwen aus geringer Unachtsamkeit und somit bloß leicht fahrlässig verletzt hat, muss sie keinen Wertersatz leisten. Vielmehr bleibt VULCANUS verpflichtet, den Kaufpreis in voller Höhe zu bezahlen.

Fraglich ist weiters, ob MINERVA ein Anspruch auf Ersatz der Fütterungskosten (15), die ihr in der Zeit zwischen vereinbarter und tatsächlicher Übergabe entstanden sind, zusteht. Dies ist zu bejahen. So gewährt etwa der Jurist Celsus dem Verkäufer einen Ersatzanspruch für die Kosten des Ernährungsaufwandes für den verkauften Sklaven, wenn es am Käufer lag, dass der Sklave nicht übergeben werden konnte – *si per emptorem steterit, quo minus ei mancipio traderetur*. Folglich muss VULCANUS MINERVA die Fütterungskosten ersetzen. Zudem steht es MINERVA zu, die Herausgabe des Löwen so lange zu verweigern, bis ihr die Fütterungskosten ersetzt werden (Retentionsrecht). Zu beachten ist, dass es zur Geltendmachung des Retentionsrechts keiner *exceptio doli* bedarf, da es sich bei der *emptio venditio* um ein *bonae fidei iudicium* handelt.

MINERVA kann daher neben dem Kaufpreis in Höhe von 200 (samt Verzugszinsen) Ersatz der Fütterungskosten in Höhe von 15 verlangen. Zur Durchsetzung ihres Anspruchs steht ihr die *actio venditi* zur Verfügung.

Vertragsverhältnisse hinsichtlich der Sklaven Amor und Vesta

Hinsichtlich der Sklaven Amor und Vesta kommt es durch Einigung über Ware und Preis sowie über den Termin der Übergabe der Sklaven für den 1.6. zwischen VULCANUS und PROSERPINA am 1.5. zum Abschluss von zwei Kaufverträgen. Da PROSERPINA die Sklaven Amor und Vesta zum vereinbarten Termin nicht übergibt, gerät sie in Schuldnerverzug (*mora debitoris*). Schuldnerverzug ist gegeben, wenn der Schuldner die Leistung zum Fälligkeitszeitpunkt nicht auf die gehörige Art und Weise anbietet. Erfordernis für den Eintritt der Rechtsfolgen des Schuldnerverzugs ist, dass es am Schuldner liegt, dass die Leistung nicht rechtzeitig erbracht wird – *si per eum stat, quo minus solvat*.

Grundsätzlich gerät der Schuldner nur dann in Verzug, wenn ihn der Gläubiger gemahnt hat (*interpellatio*). Durch die Mahnung wird deutlich, dass jegliche Verzögerung der Leistung nun dem Schuldner zuzurechnen ist. Die Mahnung kann aber regelmäßig dann entfallen, wenn, wie im vorliegenden Fall, für die Fälligkeit ein bestimmter Termin vereinbart worden ist. Das gemeine Recht umschreibt dies mit dem Satz: *dies interpellat pro homine* – der Termin mahnt für den Menschen.

Gerät PROSERPINA als Verkäuferin und somit als Schuldnerin der Ware in vorwerfbarer Weise (*arg*: sie hat die Sklaven Amor und Vesta für einen Monat vermietet) in Verzug, so kommt es zu einer Haftungsverschärfung. Sie hat nun auch für eine schuldlos, dh durch Zufall, eintretende

Unmöglichkeit der Leistung einzustehen. Folglich haftet PROSERPINA VULCANUS gegenüber für den Tod der Sklavin infolge des Schlangenbisses. VULCANUS kann daher von PROSERPINA Ersatz des Erfüllungsinteresses verlangen. Das Erfüllungsinteresse berechnet sich mittels der Differenzmethode: Hätte PROSERPINA den Kaufvertrag ordnungsgemäß erfüllt, so hätte sich das Vermögen von VULCANUS um 30 erhöht (Differenz zwischen dem Wert von Vesta, 180, und dem Kaufpreis, 150). Da VULCANUS den Kaufpreis bereits bezahlt hat, beträgt sein Erfüllungsinteresse 180. Zur Durchsetzung seines Anspruchs steht VULCANUS als Käufer die *actio empti* zur Verfügung.

Beim Schuldnerverzug besteht überdies die Pflicht des Schuldners, dem Gläubiger Ersatz für Schäden zu leisten, die diesem durch die verspätete Leistung entstanden sind. Zudem hat der Schuldner dem Gläubiger herauszugeben, was er selbst in der Zeit nach Fälligkeit durch die geschuldete Sache erworben oder zu erwerben versäumt hat. Für die Beantwortung der Frage, ob VULCANUS weitergehende Ansprüche gegen PROSERPINA zustehen, sind zunächst die Vertragsverhältnisse zwischen VULCANUS und AESCULAPIUS bzw zwischen PROSERPINA und CARNA zu beurteilen.

Das Vertragsverhältnis zwischen VULCANUS und AESCULAPIUS ist als Auftragsvertrag (*mandatum*) zu qualifizieren. Der Auftragsvertrag besteht in der unentgeltlichen Führung eines fremden Geschäfts. Er kommt als Konsensualvertrag mit Willenseinigung zustande und zählt zu den *bonae fidei iudicia*. Indem sich AESCULAPIUS (Auftragnehmer, Mandatar) bereit erklärt, die Sklaven für VULCANUS (Auftraggeber, Mandant) abzuholen, ohne sich dafür eine Gegenleistung versprechen zu lassen, schließen sie ein *mandatum* ab. Der Inhalt des Auftragsvertrages zwischen VULCANUS und AESCULAPIUS besteht in der Ausführung einer faktischen Tätigkeit. Aufgrund des Auftragsvertrages ist AESCULAPIUS verpflichtet, das Geschäft vereinbarungsgemäß auszuführen, dh die Sklaven Amor und Vesta am 1.6. bei PROSERPINA abzuholen. Aufwendungen, die AESCULAPIUS dabei entstehen, hat ihm VULCANUS zu ersetzen. Da AESCULAPIUS für den Transport der Sklaven ein Transportmittel benötigt, stellen die Kosten für die Anmietung des Wagens (10) grds einen ersatzfähigen Aufwand dar.

Fraglich ist aber, wie sich der Umstand, dass AESCULAPIUS die Sklaven nicht abholen kann und das Mandat somit unausgeführt bleibt, auf seinen Anspruch auf Ersatz der Mietkosten auswirkt. Grundsätzlich hat der Mandatar nur dann Anspruch auf Ersatz seiner Aufwendungen, wenn das Mandat zur Ausführung gelangt ist. Ausnahmsweise steht dem Auftragnehmer aber auch dann ein Anspruch auf Aufwandersatz zu, wenn es nicht zur Ausführung des Mandats gekommen ist. Das ist dann der Fall, wenn den Mandatar kein Verschulden an der Nichtausführung des Mandats trifft. Jene Aufwendungen, die dem Mandatar bis zur Unmöglichkeit bereits erwachsen sind, sind ihm zu ersetzen.

Da AESCULAPIUS die Nichtausführung des Mandats nicht zuzurechnen ist (*arg*: die Sklaven können nicht übergeben werden, da sie PROSERPINA vermietet hat), sind ihm die Kosten für die Anmietung des Wagens von VULCANUS zu ersetzen. Folglich kann AESCULAPIUS von VULCANUS Ersatz der Mietkosten in Höhe von 10 mittels *actio mandati contraria* verlangen.

Diese Kosten kann VULCANUS grds nicht auf PROSERPINA überwälzen, da vereinbart war, dass VULCANUS die Sklaven abzuholen hat. Da jedoch der Umstand, warum die Mietkosten für VULCANUS frustriert sind, auf dem subjektiv vorwerfbaren Verhalten von PROSERPINA beruht, wird ihm PROSERPINA diese Kosten zu ersetzen haben.

Weiters ist zu prüfen, ob VULCANUS ein Anspruch auf den (die) von PROSERPINA für die Sklaven erzielten Mietzins(e) zusteht. Zwischen PROSERPINA und CARNA ist es durch Willenseinigung über die entgeltliche Überlassung der Sklaven Amor und Vesta zum Abschluss von zwei Mietverträgen gekommen. Für die Dauer des Mietvertrages (*locatio conductio rei*) ist der Vermieter (*locator*) verpflichtet, dem Mieter (*conductor*) den vereinbarten Sachgebrauch zu ermöglichen, wofür der Mieter den Mietzins (*merces*) zu leisten hat. Indem PROSERPINA und CARNA die Dauer der Überlassung der Sklaven von vornherein mit einem Monat festsetzen, handelt es sich um befristete Mietverhältnisse.

Zu prüfen ist, wie sich der Umstand, dass die Sklavin Vesta von einer Schlange gebissen wird und stirbt, auf das Mietverhältnis auswirkt. Als Mieterin haftet CARNA grds für *dolus*, *culpa* und *custodia*. Eine zufällige Verschlechterung bzw Zerstörung der Mietsache trifft somit nicht den Mieter, sondern den Vermieter als Eigentümer nach dem Grundsatz *casum sentit dominus*. Da der tödliche Biss einer Schlange als Ereignis höherer Gewalt zu qualifizieren ist, hat CARNA für den Untergang der Sklavin Vesta nicht einzustehen, weshalb sie keinen Wertersatz zu leisten hat. Weiters stellt sich die Frage, ob CARNA, obwohl Vesta gestorben ist, Mietzins zahlen muss. Durch den Tod der Sklavin Vesta aufgrund des Schlangenbisses kommt es zu einer Leistungsstörung, da CARNA die Sklavin nun nicht mehr verwenden kann. Grundsätzlich trägt der *locator* die Zinsgefahr, dh er erhält keinen oder nur einen verminderten Mietzins, wenn die in Bestand gegebene Sache durch ein nicht vom *conductor* zu vertretendes Ereignis unbrauchbar wird (*periculum est locatoris*).

Da Vesta bereits in der ersten Nacht stirbt und CARNA sie somit nicht verwenden kann, steht PROSERPINA für die Sklavin Vesta kein Mietzins zu. PROSERPINA kann daher nur für die Überlassung des Sklaven Amor Mietzins verlangen. Zur Durchsetzung ihres Anspruchs auf Zahlung des Mietzinses in Höhe von 20 steht ihr als Vermieterin die *actio locati* zur Verfügung.

Da der sich in Schuldnerverzug befindliche Verkäufer dem Käufer herauszugeben hat, was er ab Fälligkeit durch die verkaufte Sache erworben hat, muss PROSERPINA den durch die Vermietung von Amor erzielten Mietzins an VULCANUS leisten. VULCANUS kann daher Ersatz für den Wert der Sklavin Vesta (180), die Mietkosten für den Wagen (10) und die Herausgabe des lukrierten Mietzinses für den Sklaven Amor (20) von PROSERPINA verlangen. Zur Durchsetzung seines Anspruchs auf insgesamt 210 steht ihm die *actio empti* zur Verfügung.

▶ **(1)** Schuldnerverzug liegt vor, wenn der Schuldner die Leistung nicht zur gehörigen Zeit, nicht am gehörigen Ort oder nicht auf die bedungene Weise erbringt, § 918 Abs 1. Hinsichtlich der Rechtsfolgen wird zwischen objektivem (vom Schuldner unverschuldetem) und subjektivem (vom Schuldner verschuldetem) Schuldnerverzug unterschieden. Bei objektivem Verzug steht dem Gläubiger ein Wahlrecht zu: Er kann entweder weiterhin die Erfüllung verlangen oder unter Setzung einer angemessenen Frist vom Vertrag zurücktreten. Wenngleich bei Verzug der Zeitpunkt der bedungenen Übergabe bereits eingetreten ist und somit grds die Gefahr auf den Gläubiger übergegangen wäre, so trägt im Falle des Schuldnerverzugs dennoch der Schuldner die Preisgefahr: Geht die Sache nach Eintritt des Verzuges durch Zufall unter, so geht der Schuldner seines Anspruchs auf die Gegenleistung verlustig. Besteht die Leistung, mit deren Erbringung der Schuldner in Verzug ist, in Geld, so fallen überdies Verzugszinsen an, §§ 1333 f. Der Verzug ist beendet, wenn der Schuldner die Leistung vereinbarungsgemäß anbietet oder wenn es zur Stundung kommt, da dadurch die Fälligkeit hinausgeschoben wird. Wählt der Gläubiger den Rücktritt vom Vertrag, so wird der Vertrag schuldrechtlich *ex tunc* aufgehoben. Die Rückabwicklung der bereits erbrachten Leistungen erfolgt nach bereicherungsrechtlichen Grundsätzen, § 921 S 2 (Unterfall der *condictio ob causam finitam*, § 1435). Trifft den Schuldner am Verzug ein Verschulden, so steht dem Gläubiger, zusätzlich zu den Rechtsfolgen bei objektivem Verzug, ein Anspruch auf Schadenersatz zu. Verlangt der Gläubiger weiterhin die Erfüllung, so steht ihm Ersatz des Verspätungsschadens zu. Wählt der Gläubiger hingegen den Rücktritt vom Vertrag, so kann er Schadenersatz wegen Nichterfüllung verlangen (Erfüllungsinteresse), § 921. Eine Sonderregelung findet sich für den Verzug beim Fixgeschäft. Bei einem Fixgeschäft erklärt der Gläubiger, dass er die Leistung, sollte sie nicht zum vereinbarten Zeitpunkt erbracht werden, nicht mehr annehmen wird, § 919. Der Gläubiger erklärt also bereits im Zeitpunkt des Vertragsabschlusses für den Fall der Verspätung der

Leistung den Rücktritt. Ergibt sich bereits aus der Natur des Geschäfts oder aus Gründen, die dem Schuldner bekannt sind, dass der Gläubiger an einer verspäteten Leistung nicht interessiert ist, so bedarf es keiner ausdrücklichen Erklärung seitens des Gläubigers. Bsp für Fixgeschäfte sind etwa die Bestellung eines Weihnachtsbaums für den 24. Dezember oder die Verpflichtung, eine Hochzeit zu filmen. Kommt der Schuldner beim Fixgeschäft in Verzug, so zerfällt der Vertrag, ohne dass es der Setzung einer Nachfrist oder einer gesonderten Rücktrittserklärung bedarf. Liegt ein bloß relatives Fixgeschäft vor, dh die Leistung des Schuldners ist noch möglich (Lieferung des Weihnachtsbaums am 25. Dezember), so muss der Gläubiger, sollte er doch weiterhin die Erfüllung begehren, dies dem Schuldner sofort mitteilen. Hingegen kann beim sog „absoluten Fixgeschäft" die Leistung endgültig nicht mehr erbracht werden (Filmen der Hochzeit), sodass mit dem Verzug des Schuldners Unmöglichkeit eintritt. [*Koziol/Welser*, Bürgerliches Recht II[13] (2007) 52 ff] **(2)** Zum Gläubigerverzug vgl Fall 40. **(3)** Zum Mietvertrag vgl Fall 46. **(4)** Zum Auftragsvertrag vgl Fall 54.

Zu den einschlägigen Quellenstellen der hier erörterten Problemkreise: zur Verpflichtung des Käufers zur Zahlung von Verzugszinsen vgl insb Hermogenian D 18. 6. 20 (19); zur Berechnung von Verzugszinsen *ex more regionis* vgl insb Papinian D 22. 1. 1 pr; zum Verzug desjenigen, an dem es gelegen ist, dass die Leistung nicht erbracht werden konnte, vgl African D 17. 1. 37; zum Haftungsmaßstab des Verkäufers bei Gläubigerverzug des Käufers vgl insb Paulus D 18. 6. 5 u 13 (12) sowie Pomponius D 18. 6. 18 (17); zum Anspruch des Verkäufers auf Ersatz des Ernährungsaufwandes für den verkauften Sklaven vgl insb Celsus D 19. 1. 38. 1; zur Möglichkeit des Verkäufers, die Sache so lange zurückzuhalten, bis der Käufer Aufwandersatz geleistet hat, vgl insb Ulpian D 18. 6. 1. 3 sowie Marcellus D 21. 1. 31. 8; zum Eintritt des Schuldnerverzugs infolge Mahnung durch den Gläubiger vgl insb Marcian D 22. 1. 32 pr; zur Verpflichtung des Schuldners, die Leistung ordnungsgemäß anzubieten, vgl insb Pomponius D 12. 1. 5 sowie Ulpian D 19. 1. 13. 8; zur Pflicht des Schuldners, für einen zufälligen Untergang der Sache einzustehen, wenn er sich in Verzug befindet, vgl insb Gordian C 4. 48. 4, Diokletian u Maximian C 4. 48. 6 sowie Ulpian D 30. 47. 6; zum Ersatzanspruch des Käufers bei Schuldnerverzug des Verkäufers vgl insb Paulus D 19. 1. 21. 3 sowie Neraz D 19. 1. 31. 1; zum Ersatz des *quanti interest rem habere* vgl insb Diokletian u Maximian C 4. 49. 4, Ulpian D 19. 1. 1 pr u ders D 19. 1. 11. 9 u 10; zum Wesen des *mandatum* als unentgeltlichen Freundschaftsdiensts vgl insb Paulus D 17. 1. 1. 4; zum *mandatum* als Konsensualvertrag vgl insb Paulus D 17. 1. 1 pr; zum Aufwandersatzanspruch des Mandatars bei unverschuldetem Unterbleiben der Ausführung des Mandats vgl insb Papinian D 17. 1. 56. 4; zur Zinsgefahr bei Beeinträchtigung der Bestandsache durch *vis maior* vgl insb Ulpian D 19. 2. 15. 2; zur Beendigung des Schuldnerverzugs, wenn der Schuldner die Leistung ordnungsgemäß anbietet, vgl Pomponius D 18. 6. 18 sowie Paulus D 45. 1. 91. 3; zur Pflicht des Verkäufers, dem Käufer das herauszugeben, was er durch die verkaufte Sache erworben oder zu erwerben verabsäumt hat, vgl insb Neraz D 19. 1. 31. 1.

Fall 40:

Wagen Castor und Esel Pollux

PALES kauft am 1.6. von FONS den Leiterwagen „Castor" um 500 und zahlt den Kaufpreis sofort. Die Übergabe des Wagens wird für den 15.6. vereinbart. Am selben Tag kauft PALES von CARMENTA den Esel Pollux um 200. Der Esel soll am 20.6. von PALES bezahlt und abgeholt werden. Als PALES am 15.6. bei FONS zur Übernahme des Wagens erscheint, bemerkt sie, dass mehrere Speichen eines Rades gebrochen sind. Darauf aufmerksam gemacht, verspricht FONS die Reparatur des Rades in einer Woche. Für den Fall, dass das Rad bis dahin nicht repariert ist, verspricht ihr FONS stipulationsweise die Zahlung von 100. Als PALES nach einer Woche erneut bei FONS erscheint, gesteht er ihr, auf die Reparatur des Rades völlig vergessen zu haben. PALES erklärt verärgert, sich nicht mehr an den Vertrag gebunden zu erachten.

Am 20.6. wartet CARMENTA vergeblich auf die Abholung und Bezahlung des Esels Pollux, da sich PALES zum Sonnen am Strand befindet. CARMENTA ist verärgert, hätte sie das Geld doch dringend benötigt, da an diesem Tag die Jahreskarte der Caracalla-Thermen stark verbilligt (statt für 250 um 180) angeboten wird. Zudem muss sie ab 20.6 einen Stall für den Esel anmieten (Kosten täglich 5). Als CARMENTA am 30.6. in den Stall geht, stellt sie erschrocken fest, dass Pollux gestohlen wurde.

Wie sind allfällige Ansprüche von PALES, FONS und CARMENTA zu beurteilen?

Zu behandelnde Problemkreise:

- ➤ Schuldnerverzug des Verkäufers
- ➤ Abschluss einer *stipulatio poenae*
- ➤ Rücktrittsmöglichkeit des Käufers bei Unzumutbarkeit der Aufrechterhaltung des Vertrages
- ➤ Schuldnerverzug des Käufers
- ➤ Begrenzung des Ersatzanspruchs des Verkäufers bei Schuldnerverzug des Käufers mit der Höhe von Verzugszinsen *ex more regionis*
- ➤ Gläubigerverzug des Käufers als bloße Obliegenheitsverletzung
- ➤ Ersatzpflicht des Käufers für Kosten, die dem Verkäufer durch die verspätete Annahme der Kaufsache entstanden sind
- ➤ Haftungserleichterung des Verkäufers bei Gläubigerverzug des Käufers

▶ (1) Gläubigerverzug liegt vor, wenn der Gläubiger die vom Schuldner ordnungsgemäß angebotene Leistung nicht annimmt. Für den Eintritt der Rechtsfolgen beim Gläubigerverzug kommt es auf ein Verschulden des Gläubigers nicht an. Damit der Gläubiger in Verzug gerät, bedarf es eines realen Angebots des Schuldners. Bloß wörtliches Anbieten (Verbalanbot) reicht aber aus, wenn der Gläubiger die Annahme von vornherein verweigert, wenn der Gläubiger an der Leistungshandlung mitwirken muss oder eine Holschuld (der Gläubiger hat die Leistung beim Schuldner abzuholen) vereinbart wurde. Nicht einmal eines Verbalanbots bedarf es, wenn bei einer Holschuld der Leistungstermin kalendermäßig fixiert ist. Grundsätzlich stellt der Gläubigerverzug keine Pflichtverletzung, sondern eine bloße Obliegenheitsverletzung dar. So kann der Gläubiger zwar idR nicht zur Annahme der Leistung gezwungen werden, § 1419 ordnet aber an, dass er die widrigen Folgen zu tragen hat, wenn er es nicht tut. So kommt es, da der Zeitpunkt der bedungenen Übergabe beim Annahmeverzug bereits eingetreten ist, zum Übergang der Preisgefahr auf den Gläubiger, vgl § 1048. Weiters haftet der Schuldner hinsichtlich einer Verschlechterung oder eines Untergangs der nicht abgenommenen Sache nur noch für grobes Verschulden (dh für Vorsatz und grobe Fahrlässigkeit). Zudem kann der Schuldner die geschuldete Sache mit schuldbefreiender Wirkung bei Gericht hinterlegen, § 1425. Aufwendungen, die der Schuldner zum Nutzen des Gläubigers auf die Sache gemacht hat, kann er im Wege der Geschäftsführung ohne Auftrag vom Gläubiger fordern. Eine Pflichtverletzung stellt der Gläubigerverzug nur dann dar, wenn der Schuldner ein besonderes Interesse an der Annahme der Leistung hat, das über das Interesse am Erhalt der Gegenleistung hinausgeht. Bsp: Kauf eines Hauses auf Abbruch. Hier hat der Verkäufer neben dem Interesse der Bezahlung des Kaufpreises für das Abbruchmaterial va ein Interesse am Freiwerden des Bauplatzes. In diesen Fällen ist der Gläubigerverzug zugleich Schuldnerverzug, sodass die Rechtsfolgen der §§ 918 ff zur Anwendung kommen. [*Koziol/Welser*, Bürgerliches Recht II^{13} (2007) 59 ff] **(2)** Zum Schuldnerverzug vgl Fall 39. **(3)** Zur Vertragsstrafe vgl Fall 34.

Zu den einschlägigen Quellenstellen der hier zu erörternden Problemkreise: zur Verpflichtung des Schuldners, die Leistung ordnungsgemäß anzubieten, vgl insb Pomponius D 12. 1. 5 sowie Ulpian D 19. 1. 13. 8; zum Verzug desjenigen, an dem es gelegen ist, dass die Leistung nicht erbracht werden konnte, vgl African D 17. 1. 37; zur Funktion der Vereinbarung einer Vertragsstrafe vgl Venuleius D 46. 5. 11 sowie Iust Inst 3. 15. 7; zur Vereinbarung einer *stipulatio poenae* vgl etwa Papinian D 45. 1. 115. 2; zum Haftungsmaßstab des Verkäufers bei Gläubigerverzug des Käufers vgl insb Paulus D 18. 6. 5 u 13 (12) sowie Pomponius D 18. 6. 18 (17); zur Berechnung von Verzugszinsen *ex more regionis* vgl insb Papinian D 22. 1. 1 pr; zur Begrenzung der Schadenersatzpflicht des Käufers mit der Höhe der Verzugszinsen vgl insb Hermogenian D 18. 6. 20 (19); zur Ersatzpflicht von Mietkosten, die dem Verkäufer infolge des Gläubigerverzuges des Käufers entstanden sind, vgl insb Ulpian D 18. 6. 1. 3; zur Möglichkeit des Verkäufers, die Sache so lange zurückzuhalten, bis der Käufer Aufwandersatz geleistet hat, vgl insb Ulpian D 18. 6. 1. 3 u ders D 21. 1. 31. 8.

Variante:

Was ist rechtens, wenn PALES bei Abholung des Wagens am 15.6. trotz genauester Untersuchung keine Fehler feststellen kann und den Wagen sofort mitnimmt, jedoch bei der ersten Ausfahrt das Rad durch die mangelhaften Speichen bricht und dadurch die von PALES transportierten Amphoren vom Wagen fallen und zerbrechen (Wertverlust 50)?

Zu behandelnde Problemkreise:

➢ Sachmangelgewährleistung
➢ Preisminderung oder Wandlung
➢ Mangelschaden *vs* Mangelfolgeschaden

▶ Zur Sachmangelgewährleistung vgl Fall 42.

Zu den einschlägigen Quellenstellen der hier zu erörternden Problemkreise: zur Haftung des Verkäufers für Mängel unabhängig davon, ob er diese kennt, vgl insb Marcian D 18. 1. 45, Pomponius D 19. 1. 6. 4 sowie Ulpian D 21. 1. 1. 2; zur *actio empti* als Behelf zur Geltendmachung eines Mangels außerhalb des Edikts der kurulischen Ädilen vgl insb Ulpian D 19. 1. 11. 3 u 5, ders D 19. 1. 13. 1 sowie ders D 21. 1. 1 pr; zur Ersatzpflicht des Verkäufers für Schäden, die dem Käufer infolge der Mangelhaftigkeit der Ware in seinem sonstigen Vermögen entstanden sind, vgl insb Marcian D 18. 1. 45, Paulus D 19. 1. 4 pr sowie Ulpian D 19. 1. 13 pr u 1.

5. KAPITEL

Gewährleistung

Lit: *Benke/Meissel*, Römisches Schuldrecht[7] (2006) 148–172;
Hausmaninger/Selb, Römisches Privatrecht[9] (2001) 239–245;
Kaser/Knütel, Römisches Privatrecht[20] (2014) 249–257;
Apathy/Klingenberg/Pennitz, Einführung in das römische Recht[5] (2012) 179–185.

Fall 41: ☆

Der treue Jagdhund

AEOLUS verkauft am 1.1. PLUTO die Stute Sagitta um 500 sowie den Jagdhund Arcus (Wert 300) um 200. Weder AEOLUS noch PLUTO wissen, dass Arcus dem MARS gehört. PLUTO lässt sich von AEOLUS mittels *stipulatio duplae* versprechen, dass Arcus nicht evinziert werde. Am 15.1. wird Sagitta mit einer Seuche angesteckt. Die Übergabe der Tiere sowie die Zahlung der Kaufpreise finden am 1.2. statt. Einen Monat später, am 1.3., verkauft PLUTO Sagitta um 550 und Arcus um 250 auf dem Markt an die Jägerin DIANA. Auch PLUTO und DIANA schließen über Arcus eine *stipulatio duplae* ab. Zudem sichert PLUTO DIANA ausdrücklich zu, dass Sagitta gesund sei. DIANA erhält die Tiere übergeben und zahlt 800.
Bereits in der folgenden Nacht gelingt es Arcus, aus dem umzäunten Grundstück der DIANA zu entkommen und wieder zu seinem Herrn MARS zurückzukehren. Verzweifelt über den Verlust des Hundes startet DIANA eine groß angelegte Suchaktion. Als sich herausstellt, dass sich der Hund bei MARS befindet, klagt ihn DIANA auf Herausgabe des Hundes mittels *rei vindicatio*, unterliegt aber im Prozess. Nur wenige Tage nach Übergabe von Sagitta an DIANA bricht bei Sagitta die Seuche aus. Auch ein anderes Pferd (Wert 400) von DIANA wird von Sagitta angesteckt. Sowohl Sagitta als auch das von ihr angesteckte Pferd verenden.

Was können DIANA und PLUTO rechtlich unternehmen?

Skizze betreffend den Jagdhund Arcus:

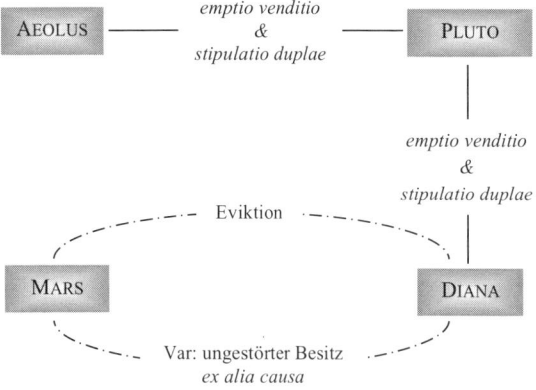

Vorüberlegungen:

➢ Kommt ein Kaufvertrag auch dann gültig zustande, wenn der Verkäufer nicht Eigentümer der verkauften Sache ist?

➢ Ist der Verkäufer nach römischem Recht verpflichtet, dem Käufer Eigentum an der verkauften Sache zu verschaffen?

➢ Was besagt das Eviktionsprinzip?

➢ Welche Ansprüche stehen dem Käufer wegen eines Rechtsmangels aus dem Kaufvertrag, welche Ansprüche aus einer *stipulatio duplae* zu?

➢ Wie wirkt sich die Eviktion beim zweiten Käufer auf den Kaufvertrag zwischen erstem Verkäufer und erstem Käufer aus?

➢ Wann spricht man von einem Sachmangel?

➢ Auf welche Kaufverträge findet das Edikt der kurulischen Ädilen Anwendung?

➢ Was kann der Käufer mit der *actio redhibitoria* erreichen?

➢ Wie wirkt die Wandlung des Vertrages?

➢ Was besagt der Satz *mortuus redhibetur*?

➢ Was versteht man unter dem Mangelschaden, was unter dem Mangelfolgeschaden?

➢ Wovon hängt die Ersatzpflicht des Verkäufers für Mangelfolgeschäden ab?

➢ Was besagt die Regel *periculum est emptoris*?

Vertragsverhältnisse betreffend den Jagdhund Arcus

Zwischen AEOLUS und PLUTO kommt es am 1.1. durch Konsens über den Austausch des Jagdhundes Arcus (Ware) gegen 200 (Preis) zum Abschluss eines Kaufvertrages (*emptio venditio*). Der Umstand, dass der Verkäufer AEOLUS nicht Eigentümer von Arcus ist, berührt die Gültigkeit des Kaufvertrages nicht. Lediglich bei einem Kauf der eigenen Sache oder bei einem Kauf einer Sache, von der sowohl Verkäufer als auch Käufer wissen, dass sie gestohlen wurde, kommt kein Kaufvertrag zustande.

Da der Verkäufer AEOLUS nicht Eigentümer von Arcus ist, kann PLUTO derivativ nicht Eigentum am Hund erwerben. Zwar liegt für den Eigentumserwerb mittels *traditio* mit dem Kaufvertrag eine *iusta causa* (*titulus*) vor und es ist zur Übergabe des Jagdhundes gekommen (*modus*), da AEOLUS aber weder Eigentümer noch Verfügungsbefugter von Arcus ist, fehlt es an der dinglichen Berechtigung des Vormanns – *nemo plus iuris transferre potest quam ipse habet*. Auch ein originärer Eigentumserwerb durch PLUTO mittels *usucapio* scheitert. Um bewegliche Sachen zu ersitzen, bedarf es ua eines ununterbrochenen Besitzes von einem Jahr. Indem PLUTO den Jagdhund Arcus aber bereits einen Monat nach Übergabe von AEOLUS an DIANA übergibt, ist die Ersitzungsfrist noch nicht abgelaufen. Da die übrigen Voraussetzungen für eine Ersitzung (*res habilis, titulus, bona fides* und *possessio*) gegeben sind, ist PLUTO bis zur Übergabe an DIANA Ersitzungsbesitzer des Jagdhundes.

Neben dem Kaufvertrag kommt es zwischen AEOLUS und PLUTO zum Abschluss einer Stipulation (Verbalkontrakt), in der AEOLUS PLUTO zusichert, dass der Jagdhund nicht evinziert werde – *rem emptam et traditam non evictam esse* –, andernfalls AEOLUS den doppelten Kaufpreis leisten werde.

Am 1.3. schließen auch PLUTO und DIANA durch Willenseinigung über die Übergabe von Arcus gegen Bezahlung von 250 einen Kaufvertrag ab, verbunden mit dem stipulationsweisen Versprechen, dass PLUTO für den Fall der Eviktion das Doppelte des Kaufpreises leisten werde.

Auch DIANA hat kein Eigentum am Hund Arcus erworben. Mangels dinglicher Berechtigung von PLUTO kann auch sie nicht derivativ Eigentum am Hund mittels *traditio* erwerben. Eine Ersitzung scheitert am mangelnden *tempus*, da DIANA bereits in der Nacht nach der Übergabe durch PLUTO die Gewahrsame über Arcus verliert (*arg*: Bereits in der folgenden Nacht gelingt es Arcus, aus dem umzäunten Grundstück der DIANA zu entkommen und wieder zu seinem Herrn MARS zurückzukehren.).

Unterliegt DIANA in der Folge im Eigentumsprozess gegen MARS auf Herausgabe des Hundes, so stellt sich die Frage, ob ihr PLUTO für den Verlust des Hundes einzustehen hat. Infrage kommt zunächst ein Anspruch aus dem Kaufvertrag aufgrund Rechtsmangelgewährleistung. Zu beachten ist, dass der Verkäufer grds nicht verpflichtet ist, dem Käufer Eigentum an der Kaufsache zu verschaffen, sondern bloß ungestörten Besitz. Der Verkäufer hat dem Käufer verschuldensunabhängig für die ungestörte Nutzung, das Fruchtziehen und das Haben der Sache – *uti frui habere possidereque licere* – einzustehen. Somit steht dem Käufer grds erst dann ein Anspruch aus Rechtsmangelgewährleistung zu, wenn sein Besitz an der Kaufsache gestört wird. Eine zur Rechtsmangelgewährleistung führende Beeinträchtigung des ungestörten Besitzes liegt vor, wenn es zur Eviktion, dh zur erfolgreichen Geltendmachung eines dinglichen Rechts durch einen Dritten, kommt (Eviktionsprinzip).

Indem DIANA den Besitz des Jagdhundes an den Eigentümer MARS verliert und sie mit ihrem Herausgabeanspruch mittels *rei vindicatio* im Prozess unterliegt, ist ein Fall von Eviktion gegeben – *possessor ab emptore conventus absolutus est*. Folglich steht DIANA aus dem Kaufvertrag ein Anspruch aus Rechtsmangelgewährleistung gegen PLUTO zu. DIANA ist das Interesse, Eigentum am Jagdhund Arcus erworben zu haben – *quanti mea intersit meam esse factam* –, zu ersetzen. Die Höhe von DIANAs Erfüllungsinteresse ist mit dem Wert des Hundes (300) zu beziffern. Da dem Sachverhalt nach DIANA den Kaufpreis in Höhe von 250 an PLUTO bereits geleistet hat, kann sie mittels *actio empti* 300 von PLUTO verlangen.

Alternativ kann DIANA aufgrund der Eviktion auch aus der *stipulatio duplae* gegen PLUTO vorgehen und das Doppelte des Kaufpreises fordern. Da das *duplum* der Kaufpreissumme (500) höher ist als jener Betrag, den DIANA über die *actio empti* erlangen kann (300), wird sie den Anspruch aus der Stipulation wählen. DIANA kann daher 500 von PLUTO mittels *condictio* verlangen.

Indem DIANA aufgrund der Eviktion bei PLUTO Rechtsmangelgewährleistung geltend gemacht hat, kann nun auch PLUTO seinerseits Ansprüche aus Rechtsmangelgewährleistung gegen seinen Verkäufer AEOLUS erheben.

Da auch AEOLUS und PLUTO für den Fall einer Eviktion eine *stipulatio duplae* abgeschlossen haben, steht es PLUTO frei, ob er AEOLUS aus dem Kaufvertrag oder alternativ aus der Stipulation in Anspruch nimmt. Zu beachten ist, dass das Erfüllungsinteresse von PLUTO aus dem Kaufvertrag nicht mit dem Wert des Jagdhundes (300), sondern mit jenem Betrag, den PLUTO DIANA aufgrund der Stipulation zu leisten verpflichtet war (500), anzusetzen ist. PLUTO ist so zu stellen, wie er stünde, hätte ihm AEOLUS ordnungsgemäß geleistet: Hätte AEOLUS PLUTO Eigentum am Jagdhund übertragen, so hätte auch PLUTO DIANA Eigentum am Jagdhund verschaffen können und PLUTO hätte, da es diesfalls nicht zur Eviktion gekommen wäre, nicht 500 aus der *stipulatio duplae* an DIANA leisten müssen. Das Erfüllungsinteresse von PLUTO beträgt, da er den Kaufpreis in Höhe von 200 bereits an AEOLUS geleistet hat, 500. Da der Betrag des doppelten Kaufpreises (400) in diesem Fall niedriger als das Erfüllungsinteresse aus dem Kaufvertrag (500) ist, wird es PLUTO vorziehen, mittels *actio empti* gegen AEOLUS vorzugehen.

Vertragsverhältnisse betreffend die Stute Sagitta

Auch über die Stute Sagitta kommt es durch Willenseinigung über Ware und Preis zwischen AEOLUS und PLUTO sowie in der Folge zwischen PLUTO und DIANA zum Abschluss von Kaufverträgen. Bricht bei Sagitta nach Übergabe an DIANA eine Seuche aus, woran sie in der Folge verendet, so ist zu prüfen, ob ein Fall von Gewährleistung vorliegt. Unter Gewährleistung versteht man das verschuldensunabhängige Einstehenmüssen des Verkäufers für Mängel am Kaufgegenstand, die im Zeitpunkt der Übergabe vorliegen, nicht nach Perfektion entstanden sind und den ordnungsgemäßen oder bedungenen Gebrauch der Sache beeinträchtigen. Die Krankheit der Stute Sagitta ist als Sachmangel zu qualifizieren, da sie Sagitta körperlich anhaftet und deren Gebrauch beeinträchtigt (arg: Sagitta verendet infolge der Krankheit). Zudem wurde Sagitta dem Sachverhalt nach bereits am 15.1. und somit nicht nach Perfektion (die hier mit dem Kaufabschluss und der Übergabe an DIANA am 1.3. zusammenfällt) mit der Seuche angesteckt. Der Umstand, dass die Seuche erst nach Übergabe ausbricht, ist unerheblich. Folglich kann DIANA Sachmangelgewährleistung geltend machen und entweder Preisminderung oder Wandlung verlangen. Da DIANA kein Interesse an dem toten Pferd hat, wird sie sich für die Wandlung des Vertrages entscheiden. Zu beachten ist, dass DIANA die Stute Sagitta am Markt gekauft hat. Folglich fällt der Kaufvertrag zwischen PLUTO und DIANA in die Jurisdiktion der kurulischen Ädilen. Bei den kurulischen Ädilen handelt es sich um römische Magistrate, denen ua die Marktaufsicht und die Marktgerichtsbarkeit obliegen. Aufgrund ihres *ius edicendi* können sie generelle Anordnungen erlassen, wie etwa das *edictum aedilium curulium*, nach dem der Verkäufer von Sklaven sowie von Zug- und Tragtieren (*iumenta*) oder Herdenvieh (*pecora*) verpflichtet ist, den Käufer über bestimmte Fehler (*vitia*) und Krankheiten (*morbi*) zu informieren. Unterlässt es der Verkäufer, dem Käufer aufklärungspflichtige Mängel kundzumachen, so hat er hierfür verschuldensunabhängig einzustehen. Der Verkäufer wird also auch dann gewährleistungspflichtig, wenn er vom Mangel nichts wusste.

Da auf den Kaufvertrag das Edikt der kurulischen Ädilen anzuwenden ist, wird DIANA die Wandlung des Vertrages mit der *actio redhibitoria* verlangen, die sie innerhalb von sechs Monaten ab Kauf anstellen muss. Bei der Wandlung kommt es zur schuldrechtlich *ex tunc* wirkenden Auflösung des Vertrages, sodass die erbrachten Leistungen zurückzustellen sind. Da die Stute Sagitta bereits untergegangen ist und somit nicht mehr zurückgestellt werden kann, stellt sich die Frage, ob DIANA die Wandlung nur dann verlangen kann, wenn sie Wertersatz für die Stute leistet. Der Jurist Ulpian spricht sich dann für eine Ersatzpflicht des Käufers aus, wenn er oder eine ihm zuzurechnende Person den Untergang verschuldet hat. Da sich im Sachverhalt keine Anhaltspunkte für ein Verschulden von Seiten DIANAs finden, die Stute Sagitta vielmehr infolge der Krankheit stirbt, aufgrund derer DIANA die Wandlung begehrt, hat DIANA keinen Wertersatz zu leisten – *mortuus redhibetur*.

Fraglich ist weiters, ob PLUTO DIANA Ersatz für das von Sagitta angesteckte und in der Folge ebenfalls verendete Pferd zu leisten hat. Der Tod des von Sagitta angesteckten Pferdes stellt einen Mangelfolgeschaden dar. Darunter versteht man jenen Schaden, der dem Vertragspartner durch die Mangelhaftigkeit der übernommenen Sache in seinem sonstigen Vermögen erwachsen ist. Grundsätzlich ist Ersatz für Mangelfolgeschäden nur dann zu leisten, wenn dem Verkäufer ein Verstoß gegen die sich aus der *bona fides* ergebenden Treuepflichten angelastet werden kann (etwa bei dolosem Verschweigen eines Mangels) oder wenn der Verkäufer bestimmte Eigenschaften oder die Fehlerfreiheit ausdrücklich zugesichert hat (*dicta et promissa*). Ob bei Erhebung der *actio redhibitoria* Mangelfolgeschäden ausnahmsweise auch dann zu ersetzen sind, wenn dem Verkäufer kein Verstoß gegen die *bona fides* vorgeworfen werden kann, ist den Quellen nicht mit Sicherheit zu entnehmen.

Da PLUTO DIANA ausdrücklich zugesichert hat, dass Sagitta gesund sei, hat er DIANA den Wert des von Sagitta angesteckten und verendeten Pferdes jedenfalls zu ersetzen. Neben der Rückleistung des Kaufpreises in Höhe von 550 steht DIANA somit auch Ersatz des Mangelfolgeschadens in Höhe von 400 zu.

Schließlich gilt es noch zu prüfen, ob auch PLUTO aufgrund des Todes der Stute Sagitta Sachmangelgewährleistung bei seinem Verkäufer AEOLUS geltend machen kann. Dabei ist zu beachten, dass nur solche Mängel eine Gewährleistungspflicht des Verkäufers auslösen, die bei Übergabe vorhanden und nicht nach Perfektion entstanden sind. Zwar ist Sagitta bei Übergabe an PLUTO bereits mit der Seuche angesteckt, die Ansteckung erfolgte aber erst nach Perfektion. Hier fällt die Perfektion mit dem Abschluss des Kaufvertrages am 1.1. zusammen: Bereits zu diesem Zeitpunkt war die Ware ausgesondert (Stute Sagitta), der Preis ziffernmäßig festgelegt (500) und es waren auch sonst keine Perfektionshindernisse vorhanden. Da eine nach Perfektion vom Verkäufer unverschuldete Verschlechterung der Kaufsache nach der Regel *periculum est emptoris* grds zulasten des Käufers geht, hat den Nachteil für die Ansteckung der Stute Sagitta am 15.1. PLUTO zu tragen. Folglich wird AEOLUS PLUTO gegenüber für den Tod der Stute Sagitta nicht gewährleistungspflichtig.

▶ (1) Das ABGB regelt die Gewährleistung in den §§ 922 ff allgemein für alle Rechtsgeschäfte, die auf die entgeltliche Überlassung einer Sache gerichtet sind. Das Paradebeispiel eines solchen Geschäftes ist der Kaufvertrag. Nur sehr eingeschränkt besteht die Gewährleistung bei unentgeltlichen Geschäften. So haftet etwa der Geschenkgeber nur dann, wenn er wissentlich eine fremde Sache verschenkt, § 945 (vgl Fall 29). Gewährleistungsrechtliche Sonderbestimmungen finden sich etwa beim Bestandvertrag, § 1096 (vgl Fall 46), bei der entgeltlichen Zession, § 1397 S 2 (vgl Fall 55), bei beiderseitig unternehmensbezogenen Geschäften, § 377 UGB (vgl Fall 42), sowie bei Verbrauchergeschäften, §§ 8 ff KSchG (vgl ebenfalls Fall 42). [*Koziol/Welser*, Bürgerliches Recht II^{13} (2007) 64] (2) Der Übergeber hat nur für solche Mängel Gewähr zu leisten, die bei Übergabe der Sache (Ablieferung) bereits bestanden, § 924 S 1. Fallen der Übergang der Preisgefahr und die Ablieferung der Sache nicht zusammen (wie etwa beim Annahmeverzug), so ist der Zeitpunkt des Gefahrenübergangs ausschlaggebend (vgl Fall 37). [*Koziol/Welser*, Bürgerliches Recht II^{13} (2007) 77] (3) Bestand der Mangel bereits bei Vertragsabschluss, so kann der Übernehmer wählen, ob er entweder Gewährleistung oder (bei Vorliegen der allgemeinen Voraussetzungen) Irrtum geltend macht (zur Irrtumsanfechtung vgl Fall 29); dies deshalb, weil die Gewährleistung und der Irrtum auf unterschiedlichen Grundlagen beruhen – die Gewährleistung auf einer Inäquivalenz der Leistungen, der Irrtum auf einem Willensmangel. Die Berufung auf einen Irrtum kann für den Übernehmer zwei Vorteile bringen: Einerseits bleiben Ansprüche wegen Irrtums bei einem vereinbarten Gewährleistungsausschluss grds unberührt. Andererseits ist die Frist zur Geltendmachung eines Irrtums mit drei Jahren (§ 1487) länger als die zweijährige Gewährleistungsfrist bei beweglichen Sachen (§ 933 Abs 1 S 1). Zu beachten ist aber, dass die Verjährungfrist zur Geltendmachung eines Irrtums bereits bei Vertragsabschluss zu laufen beginnt, jene zur Geltendmachung von Gewährleistung bei Sachmängeln aber grds erst mit Ablieferung, § 933 Abs 1 S 2. [*Koziol/Welser*, Bürgerliches Recht II^{13} (2007) 85 f] (4) Erfüllt eine mangelhafte Leistung neben dem Tatbestand der Gewährleistung gleichzeitig den Tatbestand des Verzuges (die Leistung wird „nicht auf die bedungene Weise" erbracht, § 918) oder jenen der nachträglichen Unmöglichkeit (etwa bei unbehebbaren Mängeln, §§ 920, 1447), so stellt sich das Konkurrenzproblem zwischen Gewährleistung und (vorläufiger bzw endgültiger) Nichterfüllung. Die hL stellt auf die Ablieferung ab: Vor Annahme der Leistung bestehen nur Ansprüche wegen Nichterfüllung, danach nur noch Rechte aus Gewährleistung. Anders stellt sich die Lage bei einer sog Anderslieferung (Lieferung eines *aliud*) dar. In diesem Fall leistet der Schuldner nicht bloß mangelhaft, sondern überhaupt etwas anderes als vereinbart, weshalb Nichterfüllung (Verzug bzw Unmöglichkeit) vorliegt. Bei Speziesschulden stellt jede Leistung, die nicht die geschuldete ist, ein *aliud* dar (etwa bei Lieferung der Kuh Bella statt der Kuh Resi). Bei Gattungsschulden kann die Abgrenzung zwischen mangelhafter Leistung und Anderslieferung hingegen schwieriger sein. [*Koziol/Welser*, Bürgerliches Recht II^{13} (2007) 65 ff] (5) Grundlegende Voraussetzung bei der Gewährleistung ist das Vorliegen eines Mangels. Nach § 922 Abs 1 leistet der Übergeber Gewähr, dass die Sache dem Vertrag entspricht. Ob die Sache vertragsgemäß oder mangelhaft ist, richtet sich ua auch nach den vom Übergeber beigebrachten Beschreibungen (zB Produktinformationen), Proben oder Mustern. Ferner gelten jene Eigenschaften als vereinbart, die der Erwerber aufgrund öffentlich geäußerter Werbeaussagen oder Produktbeschreibungen erwarten darf. Dies gilt auch für öffentliche Äußerungen, die vom EWR-Importeur oder von einer Person, die sich als Hersteller bezeichnet, stammen. Der Übergeber ist nur dann nicht an solche Äußerungen gebunden, wenn er sie weder kannte noch kennen konnte, wenn sie bei Vertragsabschluss berichtigt waren oder wenn sie den Vertragsabschluss nicht beeinflusst haben konnten, § 922 Abs 2 S 2. [*Koziol/Welser*, Bürgerliches Recht II^{13} (2007) 67 ff] (6) Je nach Art des Mangels wird zwischen Rechtsmängeln und Sachmängeln unterschieden. Ein Sachmangel ist ein Mangel, der der Sache körperlich anhaftet und entweder deren bedungenen oder gewöhnlich vorausgesetzten Gebrauch beeinträchtigt. Ein Rechtsmangel liegt vor, wenn der Übergeber dem Erwerber nicht die vertraglich vereinbarte Rechtsposition verschafft. [*Koziol/Welser*, Bürgerliches Recht II^{13} (2007) 67 ff] Zum System der Gewährleistungsbehelfe vgl Fall 42, zur Rechtsmangelgewährleistung vgl Fall 43. (7) Zur nachträglichen Unmöglichkeit vgl Fall 36.

Zu den einschlägigen Quellenstellen der hier erörterten Problemkreise: zur Ungültigkeit des Kaufes der eigenen Sache vgl Pomponius D 18. 1. 16 pr sowie einer gestohlenen Sache, wenn beide Vertragspartner deren Furtivität kennen, vgl Paulus D 18. 1. 34. 3; zur Gültigkeit eines Kaufvertrages bei Verkauf einer fremden Sache vgl insb Ulpian D 18. 1. 28; keine Eigentumsverschaffungspflicht des Verkäufers vgl insb Ulpian D 18. 1. 25. 1; zur Haftung des Verkäufers für das *uti frui habere licere* der verkauften Sache sowie für das Interesse, dass die Sache im Eigentum des Verkäufers gestanden ist, vgl insb Julian D 21. 2. 8; zur Haftung des Verkäufers bei Eviktion der verkauften Sache vgl insb Javolen D 21. 2. 60; zum Anspruch aus einer *stipulatio duplae* bei Eviktion vgl insb Pomponius D 21. 2. 16. 1; zur Rechtsmangelgewährleistung bei Weiterverkauf vgl Marcellus D 21. 2. 61; zur Anzeigepflicht von Mängeln nach dem Edikt der kurulischen Ädilen beim Verkauf von Sklaven vgl insb Ulpian D 21. 1. 1. 1 sowie beim Verkauf von *iumenta* vgl Ulpian D 21. 1. 38 pr; zur *actio redhibitoria* vgl insb Ulpian D 21. 1. 23. 9 sowie ders D 21. 1. 25. 8; zur Möglichkeit der Wandlung ungeachtet des Todes des verkauften und übergebenen Tieres vgl insb Ulpian D 21. 1. 38. 3; zur Frage, ob im Zuge der Wandlung Wertersatz zu leisten ist, wenn der verkaufte und übergebene Sklave gestorben ist, vgl Ulpian D 21. 1. 31. 11; zur Haftung des Verkäufers für *dicta et promissa* vgl Florentin D 18. 1. 43 pr sowie Gaius D 18. 6. 16 (15); zum Ersatz von Mangelfolgeschäden über eine *actio redhibitoria* vgl insb Paulus D 21. 1. 58 pr; zur Ersatzpflicht des Verkäufers für Schäden, die dem Käufer infolge der Mangelhaftigkeit der Ware in seinem sonstigen Vermögen entstanden sind, vgl insb Marcian D 18. 1. 45, Paulus D 19. 1. 4 pr sowie Ulpian D 19. 1. 13 pr u 1; zur Regel *periculum est emptoris* vgl insb Paulus D 18. 6. 8 pr sowie Iust Inst 3. 23. 3.

Variante:

Als DIANA den Hund bei MARS wiederfindet und über die Eigentumsverhältnisse aufgeklärt wird, einigen sich die beiden, dass DIANA den Hund mitnehmen und behalten darf, wenn sie MARS 350 zahlt.

Wie ist die Rechtslage?

Zu behandelnde Problemkreise:

➢ Rechtsmangelgewährleistung ohne Vorliegen einer Eviktion
➢ ungestörter Besitz *ex alia causa*

> *concursus causarum*
> keine Ansprüche aus einer *stipulatio duplae* mangels Erfüllung ihres Wortlautes

Kommen DIANA und MARS überein, dass DIANA den Jagdhund mitnehmen und behalten darf, wenn sie hierfür 350 bezahlt, so schließen sie einen Kaufvertrag ab. Wird DIANA der Jagdhund Arcus von MARS als dessen Eigentümer (dingliche Berechtigung) aufgrund des Kaufvertrages (*titulus*) übergeben (*modus*), so erwirbt DIANA durch *traditio* derivativ Eigentum am Jagdhund. Fraglich ist, ob DIANA, wenngleich es mangels Eviktion nicht zur Störung ihres Besitzes gekommen ist, dennoch Ansprüche aus Rechtsmangelgewährleistung gegen PLUTO zustehen. Zu beachten ist, dass sich der ungestörte Besitz von DIANA nicht vom Kaufvertrag mit PLUTO ableitet, sondern darauf beruht, dass sie den Jagdhund vom Eigentümer MARS aufgrund eines gültigen Titels übergeben erhalten hat. DIANA besitzt somit ungestört *ex alia causa*. Da es hier zum Zusammentreffen mehrerer Erwerbsgründe kommt, spricht man auch von *concursus causarum*.

Nach Ansicht der römischen Juristen gebietet es in solchen Fällen die *bona fides*, dass der Käufer, auch ohne dass es zur Eviktion gekommen ist, mit der *actio empti* gegen den Verkäufer vorgehen kann. Das Erfüllungsinteresse von DIANA ist mit dem Kaufpreis, den sie MARS gezahlt hat, gleichzusetzen. Folglich kann DIANA 350 von PLUTO mittels *actio empti* verlangen.

Anders verhält es sich mit einem Anspruch aus der *stipulatio duplae*. Da die Zahlung des doppelten Kaufpreises nur für den Fall einer Eviktion versprochen worden ist, diese mangels erfolgreicher Geltendmachung eines dinglichen Rechts seitens MARS aber nicht stattgefunden hat, kann DIANA das *duplum* aus der Stipulation nicht verlangen.

Zu prüfen ist noch, welchen Anspruch PLUTO bei seinem Verkäufer AEOLUS geltend machen kann. Das Erfüllungsinteresse von PLUTO aus dem Kaufvertrag ist mit jenen Kosten zu veranschlagen, die er DIANA leisten verpflichtet ist (350). Da das Doppelte des Kaufpreises (400) höher ist als das Erfüllungsinteresse, wäre es für PLUTO in diesem Fall günstiger, AEOLUS aus der *stipulatio duplae* in Anspruch zu nehmen. Zu beachten ist aber, dass auch PLUTO mangels Erfüllung des Wortlautes der Stipulation nicht mit *condictio* gegen AEOLUS vorgehen kann, sondern auf Ansprüche aus dem Kaufvertrag beschränkt bleibt. Zur Durchsetzung seines Anspruchs auf das Erfüllungsinteresse in Höhe von 350 steht PLUTO die *actio empti* zur Verfügung.

Zu den einschlägigen Quellenstellen der hier erörterten Problemkreise: zur Rechtsmangelgewährleistung bei ungestörtem Besitz *ex alia causa* vgl insb Ulpian D 19. 1. 13. 15, Paulus D 21. 2. 9 sowie Pomponius D 21. 2. 29 pr.

Fall 42:

Schach matt! [*]

Der Gastwirt SATURNUS beschließt, seine Taverne mit Schachtischen auszustatten sowie künftig auch *cervisia* aus Gallien anzubieten. Zu diesem Zweck kauft er bei PICUS vier bestimmte Spieltische mit aufgemalten Schachfeldern (Wert 100) um 80, ein leeres Fass um 50 sowie acht gebrauchte Hocker um 40. Für die Stabilität der Hocker schließt PICUS „jegliche Haftung" aus, womit sich SATURNUS einverstanden erklärt. SATURNUS bezahlt 170 und nimmt das Fass und die Hocker sofort mit. Die Übergabe der Tische soll in einer Woche erfolgen. Am Markt kauft SATURNUS von QUIRINUS den Sklaven Veiovis, der den Gästen das Schachspiel beibringen soll. In der Hoffnung, den Geschäftsgang seiner Taverne anzukurbeln, kauft SATURNUS die Kellnerinnensklavin Laverna, die von QUIRINUS als „Frau mit dem schönsten Lächeln Roms, dem kein Mann widerstehen kann" angepriesen wird. SATURNUS zahlt 150 pro Sklaven und nimmt beide sofort mit.

Als SATURNUS das gekaufte Fass befüllt, muss er feststellen, dass dieses undicht ist, wodurch *cervisia* im Wert von 30 ausrinnt. Trotz Lavernas schönem Lächeln bleibt der erhoffte Besucherandrang aus. Vielmehr kommen die Gäste wegen des spielsüchtigen Veiovis, der ihnen bei verbotenen Würfelspielen viel Geld aus der Tasche zieht, weswegen sie weniger in der Taverne konsumieren. Aus Zorn darüber lässt SATURNUS Veiovis auspeitschen (Wertverlust von Veiovis 60). Laverna leidet an einem angeborenen Herzfehler und kann daher nur sechs statt der vorgesehenen neun Stunden pro Tag arbeiten. Zu allem Überdruss bricht ein bei PICUS gekaufter, bereits morscher Hocker unter dem Gewicht eines Gastes zusammen. Zur Übergabe der Schachtische kommt es nicht, da sie PICUS versehentlich als Brennholz verwendet hat.

Welche Ansprüche stehen SATURNUS hinsichtlich des Fasses, der Spieltische, der Hocker sowie der Sklavin Laverna und des Sklaven Veiovis zu?

Zu behandelnde Problemkreise:

- ➤ Sachmangelgewährleistung
- ➤ Ersatz von Mangelfolgeschäden
- ➤ Garantieverpflichtung beim Verkauf von Gefäßen
- ➤ nachträgliche Unmöglichkeit der Leistung
- ➤ Haftung des Verkäufers für Nichterfüllung
- ➤ Gewährleistungsregeln als dispositives Recht
- ➤ fehlender Bindungswille bei bloßen Anpreisungen
- ➤ Marktkauf von Sklaven – *edictum aedilium curulium*
- ➤ nach dem Edikt der kurulischen Ädilen bekanntzumachende *vitia* bzw *morbi*
- ➤ *actio empti* als Gewährleistungsbehelf außerhalb der Jurisdiktion der kurulischen Ädilen

---

[*] Im römischen Reich des Prinzipats ist wohl noch nicht jenes Schachspiel gespielt worden, das wir, freilich mit im Laufe der Jahrhunderte veränderten Spielregeln, heute darunter verstehen. Doch auch den Römern waren bereits verschiedene Brettspiele bekannt, wie etwa der *ludus latrunculorum* (von *latro* = Söldner, Soldat), mit meist 8x8 Feldern und je 16 verschiedenfarbigen Spielsteinen für zwei Spieler. Da es bei diesem Spiel auf Verstand und Geschick ankam, durfte es – im Unterschied zu Würfelspielen, die außer zu den Saturnalien mit Strafe bedroht waren – auch an öffentlichen Orten gespielt werden.

> Preisminderung oder Wandlung
> Vorleistungspflicht des Käufers bei der Wandlung

Kaufvertrag zwischen SATURNUS und PICUS über ein Fass

Zwischen SATURNUS und PICUS ist es durch Einigung über Ware (ein bestimmtes Fass) und Preis (50) zum Abschluss eines Kaufvertrages gekommen. Da sich herausstellt, dass das gekaufte und übergebene Fass undicht ist und somit nicht den im Verkehr gewöhnlich vorausgesetzten Eigenschaften entspricht, gilt es zu prüfen, ob SATURNUS ein Anspruch aus Gewährleistung zusteht. Die Schadhaftigkeit des Fasses stellt einen Sachmangel dar, da sie dem Fass körperlich anhaftet, bereits bei Übergabe vorlag und nicht nach Perfektion (die hier mit dem Vertragsabschluss zusammenfällt) entstanden ist. Folglich kann SATURNUS Gewährleistung geltend machen und wählen, ob er die Reduzierung des Kaufpreises (Preisminderung) oder die Rückabwicklung des Kaufes (Wandlung) verlangt. Da SATURNUS das Fass gekauft hat, um *cervisia* zu lagern, und somit für das undichte Fass keine Verwendung haben wird, wird er sich für die Wandlung entscheiden. Der Kaufvertrag fällt, da es sich nicht um einen Marktkauf eines Sklaven oder Zug- bzw Tragtieres oder von Herdenvieh handelt, nicht unter das Edikt der kurulischen Ädilen. Folglich wird SATURNUS gegen Rückgabe des Fasses die Erstattung des Kaufpreises von PICUS mittels *actio empti* verlangen.

Weiters ist zu prüfen, ob SATURNUS ein Anspruch auf Wertersatz für die verloren gegangene *cervisia* zusteht. Der durch die Undichtheit des Fasses bedingte Verlust der *cervisia* stellt nach moderner Terminologie einen Mangelfolgeschaden dar. Von einem Mangelfolgeschaden spricht man, wenn dem Vertragspartner durch die Mangelhaftigkeit der übernommenen Sache ein Schaden in seinem sonstigen Vermögen entstanden ist. Ein Ersatz für Mangelfolgeschäden gebührt grds nur dann, wenn dem Verkäufer ein Verstoß gegen die *bona fides* angelastet werden kann oder wenn er gewisse Eigenschaften bzw die Fehlerfreiheit ausdrücklich zugesichert hat. Ausnahmsweise sprechen sich die römischen Juristen auch dann für eine Ersatzpflicht des Verkäufers für die durch die Mangelhaftigkeit der Kaufsache entstandenen Schäden des Käufers aus, wenn der Verkäufer vom Mangel nichts wusste bzw keine Zusicherung gemacht hat. So geht etwa der Frühklassiker Labeo, dessen Meinung sich der Jurist Pomponius anschließt, davon aus, dass bei verkauften Fässern der Verkäufer – unabhängig von einem Verstoß gegen die *bona fides* bzw von einem *dictum* – für deren Dichtheit einzustehen hat – *omnimodo integrum praestari debeat*. Unterstellt man dem Verkäufer von Gefäßen eine Garantieverpflichtung für deren Dichtheit, so muss PICUS für die ausgeronnene *cervisia* Ersatz leisten. SATURNUS kann somit neben der Rückzahlung des Kaufpreises für das Fass (50) auch Wertersatz für die verloren gegangene *cervisia* (30) verlangen. Zur Durchsetzung seiner Ansprüche steht SATURNUS die *actio empti* zur Verfügung.

Kaufvertrag zwischen SATURNUS und PICUS über vier Schachtische

SATURNUS und PICUS schließen mit Willenseinigung über vier bestimmte Schachtische (Speziesschuld) zu einem Gesamtpreis von 80 einen Kaufvertrag ab. Kommt es zum Untergang der Schachtische nach Vertragsabschluss und vor bedungener Übergabe, so liegt ein Fall einer nachträglichen Unmöglichkeit vor.

Das versehentliche Verwenden der verkauften Schachtische durch PICUS als Brennholz ist als (grob) fahrlässiges Verhalten zu beurteilen. Da PICUS die Unmöglichkeit der Leistung somit verschuldet hat, haftet er SATURNUS wegen Nichterfüllung. PICUS hat SATURNUS das Erfüllungsinteresse – *quanti interest rem praestitam fuisse* –, das ist das Interesse an der ordnungsgemäßen Erfüllung des Vertrages, zu ersetzen. Die Höhe des Erfüllungsinteresses von SATURNUS ergibt sich aus der Gegenüberstellung seines tatsächlichen Vermögensstandes mit dem hypothetischen Vermögensstand, wären ihm die Spieltische vereinbarungsgemäß übergeben worden (Differenzmethode). Da SATURNUS den Kaufpreis für die Spieltische (80) bereits an PICUS geleistet hat, beträgt sein Erfüllungsinteresse 100 (Wert der Spieltische). Seinen Anspruch kann SATURNUS mittels *actio empti* durchsetzen.

Kaufvertrag zwischen SATURNUS und PICUS über acht gebrauchte Hocker

Auch über die acht gebrauchten Hocker kommt es zwischen SATURNUS und PICUS infolge Willensübereinkunft über Ware und Preis zum Abschluss eines Kaufvertrages. Fraglich ist, ob SATURNUS hinsichtlich des zu Bruch gegangenen Hockers ein Anspruch aus Gewährleistung zusteht. Der Umstand, dass der Hocker morsch ist, stellt einen Mangel dar, der dessen ordentlichen Gebrauch beeinträchtigt (*arg*: der Hocker bricht zusammen, als sich ein Gast daraufsetzt) und dem Hocker körperlich anhaftet (Sachmangel). Zudem ist, mangels anderer Anhaltspunkte im Sachverhalt, davon auszugehen, dass der Hocker bereits im Zeitpunkt der Übergabe morsch war und nicht erst nach Perfektion morsch geworden ist. Folglich wäre SATURNUS grds berechtigt, Sachmangelgewährleistung von PICUS zu verlangen.

Zu beachten ist, dass PICUS für die Stabilität der Hocker „jegliche Haftung" ausgeschlossen hat.[*] Es stellt sich somit die Frage, ob dieser Haftungsausschluss wirksam ist. Bei den Regeln über die vertragliche Haftung sowie bei den Gewährleistungsregeln handelt es sich um *ius dispositivum*. Darunter versteht man rechtliche Normen, die eine abweichende privatautonome Rechtsgestaltung durch die Vertragsparteien zulassen. Eine entsprechende Abweichung vom dispositiven Recht ist wirksam, sofern sie einvernehmlich erfolgt und nicht gegen die *bona fides* verstößt. Da sich SATURNUS mit dem Haftungsausschluss einverstanden erklärt und dieser nicht gegen die *bona fides* verstößt, ist er als formlos hinzugefügte Nebenvereinbarung (*pactum adiectum*) wirksamer Bestandteil des Kaufvertrages geworden. Auch der Umstand, dass die Hocker gebraucht sind und der Kaufpreis für acht Hocker mit 40 verhältnismäßig niedrig angesetzt ist, spricht für die Zulässigkeit des vereinbarten Haftungsausschlusses. Somit trifft PICUS keine Gewährleistungspflicht für den zerbrochenen Hocker.

Hätte hingegen PICUS die Instabilität der Hocker arglistig verheimlicht, so wäre der Haftungsausschluss wegen Verstoßes gegen die *bona fides* unwirksam.

Kaufvertrag zwischen SATURNUS und QUIRINUS über die Sklavin Laverna

Über die Sklavin Laverna kommt es, durch Konsens über Ware und Preis, zum Abschluss eines Kaufvertrages zwischen SATURNUS und QUIRINUS. Es stellt sich die Frage, ob SATURNUS Gewährleistungsansprüche geltend machen kann, weil die von QUIRINUS gemachten Äußerungen über Laverna bei SATURNUS die Erwartung eines gesteigerten Geschäftsganges seiner Taverne geweckt haben, dieser jedoch ausgeblieben ist. Zu prüfen ist daher, ob die Aussagen von QUIRINUS über Laverna Inhalt des Kaufvertrages geworden sind. Von verbindlichen Zusagen (*dicta et promissa*) zu unterscheiden sind solche Äußerungen des Verkäufers, die lediglich Werbezwecken dienen. So lässt etwa der Jurist Ulpian den Verkäufer eines Sklaven nicht für solche Äußerungen einstehen, die offensichtlich bloße Anpreisungen darstellen – *ad nudam laudem servi pertinent.*

---

[*] Unter dem Begriff „Haftung" versteht man im (deliktischen wie auch im vertraglichen) Schadenersatzrecht idR nur das Einstehenmüssen für schuldhaft zugefügte Schäden. Schließen die Vertragsparteien, wie im vorliegenden Fall, „jegliche Haftung" aus, so ist auch für solche Nachteile nicht einzustehen, die unverschuldet auftreten und daher grds Gewährleistungspflichten auslösen würden.

Da QUIRINUS mit seinen Äußerungen (unter Verwendung eines Superlativs, „die Frau mit dem schönsten Lächeln") lediglich die Eigenschaften von Laverna loben, damit aber keine bindenden Zusagen abgeben wollte, sind seine Erklärungen nicht Vertragsbestandteil geworden, sondern als bloße Anpreisungen zu verstehen, die keine Gewährleistungspflichten auslösen.

Anders verhält es sich mit dem Umstand, dass Laverna an einem Herzfehler leidet. Der Herzfehler ist, da er Laverna körperlich anhaftet und deren Arbeitsleistung und somit ihre Verwendung als Kellnerin beeinträchtigt, im Zeitpunkt der Übergabe bereits vorlag und nicht nach Perfektion entstanden ist (*arg*: sie leidet unter einem angeborenen Herzfehler), als Sachmangel zu qualifizieren. SATURNUS ist somit berechtigt, entweder Preisminderung oder Wandlung geltend zu machen. Zu beachten ist, dass der Kaufvertrag über Laverna, als Marktkauf einer Sklavin, der Jurisdiktion der kurulischen Ädilen unterliegt. Folglich ist auf den Kauf von Laverna das *edictum aedilium curulium*, das eine Informationspflicht des Verkäufers für bestimmte Mängel (*vitia* bzw *morbi*) statuiert, anzuwenden. Zu den anzeigepflichtigen Krankheiten zählen bspw Schwindsucht, Epilepsie oder Krankheiten der inneren Organe, nicht hingegen bloß geringfügige Krankheiten wie eine kleine Wunde oder das Fehlen eines Zahnes. Da es QUIRINUS unterlassen hat, SATURNUS über den Herzfehler und somit über eine Krankheit iSd Edikts aufzuklären, wird er gewährleistungspflichtig. Dabei ist zu beachten, dass die Gewährleistungspflicht des Verkäufers QUIRINUS unabhängig von einem Verschulden ist und somit auch dann besteht, wenn QUIRINUS von der Krankheit von Laverna nichts wusste.

SATURNUS hat die Wahl, ob er entweder mit der *actio quanti minoris* Preisminderung oder mit der *actio redhibitoria* die Wandlung des Kaufvertrages verlangt. Für die Geltendmachung der Minderungsklage besteht eine Frist von zwölf Monaten, für die Wandlungsklage eine Frist von sechs Monaten. Da SATURNUS Laverna weiterhin als Kellnerin verwendet, wird er sich für die Minderung des Kaufpreises entscheiden und jenen Betrag von QUIRINUS verlangen, den er bei Kenntnis des Herzfehlers weniger gezahlt hätte. Bei der Preisminderung wird die von den Parteien vereinbarte Relation der vertraglichen Leistungen (sog subjektive Äquivalenz) wiederhergestellt, indem es zur nachträglichen Reduzierung des Kaufpreises kommt. Dabei erfolgt die Minderung des Kaufpreises in jenem Verhältnis, in dem der gemeine Wert der mängelfreien Sache zum gemeinen Wert der mangelhaften Sache steht (sog relative Berechnungsmethode). Da SATURNUS die Sklavin Laverna aufgrund des Herzfehlers statt neun Stunden lediglich sechs Stunden pro Tag zur Arbeit einsetzen kann, kommt es zu einer Kürzung des Kaufpreises diesem Verhältnis entsprechend, dh um ein Drittel. Folglich kann SATURNUS mittels *actio quanti minoris* 50 (ein Drittel von 150) von QUIRINUS verlangen.

Kaufvertrag zwischen SATURNUS und QUIRINUS über den Sklaven Veiovis

Mit Einigung über den Austausch des Sklaven Veiovis gegen einen Kaufpreis von 150 kommt es zwischen SATURNUS und QUIRINUS zum Abschluss einer *emptio venditio*. Da sich herausstellt, dass Veiovis spielsüchtig ist und verbotene Würfelspiele betreibt, ist zu prüfen, ob SATURNUS Gewährleistungsansprüche gegen QUIRINUS geltend machen kann. Da die Spielsucht des Sklaven Veiovis diesem körperlich anhaftet, dessen ordentliche Verwendung beeinträchtigt sowie dieser Fehler bei Übergabe an SATURNUS bereits vorhanden war und nicht erst nach Perfektion entstanden ist, liegt ein Sachmangel vor. Folglich kann SATURNUS zwischen Preisminderung und Wandlung wählen. Da SATURNUS aufgrund der Spielsucht keine Verwendung für Veiovis haben wird (*arg*: die Gäste konsumieren weniger, da Veiovis ihnen bei verbotenen Würfelspielen viel Geld aus der Tasche zieht), wird sich SATURNUS für die Wandlung entscheiden.

Fraglich ist, auf welche Anspruchsgrundlage SATURNUS sein Wandlungsbegehren stützen kann. Da ein Marktkauf eines Sklaven vorliegt, kommt die Klage aus dem Edikt der kurulischen Ädilen, die *actio redhibitoria*, infrage. Zu beachten ist aber, dass es sich bei der Eigenschaft, spielsüchtig zu sein, um keine nach dem Edikt bekanntzumachende Eigenschaft handelt – *aleatores et vinarios non contineri edicto*. Lediglich die Eigenschaft, ein *fugitivus* oder ein *erro* zu sein, und die Belastung mit einer Noxalhaftung sowie nicht bloß geringfügige Krankheiten lösen die ediktale Kundmachungspflicht aus. Folglich wird SATURNUS sein Wandlungsbegehren auf die *actio empti* stützen. Bei der Wandlung kommt es zur schuldrechtlich *ex tunc* wirkenden Auflösung des Vertrages, sodass die erbrachten Leistungen zurückzustellen sind. Zu beachten ist, dass der Richter den Verkäufer nur dann zur Rückzahlung des Kaufpreises verurteilen kann, wenn der Käufer den Kaufgegenstand zurückgegeben bzw für zu vertretende Verschlechterungen der Kaufsache Ersatz geleistet hat. Da SATURNUS den Sklaven Veiovis auspeitschen lässt, wodurch dieser 60 an Wert verliert, kann SATURNUS nur dann die Rückzahlung des Kaufpreises verlangen, wenn er seinerseits den Sklaven Veiovis zurückgegeben sowie Ersatz für dessen Wertverlust geleistet hat. Sofern SATURNUS durch die Verwendung von Veiovis Vorteile erwachsen sind, hat er diese an QUIRINUS herauszugeben.

▶ **(1)** Das Gewährleistungsrecht des ABGB folgt seit Umsetzung der Richtlinie über den Verbrauchsgüterkauf (RL 99/44/EG) durch das GewRÄG (BGBl I 2001/48) einem zweigliedrigen Aufbau der Gewährleistungsbehelfe, § 932. Als primäre Gewährleistungsbehelfe stehen dem Übernehmer wahlweise Verbesserung (Nachbesserung bzw Nachtrag des Fehlenden) oder Austausch der Sache zu. Der Übergeber kann aber gegen den vom Übernehmer gewählten Behelf einwenden, dass dieser unmöglich oder, verglichen mit der anderen Abhilfe, mit einem unverhältnismäßigen Aufwand verbunden wäre. Als sekundäre Gewährleistungsbehelfe stehen die Preisminderung oder, sofern der Mangel nicht geringfügig ist, die Wandlung zur Verfügung. Die sekundären Rechtsbehelfe kann der Übernehmer nur verlangen, wenn sowohl die Verbesserung als auch der Austausch unmöglich oder für den Übergeber mit einem unverhältnismäßig hohen Aufwand verbunden sind. Weiters dann, wenn der Übergeber die Verbesserung oder den Austausch verweigert bzw nicht in angemessener Frist vornimmt, sowie in jenen Fällen, in denen die primären Behelfe für den Übernehmer mit erheblichen Unannehmlichkeiten verbunden wären oder wenn sie ihm aus triftigen, in der Person des Übergebers liegenden Gründen unzumutbar sind. Bei der Wandlung kommt es zur schuldrechtlich *ex tunc* wirkenden Auflösung des Vertrages. Sachenrechtlich besteht hingegen nur eine *ex nunc*-Wirkung. Das bedeutet, dass der Titel für die Eigentumsübertragung nicht rückwirkend beseitigt wird. Somit kann die Herausgabe der Leistungen nicht mittels Eigentumsklage verlangt werden. Die Rückabwicklung der erbrachten Leistungen erfolgt vielmehr nach bereicherungsrechtlichen Grundsätzen (über eine *condictio ob causam finitam*, § 1435, vgl Fall 47). Bei der Preisminderung kommt es zur Wiederherstellung der subjektiven Äquivalenz der Leistungen, indem der Kaufpreis nachträglich angepasst wird. Die Berechnung der Preisminderung erfolgt mittels der relativen Berechnungsmethode: Der Kaufpreis (P) verhält sich zum geminderten Preis (p) wie der objektive Wert der mängelfreien Sache (W) zum Wert der mangelhaften Sache (w). Die Formel lautet daher P:p = W:w. Bsp: Wird eine Sache um 90 (P) verkauft, die, wenn sie mängelfrei wäre, 120 (W) an Wert hätte, aufgrund eines Mangels aber nur 80 (w) wert ist, so ist der Kaufpreis um ein Drittel zu reduzieren. Der Kaufpreis für die mangelhafte Sache beträgt somit 60 (90:60 = 120:80). Die Preisminderung beträgt daher 30. [*Koziol/Welser*, Bürgerliches Recht II¹³ (2007) 71 ff] **(2)** Die Gewährleistungsfristen betragen gem § 933 Abs 1 zwei Jahre bei beweglichen Sachen, drei Jahre bei unbeweglichen Sachen sowie gem § 933 Abs 2 sechs Wochen bei Viehmängeln. Während dieser Fristen sind die Rechtsbehelfe der Gewährleistung durch Klage oder Einrede geltend zu machen. Zeigt der Übernehmer den Mangel außergerichtlich an, so bleibt ihm die Geltendmachung des Mangels durch Einrede erhalten, sofern die Anzeige innerhalb der

Gewährleistungsfristen erfolgt (Perpetuierung der Einrede), § 933 Abs 3. Bei Sachmängeln beginnt die Gewährleistungsfrist grds mit Ablieferung. Für bestimmte Tiere bestehen aufgrund der nach § 925 erlassenen Verordnung BGBl 1972/472 Vermutungsfristen für gewisse Krankheiten. Tritt eine Krankheit innerhalb dieser Fristen auf, so wird vermutet, dass das Tier bereits vor Übergabe krank war. In diesen Fällen beginnt die sechswöchige Gewährleistungsfrist mit Ablauf der Vermutungsfrist. Kommt der Mangel innerhalb der ersten sechs Monate nach der Übergabe hervor, so wird vermutet, dass er bereits bei Ablieferung der Sache vorgelegen ist, § 924 S 2. Es kommt somit zur Umkehr der Beweislast. Kommt ein Mangel innerhalb der ersten sechs Monate hervor, so hat nicht der Übernehmer zu beweisen, dass der Mangel bei Übergabe vorlag, sondern der Übergeber muss beweisen, dass der Mangel bei Übergabe noch nicht vorlag. Zu beachten ist: Die Beweislastumkehr nach § 924 S 2 betrifft nur die Frage, ob der Mangel schon bei Übergabe vorlag. Dass die Sache mangelhaft ist, hat hingegen der Übernehmer zu beweisen. Die Vermutung der Mangelhaftigkeit nach § 924 S 2 tritt aber dann nicht ein, wenn sie mit der Art der Sache oder des Mangels unvereinbar ist, § 924 S 3. Sondervorschriften bestehen beim beiderseitigen unternehmensbezogenen Geschäft. Bei diesem hat der Übernehmer Mängel der Ware binnen angemessener Frist zu rügen (sog Mängelrüge), widrigenfalls er die Rechte aus Gewährleistung verliert, § 377 UGB. Zur Frist zur Geltendmachung von Rechtsmängeln vgl Fall 43. [*Koziol/Welser*, Bürgerliches Recht II¹³ (2007) 77 ff] **(3)** Der Übergeber hat grds für die bedungenen bzw die gewöhnlich vorausgesetzten Eigenschaften Gewähr zu leisten, § 922. Bloße Anpreisungen und marktschreierische Angaben ohne jeglichen Bindungswillen ziehen hingegen keine Gewährleistungsfolgen nach sich. Vgl zum Ausschluss der Gewährleistung bei offenkundigen Mängeln Fall 43 sowie beim Kauf in Pausch und Bogen Fall 44. **(4)** Das Gewährleistungsrecht nach den §§ 922 ff ist dispositives Recht, weshalb etwa ein Verzicht auf die Gewährleistung grds zulässig ist, § 929. Unwirksam, weil sittenwidrig iSd § 879, ist hingegen ein Ausschluss jeglicher Gewährleistung in AGB bei der Veräußerung neu hergestellter Waren. Bei Verbrauchergeschäften ist das Gewährleistungsrecht des ABGB zugunsten des Verbrauchers zwingend. So können gem § 9 Abs 1 S 1 KSchG die Gewährleistungsrechte von Verbrauchern vor Kenntnis des Mangels weder eingeschränkt noch abbedungen werden. Lediglich bei der Veräußerung gebrauchter beweglicher Sachen kann die Gewährleistungsfrist, sofern dies im Einzelnen ausgehandelt wurde, auf ein Jahr verkürzt werden, § 9 Abs 1 S 2 KSchG. Bei Kfz ist die Verkürzung auf ein Jahr nur dann zulässig, wenn seit dem Tag der ersten Zulassung mehr als ein Jahr vergangen ist, § 9 Abs 1 S 3 KSchG. Weitere Sonderbestimmungen zum Gewährleistungsrecht bei Verbrauchergeschäften finden sich etwa hinsichtlich des Erfüllungsorts der Verbesserung bzw des Austauschs (§ 8 KSchG), für die Gewährleistung bei Montage (§ 9a KSchG) sowie bzgl vertraglicher Garantien (§ 9b KSchG). [*Koziol/Welser*, Bürgerliches Recht II¹³ (2007) 82 ff; 423 ff] **(5)** Seit dem GewRÄG ist die Möglichkeit, anstelle Gewährleistung Schadenersatz zu verlangen, gesetzlich verankert, § 933a. Das zweistufige System der Gewährleistungsbehelfe gem § 932 gilt hier sinngemäß. Zwischen Schadenersatz und Gewährleistung bestehen aber folgende Unterschiede: 1. Während die Gewährleistung verschuldensunabhängig ist, hängt der Schadenersatzanspruch von einem Verschulden des Übergebers ab. Zu beachten ist, dass es sich hier um vertraglichen Schadenersatz handelt, weshalb die Beweislastumkehr gem § 1298 zur Anwendung kommt. Demnach hat nicht der Übernehmer das Verschulden des Übergebers, sondern der Übergeber zu beweisen, dass ihn kein Verschulden trifft. Gemäß § 933a gilt für die Beweislastumkehr aber eine Frist von zehn Jahren. Nach deren Ablauf trägt der Übernehmer die Beweislast für ein Verschulden des Übergebers. 2. Die Verjährungsfrist beim Schadenersatz beginnt erst ab Kenntnis von Schaden und Schädiger zu laufen, jene bei Gewährleistung grds ab Ablieferung. 3. Bei der Veräußerung von beweglichen Sachen beträgt die Verjährungsfrist zwei Jahre, jene für Schadenersatzansprüche beträgt gem § 1489 drei Jahre. Bei Unkenntnis des Übernehmers vom Mangel beträgt die Verjährungsfrist nach § 1489 sogar 30 Jahre, was va bei versteckten Mängeln für den Übernehmer einen erheblichen Vorteil bringt. Hat die Mangelhaftigkeit der übernommenen Sache im sonstigen Vermögen des Übernehmers Schäden verursacht (sog Mangelfolgeschäden), so sind diese ebenfalls nur bei Verschulden des Übergebers zu ersetzen. [*Koziol/Welser*, Bürgerliches Recht II¹³ (2007) 88 ff]

Zu den einschlägigen Quellenstellen der hier erörterten Problemkreise: zur Garantiehaftung des Verkäufers für die Unversehrtheit von verkauften Gefäßen vgl insb Pomponius D 19. 1. 6. 4; zum Ersatz des *quanti interest rem praestitam fuisse* beim vom Verkäufer verschuldeten Untergang der Kaufsache vgl insb Ulpian D 19. 1. 1 pr, ders D 19. 1. 11. 9 u 10 sowie Diokletian u Maximian C 4. 49. 4; zur Möglichkeit der Abbedingung der Wandlung durch Parteienvereinbarung vgl insb Pomponius D 21. 1. 48. 8; zur Unzulässigkeit eines Haftungsausschlusses für doloses Verhalten vgl insb Pomponius D 19. 1. 6. 9; zum Unterschied von *dicta et promissa* und bloßen Anpreisungen vgl insb Ulpian D 21. 1. 19 pr; zur Anzeigepflicht des Verkäufers von Mängeln des verkauften Sklaven nach dem Edikt der kurulischen Ädilen vgl Ulpian D 21. 1. 1. 1; zur Definition von *morbus* iSd Edikts vgl Ulpian D 21. 1. 1. 7; zur Geltendmachung von Preisminderung mit einer Klage aus dem Edikt vgl insb Ulpian D 21. 1. 38 pr sowie Julian D 44. 2. 25. 1; zur Spielsucht eines Sklaven als Eigenschaft, die nicht unter das *edictum aedilium curulium* fällt, vgl Ulpian D 21. 1. 4. 2; zur Möglichkeit der Geltendmachung der Wandlung mittels *actio empti* vgl insb Ulpian D 19. 1. 11. 3; zur Wertersatzpflicht des Käufers für schuldhaft herbeigeführte Verschlechterungen der verkauften Sache bei Wandlung vgl insb Ulpian D 21. 1. 1. 1.

Fall 43: ☆☆

Vestis mulierem facit [*]

ROBIGUS ist von NEPTUN zum Geschäftsführer einer Wäscherei samt Schneiderei eingesetzt. CARNA bringt ihre Tunika (Wert 120) zu ROBIGUS, um diese für ein Entgelt von 10 reinigen zu lassen. ROBIGUS teilt ihr mit, dass sie die Tunika in einer Woche abholen könne. Die gereinigte Tunika hängt ROBIGUS versehentlich zu den zum Verkauf stehenden Kleidungsstücken. Am nächsten Tag bestellt POMONA bei ROBIGUS für 200 die Herstellung einer Stola (Abholtermin in einer Woche). POMONA überlässt ROBIGUS die Wahl, aus welchem seiner Stoffe er die Stola herstellt. Weiters kauft POMONA für ihren Sklaven einen neu hergestellten Mantel um 50, der, nicht erkennbar, von Motten befallen ist. Schließlich wählt POMONA aus ROBIGUS' umfangreichem Angebot an Tuniken eine bestimmte aus (Kaufpreis 100). Sie bezahlt 150 und nimmt die Tunika und den Mantel sofort mit. Weder ROBIGUS noch POMONA wissen, dass es sich bei der von POMONA gekauften Tunika um die von CARNA zur Reinigung hingegebene handelt.

Als CARNA bei Abholung ihrer Tunika mitgeteilt wird, dass diese unauffindbar ist, verlangt sie Wertersatz. Den Abholtermin für die Stola vergisst POMONA. Stattdessen flaniert sie mit ihrer neu erworbenen Tunika am Forum Romanum. CARNA, die sich ebenfalls dort aufhält, erkennt die von POMONA getragene Tunika als die ihre und verlangt sie heraus. POMONA lässt es auf einen Prozess ankommen, unterliegt jedoch und übergibt CARNA die Tunika. Drei Tage nach dem Abholtermin für die (bereits fertiggestellte) Stola wird diese bei ROBIGUS gestohlen. Der für ihren Sklaven gekaufte Mantel zeigt bereits wenige Wochen nach Übergabe eine Unzahl an Beschädigungen, verursacht durch Mottenfraß, weshalb ihn POMONA flicken lassen muss (Kosten 20).

Wie ist die Rechtslage?

Skizze:

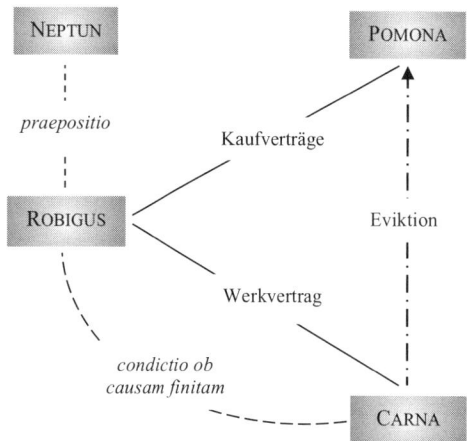

---

[*] Die Kleidung macht die Frau. Eigentlich: *Vestis virum facit* – Die Kleidung macht den Mann (Homer, *Odyssee* 6. 29). Heutzutage gebräuchlich als „Kleider machen Leute".

Zu behandelnde Problemkreise:

- ➤ Inhalt und Zustandekommen eines Werkvertrages
- ➤ Haftungsmaßstab des Werkunternehmers
- ➤ Haftungserweiterung über eine *actio institoria*
- ➤ Wesen eines Werklieferungsvertrages sowie dessen rechtliche Zuordnung
- ➤ Gläubigerverzug des Käufers
- ➤ Haftung des Verkäufers nur noch für *dolus* und *culpa lata*
- ➤ Sachmangelgewährleistung
- ➤ Preisminderung
- ➤ Pflicht des Verkäufers zur Verschaffung ungestörten Besitzes
- ➤ Eviktionsprinzip
- ➤ Haftung des Verkäufers für das Interesse des Käufers, Eigentümer der Kaufsache geworden zu sein
- ➤ Rückforderung einer Leistung, deren Rechtsgrund weggefallen ist

Vertragsverhältnis zwischen ROBIGUS und CARNA hinsichtlich der Reinigung der Tunika

Indem sich ROBIGUS und CARNA über die Reinigung von CARNAS Tunika gegen Bezahlung von 10 einigen, kommt es zum Abschluss eines Werkvertrages (*locatio conductio operis*). Die *locatio conductio operis* ist auf die Erbringung eines Werkes gegen Zahlung des Werklohns (*merces*) gerichtet und kommt als Konsensualkontrakt mit Willensübereinkunft zustande. Wie die *emptio venditio* zählt auch die *locatio conductio* (*operis*) zu den *bonae fidei iudicia*. Zu prüfen ist, ob CARNA ein Wertersatzanspruch gegen ROBIGUS zusteht, weil ihre zur Reinigung übergebene Tunika nicht mehr auffindbar ist. Den Werkunternehmer (*conductor*) trifft hinsichtlich der vom Werkbesteller (*locator*) zur Bearbeitung übernommenen Gegenstände eine Haftung für *dolus*, *culpa* und *custodia*. Die besonders strenge Haftung des *conductor* für mangelnde Bewachung ist beim *fullo* (Wäscher) und beim *sarcinator* (Flickschneider) überliefert. So lässt etwa der Jurist Ulpian den Wäscher haften, wenn er zur Reinigung übernommene Kleider vertauscht und diese versehentlich jemandem anderen aushändigt. Hängt ROBIGUS die von CARNA zum Reinigen übernommene Tunika irrtümlich zu den bei ihm zum Verkauf stehenden Kleidungsstücken und verkauft und übergibt er sie in der Folge an POMONA, so verstößt er gegen seine Sorgfalt als gewissenhafter Wäscher und wird CARNA gegenüber ersatzpflichtig. Zur Durchsetzung ihres Anspruchs auf Wertersatz für die Tunika in Höhe von 120 gegen ROBIGUS steht CARNA die *actio locati* zur Verfügung.

Da ROBIGUS als Geschäftsführer (*institor*) eingesetzt wurde, ist zu prüfen, ob CARNA ihren Anspruch auf Wertersatz gegen ROBIGUS, sollte dieser nicht leisten, auf dessen Geschäftsherrn NEPTUN über eine adjektizische Klage erstrecken kann.

Die vom Prätor geschaffenen sog adjektizischen (hinzugefügten) Klagen ermöglichen es in bestimmten Fällen, einen Anspruch gegen gewaltunterworfene oder vermögenslose Geschäftspartner auf einen hinter diesen stehenden Gewalthaber (*dominus, pater familias*) oder Geschäftsherrn zu erstrecken. Zu beachten ist, dass der Gewalthaber bzw Geschäftsherr über eine adjektizische Klage nicht anstelle des Handelnden, sondern neben diesem haftet – *hoc enim edicto non transfertur actio, sed adicitur*.

Da NEPTUN ROBIGUS zum Geschäftsführer seiner Wäscherei eingesetzt hat (*praepositio*), kommt eine Haftungserweiterung über eine *actio institoria* in Betracht. NEPTUN haftet grds für alle von seinem Geschäftsführer ROBIGUS im Rahmen des gewöhnlichen Geschäftsbetriebs eingegangenen Verpflichtungen. Da es zum gewöhnlichen Betrieb einer Wäscherei gehört, Kleider zur Reinigung zu übernehmen, trifft NEPTUN eine adjektizische Haftung für die Schadenersatzforderung von CARNA. Folglich kann CARNA Wertersatz für ihre Tunika in Höhe von 120 mittels *actio locati* als *actio institoria* von NEPTUN verlangen.

Ein Anspruch auf Zahlung des Werklohns steht ROBIGUS nicht zu. Der Grund, warum die gereinigte Tunika nicht an die Werkbestellerin CARNA übergeben werden kann, beruht nämlich darauf, dass ROBIGUS die Tunika zu den zum Verkauf stehenden Kleidern gehängt und in der Folge verkauft hat. Einem sorgfältigen Wäscher würde dies nicht passieren. Der ihm vorwerfbare Verstoß gegen die ihn aus dem Werkvertrag treffende Nebenpflicht, die Tunika bis zur Abholung ordnungsgemäß aufzubewahren, rechtfertigt den Verlust seines Werklohnanspruchs.

Vertragsverhältnis zwischen ROBIGUS und POMONA hinsichtlich der Herstellung einer Stola

Fraglich ist, wie die Vereinbarung zwischen ROBIGUS und POMONA über die Herstellung einer Stola gegen Zahlung von 200 zu beurteilen ist. Besteht die Verpflichtung des Unternehmers in der Herstellung bzw Bearbeitung einer Sache und stellt der Besteller das Material zur Verfügung – *opus faciendum locare* –, so liegt ein Werkvertrag vor. Ist hingegen, wie im vorliegenden Fall, vereinbart, dass der Unternehmer zur Herstellung des Werkes (überwiegend) eigenes Material verwenden soll (*arg*: ROBIGUS soll die Stola aus einem seiner Stoffe herstellen), so spricht man nach moderner Terminologie von einem Werklieferungsvertrag. Nach Ansicht des Frühklassikers Cassius handelt es sich dabei hinsichtlich des Materials um einen Kauf, hinsichtlich der für die Bearbeitung zu erbringenden Arbeitsleistung um eine *locatio conductio*. In der Klassik wird der Werklieferungsvertrag nach herrschender Ansicht als *emptio venditio* angesehen – *emptionem videri, nec posse ullam locationem esse, ubi corpus ipsum non detur ab eo cui id fieret*.

Folglich ist die Vereinbarung zwischen ROBIGUS und POMONA über die Herstellung einer Stola aus einem von ROBIGUS zur Verfügung gestellten Stoff gegen Zahlung von 200 als Kaufvertrag (*emptio venditio*) zu qualifizieren.

Wird die von ROBIGUS fertiggestellte Stola gestohlen, bevor sie an POMONA übergeben wird, so erhebt sich die Frage, wer den Verlust der Stola zu tragen hat. Zu beachten ist, dass sich POMONA im Zeitpunkt des Diebstahls der Stola in Gläubigerverzug (*mora creditoris*) befindet, da sie die von ROBIGUS hergestellte Stola zum vereinbarten Abholtermin nicht übernommen hat. Eine Rechtsfolge des Gläubigerverzugs des Käufers besteht darin, dass es zu einer Haftungserleichterung zugunsten des Verkäufers kommt. Der Verkäufer haftet, sobald sich der Käufer in Gläubigerverzug befindet, bei einem Untergang bzw einer Verschlechterung der verkauften Sache nur noch für *dolus* und *culpa lata*. Eine Verschlechterung bzw ein Untergang der verkauften Sache infolge höherer Gewalt, niederen Zufalls oder leichter Fahrlässigkeit seitens des Verkäufers trifft den Käufer: Er hat den Kaufpreis zu leisten, obwohl er weder die Ware noch Schadenersatz erhält. Zu beachten ist, dass der Gläubigerverzug, anders als der Schuldnerverzug, keine Pflichtverletzung darstellt. Der Gläubiger ist nicht verpflichtet, die ordnungsgemäß angebotene Leistung zu übernehmen, tut er es aber nicht, so treffen ihn die widrigen Folgen – er trägt das Risiko, sollte die Sache durch höhere Gewalt, niederen Zufall oder leichte Fahrlässigkeit des Verkäufers beschädigt werden oder untergehen (Obliegenheitsverletzung).

Da sich POMONA in Gläubigerverzug befindet, trägt sie den Verlust der Stola infolge des Diebstahls. Sie hat ROBIGUS den Kaufpreis zu leisten, obwohl sie nichts erhält. Zur Durchsetzung seines Anspruchs auf Zahlung von 200 steht ROBIGUS die *actio venditi* zur Verfügung.

Vertragsverhältnis zwischen ROBIGUS und POMONA hinsichtlich des Mantels

Indem ROBIGUS und POMONA Einigung über den Austausch des von ROBIGUS angebotenen Mantels gegen Zahlung von 50 erzielen, kommt es zum Abschluss eines Kaufvertrages. Fraglich ist, ob POMONA aufgrund der Beschädigungen des Mantels infolge von Mottenfraß Gewährleistung geltend machen kann. Grundsätzlich führen nur solche Mängel zu Ansprüchen aus Gewährleistung, die im Zeitpunkt der Übergabe vorliegen, nicht nach Perfektion entstanden sind und den ordnungsgemäßen oder vereinbarten Sachgebrauch beeinträchtigen.

Da ROBIGUS und POMONA den Kauf eines neu hergestellten Mantels vereinbart haben (*id quod actum est*), stellen die Beschädigungen durch Mottenfraß eine Abweichung vom ordnungsgemäßen Gebrauch und daher einen Mangel dar. Zudem haften die Beschädigungen dem Mantel körperlich an, weshalb sie als Sachmangel zu qualifizieren sind. Zu beachten ist, dass auch solche Mängel zu Gewährleistungsansprüchen führen, die im Zeitpunkt der Übergabe zwar noch nicht vollständig ausgebildet sind, ihrer Anlage nach aber bereits bestehen, sofern sie nicht auf eine Ursache nach Perfektion zurückzuführen sind. Da der Mantel bereits bei Übergabe von Motten befallen war und nicht erst nach Perfektion von Motten befallen wurde, stehen POMONA ungeachtet des Umstandes, dass die Beschädigungen durch Mottenfraß erst nach Übergabe auftreten, Gewährleistungsansprüche gegen ROBIGUS zu. POMONA kann zwischen Preisminderung und Wandlung wählen. Da sie den Mantel flicken lässt, wird sie ihn behalten wollen und sich daher für die Preisminderung entscheiden. Bei der Preisminderung wird die Äquivalenz der vertraglichen Leistungen wiederhergestellt, indem der Kaufvertrag nachträglich, durch Reduzierung des Kaufpreises, angepasst wird. Der Käufer kann über die Preisminderung jenen Betrag verlangen, den er bei Kenntnis des Mangels weniger gezahlt hätte. Dieser Betrag ist im vorliegenden Fall mit den Kosten für das Flicken des Mantels (20) gleichzusetzen. Da kein Marktkauf eines Sklaven, Zug- bzw Tragtieres oder von Herdenvieh vorliegt, ist das Edikt der kurulischen Ädilen nicht anzuwenden. Folglich wird POMONA von ROBIGUS Preisminderung in Höhe von 20 mittels *actio empti* (bzw von NEPTUN als *actio institoria*), die sie innerhalb von zwölf Monaten ab Kauf anstellen muss, verlangen.

Vertragsverhältnis zwischen ROBIGUS und POMONA hinsichtlich der Tunika

Auch hinsichtlich der Tunika kommt es durch Konsens über Ware und Preis zum Abschluss eines Kaufvertrages zwischen ROBIGUS und POMONA. Der Umstand, dass ROBIGUS nicht Eigentümer der Tunika ist, berührt die Gültigkeit des Kaufvertrages nicht.

Zu prüfen ist, ob POMONA Eigentum an der Tunika erlangt hat. Für den derivativen Eigentumserwerb mittels *traditio* bedarf es neben eines gültigen Titels und der Übergabe der dinglichen Berechtigung des Vormanns. Der zwischen ROBIGUS und POMONA abgeschlossene Kaufvertrag stellt einen gültigen Titel dar. Zur Übergabe der Tunika an POMONA ist es ebenfalls gekommen (*arg*: POMONA nimmt die Tunika mit). Da ROBIGUS aber weder Eigentümer noch Verfügungsbefugter der Tunika ist, kann POMONA derivativ kein Eigentum an der Tunika erlangen. Es gilt: *nemo plus iuris transferre potest quam ipse habet*. Auch ein originärer Eigentumserwerb mittels *usucapio* scheitert, da POMONA die Tunika bereits kurze Zeit nach Übergabe von ROBIGUS, und somit vor Ablauf der Ersitzungsfrist von einem Jahr bei beweglichen Sachen, an deren Eigentümerin CARNA herausgibt. Indem POMONA im Eigentumsprozess gegen CARNA unterliegt und in der Folge den Besitz an der Tunika verliert, stellt sich die Frage, ob POMONA ein Anspruch auf Rechtsmangelgewährleistung gegen ROBIGUS zusteht. Grundsätzlich ist der Verkäufer nicht verpflichtet, dem Käufer Eigentum an der Kaufsache zu übertragen (keine Eigentumsverschaffungspflicht). Der Verkäufer hat dem Käufer bloß den ungestörten Besitz an der Kaufsache zu verschaffen. Ansprüche aus Rechtsmangelgewährleistung stehen dem Käufer somit grds erst dann zu, wenn sein Besitz an der Sache gestört wird. Dies ist dann der Fall, wenn es zur Eviktion kommt, dh wenn ein Dritter sein dingliches Recht an der Sache erfolgreich geltend macht (Eviktionsprinzip). Macht CARNA als Eigentümerin ihr Recht an der Tunika (mittels *rei vindicatio* bzw *actio Publiciana*) erfolgreich geltend, woraufhin ihr POMONA die Tunika herausgibt, so liegt Eviktion vor. Im Falle einer Eviktion ist dem Käufer das Interesse, Eigentümer geworden zu sein – *quanti mea intersit meam esse factam* –, zu ersetzen. Die Höhe von POMONAs Ersatzanspruch ergibt sich aus der Gegenüberstellung ihres konkreten Vermögens mit dem hypothetischen Vermögen, hätte ihr ROBIGUS Eigentum an der Tunika verschafft. Da POMONA den Kaufpreis bereits gezahlt hat, bemisst sich ihr Erfüllungsinteresse mit 120 (Wert der Tunika), die sie von ROBIGUS mittels *actio empti* (bzw von NEPTUN als *actio institoria*) verlangen kann.

Kommt CARNA wieder in den Besitz ihrer Tunika, so stellt sich die Frage, ob ROBIGUS (bzw dessen Geschäftsherr NEPTUN) den geleisteten Schadenersatz von CARNA zurückverlangen kann. Um die gezahlten 120 zurückzuerhalten, kommt ein bereicherungsrechtlicher Anspruch über eine *condictio* (*ob causam finitam*) infrage.

Ein Anspruch auf Rückforderung des Geleisteten mittels *condictio* (*ob causam finitam*) besteht, wenn zum Zeitpunkt der Leistungserbringung ein Rechtsgrund gegeben ist, der später wegfällt. So gewährt etwa der Jurist Cassius dem *fullo*, der für verloren gegangene Kleider Ersatz geleistet hat, die der Eigentümer später wiedererlangt, eine *condictio,* um den geleisteten Wertersatz zurückzufordern. Da der Grund, warum ROBIGUS (bzw NEPTUN) zur Zahlung des Wertersatzes verpflichtet war, später, als CARNA wieder in den Besitz der Tunika gelangt, wegfällt, kann die Rückzahlung des geleisteten Schadenersatzes (120) entweder mittels *actio conducti* oder mittels *condictio* (*ob causam finitam*) bewirkt werden.

▶ **(1)** Ein Rechtsmangel liegt vor, wenn der Übergeber dem Erwerber nicht die vertraglich vereinbarte Rechtsposition verschafft (Bsp: fehlendes Eigentum des Übergebers, Belastung der Sache mit Rechten Dritter, wie etwa mit einem Pfandrecht oder einer Servitut, oder das Fehlen einer öffentlich-rechtlichen Bewilligung, wie etwa einer Baubewilligung). Anders als grds nach römischem Recht muss der Erwerber nicht warten, bis ein Dritter einen Anspruch tatsächlich erhebt, sondern er kann den Rechtsmangel bereits dann geltend machen, wenn die Berechtigung eines Dritten unzweifelhaft ist. Der Lauf der Gewährleistungsfrist bei Rechtsmängeln beginnt gem § 933 Abs 1 S 2 mit dem Zeitpunkt, zu dem der Rechtsmangel dem Erwerber bekannt wird. Keine Gewährleistung besteht grds bei Rechtsmängeln, die aus den öffentlichen Büchern (bspw Grundbuch) ersichtlich sind. Dies gilt aber nicht für Schulden und Rückstände, die auf der Sache haften, da der Übergeber die Pflicht hat, die Sache lastenfrei zu stellen (Depurierungspflicht), § 928 S 2. Zur Streitverkündung vgl Fall 44. Gem § 929 ist die Gewährleistung ausgeschlossen, wenn der Übernehmer wissentlich eine fremde Sache kauft. [*Koziol/Welser*, Bürgerliches Recht II¹³ (2007) 70 f; 80; 83] **(2)** Zum Werkvertrag sowie zum Werklieferungsvertrag vgl Fall 49. **(3)** Zum Gläubigerverzug vgl Fall 40. **(4)** Zur Rückforderung einer Leistung wegen nachträglichen Wegfalls des Rechtsgrundes vgl Fall 47.

Zu den einschlägigen Quellenstellen der hier erörterten Problemkreise: zur Haftungserweiterung über adjektizische Klagen vgl insb Paulus D 14. 1. 5. 1; zur Haftung des Geschäftsherrn für das rechtsgeschäftliche Handeln seines *institor* vgl insb Ulpian D 14. 3. 5. 1; zur Haftung *in solidum* des *dominus* über die *actio institoria* vgl insb Gai Inst 4. 71; zum Haftungsmaßstab des *conductor* vgl Ulpian D 19. 2. 9. 5, ders D 19. 2. 13. 6 sowie Gai Inst 3. 205; zur Einordnung des Werklieferungsvertrages vgl Paulus D 18. 1. 20, Gaius D 19. 2. 2. 1 sowie Gai Inst 3. 147; zur Haftung des Verkäufers bei Gläubigerverzug des Käufers vgl insb Ulpian D 18. 6. 1. 3 sowie Paulus D 18. 6. 13 (12); zur Pflicht des Verkäufers, für Mängel der Kaufsache einzustehen, vgl etwa Marcian D 18. 1. 45 sowie Pomponius D 19. 1. 6. 4; zur Gültigkeit des Kaufvertrages bei Verkauf einer fremden Sache vgl insb Ulpian D 18. 1. 28; zur Haftung des Verkäufers für das Interesse *rem meam esse factam* vgl insb African D 19. 1. 30. 1 u Paulus D 21. 2. 70; zur Rückforderung des *fullo* von geleistetem Schadenersatz für verlorene Sachen, wenn diese wiedergefunden werden, vgl Ulpian D 12. 7. 2.

Variante:

Wie ist die Rechtslage, wenn ROBIGUS versehentlich die von CARNA zur Reinigung übernommene Tunika zerschneidet, den Stoff zur Herstellung für die Stola für POMONA verwendet und die Stola von ROBIGUS an POMONA übergeben wird?

Zu behandelnde Problemkreise:

- ➢ originärer Eigentumserwerb durch *specificatio*
- ➢ Kontroverse zwischen Sabinianern und Prokulianern
- ➢ *media sententia*
- ➢ derivativer Eigentumserwerb durch *traditio*

Zerschneidet ROBIGUS die von CARNA zur Reinigung übernommene Tunika und fabriziert er daraus eine Stola, so stellt sich die Frage, wer Eigentümer der Stola ist. Infrage kommt ein originärer Eigentumserwerb von ROBIGUS durch Verarbeitung (*specificatio*). Dabei ist zu beachten, dass der Werkunternehmer ROBIGUS nicht im Einvernehmen mit der Werkbestellerin CARNA vorgeht. Wäre es hingegen Inhalt des Werkvertrages mit CARNA gewesen, aus der Tunika eine Stola zu fabrizieren (anstatt die Tunika zu reinigen), so wäre kein Raum für die Prüfung eines Eigentumserwerbs von ROBIGUS durch *specificatio*. In diesem Fall stünde die hergestellte Stola jedenfalls im Eigentum der Werkbestellerin CARNA.

Da ROBIGUS dem Sachverhalt nach aber ohne Vereinbarung mit CARNA, und somit *suo nomine*, aus der Tunika eine Stola herstellt, ist ein Eigentumserwerb von ROBIGUS durch *specificatio* zu prüfen. Die Frage, ob die *suo nomine* vorgenommene Verarbeitung fremden Materials zu einem Eigentumserwerb des Produzenten an der neuen Sache führt, ist Gegenstand einer Schulenkontroverse. Die Rechtsschule der Sabinianer betrachtet das Material als wesentliches Kriterium für die Zuordnung des verarbeiteten Produkts – *quia sine materia nulla species effici potest*. Demnach soll derjenige Eigentümer des Endprodukts sein, von dem das Material stammt. Die Rechtsschule der Prokulianer hingegen legt den Schwerpunkt auf die Form des Gegenstandes. Nach dieser Ansicht führt das gestalterische Einwirken zum Untergang der Sache und damit zum Erlöschen des an ihr bestehenden Eigentumsrechts. Folglich entsteht durch die Herstellung eine neue Sache, die vorerst in niemandes Eigentum steht – *quia quod factum est, antea nullius fuerat* – und die im Zuge des Spezifikationsvorgangs vom Produzenten mittels Aneignung (*occupatio*) in sein Eigentum erworben wird.

In der Spätklassik setzt sich eine vermittelnde Meinung (*media sententia*) beider Ansichten durch, wonach der Produzent nur dann Eigentum an der verarbeiteten Sache erwirbt, wenn sie nicht mehr in ihren Ursprungszustand zurückgeführt werden kann. Lässt sich die verarbeitete Sache hingegen wieder in ihren ursprünglichen Zustand zurückführen – *si species ad materiam reverti possit* –, so gilt die sabinianische Meinung und es findet keine Änderung der Eigentumsverhältnisse statt.

Da die Tunika vor ihrer Verarbeitung in eine Stola zerschnitten wurde, ist die Verarbeitung irreversibel. Mangels Rückführbarkeit erwirbt daher ROBIGUS als Verarbeiter nach der *media sententia* (bzw der prokulianischen Ansicht) originär Eigentum an der Stola.

Wird POMONA in der Folge aufgrund des Kaufvertrages (*titulus*) die Stola von ROBIGUS als berechtigtem Vormann übergeben (*modus*), so erlangt sie derivativ durch *traditio* Eigentum an ihr. Zu beachten ist, dass POMONA nicht unmittelbar durch die Herstellung der Stola Eigentum an ihr erworben hat. Dies wäre etwa dann der Fall, wenn sie die Tunika zur Herstellung der Stola hingegeben hätte (womit eine *locatio conductio operis* vorliegen würde). Erfolgt nämlich die Herstellung einer Sache aus fremdem Material aufgrund einer Vereinbarung, also *alieno nomine*, so erwirbt nicht der Spezifikant, sondern derjenige originär Eigentum am Produkt, in dessen Namen die Herstellung vorgenommen wird – *eius nomine factus est*.

Folgt man der *media sententia* bzw der prokulianischen Ansicht, so stellt sich die Frage, wie bzw bei wem CARNA Wertersatz für ihre Tunika verlangen kann. Da ROBIGUS die Verarbeitung gutgläubig vorgenommen hat (*arg*: ROBIGUS verwendet versehentlich CARNAS Tunika zur Herstellung der Stola), wird CARNA als ehemalige Eigentümerin mittels *actio in factum* Wertersatz (120) verlangen. Alternativ kann CARNA ROBIGUS aus dem Werkvertrag mit der *actio locati* auf Schadenersatz klagen, weil ROBIGUS als Werkunternehmer für einen fahrlässig herbeigeführten Untergang der zu bearbeitenden Sache einzustehen hat. Da ROBIGUS als *institor* eingesetzt ist, kann CARNA ihren Anspruch auf Wertersatz mittels *actio institoria* auf dessen Geschäftsherrn NEPTUN erstrecken.

Ein Anspruch auf Wertersatz gegen POMONA scheidet hingegen aus, da weder POMONA die Verarbeitung selbst vorgenommen hat noch die Verarbeitung in ihrem Namen erfolgt ist.

Folgt man hingegen der sabinianischen Ansicht, so ist CARNA als Eigentümerin des verarbeiteten Materials auch Eigentümerin der Stola und kann daher deren Herausgabe mit der *rei vindicatio* von ROBIGUS bzw nach Übergabe an POMONA von dieser verlangen.

Mangels dinglicher Berechtigung von ROBIGUS hat POMONA derivativ kein Eigentum an der Stola erworben. Macht CARNA ihr Eigentumsrecht an der Stola erfolgreich geltend und gibt POMONA die Stola heraus bzw wird sie auf den Schätzwert verurteilt, so kommt es zur Eviktion. Folglich kann POMONA Rechtsmangelgewährleistung geltend machen und von ROBIGUS Ersatz des Erfüllungsinteresses (Wert der fertiggestellten Stola) mittels *actio empti* (bzw von dessen Geschäftsherrn NEPTUN in Form einer *actio institoria*) verlangen.

▶ **(1)** Zum derivativen Eigentumserwerb vgl Fall 4. **(2)** Zum Eigentumserwerb durch Verarbeitung vgl Fall 11.

Zu den einschlägigen Quellenstellen der hier erörterten Problemkreise: zur Schulenkontroverse zum Eigentumserwerb durch *specificatio* vgl insb Gai Inst 2. 79 sowie zur *media sententia* vgl insb Gaius D 41. 1. 7. 7, Paulus D 41. 1. 24 u 26 pr sowie Iust Inst 2. 1. 25; zum Eigentumserwerb desjenigen, in dessen Namen die Verarbeitung vorgenommen wird, vgl insb Callistrat D 41. 1. 25 u Pomponius D 41. 1. 27. 1.

Fall 44:

Mens sana in corpore sano *

Der stets in geistigen Höhen schwebende Philosoph APOLLO beschließt zu Frühlingsbeginn, etwas für seine körperliche Fitness zu tun und sich ein hauseigenes *gymnasium* einzurichten. Zu diesem Zweck kauft er am 1.3. bei HERKULES eine bestimmte Hantelstange um 50, vier von dessen 20 Hantelscheiben um je 5 sowie eine Turnmatte um 10, die gut sichtbar an mehreren Stellen von Mäusen angenagt ist. APOLLO übergibt HERKULES 80 und erhält die Matte übergeben. Die Hantelscheiben werde APOLLO in einer Woche auswählen. Bei dieser Gelegenheit werde er auch die Hantelstange übernehmen. Am selben Tag kauft APOLLO am Markt von FAUNUS den Trainersklaven Consus, von dem FAUNUS weiß, dass er ein *fugitivus* ist, was er APOLLO aber verschweigt, sowie das dem JUPITER gehörende Reitpferd Ventus um je 200. FAUNUS sichert APOLLO mittels *stipulatio triplae* zu, dass APOLLO Eigentum an Ventus erlangt habe. APOLLO zahlt FAUNUS 400 und erhält den Sklaven sowie das Reitpferd übergeben.

Der Sklave Consus flüchtet bereits wenige Wochen nach der Übergabe an APOLLO gemeinsam mit APOLLOs Schreibersklaven Vertumnus (Wert 150), den Consus zur Flucht überreden konnte. Die Löcher in der Turnmatte vergrößern sich in kürzester Zeit so sehr, dass diese für das Trainieren unbrauchbar ist. Die Hantelstange sowie zehn Hantelscheiben gehen am 3.3. bei einer Überschwemmung von HERKULES' Lager verloren. Am 5.3. beerbt APOLLO JUPITER. Consus kann aufgegriffen werden, während Vertumnus unauffindbar bleibt.

Welche Ansprüche stehen APOLLO gegen HERKULES bzw FAUNUS zu?

Vorüberlegungen:

➢ Wann spricht man von einem Sachmangel?
➢ Lösen offenkundige Mängel Gewährleistungspflichten des Verkäufers aus?
➢ Wann spricht man von nachträglicher Unmöglichkeit der Leistung?
➢ Wann ist *emptio contracta*, wann *emptio perfecta* gegeben?
➢ Was besagt der Grundsatz *periculum est emptoris*?
➢ Wann spricht man von einem beschränkten Gattungskauf?
➢ Was bedeutet *genus non perit*?
➢ Wer sind die kurulischen Ädilen? Welche Aufgaben kommen ihnen zu?
➢ Worüber hat der Verkäufer nach dem Edikt der kurulischen Ädilen aufzuklären?
➢ Was kann der Käufer mit der *actio redhibitoria* bewirken?
➢ Was versteht man unter einem Mangelschaden, was unter einem Mangelfolgeschaden?
➢ Was versteht man unter dem Eigentumsverschaffungsprinzip, was unter dem Eviktionsprinzip?
➢ Was bewirkt eine stipulierte Eigentumsverschaffung?
➢ Was versteht man unter ungestörtem Besitz *ex alia causa*, was unter *concursus causarum*?

---

* Eigentlich: *Orandum est ut sit mens sana in corpore sano* – Zu wünschen bleibt, dass in einem gesunden Körper ein gesunder Geist wohne (Juvenal, *Saturae* 10. 356).

▶ (1) Gemäß § 928 stehen dem Übernehmer keine Gewährleistungsrechte zu, wenn der Mangel im Zeitpunkt des Vertragsabschlusses offenkundig ist. Dies gilt erst recht, wenn dem Übernehmer der Mangel bekannt ist (*argumentum a minori ad maius*). Trotz offenkundigen Mangels hat der Übergeber Gewähr zu leisten, wenn er den Mangel arglistig verschwiegen hat oder die Mangelfreiheit ausdrücklich zugesichert hat. Zum Ausschluss der Gewährleistung bei Mängeln, die aus den öffentlichen Büchern zu ersehen sind, vgl Fall 43. Auch beim Kauf in Pausch und Bogen (etwa beim Kauf eines Warenlagers) wird der Verkäufer nur bei Zusage gewisser Eigenschaften oder bei Arglist gewährleistungspflichtig, § 930. Zur Zulässigkeit von Gewährleistungsausschlüssen durch Vereinbarung vgl Fall 42. [*Koziol/Welser*, Bürgerliches Recht II^{13} (2007) 82 f] (2) Zur nachträglichen Unmöglichkeit vgl Fall 36.

Zu den einschlägigen Quellenstellen der hier zu erörternden Problemkreise: keine Haftung des Verkäufers bei Vorliegen eines offenkundigen Mangels vgl insb Ulpian D 21. 1. 1. 6; zur Regel *periculum est emptoris* vgl Paulus D 18. 6. 8 pr sowie Iust Inst 3. 23. 3; zur Anzeigepflicht des Verkäufers von Mängeln des verkauften Sklaven nach dem Edikt der kurulischen Ädilen vgl Ulpian D 21. 1. 1. 1; zur *actio redhibitoria* vgl insb Ulpian D 21. 1. 23. 9 sowie ders D 21. 1. 25. 8; zur Wandlung bei Kauf eines *fugitivus in fuga* bei Arglist des Verkäufers sowie zur Erbringung einer Sicherheitsleistung vgl Ulpian D 21. 1. 21. 3; zur Ersatzpflicht des Verkäufers für Schäden, die dem Käufer infolge der Mangelhaftigkeit der Ware in seinem sonstigen Vermögen entstanden sind, vgl insb Marcian D 18. 1. 45, Paulus D 19. 1. 4 pr sowie Ulpian D 19. 1. 13 pr u 1; zur Gültigkeit des Kaufvertrages bei Verkauf einer fremden Sache vgl insb Ulpian D 18. 1. 28; keine Eigentumsverschaffungspflicht des Verkäufers sowie zur Zusicherung der Eigentumsverschaffung mittels Stipulation vgl insb Ulpian D 18. 1. 25. 1; zur Rechtsmangelgewährleistung bei ungestörtem Besitz *ex alia causa* vgl insb Ulpian D 19. 1. 13. 15, Paulus D 21. 2. 9 sowie Pomponius D 21. 2. 29 pr.

Variante A:

FAUNUS hat das Pferd Ventus am 1.1. vom Eigentümer JUPITER gekauft und tradiert erhalten. Am 1.3. verkauft FAUNUS Ventus an APOLLO und manzipiert und übergibt ihm Ventus. Am 4.3. klagt JUPITER APOLLO auf Herausgabe von Ventus. APOLLO verabsäumt es, FAUNUS vom Streit zu verständigen, und verliert den Prozess.

Steht APOLLO ein Anspruch gegen FAUNUS zu?

Zu behandelnde Problemkreise:

➢ Rechtsmangelgewährleistung
➢ Übereignung einer *res mancipi* mittels *traditio*
➢ bonitarisches Eigentum *vs nudum ius quiritium*
➢ *nemo plus iuris transferre potest quam ipse habet*
➢ Manzipationskauf – Pflicht zum Prozessbeistand
➢ *actio auctoritatis*
➢ Unterlassung der Streitverkündung

▶ Wird der Übernehmer wegen eines Mangels im Recht von einem Dritten in Anspruch genommen, so muss er gem § 931 dem Übergeber den Streit verkünden, vgl auch § 21 ZPO. Andernfalls kann ihm der Übergeber all jene Einwendungen entgegenhalten, die er gegen den Dritten hätte erheben können. Die Einwendungen kann der Übergeber dann nicht mehr erheben, wenn er trotz Verkündung des Streits dem Rechtsstreit nicht beitritt. [*Koziol/Welser*, Bürgerliches Recht II^{13} (2007) 70 f]

Zu den einschlägigen Quellenstellen der hier zu erörternden Problemkreise: zur *exceptio rei venditae et traditae* vgl insb Ulpian D 21. 3. 1 pr sowie Hermogenian D 21. 3. 3; zur *actio auctoritatis* vgl insb PS 2. 17. 1 u 3.

Variante B:

APOLLO besichtigt am 1.2. den Sklaven Consus (Wert 250) bei FAUNUS in dessen Haus in Kampanien. Am 10.2. erfährt FAUNUS, dass Consus eine schwere Verletzung erlitten hat, was er APOLLO beim Verkauf von Consus am 1.3. in Rom verschweigt. APOLLO und FAUNUS vereinbaren die Übergabe von Consus für den 15.3. APOLLO übergibt FAUNUS sofort den Kaufpreis (200). Weiters zahlt APOLLO für die Herstellung einer für Consus maßgeschnei-derten Sportbekleidung 20 an die Schneiderin LUNA. Consus kann am 15.3. nicht an APOLLO übergeben werden, da er bereits am 20.2. seinen Verletzungen erlegen ist.

APOLLO verlangt von FAUNUS Wertersatz für den Sklaven sowie Ersatz der Kosten für die Herstellung der Sportbekleidung. Zu Recht?

Zu behandelnde Problemkreise:

- ➢ anfängliche objektive (faktische) Unmöglichkeit
- ➢ *impossibilium nulla est obligatio*
- ➢ Rückforderung einer irrtümlich geleisteten Nichtschuld mittels *condictio indebiti*
- ➢ Vertrauensschaden *vs* Nichterfüllungsschaden
- ➢ Ersatz des negativen Interesses

▶ **(1)** Zur anfänglichen Unmöglichkeit vgl Fall 31. **(2)** Zur Rückforderung einer irrtümlich geleisteten Nichtschuld mittels *condictio indebiti* vgl Fall 56.

Zu den einschlägigen Quellenstellen der hier zu erörternden Problemkreise: zum Grundsatz *impossibilium nulla obligatio est* vgl Celsus D 50. 17. 185; zur Ungültigkeit des Kaufs einer nicht existenten Sache vgl insb Paulus D 18. 1. 15 pr; zur Möglichkeit der Rückforderung des Kaufpreises bei Ungültigkeit des Vertrages vgl insb Paulus D 18. 1. 57 pr sowie ders D 18. 4. 7; zur Rückforderung einer irrtümlich geleisteten Nichtschuld mittels *condictio indebiti* vgl insb Ulpian D 12. 6. 1. 1 sowie Gai Inst 3. 91; zur Rückforderung des Kaufpreises und zum Ersatz frustrierter Aufwendungen beim Kauf einer nicht existenten Sache vgl insb Javolen D 18. 4. 8; zum Ersatz des *quod interest ne deceptum esse* mittels *actio empti* vgl insb Modestin D 18. 1. 62. 1 u Iust Inst 3. 23. 5; zur Gewährung einer *actio in factum* bei Ungültigkeit des Kaufes vgl Ulpian D 11. 7. 8. 1; zur Gewährung einer *actio de dolo* bei arglistigem Verhalten vgl etwa Ulpian D 4. 3. 1. 1.

Fall 45: ☆☆

Fortunas Fuhrwerk

Die Landwirtin FORTUNA kauft von SILVANUS die Sklavin Libitina (Kaufpreis 90). FORTUNA und SILVANUS vereinbaren, dass SILVANUS, wenn er wolle, anstelle der Sklavin Libitina die Sklavin Levana leisten könne. Die Übergabe der Sklavin soll in zwei Wochen, die Zahlung des Kaufpreises in einem Monat erfolgen. Zur Besicherung der Kaufpreisforderung verpfändet FORTUNA SILVANUS besitzlos ihr Fuhrwerk (Wert 130). Drei Tage nach FORTUNAS Besuch bei SILVANUS wird die Sklavin Libitina bei einem Spaziergang von einem Bären angefallen und getötet. Eine Woche später verkauft FORTUNA das an SILVANUS verpfändete Fuhrwerk an JANUS um 100. JANUS vermietet das Fuhrwerk für drei Monate um 20 *per mensem* an BACCHUS. Einen Monat nach der Übergabe des Fuhrwerks an BACCHUS verlangt es SILVANUS in Berufung auf sein Pfandrecht heraus, da sich FORTUNA weigert, SILVANUS den Kaufpreis für die Sklavin zu bezahlen. BACCHUS kann daher seine Ernte nicht einbringen, wodurch ihm ein Schaden in Höhe von 60 erwächst. JANUS könnte bei seinem Bekannten PORTUNUS einen Wagen anmieten (Kosten 80) und ihn BACCHUS für die verbleibenden zwei Monate überlassen, was JANUS aber nicht tut.

Wie ist die Rechtslage?

Skizze:

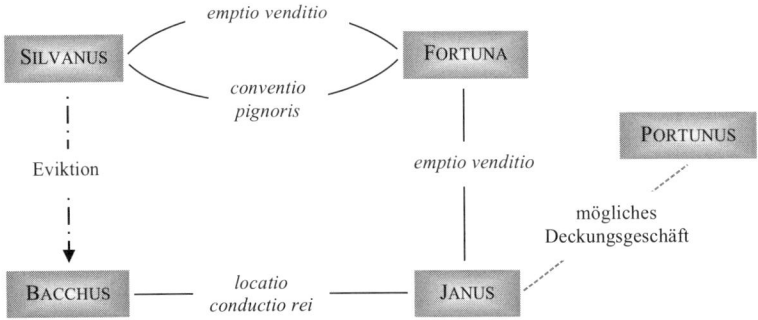

Zu behandelnde Problemkreise:

> Zustandekommen eines Kaufvertrages
> *facultas alternativa – una res in obligatione, duae res in solutione*
> nachträgliche Unmöglichkeit der Leistung
> Untergang der Kaufsache infolge höherer Gewalt
> *perfecta emptione periculum ad emptorem respiciet*
> Voraussetzungen für das Zustandekommen eines Pfandrechts
> Faustpfand *vs* besitzloses Pfand
> Akzessorietät des Pfandrechts
> Veräußerung der Pfandsache ohne Zustimmung des Pfandgläubigers

➢ *nemo plus iuris transferre potest quam ipse habet*
➢ *actio pigneraticia in personam directa* des Pfandschuldners auf das *superfluum*
➢ Zustandekommen eines Mietvertrages
➢ Eviktion der Bestandsache
➢ Pflicht des Verkäufers zur Verschaffung ungestörten Besitzes
➢ Eviktionsprinzip
➢ Berechnung des Erfüllungsinteresses – *damnum emergens – lucrum cessans*
➢ Schadensminimierungsobliegenheit

▶ **(1)** Gesetzlich geregelte Anwendungsfälle der Ersetzungsbefugnis sind etwa die *laesio enormis*, § 934 (vgl Fall 31), das Reugeld, §§ 909 ff, sowie das Überlassungsrecht des Erben beim Untervermächtnis, § 650. [*Koziol/Welser*, Bürgerliches Recht II[13] (2007) 30 f] **(2)** Zur Rechtsmangelgewährleistung vgl Fall 43. **(3)** Zu den Besonderheiten der Gewährleistung bei Bestandverträgen vgl Fall 46. **(4)** Zum Pfandrealvertrag vgl Fall 27. **(5)** Zu den Prinzipien des Pfandrechts vgl Fall 15. **(6)** Zum Rechtsschutz des Pfandgläubigers vgl Fall 16. **(7)** Zur Schadensminimierungsobliegenheit des Geschädigten vgl Fall 36.

Zu den einschlägigen Quellenstellen der hier zu erörternden Problemkreise: zur Gefahrtragung des Käufers bei perfektem Kauf vgl insb Paulus D 18. 6. 8 pr u Iust Inst 3. 23. 3; zu den Anwendungsfällen einer *facultas alternativa* vgl etwa Diokletian u Maximian C 4. 44. 2, Ulpian D 42. 1. 6. 1 sowie Paulus D 44. 7. 44. 5; zur Veräußerung der Pfandsache ohne Zustimmung des Pfandgläubigers als *furtum* vgl insb Paulus D 47. 2. 67 (66) pr; zum Eigentumserwerb an einem mit einem Pfandrecht belasteten Grundstück vgl insb Paulus D 13. 7. 18. 2; zur stillschweigend vereinbarten Verkaufsabrede hinsichtlich der Pfandsache sowie zur Verfügungsbefugnis des Pfandgläubigers zum Verkauf der Pfandsache vgl insb Ulpian D 13. 7. 4; zu den Klagen aus dem Pfandrealvertrag vgl insb Ulpian D 13. 7. 9 pr u 4; zur Haftung des Verkäufers für das *uti frui habere licere* der verkauften Sache sowie für das Interesse, dass die Sache im Eigentum des Verkäufers gestanden ist, vgl insb Julian D 21. 2. 8; zur Haftung des Verkäufers bei Eviktion der verkauften Sache vgl insb Javolen D 21. 2. 60; zur Haftung des Verkäufers für das Interesse *rem meam esse factam* vgl insb African D 19. 1. 30. 1 u Paulus D 21. 2. 70; zur Haftung des *locator* für den Fall der Eviktion der Bestandsache vgl insb Ulpian D 19. 2. 9 pr sowie Gaius D 19. 2. 25. 1; zur Überwälzung des Erfüllungsinteresses aufgrund Eviktion der Bestandsache vgl insb Ulpian D 19. 2. 7 sowie Tryphonin D 19. 2. 8; zur Schadensminimierungsobliegenheit des schadenersatzberechtigten Käufers vgl insb Paulus D 19. 1. 21. 3.

3. Teil

LOCATIO CONDUCTIO

1. KAPITEL

Miete und Pacht
(locatio conductio rei)

Lit: *Benke/Meissel*, Römisches Schuldrecht[7] (2006) 180–189;
Hausmaninger/Selb, Römisches Privatrecht[9] (2001) 247–250;
Kaser/Knütel, Römisches Privatrecht[20] (2014) 259–262;
Apathy/Klingenberg/Pennitz, Einführung in das römische Recht[5] (2012) 189–194.

Fall 46: ☆☆

Homo homini lupus [*]

FORTUNA möchte ihr Glück als Landwirtin versuchen, weshalb sie von BACCHUS eine Weide für ihre Schafzucht sowie einen Acker zum Anbau von Weizen, jeweils für ein *lustrum* (fünf Jahre), zu einem Zins von je 120 *per annum* pachtet. Die Weide befindet sich in unmittelbarer Nähe eines Waldes, der das Jagdrevier eines Wolfsrudels ist, wovon BACCHUS bestens Bescheid weiß. FORTUNA kauft von PLUTO den Ochsen Fulgur um 100 und mietet von ihm einen Pflug auf unbestimmte Zeit um 20 pro Monat. Sie vereinbaren, dass der Ochse nur dann als verkauft gelten soll, sofern PLUTO innerhalb von drei Monaten kein höheres Kaufpreisangebot erhalte. Der Kaufpreis soll nach Ablauf der Frist geleistet werden. Weiters vereinbaren sie, dass FORTUNA den Ochsen während der drei Monate für ein Entgelt von 5 pro Monat gebrauchen dürfe. Zum Zweck der Gebrauchsüberlassung werden ihr der Ochse und der Pflug übergeben.

Ab dem zweiten Monat kommt es immer wieder zu Überfällen der Wölfe auf FORTUNAS Schafherde. Einmal gelingt es den Wölfen sogar, ein Schaf (Wert 15) zu reißen. In der Nacht vor der geplanten Ernte dringt CERES auf den von FORTUNA gepachteten Acker ein, schneidet den reifen Weizen und trägt ihn fort. Infolge von Unachtsamkeit beschädigt FORTUNA den gemieteten Pflug leicht (Schaden 30). Zu Beginn des dritten Monats stirbt der Ochse Fulgur durch einen Blitzschlag, weshalb FORTUNA an der Miete des Pfluges nicht länger interessiert ist.

Beurteilen Sie allfällige Ansprüche von FORTUNA, BACCHUS und PLUTO!

---

[*] Der Mensch (ist) dem Menschen ein Wolf (Plautus, *Asinaria* 495). Dieser Ausspruch drückt das Prinzip des gegenseitigen Misstrauens aus. Aufgegriffen wurde das ursprünglich von dem Komödiendichter Plautus stammende Zitat vom englischen Staatstheoretiker und Philosophen Thomas Hobbes, der damit den vorstaatlichen Naturzustand des Menschen beschreibt, wonach der schlimmste Feind des Menschen der Mensch selbst sei.

Vorüberlegungen:

➢ Welcher Voraussetzungen bedarf das Zustandekommen einer *locatio conductio rei*?
➢ Wann spricht man von Miete, wann von Pacht?
➢ Ist die *locatio conductio rei* ein Ziel- oder ein Dauerschuldverhältnis?
➢ Wann liegt ein befristetes, wann ein unbefristetes Bestandverhältnis vor?
➢ Welche Auswirkungen hat die Beeinträchtigung der Benutzbarkeit der Bestandsache?
➢ Welche Rechtsfolgen kann es haben, wenn der *locator* von der Mangelhaftigkeit der in Bestand gegebenen Sache weiß, dies aber verschweigt?
➢ Wie erwirbt der *conductor* Eigentum an den Früchten?
➢ Welche rechtliche Möglichkeit hat der *conductor,* wenn noch nicht perzipierte Früchte von einem Dritten weggenommen werden?
➢ Wie ist die Vereinbarung, dass der Kauf nur dann gültig sein soll, wenn der Verkäufer innerhalb einer bestimmten Frist kein besseres Kaufangebot erhält, zu qualifizieren?
➢ Hindert das Vorliegen einer aufschiebenden Bedingung die Perfektion des Kaufes?
➢ Wer trägt bei einem zufälligen Untergang der in Bestand gegebenen Sache die Sachgefahr, wer die Zinsgefahr?
➢ Für welche Schadensereignisse haftet der *conductor* gewöhnlich?
➢ Kann ein unbefristeter Mietvertrag jederzeit einseitig beendet werden?
➢ Welcher Voraussetzungen bedarf die Aufrechnung von wechselseitigen Forderungen?

Einleitung: Die *locatio conductio rei* ist die auf Willensübereinkunft beruhende Überlassung einer idR körperlichen Sache auf bestimmte oder unbestimmte Dauer gegen Zahlung des vereinbarten Entgelts (*merces*). Da die *locatio conductio rei* auf die Erbringung eines dauernden Verhaltens gerichtet ist und nicht mit einmaliger Erfüllungshandlung erlischt, zählt sie zu den Dauerschuldverhältnissen. Nach moderner Doktrin wird danach unterschieden, ob der Bestandnehmer die Sache lediglich gebrauchen darf (Miete) oder ob er auch zur Fruchtziehung berechtigt ist (Pacht). Da die *locatio conductio*, wie der Kauf, ein Konsensualvertrag ist, bei dem die Vertragspflichten in synallagmatischem Verhältnis stehen und im Lichte der *bona fides* zu beurteilen sind, wird die *locatio conductio* in vielen Bereichen ähnlich wie der Kauf behandelt.

Vertragsverhältnis zwischen FORTUNA und BACCHUS über die Weide

Zwischen FORTUNA und BACCHUS kommt es durch Willenseinigung über die Überlassung der Weide gegen ein jährliches Entgelt von 120 zum Abschluss einer *locatio conductio rei.* Das Bestandverhältnis ist als Pacht zu qualifizieren, da FORTUNA die Weide in Bestand nimmt, um ihre Schafe darauf grasen zu lassen. Bei der Pacht wird der Bestandnehmer auch als *colonus* bezeichnet. Indem FORTUNA und BACCHUS die Dauer der Sachüberlassung von vornherein mit fünf Jahren festsetzen, handelt es sich um ein befristetes Bestandverhältnis. Dieses endet grds durch Zeitablauf und kann nur dann von einem Vertragspartner vorzeitig aufgelöst werden, wenn ein Grund vorliegt, der es ihm unzumutbar macht, das Vertragsverhältnis fortzuführen.

Zu prüfen ist, wie sich der Umstand, dass es immer wieder zu Überfällen von Wölfen auf FORTUNAs Schafe kommt, auf das Pachtverhältnis auswirkt. Aufgrund des Pachtvertrages hat BACCHUS FORTUNA die Weide zu überlassen und ihr die vertragskonforme Nutzung zu ermöglichen – *frui licere*. Da FORTUNA die Weide zum Zweck der Schafzucht pachtet, führen die Überfälle von Wölfen zu einer Beeinträchtigung der Nutzbarkeit der Weide für FORTUNA. Für die Beantwortung der Frage, wer den Nachteil der eingeschränkten Nutzbarkeit der Pachtsache zu tragen hat, unterscheidet der Jurist Servius danach, aus welcher Sphäre die Ursache der Beeinträchtigung stammt: Ist die Nutzung durch ein Ereignis höherer Gewalt (*vis cui resisti non potest*) beeinträchtigt, so trägt der *locator* die Zinsgefahr, weshalb ihm bloß ein geminderter oder gar kein Pachtzins zusteht. So soll, nach Ansicht von Servius, etwa die Beeinträchtigung des Gebrauchs der gepachteten Liegenschaft durch das Eindringen von Feinden oder das Einfallen von Dohlen oder Staren als unabwendbare Ereignisse zulasten des *locator* gehen. Treten hingegen Mängel auf, die sich aus der Pachtsache selbst ergeben (*vitia, quae ex ipsa re oriuntur*), so trägt der *conductor* die Zinsgefahr. Diesfalls bleibt der *conductor* zur Zahlung des gesamten Pachtzinses verpflichtet. Im vorliegenden Fall stellen die Überfälle der Wölfe von außen kommende, unabwendbare Ereignisse dar. Die Beeinträchtigung der Nutzbarkeit der Weide ist auf deren Nähe zum Jagdrevier eines Wolfsrudels zurückzuführen und daher der Sphäre des Verpächters BACCHUS zuzuordnen. Es gilt daher im vorliegenden Fall *periculum est locatoris*. Aufgrund der Mangelhaftigkeit der Bestandsache stehen dem *conductor* grds die Gewährleistungsbehelfe der Zinsminderung oder der vorzeitigen Auflösung des Vertrages zur Verfügung. Da für FORTUNA die Weide zum Zweck der Zucht von Schafen unbrauchbar ist, wird sie kein Interesse an der Weiterbenützung der Weide haben und daher das Pachtverhältnis vorzeitig beenden wollen. Es ist ein Grund gegeben, der so schwer wiegt, dass FORTUNA die Fortführung des Pachtverhältnisses nicht zumutbar ist. Somit kann sie den auf fünf Jahre befristeten Pachtvertrag bereits vorzeitig beenden. Zu beachten ist, dass die vorzeitige Beendigung bei der *locatio conductio rei* als Dauerschuldverhältnis, anders als etwa die Wandlung beim Kauf als Zielschuldverhältnis, grds *ex nunc* wirkt. Das bedeutet, dass FORTUNA für den ersten Monat, in dem sie die Weide obligationsgemäß nutzen konnte, zur Zahlung eines aliquoten Teils des Pachtzinses (10) verpflichtet ist bzw einen dafür bereits gezahlten Pachtzins nicht zurückverlangen kann.

Indem es durch den Überfall der Wölfe zum Tod eines Schafes gekommen ist, stellt sich die Frage, ob FORTUNA für den dadurch entstandenen Schaden (15) Ersatz von BACCHUS verlangen kann. Das gerissene Schaf stellt einen Mangelfolgeschaden dar. Von einem Mangelfolgeschaden spricht man, wenn dem Vertragspartner durch die Mangelhaftigkeit der übergebenen Sache ein Schaden in seinem sonstigen Vermögen entstanden ist. Ein Ersatz für Mangelfolgeschäden ist grds dann zu leisten, wenn dem Vertragspartner des Geschädigten ein Verstoß gegen die *bona fides* angelastet werden kann. So differenzieren die römischen Juristen etwa bei der Verpachtung einer Weide, auf der giftige Pflanzen wachsen, durch die das Vieh des Pächters zu Schaden kommt, danach, ob der Verpächter von den giftigen Pflanzen wusste oder nicht. Nur der wissentliche Verpächter (*locator sciens*) haftet auf *id quod interest*, dh für alle aus der Mangelhaftigkeit der Weide entstandenen Schäden des *conductor*. Der unwissentliche Verpächter (*locator ignorans*) hat hingegen nur eine Minderung bzw den Ausfall des Pachtzinses wegen der Mangelhaftigkeit der Pachtsache hinzunehmen. Da BACCHUS dem Sachverhalt nach davon Bescheid wusste, dass sich die zur Schafzucht verpachtete Weide in unmittelbarer Nähe zum Jagdrevier eines Wolfsrudels befindet, dies aber verschwiegen hat, handelte er dolos. Folglich haftet er FORTUNA auf das Interesse. FORTUNA kann daher von BACCHUS Wertersatz für das getötete Schaf (15) mit der *actio conducti* verlangen.

Es stellt sich die Frage, ob die Forderung von FORTUNA auf Wertersatz für ihr Schaf (15) und die Forderung von BACCHUS auf Zahlung des Pachtzinses (10) miteinander aufgerechnet werden können, sodass FORTUNA eine Forderung in Höhe von 5 gegenüber BACCHUS verbleibt. Eine Kompensation ist grds dann zulässig, wenn die aufzurechnenden Forderungen fällig sowie prozessual leicht zu ermitteln (liquid) sind und die Ansprüche konnex sind, dh aus demselben Vertragsverhältnis (*ex eadem causa*) stammen. Aus prozessualer Sicht bedarf es nach klassischem römischen Recht keiner Gleichartigkeit, da es im Rahmen des Prozesses zur Umrechnung der Leistungspflichten in Geld kommt (Prinzip der *condemnatio pecuniaria*). Da sowohl die Schadenersatzforderung von FORTUNA als auch die Pachtzinsforderung von BACCHUS ihre Grundlage in demselben Vertragsverhältnis haben, fällig und mangels anderer Anhaltspunkte im Sachverhalt leicht feststellbar sind, können sie miteinander aufgerechnet werden. Eine Gleichartigkeit der Forderungen ist ebenfalls gegeben, da beide Ansprüche auf Geld gerichtet sind. Da es sich bei der *locatio conductio rei* um ein *bonae fidei iudicium* handelt, ist die Aufrechnung der gegenseitigen Forderungen von FORTUNA und BACCHUS durch den *iudex* im Rahmen der *bona fides* zu berücksichtigen. Kommt es zur Verrechnung, so werden die Verbindlichkeiten aufgehoben, soweit sie sich decken. Folglich wird FORTUNA im Urteil nur der Überschuss in Höhe von 5 zugesprochen werden.

Vertragsverhältnis zwischen FORTUNA und BACCHUS über den Acker

Auch über den Acker kommt es durch Willensübereinkunft zwischen FORTUNA und BACCHUS zum Abschluss einer *locatio conductio rei* auf bestimmte Dauer (fünf Jahre). Da FORTUNA zur Fruchtziehung berechtigt ist, handelt es sich nach moderner Terminologie um Pacht. Es ist zu prüfen, ob CERES, als sie den von FORTUNA angebauten, reifen Weizen schneidet und mitnimmt, ein *furtum* begeht. Das Delikt *furtum* verwirklicht, wer sich unbefugt eine fremde bewegliche Sache mit der Absicht, sich oder einen Dritten daraus zu bereichern, zuwendet. Indem CERES den fremden Weizen mit Bereicherungsabsicht an sich nimmt, handelt sie dolos und ist daher als *fur* zu bezeichnen. Da zur Erhebung der Klagen aus einem *furtum* grds der Eigentümer der gestohlenen Sache aktivlegitimiert ist, muss zunächst geprüft werden, wer Eigentümer des geschnittenen Weizens ist. Bei Weizen handelt es sich um natürliche Früchte (*fructus naturales*), dh um wiederkehrende, von einer Sache ohne Beeinträchtigung ihrer Substanz erzielbare Erträgnisse. Natürliche Früchte stellen, solange sie mit der Muttersache verbunden sind, deren unselbständigen Bestandteil dar. Wird die Frucht von der Muttersache getrennt, so wird grds der Eigentümer der Muttersache Eigentümer der getrennten Frucht. Kommt es zur Trennung des Weizens, indem CERES ihn schneidet, so wird daher BACCHUS als Eigentümer des Ackers Eigentümer des Weizens. Zu beachten ist, dass FORTUNA als Pächterin erst durch *perceptio* (tatsächliches Ergreifen) Eigentum am Weizen erlangt. Da aber nicht die Pächterin FORTUNA, sondern CERES den Weizen schneidet, liegt keine *perceptio* vor. Folglich wird nicht FORTUNA, sondern BACCHUS Eigentümer des Weizens. Als Eigentümer des geschnittenen Weizens stehen BACCHUS als sachverfolgende Klagen entweder die *rei vindicatio* oder die *condictio furtiva* zur Verfügung (alternative Konkurrenz). Mittels *rei vindicatio* kann BACCHUS den Weizen, solange dieser noch existiert, von jedem Sachbesitzer herausverlangen. Die *condictio furtiva* kann er hingegen nur gegen die Diebin CERES anstellen, jedoch auch dann noch, wenn der Weizen nicht mehr vorhanden ist. Eine dieser sachverfolgenden Klagen kann BACCHUS mit der pönalen *actio furti* kumulieren. FORTUNA als bloße Detentorin des Ackers kann hingegen nicht direkt gegen CERES bzw gegen einen besitzenden Dritten vorgehen. Sie hat aber die Möglichkeit, sollte BACCHUS nicht von sich aus CERES gerichtlich verfolgen (bzw die *rei vindicatio* gegen einen Dritten erheben), BACCHUS aus dem Pachtvertrag zu einer entsprechenden Vorgehensweise klagsweise aufzufordern, damit er ihr den Weizen bzw Wertersatz verschafft.

Vertragsverhältnisse zwischen FORTUNA und PLUTO über den Ochsen Fulgur

Durch Willensübereinkunft über den Austausch des Ochsen Fulgur gegen 100 kommt es zwischen FORTUNA und PLUTO zum Abschluss eines Kaufvertrages (*emptio venditio*). Die Vereinbarung zwischen FORTUNA und PLUTO, dass der Ochse erst dann als verkauft gelten soll, wenn PLUTO innerhalb von drei Monaten kein höheres Kaufpreisangebot erhalte, ist als Nebenvereinbarung zum Kaufvertrag zu qualifizieren. Möchten die Vertragsparteien neben den unverzichtbaren Vertragsbestandteilen eines Kaufvertrages, Ware und Preis (*essentialia negotii*), auch noch andere Punkte, etwa hinsichtlich der Abwicklung des Kaufes, vereinbaren, so können solche *accidentalia negotii* formlos als Nebenabreden (*pacta adiecta*) dem Kaufvertrag hinzugefügt werden. Ist eine Nebenvereinbarung vorgesehen, so muss auch über diese Konsens vorliegen, damit der Vertrag zustande kommt. Die Nebenvereinbarung von FORTUNA und PLUTO ist als Bessergebotsklausel (*in diem addictio*) zu bezeichnen. Da bei der Bessergebotsklausel der Eintritt der Rechtswirkungen von einem ungewissen Ereignis abhängt (es ist ungewiss, ob bzw wann PLUTO ein höherer Kaufpreis geboten wird), handelt es sich im vorliegenden Fall um einen bedingten Kaufvertrag. Indem FORTUNA und PLUTO vereinbaren, dass der Ochse erst dann als gekauft gelten soll, wenn innerhalb von drei Monaten kein höheres Kaufpreisangebot erfolgt, handelt es sich um eine aufschiebende Bedingung (Suspensivbedingung). Folglich entfaltet der Kaufvertrag erst dann seine Wirksamkeit, wenn nach Ablauf der Frist PLUTO kein höheres Kaufpreisangebot erhalten hat.

Neben dem Kaufvertrag kommt es durch Konsens über die Überlassung des Ochsen Fulgur für drei Monate gegen Zahlung von 5 pro Monat zum Abschluss einer *locatio conductio rei*. Zu beachten ist, dass hier keine, von den römischen Juristen als unwirksam angesehene, Miete der eigenen Sache (*locatio rei suae*) vorliegt, da FORTUNA nicht Eigentümerin des Ochsen ist. Zum einen stellt der Kaufvertrag mangels Wirksamkeit (noch) keinen gültigen Titel für einen derivativen Eigentumserwerb dar. Zum anderen fehlt es an einer Tradition mit eigentumsübertragender Wirkung. Die Übergabe des Ochsen an FORTUNA erfolgt nicht aufgrund des Kaufvertrages, sondern aufgrund des Mietvertrages (*arg*: zum Zweck der Gebrauchsüberlassung wird ihr der Ochse übergeben). Der Mietvertrag stellt jedoch, anders als etwa ein wirksamer Kaufvertrag, keine *causa* für den derivativen Eigentumserwerb dar. FORTUNA ist als Mieterin bloß Detentorin. Sie hat *animus rem alteri habendi* und übt die tatsächliche Sachherrschaft für PLUTO aus. Zu beachten ist: Kommt es zum Eintritt der Bedingung aus dem Kaufvertrag, so würde dieser wirksam werden und einen gültigen Erwerbsgrund (*titulus*) darstellen. Als Eigentümer des Ochsen wäre PLUTO berechtigt, Eigentum an FORTUNA zu übertragen (Recht des Vormanns). Eines eigenen körperlichen Übertragungsaktes an FORTUNA bedürfte es hingegen nicht, da sie den Ochsen aufgrund der Miete bereits bei sich hat. Die Übergabe (*modus*) würde hier mittels *traditio brevi manu* erfolgen. Zu beachten ist weiters, dass der Ochse eine *res mancipi* ist und es somit einer *mancipatio* bzw einer *in iure cessio* bedürfte, um ziviles Eigentum an ihm zu übertragen.

Kommt es zum Tod des Ochsen Fulgur nach Kaufabschluss und vor Übergabe (iSd Kaufes), so ist ein Fall der nachträglichen Unmöglichkeit gegeben. Da der Tod des Ochsen durch Blitzschlag und somit durch ein Ereignis höherer Gewalt (*vis maior*) eintritt, kommen die Regeln der Gefahrtragung zur Anwendung. Die Leistungsgefahr trägt FORTUNA, weil sie weder den Ochsen, noch eine Ersatzleistung (in Form von Schadenersatz) von PLUTO erhält. Für die Beantwortung der Frage, ob FORTUNA auch die Preisgefahr zu tragen hat, dh verpflichtet ist, den Kaufpreis zu leisten, obwohl sie keine Gegenleistung erhält, ist zu prüfen, ob der Kauf perfekt geworden ist. *Emptio perfecta* ist gegeben, wenn die Ware ausgesondert ist, der Preis ziffernmäßig feststeht, die Kaufsache keinen Mangel aufweist und bei aufschiebend bedingtem oder befristetem Kauf die Bedingung eingetreten bzw die Frist abgelaufen ist. Da der Kaufvertrag durch die von FORTUNA und PLUTO vereinbarte Bessergebotsklausel unter eine aufschiebende Bedingung gestellt wurde, diese aber noch nicht eingetreten ist, ist der Kauf nicht perfekt. FORTUNA trägt somit nicht die Preisgefahr und muss daher den Kaufpreis nicht bezahlen. Den Nachteil des zufälligen Untergangs des Ochsen trägt, nach der Regel *casum sentit dominus*, PLUTO.

Zu prüfen ist, wie sich der Tod des Ochsen Fulgur auf den Mietvertrag auswirkt. Als Mieterin haftet FORTUNA grds für *dolus*, *culpa* und *custodia*. Eine zufällige Verschlechterung bzw Zerstörung der Mietsache trifft somit nicht den *conductor*, sondern den *locator* als Eigentümer. Folglich kann PLUTO keinen Wertersatz für den Ochsen von FORTUNA verlangen. Schließlich stellt sich die Frage, ob FORTUNA, obwohl der Ochse untergegangen ist, weiterhin Mietzins zahlen muss. Dies ist zu verneinen, da PLUTO mit dem Tod des Ochsen Fulgur seine Verpflichtung aus dem Mietvertrag, die Überlassung des Ochsen zum Gebrauch, nicht mehr erfüllen kann. Folglich muss FORTUNA für den dritten Monat keinen Mietzins leisten. Zu beachten ist aber, dass FORTUNA für jene Zeit, in der sie den Ochsen gebrauchen konnte, zur Mietzinszahlung verpflichtet bleibt. Hat daher FORTUNA für die ersten zwei Monate noch keinen Mietzins gezahlt, so kann PLUTO von FORTUNA insgesamt 10 verlangen. Zur Durchsetzung seines Anspruchs steht ihm die *actio locati* zur Verfügung.

Vertragsverhältnis zwischen FORTUNA und PLUTO über einen Pflug

Zwischen FORTUNA und PLUTO kommt es mit Willensübereinkunft über die Hingabe eines Pfluges zum Gebrauch gegen Zahlung von 20 pro Monat zum Abschluss einer *locatio conductio rei*, eines Mietvertrages. Die Beschädigung des Pfluges aufgrund FORTUNAs Unachtsamkeit ist als fahrlässiges Verhalten zu qualifizieren, weil sie ihre pflichtgemäße Sorgfalt als Mieterin außer Acht ließ. Da der *conductor* bei Untergang bzw Verschlechterung der Bestandsache für *dolus*, *culpa* und *custodia* haftet, hat FORTUNA den am Pflug schuldhaft verursachten Schaden zu ersetzen. Folglich kann PLUTO von FORTUNA mit der *actio locati* Schadenersatz in Höhe von 30 verlangen. Der Zinszahlungsanspruch von PLUTO bleibt bis zur Beendigung des Mietverhältnisses ungeschmälert bestehen, da die Beschädigung des Pfluges von FORTUNA verschuldet wurde. Da der Bestandvertrag zwischen FORTUNA und PLUTO keine Angaben über die Dauer bzw einen Endtermin des Mietverhältnisses enthält, handelt es sich um ein unbefristetes Bestandverhältnis. Möchte FORTUNA an das Mietverhältnis nicht mehr gebunden sein, so steht es ihr zu, den Mietvertrag ohne Angabe von Gründen einseitig aufzulösen (*relinquere*). Sofern FORTUNA und PLUTO bei Abschluss des Mietvertrages bestimmte Termine bzw Fristen für die einseitige Lösung des Bestandverhältnisses vereinbart haben, sind diese von FORTUNA zu beachten. FORTUNA ist aber nur dann zur Auflösung des Mietvertrages ohne Angabe von Gründen berechtigt, sofern PLUTO durch die Beendigung des Mietverhältnisses zu diesem Zeitpunkt nicht ein Nachteil erwächst, der ihm zu einem späteren, für FORTUNA zumutbaren Beendigungszeitpunkt nicht entstehen würde. Da der Sachverhalt hierfür keinerlei Angaben enthält, ist die einseitige Beendigung des Mietverhältnisses durch FORTUNA nach zwei Monaten zulässig.

▶ **(1)** Die allgemeinen bestandrechtlichen Regelungen finden sich in den §§ 1090–1121 und sind, mit wenigen Ausnahmen, dispositiver Natur. Der Begriff des Bestandvertrages nach dem ABGB umfasst sowohl Miete als auch Pacht. Als Konsensualvertrag kommt der Bestandvertrag mit Willensübereinkunft zustande. Die Bestandgeberpflichten sind in § 1096 geregelt und umfassen die Pflicht, das Bestandobjekt in brauchbarem Zustand zu übergeben und zu erhalten sowie den Bestandnehmer vor Störungen durch Dritte zu schützen. Für den Fall nicht gehöriger Erfüllung dieser Pflichten ordnet § 1096 Abs 1 als Gewährleistungsfolge eine *ex lege* eintretende Minderung des Mietzinses an, auf die bei der Miete unbeweglicher Sachen im Voraus nicht verzichtet werden kann. Macht der Bestandnehmer selbst einen Aufwand, der dem Bestandgeber obliegt oder für diesen nützlich ist, so kann er Aufwandersatz nach den Regeln der Geschäftsführung ohne Auftrag verlangen, § 1097 S 2. Dies ist ein Anwendungsfall der sog angewandten Geschäftsführung (vgl Fall 71). Gem § 1104 trifft den Bestandgeber keine Wiederherstellungspflicht, wenn die Bestandsache durch einen außerordentlichen Zufall, dh durch ein vom Menschen nicht beherrschbares, elementares Ereignis wie Feuer oder Überschwemmung, unbrauchbar wird. Für eine Beschädigung der Bestandsache haftet der Bestandnehmer gem § 1111 nur bei Verschulden. Eine zufällige Verschlechterung trifft grds den Bestandgeber. Für die Beantwortung der Frage, wer die Zinsgefahr zu tragen hat, bedient man sich der Sphärentheorie. Ist die Brauchbarkeit infolge Zufalls eingeschränkt, so trifft dies den Bestandgeber und der Bestandnehmer ist zur Zinsminderung bzw -befreiung berechtigt. Liegt es hingegen am Bestandnehmer, dass er die Sache (etwa wegen vorübergehenden Wechsels des Arbeitsortes oder Abbüßung einer Freiheitsstrafe) nicht gebrauchen kann, so bleibt er zur Fortzahlung des Zinses verpflichtet, § 1107. Die Gefahr des Ertrages der Pachtsache trägt grds der Pächter, § 1105. Enthält der Vertrag keine Regelung über die Fälligkeit des Zinses, so ist dieser gem § 1100 bei zumindest einjähriger Bestandzeit halbjährlich, bei kürzeren Bestandzeiten nach deren Ablauf zu entrichten. Zu beachten ist aber die Verkehrsübung, wonach bei der Raummiete üblicherweise monatliche Zahlung im Voraus vereinbart wird. Ein auf unbestimmte Zeit abgeschlossener Bestandvertrag ist durch Kündigung grds jederzeit auflösbar (ordentliche Kündigung). Bestehen keine vertraglichen Regelungen hinsichtlich der Kündigungstermine bzw -fristen, so sind für unbewegliche Sachen die in § 560 ZPO enthaltenen Fristen und Termine maßgeblich. Ein auf bestimmte Dauer abgeschlossener Bestandvertrag kann hingegen nur bei Vorliegen eines wichtigen Grundes einseitig aufgelöst werden (außerordentliche Kündigung). So ist der Bestandnehmer gem § 1117 grds dann zur sofortigen Vertragsbeendigung berechtigt, wenn er aus Gründen, die nicht von ihm zu vertreten sind, die Bestandsache nicht auf die bedungene Art und Weise gebrauchen kann und die Beeinträchtigung nicht leicht behebbar ist. Der Bestandgeber kann die sofortige Beendigung des Bestandverhältnisses verlangen, wenn entweder der Bestandnehmer das Bestandobjekt erheblich nachteilig gebraucht, in qualifizierten Zinsrückstand gerät oder wenn die Neuaufführung des Gebäudes notwendig ist, § 1118. Darüber hinaus kennt das ABGB die „Kündigungen aus besonderem Anlass", wozu folgende Gründe berechtigen: Erwerb der Bestandsache gem § 1120, Erwerb der Bestandsache durch Zwangsversteigerung gem § 1121, Tod des Wohnungsmieters gem § 1116a sowie Konkurs des Bestandnehmers gem § 23 IO. Trifft den Bestandgeber keine Wiederherstellungspflicht, so beendet auch der Untergang der Bestandsache das Bestandverhältnis, § 1112. (2) Große Bedeutung als bestandrechtliches Sondergesetz für den Bereich der Vermietung von Wohn- und Geschäftsräumen kommt dem MRG zu. Dem primären Ziel des Mieterschutzes entsprechend, sind die meisten Bestimmungen des MRG zugunsten des Mieters, als schwächeren Marktteilnehmers, zwingend. Das MRG schützt den Mieter einerseits durch eine weitgehende Beschränkung der Befristungs- und Kündigungsmöglichkeiten (Bestandschutz), andererseits durch die Bestimmung von Mietzinsobergrenzen (Preisschutz). Wichtige Sonderbestimmungen finden sich im MRG va über die Erhaltungs-, Verbesserungs- und Wiederherstellungspflichten des Vermieters, den Investitionsersatzanspruch des Mieters, die Abtretung des Mietrechts und den Eintritt im Todesfall sowie über verbotene Vereinbarungen. [*Koziol/Welser*, Bürgerliches Recht II^{13} (2007) 215 ff] (3) Da der Bestandnehmer ein auf Dauer angelegtes Recht im eigenen Namen ausübt, kann er als Rechtsbesitzer gegen Eingriffe Dritter mit der Besitzstörungs- bzw der Besitzentziehungsklage vorgehen. Der Sachbesitz verbleibt hingegen beim Bestandgeber. Zur Unterscheidung von Sach- und Rechtsbesitz vgl Fall 1. [*Koziol/Welser*, Bürgerliches Recht I^{13} (2006) 258 ff] (4) Zum Verkauf mit Vorbehalt eines besseren Käufers vgl Fall 35. (5) Zur nachträglichen Unmöglichkeit vgl Fall 36. (6) Zur Kompensation vgl Fall 23.

Zu den einschlägigen Quellenstellen der hier erörterten Problemkreise: zu den Parallelen von *locatio conductio* und *emptio venditio* vgl etwa Gaius D 19. 2. 2 pr sowie Gai Inst 3. 142; zur Frage der Zinsgefahr bei der Pacht vgl insb Ulpian D 19. 2. 15. 2 sowie Gaius D 19. 2. 25. 6; zur Möglichkeit einer Zinsminderung bzw eines Rücktritts vom Vertrag bei Beeinträchtigung der Bestandsache vgl insb Ulpian D 19. 2. 15. 4 sowie Gaius D 19. 2. 25. 2; zur Haftung des *locator sciens* auf *id quod interest* vgl insb Ulpian D 19. 2. 19. 1; zur *compensatio* bei *bonae fidei iudicia* durch den *iudex* vgl insb Gai Inst 4. 63 sowie Iust Inst 4. 6. 30; zum Eigentumserwerb des *conductor* an den Früchten durch *perceptio* vgl insb African D 47. 2. 62. 8; zur Vereinbarung einer *in diem addictio* vgl etwa Paulus D 18. 2. 1, Ulpian D 18. 2. 2 pr sowie ders D 18. 2. 4. 6; zur Unwirksamkeit einer *locatio rei suae* vgl insb Ulpian D 50. 17. 45 pr; zur mietweisen Überlassung einer verkauften Sache vgl etwa Javolen D 18. 6. 17 (16), ders D 19. 2. 21 sowie Paulus D 19. 2. 22 pr; zu den Voraussetzungen einer *emptio perfecta* vgl etwa Paulus D 18. 6. 8 pr; zum Haftungsmaßstab des *conductor* vgl insb Ulpian D 19. 2. 13. 7, Alfen D 19. 2. 29 sowie ders D 19. 2. 30. 4.

Variante A:

Trotz bester Ernte und zum Bersten gefüllter Speicher gerät FORTUNA in Zahlungsschwierigkeiten und kann den Pachtzins für den Acker für das zweite Jahr nicht leisten.

Welche rechtlichen Möglichkeiten hat BACCHUS?

Vorüberlegungen:

➢ Welche Klagemöglichkeit steht dem Verpächter BACCHUS aus der *locatio conductio rei* zu, um seinen Zinszahlungsanspruch durchzusetzen?
➢ Ist die Forderung von BACCHUS auf Zahlung der *merces* dinglich gesichert?
➢ Was versteht man unter einem *pignus tacitum*?
➢ Welche Sachen gelten bei der Pacht einer landwirtschaftlichen Liegenschaft als stillschweigend verpfändet?
➢ Ist BACCHUS berechtigt, das Pachtverhältnis einseitig zu lösen?

Die mit der Gebrauchsüberlassung in synallagmatischem Verhältnis stehende Hauptleistungspflicht des *conductor* besteht in der Zahlung des vereinbarten Zinses (*merces*). Kommt FORTUNA ihrer Zahlungspflicht bei Fälligkeit nicht nach, so kann BACCHUS die Leistung des Pachtzinses mit der *actio locati* verlangen. Fraglich ist, ob BACCHUS' Pachtzinsforderung dinglich besichert ist. Als Verpächter eines landwirtschaftlichen Grundstücks hat der *locator* ein stillschweigendes Pfandrecht an den vom *conductor* gezogenen Früchten. Zu prüfen ist daher, ob BACCHUS an dem von FORTUNA in ihren Speichern eingelagerten Weizen ein Pfandrecht erworben hat. Die Voraussetzungen für das Entstehen eines Pfandrechts sind Akzessorietät, Eigentümerstellung oder Verfügungsbefugnis des Pfandbestellers sowie eine Pfandabrede (*conventio pignoris*). BACCHUS hat gegen FORTUNA eine Pachtzinsforderung in Höhe von 120, womit die Akzessorietät gegeben ist. Zudem ist FORTUNA als Pächterin durch *perceptio* Eigentümerin des Weizens geworden. Eine *conventio pignoris* wurde über den Weizen zwar nicht geschlossen, dieser gilt aber, sobald ihn die Pächterin FORTUNA perzipiert, als dem Verpächter BACCHUS stillschweigend verpfändet. Somit hat BACCHUS an dem von FORTUNA eingelagerten Weizen ein (stillschweigendes) Pfandrecht erlangt.

Jene Früchte, die FORTUNA noch nicht perzipiert hat, stehen hingegen im Eigentum des Verpächters BACCHUS und sind, da an eigenen Sachen kein Pfandrecht bestehen kann – *neque pignus rei suae consistere potest* –, nicht vom *pignus tacitum* erfasst. Zu beachten ist, dass die vom Pächter auf die Liegenschaft eingebrachten Sachen, im Unterschied zu den *invecta illata* bei der Wohnungsmiete, nicht als stillschweigend verpfändet gelten. Anders als der Vermieter an den eingebrachten Sachen des Mieters hat der Verpächter kein Perklusionsrecht an den vom Pächter gezogenen Früchten. Um bei Fälligkeit und Nichtzahlung des Pachtzinses in den Besitz des von FORTUNA geernteten Weizens zu gelangen, steht BACCHUS die *vindicatio pignoris* zur Verfügung. Schließlich kann eine beharrliche Verletzung der Zinszahlungspflicht von FORTUNA einen Grund darstellen, der BACCHUS berechtigt, FORTUNA das Grundstück bereits vor Ablauf der Vertragsdauer zu entziehen (*expellere*). In diesem Fall kommt es zur einseitigen Beendigung des Pachtvertrages *ex nunc*. FORTUNA wäre folglich nicht berechtigt, die Felder weiter zu benutzen, müsste aber auch künftig keinen Pachtzins mehr leisten.

▶ Das Pfandrecht des Verpächters zur Sicherung seines Pachtzinses ist als gesetzliches Pfandrecht ausgestaltet und umfasst neben den Früchten auch Vieh und Wirtschaftsgeräte, die sich auf dem Pachtgut befinden, § 1101 Abs 3. Zum gesetzlichen Pfandrecht des Vermieters einer unbeweglichen Sache an den vom Mieter eingebrachten Sachen vgl Fall 48. [*Koziol/Welser*, Bürgerliches Recht II[13] (2007) 228]

Zu den einschlägigen Quellenstellen der hier erörterten Problemkreise: zum *pignus tacitum* des *locator* an den vom *conductor* gezogenen Früchten vgl Pomponius D 20. 2. 7 pr; zur Möglichkeit des *expellere* durch den *locator* bei beharrlichem Zahlungsverzug des *conductor* vgl insb Paulus D 19. 2. 54. 1.

Variante B:

FORTUNA bestellt nach Ablauf des *lustrum* den Acker neuerlich. Wie in den Jahren zuvor zahlt sie 120 an BACCHUS, der das Geld dankend annimmt. Nach drei Monaten beschließt BACCHUS allerdings, sein Grundstück selbst zu bewirtschaften, und fordert FORTUNA mit Hinweis auf die ursprünglich vereinbarte Pachtdauer auf, seinen Acker umgehend zu verlassen. FORTUNA ist empört und weigert sich, das Feld zu räumen, hat sie es doch erst vor kurzem neu bestellt.

Wird BACCHUS mit seinem Räumungsbegehren Erfolg haben?

Vorüberlegungen:

➢ Wie ist die Weiterbenützung des Ackers durch FORTUNA nach Ablauf der vereinbarten Pachtdauer rechtlich zu qualifizieren?

➢ Macht es einen Unterschied, würde BACCHUS die Annahme des Pachtzinses für das sechste Jahr verweigern?

➢ Wie ist die Forderung von BACCHUS nach umgehender Räumung des Ackers zu beurteilen? Macht es einen Unterschied, zu welchem Zweck er den Acker benötigt?

➢ Ist FORTUNAS Einwand, den Acker erst vor kurzem neu bestellt zu haben, rechtlich von Bedeutung?

Indem FORTUNA nach Ablauf der ursprünglich vereinbarten Pachtdauer den Acker neuerlich bestellt und BACCHUS den Pachtzins für ein weiteres Jahr vorbehaltslos annimmt, kommt es zur stillschweigenden Verlängerung des Pachtvertrages (relocatio tacita). Bei der Pacht einer landwirtschaftlichen Liegenschaft beträgt die Verlängerung idR zunächst ein Jahr. Möchte BACCHUS das Bestandverhältnis vor Ablauf dieses Jahres einseitig auflösen, so bedarf es des Vorliegens eines Grundes, der ihm die Vertragsfortsetzung unzumutbar macht. Ein wichtiger Grund würde etwa darin bestehen, dass er den Acker wegen dringenden Eigenbedarfs, etwa zum Zweck der Versorgung seiner Familie, selbst benötigt. Die einseitige Vertragsauflösung ohne Vorliegen eines triftigen Grundes ist, sofern sie nicht zur Unzeit erfolgt, nur bei einem unbefristeten Dauerschuldverhältnis möglich. Da FORTUNA den Acker erst vor kurzem neu bestellt hat, würde ihr durch die sofortige Auflösung ein Schaden entstehen, der ihr bei späterer Beendigung des Pachtverhältnisses – insb nach Einbringung der Ernte – nicht entstehen würde. Selbst bei Vorliegen eines unbefristeten Vertrages wäre BACCHUS daher zu diesem Zeitpunkt grds nicht berechtigt, das Bestandverhältnis einseitig zu beenden.

▶ Wird ein Mietvertrag auf bestimmte Zeit geschlossen, so erlischt er grds mit Ablauf der Mietdauer, § 1113. Mit einer Befristungsvereinbarung kann die Abgabe einer Kündigungserklärung vereinbart werden. Diesfalls ist der Endtermin bedingt. Kommt es nicht zur Aufkündigung, so gilt das Mietverhältnis als stillschweigend erneuert. Ist keine Kündigungserklärung vereinbart, so kann die Beendigung durch Zeitablauf entweder durch einen vor Ablauf der Mietdauer zu beantragenden Übergabs- bzw Übernahmsauftrag iSd § 567 ZPO oder im Nachhinein durch Räumungsklage durchgesetzt werden. Benützt der Mieter das Mietobjekt über das Vertragsende hinaus weiter und lässt es der Vermieter dabei bewenden, so kommt es zur stillschweigenden Verlängerung des ursprünglich befristeten Mietverhältnisses, § 1114. Die konkrete Dauer der Verlängerung ergibt sich gem § 1115 aus der im Mietvertrag festgelegten Zinsperiode. Ist etwa monatliche Zinszahlung vereinbart, so beträgt die Verlängerung einen Monat. Fällt der Mietvertrag in den Anwendungsbereich des MRG, so sind für eine wirksame Befristung die Voraussetzungen des § 29 Abs 1 Z 3 MRG zu beachten. Demnach muss die Befristungsvereinbarung schriftlich erfolgen und die vereinbarte Vertragsdauer bei einer Wohnraummiete mindestens drei Jahre betragen. Entspricht die Befristungsvereinbarung diesen Voraussetzungen nicht, so ist der Endtermin nicht durchsetzbar und das Mietverhältnis gilt als auf unbestimmte Zeit abgeschlossen, § 29 Abs 3 lit a MRG. Kommt es zu einer stillschweigenden Verlängerung eines Mietvertrages, auf den das MRG anzuwenden ist, so beträgt die Verlängerung drei Jahre, § 29 Abs 3 lit b MRG. Wird der Mietvertrag auch nach Ablauf dieser drei Jahre nicht aufgelöst, so wird er zu einem Mietvertrag auf unbestimmte Zeit. [Koziol/Welser, Bürgerliches Recht II[13] (2007) 235 ff]

Zu den einschlägigen Quellenstellen der hier erörterten Problemkreise: zur relocatio tacita bei Weiterbenützung der Bestandsache über die bedungene Dauer hinaus vgl insb Ulpian D 19. 2. 13. 11; zur Möglichkeit des vorzeitigen Entzugs der Bestandsache wegen Eigenbedarfs des locator vgl etwa Antoninus C 4. 65. 3.

Fall 47:

Die Eselskomödie

AEOLUS soll anlässlich der Saturnalien die „Eselskomödie" des Dichters Plautus zur Aufführung bringen. Zu diesem Zweck mietet er bei PROSERPINA für die Dauer von drei Monaten die als Mimen angebotenen Sklaven Fons und Flora um je 20 pro Monat sowie fünf Masken um insgesamt 5 pro Monat. Hinsichtlich der Sklavin Flora vereinbaren sie, dass AEOLUS die Zinsgefahr zu tragen habe. Da AEOLUS einen Ort zur Abhaltung der Proben benötigt, mietet er für drei Monate eine Stadtwohnung im Haus von JANUS um 100 pro Monat. Während der Theaterproben stellt AEOLUS fest, dass der als Hauptdarsteller vorgesehene Mimen-Sklave Fons über keinerlei schauspielerisches Talent verfügt und daher nur als Statist einzusetzen ist, für den AEOLUS nur 15 pro Monat zu zahlen bereit ist. Die Mimin Flora stirbt nach zwei Wochen an einem Schlaganfall. Nach einem Monat kauft NEPTUN von JANUS das Haus, in dem sich die von AEOLUS gemietete Wohnung befindet, wobei sich NEPTUN gegenüber JANUS verpflichtet, AEOLUS nicht zu delogieren. Für den Fall, dass NEPTUN gegen diese Abmachung verstößt, verpflichtet er sich stipulationsweise zur Zahlung von 100. Da NEPTUN größere Umbaumaßnahmen am Haus vornehmen möchte, stellt er einen Eigentumsprozess gegen AEOLUS an, der daraufhin die Wohnung verlässt. AEOLUS muss eine geeignete Ersatzwohnung für die restlichen zwei Monate um 120 pro Monat anmieten. Nach der gelungenen Premiere werden die von AEOLUS achtlos beiseitegelegten Masken im allgemeinen Gedränge gestohlen. Ein halbes Jahr später tauchen die Masken wie durch einen Zufall wieder bei PROSERPINA auf.

Wie ist die Rechtslage?

Skizze:

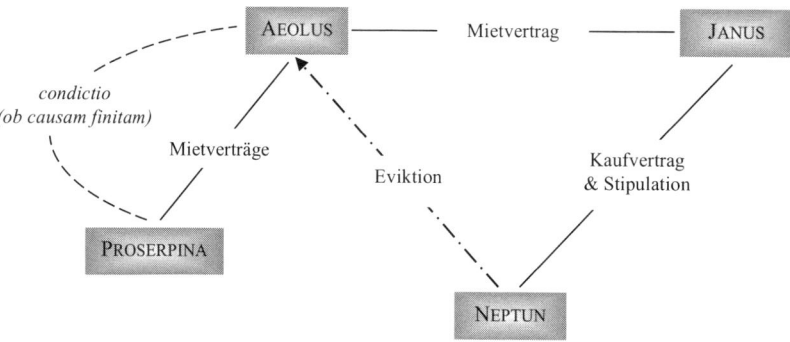

Zu behandelnde Problemkreise:

a) hinsichtlich der Mimen-Sklaven

➢ Verpflichtung des *locator* zur Überlassung der Mietsache in vereinbartem Zustand
➢ Gefahrtragungsregeln als *ius dispositivum*
➢ Untergang der Mietsache durch höhere Gewalt

b) hinsichtlich der Masken

➢ Haftung des *conductor* für *custodia* – Aktivlegitimation des *conductor* zur *actio furti*
➢ Rückforderung einer Leistung, deren Rechtsgrund weggefallen ist
➢ *pacta adiecta* beim Kaufvertrag

c) hinsichtlich der Wohnung

➢ Eviktion der Bestandsache
➢ Kauf bricht Miete
➢ Wirkungen eines Vertrages zugunsten Dritter
➢ Haftung des Käufers wegen Verletzung einer Nebenvereinbarung *vs* Haftung aus einer Stipulation

Mietverträge zwischen AEOLUS und PROSERPINA über zwei Mimen-Sklaven und fünf Masken

Indem sich AEOLUS und PROSERPINA über die Überlassung der Mimen-Sklaven Fons und Flora gegen ein Entgelt von je 20 pro Monat und fünf Masken gegen ein Entgelt von 5 pro Monat einigen, kommt es zum Abschluss von drei Mietverträgen. Da AEOLUS und PROSERPINA die Vertragsdauer mit je drei Monaten festgelegt haben, handelt es sich um befristete Bestandverhältnisse. Der *locator* ist verpflichtet, die Sachen in vereinbarungsgemäßem Zustand zu übergeben und zu erhalten, und der *conductor* hat den Mietzins (*merces*) zu leisten. Die Tatsache, dass der als Mime angebotene Sklave Fons über keinerlei schauspielerisches Talent verfügt, stellt eine Abweichung vom vereinbarten Gebrauch dar und ist daher als Mangel zu qualifizieren. AEOLUS ist somit zur Sachmangelgewährleistung berechtigt und kann entweder Reduktion des Mietzinses verlangen oder vom Vertrag zurücktreten. Da AEOLUS den Sklaven Fons als Statisten verwenden kann, dafür aber bloß 15 pro Monat zu zahlen bereit ist, wird er eine Zinsminderung von 5 pro Monat verlangen.

Durch den Tod der Mimen-Sklavin Flora aufgrund eines Schlaganfalls und somit infolge höherer Gewalt kommt es zu einer Leistungsstörung, da AEOLUS die Mimen-Sklavin Flora nicht mehr verwenden kann. Grundsätzlich hat der *locator* die Zinsgefahr zu tragen, wenn die in Bestand gegebene Sache durch ein nicht vom *conductor* zu vertretendes Ereignis unbrauchbar wird (*periculum est locatoris*), dh der *locator* erhält keinen oder nur einen verminderten Zins. Im vorliegenden Fall ist aber die Abrede zwischen AEOLUS und PROSERPINA zu berücksichtigen, wonach die Zinsgefahr der Mieter AEOLUS zu tragen hat. Da die Gefahrtragungsregeln dispositives Recht darstellen, ist eine Abweichung durch Parteienvereinbarung zulässig. Eine entsprechende Vereinbarung kann dem Mietvertrag als *bonae fidei iudicium* formlos, als *pactum adiectum,* beigefügt werden. Folglich ist AEOLUS, ungeachtet der Unbenützbarkeit von Flora, verpflichtet, den Mietzins für die gesamte Vertragsdauer zu leisten. PROSERPINA kann ihren Anspruch auf Zinszahlung mit der *actio locati* durchsetzen. Zu beachten ist aber, dass die Zusatzvereinbarung zwischen AEOLUS und PROSERPINA nur die Zinsgefahr umfasst, nicht aber auch die Gefahrtragung für das Mietobjekt (Sachgefahr). Da AEOLUS als Mieter grds nur für *dolus, culpa* und *custodia*, nicht aber für den Untergang der Mietsache infolge höherer Gewalt einzustehen hat, trägt die Vermieterin PROSERPINA als Eigentümerin nach dem Grundsatz *casum sentit dominus* das Risiko für den zufälligen Tod ihrer Sklavin Flora. PROSERPINA steht daher kein Anspruch auf Wertersatz für die Sklavin Flora gegen AEOLUS zu.

Kommt es zum Diebstahl der Masken, so stellt sich die Frage, wer deren Verlust wirtschaftlich zu tragen hat. Da der *conductor* für die mangelnde Bewachung der Mietsache einzustehen hat, trägt AEOLUS den Verlust der Masken infolge des Diebstahls und wird PROSERPINA schadenersatzpflichtig. Zu beachten ist, dass der Mietzinsanspruch von PROSERPINA ungeschmälert bestehen bleibt. PROSERPINA ist daher berechtigt, von AEOLUS Wertersatz für die gestohlenen Masken sowie Zahlung des vereinbarten Mietzinses in Höhe von 5 *per mensem* mit der *actio locati* zu verlangen. Alternativ zur *actio locati* auf Schadenersatz aus dem Mietvertrag mit AEOLUS stehen PROSERPINA als Eigentümerin entweder die *condictio furtiva* gegen den Dieb oder die *rei vindicatio* gegen jeden Sachbesitzer als reipersekutorische Klagen zur Verfügung. Zu beachten ist: Hat AEOLUS an PROSERPINA Schadenersatz geleistet, so wird ihm PROSERPINA die *condictio furtiva* abzutreten haben.

Fraglich ist, wer aufgrund des Diebstahls berechtigt ist, die *actio furti* anzustellen. Grundsätzlich steht dem Eigentümer der gestohlenen Sache die *actio furti* zu. Anstelle des Eigentümers kann aber auch jene Person zur *actio furti* aktivlegitimiert sein, in deren Interesse es liegt, dass sich die Sache in Sicherheit befindet – *cuius interest rem salvam esse.* So gewährt etwa der Jurist Gaius dem für *custodia* haftenden *sarcinator* bzw *fullo* im Rahmen der *locatio conductio operis* anstelle des Eigentümers eine *actio furti* gegen den Dieb. Da im vorliegenden Fall AEOLUS aufgrund der *custodia*-Haftung den Nachteil des Diebstahls der Masken trägt, kann er, anstelle von PROSERPINA, mit der *actio furti* gegen den Dieb vorgehen. Zu beachten ist, dass die römischen Juristen die *actio furti* dem für *custodia* Haftenden nur unter der Voraussetzung, dass dieser dem Eigentümer den Schaden ersetzen kann, gewähren. Ist der für *custodia* Haftende hingegen zahlungsunfähig, so soll die *actio furti* beim Eigentümer verbleiben. Leistet AEOLUS an PROSERPINA Wertersatz für die Masken, so kann er mittels *actio furti* gegen den Dieb vorgehen.

Fraglich ist, da PROSERPINA nach einem halben Jahr wieder in den Besitz der gestohlenen Masken gelangt, ob AEOLUS ein bereicherungsrechtlicher Anspruch auf Rückzahlung des geleisteten Schadenersatzes gegen PROSERPINA zusteht. Die Möglichkeit der Rückforderung des Geleisteten mittels *condictio* (*ob causam finitam*) besteht, wenn die Leistung zum Zeitpunkt ihrer Erbringung auf einem Rechtsgrund beruhte, der jedoch später weggefallen ist. So gewährt etwa der Jurist Cassius dem *fullo*, der für verloren gegangene Kleider Ersatz geleistet hat, eine *condictio* zur Rückforderung des Geleisteten, wenn der Eigentümer die Kleider später wiedererlangt. Da der Grund, warum AEOLUS zur Zahlung des Wertersatzes verpflichtet war, später, als PROSERPINA wieder in den Besitz der Masken gelangt, wegfällt, kann er von PROSERPINA entweder mittels *actio conducti* oder alternativ mittels *condictio* (*ob causam finitam*) die Rückzahlung des geleisteten Schadenersatzes verlangen.

Mietvertrag zwischen AEOLUS und JANUS über eine Stadtwohnung

Aufgrund der Willensübereinkunft zwischen AEOLUS und JANUS über die Überlassung einer Stadtwohnung für die Dauer von drei Monaten gegen ein Entgelt von 100 pro Monat kommt es zum Abschluss eines befristeten Bestandverhältnisses. Da die Wohnung zum Zweck von Theaterproben in Bestand gegeben wird, handelt es sich um Miete. Bei der Miete einer Wohnung wird der Bestandnehmer auch als *inquilinus* bezeichnet.

Zwischen JANUS und NEPTUN kommt es durch Willensübereinkunft zum Abschluss eines Kaufvertrages über JANUS' Haus. Die Vereinbarung, den Mieter AEOLUS nicht zu delogieren, stellt eine Nebenabrede (*pactum adiectum*) zum Kauf dar. Wird überdies eine Vertragsstrafe für den Fall des Zuwiderhandelns vereinbart, so geschieht dies, wie im vorliegenden Fall, regelmäßig mittels Stipulation (*stipulatio poenae*).

Der Umstand, dass NEPTUN als neuer Eigentümer (er erhält vom berechtigten Vormann das Haus aufgrund eines gültigen Titels übergeben) sein dingliches Recht an der Wohnung im Wege des Zivilprozesses erfolgreich geltend macht und AEOLUS daraufhin die Wohnung verlässt, ist als Eviktion der Bestandsache zu qualifizieren. Es gilt vergröbert der Satz „Kauf bricht Miete". Zu beachten ist aber, dass nicht bereits der Kaufvertrag zwischen JANUS und NEPTUN, sondern erst die Delogierung von AEOLUS durch NEPTUN zu einer Störung des Mietverhältnisses führt. Auch kommt es durch die Delogierung nicht zu einer Aufhebung des Bestandverhältnisses zwischen AEOLUS und JANUS. Vielmehr wirkt sich die Delogierung von AEOLUS als Leistungsstörung aus, die einen Anspruch auf Schadenersatz gegen den Vermieter JANUS rechtfertigt. Die Höhe des Ersatzanspruches ergibt sich aus der Differenz zwischen dem Mietzins für die Ersatzwohnung (120 pro Monat) und dem mit JANUS vereinbarten Mietzins (100 pro Monat). Da die noch offene Mietdauer zwei Monate beträgt, ist der Schaden von AEOLUS mit 40 zu beziffern. Zur Durchsetzung seines Anspruchs auf Schadenersatz gegen JANUS steht AEOLUS die *actio conducti* zur Verfügung. Zu beachten ist, dass die Vereinbarung zwischen NEPTUN und JANUS nur diese beiden bindet, dem Mieter AEOLUS aber keinen klagbaren Anspruch gegen den Erwerber NEPTUN einräumt, da das römische Recht keinen echten Vertrag zugunsten Dritter kennt. Es gilt die Regel *alteri stipulari nemo potest*.

Indem NEPTUN dem Mieter AEOLUS das Mietobjekt entzieht, verstößt er gegen die Nebenvereinbarung aus dem Kauf, weshalb er JANUS gegenüber ersatzpflichtig wird. Die Höhe des Schadenersatzes von JANUS ergibt sich aus jenem Betrag, den JANUS an AEOLUS aufgrund der Mehrkosten für die Ersatzwohnung zu leisten verpflichtet ist (*damnum emergens* in Höhe von 40), sowie aus jenem Betrag, der JANUS an Mietzins aus dem Mietvertrag entgangen ist (*lucrum cessans* in Höhe von 200). Der Ersatzanspruch von JANUS gegen NEPTUN beträgt somit insgesamt 240. Aus dem Kaufvertrag steht JANUS zur Durchsetzung seines Ersatzanspruches die *actio venditi* zur Verfügung. Alternativ kann JANUS NEPTUN aus der Stipulation in Anspruch nehmen und die Zahlung der Strafsumme in Höhe von 100 mittels *condictio* verlangen. Da JANUS aus dem Kaufvertrag mehr erhält als aufgrund der Stipulation, wird er es vorziehen, mittels *actio venditi* gegen NEPTUN vorzugehen.

▶(1) Wird die Bestandsache veräußert, so kommt es, sofern diese vor Kaufabschluss an den Bestandnehmer übergeben wurde, zum Übergang des Bestandverhältnisses auf den Erwerber, § 1120. Der Erwerber kann aber, sofern der Bestandvertrag nicht im Grundbuch einverleibt ist, das Bestandverhältnis ohne Rücksicht auf eine vertragliche Dauer unter Einhaltung der gesetzlichen Frist aufkündigen. In diesem Fall stehen dem Bestandnehmer Schadenersatzansprüche gegen den Bestandgeber zu. Macht der Erwerber von seinem Kündigungsrecht nicht Gebrauch, so ist er an den ursprünglichen Vertrag gebunden. Fällt der Mietvertrag in den Anwendungsbereich des MRG, so ist der Erwerber auch dann an das Bestandverhältnis gebunden, wenn der Bestandvertrag nicht im Grundbuch einverleibt ist, § 2 Abs 1 MRG. Mit Ausnahme von ungewöhnlichen Nebenvereinbarungen, die der Erwerber nicht kannte bzw kennen musste, kommt es hier zum Vertragseintritt des Erwerbers, dem anders als nach ABGB-Recht jedoch kein Kündigungsrecht zusteht. [*Koziol/Welser*, Bürgerliches Recht II¹³ (2007) 242 ff] (2) Anders als dem römischen Recht ist dem geltenden Recht der Vertrag zugunsten Dritter bekannt, § 881. Erwächst dem Dritten ein klagbarer Anspruch gegen den Schuldner, so spricht man von einem echten, andernfalls von einem unechten Vertrag zugunsten Dritter. Ein Bsp für einen echten Vertrag zugunsten Dritter ist ein Lebensversicherungsvertrag, bei dem der Versicherungsnehmer als Vertragspartner zwar Prämienschuldner bleibt, die Versicherungsleistung aber einem Dritten (dem Versicherten) zukommen soll. Für den Dritten unwirksam ist hingegen ein Vertrag zulasten Dritter, da niemand einen anderen ohne dessen Zustimmung verpflichten kann. Von der Lehre entwickelt und von der Rsp übernommen ist die Konstruktion des Vertrages mit Schutzwirkung zugunsten Dritter. Dabei treffen den Schuldner nicht bloß gegenüber dem Vertragspartner Schutz- und Sorgfaltspflichten, sondern auch gegenüber jenen Personen, die der Erfüllung des Vertrages nahestehen, dadurch besonders gefährdet sind und der Interessensphäre des Vertragspartners angehören. Soweit Dritte aus einem Vertrag geschützt sind, können diese ihren Schadenersatzanspruch auf den Vertrag zwischen Schädiger und dessen Vertragspartner stützen, wodurch ihnen va die Vorteile der Beweislastregel nach § 1298 und der Gehilfenhaftung nach § 1313a zugutekommen. Die Figur des Vertrages mit Schutzwirkung zugunsten Dritter hatte va bis zum Inkrafttreten des PHG für die Haftung des Produzenten für fehlerhafte Produkte dem Letztabnehmer gegenüber eine zentrale Bedeutung. [*Koziol/Welser*, Bürgerliches Recht II[13] (2007) 141 ff] **(3)** Zur Unterscheidung von positivem Schaden und entgangenem Gewinn vgl Fall 78. **(4)** Die Rückforderung einer Leistung wegen nachträglichen Wegfalls des Rechtsgrundes (§ 1435) kommt va dann zur Anwendung, wenn ein Vertrag nachträglich mit Wirkung *ex tunc* aufgelöst wird, der Eigentumserwerb davon aber unberührt bleibt (sachenrechtliche Wirkung *ex nunc*). Zur Rückforderung einer Leistung mittels *condictio ob causam finitam* kann es etwa kommen beim Rücktritt vom Vertrag wegen Verzugs (§§ 918, 920), bei der Wandlung des Vertrages wegen Mangelhaftigkeit der Sache (§ 932), bei Aufhebung des Vertrages wegen nachträglicher Unmöglichkeit (§§ 920, 1447), bei einvernehmlicher Auflösung des Vertrages oder beim Rücktritt vom Haustürgeschäft (§§ 3 f KSchG). [*Koziol/Welser*, Bürgerliches Recht II[13] (2007) 278] **(5)** Zur Vertragsstrafe vgl Fall 34.

Zu den einschlägigen Quellenstellen der hier erörterten Problemkreise: zur Möglichkeit einer Zinsminderung bzw eines Rücktritts vom Vertrag bei Beeinträchtigung der Bestandsache vgl insb Gaius D 19. 2. 25. 2 u Alfen D 19. 2. 27 pr; zum Haftungsmaßstab des *conductor* vgl Ulpian D 19. 2. 13. 7, Alfen D 19. 2. 29 u ders D 19. 2. 30. 4; zur Aktivlegitimation zur *actio furti* des *conductor* vgl Gai Inst 3. 205 sowie desjenigen, *cuius interest rem salvam esse*, vgl Gai Inst 3. 203; zur Rückforderung von geleistetem Ersatz für verlorene Sachen, wenn diese wiedergefunden werden, vgl etwa Ulpian D 12. 7. 2; zur Haftung des *locator* für den Fall der Eviktion der Bestandsache vgl insb Ulpian D 19. 2. 9 pr sowie Gaius D 19. 2. 25. 1; zur Vereinbarung zwischen *locator/venditor* und *emptor* der in Bestand gegebenen Sache, den *conductor* nicht zu vertreiben, vgl insb Alexander C 4. 65. 9; zur Vereinbarung einer *stipulatio poenae* vgl etwa Papinian D 45. 1. 115. 2; zum Grundsatz *alteri stipulari nemo potest* vgl insb Ulpian D 45. 1. 38. 17; zur Schulenkontroverse hinsichtlich eines Vertrages zugunsten Dritter vgl insb Gai Inst 3. 103.

Fall 48: ☆

Über den Dächern Roms

MARS pachtet von LAVERNA einen Acker mit Weinstöcken für eine Dauer von zehn Jahren zu einem Pachtzins von 50 *per annum*. LAVERNA verpflichtet sich MARS gegenüber mittels Stipulation zur Zahlung von 120, sollte MARS vor Ablauf der Pachtdauer vertrieben werden. Um den selbst gekelterten Wein in gebührlichem Rahmen zu genießen, mietet MARS von JUPITER eine Dachgeschoßwohnung in Rom um 20 pro Monat auf unbestimmte Zeit. Von PALES mietet MARS eine Amphore für ein Jahr, für die als Jahresmietzins 3 pro halber Metrete Fassungsvermögen vereinbart werden. Im ersten Jahr muss MARS enttäuscht feststellen, dass massiver Pilzbefall den Großteil der Ernte vernichtet hat. Verärgert über die Missernte weigert er sich, den Pachtzins in voller Höhe zu zahlen. Auch verlässt ihn bald die Freude am Weinanbau, weshalb er sich nicht weiter um die Bewirtschaftung des Ackers kümmert und diesen zum Lagern von Holz verwendet. Da MARS trotz mehrmaliger Mahnung nicht den gesamten Pachtzins zahlt, fordert ihn LAVERNA auf, den Acker zu verlassen, woraufhin MARS 120 aus der Stipulation verlangt. Aufgrund des undichten Daches der von JUPITER gemieteten Wohnung ist Regenwasser eingedrungen und hat den Thujenholztisch sowie zwei Bücherregale von MARS beschädigt (Wertverlust 100). Aufgrund eines leichten Risses rinnt Wein aus der gemieteten Amphore aus, wodurch MARS ein Schaden in Höhe von 20 entsteht.

Wie ist die Rechtslage?

Zu behandelnde Problemkreise:

> ➢ stipulierte Vertragsstrafe für den Fall einer vorzeitigen Beendigung des Bestandverhältnisses
> ➢ Möglichkeit der Beendigung eines befristeten Bestandvertrages durch den *locator* wegen beharrlichen Zahlungsverzugs
> ➢ Zinsminderung wegen Beeinträchtigung der Pachtsache durch *vis cui resisti non potest*
> ➢ Verletzung der Kultivierungspflicht durch den *conductor* als Kündigungsgrund
> ➢ Verpflichtung des *locator*, die Bestandsache in brauchbarem Zustand zu erhalten
> ➢ Voraussetzung für einen Anspruch auf Ersatz von Mangelfolgeschäden
> ➢ Vorliegen einer *merces certa* bei Bestimmbarkeit der Höhe des Mietzinses
> ➢ Garantiepflicht des *locator* für die Dichtheit vermieteter Gefäße

▶ Der Bestandzins muss, wie der Kaufpreis, bestimmt oder zumindest bestimmbar sein, § 1092. Die Gefahr des Ertrages einer Pachtsache trägt gem § 1105 grds der Pächter. Einen Zinserlass kann der Pächter nur fordern, sofern die vereinbarte Pachtdauer höchstens ein Jahr beträgt und die Erträgnisse um mehr als die Hälfte hinter dem gewöhnlichen Ausmaß zurückbleiben. [*Koziol/Welser*, Bürgerliches Recht II[13] (2007) 216; 235]

Zu den einschlägigen Quellenstellen der hier zu erörternden Problemkreise: zur Zahlung des Bestandzinses *prae-* bzw *postnumerando* vgl etwa Ulpian D 19. 2. 19. 6 bzw Labeo D 19. 2. 9. 1; zur Voraussetzung einer *merces certa* vgl Gai Inst 3. 142; zum stipulationsweisen Versprechen des *locator*, den *conductor* nicht vor Ablauf der vereinbarten Pachtdauer zu vertreiben, sowie zur Kulturpflicht des *conductor* vgl insb Paulus D 19. 2. 54. 1; zur Frage der Zinsgefahr bei der Pacht vgl insb Ulpian D 19. 2. 15. 2 sowie Gaius D 19. 2. 25. 6; zur Haftung des *locator* bei der Vermietung von Fässern vgl insb Ulpian D 19. 2. 19. 1; zur Möglichkeit einer Zinsminderung bzw eines Rücktritts vom Vertrag bei Beeinträchtigung der Bestandsache vgl insb Ulpian D 19. 2. 15. 4 sowie Gaius D 19. 2. 25. 2.

Variante A:

Nachdem JUPITER das Dach repariert hat, erklärt ihm MARS, den fälligen Mietzins nicht zahlen zu können. Zur Sicherung seiner Mietzinsforderung beschlagnahmt JUPITER den Thujenholztisch sowie die Bücherregale des MARS.

Ist JUPITER zu dieser Vorgehensweise berechtigt? Welche rechtlichen Möglichkeiten stehen JUPITER sonst noch zur Verfügung?

Zu behandelnde Problemkreise:

➢ stillschweigendes Pfandrecht des *locator* an den vom *conductor* eingebrachten Sachen
➢ Perklusionsrecht des *locator*
➢ Geltendmachung des *interdictum de migrando* durch den *conductor*
➢ Klagemöglichkeit des *locator* auf Zahlung des Mietzinses
➢ Möglichkeit der einseitigen Beendigung des Mietverhältnisses durch den *locator*

▶ Das Vermieterpfandrecht ist im ABGB als gesetzliches Pfandrecht geregelt und umfasst die in das Bestandobjekt eingebrachten, dem Mieter oder den mit ihm lebenden Familienmitgliedern gehörenden Sachen, § 1101. Das Pfandrecht entsteht bereits mit Einbringung und bedarf keiner rechtsgeschäftlichen Begründung. Es erlischt, wenn die Sachen vor der gerichtlichen Pfändung aus dem Bestandobjekt entfernt werden. Der Vermieter hat gem § 1101 Abs 2 ein Perklusions- oder Sperrrecht, mit dem er die Wegnahme der eingebrachten Sachen verhindern kann. Er muss die Sachen aber wieder freigeben, sofern er nicht innerhalb von drei Tagen ihre pfandweise Beschreibung beantragt. [*Koziol/Welser*, Bürgerliches Recht II[13] (2007) 228]

Zu den einschlägigen Quellenstellen der hier zu erörternden Problemkreise: zum *pignus tacitum* an den *invecta illata* bei der Vermietung einer Wohnung vgl insb Neraz D 20. 2. 4 pr; zur Frage, welche Sachen des Mieters als verpfändet gelten, vgl Pomponius D 20. 2. 7. 1; zur Frage, für welche Forderungen des Vermieters die eingebrachten Sachen als verpfändet gelten, vgl Marcian D 20. 2. 2; zur Möglichkeit des *locator*, die eingebrachten Sachen eigenmächtig zu beschlagnahmen, vgl insb Paulus D 20. 2. 9; zum *interdictum de migrando* vgl insb Ulpian D 43. 32. 1 pr.

Variante B:

Anstelle der Zahlung von 50 pro Jahr vereinbaren LAVERNA und MARS als Gegenleistung für die Überlassung des Ackers ein Zehntel der jährlich von MARS gezogenen Früchte.

Wie ist diese Vereinbarung rechtlich zu beurteilen?

Zu behandelnde Problemkreise:

- ➤ *colonia partiaria*
- ➤ Streuung des Ernterisikos
- ➤ *locatio conductio rei vs societas*

▶ Das ABGB nimmt bei Überlassung eines Gutes zur Bewirtschaftung gegen einen auf die ganze Nutzung sich beziehenden Teil (etwa ein Drittel oder die Hälfte der Früchte) keinen Pacht-, sondern einen Gesellschaftsvertrag an, § 1103.

Zu den einschlägigen Quellenstellen der hier zu erörternden Problemkreise: zur *colonia partiaria* vgl insb Diokletian u Maximian C 4. 65. 21 sowie Gaius D 19. 2. 25. 6.

2. KAPITEL

Werkvertrag
(locatio conductio operis)

Lit: *Benke/Meissel*, Römisches Schuldrecht^7 (2006) 189–197;
Hausmaninger/Selb, Römisches Privatrecht^9 (2001) 251–253;
Kaser/Knütel, Römisches Privatrecht^{20} (2014) 265–266;
Apathy/Klingenberg/Pennitz, Einführung in das römische Recht^5 (2012) 195–197.

Fall 49:

Waidmanns Heil

DIANA bestellt bei FAUNUS die Anfertigung eines Mosaiks in ihrem Atrium, das die Szene einer Wildschweinjagd abbildet, gegen Zahlung von 200. DIANA werde das Entgelt in Abständen von drei Tagen an FAUNUS auszahlen und sich dabei vom Arbeitsfortschritt überzeugen. Mit CONSUS vereinbart DIANA, dass dieser ihrem Jagdhund das Apportieren beibringe, wofür er 40 erhalten werde. Am nächsten Tag reitet DIANA nach Ostia, stellt ihr Pferd beim Stallwirt APOLLO für ein Entgelt von 10 ein und besucht den Silberschmied PLUTO. Bei diesem bestellt DIANA die Herstellung einer silbernen Standwaage aus ihrer Silberfigur, wobei sie vereinbaren, dass PLUTO eigenes Material gleicher Güte zur Herstellung der Standwaage verwenden dürfe. Das Entgelt in Höhe von 50 soll DIANA bei Abholung der Waage zahlen. Wieder bei APOLLO angelangt, muss DIANA feststellen, dass ihr Pferd entlaufen ist.

Die Herstellung des Mosaiks geht zügig voran, wenngleich sich DIANA immer öfter in den Herstellungsvorgang einmischt, indem sie FAUNUS Vorgaben über die zu verwendende Spachtelmasse und die Anordnung der Mosaiksteine macht. Zwei Tage nach der Abnahme des Mosaiks durch DIANA löst sich die Hälfte der Mosaiksteine. Von der Gelehrigkeit des Jagdhundes begeistert, nimmt ihn CONSUS einmal zu Übungszwecken auf die Jagd mit, wobei der Hund von einem Bären angefallen und getötet wird. Als DIANA bei PLUTO die Standwaage abholen möchte, verweigert er ihr die Mitnahme, da DIANA nur 30 bei sich hat. DIANA bemerkt, dass PLUTO die ihm übergebene Silberfigur nicht zur Herstellung der Standwaage verwendet hat. Verärgert erklärt DIANA: „Wenn ich die Waage schon nicht bekomme, so möchte ich wenigstens meine Figur wieder haben."

Welche wechselseitigen Ansprüche bestehen zwischen DIANA und FAUNUS, CONSUS, APOLLO bzw PLUTO?

Vorüberlegungen:

- ➢ Welcher Voraussetzungen bedarf das Zustandekommen einer *locatio conductio operis*?
- ➢ Was ist der Leistungsinhalt einer *locatio conductio operis*?
- ➢ Welche Rolle spielt die Auszahlung des Werklohns in Zeiteinheiten?
- ➢ Welche Auswirkungen kann es für die Haftung des *conductor* haben, wenn der *locator* den Herstellungsvorgang wesentlich mitbestimmt bzw laufend kontrolliert?

➢ Wofür haftet der *conductor* grds hinsichtlich der zur Bearbeitung übernommenen Sache?

➢ Welche Rolle spielt es für die Haftung des *conductor*, wenn er die zur Bearbeitung übernommene Sache vertragswidrig verwendet?

➢ Was versteht man unter der *receptum*-Haftung?

➢ Worin unterscheidet sich die *locatio conductio irregularis* von einem gewöhnlichen Werkvertrag?

Einleitung: Die *locatio conductio operis* ist auf die Erbringung eines Werkes gegen Zahlung des Werklohns (*merces*) gerichtet und kommt mit Willensübereinkunft zustande. Anders als beim Dienstvertrag (*locatio conductio operarum*) ist nicht die Arbeitsleistung an sich, sondern die Herstellung eines aus der Arbeit resultierenden Erfolges geschuldet. Der Werkunternehmer wird daher nicht wie der Dienstnehmer in Zeiteinheiten, sondern idR für das erbrachte Werk entlohnt. Der Werkunternehmer (*conductor*) ist bei Verrichtung seiner Tätigkeit grds nicht an Weisungen des Werkbestellers (*locator*) gebunden und kann sich zur Ausführung des Werkes, sofern nicht höchstpersönliche Werkherstellung vereinbart worden ist, Gehilfen bedienen oder das Werk zur Gänze an einen Dritten übertragen. Mit dieser weitgehenden Selbständigkeit und Eigenverantwortlichkeit des Werkunternehmers ist verbunden, dass er für die Güte des Werkes einzustehen und daher für eine mangelhafte Ausführung Gewähr zu leisten hat.

Vertrag zwischen DIANA und FAUNUS über die Herstellung eines Mosaiks

Da sich FAUNUS zur Herstellung eines Mosaiks und somit zur Erbringung eines Erfolges verpflichtet hat, ist mit Konsens über das auszuführende Werk (Mosaik) und das dafür zu entrichtende Entgelt (200) zwischen ihm und DIANA ein Werkvertrag zustande gekommen.

Zu prüfen ist, wie sich der Umstand, dass sich die Hälfte der Mosaiksteine zwei Tage nach der Werkabnahme löst, auf den Werklohnanspruch von FAUNUS auswirkt. Grundsätzlich gilt, dass der Werkunternehmer für die Güte des ausgeführten Werkes verantwortlich ist – *bonitas eius a conductore adprobaretur* – und daher für Mängel der Ausführung einzustehen hat. Fraglich ist jedoch, ob bzw wie sich der vereinbarte Zahlungsmodus in Abständen von drei Tagen auf die Haftung von FAUNUS auswirkt. Nach Ansicht des Juristen Javolen zu einem ähnlich gelagerten Fall ist die Vereinbarung der Lohnauszahlung in Zeiteinheiten für die Haftung des *conductor* grds unerheblich. Hat der vereinbarte Zahlungsmodus in zeitlichen Abständen jedoch einen inhaltlichen Hintergrund, etwa weil damit verbunden ist, dass das Werk nach den Anweisungen des *locator* auszuführen ist und daher der *conductor* nicht für den Gesamterfolg verantwortlich sein soll, so haftet nach Ansicht Javolens der *conductor* nicht für die mangelhafte Ausführung – *nihil conductor praestare domino de bonitate operis videtur*. Da hier wesentliche Merkmale eines Werkvertrags, nämlich die Selbständigkeit und die Eigenverantwortlichkeit des *conductor*, zugunsten einer erhöhten Einflussmöglichkeit des *locator* auf den Herstellungsprozess zurücktreten, nähert sich die Vereinbarung in diesem Fall einem Dienstvertrag an. Indem DIANA dem Werkunternehmer FAUNUS Weisungen hinsichtlich der Herstellung des Mosaiks erteilt (*arg*: DIANA mischt sich immer öfter in den Herstellungsvorgang ein, indem sie FAUNUS Vorgaben über die zu verwendende Spachtelmasse und die Anordnung der Mosaiksteine macht) und sich regelmäßig über den Arbeitsfortschritt in Kenntnis setzt, übt sie als Werkbestellerin maßgeblichen Einfluss auf den Herstellungsvorgang aus. Folglich hat FAUNUS nicht für Ausführungsfehler des Mosaiks einzustehen. Sein Anspruch auf den Werklohn in Höhe von 200 bleibt daher ungeschmälert bestehen und kann von ihm, soweit er noch nicht zur Gänze von DIANA geleistet worden ist, mittels *actio conducti* geltend gemacht werden.

Vertrag zwischen DIANA und CONSUS über die Ausbildung von DIANAs Jagdhund

Indem DIANA und CONSUS vereinbaren, dass CONSUS für ein Entgelt von 40 DIANAs Jagdhund das Apportieren beibringen soll, schließen sie eine *locatio conductio operis* ab. Wird der Jagdhund bei CONSUS von einem Bären angefallen und getötet, so stellt sich die Frage, ob CONSUS DIANA für den Hund Ersatz leisten muss. Mit der Übernahme des Jagdhundes haftet CONSUS als Werkunternehmer für *dolus*, *culpa* und *custodia*. Der Tod des Jagdhundes durch den Angriff eines Bären stellt ein *vis maior*-Ereignis dar, wofür CONSUS grds nicht einzustehen hat. Da es aber nicht Inhalt des Ausbildungsvertrages war, dass CONSUS den Hund zur Jagd mitnehmen darf, verstößt CONSUS mit der Mitnahme des Hundes auf die Jagd gegen seine Pflichten aus dem Werkvertrag. CONSUS wäre nur dann berechtigt gewesen, den Jagdhund auf die Jagd mitzunehmen, wenn ihm dazu DIANA die Erlaubnis erteilt hätte. Die schuldhafte Vertragsverletzung durch CONSUS rechtfertigt es, dass CONSUS für den Untergang des zur Ausbildung übernommenen Hundes infolge höherer Gewalt einzustehen hat. Es gilt der Grundsatz *versanti in re illicita omnia imputantur quae sequuntur ex delicto*. DIANA ist daher berechtigt, von CONSUS mittels *actio locati* Schadenersatz in Höhe des Wertes des Jagdhundes zu verlangen. Wäre es CONSUS hingegen vertraglich gestattet gewesen, den Hund auf die Jagd mitzunehmen, so hätte nicht ihn, sondern DIANA als Eigentümerin das Risiko des zufälligen Untergangs des Hundes getroffen. Da CONSUS die Nichterbringung des Erfolges (DIANAs Hund das Apportieren beizubringen) zuzurechnen ist, hat er keinen Anspruch auf den Werklohn.

Vertrag zwischen DIANA und APOLLO über die Einstellung von DIANAs Pferd

Durch Willensübereinkunft zwischen DIANA und APOLLO über die Einstellung von DIANAs Pferd gegen Zahlung von 10 kommt ein Werkvertrag zustande, der dadurch charakterisiert ist, dass der zu erbringende Erfolg in der Obhut des überlassenen Pferdes besteht. Dabei trifft den Stallwirt (*stabularius*) APOLLO eine erhöhte Haftung für den Fall, dass das bei ihm von DIANA eingestellte Pferd abhandenkommt – sog *receptum*-Garantiehaftung der *nautae*, *caupones* und *stabularii*. Diese nicht auf Verschulden beschränkte Haftung wurde ursprünglich durch ausdrückliche Übernahme einer Garantie, später jedoch bereits durch die faktische Übernahme (*recipere*) der Sache begründet und tritt als selbständige Garantie zum Werkvertrag hinzu. Lediglich ein Verlust aufgrund höherer Gewalt ist von dieser Erfolgshaftung ausgenommen. Der Umstand, dass das eingestellte Pferd entlaufen ist, berechtigt DIANA, mit einer eigenen, vom Prätor gewährten Klage, der *actio de recepto,* gegen APOLLO vorzugehen, um Wertersatz für ihr Pferd zu verlangen. Da es an APOLLO gelegen ist, dass der aus dem Werkvertrag geschuldete Erfolg nicht erbracht wurde, erhält er keinen Lohn von DIANA.

Vertrag zwischen DIANA und PLUTO über die Herstellung einer silbernen Standwaage

Mit Willenseinigung über die Herstellung einer silbernen Standwaage aus DIANAs Silberfigur für ein Entgelt in Höhe von 50 schließen DIANA und PLUTO eine *locatio conductio operis* ab. Da DIANA und PLUTO vereinbaren, dass PLUTO für die Herstellung der Standwaage anstelle der von DIANA übergebenen Silberfigur eigenes Material gleicher Güte verwenden dürfe, liegt eine *locatio conductio irregularis* vor. Bei dieser Sonderform des Werkvertrages wird der *conductor* nicht bloß Detentor, sondern Eigentümer des vom *locator* übergebenen Materials. Folglich hat PLUTO mit Übergabe der Figur Eigentum an ihr erworben. Dabei steht es im Belieben des Werkunternehmers PLUTO, ob er die Figur oder eigenes gleichwertiges Material zur Herstellung der Waage verwendet. Da DIANA vertraglich verpflichtet ist, den Werklohn in Höhe von 50 bei Abholung der Waage zu leisten, muss PLUTO die Waage erst nach vollständiger Bezahlung des Werklohns an DIANA herausgeben. Man spricht idZ auch vom Zug-um-Zug-Prinzip. Ein Retentionsrecht an der Waage hat PLUTO nicht und braucht es auch nicht, da er bis zur Übergabe ohnedies Eigentümer der Waage ist. DIANA wird erst dann Eigentümerin der Waage, wenn ihr diese im Zuge der Adprobation übereignet wird. Leistet DIANA den Werklohn nicht in voller Höhe, so steht PLUTO die *actio conducti* zur Verfügung, um seinen Werklohnanspruch durchzusetzen. Mit dem Begehren auf Herausgabe der Silberfigur wird DIANA keinen Erfolg haben, da PLUTO durch deren Hingabe, verbunden mit der Abrede, diese oder eigenes, gleichwertiges Material zur Herstellung der Waage verwenden zu dürfen, Eigentum an ihr erworben hat. Der Umstand, dass PLUTO die Figur tatsächlich nicht verwendet hat, spielt keine Rolle.

▶ **(1)** Die zentralen Bestimmungen zum Werkvertrag finden sich in den §§ 1165 ff. Der Werkvertrag kommt als Konsensualvertrag mit Willensübereinstimmung zustande. Der geschuldete Erfolg besteht regelmäßig in der Vornahme von faktischen Tätigkeiten. Ist die Vornahme von Rechtshandlungen geschuldet, so liegt ein Auftrag vor. Das ABGB knüpft für die Unterscheidung des Werkvertrags vom Kaufvertrag daran an, von wem der zu bearbeitende Stoff bereitgestellt wird. Stellt der Besteller den Stoff zur Verfügung, so liegt ein Werkvertrag vor, stammt das Material hingegen vom Unternehmer (Werklieferungsvertrag), so ist iZw ein Kaufvertrag anzunehmen, § 1166. Wird das Werk hingegen gerade für die Bedürfnisse des Bestellers und nach seinen Wünschen angefertigt, so handelt es sich, selbst dann, wenn der Unternehmer das Material zur Verfügung stellt, um einen Werkvertrag. Ist kein Entgelt bestimmt und auch nicht Unentgeltlichkeit vereinbart, so gilt ein angemessenes Entgelt als vereinbart, § 1152. Der Werklohn ist grds nach vollendetem Werk zu zahlen, § 1170. Zur Sicherung seiner Werklohnforderung steht dem Unternehmer ein Zurückbehaltungsrecht nach § 471 an den vom Besteller zur Bearbeitung hingegebenen Sachen zu. Bei Bauverträgen kann der Unternehmer gem § 1170b vom Besteller eine Sicherstellung des Entgelts von höchstens 20 % bzw bei Verträgen, die innerhalb von drei Monaten zu erfüllen sind, von 40 % verlangen. Wird die Sicherstellung nicht in angemessener Frist geleistet, so ist der Unternehmer zur sofortigen Leistungsverweigerung sowie unter Setzung einer Nachfrist zur Aufhebung des Vertrages berechtigt. Keine Sicherstellungspflicht besteht, wenn der Besteller eine juristische Person des öffentlichen Rechts oder ein Verbraucher ist. Neben seiner Pflicht zur Herstellung des vereinbarten Werkes hat der Unternehmer gem § 1168a die Pflicht, den Besteller zu warnen, sollte der bereitgestellte Stoff offenbar untauglich oder die Anweisungen des Bestellers offenbar unrichtig sein. Trifft den Unternehmer ein Verschulden am Unterbleiben der gebotenen Warnung, so kann er dem Besteller schadenersatzpflichtig werden. Da dem Besteller kein Anspruch auf Gewährleistung zusteht, wenn dem Unternehmer die unterlassene Warnung nicht vorgeworfen werden kann, sind hier die Rechte aus der Gewährleistung ausnahmsweise verschuldensabhängig. Seit der Abschaffung der Sondergewährleistungsbestimmungen durch das GewRÄG kommen bei Mängeln des Werkes die für entgeltliche Verträge allgemein geltenden Bestimmungen (§§ 922 ff, vgl Fall 41) zur Anwendung, § 1167. Zur Lohngefahr vgl Fall 50. [*Koziol/Welser*, Bürgerliches Recht II¹³ (2007) 254 ff] **(2)** Der Gedanke einer Haftung für in Beherbergungsbetriebe eingebrachte Sachen findet seinen Niederschlag in den Regeln über die Gastwirtehaftung (§§ 970 ff) und wird mit der „Gefahr des offenen Hauses" begründet. Wie Gastwirte haften gem § 970 Abs 2 Unternehmer, die Stallungen oder Aufbewahrungsräume halten, für die bei ihnen eingestellten Tiere oder Fahrzeuge. Keine Schadenersatzpflicht nach den §§ 970 ff trifft den Gastwirt, wenn er beweist, dass der Schaden weder durch ihn, noch durch einen seiner Leute verschuldet, noch durch fremde, in dem Haus ein- und ausgehende Personen verursacht worden ist. Die Gastwirtehaftung des ABGB knüpft an die bloße Einbringung von Sachen an und ist nach hA vom Bestehen eines Vertragsverhältnisses unabhängig. Nicht erforderlich ist, dass die Sachen im Eigentum des Gastes stehen. Der Gast kann den Anspruch des Eigentümers gegen den Gastwirt geltend machen (Drittschadensliquidation). Ein Ausschluss der Haftung durch Anschlag ist wirkungslos, § 970a. Eine Haftungsbeschränkung durch Vereinbarung ist bei Garagierungsunternehmen zulässig, nicht hingegen bei Gastwirten und Besitzern von Badeanstalten. Die Haftung nach den §§ 970 ff ist insofern beschränkt, als für Kostbarkeiten, Geld und Wertpapiere nur bis zu einem Betrag von € 550, für andere Sachen bis zu einem Betrag von € 1100 gehaftet wird. Keine betragliche Haftungsbeschränkung gibt es dann, wenn der Schaden vom Gastwirt bzw einem seiner Leute verschuldet ist oder die Sache dem Gastwirt zur Aufbewahrung übergeben worden ist (§ 1 Abs 1 GastwirteHG). [*Koziol/Welser*, Bürgerliches Recht II[13] (2007) 198 ff] **(3)** Zur Unterscheidung von Dienst- und Werkvertrag vgl Fall 52.

Zu den einschlägigen Quellenstellen der hier erörterten Problemkreise: zur Frage der Haftung des *conductor* wegen mangelhafter Ausführung des Werkes und zur Auszahlung des Werklohns *in dies singulos* vgl Javolen D 19. 2. 51. 1; zum Haftungsmaßstab des *conductor* vgl Ulpian D 19. 2. 9. 5, ders D 19. 2. 13. 6 sowie Gai Inst 3. 205; zum Ausbildungsvertrag als *locatio conductio operis* vgl etwa Ulpian D 19. 2. 13. 4; zur Haftung des *conductor* für den Untergang der übernommenen Sache infolge *vis maior* bei vertragswidrigem Verhalten vgl insb Labeo D 14. 2. 10. 1 sowie Ulpian D 19. 2. 13. 3; zur Haftung der *nautae*, *caupones* und *stabularii* für die von den Gästen eingebrachten Sachen vgl insb Ulpian D 4. 9. 1 pr, ders D 4. 9. 1. 6 sowie Gaius D 4. 9. 5 pr; zur *locatio conductio irregularis* vgl insb Alfen D 19. 2. 31; zum Eigentumserwerb des *conductor* an dem vom *locator* übergebenen Rohmetall bei der *locatio conductio irregularis* vgl etwa Pomponius D 34. 2. 34 pr.

Fall 50: ☆☆

Domus pro arte [*]

SATURNUS möchte seine Sammlung griechischer Kunstgegenstände in Rom der Öffentlichkeit zugänglich machen, weshalb er mit dem Baumeister VERTUMNUS die Errichtung eines Ausstellungspavillons für 500 sowie den Transport einer korinthischen Säule von Piraeus[**] nach Rom für 30 vereinbart. Der Transportlohn soll nur dann geschuldet sein, wenn die Säule unversehrt am Bestimmungsort abgeliefert wird. Das Baumaterial für den Pavillon soll VERTUMNUS zur Verfügung stellen. Hinsichtlich der Bezahlung wird vereinbart, dass SATURNUS das Entgelt für die Errichtung des Pavillons im Vorhinein, und zwar an AMOR, zahlen soll. Diesem schuldet VERTUMNUS 500 aus dem Kauf des Maurersklaven Bacchus, dessen Übergabe in drei Tagen stattfinden soll. Zur Durchführung des Transports der Säule bittet VERTUMNUS den Viehtransporteur ROBIGUS. Da das Transportschiff von ROBIGUS ohnedies nicht ausgelastet ist, sagt ihm ROBIGUS den Transport unentgeltlich zu. SATURNUS zahlt wie vereinbart 500 an AMOR. Als VERTUMNUS drei Tage später bei AMOR erscheint, um Bacchus abzuholen, teilt ihm AMOR mit, dass er soeben erfahren habe, dass Bacchus vor Kaufabschluss gestorben ist. In der Nacht vor der Adprobation stürzt der bereits fertiggestellte Pavillon aufgrund der mangelnden Tragfähigkeit des Bodens zusammen. Die Säule geht auf dem Transport zu Bruch, da ROBIGUS zur Sicherung der Säule zu schwache Seile verwendet hat.

Wie ist die Rechtslage?

Skizze:

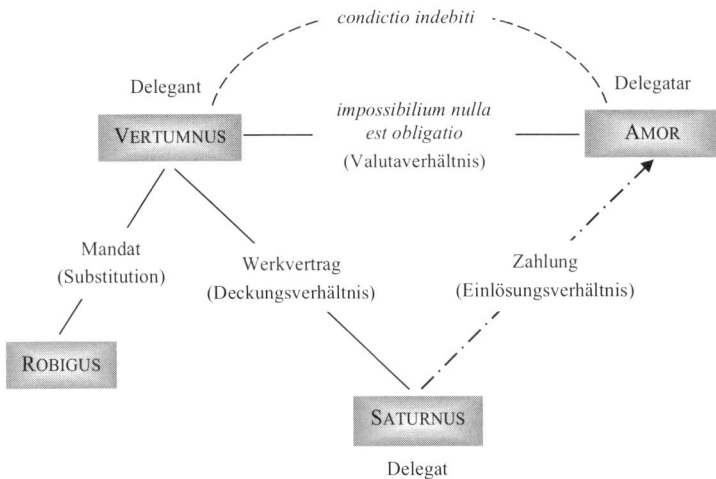

---

[*] Ein Haus für die Kunst.
[**] Das heutige Piräus, der Hafen von Athen.

Zu behandelnde Problemkreise:

- ➤ Bauvertrag: *locatio conductio operis vs emptio venditio*
- ➤ Lohngefahr
- ➤ Sphärentheorie
- ➤ *vitium operis vs vitium soli*
- ➤ anfängliche objektive faktische Unmöglichkeit der Leistung
- ➤ *impossibilium nulla est obligatio*
- ➤ Rückforderung einer irrtümlich geleisteten Nichtschuld
- ➤ Zahlungsanweisung
- ➤ Vorliegen eines rechtsgeschäftlichen Mangels im Valutaverhältnis
- ➤ Haftung des *conductor* bei gänzlicher Übertragung des Werkes an einen Dritten
- ➤ *culpa in eligendo*
- ➤ Haftungsmaßstab des Mandatars

Vertragsverhältnis zwischen SATURNUS und VERTUMNUS über die Errichtung eines Pavillons

Zu prüfen ist, ob das Vertragsverhältnis zwischen SATURNUS und VERTUMNUS als Werkvertrag qualifiziert werden kann. Da VERTUMNUS den Pavillon aus eigenem Material herstellen soll, erhebt sich die Frage, ob das Vertragsverhältnis als Werklieferungsvertrag zu beurteilen ist. Besteht die Verpflichtung des Unternehmers in der Herstellung bzw Bearbeitung einer Sache und stellt der Besteller das Material zur Verfügung – *opus faciendum locare* –, so liegt ein Werkvertrag vor. Ist hingegen vereinbart, dass der Unternehmer eigenes Material zur Herstellung des Werkes verwenden soll, so spricht man von einem Werklieferungsvertrag. Während ihn der Frühklassiker Cassius als aus Kauf und *locatio conductio* zusammengesetzten Vertrag betrachtet, wird der Werklieferungsvertrag in der Klassik nach herrschender Ansicht als *emptio venditio* angesehen. Anderes gilt jedoch bei Bauverträgen. Da der Grund und Boden, auf dem gebaut werden soll (der Bauplatz), und somit der wesentliche Bestandteil des auszuführenden Werkes vom Besteller stammt, liegt auch dann ein Werkvertrag und kein Kaufvertrag vor, wenn das Bauwerk aus dem Material des Unternehmers hergestellt werden soll. Folglich ist, obwohl VERTUMNUS als Werkunternehmer den Baustoff zur Verfügung stellen soll, zwischen ihm und SATURNUS durch Konsens über die Errichtung eines Ausstellungspavillons gegen Zahlung von 500 ein Werkvertrag (*locatio conductio operis*) zustande gekommen.

Da es vor dem Zeitpunkt der bedungenen Abnahme (*adprobatio operis*) durch den Werkbesteller SATURNUS zum Einsturz des bereits fertig errichteten Pavillons kommt, ist zu prüfen, ob SATURNUS dennoch zur Zahlung des Werklohns an VERTUMNUS verpflichtet ist. Da den Werkunternehmer VERTUMNUS am Zusammenbruch des Pavillons kein Verschulden trifft, stellt sich die Frage der Lohngefahr. Der frühklassische Jurist Labeo vertritt eine werkunternehmerfeindliche Auffassung: Nach seiner Ansicht geht der *conductor* seines Werklohnanspruchs verlustig, wenn das Werk durch Zufall unausführbar wird bzw das bereits ausgeführte Werk vor Werkabnahme, unabhängig vom Verschulden des *conductor*, untergeht. Spätere Juristen differenzieren bei der Beantwortung der Frage, wer die Lohngefahr zu tragen hat, iSd Sphärentheorie danach, wem das schadenstiftende Ereignis zugerechnet werden kann. Stammt das Schadensereignis aus der Sphäre des *conductor*, so hat dieser keinen oder nur einen verminderten Werklohnanspruch. Schäden, deren Ursache beim *locator* liegen, bzw solche höherer Gewalt, treffen hingegen diesen. In solchen Fällen bleibt der *locator* trotz Ausbleibens des geschuldeten Werkes zur Lohnzahlung verpflichtet. Es gilt daher grds *periculum est locatoris*. So erhält nach Ansicht des Juristen Paulus der *conductor*, der einen Graben ausheben soll, der jedoch vor Werkabnahme einstürzt, dann keinen Lohn, wenn das Einstürzen auf seine (wenn auch nicht verschuldete, so doch) unzureichende Ausführung zurückzuführen ist (*vitium operis*). Resultiert die Ursache für den Einsturz des Grabens jedoch aus dem mangelhaften Zustand des Bodens (*vitium soli*), so soll der *locator* zur Lohnzahlung verpflichtet bleiben. Da im vorliegenden Fall der Einsturz des fertiggestellten Pavillons nicht auf einen Ausführungsfehler von VERTUMNUS, sondern auf die unzureichende Tragfähigkeit des Bodens zurückzuführen ist, stammt die Ursache für den Untergang des Werkes aus der Sphäre des Werkbestellers SATURNUS. Folglich behält VERTUMNUS seinen Anspruch auf den Werklohn, weshalb SATURNUS die gezahlten 500 nicht zurückverlangen kann.

Vertragsverhältnis zwischen VERTUMNUS und AMOR über den Maurersklaven Bacchus

Zu prüfen ist, ob zwischen VERTUMNUS und AMOR ein gültiger Kaufvertrag über den Maurersklaven Bacchus zustande gekommen ist. Der Kaufvertrag kommt als Konsensualvertrag mit Willensübereinkunft der Parteien über die wesentlichen Vertragsbestandteile (*essentalia negotii*), das sind Ware und Preis, zustande. Im vorliegenden Fall wäre eine entsprechende Einigung (Sklave Bacchus gegen 500) zwischen VERTUMNUS und AMOR gegeben. Da der Maurersklave Bacchus aber bereits vor Kaufabschluss gestorben ist, liegt eine anfängliche objektive (der Sklave Bacchus kann von niemandem mehr erbracht werden) faktische Unmöglichkeit vor. Da die Leistung des Maurersklaven Bacchus von vornherein unmöglich ist, kommt zwischen VERTUMNUS und AMOR kein Kaufvertrag zustande. Es gilt: *impossibilium nulla est obligatio*. Da es mit Zahlung der 500 von SATURNUS an AMOR bereits zu einer Vermögensverschiebung in Hinblick auf den Kauf des Maurersklaven Bacchus gekommen ist, stellt sich die Frage, ob die 500 zurückgefordert werden können bzw wer zur Rückforderung berechtigt ist.

Zur Beantwortung dieser Fragen gilt es zunächst, die Zahlung der 500 von SATURNUS an AMOR genauer zu beurteilen. Die Aufforderung von VERTUMNUS an SATURNUS, die ihm aufgrund des Werkvertrages geschuldeten 500 an AMOR zu leisten, ist als Zahlungsanweisung (*delegatio solvendi*) zu qualifizieren. Bei der Zahlungsanweisung erteilt der Anweisende (Delegant) dem Angewiesenen (Delegat) die Ermächtigung, in seinem Namen und auf seine Rechnung dem Anweisungsempfänger (Delegatar) zu leisten. Ist, wie im vorliegenden Fall, der Delegat Schuldner des Deleganten und leistet er an den Delegatar, so wirkt die Leistung in zweifacher Weise. Einerseits erfüllt der Delegat seine Schuld aufgrund des Schuldverhältnisses mit dem Deleganten (Deckungsverhältnis). Andererseits kommt es zu einer Leistung des Deleganten an den Delegatar (Valutaverhältnis), da die Leistung eines Dritten auf Anweisung der eigenen Leistung gleichgehalten wird. Das Verhältnis zwischen Delegat und Delegatar wird als Einlösungsverhältnis bezeichnet. Zahlt SATURNUS auf Anweisung von VERTUMNUS 500 an AMOR, so wird dadurch SATURNUS von seiner Verpflichtung aufgrund des Werkvertrages (Deckungsverhältnis) zur Zahlung des Werklohns gegenüber VERTUMNUS befreit. Im Valutaverhältnis (Verhältnis zwischen VERTUMNUS und AMOR) stellt die Zahlung jedoch, mangels gültigen Kaufvertrages, die Leistung einer Nichtschuld dar. Zur Rückforderung einer irrtümlich geleisteten Nichtschuld steht die *condictio indebiti* zur Verfügung. Für VERTUMNUS stellt die durch SATURNUS bewirkte Zahlung an AMOR mangels gültigen Kaufvertrages ein *indebitum* dar. Zudem befand sich VERTUMNUS bei Erteilung der Anweisung bzw bei Zahlung durch SATURNUS in der irrtümlichen Annahme, dass er zur Zahlung von 500 an AMOR verpflichtet sei. Zu beachten ist, dass, wenngleich die Zahlung der 500 *in realiter* von SATURNUS vorgenommen wurde, SATURNUS nicht zur Rückforderung berechtigt ist, da er mit Zahlung an AMOR seine Verpflichtung aus dem gültigen Werkvertrag mit VERTUMNUS erfüllt hat. Für SATURNUS stellen die gezahlten 500 daher keine Nichtschuld dar. Da nicht das Deckungs-, sondern das Valutaverhältnis mangelhaft ist, wird die bereicherungsrechtliche Rückabwicklung daher zwischen VERTUMNUS und AMOR erfolgen. Folglich kann VERTUMNUS mittels *condictio indebiti* von AMOR die Zahlung von 500 verlangen. Zu beachten ist, dass AMOR bei Annahme der 500 (noch) nichts vom Tod des Maurersklaven Bacchus und somit von der Ungültigkeit des Kaufes wusste (*arg*: AMOR erfährt erst drei Tage nach Zahlung der 500, dass Bacchus bereits vor Kaufabschluss gestorben ist). Der Empfang der 500 durch AMOR stellt somit keine wissentliche Annahme einer Nichtschuld dar, weshalb eine Haftung von AMOR wegen *furtum* nicht infrage kommt.

Vertragsverhältnisse zwischen SATURNUS und VERTUMNUS sowie zwischen VERTUMNUS und ROBIGUS über den Transport der Säule

Indem sich SATURNUS und VERTUMNUS über den Transport einer Säule gegen Bezahlung von 30 einigen, kommt es zum Abschluss eines Werkvertrages (*locatio conductio operis*). Die Nebenvereinbarung, dass der Transportlohn nur dann zu zahlen ist, wenn die Säule den Bestimmungsort unversehrt erreicht, kann dem Werkvertrag als *bonae fidei iudicium* formlos hinzugefügt werden. Zu beachten ist, dass der *conductor*, sofern er dies nicht ausdrücklich zugesichert hat, grds nicht verpflichtet ist, das Werk persönlich auszuführen. Vielmehr darf er sich zur Ausführung Hilfspersonen bedienen oder das Werk teilweise oder zur Gänze an einen Dritten übertragen (Substitution). Mangels vertraglicher Verpflichtung, den Transport persönlich durchzuführen, ist VERTUMNUS daher berechtigt, den Säulentransport an ROBIGUS zu übertragen.

Geht die Säule während des Transports zu Bruch, so stellt sich zunächst die Frage, ob VERTUMNUS als Werkunternehmer dem Werkbesteller SATURNUS hierfür Ersatz zu leisten hat. Grundsätzlich haftet der *conductor* hinsichtlich der vom *locator* übernommenen Sachen für *dolus*, *culpa* und *custodia*. Zu beachten ist, dass der *conductor* einem relativ strengen Sorgfaltsmaßstab unterliegt. So handelt der *conductor* bereits dann fahrlässig, wenn er nicht die zur Herstellung des Werkes erforderlichen Fertigkeiten besitzt. Es gilt: *imperitia culpae adnumeratur* – Unerfahrenheit wird dem Verschulden zugerechnet. Bedient sich der Unternehmer zur Ausführung des Werkes einer Hilfsperson, so haftet er für deren Verschulden wie für eigenes. Der Gedanke, dass man für das Handeln jener Personen, derer man sich zum eigenen Nutzen bedient, einstehen muss, findet Ausdruck in der Rechtsregel *ex qua persona quis lucrum capit, eius factum praestare debet*. Überträgt der *conductor* das Werk an einen Dritten, so haftet der *conductor* dann, wenn ihm bei der Auswahl des Substituten ein Vorwurf gemacht werden kann (*culpa in eligendo*). Ein Auswahlverschulden trifft den *conductor* insb dann, wenn er eine Person auswählt, die nicht über die erforderlichen Fähigkeiten zur Ausführung der betreffenden Aufgabe verfügt. Da der von VERTUMNUS zum Transport eingesetzte Substitut ROBIGUS zu schwache Seile zur Sicherung der Säule verwendet, ist der Bruch der Säule auf mangelnde Fachkenntnis (*imperitia*), für die der *conductor* grds einzustehen hat, zurückzuführen. Zudem kann VERTUMNUS, da er den Transport der Säule an einen Viehtransporteur und somit an eine zur Ausführung des Werkes ungeeignete Person übertragen hat, ein Vorwurf bei der Auswahl seines Substituten gemacht werden. Folglich hat VERTUMNUS für die Beschädigung der Säule einzustehen. SATURNUS kann daher von VERTUMNUS mit der *actio locati* Wertersatz für die gebrochene Säule verlangen.

Weiters ist zu prüfen, ob VERTUMNUS einen Anspruch auf den Werklohn hat. Ist im Rahmen eines Werkvertrages eine Transportleistung vereinbart, steht der Werklohn grds dann zu, wenn die Ware am Bestimmungsort abgeliefert wird. Im vorliegenden Fall ist aber die Nebenvereinbarung, wonach der Transportlohn nur dann zu leisten ist, wenn die Säule unversehrt am Bestimmungsort abgeliefert wird, zu beachten. Da die Säule während des Transports zu Bruch ging und daher nicht unversehrt abgeliefert werden konnte, hat VERTUMNUS keinen Anspruch auf den Werklohn.

Schließlich stellt sich die Frage, ob sich VERTUMNUS bei ROBIGUS, da die Beschädigung der Säule auf dessen Verhalten zurückzuführen ist, schadlos halten kann. Indem sich ROBIGUS auf die Bitte von VERTUMNUS hin bereit erklärt, für ihn unentgeltlich den Transport der Säule durchzuführen, schließen sie ein Mandat ab. Da das Mandat in der unentgeltlichen Führung eines fremden Geschäfts besteht, haftet der Auftragnehmer grds nur für *dolus* und *culpa lata*. Das Verhalten von ROBIGUS, die Verwendung zu schwacher Seile für den Transport der Säule, ist als leicht fahrlässig zu qualifizieren. Folglich haftet er VERTUMNUS gegenüber nicht für die Beschädigung der Säule. Da ROBIGUS dem Sachverhalt nach auch keine Aufwendungen bei der Ausführung des Mandats entstanden sind, bestehen zwischen VERTUMNUS und ROBIGUS keine Ansprüche aus dem Mandat.

▶ **(1)** Den Unternehmer trifft grds die Verpflichtung, das Werk persönlich auszuführen oder unter seiner persönlichen Verantwortung ausführen zu lassen, § 1165. Zur höchstpersönlichen Ausführung des Werkes ist der Unternehmer aber nur dann verpflichtet, wenn er dies vertraglich besonders zugesagt hat. Hat der Unternehmer andere Personen zur (teilweisen) Ausführung des Werkes eingesetzt, so haftet der Unternehmer gem § 1313a für deren Verschulden wie für eigenes (sog Erfüllungsgehilfenhaftung, vgl Fall 74). Dies ist etwa bei der Realisierung größerer Projekte im Baugewerbe bedeutsam, wenn ein Unternehmer (Generalunternehmer) mit der Gesamtausführung des Werkes betraut wird und er sich zur Erfüllung einzelner Tätigkeiten anderer Unternehmer (Subunternehmer) bedient. Bei der Zuordnung der Lohngefahr wird danach differenziert, ob die Ausführung des Werkes unterbleibt (§ 1168) oder das bereits fertiggestellte Werk untergeht (§ 1168a). Unterbleibt die Ausführung durch Zufall, so erfolgt die Verteilung der Gefahr nach der Sphärentheorie. Demnach trägt der Besteller die Lohngefahr, wenn er die Ausführung ablehnt oder wenn das Ausführungshindernis aus seiner Sphäre stammt. Das Hindernis stammt etwa dann aus der Sphäre des Bestellers, wenn der von ihm bereitgestellte Stoff zur Herstellung des Werkes untauglich ist. Diesfalls behält der Unternehmer seinen Lohnanspruch, er muss sich aber anrechnen lassen, was er sich aufgrund der Nichtausführung erspart oder was er durch anderweitige Verwendung erworben oder zu erwerben absichtlich versäumt hat. Ist das Ausbleiben der Ausführung hingegen nicht der Sphäre des Bestellers zuzuordnen, so verliert der Unternehmer seinen Werklohnanspruch. Geht ein bereits hergestelltes Werk durch Zufall unter, so trifft grds bis zum vereinbarten Übergabezeitpunkt den Unternehmer, danach den Besteller die Gefahr des zufälligen Untergangs. Beruht der Untergang des Werkes hingegen auf der Mangelhaftigkeit des vom Besteller hingegebenen Stoffes oder auf den von ihm gegebenen unrichtigen Anweisungen und bestand keine Warnpflicht des Unternehmers bzw hat dieser erfolglos gewarnt, so behält der Unternehmer seinen Werklohnanspruch. Zur Warnpflicht des Unternehmers vgl Fall 49. [*Koziol/Welser*, Bürgerliches Recht II¹³ (2007) 254 ff] **(2)** Einen erhöhten Sorgfaltsmaßstab normiert etwa § 1299 (sog Sachverständigenhaftung). Demnach hat, wer sich zu einem Amte, zu einer Kunst, zu einem Gewerbe oder Handwerke öffentlich bekennt und somit zu erkennen gibt, dass er sich den notwendigen Fleiß und die erforderlichen, nicht gewöhnlichen Kenntnisse zutraue, ihren Mangel zu vertreten. Der Verschuldensmaßstab für Sachverständige orientiert sich somit an den gewöhnlichen Fähigkeiten des jeweiligen Berufsstandes (vgl auch Fall 74). [*Koziol/Welser*, Bürgerliches Recht II¹³ (2007) 353 ff] **(3)** Zur Rückforderung einer irrtümlich geleisteten Nichtschuld mittels *condictio indebiti* vgl Fall 56.

Zu den einschlägigen Quellenstellen der hier erörterten Problemkreise: zur Abgrenzung der *locatio conductio operis* von der *emptio venditio* vgl insb Gaius D 19. 2. 2. 1 sowie Gai Inst 3. 147; zum Vorliegen einer *locatio conductio operis*, wenn der Bauplatz vom *locator* stammt, vgl insb Pomponius D 18. 1. 20; zur Lohngefahr vgl insb Florentin D 19. 2. 36, Javolen D 19. 2. 59 sowie Labeo D 19. 2. 62; zum Grundsatz *impossibilium nulla obligatio est* vgl Celsus D 50. 17. 185; zur Ungültigkeit des Kaufes einer nicht existenten Sache vgl insb Paulus D 18. 1. 15 pr; zur Rückforderung einer irrtümlich geleisteten Nichtschuld vgl insb Ulpian D 12. 6. 1. 1 sowie Gai Inst 3. 91; zur *delegatio solvendi* vgl etwa Ulpian D 12. 1. 15, Paulus D 46. 3. 64 sowie ders D 50. 17. 180; zur Haftung des *conductor* für das Verhalten der von ihm verwendeten Hilfspersonen vgl etwa Gaius D 19. 2. 25. 7; zur Haftung wegen *culpa in eligendo* bei Weitergabe einer Transportleistung vgl insb Ulpian D 19. 2. 13. 1; zur Frage der Entgeltsgefahr für eingeschiffte Sachen sowie zur Möglichkeit einer abweichenden Risikoverteilung durch Parteienvereinbarung vgl Labeo D 14. 2. 10 pr; zur Haftung des Mandatars vgl Ulpian D 17. 1. 29. 3 sowie ders D 50. 17. 23.

Fall 51: ☆

Navigare necesse est *

PORTUNUS betreibt ein Schifffahrtsunternehmen in Ostia und nimmt sowohl die Beförderung von Personen als auch von Waren vor. VENUS möchte eine Schiffsreise unternehmen, weshalb sie bei PORTUNUS eine Mittelmeerkreuzfahrt um 200 bucht. Zudem vereinbart sie mit PORTUNUS den Transport ihrer fünf Schweine sowie ihrer Marmorstatue nach Misenum gegen Zahlung von 5 pro Frachtgut. Dabei kommen sie überein, dass VENUS das Entgelt für den Schweinetransport nur dann zu leisten hat, wenn die Schweine unversehrt im Hafen von Misenum eintreffen. Bevor VENUS ihre Reise antritt, geht sie zum Schuster AESCULAPIUS, um sich ihre Sandalen ausbessern zu lassen. VENUS verspricht, das Entgelt in Höhe von 30 zu zahlen, wenn sie die Sandalen nach ihrer Reise abholt. Auf der Kreuzfahrt wird das Schiff von Piraten überfallen, wobei VENUS ihr Perlencollier sowie ihr Handspiegel aus versilberter Bronze abgenommen werden (Wert je 250). Bloß eines der eingeschifften Schweine erreicht den Hafen von Misenum, da die restlichen vier infolge einer auf dem Schiff grassierenden Seuche verendet sind. Die Statue kippt von Bord, weil Sklaven des PORTUNUS die Statue zu sichern vergessen haben. Da VENUS nicht ausreichend Geld bei sich hat, weigert sich AESCULAPIUS, ihr die ausgebesserten Sandalen herauszugeben.

Wie sind allfällige Ansprüche von VENUS, PORTUNUS und AESCULAPIUS zu beurteilen?

Zu behandelnde Problemkreise:

> ➢ *receptum nautarum, cauponum et stabulariorum*
> ➢ Grenze der *receptum*-Haftung bei *vis maior*
> ➢ Lohngefahr bei der *locatio conductio operis*
> ➢ Möglichkeit einer Änderung der Risikoverteilung durch vertragliche Vereinbarung
> ➢ Haftung des *conductor* für die vom *locator* übernommenen Sachen
> ➢ Haftung des *conductor* für das Verhalten der von ihm verwendeten Hilfspersonen
> ➢ Retentionsrecht des *conductor* an den vom *locator* zur Bearbeitung übernommenen Gegenständen

---

Zu den einschlägigen Quellenstellen der hier zu erörternden Problemkreise: zur Frage der Entgeltsgefahr für eingeschiffte Sachen sowie zur Möglichkeit einer abweichenden Risikoverteilung durch Parteienvereinbarung vgl Labeo D 14. 2. 10 pr; zum Haftungsmaßstab des *conductor* vgl Ulpian D 19. 2. 9. 5, ders D 19. 2. 13. 6 sowie Gai Inst 3. 205; zur Haftung des *conductor* für das Verhalten der von ihm verwendeten Hilfspersonen vgl etwa Gaius D 19. 2. 25. 7; zur Haftung der *nautae*, *caupones* und *stabularii* für die von den Gästen eingebrachten Sachen vgl insb Ulpian D 4. 9. 1 pr, ders D 4. 9. 1. 6 sowie Gaius D 4. 9. 5 pr.

---

* Eigentlich „*Navigare necesse est, vivere non est necesse*" – Seefahrt ist notwendig, nicht aber zu leben (Plutarch, *Vita Pompei* 50). Befehl des römischen Feldherrn Pompeius an seine Matrosen, ungeachtet des stürmischen Wetters, in See zu stechen. Heutzutage begleitet dieser Spruch traditionell den Stapellauf eines Schiffes.

Variante:

PORTUNUS transportiert neben der Marmorstatue (Wert 30) von VENUS auch drei Säulen (Wert 60) der LUNA sowie zwei Brunnenfiguren (Wert 90) der CARNA nach Misenum gegen Entgelt. Wegen eines starken Seesturms gerät PORTUNUS in Seenot und wirft die Marmorstatue über Bord, wodurch das Schiff und die restliche Ladung gerettet werden können.

Wie ist die Rechtslage?

Zu behandelnde Problemkreise:

➢ Gefahrengemeinschaft aufgrund der *lex Rhodia de iactu*
➢ Berücksichtigung der *lex Rhodia de iactu* auf Grundlage der *bona fides* bei der *locatio conductio operis*
➢ Ausgleichsanspruch des Verlusttragenden gegen den *conductor* mittels *actio locati*
➢ Möglichkeit eines Regresses des *conductor* gegen die übrigen *locatores* entsprechend dem Verhältnis der Werte der einzelnen Ladungen zum Wert der Gesamtfracht

▶ Ein der *lex Rhodia de iactu* nachgebildeter Entschädigungsanspruch des Eigentümers einer im Notfall geopferten Sache findet sich in § 1043. Demnach kann derjenige, der in einer Gefahrensituation sein Eigentum opfert, um einen größeren Schaden von einem anderen abzuwehren, von diesem Ersatz verlangen. [*Koziol/Welser*, Bürgerliches Recht II¹³ (2007) 292]

Zu den einschlägigen Quellenstellen der hier zu erörternden Problemkreise: zur anteiligen Schadenstragung bei der *lex Rhodia de iactu* vgl insb Paulus D 14. 2. 1; zur Regressmöglichkeit des in Anspruch genommenen Verfrachters bei den Eigentümern der geretteten Sachen vgl Paulus D 14. 2. 2 pr; zur Berechnung des Schadensausgleichs vgl Paulus D 14. 2. 4.

3. KAPITEL

Dienstvertrag
(locatio conductio operarum)

Lit: *Benke/Meissel*, Römisches Schuldrecht[7] (2006) 197–198;
Hausmaninger/Selb, Römisches Privatrecht[9] (2001) 250–251;
Kaser/Knütel, Römisches Privatrecht[20] (2014) 262–265;
Apathy/Klingenberg/Pennitz, Einführung in das römische Recht[5] (2012) 194–195.

Fall 52: ☆

Ohne Arbeit kein Geld!

PICUS betreibt eine Papiermanufaktur und eine Buchhandlung. Zum Schneiden der Papyruspflanzen auf seiner Plantage setzt PICUS für die Dauer von sechs Monaten VOLTURNUS gegen Entgelt von 10 pro Monat ein. Für jeden Tag, an dem VOLTURNUS nicht zur Arbeit erscheint, verspricht er PICUS stipulationsweise die Zahlung von 5. Den geschnittenen Papyrus soll VOLTURNUS zu QUIRINUS liefern, mit dem PICUS die Herstellung von 50 Papyrusrollen zu einer *merces* von 5 pro abgelieferter Rolle vereinbart hat. Die Kopistin CARMENTA wird für ein Jahr zu einem monatlichen Lohn von 20 zum Beschreiben der von QUIRINUS hergestellten Papyrusrollen eingestellt.

VOLTURNUS erscheint eine Woche lang nicht zur Arbeit, da er einen wichtigen Gerichtstermin in Rom wahrnehmen muss. CARMENTA kann in den ersten zwei Monaten ihre Arbeit als Kopistin nicht aufnehmen, da sämtliche von QUIRINUS gelieferten Papyrusrollen so schlecht verarbeitet sind, dass das Beschreiben unmöglich ist. Dass sich die Papyrusrollen aufgrund der schlechten Verarbeitung nicht zum Beschreiben eignen, ist QUIRINUS bewusst, verschweigt dies aber. PICUS weigert sich, CARMENTA den Lohn für die zwei Monate zu zahlen, da er meint, ohne Arbeit kein Geld!

Beurteilen Sie allfällige Ansprüche von PICUS, VOLTURNUS, QUIRINUS und CARMENTA!

Vorüberlegungen:

- ➢ Wie kommt eine *locatio conductio operarum* zustande?
- ➢ Ist die *locatio conductio operarum* ein Ziel- oder ein Dauerschuldverhältnis?
- ➢ Wie ist eine stipulierte Vertragsstrafe durchzusetzen?
- ➢ Wer trägt die Lohngefahr bei einer *locatio conductio operarum*?
- ➢ Worin unterscheidet sich der Dienstvertrag vom Werkvertrag?
- ➢ Welche Pflicht trifft den *conductor* bei der *locatio conductio operis*?

Einleitung: In der römischen Antike konnte das Tätigwerden für einen anderen auf unterschiedlichen Grundlagen beruhen. Während die Massenarbeit größtenteils durch die Sklavenwirtschaft abgedeckt war, leisteten Angehörige der oberen Schichten, wie etwa Ärzte, Architekten und Advokaten, ihre Dienste (die sog *artes liberales*) unentgeltlich, allenfalls in Form eines *mandatum.*

Somit war der Anwendungsbereich für den Dienstvertrag, der heute als rechtliche Grundlage unselbständiger Arbeit zentrale Bedeutung hat, in der römischen Antike verhältnismäßig gering. Erst allmählich lässt sich ein Übergang von der Anmietung fremder Sklaven über die Verdingung Freigelassener und Klienten hin zum Eingehen von Dienstverträgen durch freie Lohnarbeiter, in denen diese sich und ihre Dienste verdingen – *locare se* bzw *locare operas suas* – ausmachen. Der Dienstvertrag (*locatio conductio operarum*) zählt zu den *bonae fidei iudicia* und kommt als Konsensualvertrag mit Willensübereinkunft zwischen Dienstnehmer (*locator*) und Dienstgeber (*conductor*) zustande.

Vertragsverhältnisse zwischen PICUS und VOLTURNUS

Indem PICUS und VOLTURNUS übereinkommen, dass VOLTURNUS für die Dauer von einem halben Jahr für ein monatliches Entgelt (10) Papyruspflanzen schneiden und diese bei QUIRINUS abliefern soll, kommt es zum Abschluss einer *locatio conductio operarum*. Da die Vertragsdauer von vornherein festgelegt ist, handelt es sich um ein befristetes Dienstverhältnis. Die Abrede, dass VOLTURNUS für den Fall, dass er nicht zur Arbeit erscheint, zur Zahlung von 5 verpflichtet ist, stellt die Vereinbarung einer Vertragsstrafe dar. Ist diese, wie im vorliegenden Fall, in Form einer Stipulation (*stipulatio poenae*) vereinbart, so erfolgt deren Durchsetzung mittels *condictio*.

Erscheint VOLTURNUS für eine Woche nicht zur Arbeit, stellt sich zunächst die Frage, ob ihm für diese Zeit ein Lohn zusteht. Grundsätzlich ist der *locator* beim Dienstvertrag verpflichtet, die vereinbarten Dienste ordnungsgemäß zu verrichten, was die Einhaltung der Dienstzeiten miteinschließt. Bleiben die Dienste (*operae*), wie im vorliegenden Fall, ohne Verschulden des *locator* aus, so stellt sich die Frage der Lohngefahr. Für die Beantwortung der Frage, ob der *conductor* bei unverschuldetem Unterbleiben der *operae* zur Lohnzahlung verpflichtet bleibt oder ob der *locator* seinen Lohnanspruch verliert, bedient man sich der Sphärentheorie. Dabei fragt man, ob die Ursache für das Unterbleiben der *operae* der Sphäre des Dienstgebers oder des Dienstnehmers entstammt. Grundsätzlich gilt, dass der *locator* seinen Lohnanspruch behält, wenn es nicht an ihm liegt, dass die Dienste nicht erbracht werden – *si per eum non stetit, quo minus operas praestet*. Da VOLTURNUS einen Gerichtstermin wahrnehmen muss, liegt es in seiner Sphäre, dass er die Dienste auf der Papyrusplantage nicht erbringen kann. Folglich kann VOLTURNUS für die Woche seiner Abwesenheit keinen Lohn von PICUS fordern.

Als weitere Frage stellt sich, ob VOLTURNUS die Vertragsstrafe zu leisten hat, wenngleich ihm die Abwesenheit vom Arbeitsplatz nicht subjektiv vorgeworfen werden kann. Ob die Vertragsstrafe bei Ausbleiben der Leistung jedenfalls oder nur dann, wenn dem Schuldner ein Verschulden angelastet werden kann, zu leisten ist, wird von den römischen Juristen nicht einheitlich beantwortet. Während die Prokulianer eine objektive, dh vom Verschulden unabhängige Haftung des Schuldners bejahen, lassen die Sabinianer den Schuldner grds nur dann haften, wenn es an ihm liegt (dh wohl, dass er es zu verantworten hat), dass die Leistung ausbleibt. Die Ansicht, dass eine Vertragsstrafe nur dann zu leisten ist, wenn den Schuldner ein Verschulden am Ausbleiben der Leistung trifft, dürfte sich in der Hochklassik schließlich durchgesetzt haben. Wird VOLTURNUS in der Folge von PICUS auf Leistung der Vertragsstrafe (35) mit *condictio* geklagt, so kann VOLTURNUS eine *exceptio doli* erheben, um die Klage abzuwehren.

Vertragsverhältnis zwischen PICUS und CARMENTA

Indem PICUS und CARMENTA übereinkommen, dass CARMENTA für ein Jahr als Kopistin für ein monatliches Entgelt von 20 arbeiten soll, kommt es zum Abschluss einer *locatio conductio operarum*. Da CARMENTA zwei Monate lang ihre Arbeit als Kopistin unverschuldet nicht ausführt, stellt sich die Frage der Lohngefahr. Als Grundregel gilt, dass der Dienstnehmer seinen Lohn ungeschmälert erhält, sofern es nicht an ihm liegt, *quo minus operas praestet*. Da die Ursache, warum die Schreibarbeiten nicht verrichtet werden können, nicht der Sphäre der Dienstnehmerin CARMENTA entstammt (*arg*: die Papyrusrollen sind aufgrund der mangelhaften Herstellung von QUIRINUS nicht beschreibbar), bleibt PICUS verpflichtet, CARMENTA für die zwei Monate Lohn zu zahlen. Es gilt: *periculum est conductoris*. Zur Durchsetzung ihres Anspruchs auf den Werklohn für die zwei Monate (40) steht CARMENTA die *actio locati* zur Verfügung.

Vertragsverhältnis zwischen PICUS und QUIRINUS

Fraglich ist, ob die Vereinbarung zwischen PICUS und QUIRINUS, die Herstellung von 50 Papyrusrollen zu einer *merces* von 5 pro abgelieferter Rolle, als Dienst- oder als Werkvertrag zu qualifizieren ist. Der Dienstnehmer schuldet die Erbringung der versprochenen Dienste (*operae*) nach Maßgabe der Weisungen des Dienstgebers, hat jedoch, anders als der Werkunternehmer, nicht für einen Erfolg einzustehen. Während der Dienstnehmer seinen Lohn – ordnungsgemäße Dienstverrichtung vorausgesetzt – unabhängig von einem durch die Dienste herbeigeführten Erfolg erhält, steht dem Werkunternehmer sein Lohn grds nur dann zu, wenn er das bestellte Werk (*opus*) vereinbarungsgemäß erbracht hat. Zudem erlischt der Dienstvertrag als Dauerschuldverhältnis, anders als der Werkvertrag als Zielschuldverhältnis, nicht mit Erbringung der Leistung. Damit verbunden ist, dass der Dienstnehmer idR nach Zeiteinheiten entlohnt wird, hingegen der Werkunternehmer für das Ergebnis seiner Tätigkeit. Da sich QUIRINUS zur Ablieferung von 50 Papyrusrollen, dh zur Erbringung eines Erfolges verpflichtet hat, liegt ein Werkvertrag (*locatio conductio operis*) vor. Auch entspricht es der Vereinbarung eines Werkvertrages, dass das Entgelt pro erbrachter (Teil-)Leistung (5 pro Rolle) vereinbart ist. Der Werkvertrag ist als Konsensualvertrag mit Willensübereinkunft über das auszuführende Werk (50 Papyrusrollen) gegen Werklohn (5 pro Rolle) zustande gekommen.

Zu prüfen ist, wie sich der Umstand, dass sich die von QUIRINUS hergestellten Papyrusrollen nicht zum Beschreiben eignen, auf seinen Werklohnanspruch auswirkt. Aus dem Werkvertrag ist QUIRINUS verpflichtet, das Werk als Fachmann auszuführen – *quippe ut artifex conduxit*. Da die Unbeschreibbarkeit der Papyrusrollen auf die schlechte Verarbeitung (*imperitia*) durch QUIRINUS zurückzuführen ist, hat QUIRINUS als Werkunternehmer die Mangelhaftigkeit zu vertreten. PICUS kann, da es mit Ablieferung der Papyrusrollen zur Adprobation gekommen ist, Gewährleistung geltend machen. Da dem Sachverhalt nach sämtliche Papyrusrollen zum Beschreiben unbrauchbar sind, wird PICUS die Wandlung des Vertrages wählen. QUIRINUS hat somit nicht bloß einen geminderten, sondern gar keinen Anspruch auf Werklohn.

Fraglich ist, ob PICUS ein Anspruch gegen QUIRINUS auf Ersatz für den unbrauchbar gewordenen Papyrus sowie für den an CARMENTA gezahlten Dienstlohn (40), der für PICUS infolge der Unbeschreibbarkeit der Papyrusrollen frustriert ist, zusteht. Der Werkunternehmer haftet grds hinsichtlich der vom Werkbesteller übernommenen Sachen für *dolus*, *culpa* und *custodia*. Da mangelnde Fachkenntnis als Fahrlässigkeit gewertet wird – *imperitia culpae adnumeratur* –, und die Unbeschreibbarkeit der Papyrusrollen auf QUIRINUS' mangelhafter Verarbeitung beruht, wird QUIRINUS ersatzpflichtig. PICUS steht daher ein Anspruch auf Wertersatz für den durch die mangelhafte Verarbeitung unbrauchbar gewordenen Papyrus zu, den er als Werkbesteller mit der *actio locati* geltend machen kann. Der für PICUS frustrierte Dienstlohn ist als Mangelfolgeschaden zu qualifizieren, da er ein Schaden ist, der PICUS infolge der mangelhaft hergestellten Papyrusrollen in seinem sonstigen Vermögen entstanden ist. Ersatz für Mangelfolgeschäden gebührt grds dann, wenn dem Vertragspartner ein Verstoß gegen die sich aus der *bona fides* ergebenden Treuepflichten angelastet werden kann. Da QUIRINUS weiß, dass sich die Papyrusrollen aufgrund seiner schlechten Verarbeitung nicht zum Beschreiben eignen, dies PICUS aber verschweigt, handelt er dolos und wird daher auch für den frustrierten Dienstlohn in Höhe von 40 ersatzpflichtig. Zu beachten ist, dass PICUS Ersatz für den an CARMENTA gezahlten Dienstlohn nur dann (in voller Höhe) zusteht, wenn er sie nicht anderweitig eingesetzt hat und sie auch nicht anderweitig einsetzen konnte.

▶ **(1)** Der Dienstvertrag ist in den §§ 1151–1164a geregelt. Zudem finden sich viele arbeitsrechtliche Bestimmungen in Nebengesetzen, wie etwa im ArbVG, EFZG oder im AngG. Der Dienstvertrag kann entgeltlich oder unentgeltlich sein, iZw ist ein angemessenes Entgelt geschuldet, § 1152. Dieses kann entweder in Geld oder in Naturalien wie Kost und Quartier bestehen. Aus dem Dienstvertrag ergeben sich für den Dienstgeber neben der Pflicht zur Zahlung eines Entgelts umfassende Fürsorgepflichten, etwa Leben und Gesundheit des Dienstnehmers zu schützen, § 1157. Umgekehrt treffen den Dienstnehmer zur Wahrung von Dienstgeberinteressen Treuepflichten. So normieren etwa § 7 AngG ein Konkurrenzverbot sowie § 11 UWG eine Verschwiegenheitspflicht. Bei Schäden, die der Dienstnehmer dem Dienstgeber oder einem Dritten, dem der Dienstgeber insb aufgrund der Erfüllungs- und Besorgungsgehilfenhaftung ersatzpflichtig wäre, durch Fahrlässigkeit zugefügt hat, besteht gem § 2 DHG eine Haftungsmilderung zugunsten des Dienstnehmers. Ebenso regelt das DHG die Regressmöglichkeiten im arbeitsrechtlichen Innenverhältnis zwischen Dienstgeber und Dienstnehmer. [*Koziol/Welser*, Bürgerliches Recht II¹³ (2007) 248 ff] **(2)** Das ABGB unterscheidet in § 1151 den Dienstvertrag vom Werkvertrag. Der Dienstnehmer ist zur ordnungsgemäßen Verrichtung der Dienste verpflichtet, schuldet aber keinen Erfolg wie der Werkunternehmer. Beim Dienstvertrag erfolgt die Arbeit in persönlicher Abhängigkeit. So ist der Dienstnehmer, anders als der Werkunternehmer, in die Betriebsorganisation des Dienstgebers eingebunden, hat Weisungen des Dienstgebers zu befolgen und verwendet fremde Arbeitsmittel. Während die Arbeitsleistung beim Dienstvertrag durch den Dienstnehmer persönlich zu erfolgen hat, kann sich der Werkunternehmer zur Ausführung des Werkes grds Gehilfen bedienen oder das Werk teilweise oder ganz an einen Dritten übertragen (Substitution). Zu beachten ist, dass es sich beim Dienstnehmerbegriff um einen sog Typusbegriff handelt. Das bedeutet, dass für das Vorliegen eines Dienstvertrages nicht alle Merkmale gegeben sein müssen, sondern es genügt, wenn diese überwiegen. [*Koziol/Welser*, Bürgerliches Recht II¹³ (2007) 249 f] **(3)** Zur Vertragsstrafe vgl Fall 34.

Zu den einschlägigen Quellenstellen der hier erörterten Problemkreise: zur Vereinbarung von *locare operas suas* vgl insb Ulpian D 3. 1. 1. 6; zur Lohngefahr bei der *locatio conductio operarum* vgl insb Paulus D 19. 2. 38 pr u 1 sowie Ulpian D 19. 2. 19. 9; zur Vereinbarung einer Vertragsstrafe bei der *locatio conductio operarum* vgl FIRA III Nr 150; zur Schulenkontroverse bzgl des Vorliegens von Verschulden des Schuldners für den Verfall der Vertragsstrafe vgl insb Ulpian D 4. 8. 23. 1, Labeo D 22. 2. 9, African D 44. 7. 23 sowie Papinian D 45. 1. 115. 2; zur *exceptio doli* des schuldlosen Schuldners bei Klage auf die Vertragsstrafe vgl Ulpian D 44. 4. 4. 2; zur Verpflichtung des *conductor* zur Herstellung des Werkes als *artifex* vgl insb Ulpian D 19. 2. 9. 5; zum Haftungsmaßstab des *conductor* bei der *locatio conductio operis* vgl etwa Ulpian D 19. 2. 13. 6.

Fall 53:

Das Hippodrom

JUNO, Betreiberin einer Pferderennbahn, kauft am Markt vom Pferdehändler MERKUR den jungen Hengst Pegasus um 100. Der Kaufpreis und das Pferd werden sofort übergeben. Als Bereiter für den jungen Pegasus stellt JUNO SILVANUS für drei Monate für ein Entgelt von 30 pro Monat an. Als Kartenverkäuferin setzt JUNO POMONA für ein Jahr gegen Zahlung von 10 pro Monat ein. Mit ihr vereinbart sie, dass keine Lohnzahlung erfolgt, sollten Pferderennen wegen unvorhergesehener Ereignisse abgesagt werden müssen.

Einen Monat nach der Übergabe stirbt Pegasus an einem angeborenen Herzfehler, von dem MERKUR freilich nichts wusste. Folglich weigert sich JUNO, SILVANUS das Entgelt für die verbleibenden zwei Monate zu zahlen. SILVANUS nimmt im dritten Monat eine Anstellung als Reitlehrer an, bei der er 20 pro Monat erhält. Bei einem heftigen Unwetter schlägt ein Blitz in die Zuschauertribüne ein, die daraufhin vollständig abbrennt, weshalb für einen Monat alle Veranstaltungen gestrichen werden.

Wie ist die Rechtslage?

Zu behandelnde Problemkreise:

➢ Zustandekommen einer *emptio venditio*
➢ Sachmangelgewährleistung
➢ Anwendbarkeit des Edikts der kurulischen Ädilen
➢ Wandlung *vs* Preisminderung
➢ Wirkung einer Wandlung
➢ *mortuus redhibetur*
➢ Zustandekommen einer *locatio conductio operarum*
➢ Lohngefahr beim Dienstvertrag
➢ Auswirkung einer anderweitigen Verdingung des *locator* auf seinen Lohnanspruch
➢ abweichende Festlegung der Lohngefahr durch Parteienvereinbarung

▶ **(1)** Vom gewöhnlichen Dienstvertrag wird der freie Dienstvertrag, bei dem die Merkmale persönlicher Abhängigkeit geringer ausfallen oder gar nicht vorliegen, wie etwa durch die Möglichkeit, sich vertreten zu lassen, oder das Fehlen einer Anwesenheitspflicht, unterschieden. Freie Dienstverhältnisse liegen nach der Rsp etwa bei einem Tierarzt, der für eine Gemeinde die Fleischbeschau vornimmt, bei einem nebenberuflich tätigen Rettungsarzt oder Werbeleiter oder bei Vorstandsmitgliedern einer AG vor. Aufgrund eines echten Dienstvertrages Beschäftigte können entweder Arbeiter oder Angestellte sein. Diese Unterscheidung ist insb bei den Kündigungsfristen und -terminen sowie bei der Entgeltfortzahlung im Krankheitsfall von Bedeutung. Grundsätzlich führen Umstände, die der Sphäre des Dienstnehmers zuzurechnen sind, zu einem Verlust des Entgelts. Im Falle von Krankheit, Pflege naher Angehöriger oder bei sonstigen wichtigen persönlichen Gründen ist jedoch durch § 1154b sowie die Regelungen des EFZG eine zeitlich befristete Entgeltfortzahlung durch den Dienstgeber vorgesehen. Danach bestehen Ansprüche aus der Krankenversicherung gegen den Sozialversicherungsträger. Der Entgeltanspruch des Dienstnehmers bleibt aufrecht, wenn der Dienstnehmer aus Gründen, die aus der Sphäre des Dienstgebers stammen, an seiner Leistung verhindert ist. Dabei ist jedoch das Prinzip des Vorteilsausgleichs zu beachten, das besagt, dass sich der Dienstnehmer anrechnen lassen muss, was er sich dadurch erspart oder durch anderweitige Verwendung erworben oder zu erwerben absichtlich versäumt hat, § 1155 Abs 1. Als Dauerschuldverhältnis endet der Dienstvertrag mit Ablauf der vereinbarten Zeit, sonst durch Kündigung, vorzeitige Auflösung oder Tod des Dienstnehmers. Die vorzeitige Auflösung durch den Dienstgeber bedarf wichtiger Gründe (§ 1162), wie etwa einer schweren, schuldhaften Verletzung der Dienstpflichten oder Arbeitsunfähigkeit. Das ArbVG enthält Regelungen, die einen besonderen Kündigungs- und Entlassungsschutz vorsehen. Die Gestaltungsfreiheit der Vertragspartner ist beim Dienstvertrag eingeschränkt, da zum Schutz des Dienstnehmers gesetzliche Vorschriften bestehen, die zu seinem Nachteil nicht abgeändert werden können (relativ zwingendes Recht, vgl etwa § 1164). Diesbezüglich sind auch die in den Kollektivverträgen vereinbarten Mindestbedingungen zu berücksichtigen. [*Koziol/Welser*, Bürgerliches Recht II¹³ (2007) 248 ff] **(2)** Zum System der Gewährleistungsbehelfe vgl Fall 42.

Zu den einschlägigen Quellenstellen der hier zu erörternden Problemkreise: zum Wortlaut des Edikts der kurulischen Ädilen vgl insb Ulpian D 21. 1. 1. 1; zur Wandlung des Kaufvertrages mittels *actio redhibitoria* vgl insb Ulpian D 21. 1. 23. 9 sowie ders D 21. 1. 25. 8; zur Möglichkeit der Wandlung bei Tod des verkauften Sklaven vgl insb Paulus D 21. 1. 47. 1; zur Frage, ob im Zuge der Wandlung Wertersatz zu leisten ist, wenn der verkaufte und übergebene Sklave gestorben ist, vgl Ulpian D 21. 1. 31. 11; zur Lohngefahr bei der *locatio conductio operarum* vgl insb Paulus D 19. 2. 38 pr u 1 sowie Ulpian D 19. 2. 19. 9; zur abweichenden Festlegung der Lohngefahr durch vertragliche Vereinbarung vgl FIRA III Nr 150; zur Berücksichtigung eines anderweitigen Verdienstes für den Lohnanspruch des *locator* vgl insb Ulpian D 19. 2. 19. 9.

4. Teil

AUFTRAGSVERTRAG
(MANDATUM)

Lit: *Benke/Meissel*, Römisches Schuldrecht[7] (2006) 205–216;
Hausmaninger/Selb, Römisches Privatrecht[9] (2001) 256–259, 296–309;
Kaser/Knütel, Römisches Privatrecht[20] (2014) 272–274, 330;
Apathy/Klingenberg/Pennitz, Einführung in das römische Recht[5] (2012) 197–201, 301.

Fall 54:

Balsam aus Judäa

Der in Rom tätige *medicus* AESCULAPIUS bittet seine Bekannte VESTA, ihm für die Herstellung von Betäubungsmitteln drei Kreuzottern in den Albaner Bergen einzufangen, wozu sich VESTA bereit erklärt. Seinem Freund MARS trägt AESCULAPIUS auf, ihm von dessen geplanter Reise nach Judäa ein Fläschchen Balsam um einen Preis von 100 mitzubringen, was ihm MARS gerne verspricht. Für den Transport der Schlangen mietet VESTA drei Tongefäße um 30. Bevor die Schlangen an AESCULAPIUS übergeben werden können, wird der von VESTA zum Transport der Tiere eingesetzte Sklave (Wert 300) von einer Schlange gebissen und stirbt. In Judäa angelangt, vergisst MARS auf die Besorgung des Balsams. In Rom kostet ein vergleichbares Fläschchen Balsam 150.

Welche wechselseitigen Ansprüche bestehen zwischen AESCULAPIUS, VESTA und MARS?

Vorüberlegungen:

> ➤ Wie kommt ein Mandat wirksam zustande?
> ➤ Welche Vertragspflichten treffen den Mandatar?
> ➤ Welche Aufwendungen werden dem Mandatar ersetzt?
> ➤ Was versteht man unter der Risikohaftung des Mandanten?
> ➤ Ist der Mandatar direkter oder indirekter Stellvertreter des Mandanten?
> ➤ Wofür haftet der Mandatar?
> ➤ Was hat der Mandatar dem Mandanten bei schuldhafter Nichtausführung des Mandats zu leisten?

Einleitung: Das *mandatum* besteht in der unentgeltlichen Führung eines Geschäftes im Interesse eines anderen und kommt als Konsensualvertrag mit Willenseinigung zustande. Die Unentgeltlichkeit des Mandats lässt sich auf die in der römischen Gesellschaft verankerte sittliche Pflicht, sich gegenseitig zu helfen und zu unterstützen, zurückführen. Mit Freundschaft (*amicitia*) und Pflichtgefühl (*officium*) war die Annahme eines Entgelts unvereinbar – *contrarium vero est officio merces*. War für die Geschäftsbesorgung ein Entgelt vereinbart, so lag kein Mandat, sondern eine *locatio conductio operis* bzw *operarum* vor. Da es für die Erbringung höherer Dienste (*artes liberales*), wie etwa jene der Rechtsanwälte, Architekten und Ärzte, als unehrenhaft galt, sich ein Entgelt auszubedingen, konnten diese Dienste nicht Gegenstand einer *locatio conductio* sein und sie wurden daher regelmäßig im Rahmen eines Mandats erbracht. Wenngleich es zur klassischen Zeit nicht als anstößig galt, dem Mandatar für seine Dienste ein Geschenk als Ehrensold (*honorarium, salarium*) zukommen zu lassen, so blieb es dem Mandatar jedoch bis in die Spätklassik verwehrt, ein versprochenes Honorar einzuklagen. Erst in spätklassischer Zeit stand dem Mandatar zur Geltendmachung seines Anspruchs auf das Honorar, wenngleich nicht der ordentliche Rechtsweg, so doch das kaiserrechtliche Kognitionsverfahren (*extraordinaria cognitio*) offen.

Auftragsvertrag zwischen AESCULAPIUS und VESTA über das Fangen von drei Kreuzottern

Indem sich VESTA bereit erklärt, die Kreuzottern für AESCULAPIUS einzufangen, ohne sich dafür eine Gegenleistung versprechen zu lassen, schließen AESCULAPIUS und VESTA ein *mandatum* ab. Der Inhalt des Auftragsvertrages zwischen AESCULAPIUS und VESTA besteht in der Ausführung einer faktischen Tätigkeit. Kommt VESTA ihren Pflichten als Auftragnehmerin ordnungsgemäß nach, indem sie AESCULAPIUS die Kreuzottern liefert, so ist das *mandatum* erfüllt. Aufgrund der Unentgeltlichkeit des Mandats hat VESTA zwar keinen Anspruch auf Entlohnung, ihr werden aber jene Aufwendungen, die ihr durch die vereinbarungsgemäße Ausführung des Mandats entstanden sind – *impendia mandati exsequendi gratia facta* –, vom Auftraggeber AESCULAPIUS ersetzt. Da VESTA für die Beförderung der Schlangen ein Behältnis benötigt, stellen die Kosten für die Anmietung der Tongefäße einen ersatzfähigen Aufwand dar. VESTA kann daher von AESCULAPIUS mit der *actio mandati contraria* Ersatz der Mietkosten in Höhe von 30 verlangen.

Ob VESTA von AESCULAPIUS auch Wertersatz für den getöteten Sklaven begehren kann, ist danach zu beurteilen, ob die Schadensursache mit der Ausführung des Mandats in einem unmittelbaren Zusammenhang steht. Ist dies der Fall, so hat der Mandant dem Mandatar auch dann Ersatz zu leisten, wenn ihn am Eintritt des Schadens kein Verschulden trifft (sog Risikohaftung des Auftraggebers). Da der Inhalt des Mandats im Fangen von Kreuzottern besteht und der Sklave gerade am Biss einer eingefangenen Kreuzotter verstirbt, handelt es sich bei dessen Tod um einen Schaden, der mit der Ausführung in unmittelbarem Zusammenhang steht. Folglich hat der Auftraggeber AESCULAPIUS diesen Schaden zu ersetzen. VESTA kann ihren Anspruch auf Wertersatz für den Sklaven in Höhe von 300 mit der *actio mandati contraria* geltend machen.

Auftragsvertrag zwischen AESCULAPIUS und MARS über den Erwerb eines Fläschchens Balsam um einen Preis von 100

Da MARS seinem Freund AESCULAPIUS verspricht, ihm ein Fläschchen Balsam für einen Preis von 100 aus Judäa mitzubringen, ohne für die Besorgung ein Entgelt zu verlangen, kommt ein Auftragsvertrag zustande. Die Tätigkeit, zu der sich MARS verpflichtet, ist rechtlicher Natur, da das Mandat im Abschluss eines Kaufvertrages besteht. Ist, wie im vorliegenden Fall, der Mandatar verpflichtet, einen Gegenstand für den Mandanten zu erwerben, so ist zu beachten, dass das Mandat nur *inter partes* wirkt und mit dem Mandat keine Vertretungsmacht gegenüber Dritten verbunden ist. Ein Rechtserwerb durch Gewaltfreie ist grds ausgeschlossen – *per liberas personas, quae in potestate nostra non sunt, adquiri nobis nihil potest*. Wird der Mandatar für den Mandanten rechtsgeschäftlich tätig, so handelt er nach außen als indirekter Stellvertreter: Der Mandatar schließt das Geschäft im eigenen Namen ab und wird zunächst Eigentümer des Gegenstandes. Erst in einem weiteren Akt überträgt der Mandatar den Gegenstand in das Eigentum des Mandanten (siehe sogleich Variante B).

Indem MARS vergisst, den Balsam zu kaufen, unterbleibt die Ausführung des Mandats. Da die Ausführung des Mandats für MARS möglich gewesen wäre, stellt sich die Frage, ob er für das Unterbleiben der Geschäftsbesorgung einstehen muss. Der typischen Interessenlage des Mandats als unentgeltlichen Geschäfts entsprechend, haftet der Mandatar grds nur für *dolus* und *culpa lata*. Wertet man den Umstand, dass MARS ein Fläschchen Balsam zu kaufen vergisst, als groben Pflichtverstoß, so haftet er dem Auftraggeber AESCULAPIUS auf *id quod interest*. Das Interesse des AESCULAPIUS an der vertragsgemäßen Ausführung des Mandats ist mit der Differenz zwischen dem Preis eines Fläschchens Balsam in Judäa (100) und jenem in Rom (150) zu beziffern. Der Schaden, der AESCULAPIUS durch die verschuldete Nichterfüllung des Mandats entsteht, beträgt daher 50 und ist von MARS zu ersetzen. AESCULAPIUS kann mittels *actio mandati directa* 50 von MARS verlangen.

▶ Die gesetzlichen Bestimmungen zum Auftrag finden sich in den §§ 1002 ff (zur dogmatischen Einordnung von Auftrag und Vollmacht siehe unten Variante B). Auch nach geltendem Recht handelt es sich beim Auftrag um einen Konsensualvertrag. Anders als nach römischem Recht ist der Auftrag nach geltendem Recht nur auf die Vornahme rechtsgeschäftlicher Handlungen gerichtet. Sind faktische Tätigkeiten geschuldet, so liegt ein Dienst- oder Werkvertrag vor. Der Auftrag kann entgeltlich oder unentgeltlich sein. Der Auftraggeber ist gem § 1014 verpflichtet, die vom Auftragnehmer zur Besorgung des Geschäfts getätigten notwendigen und nützlichen Aufwendungen zu ersetzen und allenfalls einen angemessenen Vorschuss zu leisten. Der Anspruch auf Aufwandersatz besteht auch dann, wenn den Beauftragten kein Verschulden am Unterbleiben der Ausführung trifft. Verursacht der Auftraggeber eine schuldhafte Vertragsverletzung, so hat er dem Auftragnehmer den daraus resultierenden Schaden zu ersetzen. Darüber hinaus trifft den Auftraggeber gem § 1014 eine verschuldensunabhängige Haftung für jene Schäden, die mit der Erfüllung des Auftrages verbunden sind (sog Risikohaftung). Darunter werden jene Schäden verstanden, die infolge einer typischen, mit dem Auftrag eng verbundenen Gefahr entstehen. Sonstige in Ausführung des Auftrags entstandene, zufällige Schäden sind hingegen nur bei unentgeltlicher Geschäftsbesorgung zu ersetzen. [*Koziol/Welser*, Bürgerliches Recht II[13] (2007) 209 ff]

Zu den einschlägigen Quellenstellen der hier erörterten Problemkreise: zum Wesen des *mandatum* als unentgeltlichen Freundschaftsdiensts vgl insb Paulus D 17. 1. 1. 4; zum *mandatum* als Konsensualvertrag vgl insb Paulus D 17. 1. 1 pr; zur Gewährung einer *actio utilis* als Honorarklage vgl insb Ulpian D 17. 1. 6. 7; zum Aufwandersatzanspruch des Mandatars vgl insb Gaius D 17. 1. 27. 4; zum Ersatzanspruch des Mandatars für Schäden *ex causa mandati* vgl insb Paulus D 17. 1. 26. 7; zum Ausschluss der rechtsgeschäftlichen Vertretung durch Gewaltfreie vgl insb Gai Inst 2. 95 sowie PS 5. 2. 2; zur Haftung des Mandatars für *dolus* und *culpa lata* vgl insb Ulpian D 17. 1. 29. 3; zur Haftung des Mandatars auf *id quod interest* vgl insb Gaius D 17. 1. 27. 2 sowie Gai Inst 3. 161.

Variante A:

Aus Angst vor den giftigen Tieren entschließt sich VESTA, den Auftrag doch nicht auszuführen. Dies teilt VESTA AESCULAPIUS einen Tag vor der vereinbarten Ablieferung der Kreuzottern mit. AESCULAPIUS ist verärgert, hätte er doch einen Tag zuvor seinen zu diesem Zeitpunkt noch in Rom weilenden Freund SATURNUS mit dem Schlangenfang betrauen können. Um seine Arzneien rechtzeitig herstellen zu können, muss AESCULAPIUS für das Fangen der Kreuzottern einen Sklaven anmieten. Anstatt der marktüblichen Miete für einen Jägersklaven (20) mietet er bewusst einen teuren Jägersklaven um 35.

Kann AESCULAPIUS von VESTA Ersatz für die Mietkosten in Höhe von 35 verlangen?

Vorüberlegungen:

➢ Welche wechselseitigen Pflichten resultieren aus dem Umstand, dass das Mandat zu den *bonae fidei iudicia* zählt?
➢ Ist eine einseitige Beendigung des Mandats durch den Mandatar zulässig?
➢ Wann liegt *res integra* vor?
➢ Wann erfolgt eine Kündigung zur Unzeit?
➢ Was versteht man unter der Schadensminimierungsobliegenheit?

Die Zurücknahme der Zustimmung durch die Mandatarin VESTA ist als Lösung des Vertragsverhältnisses durch einseitige Erklärung (*renuntiatio*) zu qualifizieren. Da das Mandat zu den *bonae fidei iudicia* zählt, treffen die Vertragspartner umfassende Schutz-, Sorgfalts- und Aufklärungspflichten. Die *bona fides* gebietet es, den Vertragspartner rechtzeitig über Umstände aufzuklären, die der Ausführung des Mandats entgegenstehen. So ist die einseitige Beendigung des Auftragsvertrags grds nur möglich, solange noch *res integra* vorliegt, dh solange dem aufgekündigten Vertragsteil kein Schaden durch die einseitige Auflösung entsteht, weil er auf das Bestehen des Mandats vertraut hat. Wird die Kündigung zu einem Zeitpunkt ausgesprochen, zu dem der Mandatar im Vertrauen auf das Bestehen des Mandats bereits Dispositionen getätigt hat, oder zu einem Zeitpunkt, zu dem es dem Mandanten nicht mehr möglich ist, einen Dritten mit der Ausführung des Geschäfts zu betrauen, so erfolgt sie zur Unzeit. Da es AESCULAPIUS im Zeitpunkt der Absage von VESTA nicht mehr möglich ist, die Ausführung des Schlangenfangs an seinen Freund SATURNUS zu übertragen, ist *res integra* nicht mehr gegeben, weshalb die einseitige Auflösung des Mandats durch VESTA zur Unzeit erfolgt. Der Auftraggeber AESCULAPIUS ist daher grds berechtigt, von VESTA die Ausführung des Mandats mit der *actio mandati directa* zu verlangen. Sollte sich VESTA dennoch weigern, das Mandat auszuführen, so hat sie AESCULAPIUS den ihm durch ihre schuldhafte Nichterfüllung entstandenen Schaden zu ersetzen. Im konkreten Fall besteht der Schaden von AESCULAPIUS darin, dass er nun einen Sklaven zum Fangen der Tiere anmieten muss. Da nach dem Sachverhalt die marktübliche Miete für einen Jägersklaven 20 beträgt, ist fraglich, in welcher Höhe AESCULAPIUS Ersatz für seine Mietkosten von VESTA verlangen kann. Als Ersatzberechtigter hat AESCULAPIUS den Schaden möglichst gering zu halten. Diese Schadensminimierungsobliegenheit besteht darin, dass der Ersatzberechtigte zwar nicht dazu verpflichtet ist, ein Deckungsgeschäft zu marktüblichen Bedingungen abzuschließen, sein Anspruch aber mit der Höhe der marktüblichen Kosten beschränkt ist. Folglich kann AESCULAPIUS, der bewusst einen teuren Jägersklaven angemietet hat, jenen Teil der Mietkosten (15) nicht veranschlagen, der über ein marktübliches Deckungsgeschäft hinausgeht. Die ersatzfähigen Aufwendungen belaufen sich somit auf 20. Zur Durchsetzung seines Anspruchs steht AESCULAPIUS die *actio mandati directa* zur Verfügung.

▶**(1)** Der Auftrag kann vonseiten des Auftraggebers grds jederzeit widerrufen werden, § 1020. Dem Auftragnehmer bereits entstandene Aufwendungen und Kosten sind aber zu ersetzen bzw ist bei einem entgeltlichen Auftrag ein aliquoter Teil des Honorars zu zahlen. Der Beauftragte kann gem § 1021 das Auftragsverhältnis jederzeit kündigen, hat aber gem § 1025 unaufschiebbare Geschäfte fortzuführen sowie den durch die vorzeitige Auflösung entstandenen Schaden zu ersetzen. [*Koziol/Welser*, Bürgerliches Recht II¹³ (2007) 213 f] **(2)** Zur Schadensminimierungsobliegenheit des Geschädigten vgl Fall 36.

Zu den einschlägigen Quellenstellen der hier erörterten Problemkreise: zur Haftung des Mandatars auf *id quod interest* bei einseitiger Lösung des Mandats zur Unzeit vgl insb Paulus D 17. 1. 22. 11 sowie Gaius D 17. 1. 27. 2; zur Schadensminimierungsobliegenheit des Geschädigten vgl etwa Paulus D 19. 1. 21. 3.

Variante B:

In Judäa angelangt geht MARS auf einen Markt und kauft beim nächstbesten Händler ein Fläschchen Balsam um 130. An den meisten anderen Markttischen wird ein Fläschchen Balsam für höchstens 100 angeboten.

Kann MARS Ersatz für seine Auslagen von AESCULAPIUS verlangen und, wenn ja, in welcher Höhe?

Vorüberlegungen:

> ➢ Wer ist Vertragspartner des Balsamhändlers geworden?
> ➢ Wie ist das Verhalten von MARS zu qualifizieren?
> ➢ Muss AESCULAPIUS 100, 130 oder keinen Aufwandersatz leisten?

Da dem römischen Recht das Institut der direkten Stellvertretung, ausgehend vom Grundsatz *alteri stipulari nemo potest*, weitgehend fremd ist, wird im vorliegenden Fall nicht der Auftraggeber AESCULAPIUS, sondern der Auftragnehmer MARS Vertragspartner des Balsamhändlers. Demnach schließt MARS den Kaufvertrag über das Fläschchen Balsam in seinem eigenen Namen ab. Wird MARS das Fläschchen vom berechtigten Vormann übergeben, so erwirbt vorerst er Eigentum daran. Erst in einem weiteren Schritt, wenn es aufgrund des Mandats zur Übergabe des Fläschchens von MARS an AESCULAPIUS kommt, wird es durch *traditio* in das Vermögen von AESCULAPIUS übertragen (indirekte Stellvertretung).

Fraglich ist, ob MARS Anspruch auf Ersatz seiner Aufwendungen hat. Indem MARS ein Fläschchen Balsam um 130 kauft, obwohl es ihm möglich gewesen wäre, Balsam um die mit AESCULAPIUS vereinbarten 100 zu erwerben (*arg*: an den meisten anderen Markttischen wird ein Fläschchen Balsam für höchstens 100 angeboten), verstößt MARS grob fahrlässig und somit schuldhaft gegen seine vertraglichen Pflichten aus dem Mandat. Folglich haftet MARS dem Auftraggeber AESCULAPIUS auf das Interesse an der vereinbarungsgemäßen Erfüllung des Auftrages. AESCULAPIUS ist daher berechtigt, gegen Bezahlung von 100 das Fläschchen Balsam von MARS mit der *actio mandati directa* herauszuverlangen. Von den römischen Juristen kontroversiell beantwortet wird die Frage, ob der Mandatar im Falle schuldhafter Überschreitung des Mandats (*excessus mandati*) jedenfalls einen Anspruch auf Ersatz des festgesetzten Preises hat. Nach Ansicht der Sabinianer hängt der Aufwandersatzanspruch des Mandatars bei Überschreitung des Mandats vom Willen des Mandanten ab: Verlangt der Mandant die Übergabe des Sache, so gebührt dem Mandatar Ersatz seiner Auslagen in Höhe des vereinbarten Preises. Liegt es dem Mandanten hingegen nicht an der Übergabe der Sache, so hat der Mandatar – wegen der schuldhaften Überschreitung des Mandats – auch keine Klage auf Aufwandersatz.

Eine andere Meinung wird von der Rechtsschule der Prokulianer vertreten: Ist der Mandatar zum Nachlass des Mehrpreises bereit, so hat er jedenfalls einen Anspruch auf Ersatz des vereinbarten Preises – *usque ad pretium statutum acturum existimat*. Nach dieser Ansicht kann MARS gegen Herausgabe des Balsamfläschchens mit der *actio mandati contraria* 100 von AESCULAPIUS verlangen.

▶ Das ABGB unterscheidet nicht zwischen Vollmacht und Auftrag, sondern fasst beide Institute als Bevollmächtigungsvertrag in den §§ 1002 ff zusammen. Wenngleich der Auftrag und die Vollmacht im Wirtschaftsleben oft miteinander verbunden werden, so ist dennoch dogmatisch zu differenzieren: Durch die Erteilung einer Vollmacht erhält der Bevollmächtigte die Befugnis, den Vollmachtgeber durch eigenes Handeln gegenüber Dritten unmittelbar zu berechtigen und zu verpflichten (direkte Stellvertretung). Demgegenüber regelt der Auftrag das (Innen-)Verhältnis zwischen Auftraggeber und Auftragnehmer. Anders als die Vollmacht wirkt der Auftrag somit nur *inter partes*, dh nicht gegenüber Dritten. Da die Vollmacht für den Vertreter bloß ein rechtliches Können, aber keine Pflicht zum Tätigwerden bewirkt, kann sie durch einseitige Willenserklärung eingeräumt werden. Beim Auftrag handelt es sich hingegen um ein zweiseitiges Rechtsgeschäft (Vertrag), wodurch der Auftragnehmer nicht nur berechtigt, sondern auch verpflichtet wird, für den Auftraggeber tätig zu werden. Zu beachten ist, dass die Vollmacht ein selbständiges Rechtsgeschäft und somit unabhängig vom Verhältnis zwischen Vollmachtgeber und Bevollmächtigtem ist (Abstraktheit der Vollmacht). Dem Umfang nach unterscheidet man die Generalvollmacht (Vollmacht zur Besorgung sämtlicher Geschäfte), die Gattungsvollmacht (Vollmacht zum Abschluss bestimmter Arten von Geschäften) und die Einzelvollmacht (Vollmacht zum Abschluss eines ganz bestimmten Geschäftes). Daneben lässt sich eine Unterscheidung nach dem Handlungsspielraum, der dem Vertreter beim Abschluss von Geschäften zukommt, in unumschränkte und beschränkte Vollmacht vornehmen, § 1007. Zu den gesetzlichen Bestimmungen hinsichtlich des Umfangs und des Inhalts bestimmter Vollmachten vgl Fall 64. Die Vollmacht erlischt grds durch allgemeine Endigungsgründe wie etwa Zeitablauf, Bedingungseintritt oder einvernehmliche Aufhebung, weiters durch Geschäftsabschluss bei Einzelvollmacht, Widerruf durch den Vollmachtgeber (§ 1020), Aufkündigung durch den Bevollmächtigten (§ 1021) sowie durch Konkurs eines der Beteiligten (§ 1024). Grundsätzlich führt auch der Tod des Vollmachtgebers oder des Bevollmächtigten zur Beendigung der Vollmacht. Anderes gilt, sofern die Vollmacht in Hinblick auf den Todesfall des Vollmachtgebers erstreckt wurde (§ 1022) oder eine Fortsetzungspflicht für nicht aufschiebbare Geschäfte besteht (§ 1025). Prozessvollmachten werden durch den Tod des Vollmachtgebers nicht aufgehoben (§ 35 ZPO), Gleiches gilt etwa für die Prokura (§ 52 Abs 3 UGB) oder die Handlungsvollmacht (§ 58 Abs 3 UGB). Einen besonderen Vertrauenstatbestand schafft § 1026: Trotz Aufhebung des Vollmachtsverhältnisses ist der Vollmachtgeber an Vertretungsakte seines ehemaligen Bevollmächtigten gebunden, sofern der Dritte die Aufhebung nicht kannte oder kennen musste. Handelt jemand ohne Vertretungsmacht erkennbar im Namen eines anderen, liegen keine Fälle der Anscheinsvollmacht (vgl Fall 64) oder der Fortwirkung erloschener Vertretungsmacht (§ 1025 f) vor und erfolgt keine nachträgliche Genehmigung bzw ein Ansichziehen der Vorteile aus dem Geschäft (§ 1016), so kommt das Geschäft mit dem angeblich Vertretenen nicht zustande. In diesen Fällen haftet der Vertreter ohne Vertretungsmacht (Scheinvertreter, *falsus procurator*) – Verschulden vorausgesetzt – dem Dritten für jenen Schaden, der diesem durch sein Vertrauen auf das gültige Zustandekommen des Vertrages entstanden ist (Vertrauensinteresse). Ersetzt wird der Vertrauensschaden aber nur bis zur Höhe des hypothetischen Erfüllungsinteresses, § 1019. [*Koziol/Welser*, Bürgerliches Recht I^{13} (2006) 198 ff]

Zu den einschlägigen Quellenstellen der hier erörterten Problemkreise: zum Grundsatz, dass sich niemand etwas zugunsten eines anderen versprechen lassen kann, vgl insb Ulpian D 45. 1. 38. 1; zur Schulenkontroverse hinsichtlich eines Vertrages zugunsten Dritter vgl insb Gai Inst 3. 103; zur Frage des Anspruchs des Mandatars auf Aufwandersatz bei Überschreitung des Mandats vgl insb Paulus D 17. 1. 3. 2, Gaius D 17. 1. 4 sowie Gai Inst 3. 161.

Fall 55: ☆

Besser den Spatz in der Hand als die Taube auf dem Dach

DIANA schuldet APOLLO 500 für die Herstellung einer Vase. Zur Besicherung seiner Werklohnforderung lässt sich APOLLO von PLUTO mittels *fideiussio* versprechen, dass dieser für die Schuld der DIANA bürgt. Da die Werklohnforderung erst am Ende des Jahres fällig ist, APOLLO aber dringend für längere Zeit ins Ausland muss, bittet er JUVENTAS, den Werklohn bei DIANA einzufordern. JUVENTAS stimmt dem zu und bietet APOLLO an, ihm sogleich 450 zu zahlen, wenn sie sich die bei DIANA eingetriebenen 500 behalten dürfe. Da APOLLO von DIANAS Zahlungsmoral ohnedies nicht sehr überzeugt ist, erklärt er sich mit dem Angebot von JUVENTAS einverstanden. Weder von der Vereinbarung zwischen APOLLO und JUVENTAS noch von jener zwischen APOLLO und PLUTO weiß DIANA Bescheid. Einige Monate später fragt DIANA bei APOLLO brieflich an, ob sie die 500 erst zwei Monate nach dem vereinbarten Fälligkeitstermin zahlen dürfe, was ihr APOLLO gestattet.

Wie ist die Rechtslage?

Skizze:

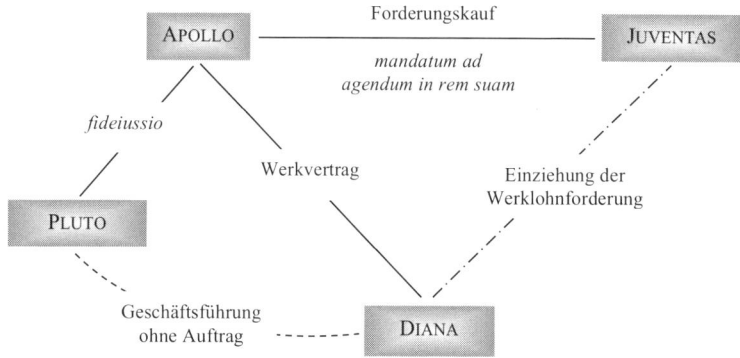

Vorüberlegungen:

> ➤ Wie ist die Vereinbarung zwischen APOLLO und PLUTO rechtlich zu qualifizieren?
> ➤ Wann spricht man von einem *mandatum ad agendum* (*in rem suam*)?
> ➤ Wie ist die Erlaubnis von APOLLO gegenüber DIANA, den Werklohn später zahlen zu dürfen, rechtlich zu qualifizieren?
> ➤ Wirkt die Erlaubnis, den Werklohn später zahlen zu dürfen, auch gegenüber JUVENTAS?
> ➤ Hat die Vereinbarung zwischen APOLLO und JUVENTAS eine Auswirkung auf die Besicherung der Werklohnforderung durch PLUTO?
> ➤ Wie ist das Verhältnis zwischen DIANA und PLUTO rechtlich zu qualifizieren?

Zwischen APOLLO und DIANA kommt es durch Willenseinigung über die Herstellung einer Vase gegen Zahlung von 500 zum Abschluss einer *locatio conductio operis*. Um die Werklohnforderung zu besichern, schließen APOLLO und PLUTO eine Bürgschaft in Form einer *fideiussio* ab.

Bei der *fideiussio* handelt es sich um eine Bürgschaftsform, die zur Sicherung jeder beliebigen Hauptforderung verwendet werden kann und durch Stipulation begründet wird. Die *fideiussio* ist vom Prinzip der materiellen Akzessorietät gekennzeichnet. Im vorliegenden Fall verpflichtet sich der Bürge PLUTO dem Gläubiger APOLLO gegenüber, das zu leisten, was die Hauptschuldnerin DIANA schuldet – *quod* DIANA *debet*.

Indem JUVENTAS der Bitte von APOLLO, den Werklohn von DIANA einzufordern, zustimmt, kommt zwischen JUVENTAS und APOLLO ein *mandatum* zustande. Besteht die Geschäftsbesorgung wie in diesem Fall in der Prozessführung für einen anderen, so wird der Auftrag als *mandatum ad agendum* bezeichnet. Da APOLLO und JUVENTAS vereinbaren, dass JUVENTAS den eingetriebenen Werklohn für sich behalten darf, spricht man von einem *mandatum ad agendum in rem suam*. Anders als bei der Übertragung einer Forderung durch Zession bleibt beim *mandatum ad agendum in rem suam* die Gläubigerstellung unberührt. Der Mandatar ist aufgrund der Ermächtigung des Mandanten berechtigt, das Erstrittene für sich zu behalten. Das Interesse an der Ausführung ist beim Prozessmandat zweigeteilt: Bei JUVENTAS liegt es darin, dass sie berechtigt ist, den eingetriebenen Werklohn in Höhe von 500 zu behalten. APOLLOs Interesse an der Ausführung des Mandats besteht darin, dass es ihm aufgrund seines Auslandsaufenthaltes nicht möglich ist, seine Forderung selbst bei DIANA geltend zu machen. Mittels *mandatum ad agendum in rem suam* kann somit der wirtschaftliche Erfolg eines Gläubigerwechsels herbeigeführt werden, und zwar selbst für den Fall, dass der Schuldner nicht zustimmt. Der Umstand, dass DIANA von der Vereinbarung zwischen APOLLO und JUVENTAS nichts weiß, spielt daher keine Rolle. Die *causa* für das Behaltendürfen des von JUVENTAS einzuziehenden Werklohns stellt einen Kaufvertrag dar. JUVENTAS verpflichtet sich APOLLO gegenüber zur Zahlung von 450 (Kaufpreis) und erhält als Gegenleistung (Ware) die am Jahresende fällige Werklohnforderung gegen DIANA in Höhe von 500.

Durch die Genehmigung APOLLOs, dass DIANA den zum Jahresende fälligen Werklohn erst zwei Monate später zahlen muss, kommt es zur Stundung. Dabei wird die Fälligkeit einer geschuldeten Leistung durch eine Vereinbarung zwischen Gläubiger und Schuldner hinausgeschoben. Die Vereinbarung, bei Fälligkeit auf die klagsweise Durchsetzung zu verzichten, nennt man *pactum de non petendo*. Da APOLLO nach wie vor Gläubiger der Werklohnforderung ist, ist die Stundung wirksam und wirkt daher auch gegenüber JUVENTAS. Möchte JUVENTAS mit Ablauf des Jahres die *merces* in Höhe von 500 bei DIANA einfordern, so kann ihr DIANA die Stundung des Werklohns durch APOLLO einredeweise entgegenhalten. Da es sich bei der *locatio conductio operis* um ein *bonae fidei iudicium* handelt, bedarf die Berufung auf die Stundung durch DIANA keiner *exceptio*, sondern ist vom *iudex* bereits aufgrund der *bona fides* zu berücksichtigen.

Die Besicherung der Werklohnforderung durch den Bürgen PLUTO bleibt von der Forderungsübertragung durch das *mandatum ad agendum in rem suam* unberührt. Möchte JUVENTAS den Bürgen PLUTO in Anspruch nehmen, so wird ihr wohl APOLLO die Klage aus der Bürgschaft abzutreten haben. Da nach klassischem römischen Recht der Bürge bei der *fideiussio* nicht bloß subsidiär, sondern als Alternativschuldner und daher gleichrangig neben dem Hauptschuldner haftet, kann JUVENTAS nach Ablauf der zwei Monate wählen, ob sie die 500 entweder von der Hauptschuldnerin DIANA oder dem Bürgen PLUTO fordert. Zu beachten ist, dass bei der Bürgschaft nach klassischem römischen Recht die Klagen gegen den Hauptschuldner und jene gegen den Bürgen als solche *de eadem re* gelten. Das hat zur Folge, dass der Gläubiger mit Prozessbegründung gegen den Hauptschuldner oder den Bürgen das Klagerecht gegen den jeweils anderen verliert (Konsumtionskonkurrenz). Erst ab Justinian haftet der Bürge nur noch subsidiär. Wird er vom Gläubiger belangt, noch bevor dieser versucht hat, die Leistung beim Hauptschuldner einzutreiben, so kann er dem Gläubiger das *beneficium excussionis* entgegenhalten, um ihn zunächst auf den Hauptschuldner zu verweisen. Damit ist auch die Konsumtionskonkurrenz beseitigt, sodass der Gläubiger nicht mehr darauf beschränkt ist, entweder den Hauptschuldner oder den Bürgen zu klagen.

Wird PLUTO bei Fälligkeit von JUVENTAS in Anspruch genommen und leistet er die 500, so erfüllt er eine materiell fremde Schuld. Folglich stellt sich die Frage, wie PLUTO bei DIANA Regress nehmen kann. Da zwischen dem Bürgen PLUTO und der Hauptschuldnerin DIANA keine vertragliche Beziehung besteht, ist zu prüfen, ob das Innenverhältnis als Geschäftsführung ohne Auftrag (negotiorum gestio) qualifiziert werden kann. Die Zahlung der von DIANA geschuldeten 500 von PLUTO an JUVENTAS stellt ein für ihn fremdes Geschäft (negotium alienum) dar. Da PLUTO im Bewusstsein handelt, eine fremde Schuld zu begleichen, handelt er mit animus negotii alieni gerendi. Die Nützlichkeit der Zahlung durch PLUTO liegt für DIANA darin, dass sie dadurch von ihrer Verpflichtung zur Leistung des Werklohns befreit wird (negotium utiliter gestum). Da PLUTO weder in Schenkungsabsicht (animus donandi) noch aus familiärem Pflichtgefühl (pietas) handelt, wird er seine Aufwendungen von DIANA ersetzt bekommen wollen (animus recipiendi). Folglich liegt im Innenverhältnis eine Geschäftsführung ohne Auftrag vor. PLUTO steht daher zur Durchsetzung seines Anspruchs auf Ersatz seiner Aufwendungen in Höhe von 500 die actio negotiorum gestorum contraria zur Verfügung.

> Zu den einschlägigen Quellenstellen der hier erörterten Problemkreise: zur Möglichkeit, eine fremde Forderung im eigenen Namen einzuklagen, vgl insb Gai Inst 2. 39; zur Ausgestaltung der Prozessformel bei Prozessführung für einen anderen vgl insb Gai Inst 4. 86; zur Akzessorietät der Bürgschaftsverpflichtung bei der fideiussio vgl insb Paulus D 46. 1. 56. 2 sowie Gai Inst 3.126; zur Konsumtionskonkurrenz der Klagen gegen den Hauptschuldner und gegen den Bürgen vgl insb Antoninus C 8. 40. 5 u PS 2. 17. 16; zur Klage auf Aufwandersatz aus einer negotiorum gestio vgl insb Gaius D 3. 5. 2.

Variante:

Wie kann die Übertragung der Werklohnforderung auf JUVENTAS noch erreicht werden, wenn die Schuldnerin DIANA von der geplanten Forderungsabtretung informiert wird und sich bereit erklärt, bei dieser mitzuwirken? Welche Vor- bzw Nachteile bringt dies für JUVENTAS?

Skizze:

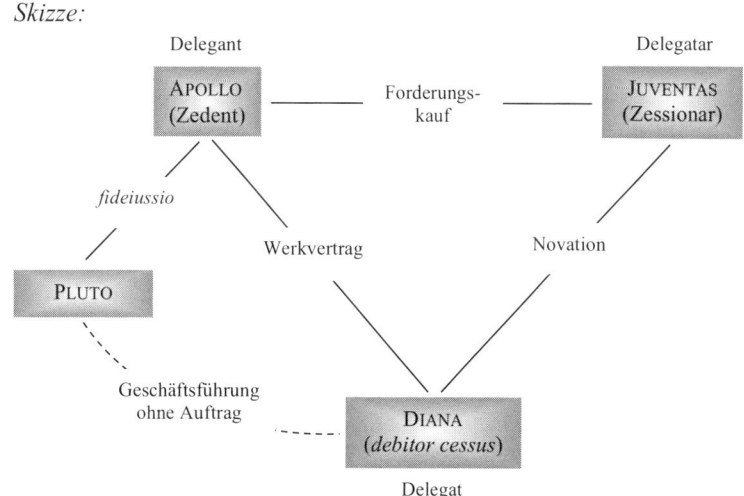

Zu behandelnde Problemkreise:

➢ Gläubigerwechsel durch *cessio*
➢ Obligation als *vinculum iuris* zwischen zwei (oder mehreren) bestimmten Personen
➢ *novatio* in Stipulationsform
➢ Verpflichtungsanweisung
➢ Auswirkungen des Untergangs der alten Obligation auf bestehende Sicherheiten

Da ein Vertragsverhältnis nach römischem Recht als persönliche Rechtsbeziehung (*vinculum iuris*) zwischen Gläubiger und Schuldner angesehen wird, bedarf die Übertragung der Gläubigerstellung vom Altgläubiger (Zedenten) auf den Neugläubiger (Zessionar) der Mitwirkung des Schuldners (*debitor cessus*). Den Gläubigerwechsel durch Forderungsabtretung bezeichnet man als Zession. Möchte APOLLO seine Gläubigerstellung auf JUVENTAS übertragen, so erfolgt dies durch eine Verpflichtungsanweisung (*delegatio obligandi*). Dabei weist der Altgläubiger APOLLO (Delegant) seine Schuldnerin DIANA (Delegat) an, der Neugläubigerin JUVENTAS (Delegatar) mittels Stipulation das zu versprechen, was DIANA APOLLO schuldet. Kommt es wie hier zu einem Wechsel auf Gläubigerseite, so wird die Verpflichtungsanweisung als Aktivdelegation bezeichnet. Da die Stipulation zwischen DIANA und JUVENTAS novierende Wirkung hat (*novatio*), kommt es mit deren Abschluss zum Erlöschen des Werklohnanspruchs von APOLLO gegen DIANA. Der Gläubigerwechsel erfolgt somit nicht durch Übertragung einer bestehenden Forderung, sondern durch Neubegründung einer inhaltlich identischen Forderung bei gleichzeitigem Untergang der alten Forderung. Aus der Stipulation ist JUVENTAS daher berechtigt, von DIANA bei Fälligkeit 500 mittels *condictio* zu verlangen. Der Umstand, dass APOLLO DIANA nachträglich gestattet, die 500 zwei Monate später zahlen zu dürfen, ist unerheblich: Dispositionen hinsichtlich der Werklohnforderung sind nicht mehr möglich, da diese erloschen ist. Dispositionen seitens APOLLO hinsichtlich der neuen Forderung sind mangels Gläubigerstellung von APOLLO unwirksam. Da durch den Abschluss der Stipulation zwischen DIANA und JUVENTAS das bisherige Schuldverhältnis (jenes zwischen DIANA und APOLLO) erlischt, erlöschen auch die hierfür begründeten Sicherheiten (Akzessorietät). Mit dem Untergang der Werklohnforderung von APOLLO erlischt somit ebenfalls die Bürgschaft mit PLUTO. JUVENTAS kann daher bei Fälligkeit ihren Anspruch auf 500 nicht bei PLUTO, sondern nur bei DIANA geltend machen.

▶ **(1)** Die gesetzlichen Bestimmungen über die Zession finden sich in den §§ 1392 ff. Man unterscheidet die vertragliche Abtretung und die Abtretung kraft ausdrücklicher gesetzlicher Anordnung (sog Legalzession). Die vertragliche Forderungsabtretung stellt ein kausales Verfügungsgeschäft zwischen Zedenten und Zessionar dar und bedarf daher eines gültigen Titels. Als Verpflichtungsgeschäfte kommen etwa ein Forderungskauf oder eine Forderungsschenkung in Betracht. Akzessorische Nebenrechte (wie etwa Bürgschaften und Pfandrechte) bleiben bestehen und gehen auf den Zessionar über. Die Zession bedarf idR weder einer Zustimmung noch einer Verständigung des Schuldners von der Abtretung. Der Schuldner kann aber, solange er von der Abtretung nicht verständigt wurde, mit schuldbefreiender Wirkung an den Zedenten leisten, §§ 1395 f. Der Schuldner kann dem Zessionar jene Einwendungen entgegenhalten, die ihm bis zur Verständigung der Abtretung gegen den Zedenten entstanden sind (etwa eine Stundung). Das Rechtsverhältnis zwischen Zedenten und Zessionar richtet sich nach dem zugrunde liegenden Schuldverhältnis. Die §§ 1397 ff enthalten für die Zession besondere (dispositivrechtliche) Gewährleistungsregeln, die als *leges speciales* den allgemeineren Gewährleistungsregeln (§§ 922 ff) vorgehen. Bei einer entgeltlichen Abtretung haftet der Zedent dem Zessionar sowohl für die Richtigkeit (das Bestehen der Forderung) als auch für die Einbringlichkeit (Zahlungsfähigkeit des Schuldners) der Forderung. Keine Gewährleistungspflicht gibt es bei der unentgeltlichen Zession. Zu den wichtigsten Beispielen der Legalzession zählt die Bestimmung des § 1358, die den Eintritt in die Rechte des Gläubigers bei Bezahlung einer Schuld, für die man persönlich (etwa als Bürge) oder mit bestimmten Vermögensstücken (etwa als Pfandbesteller) haftet, regelt (zur Bürgschaft vgl Fall 68). Andere wichtige Fälle der gesetzlichen Zession finden sich in § 332 ASVG sowie in § 67 VersVG, die den Übergang der Ansprüche des Geschädigten/Versicherungsnehmers gegen den Schädiger auf den Sozialversicherungsträger/Versicherer festlegen, soweit dieser zur Leistungserbringung an den Geschädigten verpflichtet ist bzw den Schaden dem Versicherten ersetzt. [*Koziol/Welser*, Bürgerliches Recht II^{13} (2007) 116 ff] **(2)** Mit der Novation kommt es zur vertraglichen Änderung des Rechtsgrundes oder des Hauptgegenstandes einer Schuld, § 1376. Eine Änderung des Rechtsgrundes liegt vor, wenn die Leistung aus einem anderen Titel geschuldet werden soll (etwa Rückgabeverpflichtung einer Sache aus Leihe statt aus Verwahrung, § 959). Eine Änderung des Hauptgegenstandes liegt nur vor, wenn die Änderung eine Hauptleistungspflicht betrifft (etwa Lieferung eines Kühlschranks statt eines Geschirrspülers). Die Novation bewirkt, dass ein bestehendes Schuldverhältnis durch ein neues ersetzt wird. Mit dem Untergang der alten Verbindlichkeit erlöschen auch alle Sicherheiten, die zugunsten der novierten Verbindlichkeit bestellt waren, § 1378. Die neue Verbindlichkeit entsteht jedoch nur dann, wenn und soweit die frühere Verbindlichkeit bestanden hat. Jene Einreden, die gegen die frühere Verbindlichkeit bestanden, können daher auch gegen die neue Verbindlichkeit erhoben werden. Entsteht die neue Verbindlichkeit nicht wirksam, so bleibt die alte Verbindlichkeit bestehen. [*Koziol/Welser*, Bürgerliches Recht II^{13} (2007) 110 ff]

Zu den einschlägigen Quellenstellen der hier erörterten Problemkreise: zur Novation als Umwandlung einer Obligation in eine neue Obligation vgl insb Ulpian D 46. 2. 1 pr u Gai Inst 3. 176; zum Wortlaut einer novierenden Stipulation vgl insb Ulpian D 46. 2. 8. 4; zum Untergang der alten Obligation bei Gläubigerwechsel vgl insb Ulpian D 46. 2. 8. 5 sowie zur Begründung einer neuen Obligation mit dem Zessionar vgl Gai Inst 2. 38; zum Untergang von Bürgschaften und Pfandrechten sowie zur Notwendigkeit von deren Neubegründung bei Novation vgl insb Antoninus C 8. 40. 4, Ulpian D 13. 7. 11. 1, Papinian D 20. 4. 12. 5 sowie Paulus D 46. 2. 18.

Fall 56: ★★

Die Tunika

AURORA benötigt dringend Geld für die Anschaffung einer neuen Tunika. In Kenntnis von AURORAs Geldnöten geht ihr guter Bekannter PICUS zu CERES, von der er weiß, dass diese stets über Bargeld in beträchtlicher Höhe verfügt, und bittet sie, AURORA 300 zu kreditieren. In Erwartung einer gewinnbringenden Veranlagung stimmt CERES dem Begehren des PICUS zu und übergibt AURORA 300 als Darlehen. Zudem verpflichtet sich AURORA stipulationsweise zur Zahlung von Zinsen in Höhe von 30. AURORA geht sogleich auf den Markt und kauft Stoffe, die sie ihrer Bekannten LEVANA mit der Bitte übergibt, daraus unentgeltlich eine Tunika herzustellen. Diese stimmt der Bitte AURORAs gerne zu. Um entspannt arbeiten zu können, mietet LEVANA für einen Monat eine Wohnung um 30. Außerdem benötigt sie für die Herstellung der Tunika Arbeitsmaterial, das sie um 10 erwirbt. LEVANA ist von ihren Nähkünsten so begeistert, dass sie nur dann zur Herausgabe der fertiggestellten Tunika bereit ist, wenn sie neben dem Ersatz für die Mietkosten und das Arbeitsmaterial zusätzlich 20 von AURORA erhält. Da AURORA die Tunika dringend benötigt, zahlt sie LEVANA 60. Im Fälligkeitszeitpunkt des Darlehens ist AURORA zahlungsunfähig.

Wie ist die Rechtslage?

Skizze:

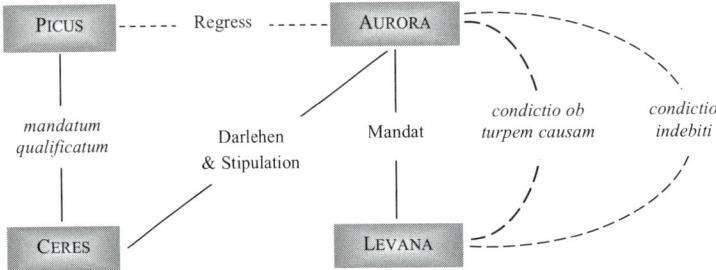

Zu behandelnde Problemkreise:

➢ *mandatum qualificatum vs mandatum tua gratia*
➢ Voraussetzungen für das Zustandekommen eines Darlehens
➢ Anspruch des Mandatars gegen den Mandanten, sollte der Darlehensnehmer seine Schuld nicht begleichen – keine Klagenkonsumtion
➢ Ersatzanspruch des Mandatars für Aufwendungen *ex causa mandati*
➢ irrtümliche Zahlung einer Nichtschuld
➢ sittenwidrige Annahme einer Leistung

Vertragsverhältnisse zwischen PICUS und CERES sowie zwischen CERES und AURORA

Zunächst gilt es zu prüfen, ob die zwischen PICUS und CERES geschlossene Vereinbarung als Auftragsvertrag (*mandatum*) qualifiziert werden kann. Der Auftragsvertrag kommt als Konsensualvertrag mit Übereinkunft der Parteien über das auszuführende Geschäft zustande. Beim Mandat hat das Geschäft ein für den Auftragnehmer fremdes zu sein und die Ausführung erfolgt grds im Interesse des Auftraggebers (*mandatum mea gratia*), kann aber auch im Interesse eines Dritten (*mandatum aliena gratia*) liegen. Das Vorliegen eines Mandats wird auch dann bejaht, wenn das Geschäft in gemischtem Interesse, etwa von Auftraggeber und Auftragnehmer (*mandatum mea et tua gratia*), besteht.

Die Frage, wie die Aufforderung, einem Dritten Geld zu kreditieren, zu qualifizieren ist, wird von den römischen Juristen in klassischer Zeit nicht einheitlich beantwortet. Ausgehend von der Interessenlage der an der Vereinbarung beteiligten Personen kann differenziert werden, ob die Aufforderung darin besteht, einer individuell bezeichneten Person einen Kredit zu gewähren oder einem nicht näher bestimmten Dritten. Da die Erteilung des Mandats nicht ausschließlich im Interesse des Auftragnehmers liegen darf, ist das Vorliegen eines Auftragsvertrages dann zu verneinen, wenn jemand aufgefordert wird, zum Zweck der Geldvermehrung einem beliebigen Dritten einen Kredit zu geben. Diesfalls erfolgt das übernommene Geschäft ausschließlich im Interesse des Kreditgebers, sein Geld gewinnbringend anzulegen, während derjenige, der die Aufforderung erteilt, damit keine eigenen Interessen verfolgt wissen will. Eine Aufforderung, die ausschließlich den Interessen des Empfängers dient (*mandatum tua gratia*), wird von den römischen Juristen nicht als Mandat – *si tua tantum gratia tibi mandem, supervacuum est mandatum* –, sondern als rechtlich unverbindlicher Ratschlag (*consilium*) angesehen. Besteht die Aufforderung hingegen darin, einer bestimmten Person Geld zu kreditieren, so tritt neben das Veranlagungsinteresse des Geldgebers ein eigenes Interesse desjenigen, der die Kreditgewährung erbittet. Sein Interesse besteht darin, dass gerade der von ihm konkret bezeichneten Person kreditiert werde. So spricht sich Gaius, in Berufung auf Sabinus, für das Zustandekommen eines Mandats aus, wenn jemand der Bitte zustimmt, einer bestimmten Person ein Darlehen zu gewähren. Der Auftrag, einem bestimmten Dritten Geld zu kreditieren, wird als Kreditauftrag (*mandatum qualificatum*) bezeichnet. Eine andere Ansicht, die sich letztlich nicht durchgesetzt hat, vertritt der Jurist Servius. Er spricht sich auch dann gegen das Vorliegen eines Mandats aus, wenn jemand aufgefordert wird, Geld einer bestimmten Person zu kreditieren. Nach Servius soll auch in diesem Fall nur von einem bloßen, die Parteien nicht bindenden Ratschlag die Rede sein. Damit bleibe die rechtsgeschäftliche Entscheidung, ob kreditiert wird oder nicht, beim Kreditgeber.

Indem PICUS CERES bittet, AURORA und damit einer bestimmten Person einen Kredit zu gewähren, und CERES dieser Bitte zustimmt, kommt nach der überwiegenden Ansicht der römischen Juristen ein *mandatum* (*qualificatum*) zustande. Zu beachten ist, dass im vorliegenden Fall das Geschäft in mehrfachem Interesse liegt: Beim Auftraggeber PICUS liegt das Interesse darin, dass gerade AURORA ein Kredit gewährt wird (*mandatum mea gratia*), bei der Auftragnehmerin CERES in der gewinnbringenden Veranlagung ihres Geldes (*et tua gratia*) sowie bei dem Dritten, nämlich AURORA, in der Kreditierung von 300 (*et aliena gratia*). Kommt es in der Folge zum Abschluss eines Darlehens (*mutuum*) zwischen CERES und AURORA, so erfüllt CERES ihre Verpflichtung aus dem Mandat. Das *mutuum* kommt durch die mit Übereignung verbundene unentgeltliche Überlassung einer bestimmten Menge vertretbarer Sachen, mit der Vereinbarung, nach Ablauf einer bestimmten Zeit dieselbe Menge derselben Gattung zurückzustellen (*tantundem eiusdem generis reddere*), zustande. Als Realkontrakt bedarf das *mutuum* neben einer Vereinbarung (*conventio*) auch der realen Sachhingabe (*datio*). Zudem muss es sich bei der Darlehensvaluta um vertretbare Sachen (*res fungibiles*) handeln, an denen der Darlehensgeber dem Darlehensnehmer Eigentum übertragen kann. Da dem Sachverhalt nach alle Voraussetzungen gegeben sind, ist zwischen CERES und AURORA ein Darlehen zustande gekommen.* Zu beachten ist, dass die Verpflichtung zur Zahlung von Zinsen bei einem *mutuum* als unentgeltlichem Freundschaftsgeschäft nicht wirksam vereinbart werden kann: zum einen, weil der Umfang der Leistungspflicht des Darlehensnehmers mit der Höhe der erhaltenen Darlehensvaluta beschränkt ist, zum anderen, weil der strengrechtliche Charakter der Darlehens-*condictio* keine formfreie Zinsabrede zulässt. Sollen Zinsen geschuldet sein, so müssen diese gesondert durch Stipulation versprochen werden. Da CERES und AURORA eine entsprechende Stipulation abgeschlossen haben, steht CERES zur Durchsetzung der Zahlung der 30 die Klage aus der Stipulation (*condictio*) zur Verfügung.

Ist AURORA bei Fälligkeit zahlungsunfähig, so stellt sich die Frage, ob PICUS für die Nichtzahlung einzustehen hat. Aus dem mit CERES abgeschlossenen Auftragsvertrag ist PICUS als Mandant verpflichtet, CERES als Mandatarin jene Aufwendungen zu ersetzen, die ihr durch die mandatskonforme Ausführung entstanden sind. Hiezu sind jedenfalls die von CERES an AURORA hingegebenen 300 zu zählen, da das Mandat gerade darin besteht, AURORA diese Summe zu kreditieren. Da der Mandant beim *mandatum qualificatum* somit verpflichtet ist, einen Ausfall des Darlehensnehmers zu ersetzen, kommt ihm eine bürgenähnliche Stellung zu. Aus der Ähnlichkeit des Kreditmandats mit der Bürgschaft ergibt sich aber auch, dass PICUS als Auftraggeber nicht nur für die Rückzahlung des Kapitals in Höhe von 300, sondern auch für die Zinsen in Höhe von 30 einzustehen hat.

Gegenüber den eigentlichen Bürgschaftsgeschäften bringt der Kreditauftrag in zweifacher Weise Vorteile mit sich: Einerseits kann der Kreditauftrag, anders als die Bürgschaftsgeschäfte, die regelmäßig der Stipulationsform bedürfen, formfrei abgeschlossen werden. Andererseits hat der Gläubiger beim Kreditauftrag den Vorteil, dass er nicht darauf beschränkt ist, entweder den Darlehensnehmer oder den Mandanten zu klagen. So kann der Gläubiger bei der Bürgschaft in klassischer Zeit bei Fälligkeit nur entweder den Schuldner oder den Bürgen in Anspruch nehmen. Bleibt die Geltendmachung beim zuerst in Anspruch Genommenen erfolglos, so ist es dem Gläubiger aus verfahrensrechtlichen Gründen – aufgrund der sog Klagenkonsumtion – versagt, den anderen zu klagen. Der Nachteil der Klagenkonsumtion bleibt dem Mandatar beim Kreditauftrag erspart: Da sich der Mandatar beim Kreditauftrag auf zwei verschiedene Anspruchsgrundlagen stützen kann und somit zwei unterschiedliche Klagen hat – gegen den Darlehensnehmer jene aus dem *mutuum* (*condictio*), gegen den Mandanten jene aus dem Mandat (*actio mandati contraria*) –, besteht hier nicht derselbe Streitgegenstand (*eadem res*) und es ist somit keine Konsumtionskonkurrenz gegeben. Daher kann der Mandatar nach erfolgloser Klage gegen den einen Vertragspartner immer noch den anderen klagen. Folglich steht es CERES bei einem Ausfall von AURORA zu, die Zahlung der 300 aus dem *mutuum* sowie der 30 aus der Stipulation von PICUS mittels *actio mandati contraria* zu verlangen. Leistet PICUS 330 an CERES, so wird sie ihm ihre Klagen, die sie aus dem *mutuum* bzw aus der Stipulation gegen AURORA hat, (mittels *mandatum ad agendum in rem suam*) abtreten, sodass sich PICUS, der materiell fremde Schulden beglichen hat, bei AURORA regressieren kann. Zu beachten ist, dass ab Justinian neben dem Bürgen auch dem Mandanten eines Kreditauftrages das *beneficium cedendarum actionum* zugutekommt. Damit wird dem in Anspruch genommenen Mandanten das Recht eingeräumt, vom Gläubiger die Abtretung der Klage gegen den Kreditschuldner zu verlangen.

---

* Hinweis: Ein derart verkürzter Subsumtionsvorgang ist nur ausnahmsweise zu empfehlen, etwa wenn wie hier eine detaillierte Subsumtion eines Sachverhaltselements in Anbetracht der sonstigen zu bearbeitenden Problemkreise des Falls vernachlässigbar erscheint. Grundsätzlich sollte im Anschluss an die Beschreibung der Tatbestandsmerkmale auch stets eine kurze, aber schlüssige Subsumtion des Sachverhalts erfolgen.

Folgt man hingegen der Ansicht des Juristen Servius und verneint man das Vorliegen eines Auftragsvertrages zwischen PICUS und CERES, so kann sich CERES bei einem Ausfall von AURORA nicht an PICUS halten. Eine Haftung von PICUS wäre nach dieser Ansicht nur dann gegeben, wenn er bei Erteilung des Ratschlages arglistig gehandelt hätte. CERES stünde diesfalls die *actio de dolo* als subsidiärer Rechtsbehelf zur Verfügung, um gegen PICUS vorzugehen.

Vertragsverhältnis zwischen AURORA und LEVANA

Indem sich LEVANA auf die Bitte von AURORA hin bereit erklärt, ihr unentgeltlich eine Tunika anzufertigen, schließen sie ein Mandat ab. In diesem Fall besteht die Geschäftsbesorgung in der Vornahme einer faktischen Tätigkeit. Aus dem Mandat ist der Mandatar verpflichtet, das übernommene Geschäft vereinbarungsgemäß auszuführen, während der Mandant dem Mandatar jene Aufwendungen zu ersetzen hat, die zur Ausführung des Mandats notwendig sind. Da LEVANA aus dem Auftrag verpflichtet ist, eine Tunika herzustellen, wird sie von AURORA jedenfalls Ersatz für die Kosten der Anschaffung des Arbeitsmaterials (10) verlangen können. Den Ersatz ihrer Aufwendungen kann LEVANA mit der *actio mandati contraria* verlangen. Anders verhält es sich mit den Kosten für die Anmietung der Wohnung. Es ist nicht Inhalt des Auftrages, eine Wohnung anzumieten, damit LEVANA „entspannt arbeiten" kann. Da es sich bei dem Mietzins somit um keinen mandatskonformen Aufwand handelt, kann LEVANA ihn nicht von AURORA aus dem Titel des Aufwandersatzes verlangen. Ersetzt AURORA LEVANA die Mietkosten dennoch, so kommt es zur irrtümlichen Zahlung einer Nichtschuld. Die Mietkosten stellen eine Nichtschuld dar, weil AURORA nicht zu deren Ersatz verpflichtet ist. Eine Leistung, dh eine bewusste Vermögensverschiebung, hat stattgefunden, da AURORA LEVANA die Mietkosten ersetzt hat. Auch hat AURORA in der irrtümlichen Annahme, zum Ersatz der Mietkosten verpflichtet zu sein, gehandelt. Folglich steht es AURORA zu, mittels *condictio indebiti* die zu viel gezahlten 30 von LEVANA zurückzuverlangen. Zu beachten ist, dass LEVANA dem Sachverhalt nach nicht in Kenntnis darüber ist, dass ihr der Ersatz der Mietkosten nicht zusteht. Würde LEVANA bei Empfang der 30 hingegen wissen, dass ihr AURORA in der irrtümlichen Annahme, es gäbe eine Verpflichtung, leistet, so könnte LEVANA mittels *actio furti* und *condictio furtiva* belangt werden, da die wissentliche Annahme einer irrtümlich geleisteten Nichtschuld ein *furtum* darstellt.

Schließlich gilt es noch zu klären, wie die Zahlung der 20, die LEVANA für die Herausgabe der Tunika verlangt, rechtlich zu beurteilen ist. LEVANA trifft aufgrund des Auftrages die Verpflichtung, für AURORA eine Tunika unentgeltlich herzustellen und herauszugeben. Zur Durchsetzung dieser Verpflichtung steht AURORA die *actio mandati directa* zu. Verlangt LEVANA für die Herausgabe der Tunika ein nicht vereinbartes Entgelt und leistet ihr AURORA dieses, so beruht diese Leistung auf einer sittenwidrigen Zweckvereinbarung und kann zurückgefordert werden. So gewähren die römischen Juristen dem Hinterleger beim *depositum*, der unentgeltlichen Verwahrung, einen bereicherungsrechtlichen Anspruch, wenn sich der Verwahrer nur gegen Erbringung einer Leistung bereit erklärt, die verwahrte Sache herauszugeben, und der Hinterleger diese Leistung erbringt. Da AURORA die 20 dafür bezahlt hat, dass LEVANA eine Pflicht erfüllt, die sie aufgrund des Mandats ohnehin zu erfüllen hat, steht es AURORA zu, die 20 zurückzufordern. Ihren Anspruch auf Rückerstattung der 20 wird AURORA mittels *condictio ob turpem (vel iniustam) causam* geltend machen.

▶**(1)** Die Rückforderung wegen irrtümlicher Zahlung einer Nichtschuld (*condictio indebiti*) ist in § 1431 geregelt. Voraussetzungen für die Rückforderung mittels *condictio indebiti* sind das Fehlen eines Rechtsgrundes für die Leistung sowie ein Irrtum des Leistenden über das Bestehen des Rechtsgrundes. Sowohl Rechts- als auch Tatsachenirrtum berechtigen zur Rückforderung. Nach hA ist es unerheblich, ob der Leistende den Irrtum verschuldet hat. Kein Recht zur Rückforderung besteht bei Zahlung einer bestehenden und bloß noch nicht fälligen Schuld. Anderes gilt bei Bezahlung einer bedingten Forderung, wenn die Leistung vor Bedingungseintritt erbracht wurde. Hier ist die Rückforderung zulässig, § 1434. Da der Irrtum des Leistenden Voraussetzung für eine Rückforderung mittels *condictio indebiti* ist, ist die Rückforderung ausgeschlossen, wenn der Leistende weiß, dass er nichts schuldet. Die Beweislast für das Vorliegen eines Irrtums trägt der Leistende. Da Naturalobligationen wirksam erfüllt werden können, scheidet die Rückforderung des Geleisteten hier grds aus. So kann etwa das zur Erfüllung einer verjährten Schuld Geleistete ebenso wenig zurückgefordert werden wie das zur Bezahlung einer Forderung Gegebene, das mangels Einhaltung der Formvorschriften nicht einklagbar ist. Leistet etwa der Bürge ungeachtet der Nichteinhaltung der Formvorschriften gemäß § 1346 Abs 2, so kommt es durch die Erfüllung zur Heilung des Formfehlers (Konvaleszenz). Da Formvorschriften regelmäßig vor übereiltem Vertragsabschluss schützen sollen, dieser Zweck aber mit Erfüllung der aus dem Vertrag resultierenden Pflichten wegfällt, ist eine Rückforderung ausgeschlossen. Problematisch erscheint die Heilung eines Formmangels durch Erfüllung dort, wo die Formvorschrift einem anderen Zweck als dem Übereilungsschutz dient. So dient etwa die Notariatsaktspflicht von Kauf- und Tauschverträgen unter Ehegatten (§ 1 Abs 1 lit b NotAktG) vorrangig dem Gläubigerschutz, weshalb hier die Heilung durch Erfüllung von einem Teil der Lehre abgelehnt wird (vgl auch Fall 29). Nicht geschäftsfähige Personen werden durch § 1433 insofern privilegiert, als sie das Geleistete auch dann zurückfordern können, wenn sie eine noch nicht fällige Schuld beglichen oder eine Naturalobligation erfüllt haben oder wenn ihnen bei Zahlung bewusst war, dass sie eine Nichtschuld bezahlt haben. [*Koziol/Welser*, Bürgerliches Recht II[13] (2007) 276 f] **(2)** Erteilt ein Sachverständiger gegen Belohnung einen Rat bzw eine Auskunft, so haftet er gemäß § 1300 S 1 für dadurch fahrlässig entstandene Schäden. „Gegen Belohnung" wird von der Rsp dahingehend ausgelegt, dass die Beratung bzw Auskunftserteilung nicht uneigennützig erfolgen darf. Uneigennützigkeit ist nach hA grds dann nicht gegeben, wenn der Rat bzw die Auskunft im Rahmen eines Schuldverhältnisses erteilt wird. Erfolgen Ratschläge bzw Auskünfte aus reiner Gefälligkeit, dh außerhalb einer Geschäftsbeziehung, so haftet der Rat- bzw Auskunftgeber nur für die wissentliche Erteilung eines falschen Rates bzw einer falschen Auskunft, § 1300 S 2. Diese Haftungseinschränkung besteht nach hA allerdings nur für reine Vermögensschäden. Wird durch die Erteilung eines Rates oder einer Auskunft ein absolut geschütztes Rechtsgut geschädigt, so wird der Rat- bzw Auskunftgeber auch bei leicht fahrlässigem Verhalten ersatzpflichtig. [*Koziol/Welser*, Bürgerliches Recht II[13] (2007) 353 ff] **(3)** Zum Darlehensvertrag vgl Fall 20. **(4)** Zur Rückforderung einer Leistung wegen ungerechten oder verwerflichen Grundes gem § 1174 Abs 1 S 3 vgl Fall 30.

Zu den einschlägigen Quellenstellen der hier erörterten Problemkreise: zur rechtlichen Qualifizierung des *mandatum qualificatum* vgl Gai Inst 3. 156; zum *mandatum tua gratia* als unverbindlichen Ratschlag vgl insb Gaius D 17. 1. 2 pr u 6; zum *mandatum mea et tua* bzw *aliena gratia* vgl insb Gaius D 17. 1. 2 pr; zum Aufwandersatzanspruch des Mandatars vgl insb Gaius D 17. 1. 27. 4; zur Haftung des Mandanten beim *mandatum qualificatum* für die Rückzahlung des Kapitals samt Zinsen vgl Diokletian u Maximian C 4. 35. 18; zur Abtretung der *condictio* des Mandatars an den Mandanten bei Inanspruchnahme des Mandanten durch den Mandatar vgl Gaius D 17. 1. 27. 5; zur Gewährung einer *actio de dolo* bei arglistiger Erteilung eines Ratschlages vgl Ulpian D 50. 17. 47; zum Wesen des *mandatum* als unentgeltlichen Freundschaftsdiensts vgl insb Paulus D 17. 1. 1. 4; zur Rückforderung einer irrtümlich geleisteten Nichtschuld mittels *condictio indebiti* vgl insb Ulpian D 12. 6. 1. 1 sowie Gai Inst 3. 91; zur Rückforderung einer sittenwidrig angenommenen Leistung vgl insb Paulus D 12. 5. 1. 2; zur Rückforderung einer Leistung, die gegeben wurde, um eine hinterlegte Sache zurückzuerhalten, vgl Ulpian D 12. 5. 2. 1.

Fall 57: ☆

Sine musica, nulla vita *

AEOLUS nimmt alljährlich in den Sommermonaten bei Vertumnus, einem Sklaven von MINERVA, Lyra-Unterricht. Da AEOLUS im kommenden Sommer auch gerne Harfe spielen lernen würde, bittet er MINERVA, dass sie ihren Sklaven Vertumnus zum Harfenisten ausbilden lasse. Zudem beauftragt AEOLUS seinen Freund HERKULES, eine Harfe bei BACCHUS in Ostia zu kaufen. Seine gute Bekannte VENUS bittet er, ihm seine Lyra neu zu besaiten. Sowohl MINERVA, HERKULES als auch VENUS sagen AEOLUS ihre Hilfe unentgeltlich zu. Für die Ausbildung von Vertumnus zum Harfenisten muss MINERVA 40 zahlen, der Wert von Vertumnus erhöht sich nach abgeschlossener Ausbildung um 20. HERKULES kauft in Ostia eine Harfe um 200. Am Heimweg wird er von einer Räuberbande überfallen. Dabei werden ihm die Harfe sowie Bargeld in Höhe von 150 abgenommen. Bevor VENUS die Lyra neu besaiten kann, stirbt sie an Herzversagen.

Welche wechselseitigen Ansprüche bestehen aus den Vertragsverhältnissen von AEOLUS mit MINERVA, mit HERKULES und mit VENUS?

Vorüberlegungen:

➢ Darf die auszuführende Tätigkeit beim *mandatum* auch im Interesse des Mandatars liegen?
➢ Welche Auswirkung hat der Umstand, dass das Mandat auch im Interesse der Mandatarin MINERVA liegt, auf ihren Anspruch auf Aufwandersatz?
➢ Wer ist Vertragspartner von BACCHUS?
➢ Hat HERKULES einen Anspruch auf Aufwandersatz, obwohl es nicht zur Übergabe der Harfe an AEOLUS kommt?
➢ Wird HERKULES das ihm geraubte Bargeld von AEOLUS ersetzt?
➢ Welche Auswirkungen hat der Tod von VENUS auf das Mandat mit AEOLUS?

▶ Auch nach geltendem Recht wird der Auftrag grds durch den Tod des Auftraggebers oder des Auftragnehmers beendet; dies gilt nicht, wenn der Auftrag auch für den Todesfall erteilt wurde oder wenn sich das begonnene Geschäft nicht ohne Nachteil für die Erben unterbrechen lässt, § 1022. Weites erlischt der Auftrag durch Widerruf des Auftraggebers (§ 1020) bzw Kündigung des Auftragnehmers (§ 1021, vgl Fall 54) sowie durch Konkurs des Auftraggebers (§ 1024; § 26 Abs 1 IO). [*Koziol/Welser*, Bürgerliches Recht II¹³ (2007) 214]

Zu den einschlägigen Quellenstellen der hier zu erörternden Problemkreise: zur Erteilung eines Mandats, dessen Ausführung in beiderseitigem Interesse liegt, sowie zum Ersatz jenes Teiles der Aufwendungen, der über die Wertsteigerung der Sache des Mandatars hinausgeht, vgl Ulpian D 17. 1. 16; zum Aufwandersatzanspruch des Mandatars allgemein vgl insb Gaius D 17. 1. 27. 4; zum Aufwandersatzanspruch des Mandatars bei unverschuldetem Unterbleiben der Ausführung des Mandats vgl insb Papinian D 17. 1. 56. 4; zur Versagung des Ersatzanspruches des Mandatars für Schäden, die dem Zufallsbereich zuzuordnen sind und nicht mit dem Mandat in engem sachlichen Zusammenhang stehen, vgl etwa Paulus D 17. 1. 26. 6; zur Auflösung des Mandats infolge des Todes einer Vertragspartei vgl insb Paulus D 17. 1. 26 pr, Gaius D 17. 1. 27. 3 sowie Gai Inst 3. 160.

---

* Ohne Musik, kein Leben.

5. Teil

GESELLSCHAFTSVERTRAG (SOCIETAS)

Lit: *Benke/Meissel*, Römisches Schuldrecht^7 (2006) 222–228;
Hausmaninger/Selb, Römisches Privatrecht^9 (2001) 253–256;
Kaser/Knütel, Römisches Privatrecht^{20} (2014) 267–270;
Apathy/Klingenberg/Pennitz, Einführung in das römische Recht^5 (2012) 203–206.

Fall 58:

Panem et circenses * *& Co*

VEIOVIS und PROSERPINA möchten zu Erwerbszwecken gemeinsam Ausflugsschifffahrten mit Musikdarbietungen und einem Angebot kleiner Speisen organisieren. Sie vereinbaren, dass VEIOVIS seine Musikersklaven zur Verfügung stellen und PROSERPINA für den Einkauf und die Zubereitung der Speisen zuständig sein soll. VEIOVIS und PROSERPINA bestimmen, dass vor Ablauf des ersten Jahres das gemeinsame Geschäft nicht beendet werden dürfe, andernfalls ein Betrag von 300 zu zahlen sei. Hinsichtlich der Anteile an Gewinn und Verlust treffen sie keine Vereinbarung. Um alsbald mit dem Betrieb beginnen zu können, erwerben VEIOVIS und PROSERPINA gemeinsam ein Schiff.

In den ersten drei Monaten läuft das Geschäft aufgrund der ausgezeichneten Kochkünste von PROSERPINA prächtig. Schließlich vergisst die auch in eigenen finanziellen Angelegenheiten nachlässige PROSERPINA mehrmals, Rechnungen von Lieferanten zu bezahlen, sodass Verzugszinsen in Höhe von 200 anfallen. Von VEIOVIS daraufhin zur Rede gestellt, ist PROSERPINA so verärgert, dass sie mehrere Tage nicht zur Arbeit auf das Schiff kommt. Dadurch entsteht der Gesellschaft ein Schaden von 500, weil eine bereits angekündigte Hochzeitsgesellschaft nicht bewirtet werden kann. VEIOVIS möchte hierauf die Zusammenarbeit mit PROSERPINA bereits vor Ablauf des ersten Jahres beenden. Nach Abzug jeglicher Verluste beträgt der Gewinn der Gesellschaft zu diesem Zeitpunkt 1200.

Wie ist das rechtliche Verhältnis zwischen VEIOVIS und PROSERPINA zu beurteilen?

Vorüberlegungen:

➢ Welcher Voraussetzungen bedarf das Zustandekommen eines Gesellschaftsvertrages?
➢ In welcher Form können die Gesellschafter ihre Beiträge erbringen?
➢ In welcher Weise können körperliche Sachen in die Gesellschaft eingebracht werden?

---

* Brot und Spiele (Juvenal, *Saturae* 10. 81). Mit diesem Ausspruch kritisiert der Satiriker Juvenal, dass die einst so stolzen und politisch engagierten Römer in der Kaiserzeit bloß noch an Essen und seichter Unterhaltung wie Zirkusspielen interessiert seien. Heutzutage wird mit diesem Zitat die Vorgehensweise von politischen Machthabern umschrieben, mit Geschenken und der Veranstaltung von Großereignissen die Bevölkerung von wirtschaftlichen und politischen Problemen abzulenken.

➢ Was gilt, wenn der Gesellschaftsvertrag keine Abrede bzgl der Gesellschaftsanteile bzw einer Gewinn- und Verlustverteilung enthält?

➢ Wann liegt eine auf bestimmte, wann eine auf unbestimmte Zeit eingegangene Gesellschaft vor?

➢ Wie ist die Verpflichtung zur Zahlung von 300 für den Fall einer Kündigung im ersten Jahr rechtlich zu beurteilen?

➢ Nach welchem Maßstab haften die Gesellschafter untereinander?

➢ Wird eine *compensatio lucri cum damno* bei der *societas* zugelassen?

➢ Wie kann eine auf Dauer angelegte Gesellschaft beendet werden?

➢ Welche Folgen kann eine Verurteilung aus der *actio pro socio* für einen Gesellschafter nach sich ziehen?

➢ Wie können Gegenstände, die im Miteigentum der Gesellschafter stehen, nach Beendigung der Gesellschaft aufgeteilt werden?

Zu prüfen ist, ob die Vereinbarung von VEIOVIS und PROSERPINA, gemeinsam Ausflugsschifffahrten organisieren zu wollen, als Gesellschaftsvertrag zu qualifizieren ist. Der römisch-rechtliche Gesellschaftsvertrag (*societas*) kommt als Konsensualvertrag durch Willensübereinkunft von zwei oder mehreren Personen, mit gemeinsamen Mitteln ein gemeinsames wirtschaftliches Ziel zu verfolgen, zustande. Indem VEIOVIS und PROSERPINA vereinbaren, zu Erwerbszwecken auf einem gemeinsam erworbenen Schiff Gäste zu verköstigen und mit Musik zu unterhalten, schließen sie einen Gesellschaftsvertrag ab. Neben dem wirtschaftlichen Zweck der Gesellschaft sind auch die Art und Höhe der Beitragsleistungen durch die Gesellschafter (*socii*) sowie die Gesellschaftsanteile im Gesellschaftsvertrag zu bestimmen. Die Beiträge können sowohl in Vermögenswerten als auch in Arbeitsleistungen bestehen. Besteht der Beitrag in Form einer Sacheinlage, so kann je nach Art der Einbringung unterschieden werden: Entweder die Sache geht in das Eigentum aller Gesellschafter über (Einbringung *quoad dominium*), oder die Sache wird der Gesellschaft bloß zur Nutzung zur Verfügung gestellt (Einbringung *quoad usum*), oder der einbringende Gesellschafter soll nach außen hin Eigentümer der Sache bleiben, die aber intern als Teil des Gesellschaftsvermögens behandelt wird (Einbringung *quoad sortem*). Da sich PROSERPINA bereit erklärt, den Einkauf zu erledigen und auf dem Schiff Speisen zuzubereiten, besteht ihr Beitrag in der Erbringung von Arbeitsleistungen (*operae*). Durch das Einbringen seiner Musikersklaven leistet VEIOVIS seinen Beitrag in Form einer Sacheinlage. Da VEIOVIS die Sklaven bloß zur Nutzung in die Gesellschaft einbringt, bleibt er weiterhin der Eigentümer der Sklaven. Wird im Gesellschaftsvertrag keine Abrede über die Höhe der Gesellschaftsanteile (*partes societatis*) getroffen, so sind die *socii* an der Gesellschaft in gleicher Höhe beteiligt – *si non fuerint partes societati adiectae, aequas eas esse constat*. Mangels Vereinbarung über die Höhe der Gesellschaftsanteile sind VEIOVIS und PROSERPINA zu gleichen Teilen an der Gesellschaft und somit auch am Gewinn bzw am Verlust der Gesellschaft beteiligt.

Je nachdem, ob die Gesellschaft auf das Betreiben von Handelsgeschäften zur Erzielung laufender Umsätze oder aber auf die Abwicklung bloß eines einzelnen Erwerbsgeschäftes gerichtet ist, ist die Gesellschaft entweder als Dauerschuldverhältnis oder als Zielschuldverhältnis konzipiert. Aus der Vereinbarung von VEIOVIS und PROSERPINA, zu Erwerbszwecken Ausflugsschifffahrten zu betreiben, ergibt sich, dass sie die Gesellschaft auf Dauer angelegt haben. Mangels Vereinbarung eines Endtermins haben sie einen unbefristeten Gesellschaftsvertrag geschlossen. Die Nebenvereinbarung von VEIOVIS und PROSERPINA, die Gesellschaft nicht vor Ablauf des ersten Jahres zu kündigen, kann, da es sich beim Gesellschaftsvertrag um ein *bonae fidei iudicium* handelt, formlos dem Vertrag beigefügt werden. Eine solche Abrede ist als *pactum ne societate intra certum tempus abeatur* zu bezeichnen. Die Verpflichtung eines Gesellschafters, im Falle einer vorzeitigen Kündigung einen Betrag von 300 zu leisten, ist als Vereinbarung einer Vertragsstrafe zu qualifizieren. Die Vertragspraxis bei der *societas* zeigt, dass die Verpflichtung zur Zahlung einer Vertragsstrafe regelmäßig in Stipulationsform vereinbart wird. Bei Verfall der Vertragsstrafe kann sie daher mittels *condictio* durchgesetzt werden.

Da PROSERPINA der Gesellschaft Schäden zufügt (sie vergisst des Öfteren, Rechnungen zu bezahlen [Verzugszinsen von 200], durch ihre Abwesenheit kann eine Hochzeitsgesellschaft nicht bewirtet werden [Schaden von 500]), stellt sich die Frage, ob bzw in welcher Höhe PROSERPINA hierfür einzustehen hat. Der Haftungsmaßstab der *socii* umfasst grds *dolus, culpa* und bisweilen *custodia*. Indem PROSERPINA immer öfter vergisst, Rechnungen von Lieferanten zu bezahlen, ist ihr Verhalten als fahrlässig zu beurteilen. Die *culpa*-Haftung des *socius* wird allerdings nicht an einem objektiven Maßstab eines *bonus pater familias* gemessen, sondern es wird darauf abgestellt, welche Sorgfalt der Gesellschafter in seinen eigenen Angelegenheiten aufbringt (*diligentia quam in suis rebus*). Da im vorliegenden Fall PROSERPINA dem Sachverhalt nach auch in ihren eigenen finanziellen Angelegenheiten nachlässig handelt, ist ihr das Versäumnis, die fälligen Rechnungen zu zahlen, *in concreto* nicht vorwerfbar. VEIOVIS kann somit von PROSERPINA keinen Ersatz für die entstandenen Verzugszinsen in Höhe von 200 verlangen. Dass sich VEIOVIS mit PROSERPINA eine wenig sorgfältige Gesellschafterin ausgesucht hat, muss er sich selbst zuschreiben – *qui parum diligentem sibi socium adquirit, de se queri debet*.

Anders verhält es sich hinsichtlich des Schadens, der der Gesellschaft entstanden ist, da die bereits angekündigte Hochzeitsgesellschaft nicht bewirtet werden konnte. Indem PROSERPINA aus Ärger mehrere Tage nicht zum Kochen auf das Schiff kommt und ihr bewusst ist, dass sie der Gesellschaft dadurch einen Schaden verursacht, handelt sie vorsätzlich. Folglich wird PROSERPINA für den von ihr dolos zugefügten Schaden von 500 VEIOVIS gegenüber ersatzpflichtig. Zur Durchsetzung seines Anspruchs steht VEIOVIS die *actio pro socio* zur Verfügung. Wird PROSERPINA für den von ihr verursachten Schaden von VEIOVIS in Anspruch genommen, so kann sie ihm nicht entgegenhalten, dass sie zuvor durch ihren Eifer das Gesellschaftsvermögen vermehrt habe (*arg*: das Geschäft läuft aufgrund der ausgezeichneten Kochkünste von PROSERPINA prächtig). Ein solcher Verlustausgleich – *compensatio lucri cum damno* – wird von den römischen Juristen bei der *societas* verneint.

Möchte VEIOVIS die Gesellschaft vor Ablauf des ersten Jahres beenden, so stellt sich die Frage, ob dies zulässig ist. Ist die *societas* auf unbestimmte Zeit vereinbart, so kann sie grds jederzeit ohne Vorliegen von Gründen einseitig mit *renuntiatio* beendet werden. Die Kündigungsmöglichkeit kann aber, wie im vorliegenden Fall, für eine bestimmte Dauer vertraglich ausgeschlossen werden. Zu beachten ist jedoch, dass ein solcher Kündigungsverzicht nur die ordentliche Kündigung betrifft. Es würde der *bona fides* widersprechen und wäre somit unzulässig, wäre ein Gesellschafter auch dann zur Fortführung der Gesellschaft verpflichtet, wenn für ihn aufgrund des Verhaltens des anderen Gesellschafters eine weitere Zusammenarbeit unzumutbar ist. Gleich wie ein befristeter Gesellschaftsvertrag *ex necessitate* auflösbar ist, so kann auch ein unbefristeter Gesellschaftsvertrag mit einem auf bestimmte Dauer vereinbarten Kündigungsverzicht vor Ablauf der Frist aus wichtigem Grund gekündigt werden.

PROSERPINA setzt durch ihre Abwesenheit ein Verhalten, das gegen ihre Pflichten aus dem Gesellschaftsvertrag verstößt und es daher VEIOVIS unzumutbar macht, die Gesellschaft mit ihr fortzuführen. Folglich steht es ihm zu, ungeachtet des vereinbarten Kündigungsverzichts und daher ohne zur Zahlung einer Vertragsstrafe verpflichtet zu sein, vor Ablauf des ersten Jahres die Gesellschaft zu beenden.

Nach Beendigung der Gesellschaft kommt es zur Abrechnung der gegenseitigen schuldrechtlichen Ansprüche, zu deren Durchsetzung die *actio pro socio* dient. Im Zuge der Abrechnung kann auch Ersatz für Aufwendungen und Schäden verlangt werden. Folglich kann VEIOVIS Ersatz für den von PROSERPINA durch das schuldhafte Fernbleiben verursachten Schaden in Höhe von 500 mit der *actio pro socio* fordern. Die Aufteilung des gemeinsam erwirtschafteten Gewinns in Höhe von 1200 ist, da keine Vereinbarung über die Beteiligung sowie über die Aufteilung von Gewinn bzw Verlust getroffen wurde, zu gleichen Teilen vorzunehmen. Somit erhalten VEIOVIS und PROSERPINA je 600. Zu beachten ist, dass eine Verurteilung aus der *actio pro socio* die Folgen der Ehrlosigkeit (*infamia*) nach sich ziehen kann, die ua darin bestehen, von öffentlichen Ämtern ausgeschlossen zu werden. Im Unterschied zur prätorischen Infamie bei Verwirklichung bestimmter Delikte wie Diebstahl (*furtum*) oder Raub (*rapina*) wird bei den infamierenden Vertragsklagen die *infamia* erst mit Verurteilung bewirkt. Daher kann ein mittels *actio pro socio* beklagter Gesellschafter durch Erfüllen des klägerischen Anspruchs vor der *condemnatio* die Folgen der Infamie vermeiden.

Die Aufteilung des gemeinsam erworbenen Schiffes kann hingegen nicht mit der *actio pro socio* erreicht werden. Da sich das Schiff durch den gemeinsamen Ankauf im Miteigentum (*condominium*) von VEIOVIS und PROSERPINA befindet, steht ihnen die *actio communi dividundo* zur Verfügung, um eine Aufteilung zu erreichen. Da eine Realteilung des Schiffes nicht möglich ist, kommt es zur Zivilteilung. Dabei weist der *iudex* einem der Gesellschafter Alleineigentum am Schiff zu (*adiudicatio*), der dann zur Ausgleichszahlung an den anderen Gesellschafter verpflichtet ist. Das Schiff kann aber auch einer Versteigerung zugeführt werden, bei der jeder Gesellschafter die Hälfte des Erlöses zugesprochen erhält.

▶ Am Modell der römisch-rechtlichen *societas* orientiert sich die Gesellschaft bürgerlichen Rechts, die ihre gesetzliche Grundlage in den §§ 1175 ff hat. Sie wird durch formlose Vereinbarung von zwei oder mehreren Personen, Arbeitskraft bzw Sachen zum gemeinschaftlichen Nutzen zu vereinigen, begründet. Anders als etwa die OG oder die KG entsteht die Gesellschaft bürgerlichen Rechts bereits mit Abschluss des Gesellschaftsvertrages. Eine Eintragung in das Firmenbuch ist nicht vorgesehen, vgl § 2 FBG. Treffen die Gesellschafter keine Vereinbarung über die zu leistenden Beiträge (Einlagen), so haben alle Gesellschafter gleich hohe Einlagen zu leisten, § 1184. Gegenstand der Einlage können Geld oder Sachen sein, § 1183. Auch Arbeitsleistungen können von den Gesellschaftern als Einlage gewertet werden, § 1192. Bei Sacheinlagen kann nach Art der Einbringung unterschieden werden: Entweder die Sache geht in das Eigentum aller Gesellschafter über (Einbringung *quoad dominium*), oder die Sache wird der Gesellschaft zur bloßen Nutzung zur Verfügung gestellt (Einbringung *quoad usum*), oder der einbringende Gesellschafter bleibt nach außen hin Eigentümer der Sache, die aber intern als Gesellschaftsvermögen behandelt wird (Einbringung *quoad sortem*). Der Gewinn sowie der Verlust sind im Verhältnis der Einlagen zu verteilen, §§ 1193–1197. Diese Vorschriften sind dispositives Recht und können daher durch Parteienübereinkunft abbedungen werden. Zur Geschäftsführungs- und Vertretungsbefugnis bei einer Gesellschaft bürgerlichen Rechts vgl § 1201 sowie § 178 UGB. Nach hA steht das Gesellschaftsvermögen im Miteigentum der Gesellschafter. Die Verfügung über den jeweiligen Miteigentumsanteil unterliegt aber der schuldrechtlichen Beschränkung durch den Gesellschaftsvertrag. Zur Haftung eines Gesellschafters sowie zu den Auflösungsgründen bei einer Gesellschaft bürgerlichen Rechts vgl Fall 59. Wenngleich die Gesellschaft bürgerlichen Rechts heute, anders als bei Inkrafttreten des ABGB, bei weitem nicht mehr die einzige Gesellschaftsform darstellt, erfreut sie sich nach wie vor einer breiten Anwendung: So können nicht rechnungslegungspflichtige gewerbliche Unternehmen, die ihre Tätigkeit in Form einer Personengesellschaft ausüben, grds wählen, ob sie als OG oder als Gesellschaft bürgerlichen Rechts agieren wollen. Ist die Personengesellschaft hingegen rechnungslegungspflichtig (etwa weil sie in zwei aufeinanderfolgenden Geschäftsjahren Umsätze von mehr als € 700.000 oder in einem Geschäftsjahr Umsätze von mehr als € 1 Mio erzielt hat), so muss sie entweder als OG oder als KG in das Firmenbuch eingetragen werden. Weitere wichtige Anwendungsbereiche der Gesellschaft bürgerlichen Rechts sind etwa der Zusammenschluss zum Zweck der Ausübung freiberuflicher Tätigkeit, etwa von Rechtsanwälten, oder der Zusammenschluss zur gemeinsamen Ausübung land- und forstwirtschaftlicher Tätigkeiten. Auch eine Lebensgemeinschaft oder eine Ehe kann eine Gesellschaft bürgerlichen Rechts sein, wenn die Partner Mühe und Kapital zur Erreichung eines gemeinsamen Zwecks (etwa der Errichtung oder des Erwerbs eines Hauses) gemeinschaftlich einsetzen und jedem Partner gewisse Einwirkungs- und Mitwirkungsrechte zukommen. Die Gesellschaft bürgerlichen Rechts stellt den Ausgangspunkt aller später entstandenen unternehmerischen Rechtsformen dar. Im modernen Wirtschaftsleben von besonderer Bedeutung sind va die Personengesellschaften OG (§§ 105 ff UGB) sowie die KG (§§ 161 ff UGB). Wenngleich es sich bei ihnen nach hM und Rsp nicht um juristische Personen handelt, sind sie dennoch rechtsfähig und können daher insb selbst klagen bzw geklagt werden und sind grundbuchs- sowie konkursfähig. Ebenfalls von großer wirtschaftlicher Relevanz sind die Kapitalgesellschaften Gesellschaft mit beschränkter Haftung (vgl GmbHG) und die Aktiengesellschaft (vgl AktG). Anders als bei den Personengesellschaften handelt es sich bei den Kapitalgesellschaften um Körperschaften und somit um juristische Personen. [*Koziol/Welser*, Bürgerliches Recht[13] I (2006) 68 ff]

Zu den einschlägigen Quellenstellen der hier erörterten Problemkreise: zu den Beiträgen der *socii* in Form von Kapital und Arbeit sowie zur Gewinn- und Verlustverteilung vgl insb Gai Inst 3. 149; zur gleichen Beteiligung der *socii* an der Gesellschaft mangels Vereinbarung vgl insb Ulpian D 17. 2. 29 pr; zur *societas* als auf Dauer angelegtes Schuldverhältnis vgl insb Gai Inst 3. 151; zur Vereinbarung einer Konventionalstrafe durch *stipulatio* unter den *socii* vgl insb Ulpian D 17. 2. 41; zur *actio pro socio* als *bonae fidei iudicium* vgl insb Ulpian D 17. 2. 52. 1; zur Haftung der *socii* für *dolus* und *culpa* sowie zum Sorgfaltsmaßstab *diligentia quam in suis rebus* vgl insb Ulpian D 17. 2. 52. 2, Gaius D 17. 2. 72 sowie Iust Inst 3. 25. 9; zur Ablehnung einer *compensatio lucri cum damno* bei der *societas* vgl Paulus D 17. 2. 25; zum *pactum ne societate intra certum tempus abeatur* sowie zur *renuntiatio ex necessitate* vgl insb Ulpian D 17. 2. 14 sowie Paulus D 17. 2. 65. 6; zur infamierenden Wirkung der Verurteilung aus der *actio pro socio* vgl insb Julian D 3. 2. 1 pr sowie Gai Inst 4. 182; zur Aufteilung von Sachen, die im Miteigentum der *socii* stehen, mittels *actio communi dividundo* vgl insb Gaius D 10. 3. 2 pr; zum Verhältnis von *actio pro socio* und *actio communi dividundo* vgl insb Paulus D 10. 3. 1 sowie Ulpian D 17. 2. 43.

Fall 59: ☆☆

*Societas leonina**

MERKUR, LAVERNA und HERKULES schließen sich auf unbestimmte Zeit zusammen, um einen Handel mit eingefangenen Großkatzen zu betreiben. MERKUR stellt zum Zweck des Transports der gefangenen Tiere seinen Wagen zur Verfügung, LAVERNA beteiligt sich mit einem Geldbetrag in Höhe von 150 und HERKULES soll seine Arbeitskraft einbringen, indem er die Großkatzen einfängt. Sie vereinbaren, dass ihr rechtskundiger Bekannter JANUS die Gesellschaftsanteile bestimmen soll. Dieser legt fest, dass am Gewinn HERKULES zur Hälfte und MERKUR und LAVERNA zu je einem Viertel, am Verlust alle Gesellschafter gleich beteiligt sein sollen. LAVERNA kauft zum Ziehen des Transportwagens den Hengst Nero um 90 bei JUPITER. Der Hengst und der Kaufpreis sollen in einer Woche übergeben werden. Bevor Nero an LAVERNA übergeben werden kann, wird er im Zuge einer Feuersbrunst getötet. Da MERKUR Futtertiere züchten möchte, schließt er sich mit CARMENTA zusammen, um die Weide von QUIRINUS zu kaufen. Dabei vereinbaren MERKUR und CARMENTA, dass CARMENTA die Weide kaufen und MERKUR gegen Ersatz des halben Kaufpreises die Hälfte der Weide übertragen soll. Da es sich MERKUR jedoch anders überlegt und die gesamte Weide für sich haben möchte, kauft er die Weide selbst von QUIRINUS, noch bevor dies CARMENTA tun kann.

Nach drei Jahren hat HERKULES genug von der gefährlichen Raubtierjagd und möchte sich daher aus der Gesellschaft zurückziehen. Zu diesem Zeitpunkt beläuft sich der Gewinn der Gesellschaft auf 800.

Wie ist die Rechtslage?

Skizze:

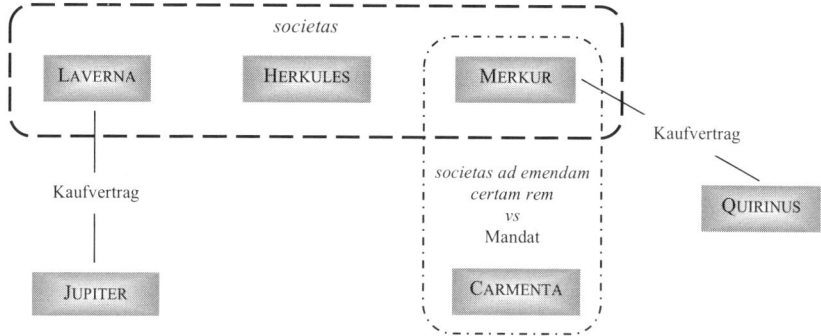

---

* Löwengesellschaft (Ulpian D 17. 2. 29. 2; nach Phaedrus, *Fabulae* 1. 5). Diese Bezeichnung geht auf die Fabel des Phaedrus zurück, in der eine Kuh, eine Ziege, ein Schaf und ein Löwe eine Gesellschaft zum Zweck der Futterbeschaffung schließen und der Löwe die Beute alleine auffrisst.

Zu behandelnde Problemkreise:

➢ Arten der Beitragsleistungen der Gesellschafter
➢ Bestimmung der Gesellschaftsanteile durch einen Dritten
➢ Zulässigkeit einer unterschiedlichen Beteiligung der Gesellschafter an Gewinn und Verlust *vs societas leonina*
➢ *societas* als reines Innenverhältnis
➢ Abschluss einer *emptio venditio*
➢ nachträgliche Unmöglichkeit
➢ zufälliger Untergang des Kaufgegenstandes bei Vorliegen einer *emptio perfecta*
➢ *societas* als Gefahrengemeinschaft
➢ *societas unius rei vs mandatum*
➢ *animus contrahendae societatis*
➢ Möglichkeit der Beendigung einer unbefristeten *societas* durch Kündigung
➢ Abrechnung von Gewinn und Verlust nach Maßgabe der Gesellschaftsanteile

Vertragsverhältnis zwischen MERKUR, LAVERNA und HERKULES

Indem sich MERKUR, LAVERNA und HERKULES zum Zweck des Handels mit gefangenen Großkatzen zusammenschließen, kommt es zum Abschluss einer *societas*. Als Konsensualvertrag wird die *societas* durch bloße Willenseinigung begründet. Neben dem gemeinsam zu erreichenden Ziel hat der Gesellschaftsvertrag va festzulegen, welche Beiträge von den Gesellschaftern aufzubringen sind. Leistet LAVERNA einen Betrag in Höhe von 150, so beteiligt sie sich in Form einer Geldeinlage. Indem sich HERKULES verpflichtet, den Fang der Raubtiere zu übernehmen, besteht seine Beitragsleistung in Arbeitsdiensten. Bei MERKURs Beitrag, dem Zurverfügungstellen seines Wagens, handelt es sich um eine Sacheinlage. Da es dem Sachverhalt nach keinen Hinweis darauf gibt, dass der von ihm zur Verfügung gestellte Wagen in das Miteigentum aller Gesellschafter übertragen werden soll, bleibt MERKUR Alleineigentümer des zur Nutzung bereitgestellten Wagens. Schließlich hat der Gesellschaftsvertrag auch zu enthalten, wie die Gesellschafter an einem Gewinn bzw an einem Verlust beteiligt sein sollen. Grundsätzlich richtet sich die Gewinn- und Verlustaufteilung nach der Höhe der Gesellschaftsanteile. Treffen die Gesellschafter keine Vereinbarung über die Höhe der Gesellschaftsanteile, so sind die Gesellschafter iZw zu gleichen Teilen an der Gesellschaft beteiligt, weshalb auch ein Gewinn bzw ein Verlust gleichmäßig aufzuteilen ist. Fraglich ist, ob die Festsetzung der Gesellschaftsanteile, wie im vorliegenden Fall von den Gesellschaftern beabsichtigt, an einen Dritten übertragen werden kann. Der Jurist Proculus erachtet die Vereinbarung, dass die Festlegung der Gesellschaftsanteile durch einen Dritten erfolgen soll, dann für zulässig, wenn dieser die Festsetzung nach dem Urteil eines *vir bonus* vornimmt. Geht man davon aus, dass JANUS als rechtskundige Person die Festlegung der Anteile entsprechend gewissenhaft und sorgfältig vornimmt, so ist diese für die Gesellschafter bindend. Dass HERKULES zur Hälfte, LAVERNA und MERKUR hingegen nur zu einem Viertel am Gewinn beteiligt sein sollen, ist zulässig: Eine ungleiche Gewinn- und Verlustverteilung ist nach Ansicht der römischen Juristen möglich, solange nicht ein Gesellschafter ausschließlich den Verlust zu tragen hat und der (bzw die) andere(n) nur am Gewinn beteiligt sein soll(en) – *ut alter lucrum tantum, alter damnum sentiret*. Eine solche als *societas leonina* bezeichnete Gesellschaft wäre ungültig. Die von JANUS festgelegte vergleichsweise hohe Gewinnbeteiligung von HERKULES erscheint va dadurch gerechtfertigt, dass HERKULES' Arbeitsleistung (das Fangen der Raubtiere) für die Erreichung des Gesellschaftszwecks einen hohen Stellenwert hat und daher besonders wertvoll ist – *saepe enim opera alicuius pro pecunia valet*. Überdies mag damit ausgeglichen werden, dass HERKULES mit dem Fangen der Raubtiere erhebliche Gefahren auf sich nimmt.

Vertragsverhältnis zwischen LAVERNA und JUPITER

Zwischen LAVERNA und JUPITER kommt es durch Willensübereinkunft über den Austausch von Ware (Hengst Nero) und Preis (90) zum Abschluss eines Kaufvertrages (*emptio venditio*). Da die Ware von den Parteien nach individualisierenden Merkmalen umschrieben ist (Hengst Nero), liegt ein Spezieskauf vor. Geht der Hengst Nero nach Vertragsabschluss und vor der bedungenen Übergabe unter, so liegt ein Fall einer nachträglichen Unmöglichkeit vor. Der Verkäufer hat hinsichtlich der verkauften, aber noch nicht übergebenen Sache grds für *dolus* und *culpa* einzustehen. Der Tod des Hengstes Nero durch eine Feuersbrunst stellt jedoch ein Ereignis von höherer Gewalt (*vis maior*) dar. Zu den Ereignissen von *vis maior* zählen solche, die vom Menschen nicht vorhersehbar bzw nicht abwendbar sind – *vis cui resisti non potest*. Folglich hat JUPITER den Tod des Hengstes Nero nicht zu vertreten, weshalb sich die Frage der Gefahrtragung stellt. Die Leistungsgefahr trägt die Käuferin LAVERNA: Sie erhält weder die Primärleistung (Hengst Nero), noch eine Sekundärleistung (Geldersatz). Die Preisgefahr hat LAVERNA dann zu tragen, wenn der Kaufvertrag perfekt geworden ist. Da es sich im vorliegenden Fall um einen Spezieskauf einer mängelfreien Sache handelt, keine aufschiebende Bedingung oder Befristung vereinbart worden ist und der Kaufpreis ziffernmäßig feststeht, ist der Kaufvertrag (im Zeitpunkt des Vertragsabschlusses) perfekt geworden. Folglich trifft LAVERNA, nach dem Grundsatz *perfecta emptione periculum ad emptorem respiciet*, das Risiko, den Kaufpreis zahlen zu müssen, obwohl sie nichts erhält (Preisgefahr). Den Anspruch auf Zahlung des Kaufpreises in Höhe von 90 kann JUPITER als Verkäufer mit der *actio venditi* bei LAVERNA geltend machen.

Zu beachten ist, dass JUPITER nur LAVERNA, nicht hingegen ihre Mitgesellschafter MERKUR und HERKULES aus dem Kaufvertrag in Anspruch nehmen kann. Als schuldrechtliches Verhältnis unter den Gesellschaftern erzeugt die *societas* nur Rechte und Pflichten unter diesen, jedoch keine Vertretungsmacht gegenüber Außenstehenden. Die *societas* ist keine juristische Person, sondern eine reine Innengesellschaft. Somit wirken Rechtshandlungen, die ein einzelner Gesellschafter gegenüber Dritten vornimmt, nur für oder gegen diesen, nicht aber gegenüber der Gesamtheit der übrigen Gesellschafter bzw der Gesellschaft als solcher. Folglich ist auch der Kaufvertrag über den Hengst Nero „nur" zwischen JUPITER und LAVERNA zustande gekommen, weshalb LAVERNA im eigenen Namen für den Kaufpreis haftet. Es stellt sich jedoch die Frage, ob LAVERNA von ihren Mitgesellschaftern anteilsmäßigen Ersatz für den durch den zufälligen Untergang des gekauften Hengstes entstandenen Schaden (gezahlten Kaufpreis in Höhe von 90) erlangen kann. Der *societas* als Gefahrengemeinschaft entspricht es, dass ein Schaden, der einem Gesellschafter unverschuldet entsteht, auch von den übrigen *socii*, nach Maßgabe ihrer Anteile, mitzutragen ist. Dies gilt nach Ansicht des Juristen Julian jedenfalls für solche Schäden, für deren Eintritt die Erreichung des Gesellschaftszwecks *condicio sine qua non* war. Da einerseits LAVERNA den Untergang des Hengstes nicht verschuldet hat, andererseits der Schaden im Zuge der Verfolgung des Gesellschaftszwecks entstanden ist (Ankauf des Hengstes, damit dieser den zum Raubtiertransport zur Verfügung gestellten Wagen zieht), ist der Schaden von MERKUR und HERKULES anteilsmäßig mitzutragen.

Vertragsverhältnis zwischen MERKUR und CARMENTA

Zu prüfen ist, wie die Vereinbarung zwischen MERKUR und CARMENTA, die Weide von QUIRINUS kaufen zu wollen, rechtlich zu qualifizieren ist. Der Jurist Julian legt das Hauptaugenmerk für die Beantwortung der Frage, ob eine Vereinbarung als *societas* zu qualifizieren ist, auf den Parteiwillen. Nur dann, wenn es Absicht der Parteien ist, ein gemeinsames Geschäft (*negotium commune*) zu führen, könne von einer *societas* gesprochen werden. Sofern im vorliegenden Fall MERKUR und CARMENTA mit dem Kauf der Weide die Erreichung eines gemeinsamen Zieles verfolgt wissen wollen, handeln sie mit *animus contrahendae societatis* und die Vereinbarung ist als *societas* (*ad emendam certam rem*) zu qualifizieren. Erschöpft sich der Zweck des Gesellschaftsvertrages, wie im vorliegenden Fall, in der Abwicklung einer einzigen Angelegenheit, so spricht man von einer *societas unius rei*. In diesen Fällen stellt die *societas* kein auf Dauer angelegtes Schuldverhältnis, sondern ein Zielschuldverhältnis dar, das mit Abschluss des Geschäfts sein Ende findet.

Kommt es in der Folge zum Ankauf der Weide durch MERKUR und weigert sich dieser, CARMENTA die Hälfte abzutreten (*arg:* MERKUR hat es sich anders überlegt und möchte die gesamte Weide für sich haben), so verstößt er dolos gegen den Gesellschaftsvertrag, weshalb CARMENTA ihn auf Zuhaltung des Vertrages klagen wird. Zur Durchsetzung ihres Anspruchs auf Übereignung der Hälfte der Weide steht CARMENTA die *actio pro socio* zur Verfügung.

Fehlt es MERKUR und CARMENTA hingegen an einem *animus contrahendae societatis*, so könnte die Vereinbarung allenfalls als Mandat qualifiziert werden, wodurch CARMENTA verpflichtet ist, die Weide zu kaufen und MERKUR die Hälfte gegen Ersatz des halben Kaufpreises als Aufwandersatz abzutreten. Da nach Ansicht der römischen Juristen die Ausführung des Mandats auch in gemischtem Interesse erfolgen kann, schadet der Umstand, dass der Ankauf auch im Interesse von CARMENTA als Mandatarin liegt (den nicht an MERKUR zu übertragenden Teil der Weide soll sie für sich behalten), nicht der Qualifizierung als Mandat. Kauft der Mandant MERKUR die Weide in der Folge selbst, so kann dies als (konkludent ausgedrückter) Wille, die Erteilung des Mandats an CARMENTA einseitig zurückzuziehen, verstanden werden. Die einseitige Lösung des Mandats durch den Mandanten (*revocatio*) ist grds zulässig, solange *res integra* gegeben ist, dh solange der Mandatar noch keine Ausgaben in Hinblick auf die Ausführung des Mandats getätigt hat. Da CARMENTA dem Sachverhalt nach keine Aufwendungen entstanden sind, steht es MERKUR zu, die Erteilung des Mandats zurückzuziehen. Aus der *bona fides* wird MERKUR verpflichtet sein, CARMENTA vom Erwerb der Weide zu informieren, damit sie weiß, dass sie sich nicht weiter um den Ankauf bemühen muss.

Zu beachten ist, dass, so wie der Kaufvertrag über den Hengst Nero nur zwischen LAVERNA und JUPITER zustande gekommen ist, auch der Vertrag über den gemeinsamen Ankauf der Weide nur zwischen MERKUR und CARMENTA entstanden ist. Die Wirkungen des Vertrages zwischen MERKUR und CARMENTA erstrecken sich daher nicht auf die übrigen, aus dem (anderen) Gesellschaftsvertrag mit MERKUR verbundenen Gesellschafter LAVERNA und HERKULES. Nimmt man zwischen MERKUR und CARMENTA eine *societas* an, so gilt: *socius mei socii meus socius non est* – der Gesellschafter meines Gesellschafters ist nicht mein Gesellschafter. Folglich kann CARMENTA allfällige Ansprüche aus der Vereinbarung mit MERKUR nur gegen diesen geltend machen.

Da die von MERKUR, LAVERNA und HERKULES eingegangene Gesellschaft auf Dauer angelegt ist, handelt es sich bei ihr um ein Dauerschuldverhältnis. Indem MERKUR, LAVERNA und HERKULES nicht vereinbart haben, dass die Gesellschaft nur bis zu einem bestimmten Zeitpunkt bestehen soll, liegt eine unbefristete Gesellschaft vor. Als solche kann sie grds jederzeit durch einseitige Erklärung eines Gesellschafters (*renuntiatio*) beendet werden. Die einseitige Beendigung ist aber dann nicht zulässig, wenn sie gegen die *bona fides* verstößt. Dies ist etwa dann der Fall, wenn die Beendigung der Gesellschaft zur Unzeit begehrt wird, dh zu einem Zeitpunkt, zu dem den übrigen Gesellschaftern ein Schaden entsteht, der ihnen zu einem späteren, für den aufkündigenden Gesellschafter zumutbaren Zeitpunkt nicht entstehen würde.

Möchte HERKULES aus der Gesellschaft mit MERKUR und LAVERNA ausscheiden, so hat er die Möglichkeit, die *societas* durch *renuntiatio* zu beenden. Da dem Sachverhalt nach den übrigen Gesellschaftern durch die Beendigung der Gesellschaft zu diesem Zeitpunkt keine Nachteile erwachsen, die ihnen zu einem späteren Zeitpunkt nicht erwachsen würden, ist die einseitige Beendigung durch HERKULES zulässig.

Ist die *societas* beendet, so kommt es zur Abrechnung des Gesellschaftsverhältnisses, die von jedem Gesellschafter mittels *actio pro socio* verlangt werden kann. Im Zuge der Abrechnung kommt es va zur Aufteilung des Gewinns bzw des Verlustes der Gesellschaft. Im vorliegenden Fall ist der Gewinn in Höhe von 800 nach Maßgabe des von JANUS festgelegten Verteilungsschlüssels vorzunehmen. Folglich erhalten HERKULES die Hälfte (400) und MERKUR sowie LAVERNA je ein Viertel (200) des Gewinns. Zur Durchsetzung ihrer schuldrechtlichen Ansprüche steht jedem von ihnen die *actio pro socio* zur Verfügung.

▶ **(1)** Die Gesellschaft bürgerlichen Rechts ist kein eigenständiges Rechtssubjekt (keine juristische Person), weshalb sie nicht selbst Rechte erwerben und Verbindlichkeiten eingehen kann. Forderungen stehen somit nicht der Gesellschaft, sondern den einzelnen Gesellschaftern zu. Wenngleich für Verbindlichkeiten nach dem Gesetz jeder Gesellschafter anteilsmäßig haftet (§ 1203), wird nach der hL und Rsp Solidarschuld angenommen, wenn sich mehrere Personen aufgrund eines einheitlichen Vertrages zu einer Leistung verpflichten. Wird ein Gesellschafter für die gesamte Schuld in Anspruch genommen, kann er sich nach Maßgabe der Gesellschaftsanteile bei den übrigen Gesellschaftern regressieren. Gem § 1191 S 2 kann die Schadenersatzpflicht eines Gesellschafters nicht durch einen von ihm sonst verschafften Nutzen ausgeglichen werden. Eine Ausnahme von dieser Grundregel findet sich in S 3. Demnach ist eine Vorteilsanrechnung ausnahmsweise möglich, wenn ein Gesellschafter durch ein eigenmächtig vorgenommenes neues Geschäft einerseits einen Schaden verursacht, andererseits einen Nutzen bewirkt hat. Eine Einschränkung der Haftung auf die Sorgfalt in eigenen Angelegenheiten galt für die Gesellschafter einer Gesellschaft bürgerlichen Rechts nie. Mit der Ablösung des HGB durch das UGB wurde die *diligentia quam in suis rebus* auch für die übrigen Personengesellschaften aufgehoben. Möchte bei der Gesellschaft bürgerlichen Rechts ein Gesellschafter aus der Gesellschaft ausscheiden, so ist dies grds dann möglich, wenn die übrigen Gesellschafter dem Ausscheiden zustimmen. Austrittsrechte normieren etwa die §§ 1189 u 1211. Ebenso ist der Austritt bei Vorliegen eines wichtigen Grundes zulässig. Ob die ordentliche Kündigung einer unbefristeten Gesellschaft bürgerlichen Rechts zum Austritt des kündigenden Gesellschafters oder zur Auflösung der Gesellschaft führt, ist strittig. Gründe für ein zwangsweises Ausscheiden eines Gesellschafters finden sich va in § 1210 und sind etwa die Nichterfüllung wesentlicher Vertragspflichten, die Konkurseröffnung über das Vermögen des auszuschließenden Gesellschafters sowie die Begehung einer strafbaren Handlung, die nur vorsätzlich begangen werden kann und mit mehr als einjähriger Freiheitsstrafe bedroht ist, sofern der Gesellschafter dadurch das Vertrauen der anderen verliert. Wenngleich ein Gesellschafter bei einer zur Erreichung des Gesellschaftszwecks erforderlichen Kapitalerhöhung nicht zum Nachschuss verpflichtet werden kann, so besteht doch die Möglichkeit, ihn auszuschließen, sofern er nicht zum Austritt aus der Gesellschaft bereit ist, § 1189. Eine demonstrative Aufzählung der Beendigungsgründe der Gesellschaft bürgerlichen Rechts findet sich in § 1205. Zu den Auflösungsgründen zählen der Zeitablauf einer befristeten Gesellschaft, die einvernehmliche Auflösung und der Eintritt vereinbarter Auflösungsgründe sowie der Ausschluss, das Ausscheiden bzw der Tod eines Gesellschafters bei einer Zwei-Personen-Gesellschaft sowie die Erreichung bzw die Unmöglichkeit der Erreichung des Gesellschaftszwecks und grds der Verlust des Hauptstamms. Anders als etwa die OG und die KG tritt die Gesellschaft bürgerlichen Rechts nach Beendigung nicht in ein Liquidationsstadium, sondern wandelt sich in eine schlichte Rechtsgemeinschaft gem den §§ 825 ff. In der Folge wird das Vermögen dieser Rechtsgemeinschaft nach Abzug von Schulden unter den Gesellschaftern aufgeteilt, § 1215. **(2)** Zur nachträglichen Unmöglichkeit vgl Fall 36. **(3)** Zum Auftrag vgl Fall 54.

Zu den einschlägigen Quellenstellen der hier erörterten Problemkreise: zu den Beiträgen der *socii* in Form von Kapital und Arbeit sowie zur Gewinn- und Verlustverteilung vgl insb Ulpian D 17. 2. 29 pr sowie Gai Inst 3. 149; zur Festsetzung der Gesellschaftsanteile nach dem Urteil eines *vir bonus* vgl insb Pomponius D 17. 2. 6 sowie Proculus D 17. 2. 78; zur Ungültigkeit einer *societas leonina* vgl insb Ulpian D 17. 2. 29. 2; zur *societas* als Gefahrengemeinschaft vgl insb Ulpian D 17. 2. 52. 4; zur Abgrenzung von *societas (ad emendam certam rem)* und *mandatum* bei gemeinsamem Erwerb eines Grundstücks vgl Ulpian D 17. 2. 52 pr; zur Qualifizierung einer Vereinbarung als *societas* bei Vorliegen eines *animus contrahendae societatis* vgl Ulpian D 17. 2. 44; zur Beendigung einer *societas unius rei* mit Abwicklung des Geschäfts vgl insb Paulus D 17. 2. 65. 10; keine Möglichkeit der *revocatio* durch den Mandanten, wenn nicht mehr *res integra* vorliegt, vgl Paulus D 17. 1. 15; zur Kündigung der *societas* mittels *actio pro socio* vgl Paulus D 17. 2. 65 pr.

Fall 60: ☆

Sine Cerere et Baccho friget Venus *

CERES und BACCHUS betreiben gemeinsam die Handelsgesellschaft „Vinum & Frumentum", die sich auf den Vertrieb von Wein und Getreide aus Nordafrika spezialisiert hat. Während CERES den Laden am Forum Romanum betreut, ist BACCHUS für die Einfuhr der Waren aus dem Ausland verantwortlich. BACCHUS nimmt bei FORTUNA in Karthago ein Getreidedarlehen mit einer Laufzeit von einem Jahr auf. Auf der Rückreise wird BACCHUS von einer Räuberbande überfallen, die ihm das gesamte Getreide (500) sowie einige persönliche Wertgegenstände (150) abnehmen. Während BACCHUS' Abwesenheit führt CERES mit VENUS Verkaufsgespräche über mehrere Amphoren Spitzenwein. Eine Woche nach BACCHUS' Rückkehr teilt CERES BACCHUS mit, dass sie keine Lust mehr habe, mit ihm weiter Geschäfte zu machen. Dabei hat BACCHUS soeben die Miete (50) für einen Marktstand am Forum Boarium bezahlt, bei dem der neu eingetroffene Wein verkauft werden soll. Zum Zeitpunkt der Beendigung beläuft sich der Verlust der Gesellschaft auf 700, CERES ist aber nicht imstande, mehr als 200 aufzubringen. Einige Tage nach Beendigung von „Vinum & Frumentum" schließt CERES mit VENUS den Kaufvertrag über die Amphoren Wein mit einem Gewinn von 100 ab.

Wie sind die wechselseitigen Ansprüche von CERES und BACCHUS zu beurteilen?

Zu behandelnde Problemkreise:

➢ Voraussetzungen für das Zustandekommen eines Gesellschaftsvertrages
➢ Beteiligung an der Gesellschaft zu gleichen Teilen mangels Vereinbarung
➢ Abschluss eines Darlehensvertrages
➢ *societas* als Innengesellschaft
➢ gemeinsame Gefahrtragung, sofern die Verfolgung des Gesellschaftszwecks *condicio sine qua non* für den Eintritt des Schadens ist
➢ Kündigung eines unbefristeten Gesellschaftsvertrages
➢ Haftung und Verurteilung auf *id quod facere potest* eines Gesellschafters
➢ Schadenersatzanspruch des zur Unzeit aufgekündigten Gesellschafters
➢ Geltendmachung der schuldrechtlichen Ansprüche mittels *actio pro socio*

Zu den einschlägigen Quellenstellen der hier zu erörternden Problemkreise: zum Eingehen einer *societas* zwecks Handels mit Wein oder Getreide vgl Iust Inst 3. 25 pr; zur gleichen Beteiligung der *socii* an der Gesellschaft mangels Vereinbarung vgl insb Ulpian D 17. 2. 29 pr; zur *societas* als Gefahrengemeinschaft vgl insb Ulpian D 17. 2. 52. 4; zum Haftungsmaßstab der *socii* vgl insb Ulpian D 17. 2. 52. 2 sowie Gaius D 17. 2. 72; zur Verurteilung des *socius* auf *id quod facere potest* vgl insb Ulpian D 17. 2. 63 pr; zur Haftung bei Kündigung zur Unzeit vgl insb Ulpian D 17. 2. 14 sowie Paulus D 17. 2. 65. 4 u 5.

---

* Eigentlich: *Sine Cerere et Libero friget Venus* – Ohne Ceres und Liber friert Venus (Terenz, *Eunuchus* 732). Der römische Gott Bacchus wird bisweilen mit der Gottheit Liber gleichgesetzt. Dieses Sprichwort des römischen Komödiendichters Terenz veranschaulicht die Verbindung der drei Gottheiten Liber (iSv Wein) mit Ceres (iSv Brot) und Venus (iSv Liebe). Im 18. Jh auch wiedergegeben mit „Ohne Kost und ohne Wein kann die Liebe nicht gedeihn."

Variante:

Welche Auswirkung hat es auf den Fortbestand der Gesellschaft, wenn CERES nach BACCHUS' Rückkehr von der Geschäftsreise stirbt? Können die Gesellschafter vereinbaren, dass im Falle des Todes eines Gesellschafters dessen Erbe in die Gesellschaft eintritt?

Zu behandelnde Problemkreise:

> ➢ Beendigung der Gesellschaft durch Tod eines Gesellschafters – *societas morte socii solvitur*
> ➢ grds keine Fortführung durch Erben
> ➢ Gewinn- und Verlustabrechnung zu gleichen Teilen mittels *actio pro socio*

▶ Gem § 1206 führt der Tod eines Gesellschafters bei der Gesellschaft bürgerlichen Rechts grds nur dann zur Beendigung der Gesellschaft, wenn nach dem Tod nur noch ein Gesellschafter übrig bleibt. Ansonsten wird die Gesellschaft unter den lebenden Gesellschaftern fortgeführt. Die Mitgliedschaftsrechte gehen, sofern sie nicht durch den Gesellschaftsvertrag vererblich gestellt wurden (§ 1208), nicht auf die Erben über. Vererblich sind hingegen etwa Gewinnauszahlungs- und Abfindungsansprüche, die noch zu Lebzeiten des Gesellschafters entstanden sind. Mit dem Tod eines Gesellschafters bei der OG tritt diese grds in den Zustand der Liquidation, § 131 Z 4 UGB. Den überlebenden Gesellschaftern steht es aber frei, die Fortsetzung zu beschließen. Bei der KG gelten für die Rechtsnachfolge nach dem Komplementär die Regeln der OG. Der Tod des Kommanditisten führt hingegen nicht zur Beendigung der Gesellschaft, § 177 UGB. Sein Anteil ist vererblich. Da die AG und die GmbH als Kapitalgesellschaften vom Wechsel ihrer Mitglieder grds unabhängig sind, berührt der Tod eines Gesellschafters den Bestand der Kapitalgesellschaft nicht. Die Mitgliedschaftsrechte an einer AG oder GmbH sind vererblich. [*Koziol/Welser*, Bürgerliches Recht[13] II (2007) 450 ff]

Zu den einschlägigen Quellenstellen der hier zu erörternden Problemkreise: zur Beendigung der Gesellschaft durch Tod eines *socius* vgl insb Gai Inst 3. 152; zur Unwirksamkeit der Vereinbarung, dass ein Erbe nach dem Tod eines *socius* in die Gesellschaft eintreten soll, vgl insb Pomponius D 17. 2. 59 pr; zur Abrechnung der Gesellschaft nach dem Tod eines *socius* unter den verbliebenen *socii* und den Erben vgl insb Paulus D 17. 2. 65. 2.

6. Teil

INNOMINATKONTRAKTE

Lit: *Benke/Meissel*, Römisches Schuldrecht[7] (2006) 231–239;
Hausmaninger/Selb, Römisches Privatrecht[9] (2001) 260–262;
Kaser/Knütel, Römisches Privatrecht[20] (2014) 277–279;
Apathy/Klingenberg/Pennitz, Einführung in das römische Recht[5] (2012) 206–207.

Fall 61:

Alea iacta est [*]

JUPITER hat seinen letzten Sesterz beim Würfelspiel verloren, weshalb er beschließt, sein geerbtes Silberbesteck zu Geld zu machen. Zu diesem Zweck vereinbart er mit APOLLO, dass dieser das Besteck um einen Schätzwert von 350 verkaufen soll und einen allfälligen Mehrerlös behalten könne. Sollte APOLLO ein Verkauf innerhalb von zwei Wochen nicht gelingen, so sei das Besteck an JUPITER zurückzugeben. Mit VESTA vereinbart JUPITER, dass sie ihm ihren Sklaven Consus übergibt, wofür JUPITER einem ihrer anderen Sklaven, Silvanus, Griechisch beibringen soll. JUPITER erlaubt MINERVA auf ihren Wunsch hin, dass ihr Hengst seine Stute decken und MINERVA das Fohlen an sich nehmen darf. Bevor APOLLO das Silberbesteck verkaufen kann, wird es von einer Germanenbande geraubt. Nachdem VESTA den Sklaven Consus an JUPITER übergeben hat, weigert sich dieser, dem Sklaven Silvanus Griechisch beizubringen. JUPITERs Stute gebiert ein prächtiges Fohlen. Als MINERVA zur Abholung erscheint, gestattet ihr JUPITER nicht, das Fohlen mitzunehmen.

Wie ist die Rechtslage?

Vorüberlegungen:

➤ Wie ist die Vereinbarung zwischen JUPITER und APOLLO zu qualifizieren?
➤ Was versteht man unter einem Innominatkontrakt?
➤ Wer trägt die Gefahr des zufälligen Untergangs des Silberbestecks durch *vis maior*?
➤ Welche Leistungsbeziehung liegt der Vereinbarung zwischen JUPITER und VESTA zugrunde?
➤ Welche Rechtsbehelfe stehen VESTA zur Verfügung?
➤ Erwächst MINERVA ein klagbarer Anspruch aus ihrer Vereinbarung mit JUPITER?

---

[*] Der Würfel ist geworfen iSv nachdem der erste Schritt getan ist, gibt es kein Zurück mehr (Sueton, *Divus Iulius* 32; Plutarch, *Caesar* 32. 5; *Pompeius* 60. 4), findet sich oft unpräzise übersetzt mit „Die Würfel sind gefallen". Ausspruch Caesars, als er im Jahre 49 v Chr mit seinem Heer den Fluss Rubikon als Grenze der gallischen Provinz zum römischen Staatsgebiet passierte, womit er den Bürgerkrieg (49–46 v Chr) auslöste.

Vereinbarung zwischen JUPITER und APOLLO

Die Vereinbarung zwischen JUPITER und APOLLO ist als Trödelvertrag (*aestimatum*) zu qualifizieren. Beim Trödelvertrag wird eine Sache hingegeben, die der Trödler innerhalb einer bestimmten Frist um einen Schätzwert verkaufen soll, wobei sich der Trödler einen allfälligen Mehrerlös behalten darf. Gelingt dem Trödler innerhalb der festgelegten Frist kein Verkauf, so hat er die Sache zurückzustellen.

Da der Trödelvertrag keinem der anerkannten römischen Kontraktstypen zugeordnet werden kann, zählt er zu den Innominatkontrakten. Zwar enthält der Trödelvertrag Elemente des Kaufvertrages, der *locatio conductio*, des Mandats und der *societas*, er lässt sich aber unter keinen dieser Verträge eindeutig subsumieren.

So kann die vorliegende Abmachung nicht als *emptio venditio* qualifiziert werden, da der Trödler APOLLO berechtigt ist, die Sache an den Übergeber JUPITER zurückzustellen, sofern es zu keinem Verkauf kommt. Eine *locatio conductio* (*operis* bzw *operarum*) scheidet mangels hinreichend bestimmten Entgelts (*merces certa*) aus. Auch ein *mandatum* liegt nicht vor, da APOLLO den Verkauf des Bestecks aufgrund der Möglichkeit, einen Mehrerlös lukrieren zu können, nicht unentgeltlich vornimmt. Die Vereinbarung zwischen JUPITER und APOLLO könnte allenfalls als *societas* gewertet werden. Dies wäre insb dann anzunehmen, wenn JUPITER und APOLLO mit der Absicht gehandelt hätten, eine Gesellschaft zu gründen (*animus contrahendae societatis*). Gegen das Vorliegen einer *societas* spricht, dass JUPITER und APOLLO mit dem Verkauf des Silberbestecks keinen gemeinsamen wirtschaftlichen Zweck verfolgen: Während das Interesse JUPITERs im Verkauf des Bestecks um den vereinbarten Schätzwert besteht, ist hingegen APOLLO an einem möglichst weit über dem Schätzwert liegenden Verkauf interessiert.

Aufgrund des Trödelvertrages ist der Trödler APOLLO berechtigt, als Verfügungsbefugter einem Dritten Eigentum am Silberbesteck zu übertragen. Bis zum Verkauf bleibt der Übergeber JUPITER Eigentümer des Bestecks. Zu beachten ist, dass der Trödelvertrag zwar einen atypischen Vertrag darstellt, für ihn aber bereits eine eigene Klage, die *actio de aestimato*, in das prätorische Edikt aufgenommen worden ist.

Der Verlust des Silberbestecks im Zuge des Raubüberfalls stellt ein Ereignis höherer Gewalt dar. Zur Beantwortung der Frage, wer das Risiko für den zufälligen Untergang der zum Verkauf übergebenen Sache zu tragen hat, bedient man sich beim Trödelvertrag des Utilitätsprinzips. Demnach trifft denjenigen, der das größere wirtschaftliche Interesse am Verkauf der Sache hat, auch der Nachteil eines zufälligen Untergangs. Da die Initiative zum Verkauf des Bestecks vom Übergeber JUPITER ausgeht (*arg*: er beschließt, sein geerbtes Silberbesteck zu Geld zu machen), hat dieser auch den Verlust des Bestecks infolge höherer Gewalt zu tragen – *si quidem ego te venditor rogavi, meum esse periculum*. Folglich kann JUPITER von APOLLO keinen Ersatz für das geraubte Silberbesteck verlangen.

Vereinbarung zwischen JUPITER und VESTA

Auch die Vereinbarung zwischen JUPITER und VESTA ist als Innominatkontrakt zu qualifizieren. Die Abrede, den Sklaven Consus zu übergeben, dass dafür dem Sklaven Silvanus Griechisch beigebracht werde, entspricht keinem der anerkannten Verträge. Eine *emptio venditio* oder eine *locatio conductio* (*operis* bzw *operarum*) liegen nicht vor, da die jeweilige Gegenleistung nicht in Geld besteht. Ein *mandatum* ist auszuschließen, da VESTA verpflichtet ist, als Gegenleistung für die Erteilung von Griechischunterricht den Sklaven Consus zu übergeben, weshalb die Vereinbarung nicht unentgeltlich ist. Eine *societas* ist mangels Absicht, einen gemeinsamen wirtschaftlichen Zweck zu verfolgen, ebenfalls nicht gegeben. Bis der Prätor die Durchsetzbarkeit von untypischen Vereinbarungen durch Gewährung einer Klage ermöglicht, sind die Parteien darauf beschränkt, die eigene, bereits erbrachte Leistung zurückzufordern, sofern die Gegenleistung ausbleibt. Weigert sich JUPITER, dem Sklaven Silvanus wie versprochen Griechisch beizubringen, so kann VESTA nicht auf Einhaltung der Vereinbarung klagen, sie ist aber berechtigt, JUPITER mit einer *condictio ob causam datorum* (bzw *causa data causa non secuta*) bereicherungsrechtlich zu belangen. Diese Klage ermöglicht es VESTA, wegen Nichterbringung der erwarteten Gegenleistung (dass ihrem Sklaven Silvanus Griechisch beigebracht wird) die von ihr erbrachte Leistung (den übergebenen Sklaven Consus) zurückzuverlangen. Erst in klassischer Zeit werden bestimmte atypische Vereinbarungen vom Prätor zunehmend mit Klagbarkeit ausgestattet, indem der klagenden Partei eine *actio* (*praescriptis verbis* bzw *civilis incerta* bzw *in factum civilis)* auf Erbringung der Gegenleistung gewährt wird. Dabei ist der Erfüllungsanspruch grds von zwei Voraussetzungen abhängig: Einerseits bedarf es eines synallagmatischen Verhältnisses zwischen den Parteien, dh, dass eine Leistung um einer Gegenleistung willen versprochen wird, andererseits muss der Kläger die eigene Leistung bereits erbracht haben.

Dem Verpflichtungsverhältnis zwischen JUPITER und VESTA liegt ein Leistungsversprechen *do ut facias* (Übergabe eines Sklaven gegen Erteilung von Sprachunterricht) zugrunde, weshalb ein Synallagma gegeben ist. Auch ist VESTA mit Übergabe des Sklaven Consus ihrer Leistungsverpflichtung bereits nachgekommen, weshalb sie alternativ, anstatt die eigene Leistung zu kondizieren, JUPITER auf Erfüllung des Vertrages mit einer *actio praescriptis verbis* klagen kann.

Vereinbarung zwischen JUPITER und MINERVA

Auch die Vereinbarung zwischen JUPITER und MINERVA ist keinem der anerkannten römischen Kontrakte zuzuordnen. Da aufgrund der Abrede lediglich JUPITER Pflichten treffen – er hat seine Stute von MINERVAs Hengst decken zu lassen und das Fohlen an sie herauszugeben –, MINERVA jedoch zu keiner Gegenleistung verpflichtet ist, liegt kein synallagmatisches Verhältnis und somit kein Innominatkontrakt vor. Folglich kann MINERVA nicht mit einer *actio praescriptis verbis* klagen, wenn sich JUPITER weigert, das Fohlen herauszugeben. Der Jurist Pomponius spricht sich in einem ähnlich gelagerten Fall für die Gewährung einer *actio de dolo* aus. Bei dieser Klage handelt es sich um einen subsidiären Rechtsbehelf – *si alia actio non erit* –, der ein arglistiges bzw treuwidriges Verhalten des Beklagten als Voraussetzung hat. Die Verurteilung bei der *actio de dolo* geht auf einen vom Kläger eidlich bekundeten Schätzwert und zieht die Infamie des Beklagten nach sich. Der Beklagte kann die Verurteilung jedoch abwenden, indem er dem Kläger Restitution des Erlangten leistet. Indem JUPITER entgegen seiner Zusage MINERVA nicht gestattet, dass sie das Fohlen an sich nimmt, handelt er treuwidrig, weshalb ihn MINERVA mit einer *actio de dolo* belangen kann.

▶ **(1)** Ausgehend vom Gedanken der Privatautonomie ist das moderne Privatrecht vom Prinzip der Vertragsfreiheit geprägt. Der Grundsatz, wonach jede rechtlich zulässige, ernst gemeinte und mögliche Vereinbarung zu erfüllen und widrigenfalls einklagbar ist, lässt sich treffend mit dem neuzeitlichen Sprichwort *pacta sunt servanda* umschreiben. Die Parteien sind somit bei der Gestaltung ihrer privatrechtlichen Angelegenheiten nicht an die gesetzlich geregelten Vertragstypen gebunden. Sie können einerseits Verträge, die keinem der gesetzlich typisierten Verträge entsprechen (atypische Verträge), oder solche, die aus verschiedenen gesetzlichen Vertragstypen zusammengesetzt sind (gemischte Verträge), schließen. Zu den wichtigsten atypischen Verträgen gehören etwa der Garantievertrag oder der Krediteröffnungsvertrag. Gemischte Verträge sind etwa die aus Elementen von Schenkung und Kauf bestehende sog gemischte Schenkung (vgl Fall 29), der aus Kauf- und Mietrecht zusammengesetzte Leasingvertrag, der aus Elementen des freien Dienstvertrages und des Bestandvertrages bestehende Mobilfunkvertrag sowie der Reiseveranstaltungsvertrag, der Elemente von Werk-, Dienst- und Auftragsvertrag in sich vereint. Zur Lösung eines rechtlichen Problems (etwa der Haftung) bedient man sich idR jener gesetzlichen Vorschrift eines bestimmten Vertragstyps, die der infrage stehenden Vertragspflicht sachlich am ehesten entspricht (Kombinationstheorie). Jene Verträge, die Elemente von Kauf- und Tauschvertrag aufweisen, sind hingegen gem § 1055 in ihrer Gesamtheit entweder dem einen oder dem anderen Vertragstyp zuzuordnen (Absorptionstheorie). Gleiches gilt für einen aus Elementen von Miete und Pacht zusammengesetzten Vertrag, § 1091. Ausführlich zum Tausch sowie zu dessen Abgrenzung vom Kauf vgl Fall 62. [*Koziol/Welser*, Bürgerliches Recht II^{13} (2007) 13 f; 189 f] **(2)** Der Trödelvertrag ist in den §§ 1086 ff geregelt und als Realvertrag konzipiert. Kein Trödelvertrag, sondern ein Auftrag liegt vor, wenn die Vereinbarung auf eine unbewegliche Sache gerichtet ist oder wenn der Preis bzw die Zahlungsfrist nicht bestimmt ist (§ 1088). Die Preisgefahr trägt bis zum Verkauf bzw Ablauf der Frist der Übergeber. Nach Verstreichen der Frist ist der Trödler nicht mehr berechtigt, die Sache an den Übergeber zurückzugeben, sondern er wird Eigentümer und muss den Kaufpreis leisten. Der Trödler veräußert die Sache im eigenen Namen und auf eigene Rechnung. Der Eigentumserwerb des Dritten (Käufers) beruht auf einer vom Übergeber dem Trödler eingeräumten Verfügungsermächtigung. Vom Trödelvertrag zu unterscheiden ist das Kommissionsgeschäft (§§ 383 ff UGB), dessen Inhalt es ist, dass jemand (der Kommissionär) Waren oder Wertpapiere auf Rechnung eines anderen (des Kommittenten) im eigenen Namen kauft oder verkauft und dafür eine Provision erhält. Anders als der Kommissionär hat der Trödler den vereinbarten Preis unabhängig davon abzuliefern, ob er vom Dritten mehr oder weniger erhalten hat oder ob es zu gar keinem Weiterverkauf gekommen ist. [*Koziol/Welser*, Bürgerliches Recht II^{13} (2007) 214 f] **(3)** Ein bereicherungsrechtlicher Anspruch wegen Nichteintretens des erwarteten Erfolges (*condictio causa data causa non secuta*) wird im geltenden Recht in Analogie zu § 1435 von Lehre und Rsp gewährt. Eine *condictio causa data causa non secuta* kommt va dort zur Anwendung, wo eine vertragliche Bindung nicht möglich ist und eine Partei in der erkennbaren Erwartung, die andere Seite werde ihre Leistung erbringen, vorleistet. Bsp: Jemand erbringt eine Leistung in Erwartung, testamentarisch bedacht, geheiratet oder adoptiert zu werden, oder in der Annahme des längeren Fortbestehens der Ehe bzw Lebensgemeinschaft. Eine Einschränkung der *condictio causa data causa non secuta* normiert § 1174 Abs 1 S 1: Leistet jemand etwas wissentlich zur Bewirkung einer unerlaubten Handlung, so kann es bei Nichteintritt des Erfolges nicht zurückgefordert werden. [*Koziol/Welser*, Bürgerliches Recht II^{13} (2007) 279 f]

Zu den einschlägigen Quellenstellen der hier erörterten Problemkreise: zur Auffassung der römischen Juristen *ut plura sint negotia quam vocabula* vgl Ulpian D 19. 5. 4; zum Wesen des *aestimatum* sowie zur *actio de aestimato* vgl Ulpian D 19. 3. 1 pr; zur Abgrenzung des *aestimatum* zu anerkannten Verträgen vgl insb Ulpian D 17. 2. 44, ders D 19. 3. 1 pr sowie ders D 19. 5. 13 pr; zur Gefahrtragung beim *aestimatum* vgl Ulpian D 19. 5. 17. 1 sowie ders D 19. 3. 1. 1; zur Möglichkeit der Rückforderung der eigenen Leistung mittels *condictio* bei Ausbleiben der Gegenleistung vgl Papinian D 19. 5. 7; zum Erfordernis eines Synallagmas für die Durchsetzbarkeit von Innominatkontrakten vgl insb Ulpian D 2. 14. 7. 2; zur Vereinbarung der Hingabe einer Sache gegen Bearbeitung einer anderen Sache als Bsp für eine Leistungsbeziehung *do ut facias* sowie zu deren Durchsetzbarkeit vgl insb Neraz D 19. 5. 6 sowie Ulpian D 19. 5. 13. 1; zur Erhebung einer *actio praescriptis verbis* bei gegenseitigem Forderungseinzug bzw gegenseitiger Errichtung eines Bauwerks vgl insb Paulus D 19. 5. 5. 4; zur Ablehnung eines Innominatkontrakts mangels Vorliegens eines Synallagmas sowie zur Gewährung einer *actio de dolo* vgl Pomponius D 19. 5. 16. 1; zur Subsidiarität der *actio de dolo* vgl Ulpian D 4. 3. 1. 1.

Fall 62: ☆

Feldarbeit statt Staralluüren

Der Landwirt FAUNUS möchte sich als Rennwagenfahrer versuchen, weshalb er mit PLUTO den Austausch seines Pfluges gegen dessen Streitwagen vereinbart. Der Streitwagen wird sogleich an FAUNUS übergeben. Den Pflug soll FAUNUS in einem Monat bei PLUTO vorbeibringen. Da FAUNUS das nötige Kleingeld für die Anschaffung von vier schnellen Pferden fehlt, kommt er mit seinem Rennstallkollegen MERKUR überein, dass ihm dieser für ein Rennen dessen vier Pferde und FAUNUS ihm für ein anderes Rennen den von PLUTO erhaltenen Streitwagen zur Verfügung stellt.

Als sich MERKURs Pferde am Hof des FAUNUS befinden, werden diese von einem Unbekannten gestohlen. Um beim Rennen dennoch teilnehmen zu können, geht FAUNUS zur Pferdezüchterin VENUS, um vier Rennpferde käuflich zu erwerben. VENUS übergibt FAUNUS vier Pferde, wobei sie übereinkommen, dass FAUNUS die Pferde innerhalb einer Überlegungsfrist von einer Woche um 400 kaufen, andernfalls sie an VENUS zurückgeben könne, sofern sie ihm nicht zusagen. FAUNUS ergattert beim nächsten Wettrennen den ersten Platz und erhält eine Siegesprämie in Höhe von 200.

Da sich FAUNUS vom Renngeschehen zurückziehen und stattdessen wieder auf seinen Feldern arbeiten möchte, weigert er sich, den Pflug an PLUTO zu übergeben. Die Pferde gibt FAUNUS innerhalb der vereinbarten Überlegungsfrist an VENUS zurück.

Welche Ansprüche können PLUTO, MERKUR und VENUS bei FAUNUS geltend machen?

Zu behandelnde Problemkreise:

➢ Vorliegen einer Leistungsbeziehung *do ut des* beim Tauschvertrag (*permutatio*)
➢ Abgrenzung des Tauschvertrages vom Kaufvertrag
➢ Kontroverse zwischen Prokulianern und Sabinianern
➢ Anspruch auf Rückgabe des Geleisteten mittels *condictio ob causam datorum*
➢ Voraussetzungen für einen Anspruch auf Erfüllung aus einem Innominatkontrakt und dessen Durchsetzung mittels *actio praescriptis verbis*
➢ Abgrenzung der Vereinbarung zwischen FAUNUS und MERKUR vom *commodatum*, von der *locatio conductio rei* und von der *permutatio*
➢ Haftung bzw Gefahrtragung bei Innominatkontrakten
➢ Aktivlegitimation zur *actio furti* desjenigen, in dessen Interesse es liegt, dass sich die Sache in Sicherheit befindet
➢ atypische Anwendung einer *actio praescriptis verbis*

▶ **(1)** Der Tauschvertrag ist in den §§ 1045 ff geregelt. Wie der Kauf kommt auch der Tausch bereits mit bloßer Willenseinigung zustande. Auf Tausch und Kauf sind grds die gleichen Regeln anzuwenden. Die Unterscheidung spielt aber etwa im Gewährleistungsrecht eine Rolle. So kommt beim Tausch eine Preisminderung nicht infrage. Der Übergeber der mangelhaften Sache muss stattdessen eine angemessene Aufzahlung leisten. Ein Vertrag, der aus Elementen eines Kaufes und eines Tausches besteht (Leistung einer Sache gegen eine Sache und einen Geldbetrag), ist gem § 1055 entweder als reiner Kaufvertrag oder als reiner Tauschvertrag zu behandeln (Absorptionsprinzip). Ist bei der aus Geld und Sache zusammengesetzten Leistung der Geldwert höher als der Sachwert oder sind die Werte gleich hoch, so ist, mangels anderer Abmachung, die gesamte Vereinbarung nach Kaufrecht zu beurteilen, ansonsten nach Tauschrecht. [*Koziol/Welser*, Bürgerliches Recht II[13] (2007) 189 f] **(2)** Zum Verwendungsanspruch vgl Fall 63.

Zu den einschlägigen Quellenstellen der hier zu erörternden Problemkreise: zur Schulenkontroverse hinsichtlich der Qualifizierung einer Vereinbarung des Austausches von Ware gegen Ware vgl insb Paulus D 18. 1. 1. 1; zur Unterscheidung von Kauf und Tausch vgl insb Paulus D 19. 4. 1 pr sowie ders D 19. 5. 5. 1; zur Eigentumsverschaffungspflicht bei der *permutatio* vgl insb Paulus D 19. 4. 1. 3; zum Erfüllungsanspruch aus der *permutatio* vgl insb Paulus D 19. 4. 1. 4; zur Möglichkeit der Rückforderung der eigenen Leistung mittels *condictio* bei Ausbleiben der Gegenleistung vgl Papinian D 19. 5. 7; zum Erfordernis eines Synallagmas für die Durchsetzbarkeit von Innominatkontrakten vgl insb Ulpian D 2. 14. 7. 2; zur wechselseitigen Überlassung von Sachen zum Gebrauch und zur Klagemöglichkeit mittels *actio praescriptis verbis* vgl insb Ulpian D 19. 5. 17. 3; zur Aktivlegitimation zur *actio furti* desjenigen, *cuius interest rem salvam esse* vgl etwa Gaius Inst 3. 203 sowie des Kommodatars vgl Modestin Coll 10. 2. 6 sowie Gai Inst 3. 206; zur Anwendung einer *actio praescriptis verbis* bei Hingabe einer Sache zum *experimentum gratuitum* vgl Ulpian D 19. 5. 20 pr.

7. Teil

ADJEKTIZISCHE KLAGEN

Lit: *Benke/Meissel*, Römisches Schuldrecht[7] (2006) 242–254;
Hausmaninger/Selb, Römisches Privatrecht[9] (2001) 319–325;
Kaser/Knütel, Römisches Privatrecht[20] (2014) 292–295;
Apathy/Klingenberg/Pennitz, Einführung in das römische Recht[5] (2012) 209–212.

Fall 63: ☆☆

Der Steinmetz

JUPITER benötigt für seinen Steinmetzbetrieb neues Material aus dem Steinbruch der JUNO, weshalb er ihr eine Platte feinsten Carrara-Marmors (Wert 90) um 100 abkauft. Die Platte wird sofort übergeben. Da JUPITER nicht liquid ist, bittet er JUNO, den Kaufpreis erst in einem Monat zahlen zu müssen. Bei Fälligkeit kann JUPITER den Kaufpreis nicht leisten. In Kenntnis um die Zahlungsunfähigkeit seines Vaters fragt dessen mit einem Pekulium ausgestatteter Haussohn BACCHUS bei MERKUR um die Gewährung eines Darlehens an. Da MERKUR BACCHUS nur dann ein Darlehen gewähren will, wenn er hierfür eine Sicherheit erhält, erklärt sich VESTA, auf Bitte von BACCHUS, bereit, für die Rückzahlung des Darlehens mittels *fideiussio* zu bürgen. Daraufhin erhält BACCHUS von MERKUR 120, die er sich verpflichtet, in einem Jahr zurückzuzahlen. Mit dem Geld leistet BACCHUS den Kaufpreis für die Marmorplatte. Die restlichen 20 bringt BACCHUS beim Glücksspiel durch. Bei Fälligkeit des Darlehens kann BACCHUS nicht zahlen. Das Pekulium ist zu diesem Zeitpunkt wertlos.

Was kann MERKUR rechtlich unternehmen?

Skizze:

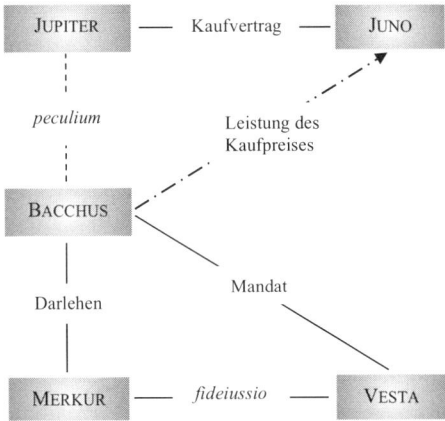

Vorüberlegungen:

➢ Wie ist die vertragliche Beziehung zwischen JUPITER und JUNO zu beurteilen?
➢ Welcher Vertrag liegt zwischen BACCHUS und MERKUR vor?
➢ Wie ist das rechtliche Verhältnis zwischen VESTA und MERKUR zu beurteilen?
➢ Wie ist das rechtliche Verhältnis zwischen VESTA und BACCHUS zu beurteilen?
➢ Wann spricht man von einer Naturalobligation?
➢ Kann eine Naturalobligation durch *fideiussio* besichert werden?
➢ Wodurch und wie wird ein Haussohn, der ein Darlehen aufgenommen hat, geschützt?
➢ Welche Einreden des Hauptschuldners kommen auch dem Bürgen zugute?
➢ Wie sind von Frauen abgeschlossene Interzessionsgeschäfte rechtlich zu beurteilen?
➢ Kann MERKUR die Rückzahlung des Darlehens von JUPITER verlangen? Wenn ja, wie?
➢ Worin besteht die Bereicherung von JUPITER durch die Aufnahme des Darlehens durch BACCHUS?

Kaufvertrag zwischen JUPITER und JUNO

Das vertragliche Verhältnis zwischen JUPITER und JUNO ist als *emptio venditio* zu qualifizieren. Die Voraussetzung für das gültige Zustandekommen eines Kaufvertrages ist die Willenseinigung über die *essentialia negotii*, dh über Ware und Kaufpreis. Sofern die Parteien die Leistungspflichten durch Nebenabreden (*accidentalia negotii*) näher bestimmen wollen, muss, damit der Kaufvertrag insgesamt zustande kommt, auch über diese Einigung bestehen. So kann etwa, wie im vorliegenden Fall, die Kaufpreisforderung mittels (formlosem) *pactum de non petendo* gestundet werden. Da sich JUPITER und JUNO über den Austausch einer Carrara-Marmorplatte gegen 100 sowie über die Fälligkeit der Kaufpreisforderung in einem Monat geeinigt haben, ist es zum Abschluss eines Kaufvertrages gekommen. Mit Übergabe der Marmorplatte wird JUNO von ihrer Leistungspflicht befreit. Leistet JUPITER im Fälligkeitszeitpunkt nicht, so kann ihn JUNO mit einer *actio venditi* auf Zahlung des Kaufpreises klagen.

Vertragsverhältnis zwischen BACCHUS und MERKUR

Es stellt sich die Frage, ob die Vereinbarung zwischen BACCHUS und MERKUR als *mutuum* (zinsenloses Darlehen) zu qualifizieren ist. Als Realvertrag kommt das *mutuum* durch tatsächliche Übergabe der Darlehensvaluta (*datio*) und die einvernehmliche Zweckbestimmung (*conventio*) zustande. Als weitere Voraussetzung muss es sich bei der Darlehensvaluta um eine vertretbare Sache handeln, dh, dass sie im Wirtschaftsverkehr nach Maß, Zahl oder Gewicht erfasst wird. Zudem muss der Darlehensgeber Eigentümer bzw Verfügungsbefugter der Darlehensvaluta sein, damit er dem Darlehensnehmer Eigentum an der Darlehensvaluta verschaffen kann. Eine Darlehens-*conventio* ist gegeben, da sich MERKUR und BACCHUS über den Abschluss eines Darlehens (mit einer Laufzeit von einem Jahr) einigen. Die *datio* der Darlehensvaluta hat ebenfalls stattgefunden (*arg*: BACCHUS erhält von MERKUR 120). Zudem besteht die Darlehensvaluta in Geld und ist daher eine vertretbare Sache. Da MERKUR ihm gehörendes Geld zum Darlehen gibt, ist auch das Recht des Vormanns gegeben. Zu beachten ist, dass nicht BACCHUS an den 120 Eigentum erwirbt (als *filius familias* ist er nicht vermögensfähig), sondern sein *pater familias* JUPITER. Das *peculium* ermöglicht es BACCHUS, für seinen *pater familias* Besitz und Eigentum zu erwerben. Da im konkreten Fall alle Voraussetzungen gegeben sind, ist zwischen BACCHUS und MERKUR ein Darlehensvertrag zustande gekommen. Der Darlehensnehmer ist grds verpflichtet, nach Ablauf der Darlehensfrist dieselbe Menge derselben Gattung der hingegebenen Sachen (*tantundem eiusdem generis*) an den Darlehensgeber zurückzustellen. Seinen Anspruch auf Rückzahlung macht der Darlehensgeber bei Fälligkeit mittels *condictio* bzw *actio certae creditae pecuniae* geltend. Im konkreten Fall handelt es sich beim Darlehensnehmer BACCHUS um einen *filius familias*, weshalb das *senatus consultum Macedonianum* zur Anwendung gelangt. Der Schutz des Senatskonsults kann auf zwei alternative Arten gewährt werden: Entweder der Prätor verweigert von vornherein (im Verfahren *in iure*) die Klage des Darlehensgebers, oder er lässt die Klage zu, gewährt jedoch dem Haussohn eine *exceptio senatus consulti Macedoniani*, um den Rückzahlungsanspruch (im Verfahren *apud iudicem*) abzuwehren. Die Verpflichtung von BACCHUS zur Rückzahlung des Darlehens stellt eine Naturalobligation dar. Das bedeutet, dass die Darlehensforderung von MERKUR zwar besteht, ihre rechtliche Durchsetzung aber nicht möglich ist. Kommt es zur Rückzahlung der Darlehensvaluta, so kann das Geleistete nicht als *indebitum* kondiziert werden. Würde BACCHUS das Darlehen zurückzahlen, so könnte er das Gezahlte nicht zurückverlangen, da er eine bestehende Schuld erfüllt hätte.

Rechtliche Verhältnisse zwischen VESTA und MERKUR bzw VESTA und BACCHUS

Da MERKUR nur dann bereit ist, BACCHUS ein Darlehen zu gewähren, wenn er hierfür eine Sicherheit erhält, erklärt sich VESTA zum Abschluss einer Bürgschaft in Form einer *fideiussio* bereit. Als Verbalkontrakt wird die *fideiussio* zwischen dem Gläubiger MERKUR und der Bürgin VESTA in Stipulationsform abgeschlossen. Da die *fideiussio* vom Prinzip der (materiellen) Akzessorietät gekennzeichnet ist, schuldet der Bürge hier, anders als bei *sponsio* bzw *fidepromissio*, bei denen der Bürge verpflichtet ist, das zu leisten, was der Hauptschuldner versprochen hat, das, was der Hauptschuldner tatsächlich schuldet – *quod* BACCHUS *debet*. Zu beachten ist, dass die Zahlungsverpflichtung von BACCHUS zwar eine Naturalobligation darstellt, diese aber dennoch mittels Bürgschaft wirksam besichert werden kann.

Für die Beantwortung der Frage, wen MERKUR bei Fälligkeit und Nichtzahlung des Darlehens in Anspruch nehmen kann, ist zu differenzieren. Nach klassischem römischen Recht ist die Stellung des Bürgen dadurch gekennzeichnet, dass er als gleichrangiger Schuldner neben den Hauptschuldner tritt, weshalb es dem Gläubiger freisteht, ob er bei Fälligkeit den Hauptschuldner oder den Bürgen in Anspruch nimmt. Aufgrund der Konsumtionswirkung der *litis contestatio* ist es dem Gläubiger jedoch verwehrt, nach erfolgloser Inanspruchnahme des Hauptschuldners bzw des Bürgen die jeweils andere Partei klagsweise zu belangen. Erst das justinianische Recht gibt dem Bürgen die Möglichkeit, den Gläubiger zunächst auf den Hauptschuldner zu verweisen. Zu diesem Zweck wird dem Bürgen das *beneficium excussionis* gewährt. Der Bürge haftet dem Gläubiger nur noch subsidiär. Damit verbunden ist, dass nun keine Konsumtionskonkurrenz mehr besteht. Der Gläubiger ist somit nicht mehr darauf beschränkt, entweder den Hauptschuldner oder den Bürgen zu klagen.

Möchte MERKUR seinen Anspruch bei Fälligkeit bei VESTA geltend machen, so steht ihm aus der *fideiussio* die *actio ex stipulatu* zur Verfügung. Aufgrund der Akzessorietät der Bürgschaftsverpflichtung bei der *fideiussio* kann der Bürge dem Gläubiger jene Einreden entgegenhalten, die dem Hauptschuldner selbst zustehen, sofern es sich nicht um Einreden handelt, die auf persönliche Umstände zwischen Hauptschuldner und Gläubiger abstellen. Da die *exceptio senatus consulti Macedoniani* zu den sachbezogenen Einreden zählt, kommt diese auch der Bürgin VESTA gegen den Zahlungsanspruch von MERKUR zugute.

Weiters ist zu berücksichtigen, dass auf die Bürgschaft zwischen MERKUR und VESTA das *senatus consultum Vellaeanum* Anwendung findet, wonach es römischen Frauen verboten ist, Interzessionsgeschäfte einzugehen. Zum Kreis der unter das Verbot des Senatskonsults fallenden

Interzessionsgeschäfte zählen neben der Bürgschaft etwa auch die Pfandbestellung für eine fremde Schuld, der Schuldbeitritt oder die befreiende Schuldübernahme durch Novation oder Litiskontestation. Das Interzessionsverbot führt aber grds nicht zur Nichtigkeit des Geschäfts, sondern ermöglicht es der Frau, eine Klage mittels Einrede abzuwehren. Folglich könnte VESTA MERKUR, sollte sie von ihm auf Zahlung geklagt werden, die *exceptio senatus consulti Vellaeani* entgegenhalten.

Das Verhältnis zwischen VESTA und BACCHUS (Innenverhältnis) ist als Auftrag (*mandatum*) zu qualifizieren. Beim Auftrag verpflichtet sich der Auftragnehmer (Mandatar) dem Auftraggeber (Mandant) gegenüber zur unentgeltlichen Führung eines Geschäftes. Im vorliegenden Fall liegt die Geschäftsführung der Auftragnehmerin VESTA im Abschluss der Bürgschaft mit MERKUR. Als Konsensualvertrag kommt das Mandat zustande, als sich VESTA bereit erklärt, der Bitte des BACCHUS zu entsprechen.

Da VESTA aus der Bürgschaft nicht zur Zahlung verpflichtet werden kann und auch sonst keine Ansprüche aus dem Mandatsverhältnis entstanden sind, bedarf das Innenverhältnis zwischen BACCHUS und VESTA keiner weiteren Erörterung.

Anspruch von MERKUR gegen JUPITER

Zu prüfen ist, ob sich der Rückzahlungsanspruch des Darlehensgebers MERKUR mittels einer adjektizischen Klage auf JUPITER als *pater familias* von BACCHUS erstrecken lässt. Die vom Prätor geschaffenen sog adjektizischen (hinzugefügten) Klagen ermöglichen es in bestimmten Fällen, einen Anspruch gegen gewaltunterworfene oder vermögenslose Geschäftspartner auf einen hinter ihnen stehenden Gewalthaber (*dominus, pater familias*) oder Geschäftsherrn zu erstrecken. Zu beachten ist, dass der Gewalthaber bzw Geschäftsherr über eine adjektizische Klage nicht anstelle des Handelnden, sondern neben diesem haftet – *hoc enim edicto non transfertur actio, sed adicitur.* In der Prozessformel der adjektizischen Klagen kommt es zu einer Umstellung der Subjekte: als Verpflichteter wird in der *demonstratio* und in der *intentio* der Handelnde, als zu Verurteilender in der *condemnatio* der Gewalthaber bzw Geschäftsherr genannt.

Da JUPITER seinem Haussohn BACCHUS ein *peculium* eingeräumt hat, ist zunächst eine Haftungserweiterung über eine *actio de peculio* in Betracht zu ziehen. Bei einem *peculium* handelt es sich um Sondervermögen, das der Gewalthaber seinem Gewaltunterworfenen zur selbständigen Bewirtschaftung überlässt. In der Einräumung eines *peculium* manifestiert sich der generellabstrakte Erwerbswille des Gewalthabers. Zugleich begründet das *peculium* eine adjektizische Haftung des Gewalthabers, und zwar selbst für jene Geschäftsschulden, die funktional mit dem *peculium* nichts zu tun haben. Zu beachten ist aber, dass die Haftung über eine *actio de peculio* auf den Wert des *peculium* im Zeitpunkt der Verurteilung des Gewalthabers beschränkt ist – *dumtaxat de peculio.* Da dem Sachverhalt nach der Wert des *peculium* von BACCHUS mit null anzusetzen ist (*arg*: das Pekulium ist wertlos), scheidet eine Erstreckung der Darlehensforderung von MERKUR mittels *actio de peculio* aus.

Zu denken wäre an eine Haftungserweiterung über eine *actio de in rem verso.* Voraussetzung hierfür ist, dass es durch die rechtsgeschäftliche Tätigkeit des Gewaltunterworfenen zu einer Bereicherung (*versio*), dh zu einem vermögenswerten Vorteil, des Gewalthabers gekommen ist. Es stellt sich daher die Frage, ob JUPITER durch die Aufnahme des Darlehens durch BACCHUS bereichert worden ist. Im vorliegenden Fall liegt die Bereicherung von JUPITER durch die Darlehensaufnahme von BACCHUS darin, dass BACCHUS die Darlehenssumme einsetzt, um JUNO den Kaufpreis zu bezahlen und damit JUPITER von seiner Verpflichtung zur Bezahlung des Kaufpreises JUNO gegenüber befreit. Hätte BACCHUS das Darlehen nicht aufgenommen und mit dem erhaltenen Geld den Kaufpreis bezahlt, so hätte JUNO JUPITER mit einer *actio venditi* in Anspruch nehmen können.

Zu beachten ist, dass der Gläubiger über eine *actio de in rem verso* nie mehr erlangen kann, als die Bereicherung des Gewalthabers beträgt. Da JUPITER mittels *actio venditi* von JUNO in Höhe des Kaufpreises hätte belangt werden können, ist die Höhe der Bereicherung von JUPITER mit dem Kaufpreis für die Marmorplatte gleichzusetzen. Der Umstand, dass die Marmorplatte nur 90 wert ist, spielt hingegen keine Rolle. (Die Bereicherung von JUPITER liegt nicht im Wert der Marmorplatte [90], sondern darin, von der Kaufpreisforderung [100] befreit worden zu sein.) Die verbleibenden 20 der Darlehenssumme, die BACCHUS beim Glücksspiel ausgibt, stellen hingegen keine Bereicherung für JUPITER dar und können daher nicht von MERKUR über die *actio de in rem verso* erlangt werden.

Folglich kann MERKUR bei JUPITER mittels *actio certae creditae pecuniae* mit dem Zusatz *de in rem verso* 100 einklagen. Der restliche Teil der Darlehensforderung von MERKUR (20) bleibt als Naturalobligation bestehen. Zu beachten ist, dass MERKUR die Zahlung der restlichen 20 auch dann nicht von BACCHUS verlangen kann, wenn dieser einmal nicht mehr unter der *patria potestas* von JUPITER steht (etwa wegen Todes seines *pater familias* oder weil er aus der Hausgewalt entlassen wurde [*emancipatio*]), da der Schutz des *senatus consultum Macedonianum* bestehen bleibt, wenn der Darlehensnehmer später gewaltfrei wird.

▶ **(1)** Im geltenden Recht ist § 1041 die zentrale Bestimmung aller nicht auf einer Leistung beruhenden Bereicherungsansprüche. Hat jemand ohne Befugnis eine fremde Sache zu seinem Nutzen verwendet, so steht dem Entreicherten ein bereicherungsrechtlicher Anspruch (sog Verwendungsanspruch) gegen den Bereicherten zu. Eine Verwendung zum Nutzen eines Dritten ist dann gegeben, wenn die Nutzung einer Sache entgegen der von der Rechtsordnung vorgesehenen Zuweisung erfolgt. Dabei kann sie sowohl im Gebrauch als auch im Verbrauch des fremden Gutes bestehen. Die Vermögensverschiebung kann entweder auf dem Verhalten des Entreicherten, des Bereicherten, eines Dritten oder auf einem Zufall beruhen. Ein Verwendungsanspruch ist ausgeschlossen, wenn die Vermögensverschiebung durch einen Vertrag zwischen dem Entreicherten und dem Bereicherten oder durch das Gesetz gerechtfertigt ist. Gemäß § 1041 ist der Verwendungsanspruch gegenüber Ansprüchen aus Geschäftsführung ohne Auftrag subsidiär. Innerhalb des Bereicherungsrechts gehen im zweipersonalen Verhältnis die Leistungskondiktionen als *leges speciales* dem Verwendungsanspruch vor. Im dreipersonalen Verhältnis kann es, etwa bei Fällen der mittelbaren Stellvertretung, zur Konkurrenz von Verwendungs- und Vertragsansprüchen kommen: Kauft der Stellvertreter eine Sache im eigenen Namen, gibt er diese an den Vertretenen weiter und bleibt er den Kaufpreis schuldig, so bejahte die ältere Jud einen Verwendungsanspruch, den sog Versionsanspruch (*actio de in rem verso*) des Gläubigers, um sich hinsichtlich seiner Kaufpreisforderung unmittelbar an den Vertretenen wenden zu können. Die heute hM lehnt den Versionsanspruch hingegen überwiegend ab: Einerseits sei aufgrund des Kaufvertrages (zwischen Verkäufer und Stellvertreter) und des Auftragsverhältnisses (zwischen Stellvertreter und Vertretenem) keine rechtsgrundlose Vermögensverschiebung gegeben, andererseits liege kein Eingriff des Vertretenen in die Rechtssphäre des Verkäufers vor. Nach dieser Ansicht ist der Verkäufer auf seine vertraglichen Ansprüche gegenüber dem Stellvertreter beschränkt. Einen Verwendungsanspruch besonderer Art enthält § 1042. Demnach hat derjenige, der für einen anderen einen Aufwand getätigt hat, den dieser nach dem Gesetz selbst hätte tätigen müssen, das Recht, Ersatz vom Verpflichteten zu fordern. Voraussetzung für einen Rückgriffsanspruch nach § 1042 ist, dass im Bewusstsein geleistet wurde, für einen anderen einen Aufwand zu tätigen (*animus obligandi*). Bedeutung hat der Anspruch nach § 1042 va bei Unterhaltsleistungen für Kinder: Leistet jemand einem Kind Unterhalt, weil dies der eigentlich Verpflichtete unterlässt, so kann er von diesem Ersatz nach § 1042 verlangen. [*Koziol/Welser*, Bürgerliches Recht II¹³ (2007) 285 ff] Zum bereicherungsrechtlichen Anspruch aus Aufopferung gem § 1043 vgl Fall 51. **(2)** Zur Bürgschaft vgl Fall 68. **(3)** Zum Darlehensvertrag vgl Fall 20.

Zu den einschlägigen Quellenstellen der hier erörterten Problemkreise: zur Fähigkeit von Haussöhnen, klagbare Verpflichtungen einzugehen, vgl insb Gaius D 44. 7. 39; zum Wesen der adjektizischen Haftung vgl insb Paulus D 14. 1. 5. 1; zum Anlassfall für das *senatus consultum Macedonianum* vgl insb Ulpian D 14. 6. 1 pr; zum Wesen von *naturales obligationes* im Allgemeinen vgl insb Ulpian D 44. 7. 10; zum Vorliegen einer *naturalis obligatio* bei Anwendbarkeit des *senatus consultum Macedonianum* vgl insb Paulus D 14. 6. 10; zur Möglichkeit des Bürgen, die *exceptio senatus consulti Macedoniani* geltend zu machen, vgl insb Paulus D 44. 1. 7. 1; zum Wortlaut des *senatus consultum Vellaeanum* vgl insb Ulpian D 16. 1. 2. 1; zur Haftung über eine *actio de peculio* bis zur Höhe des *peculium* im Verurteilungszeitpunkt vgl insb Ulpian D 15. 1. 30 pr; zur einheitlichen Klageformel von *actio de peculio* und *actio de in rem verso* vgl insb Gai Inst 4. 74a; zur Haftung über eine *actio de in rem verso* für den Fall, dass kein *peculium* vorhanden ist bzw dass dessen Wert zur Befriedigung der Gläubigerforderung nicht ausreicht, vgl insb Alfen D 15. 3. 16; zum Vorliegen einer haftungsbegründenden *versio* durch Darlehensaufnahme eines *filius familias*, um eine Verpflichtung des *pater familias* zu erfüllen, vgl insb Paulus D 14. 6. 17; zur Haftungsbeschränkung bei der *actio de in rem verso* vgl insb Gaius D 15. 3. 12.

Fall 64: ☆

Morgenstund' hat Gold im Mund

HERKULES ist Eigentümer mehrerer Wohnhäuser in Rom. Für die Verwaltung eines Hauses setzt er seinen Sklaven ROBIGUS zum Geschäftsführer ein. HERKULES lässt vor dem Eingang des Büros eine Tafel anbringen, dass ROBIGUS nicht berechtigt ist, Kreditgeschäfte zu tätigen. Im Zuge einer Immobilienkrise gerät HERKULES zunehmend in Zahlungsschwierigkeiten, weshalb er notwendige Instandsetzungsarbeiten an einem von ihm selbst verwalteten Haus nicht durchführen lassen kann. In Kenntnis der tristen finanziellen Lage seines *dominus* bittet ROBIGUS DIANA um die Gewährung eines Darlehens, um Material für die Reparaturen anzukaufen. DIANA erklärt sich sofort bereit, ROBIGUS ein Darlehen, Laufzeit ein Jahr, zu gewähren, und übergibt ihm 100. In den frühen Morgenstunden des nächsten Tages, noch bevor ROBIGUS mit dem Geld Baumaterial für seinen *dominus* kaufen kann, wird es ihm von einer Räuberbande gewaltsam abgenommen.

Was ist rechtens, wenn ROBIGUS bei Fälligkeit das Darlehen nicht zurückzahlt?

Zu behandelnde Problemkreise:

➢ Zustandekommen eines *mutuum*
➢ rechtliche Einordnung vertraglicher Verpflichtungen von Sklaven
➢ Haftungserweiterung über eine *actio institoria*
➢ Einschränkung der *praepositio*
➢ Haftungserweiterung über eine *actio de in rem verso* ungeachtet einer tatsächlichen Zuwendung an den *dominus*

Das Vertragsverhältnis zwischen ROBIGUS und DIANA ist als Darlehensvertrag (*mutuum*) zu qualifizieren. Indem DIANA als Eigentümerin des Geldes (Recht des Vormanns) ROBIGUS die Darlehensvaluta in Höhe von 100 (*res fungibilis*) mit der Abrede (*conventio*), dass ROBIGUS dieselbe Menge derselben Gattung in einem Jahr zurückzuzahlen hat, übergibt (*datio*), kommt ein *mutuum* zustande. Zu beachten ist, dass ROBIGUS als Sklave grds nicht Träger von Vermögensrechten (einschließlich schuldrechtlicher Forderungen) sein kann, er aber Verpflichtungen eingehen kann, die, obwohl nicht einklagbar, dennoch wirksam erfüllt werden können. Die Rückzahlungsverpflichtung von ROBIGUS aus dem Darlehen stellt somit eine Naturalobligation dar. DIANA ist es daher nicht möglich, im Klagsweg gegen ROBIGUS vorzugehen, um bei Fälligkeit die Rückzahlung der Darlehenssumme zu bewirken. Kommt es jedoch zur Rückzahlung des Geldes durch ROBIGUS, so kann er das Geleistete nicht mehr bereicherungsrechtlich zurückfordern.

Es stellt sich die Frage, ob DIANA ihren Anspruch gegen ROBIGUS auf dessen *dominus* HERKULES über eine adjektizische Klage erstrecken kann. Zu denken wäre an eine Haftungserweiterung über eine *actio institoria*. Da HERKULES seinen Sklaven ROBIGUS zum Geschäftsführer (*institor*) eingesetzt hat (*praepositio*), haftet er grds für alle von seinem *institor* im Rahmen des gewöhnlichen Geschäftsbetriebs eingegangenen Verpflichtungen. Eine Einschränkung seiner Haftung kann der Geschäftsherr dadurch erreichen, dass er die *praepositio* mittels gut erkennbarer, an seine potenziellen Vertragspartner gerichteter Erklärung einschränkt. Von dieser Möglichkeit macht HERKULES Gebrauch, indem er vor dem Eingang des Büros seines Sklaven – *ante tabernam* –, und somit hinreichend deutlich, zum Ausdruck bringt, dass ROBIGUS nicht zum Abschluss von

Kreditgeschäften berechtigt ist. DIANA ist es daher nicht möglich, ihren Anspruch aus dem Darlehen gegenüber ROBIGUS über eine *actio institoria* auf HERKULES zu erstrecken.

Zu prüfen ist, ob DIANA die Ausweitung ihrer Forderung auf HERKULES auf eine andere adjektizische Anspruchsgrundlage stützen kann. Denkbar wäre eine Erweiterung ihrer Klage aus dem Darlehen mittels *actio de in rem verso*. Eine die Haftung begründende *versio* liegt vor, wenn der Gewaltunterworfene seinem Gewalthaber durch seine Geschäftsführung einen vermögenswerten Vorteil verschafft. Dabei kann der Vorteil, wie im vorliegenden Fall beabsichtigt, etwa in einer Ersparnis für den Gewalthaber bestehen: Nimmt ROBIGUS ein Darlehen auf und verwendet er das Geld, um notwendige Erhaltungsarbeiten an einem von seinem *dominus* selbst verwalteten Haus vorzunehmen, so liegt der Vorteil für HERKULES darin, dass er es sich erspart, selbst für die Instandsetzung zu sorgen.

Indem ROBIGUS das kreditierte Geld, noch bevor er es zum Ankauf von Baumaterial verwenden kann, geraubt wird, stellt die Aufnahme des Darlehens aber letztlich keinen tatsächlichen Vorteil für HERKULES dar. Somit ist fraglich, ob DIANA dennoch die Möglichkeit hat, mittels *actio de in rem verso* gegen HERKULES vorzugehen. Nach Ansicht des Juristen Julian kann eine haftungsbegründende *versio* auch dann gegeben sein, wenn es letzten Endes zu keiner tatsächlichen Zuwendung an den *dominus* kommt. Julian legt das Hauptaugenmerk für die Beurteilung der Zweckdienlichkeit der Darlehensaufnahme auf den Zeitpunkt der Übergabe der Darlehensvaluta an den Darlehensnehmer. Handelt der Sklave zu diesem Zeitpunkt mit der Absicht, seinem *dominus* einen wirtschaftlichen Vorteil zu verschaffen, und bleibt dieser aufgrund eines vom Sklaven unverschuldeten Ereignisses aus, so trifft den *dominus* dennoch eine adjektizische Haftung.

Da ROBIGUS bei Aufnahme des Darlehens beabsichtigte, einen Aufwand für seinen *dominus* zu tätigen, und ihm das Geld ohne Verschulden abhanden geraten ist, haftet HERKULES aus dem Darlehen, obwohl das Geld letztlich nicht zu seinem Vorteil eingesetzt werden konnte. Folglich kann DIANA mit der *actio certae creditae pecuniae* in Form der *actio de in rem verso* bei Fälligkeit des Darlehens von HERKULES die Rückzahlung von 100 verlangen.

▶ **(1)** Auch im geltenden Recht findet sich der Gedanke der Verkehrssicherheit, wenn jemand im Vertrauen auf ein vom Geschäftsherrn gesetztes Verhalten mit einem von diesem Eingesetzten kontrahiert. Das ABGB behandelt in den §§ 1027 ff mehrere Tatbestände, bei denen aus einem bestimmten Verhalten des Geschäftsherrn vermutet wird, er habe Vollmacht erteilt (sog Anscheinsvollmacht oder Vollmacht kraft äußeren Tatbestandes). Hiezu zählt etwa die Verwaltervollmacht gem § 1029 Abs 1 S 2: Wer einem anderen eine Verwaltung anvertraut hat, von dem wird vermutet, dass er ihm auch die Macht eingeräumt habe, alles dasjenige zu tun, was die Verwaltung selbst erfordert und was gewöhnlich damit verbunden ist. Weitere Fälle der Anscheinsvollmacht sind die Ladenvollmacht (§§ 1030 f; § 56 UGB) sowie die vermutete Vollmacht bei Vorliegen eines Einschreibebuches (§§ 1032 f). Allgemeine Voraussetzung für eine Anscheinsvollmacht ist, dass der Dritte auf das vom Geschäftsherrn gesetzte Verhalten vertrauen durfte und tatsächlich vertraut hat. Mangels schutzwürdigen Vertrauens des Dritten ist keine Anscheinsvollmacht gegeben, wenn dieser das Fehlen der Vollmacht kannte oder kennen musste. Ebenfalls aus Gründen des Vertrauensschutzes und der Verkehrssicherheit normiert § 10 KSchG, dass sich eine vom Unternehmer erteilte Vollmacht im Verkehr mit Verbrauchern auf alle Rechtshandlungen erstreckt, die derartige Geschäfte für gewöhnlich mit sich bringen. Eine Beschränkung dieser Vollmacht ist gegenüber dem Verbraucher nur dann wirksam, wenn dieser hiervon Kenntnis hatte. War dem Verbraucher die Beschränkung jedoch aus grober Fahrlässigkeit nicht bekannt, so steht dem Unternehmer ein Rücktrittsrecht zu (§ 10 Abs 2 KSchG). Zu beachten ist, dass hier, anders als in den Fällen der Anscheinsvollmacht, das Vertrauen des Dritten bloß hinsichtlich des Umfanges der Vollmacht geschützt wird, nicht jedoch dann, wenn gar keine Vollmacht erteilt wurde. Weitere gesetzliche Regeln über den Umfang und den Inhalt bestimmter Vollmachten finden sich etwa für die Prokura (§ 50 UGB), die Handlungsvollmacht (§§ 54 f UGB) oder die Vertretungsbefugnis von AG-Vorstand (§§ 71, 74 AktG) und GmbH-Geschäftsführern (§§ 18, 20 GmbHG). Aus Gründen der Verkehrssicherheit besteht hier nur eine erschwerte (Handlungsvollmacht) bzw keine (Prokura) Möglichkeit der Beschränkung der Vertretungsmacht (sog Formalvollmacht). [*Koziol/Welser*, Bürgerliches Recht I^{13} (2006) 198 ff] **(2)** Zum Darlehensvertrag vgl Fall 20. **(3)** Zum Auftrag vgl Fall 54. **(4)** Zur Vollmacht vgl Fall 54 Variante B.

Zu den einschlägigen Quellenstellen der hier erörterten Problemkreise: zur Haftung des Geschäftsherrn für das rechtsgeschäftliche Handeln seines *institor* vgl insb Ulpian D 14. 3. 5. 1; zur Haftung *in solidum* des *dominus* über die *actio institoria* vgl insb Gai Inst 4. 71; zur Möglichkeit der Einschränkung der Haftung in der *praepositio* vgl insb Ulpian D 14. 3. 5. 13 sowie ders D 14. 3. 11. 2; zu den formalen Erfordernissen einer wirksamen Einschränkung der *praepositio* vgl insb Ulpian D 14. 3. 11. 3; zur Haftung über eine *actio de in rem verso* ungeachtet einer tatsächlichen Bereicherung des Gewalthabers vgl African D 15. 3. 17 pr sowie Ulpian D 15. 3. 3. 7 u 8.

Fall 65: ☆

Peculium non olet [*]

VOLTURNUS hat von PLUTO, seinem *pater familias*, eine Gerberei als Pekulium (Wert 70) erhalten. Da PLUTO den Kunden den Gestank der Gerberei nicht länger zumuten möchte, lässt er den Händler AESCULAPIUS brieflich wissen, dass VOLTURNUS zwecks Ankaufs von zwei Säckchen Weihrauch bei ihm vorbeikommen werde. Bei AESCULAPIUS angelangt, wählt VOLTURNUS zwei Säckchen Weihrauch (Kaufpreis 100) und ein Fläschchen Rosenöl (Kaufpreis 50) aus. VOLTURNUS verspricht, das Geld in einer Woche vorbeizubringen. Bei einem Besuch der Gerberei am nächsten Tag bekommt PLUTO von VOLTURNUS den Weihrauch übergeben. PLUTO entdeckt das Fläschchen Rosenöl, nimmt es an sich und schenkt es seiner Nichte zum Geburtstag, wodurch er sich 35 für die Anschaffung eines passenden Geschenks erspart.

Zum Fälligkeitszeitpunkt zahlt VOLTURNUS nicht. Wenige Tage zuvor hat PLUTO einen Transport für VOLTURNUS durchgeführt, hierfür jedoch das Entgelt (40) noch nicht erhalten. Weiters hat VOLTURNUS CERES 30 an Zins für die Anmietung eines Lehrlingssklaven gezahlt, die er ihr bereits des Längeren geschuldet hatte.

Da VOLTURNUS seiner Zahlungsverpflichtung trotz mehrmaliger Mahnung nicht nachkommt, möchte AESCULAPIUS seine Forderung bei PLUTO geltend machen. Wird er damit Erfolg haben?

Zu behandelnde Problemkreise:

- ➢ Rechtsnatur vertraglicher Verpflichtungen von Haussöhnen
- ➢ *peculium* als umfassende und unbeschränkbare Befugnis zum Abschluss von Rechtsgeschäften
- ➢ *iussum* als Kontrahierungsermächtigung
- ➢ Bedeutung der brieflichen Verständigung von AESCULAPIUS durch PLUTO
- ➢ Haftungserweiterung über eine *actio quod iussu*
- ➢ adjektizische Haftung von PLUTO über eine *actio de peculio*
- ➢ Wertberechnung des *peculium*
- ➢ Berücksichtigung der Geschäftsbeziehungen zwischen dem *dominus* und seinem Gewaltunterworfenen für die Ermittlung des Wertes des *peculium*
- ➢ Auswirkung der Befriedigung von Gläubigeransprüchen aus dem Vermögen des *peculium* auf die Haftung des *dominus* über die *actio de peculio*
- ➢ adjektizische Haftung von PLUTO über eine *actio de in rem verso*
- ➢ Haftungsbeschränkung bei der *actio de in rem verso*

---

[*] Eigentlich: *Pecunia non olet* – Geld stinkt nicht (Sueton, *Divus Vespasianus* 23.3). Sprichwort, mit dem Geldeinnahmen fragwürdigen Ursprungs gerechtfertigt werden sollen. Nachdem Titus seinen Vater Kaiser Vespasian tadelte, da er Urin aus Latrinen (öffentlichen Toilettenanlagen) an die Gerber verkaufen ließ, überreichte ihm sein Vater eine Münze aus dem Erlös und fragte, ob er vom Geruch belästigt würde. Dies verneinte Titus, was sein Vater mit den Worten „Und dennoch stammt es vom Urin" quittierte.

Kaufvertrag zwischen VOLTURNUS und AESCULAPIUS über zwei Säckchen Weihrauch

Zwischen VOLTURNUS und AESCULAPIUS kommt es durch Willenseinigung über den Kaufgegenstand (zwei Säckchen Weihrauch) und den Kaufpreis (100) zum Abschluss eines Kaufvertrages (*emptio venditio*).

Zu beachten ist, dass VOLTURNUS als *filius familias* zwar die Fähigkeit besitzt, klagbare Verpflichtungen einzugehen, es mangels eigenen Vermögens aber keine Möglichkeit gibt, einen erlangten Titel gegen ihn zu vollstrecken. Es stellt sich folglich die Frage, ob AESCULAPIUS bei Fälligkeit des Kaufpreises seinen Anspruch gegen VOLTURNUS auch gegenüber dessen *pater familias* PLUTO geltend machen kann. Dies ist zu bejahen, sofern ein Tatbestand gegeben ist, der eine adjektizische Haftung des Gewalthabers PLUTO begründet. Indem PLUTO AESCULAPIUS brieflich wissen lässt, dass sein Haussohn VOLTURNUS zwecks Ankaufs von Weihrauch bei ihm erscheinen werde, ist ein *iussum* gegeben. Bei einem eine adjektizische Haftung begründenden *iussum* handelt es sich um eine an einen Dritten abgegebene Erklärung, aus der hervorgeht, dass der Gewalthaber das Geschäft, zu dessen Abschluss er seinen Gewaltunterworfenen ermächtigt hat, gegen sich selbst gelten lassen wolle. Der Umstand, dass AESCULAPIUS den Vertrag über zwei Säckchen Weihrauch mit VOLTURNUS in Kenntnis der Kontrahierungsermächtigung und damit im Vertrauen auf die wirtschaftliche Leistungsfähigkeit dessen Gewalthabers PLUTO abschließt, rechtfertigt eine adjektizische Haftung von PLUTO. Diese Haftungserstreckung ermöglicht es AESCULAPIUS, seine Forderung gegen VOLTURNUS bei Fälligkeit mittels *actio quod iussu* auf PLUTO auszuweiten. Da der Gewalthaber dem Gläubiger aufgrund eines *iussum* unbeschränkt (*in solidum*) haftet, kann AESCULAPIUS von PLUTO den Kaufpreis über eine *actio quod iussu* in voller Höhe (100) erlangen.

Zu beachten ist, dass der Gewalthaber PLUTO nicht anstelle des Handelnden VOLTURNUS, sondern neben diesem haftet – *hoc enim edicto non transfertur actio, sed adicitur*. Die adjektizische Haftung von PLUTO hindert AESCULAPIUS daher nicht, die Zahlung des Kaufpreises direkt von seinem Geschäftspartner VOLTURNUS zu verlangen.

Kaufvertrag zwischen VOLTURNUS und AESCULAPIUS über ein Fläschchen Rosenöl

Anders als mit dem Kauf des Weihrauchs verhält es sich hinsichtlich des Kaufvertrages über das Fläschchen Rosenöl. Da der Ankauf des Rosenöls nicht vom *iussum* gedeckt war und es auch zu keiner nachträglichen Genehmigung (*ratihabitio*) dieses Geschäfts durch PLUTO gekommen ist, kann AESCULAPIUS nicht über eine *actio quod iussu* die Bezahlung der 50 für das Rosenöl von PLUTO verlangen. Zu beachten ist, dass das spätere Ansichnehmen des Fläschchens Rosenöl durch PLUTO keine *ratihabitio* darstellt. Zum einen handelt PLUTO dabei nicht im Bewusstsein, ein Geschäft seines *filius familias* zu genehmigen, zum anderen führt eine *ratihabitio* wohl nur dann zur Haftung des Gewalthabers über eine *actio quod iussu*, wenn sie dem Gläubiger zur Kenntnis gelangt.

Es stellt sich die Frage, ob AESCULAPIUS seinen Anspruch auf Bezahlung des Kaufpreises über eine andere adjektizische Klage auf PLUTO erstrecken kann. Da VOLTURNUS von PLUTO ein *peculium* erhalten hat, ist zu prüfen, ob es AESCULAPIUS möglich ist, PLUTO mittels *actio de peculio* in Anspruch zu nehmen. Bei einem *peculium* handelt es sich um Sondervermögen des Gewalthabers, das er seinem Gewaltunterworfenen zur selbständigen Verwaltung und Bewirtschaftung überlässt. Das *peculium* ermöglicht es VOLTURNUS, für seinen *dominus* Besitz und Eigentum zu erwerben. Die Einräumung eines *peculium* bewirkt zudem eine adjektizische Haftung des Gewalthabers für sämtliche vom Pekuliumsinhaber eingegangenen Verpflichtungen bis zum

Wert des Sonderguts – *dumtaxat de peculio*. Zu beachten ist, dass der Gewalthaber über eine *actio de peculio* zwar betragsmäßig (*pro viribus*-Haftung), nicht aber auf die Gegenstände des Sonderguts beschränkt (*cum viribus*-Haftung) haftet.

Da der Gewalthaber aufgrund der Einräumung des *peculium* auch für solche Verpflichtungen haftet, die in keiner Beziehung zum Sondergut stehen, hat PLUTO, obwohl der Einkauf des Rosenöls nichts mit dem wirtschaftlichen Zweck einer Gerberei zu tun hat, grds für dessen Bezahlung einzustehen.

Maßgeblich für den Umfang der Haftung des Gewalthabers über eine *actio de peculio* ist der Wert des *peculium* zum Zeitpunkt der Verurteilung. Für die Berechnung des Wertes sind auch die Geschäftsbeziehungen zwischen Gewalthaber und Pekuliumsinhaber zu berücksichtigen. Zwar erzeugen Geschäfte zwischen dem *dominus* und seinem Gewaltunterworfenen keine Forderungen im technischen Sinn, diese sind aber bei der Ermittlung des Pekuliumswertes als Rechenposten heranzuziehen. So ist dem tatsächlichen Bestand des *peculium* hinzuzurechnen, was der Gewalthaber aus einem Geschäft mit dem Pekuliumsinhaber zu leisten hat, umgekehrt abzuziehen, was der Pekuliumsinhaber seinem Gewalthaber erbringen muss.

Da im vorliegenden Fall VOLTURNUS das Entgelt für eine Transportleistung seinem *pater familias* PLUTO noch nicht gezahlt hat, ist für die Ermittlung des Haftungsumfangs von PLUTO der Wert des Pekuliarbetriebes (70) in Höhe des ausständigen Transportentgelts, dh um 40, zu reduzieren. Fraglich ist, wie sich die Bezahlung des Mietzinses von VOLTURNUS an seine Gläubigerin CERES auf die Haftung von PLUTO auswirkt. Grundsätzlich gilt, dass eine Entnahme bzw eine völlige Einziehung des Sonderguts (*ademptio peculii*), die der Gewalthaber im Bewusstsein vornimmt, Gläubiger zu schädigen, zu keiner Reduzierung des Haftungsumfangs führt. Anders verhält es sich hingegen, wenn Gläubiger des Pekuliarsklaven aus dem Vermögen des Sondergutes befriedigt werden. Solche Zahlungen bewirken sehr wohl eine Haftungsschmälerung des Gewalthabers.

Bei der Befriedigung von Gläubigeransprüchen aus dem Sondervermögen ist das Prioritätsprinzip zu beachten. Demnach werden Gläubigerforderungen in der Reihenfolge ihrer Geltendmachung befriedigt. Leistet VOLTURNUS 30 an seine Gläubigerin CERES, so wird der Haftungsrahmen von PLUTO entsprechend verringert. Nach Abzug des an CERES gezahlten Mietzinses beläuft sich der Wert des *peculium* im maßgeblichen Zeitpunkt auf null, sodass AESCULAPIUS seinen Anspruch auf Bezahlung des Kaufpreises nicht mit einer *actio de peculio* auf PLUTO erstrecken kann.

In jenen Fällen, in denen die *actio de peculio* nicht zielführend ist, etwa weil der Wert des *peculium* zur Befriedigung der Gläubigerforderung nicht ausreicht, gewährt der Prätor eine *actio de in rem verso*, sofern das Geschäft des Gewaltunterworfenen zu einer Bereicherung (*versio*) des Gewalthabers geführt hat. Zu prüfen ist daher, ob PLUTO vom Kauf des Rosenölfläschchens durch seinen *filius familias* unmittelbar profitiert hat. Indem PLUTO das von VOLTURNUS gekaufte Fläschchen Rosenöl an sich nimmt und es seiner Nichte schenkt, bewirkt der Kauf des Rosenöls für PLUTO eine Ersparnis in Höhe von 35, die er sonst für die Anschaffung eines Geschenks hätte aufwenden müssen. Zu beachten ist, dass die Haftung des Gewalthabers über die *actio de in rem verso* mit der Höhe der tatsächlichen Bereicherung beschränkt ist – *sive minoris sit, quam est emptus, tantum videatur in rem versum quanti dignus sit*. AESCULAPIUS kann daher von PLUTO mittels *actio venditi* mit dem Prozessformelzusatz *de in rem verso* 35 verlangen. Die restlichen 15 bleiben als Forderung gegen VOLTURNUS bestehen, für die er selbst haftet, wenn er gewaltfrei wird.

Zu den einschlägigen Quellenstellen der hier erörterten Problemkreise: zur Fähigkeit von Haussöhnen, klagbare Verpflichtungen einzugehen, vgl insb Gaius D 44. 7. 39; zum Wesen der adjektizischen Haftung vgl insb Paulus D 14. 1. 5. 1; zur Erteilung eines *iussum* vgl insb Ulpian D 15. 4. 1. 1; zur Haftung über eine *actio quod iussu* bei *ratihabitio* vgl insb Ulpian D 15. 4. 1. 6; zur Haftung *in solidum* über eine *actio quod iussu* vgl insb Ulpian D 15. 4. 1 pr sowie Gai Inst 4. 70; zum Verhältnis der *actio quod iussu* zu anderen adjektizischen Klagen vgl insb Ulpian D 15. 3. 5. 2; zum Wesen des *peculium* sowie zur Berechnung dessen Wertes vgl insb Ulpian D 15. 1. 5. 4 sowie Gai Inst 4. 73; zu den geschäftlichen Beziehungen zwischen *dominus* und Pekuliumsinhaber vgl insb Ulpian D 15. 1. 41; zu den Auswirkungen einer dolosen Schmälerung bzw Entziehung des *peculium* und der Befriedigung von Gläubigern durch Zahlung aus dem Pekuliarvermögen vgl insb Ulpian D 15. 1. 21 pr; zum Prioritätsprinzip bei der Befriedigung von Gläubigerforderungen aus dem *peculium* vgl insb Gaius D 15. 1. 10; zur Haftung über eine *actio de peculio* bis zur Höhe des *peculium* im Verurteilungszeitpunkt vgl insb Ulpian D 15. 1. 30 pr; zur einheitlichen Klageformel von *actio de peculio* und *actio de in rem verso* vgl insb Gai Inst 4. 74a; zur Haftung über eine *actio de in rem verso* für den Fall, dass kein *peculium* vorhanden ist bzw dass dessen Wert zur Befriedigung der Gläubigerforderung nicht ausreicht, vgl insb Alfen D 15. 3. 16; zur Haftung aus einer *actio de in rem verso* wegen Verwendung einer vom *filius familias* gekauften Sache durch den *pater familias* vgl insb Paulus D 15. 3. 19 pr; zur Beschränkung der Haftung über eine *actio de in rem verso* mit der Höhe der tatsächlichen Bereicherung vgl Gaius D 15. 3. 12.

Fall 66: ☆

Nulla calamitas sola [*]

AEOLUS hat seinem Sklaven PORTUNUS eine Strandtaverne auf Capreae[**] zum Pekulium (Wert 110) gegeben. Damit auch genügend Gäste vom Festland das Lokal besuchen, setzt AEOLUS den gewaltfreien NEPTUN als Kapitän seines Passagierschiffes ein. Am Bug des Schiffes lässt AEOLUS gut lesbar anschlagen, dass NEPTUN nicht berechtigt ist, Warentransporte durchzuführen. NEPTUN stellt zwei Matrosen gegen Entgelt ein. Als wegen anhaltenden Schlechtwetters die Passagiere ausbleiben und keine Fahrten stattfinden, weigert sich NEPTUN, den Matrosen den Lohn zu zahlen. Im nächsten Monat erklärt sich NEPTUN gegenüber MINERVA bereit, eine Statue gegen Entgelt auf die Insel zu verschiffen. Da ein Sklave von NEPTUN die Statue unsachgemäß sichert, kippt diese bei der Überfahrt über Bord. Mangels Kundschaft in der Strandtaverne gerät PORTUNUS in Zahlungsschwierigkeiten und bleibt VULCANUS 20 für eine Lieferung von Lederriemen schuldig. Ebenfalls hat PORTUNUS das bereits fällige Entgelt (90) für die Reparatur eines Sturmschadens an JANUS noch nicht geleistet. PORTUNUS hat für AEOLUS eine Lieferung durchgeführt, wofür AEOLUS jedoch noch nicht gezahlt hat (10). Andererseits muss PORTUNUS seinem *dominus* noch 30 für die Überlassung eines Kellnersklaven bezahlen. JANUS macht seine Forderung sofort geltend, während VULCANUS hiermit drei Tage zuwartet.

Beurteilen Sie allfällige Ansprüche der Matrosen, von MINERVA, JANUS und VULCANUS!

Skizze:

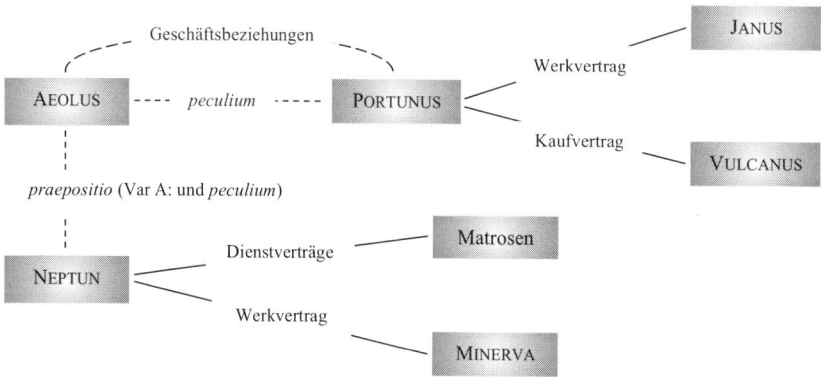

Vorüberlegungen:

➢ Welche vertraglichen Beziehungen bestehen zwischen NEPTUN und den Matrosen?
➢ Wie wird bei der *locatio conductio operarum* die Frage der Lohngefahr beurteilt?

---

[*]   Ein Unglück kommt selten allein (nach Euripides, *Die Troerinnen* 598).
[**]   Das heutige Capri.

➢ Zählt das Einstellen von Matrosen zu den gewöhnlichen Angelegenheiten eines *magister navis*?

➢ Welcher Voraussetzung bedarf eine wirksame Einschränkung der *praepositio*?

➢ Welche Auswirkung hat eine Einschränkung der *praepositio*?

➢ Wie ist die Vereinbarung zwischen NEPTUN und MINERVA rechtlich zu qualifizieren?

➢ Hat NEPTUN für den Untergang der Statue einzustehen? Ist ihm das Verhalten seines Sklaven zuzurechnen?

➢ Muss MINERVA an NEPTUN ein Entgelt leisten?

➢ Können MINERVA bzw die Matrosen allfällige Ansprüche gegen NEPTUN auf AEOLUS über eine adjektizische Klage ausweiten?

➢ Wie ist das rechtliche Verhältnis zwischen AEOLUS und PORTUNUS zu beurteilen?

➢ Welche Auswirkungen haben die geschäftlichen Beziehungen zwischen AEOLUS und PORTUNUS auf die Haftung von AEOLUS über eine *actio de peculio*?

➢ Welche Bedeutung hat es, dass JANUS seine Forderung früher als VULCANUS geltend macht?

▶ **(1)** Zum Kaufvertrag vgl Fall 29. **(2)** Zum Werkvertrag vgl Fall 49. **(3)** Zum Dienstvertrag vgl Fall 52. **(4)** Zur Gehilfenhaftung vgl Fall 74.

Zu den einschlägigen Quellenstellen der hier zu erörternden Problemkreise: zur Möglichkeit der Einsetzung eines Freien zum *magister navis* sowie zur Haftung *in solidum* des *exercitor* vgl insb Gai Inst 4. 71; zur Einsetzung eines *magister navis* zum Zweck des Waren- bzw Personentransports vgl insb Ulpian D 14. 1. 1. 3; zur Haftung des *exercitor* für zum gewöhnlichen Betrieb eines Schiffes gehörende Geschäftsschulden des *magister navis* vgl insb Ulpian D 14. 1. 1. 7; zur Lohngefahr bei der *locatio conductio operarum* vgl insb Paulus D 19. 2. 38 pr; zur Wirkung einer Einschränkung der *praepositio* des *magister navis* vgl insb Ulpian D 14. 1. 1. 12; zur Haftung des *conductor* vgl insb Ulpian D 19. 2. 9. 5 sowie ders D 19. 2. 13. 6; zur Haftung des *conductor* für das Verhalten seiner Gehilfen vgl insb Gaius D 19. 2. 25. 7; zum Wesen des *peculium* sowie zur Berechnung dessen Wertes vgl insb Ulpian D 15. 1. 5. 4 sowie Gai Inst 4. 73; zu den geschäftlichen Beziehungen zwischen *dominus* und Pekuliumsinhaber vgl insb Ulpian D 15. 1. 41; zur Befriedigung von Gläubigern durch Zahlung aus dem Pekuliarvermögen vgl insb Ulpian D 15. 1. 21 pr; zum Prioritätsprinzip bei der Befriedigung von Gläubigerforderungen aus dem *peculium* vgl insb Gaius D 15. 1. 10.

Variante A:

Macht es einen Unterschied hinsichtlich der Haftung gegenüber MINERVA, wenn NEPTUN der Haussohn von AEOLUS ist und er das Schiff als eingesetzter Kapitän zum Pekulium erhalten hat?

Zu behandelnde Problemkreise:

➢ *peculium* als umfassende und unbeschränkbare Befugnis zum Abschluss von Rechtsgeschäften

➢ keine Auswirkung einer Einschränkung der *praepositio* auf die Haftung des Gewalthabers über eine *actio de peculio*

➢ selbständige Haftung von NEPTUN, wenn er gewaltfrei wird

Zu den einschlägigen Quellenstellen der hier zu erörternden Problemkreise: zum Wesen des *peculium* sowie zur Berechnung dessen Wertes vgl insb Ulpian D 15. 1. 5. 4 sowie Gai Inst 4. 73; zur Haftung über eine *actio de peculio* trotz Einschränkung der *praepositio* durch den Geschäftsherrn vgl insb Paulus D 15. 1. 47 pr.

Variante B:

Da sein Schuhwerk unbrauchbar geworden ist, fertigt PORTUNUS aus den von VULCANUS bezogenen Lederriemen Sandalen. Der Marktpreis von Sandalen gleicher Qualität beträgt 30.

Zu behandelnde Problemkreise:

> ➢ adjektizische Haftung von AEOLUS über eine *actio de in rem verso*
> ➢ Ersparnis von Aufwendungen, die AEOLUS als *dominus* für seinen Sklaven PORTUNUS zu tätigen hat
> ➢ Haftung von AEOLUS über eine *actio de in rem verso* bis zur Höhe der Kaufpreisforderung von VULCANUS

Zu den einschlägigen Quellenstellen der hier zu erörternden Problemkreise: zur Haftung über eine *actio de in rem verso* für den Fall, dass kein *peculium* vorhanden ist bzw dass dessen Wert zur Befriedigung der Gläubigerforderung nicht ausreicht, vgl insb Alfen D 15. 3. 16; zum Vorliegen einer Bereicherung des Gewalthabers bei Anschaffung notwendiger Dinge wie Nahrung oder Kleidung durch den Sklaven für diesen selbst vgl insb Ulpian D 15. 3. 3. 3, Gai Inst 4. 72a u PS 2. 9. 1; zur Haftungsbeschränkung bei der *actio de in rem verso* vgl insb Gaius D 15. 3. 12.

Fall 67: ✰✰

Zum fliegenden Teppich

AMOR, der Sklave von VEIOVIS, hat von diesem den Teppichladen „Zum fliegenden Teppich" zum Pekulium erhalten. Um neue Teppiche ankaufen zu können, geht AMOR zu JUVENTAS und bittet sie um ein Darlehen in Höhe von 1000. Auf JUVENTAS' Nachfrage bei VEIOVIS hin, ob er das Geschäft billige, stimmt VEIOVIS zu. Jedoch erst, nachdem SILVANUS in Anwesenheit von AMOR für die Rückzahlung mittels *fideiussio* gebürgt hat, erklärt sich JUVENTAS bereit, AMOR ein Darlehen zu gewähren. Da JUVENTAS über kein Bargeld verfügt, bittet sie LIBITINA, die ihr noch 1000 an Schadenersatz schuldet, AMOR die 1000 auszuzahlen. JUVENTAS und AMOR vereinbaren für das Darlehen eine Laufzeit von fünf Monaten. Am nächsten Tag erhält AMOR 800 von LIBITINA, da sie nicht über mehr verfügt. AMOR nimmt die 800 dankend an. Bei Fälligkeit des Darlehens kann AMOR nicht zahlen. Der Wert des Pekuliums beträgt 600.

Von wem kann JUVENTAS wieviel und mit welcher Klage nach nachklassischem römischen Recht verlangen?

Skizze:

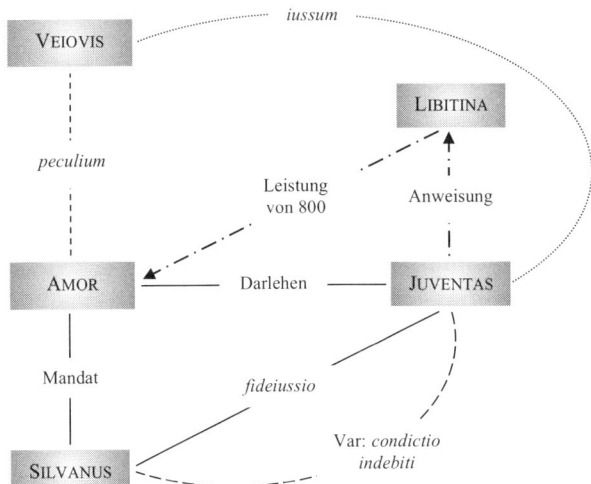

Zu behandelnde Problemkreise:

- ➤ *peculium* als umfassende und unbeschränkbare Befugnis zum Abschluss von Rechtsgeschäften
- ➤ Voraussetzungen für das Zustandekommen eines Darlehens
- ➤ Anweisungsdarlehen
- ➤ Verpflichtung des Darlehensnehmers *tantundem eiusdem generis reddere*

- ➢ Rückzahlungsverpflichtung in Höhe jenes Betrages, der sowohl in der *conventio* genannt als auch von der *datio* umfasst ist
- ➢ Rechtsnatur vertraglicher Verpflichtungen von Sklaven
- ➢ *iussum* als Kontrahierungsermächtigung
- ➢ Zustandekommen einer *fideiussio*
- ➢ Subsidiarität bei der *fideiussio* in nachklassischer Zeit – *beneficium excussionis*
- ➢ Haftung über eine *actio de peculio* bis zum Wert des *peculium* im Verurteilungszeitpunkt
- ➢ *pro viribus*-Haftung *vs cum viribus*-Haftung
- ➢ adjektizische Haftung *in solidum* über eine *actio quod iussu*

▶ **(1)** Zum Darlehensvertrag vgl Fall 20. **(2)** Zur Bürgschaft vgl Fall 68.

Zu den einschlägigen Quellenstellen der hier zu erörternden Problemkreise: zum Wesen des *peculium* vgl insb Ulpian D 15. 1. 5. 4; zur Haftung über eine *actio de peculio* bis zur Höhe des *peculium* im Verurteilungszeitpunkt vgl insb Ulpian D 15. 1. 30 pr; zur Rückzahlungsverpflichtung des Darlehensnehmers in Höhe jenes Betrages, der sowohl in der *conventio* genannt als auch von der *datio* umfasst ist, vgl insb Ulpian D 12. 1. 11. 1; zum Anweisungsdarlehen vgl insb Ulpian D 12. 1. 9. 8 sowie ders D 12. 1. 15; zum Wesen von *naturales obligationes* vgl insb Ulpian D 44. 7. 10; zur Erteilung eines *iussum* vgl insb Ulpian D 15. 4. 1. 1; zur Haftung des Gewalthabers *in solidum* über eine *actio quod iussu* vgl insb Ulpian D 15. 4. 1 pr sowie Gai Inst 4. 70.

Variante:

JUVENTAS verlangt die Zahlung in Höhe von 1000 von SILVANUS. SILVANUS, der ebenso wie JUVENTAS annimmt, AMOR habe von LIBITINA 1000 erhalten, zahlt 1000 an JUVENTAS.

Wie ist die Zahlung von SILVANUS an JUVENTAS zu beurteilen? Bei wem und wie kann SILVANUS Regress nehmen?

Zu behandelnde Problemkreise:

- ➢ Zustandekommen eines Mandats, wenn der Schuldner im Zeitpunkt des Abschlusses der Bürgschaft anwesend ist und nicht widerspricht – *praesente et non recusante*
- ➢ Regress aufgrund eines Mandats
- ➢ Anspruch des Mandatars auf Ersatz jener Aufwendungen, die zur ordnungsgemäßen Ausführung des Mandats erforderlich waren
- ➢ keine Haftungserweiterung über eine *actio quod iussu*, da das Geschäft mit SILVANUS, anders als das Geschäft mit JUVENTAS, nicht vom *iussum* gedeckt ist
- ➢ Haftungserweiterung über die *actio de peculio vel de in rem verso*
- ➢ Akzessorietät bei der *fideiussio*
- ➢ Rückforderung einer irrtümlich geleisteten Nichtschuld mittels *condictio indebiti*
- ➢ Verletzung von Nebenpflichten durch den Mandanten
- ➢ Abtretung der *condictio indebiti*
- ➢ *mandatum ad agendam in rem suam*

Zu den einschlägigen Quellenstellen der hier zu erörternden Problemkreise: zum Vorliegen eines *mandatum*, wenn der Schuldner bei Abschluss der Bürgschaft anwesend ist und nicht widerspricht, vgl Paulus D 17. 1. 53; zum Bürgenregress mittels *actio mandati* (*contraria*) vgl insb Ulpian D 17. 1. 6. 2, ders D 50. 17. 60 u Gai Inst 3. 127; zur Akzessorietät der Bürgschaftsverpflichtung bei der *fideiussio* vgl insb Paulus D 46. 1. 56. 2; zur Rückforderung einer irrtümlich geleisteten Nichtschuld mittels *condictio indebiti* vgl insb Ulpian D 12. 6. 1. 1 sowie Gai Inst 3. 91; zur Abtretung der *condictio indebiti* an den Bürgen für den Fall, dass der Schuldner irrtümlich an den Gläubiger leistet, weil er vom Bürgen von dessen Zahlung nicht verständigt wurde, vgl Ulpian D 17. 1. 29. 3; zum Wesen des *peculium* sowie zur Berechnung dessen Wertes vgl insb Ulpian D 15. 1. 5. 4 sowie Gai Inst 4. 73.

▶ **(1)** Zur Bürgschaft vgl Fall 68. **(2)** Zur Rückforderung einer irrtümlich geleisteten Nichtschuld mittels *condictio indebiti* vgl Fall 56.

8. Teil

BÜRGSCHAFT

Lit: *Benke/Meissel*, Römisches Schuldrecht[7] (2006) 271–283;
Hausmaninger/Selb, Römisches Privatrecht[9] (2001) 291–297;
Kaser/Knütel, Römisches Privatrecht[20] (2014) 325–330;
Apathy/Klingenberg/Pennitz, Einführung in das römische Recht[5] (2012) 297–302.

Fall 68: ☆

Ad Kalendas Graecas solvere [*]

Der Griechenlandliebhaber AEOLUS kauft von MINERVA eine Zeusstatue um 500. Die Statue wird sogleich übergeben, der Kaufpreis ist in einem Jahr fällig. Da MINERVA an der Zahlungsfähigkeit von AEOLUS zweifelt, verlangt sie, dass AEOLUS ihr einen Bürgen stellt. AEOLUS bittet seinen Freund BACCHUS, für die Kaufpreisschuld zu bürgen. BACCHUS kommt dessen Wunsch nach und bürgt MINERVA in Form einer *fideiussio*. Nach zwei Wochen bemerkt AEOLUS, dass die Zeusstatue einen kleinen Sprung aufweist, der bereits bei Übergabe vorhanden war. AEOLUS kann erfolgreich Preisminderung geltend machen, weshalb er nur noch 300 schuldet. Bei Fälligkeit des Kaufpreises befindet sich AEOLUS gerade auf einer Bildungsreise in Athen. MINERVA verlangt daher von BACCHUS die Zahlung. Da BACCHUS von der Preisminderung nichts weiß, zahlt er 500 an MINERVAs Prokurator, der das Geld in gutem Glauben annimmt. Nach der Rückkehr von AEOLUS möchte BACCHUS von AEOLUS 500 als Ersatz für seine Auslagen. AEOLUS meint hingegen, bloß zur Zahlung von 300 verpflichtet zu sein.

Welche Ansprüche haben AEOLUS und BACCHUS?

---

[*] An den griechischen Kalenden zahlen, maW am „Sankt Nimmerleinstag", dh nie zahlen (Sueton, *Vita divi Augusti* 87. 1). Die Griechen hatten weder Kalendae noch andere den römischen Bezeichnungen entsprechende Namen für die ersten Tage im Monat. Dieses Zitat soll von Kaiser Augustus stammen, der damit auf säumige Schuldner anspielte, die ihre Schulden nie bezahlen würden.

Skizze:

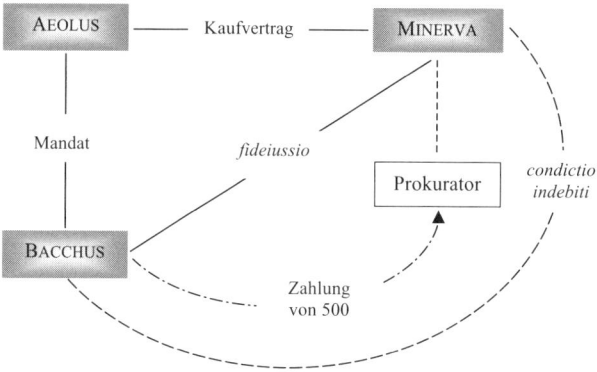

Vorüberlegungen:

- ➢ Zwischen wem kommt die Bürgschaft zustande?
- ➢ Wie ist das Verhältnis zwischen AEOLUS und BACCHUS zu qualifizieren?
- ➢ Welche Bedeutung hat die Preisminderung für die Verpflichtung des Bürgen?
- ➢ Was bedeutet das Prinzip der Akzessorietät bei der *fideiussio*?
- ➢ Ist der Bürge Alternativschuldner oder bloß subsidiärer Schuldner des Gläubigers?
- ➢ Welche Pflichten treffen den Mandanten?
- ➢ Wann spricht man von einer irrtümlichen Leistung einer Nichtschuld?
- ➢ Was kann mittels *mandatum ad agendam in rem suam* bewirkt werden?

Zwischen AEOLUS und MINERVA kommt es durch Konsens über Ware (Zeusstatue) und Kaufpreis (500), mit der Nebenabrede, dass der Kaufpreis erst in einem Jahr fällig ist, zum Abschluss eines Kaufvertrages (*emptio venditio*). Auf das Verlangen von MINERVA hin bittet AEOLUS BACCHUS, für die Kaufpreisschuld zu bürgen. Die Bürgschaft in Form einer *fideiussio* kommt sodann zwischen der Gläubigerin MINERVA und dem Bürgen BACCHUS zustande. Bei der *fideiussio* handelt es sich um einen Verbalkontrakt. Durch das stipulationsweise Versprechen gegenüber MINERVA, die Kaufpreiszahlungsverpflichtung des AEOLUS auf sich zu nehmen, tritt BACCHUS grds als gleichrangiger Schuldner (Solidarschuldner) neben den Hauptschuldner AEOLUS. Dabei ist zu beachten, dass bei der *fideiussio* das Prinzip der (materiellen) Akzessorietät gilt, dh der Bürge verpflichtet ist, dem Gläubiger das zu leisten, was der Hauptschuldner tatsächlich schuldet (*quod Maevius debet*), und nicht, wie etwa bei *sponsio* oder *fidepromissio*, was der Hauptschuldner zu leisten versprochen hat (*idem quod Maevius promisit*).

Indem BACCHUS auf Bitte seines Freundes AEOLUS für dessen Schuld bürgt, ist das Verhältnis zwischen AEOLUS und BACCHUS (Innenverhältnis) als Auftrag (*mandatum*) zu qualifizieren. Das Mandat besteht in der unentgeltlichen Führung eines fremden Geschäftes und zählt zu den *bonae fidei iudicia*. Als Konsensualvertrag ist es mit Willenseinigung zwischen dem Mandanten AEOLUS und dem Mandatar BACCHUS, der sich damit verpflichtet, für die Schuld von AEOLUS zu bürgen, zustande gekommen.

Macht AEOLUS wegen eines Mangels, der der Kaufsache körperlich anhaftet (Sprung in der Zeusstatue), erfolgreich Sachmangelgewährleistung geltend und begehrt er Preisminderung in Höhe von 200, so schuldet AEOLUS MINERVA nur noch 300 aus dem Kaufvertrag. Aufgrund der Akzessorietät der Bürgschaftsverpflichtung ist auch BACCHUS nur noch zur Zahlung von 300 verpflichtet. Wäre BACCHUS die Preisminderung bekannt gewesen, hätte er diesen Umstand mit einer *exceptio* geltend machen können, sofern er von MINERVA auf Zahlung der 500 geklagt worden wäre. Zu beachten ist, dass in klassischer Zeit der Gläubiger den Bürgen selbst dann in Anspruch nehmen kann, wenn er zuvor erst gar nicht versucht hat, die Leistung vom Hauptschuldner zu bekommen. Da jedoch die Klage gegen den Hauptschuldner und jene gegen den Bürgen als solche *de eadem re* gelten, ist ein späteres Verfahren gegen den anderen ausgeschlossen (Konsumtionskonkurrenz). Erst ab Kaiser Justinian ist der Bürge bloß subsidiärer Schuldner und kann in Berufung auf das *beneficium ordinis vel excussionis* den Gläubiger mittels Einrede auffordern, zuerst den Hauptschuldner in Anspruch zu nehmen. Mit dieser Neuerung verbunden ist, dass der Gläubiger nun nicht mehr darauf beschränkt ist, nur entweder den Schuldner oder den Bürgen klagen zu können.

Indem BACCHUS an den Prokurator von MINERVA als deren direkten Stellvertreter 500 leistet, wird zunächst AEOLUS von seiner Kaufpreiszahlungspflicht in Höhe von 300 befreit. Es stellt sich somit die Frage, wie BACCHUS, der materiell eine fremde Schuld beglichen hat, Regress nehmen kann. Da im Innenverhältnis ein Auftragsvertrag vorliegt, kann BACCHUS als Auftragnehmer von AEOLUS als Auftraggeber mittels *actio mandati contraria* Ersatz für jene Aufwendungen verlangen, die zur ordnungsgemäßen Ausführung des Mandats erforderlich waren. Da sich die Kaufpreisschuld von AEOLUS aufgrund der Preisminderung auf 300 reduziert hat, stellen die von BACCHUS zu viel gezahlten 200 keinen Aufwand dar, den er aufgrund des Auftrags zu leisten verpflichtet gewesen wäre. Vielmehr handelt es sich bei den zu viel gezahlten 200 um die irrtümliche Leistung einer Nichtschuld. Durch die Zahlung der 200 an den Prokurator von MINERVA kommt es zu einer bewussten Vermögensverschiebung, die im Hinblick auf eine Verpflichtung erbracht wurde, die tatsächlich nicht bestand. Da BACCHUS von der Minderung des Kaufpreises nichts wusste, handelte er überdies irrtümlich. Folglich kann BACCHUS, um die Rückzahlung der rechtsgrundlos geleisteten 200 zu erwirken, mit der *condictio indebiti* gegen MINERVA vorgehen. Zu beachten ist, dass der Prokurator von MINERVA die Zahlung der 500 von BACCHUS in gutem Glauben annimmt, also nicht weiß, dass die Leistung der zu viel gezahlten 200 rechtsgrundlos erfolgt. Wüsste er nämlich, dass die 200 nicht geschuldet sind, so würde er durch deren Annahme ein *furtum* begehen.

Stattdessen kann BACCHUS aber auch die gesamten 500 mit der *actio mandati contraria* bei AEOLUS erfolgreich geltend machen. Als Nebenverpflichtung aus dem Mandat wäre AEOLUS nämlich verpflichtet gewesen, BACCHUS mitzuteilen, dass es zu einer Preisminderung und somit zu einer Reduzierung der besicherten Kaufpreisschuld gekommen ist. Hätte AEOLUS seinen Auftragnehmer BACCHUS rechtzeitig von der Minderung des Kaufpreises informiert, so hätte BACCHUS bloß die tatsächlich geschuldeten 300 geleistet und ihm wäre die Rückforderung der zu viel gezahlten 200 von MINERVA erspart geblieben. Der Verstoß des Auftraggebers AEOLUS gegen seine sich aus der *bona fides* ergebenden Schutz-, Sorgfalts- und Informationspflichten rechtfertigt es, dass er BACCHUS nicht bloß 300, sondern die gesamten 500 zu ersetzen hat. Folglich wird nicht BACCHUS, sondern AEOLUS die an MINERVA zu viel gezahlten 200 bereicherungsrechtlich herausverlangen. Somit trägt nun AEOLUS den mit der Geltendmachung der 200 entstandenen Mehraufwand sowie ein damit verbundenes Insolvenzrisiko von MINERVA. Hat BACCHUS Ersatz der gesamten 500 von AEOLUS erhalten, so wird er daher AEOLUS die *condictio indebiti* – mittels *mandatum ad agendum in rem suam* – abtreten, damit dieser die 200 von MINERVA kondizieren kann.

▶(1) Die Bürgschaft ist in den §§ 1346 ff geregelt. Um den Bürgen vor Übereilung zu schützen, bedarf die Verpflichtungserklärung des Bürgen, nicht aber deren Annahme durch den Gläubiger, der Schriftform, § 1346 Abs 2. Die Akzessorietät der Bürgschaft ist in § 1351 normiert. Aufgrund der Abhängigkeit von der zu sichernden Hauptschuld unterscheidet sich die Bürgschaft vom (grds formfreien) Schuldbeitritt, bei dem es ausreicht, dass die Hauptschuld im Zeitpunkt des Beitritts besteht. Eine Ausnahme von der Akzessorietät der Bürgschaft besteht gem § 1352: Wer für einen Geschäftsunfähigen bürgt, haftet gleich einem Mitschuldner, selbst dann, wenn ihm die Geschäftsunfähigkeit nicht bekannt war. Die Bürgschaftsschuld ist idR subsidiär, §§ 1346, 1355. Der gewöhnliche Bürge kann daher vom Gläubiger grds erst dann belangt werden, wenn der Schuldner trotz Mahnung seine Verbindlichkeit nicht in angemessener Frist beglichen hat. Nicht subsidiär ist die Bürgschaftsverpflichtung, wenn sich jemand als „Bürge und Zahler" verpflichtet hat, § 1357. Diesfalls kann der Gläubiger den Bürgen auch ohne vorangegangene Mahnung des Schuldners in Anspruch nehmen. Hat jemand die Haftung nur für den Fall übernommen, dass die Forderung im Wege der Exekution beim Schuldner nicht einbringbar ist, so liegt eine Ausfallsbürgschaft vor. Kommt es zur Zahlung des Bürgen, wird die Forderung nicht getilgt, sondern der Bürge tritt in die Rechte des Gläubigers ein und kann vom Schuldner die Erfüllung verlangen (Legalzession gem § 1358). Interzessionen, va Bürgschaften, unter nahen Familienangehörigen unterliegen einer besonderen „Sittenwidrigkeitskontrolle": Ein Interzessionsgeschäft ist gem § 879 sittenwidrig und daher unwirksam, wenn zwischen dem Haftungsumfang und der wirtschaftlichen Leistungsfähigkeit des Interzedenten ein grobes Missverhältnis besteht, die Bürgschaftsverpflichtung aufgrund eingeschränkter Willensfreiheit abgegeben wurde und beide Umstände dem Gläubiger erkennbar waren. Für den Bereich des Verbraucherrechts ist überdies zu beachten: Verbürgt sich ein Verbraucher für eine Kreditschuld gegenüber einem Unternehmer, dessen Unternehmensgegenstand die Gewährung oder Vermittlung von Krediten ist, so ist der Gläubiger gem § 25b Abs 2 KSchG verpflichtet, den Verbraucher von einer allfälligen Säumigkeit des Schuldners in angemessener Frist zu verständigen; widrigenfalls haftet der Verbraucher nicht für Zinsen und Kosten, die ab der Kenntnis des Gläubigers von der Säumigkeit des Schuldners bis zu einem Verzug des Verbrauchers entstehen. Um die Gefahr einer ruinösen Überforderung von Verbrauchern als Interzedenten hintanzuhalten, normieren § 25c KSchG besondere Aufklärungspflichten des Unternehmers sowie § 25d KSchG ein richterliches Mäßigungsrecht. [*Koziol/Welser*, Bürgerliches Recht II^{13} (2007) 146 ff; 156 ff] (2) Zum System der Gewährleistungsbehelfe vgl Fall 42. (3) Zur Rückforderung einer irrtümlich erbrachten Nichtschuld mittels *condictio indebiti* vgl Fall 56.

Zu den einschlägigen Quellenstellen der hier erörterten Problemkreise: zur Geltendmachung von Preisminderung mittels *actio empti* vgl insb Ulpian D 19. 1. 13 pr; zur Akzessorietät der Bürgschaftsverpflichtung bei der *fideiussio* vgl insb Paulus D 46. 1. 56. 2 sowie Gai Inst 3.126; zur Konsumtionskonkurrenz der Klagen gegen den Hauptschuldner und gegen den Bürgen vgl insb Antoninus C 8. 40. 5 u PS 2. 17. 16; zum Bürgenregress mittels *actio mandati* (*contraria*) vgl insb Ulpian D 17. 1. 6. 2, ders D 50. 17. 60 u Gai Inst 3. 127; zur Abtretung der *condictio indebiti* an den Bürgen für den Fall, dass der Schuldner irrtümlich an den Gläubiger leistet, weil er vom Bürgen von dessen Zahlung nicht verständigt wurde, vgl Ulpian D 17. 1. 29. 3.

Fall 69: ☆☆

Teures Stadtleben

MARS hat das Leben am Land satt und will in die Stadt ziehen. JUNO ist bereit, ihm ihre Wohnung in Rom für einen Mietzins in Höhe von 200 *per annum*, fällig am Ende des Jahres, zu vermieten, sofern er ihr einen Bürgen namhaft macht. Auf Bitte des MARS bürgt FAUNUS mittels *fideiussio* für die Mietzinsschuld. Um die Wohnung einzurichten, geht MARS zur Möbelhändlerin DIANA, bei der er einen Esstisch und sechs Stühle zu einem Preis von insgesamt 900 kauft. Die Möbel lässt sich MARS in seine Wohnung liefern. Dabei vereinbaren sie, dass der Kaufpreis in drei Monaten fällig ist. Ohne dass MARS davon erfährt, bürgen NEPTUN, SATURNUS und AMOR mittels *fideiussio* für die Kaufpreisforderung der DIANA. Da MARS die Kosten des Stadtlebens unterschätzt hat, ist er im Zeitpunkt der Fälligkeit der Kaufpreisforderung zahlungsunfähig. DIANA verlangt daraufhin 900 von NEPTUN, der aber bloß 300 zu zahlen bereit ist. AMOR ist im Fälligkeitszeitpunkt insolvent.
Die finanzielle Situation des MARS ändert sich auch bis zum Jahresende nicht, weshalb JUNO die Zahlung des Mietzinses von FAUNUS verlangt, der die 200 sofort bezahlt. Als FAUNUS bei MARS Regress nehmen möchte, gibt ihm MARS mit Hinweis auf die hohen Anschaffungskosten seiner Einrichtungsgegenstände zu verstehen, bis auf weiteres nicht imstande zu sein, dessen Auslagen zu begleichen.

Wie ist die Rechtslage?

Skizze:

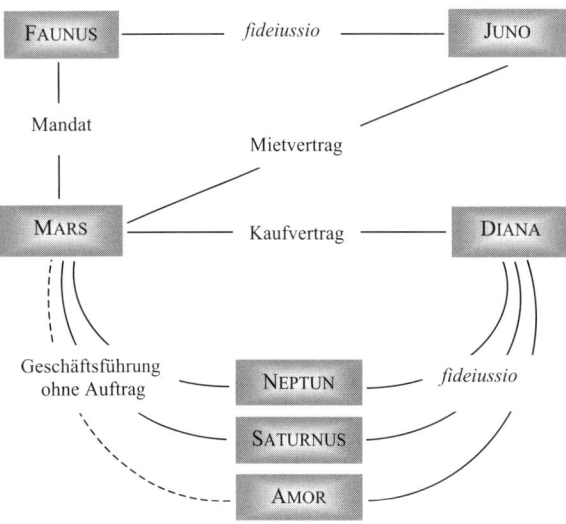

Zu behandelnde Problemkreise:

> ➤ Zustandekommen einer *fideiussio*
> ➤ Subsidiarität der Bürgschaftsverpflichtung – *beneficium excussionis*

➢ Regress aufgrund eines Mandats
➢ Regress mittels Klagsabtretung
➢ *mandatum ad agendum in rem suam*
➢ *beneficium cedendarum actionum*
➢ *pignus tacitum* an den vom Wohnungsmieter eingebrachten Sachen
➢ Mitbürgschaft
➢ Grundsatz der Gesamthaftung
➢ Regress aufgrund einer Geschäftsführung ohne Auftrag
➢ *epistula Hadriani*
➢ *beneficium divisionis*

Besicherung der Mietzinsforderung von JUNO durch FAUNUS

Da MARS und JUNO Willenseinigung über die Überlassung der Wohnung gegen ein Entgelt von 200 pro Jahr erzielen, kommt es zwischen ihnen zum Abschluss einer *locatio conductio rei*. Das Versprechen des FAUNUS gegenüber JUNO, für die Mietzinsschuld des MARS einzustehen, stellt eine Bürgschaft in Form einer *fideiussio* dar. Diese wird zwischen dem Bürgen FAUNUS und der Gläubigerin JUNO in Stipulationsform abgeschlossen. Das Innenverhältnis (Verhältnis zwischen MARS und FAUNUS) ist als Mandat zu qualifizieren. Der Auftragsvertrag besteht in der unentgeltlichen Führung eines fremden Geschäftes. Als Konsensualkontrakt kommt das *mandatum* in jenem Zeitpunkt zustande, in dem sich FAUNUS, auf die Bitte von MARS hin, bereit erklärt, für JUNOs Mietzinsforderung zu bürgen. Nach klassischem römischen Recht tritt der Bürge als gleichrangiger Schuldner neben den Hauptschuldner. Dem Gläubiger steht es somit offen, den Bürgen vor dem Hauptschuldner in Anspruch zu nehmen. Damit verbunden ist jedoch, dass der Gläubiger mit Prozessbegründung gegen den einen sein Klagerecht gegen den anderen verliert (Konsumtionskonkurrenz). Erst in nachklassischer Zeit etabliert sich das Prinzip der Subsidiarität der Bürgschaftsverpflichtung. Der Bürge erhält das Recht, die Leistung so lange zu verweigern, bis der Gläubiger den Hauptschuldner im Prozessweg in Anspruch genommen hat (*beneficium excussionis*). Mit dieser Entwicklung ist verbunden, dass der Gläubiger mit der Klage gegen den einen nun nicht mehr jene gegen den anderen verliert.

Nimmt JUNO den Bürgen FAUNUS in Anspruch und leistet er die 200, so erfüllt FAUNUS eine materiell fremde Schuld. Auf welche Weise der Bürge beim Hauptschuldner Regress nehmen kann, ergibt sich bei der *fideiussio* grds aus dem Innenverhältnis. Aufgrund des Mandats ist FAUNUS berechtigt, von MARS Ersatz der mandatskonformen Auslagen zu verlangen. Für den Fall, dass MARS die Zahlung verweigert, steht FAUNUS zur Durchsetzung seines Anspruchs die *actio mandati contraria* zur Verfügung.

Eine andere Regressmöglichkeit stellt die Klagsabtretung dar. Dieser Konstruktion liegt die Idee zugrunde, dass es durch die Leistung des Bürgen nicht zum Erlöschen, sondern vielmehr zur Einlösung der Forderung des Gläubigers kommt. In klassischer Zeit beruht die Abtretung der Klage auf Freiwilligkeit des Gläubigers (*cessio voluntaria*). Erst ab justinianischer Zeit verbessert sich die Rechtsstellung des in Anspruch genommenen Bürgen, da dieser nun die Zahlung von der vorherigen Abtretung der Klage abhängig machen kann (*cessio necessaria*). Zu diesem Zweck wird dem Bürgen das *beneficium cedendarum actionum* eingeräumt.

Wird nun der Bürge FAUNUS in Anspruch genommen, so kann er sich die Klage von JUNO gegen MARS abtreten lassen. Um die Position der Gläubigerin JUNO einzunehmen, schließen FAUNUS und JUNO ein *mandatum ad agendum in rem suam*. Der Bürge FAUNUS ist somit berechtigt, die Leistung der 200 mit der Klage der Gläubigerin JUNO (*actio locati*) von MARS zu verlangen, und das, was er erzielt, für sich zu behalten.

Der Rückgriff mittels Abtretung hat für den Bürgen insb den Vorteil, dass Sicherheiten, die für die Hauptschuld begründet wurden, nun dem Bürgen zustehen. Da bei der Wohnungsmiete die in die Wohnung eingebrachten Sachen des Mieters (*invecta illata*) dem Vermieter zur Sicherung seiner Ansprüche als stillschweigend verpfändet gelten (*pignus tacitum*), kommt nach erfolgter Abtretung nun FAUNUS als Gläubiger der Mietzinsforderung in den Genuss dieser Besicherung. Sofern MARS seiner Zahlungsverpflichtung nicht nachkommt, ist FAUNUS berechtigt, eigenmächtig auf die Gegenstände des MARS zu greifen (Perklusionsrecht), um sie zum Zweck der Befriedigung seiner Forderung zu verwerten.

Besicherung der Kaufpreisforderung von DIANA durch NEPTUN, SATURNUS und AMOR

Zwischen MARS und DIANA kommt es durch Willenseinigung über die Ware (Esstisch und sechs Stühle) und den Preis (900) sowie die Nebenvereinbarung, dass der Kaufpreis in drei Monaten fällig ist, zum Abschluss einer *emptio venditio*. Indem sich NEPTUN, SATURNUS und AMOR mittels *fideiussio* gegenüber DIANA verpflichten, für die Kaufpreisschuld des MARS einzustehen, treten sie als Mitbürgen auf.

Verlangt die Gläubigerin DIANA in der Folge die Zahlung vom Mitbürgen NEPTUN, so stellt sich die Frage, ob er zur Leistung der gesamten Schuld (900) oder bloß eines im Verhältnis zu den anderen Mitbürgen entsprechenden Teils (300) verpflichtet ist. Für die *fideiussio* gilt grds das Prinzip der Gesamthaftung. Demnach kann der Gläubiger die Leistung der gesamten Summe auch nur von einem Mitbürgen verlangen. Erhält DIANA von dem in Anspruch genommenen Bürgen NEPTUN den gesamten Betrag (900), so kann er Regress bloß vom Hauptschuldner MARS aufgrund des Innenverhältnisses nehmen. Die Möglichkeit, bei einem der anderen Mitbürgen (anteilsmäßig) Regress zu nehmen, hat NEPTUN nur dann, wenn ihm die Klage gegen MARS von DIANA abgetreten worden ist. Nach einer *epistula Hadriani* haften schließlich alle im Zeitpunkt der *litis contestatio* solventen Mitbürgen im Außenverhältnis bloß anteilig. Kann der über die gesamte Summe in Anspruch genommene Mitbürge die Zahlungsfähigkeit der anderen Mitbürgen beweisen, so hat er das Recht, den Gläubiger zur anteiligen Inanspruchnahme der anderen Mitbürgen aufzufordern (*beneficium divisionis*). Nach dieser *epistula Hadriani* ist NEPTUN berechtigt, DIANA zur anteilsmäßigen Inanspruchnahme des Mitbürgen SATURNUS anzuhalten. Den Ausfall des Mitbürgen AMOR haben SATURNUS und NEPTUN entsprechend ihrem Anteil zu tragen, sodass DIANA je 450 von jedem Mitbürgen verlangen kann. Gewährt der Prätor der Gläubigerin DIANA die Klage auf den gesamten Betrag (900), so kann NEPTUN die Zahlungsfähigkeit des Mitbürgen SATURNUS mittels *exceptio si non illi solvendo sint* geltend machen. Leisten SATURNUS und NEPTUN je 450 an DIANA und befreien sie damit MARS von seiner Verpflichtung zur Zahlung des Kaufpreises, so ist fraglich, wie sie bei MARS Regress nehmen können. Die Art und Weise, wie der Bürge beim Hauptschuldner Regress nehmen kann, richtet sich nach dem Innenverhältnis (Verhältnis zwischen dem Bürgen und dem Hauptschuldner). Da zwischen den Bürgen SATURNUS bzw NEPTUN und MARS kein Vertragsverhältnis besteht, ist zu prüfen, ob SATURNUS und NEPTUN als Geschäftsführer ohne Auftrag (*negotiorum gestores*) handeln. Da SATURNUS und NEPTUN mit der Zahlung von je 450 an DIANA keine eigene Schuld, sondern die Kaufpreisschuld von MARS begleichen, tätigen sie ein fremdes Geschäft (*negotium alienum*). Sowohl SATURNUS als auch NEPTUN handeln mit *animus rem alteri gerendi*, da sie bewusst eine fremde Schuld zahlen. Auch liegt ein *negotium utiliter gestum* vor: Die Nützlichkeit der Zahlung durch SATURNUS und NEPTUN besteht für MARS darin, dass er dadurch von seiner Verpflichtung zur Zahlung des Kaufpreises an DIANA befreit wird. Da SATURNUS und NEPTUN die Zahlung weder mit Schenkungsabsicht (*animus donandi*) noch aus familiärem Pflichtgefühl (*pietas*) gegenüber MARS vornehmen, werden sie ihre Aufwendungen in Höhe von je 450 von MARS ersetzt bekommen wollen (*animus recipiendi*). Folglich sind SATURNUS und NEPTUN im Innenverhältnis als *negotiorum gestores* tätig geworden und können daher Ersatz für die an DIANA geleisteten Zahlungen aus dem Titel des Aufwandersatzes von MARS verlangen. Zur Durchsetzung ihrer Ansprüche in Höhe von jeweils 450 steht ihnen die *actio negotiorum gestorum contraria* zur Verfügung.

▶ **(1)** Da nach § 1358 der in Anspruch genommene Bürge in die Rechte des Gläubigers eintritt, ist der Gläubiger verpflichtet, dem Bürgen alle vorhandenen Rechtsbehelfe und Sicherungsmittel (wie etwa Pfänder) herauszugeben. Bei der *cessio legis* gem § 1358 nimmt die hRsp einen *eo ipso*-Übergang bestehender Pfandrechte an. Haben mehrere Personen für dieselbe Schuld gebürgt (Mitbürgschaft), so haften sie dem Gläubiger solidarisch, dh jeder in der Höhe des übernommenen Betrages unbeschränkt, § 1359. Intern kommt es zur Aufteilung der Haftung gem § 896: Hat ein Mitbürge mehr geleistet, als er nach dem Innenverhältnis zu zahlen verpflichtet war, so kann er hinsichtlich des Mehrbetrages Rückgriff bei seinen Mitbürgen nehmen. Diesen Regress hat der in Anspruch genommene Bürge auch für den Fall, dass ein Mitbürge vom Gläubiger entlassen wurde, da ein solcher Verzicht gegenüber den anderen Mitbürgen unwirksam ist, § 1363. [*Koziol/Welser*, Bürgerliches Recht II[13] (2007) 146 ff] Zur Subsidiarität der Bürgschaftsverpflichtung vgl Fall 68. **(2)** Zum gesetzlichen Pfandrecht des Vermieters einer unbeweglichen Sache an den vom Mieter eingebrachten Sachen vgl Fall 48 Variante A. **(3)** Zur Geschäftsführung ohne Auftrag vgl Fall 71.

Zu den einschlägigen Quellenstellen der hier erörterten Problemkreise: zum Bürgenregress mittels *actio mandati* (*contraria*) vgl insb Ulpian D 17. 1. 6. 2, ders D 50. 17. 60 u Gai Inst 3. 127; zur Annahme, der Bürge erwerbe mit Zahlung an den Gläubiger die Forderung gegen den Hauptschuldner, vgl Paulus D 46. 1. 36; zum Bürgenregress mittels Klagsabtretung vgl insb Julian D 46. 1. 17, Paulus D 46. 1. 36 u Modestin D 46. 3. 76; zum stillschweigenden Pfandrecht des *locator* an den *invecta illata* vgl insb Paulus D 2. 14. 4 pr, Marcian D 20. 2. 2, Ulpian D 20. 2. 3 sowie Neraz D 20. 2. 4 pr u 1; zur Frage, welche Sachen des *conductor* als verpfändet gelten, vgl Pomponius D 20. 2. 7. 1; zur Frage, für welche Forderungen des *locator* die eingebrachten Sachen als verpfändet gelten, vgl Marcian D 20. 2. 2; zur Möglichkeit des *locator*, die eingebrachten Sachen eigenmächtig zu beschlagnahmen, vgl insb Paulus D 20. 2. 9; zur *epistula Hadriani* vgl Gai Inst 3. 121, 3. 121a u 3. 122; zum *beneficium divisionis* vgl insb Papinian D 46. 6. 12; zur Einrede der Zahlungsfähigkeit der Mitbürgen vgl insb Paulus D 46. 1. 28; zum Regress des in Anspruch genommenen Mitbürgen gegen einen anderen Mitbürgen, unter der Voraussetzung, dass ihm die Klage des Gläubigers abgetreten worden ist, vgl insb Modestin D 46. 1. 39; zum Vorliegen eines *negotium alienum* sowie zur Nützlichkeit einer *negotiorum gestio* bei Bezahlung einer fremden Schuld vgl insb Labeo D 3. 5. 42 (43).

Fall 70:

Gewichtheben leicht gemacht!

Der Gewichtheber HERKULES benötigt dringend Geld für die Anschaffung einer neuen Hantelstange. Er bittet seine Bekannte AURORA um die Gewährung eines Darlehens in Höhe von 500 für eine Laufzeit von einem Jahr. Da AURORA an der Zahlungsfähigkeit des HERKULES zweifelt, geht sie zu VULCANUS, einem Trainingskollegen von HERKULES, und erklärt ihm, dass sie HERKULES ein Darlehen geben werde, wenn er für die Rückzahlung bürge. VULCANUS erklärt sich bereit und bürgt mittels *fideiussio* für die aus dem Geschäft entstehende Verpflichtung des HERKULES, wovon HERKULES aber nichts erfährt.

Da AURORA momentan über kein Bargeld verfügt, übergibt sie HERKULES eine reich verzierte Holzfigur, die er für 500 verkaufen soll. Den Erlös könne HERKULES als Darlehen verwenden. HERKULES gelingt der Verkauf der Holzfigur um 500 und er kann sich seinen Traum von einer neuen Hantelstange erfüllen. Im Zeitpunkt der Fälligkeit des Darlehens kann HERKULES nicht leisten, weshalb AURORA die Zahlung der 500 von VULCANUS begehrt.

Welche wechselseitigen Ansprüche bestehen zwischen HERKULES, AURORA und VULCANUS?

Zu behandelnde Problemkreise:

- ➢ Voraussetzungen für das Zustandekommen eines *mutuum*
- ➢ Hingabe einer Sache, verbunden mit der Vereinbarung, dass sie der Übernehmer verkaufen könne und diesem der Erlös kreditiert sei – sog *contractus mohatrae*
- ➢ Kontroverse Ulpian/Julian
- ➢ Zustandekommen einer *fideiussio*
- ➢ Subsidiarität der Bürgschaftsverpflichtung
- ➢ Regress aufgrund einer *negotiorum gestio*

▶ **(1)** Zur Bürgschaft vgl Fall 68. **(2)** Zum Darlehensvertrag vgl Fall 20. **(3)** Zur Geschäftsführung ohne Auftrag vgl Fall 71.

Zu den einschlägigen Quellenstellen der hier zu erörternden Problemkreise: zum Zustandekommen eines *mutuum*, wenn die zum Verkauf hingegebene Sache, deren Erlös man als Darlehen verwenden darf, verkauft wird, vgl insb Diokletian u Maximian C 4. 2. 8, Ulpian D 12. 1. 4 pr u 11 pr sowie ders D 19. 5. 19 pr; zur Ablehnung des Zustandekommens eines *mutuum* mangels *datio* vgl insb African D 17. 1. 34 pr; zum Vorliegen eines *negotium alienum* sowie zur Nützlichkeit einer *negotiorum gestio* bei Zahlung einer fremden Schuld vgl insb Labeo D 3. 5. 42 (43).

Variante A:

AURORA kommt die Bereitschaft von HERKULES zum Verkauf der Holzfigur sehr gelegen, da AURORA die Holzfigur ohnedies schon längst verkaufen wollte. Bevor es zu einem Verkauf durch HERKULES kommt, wird die Holzfigur bei einem Großbrand zerstört.

Wie ist die Rechtslage?

Zu behandelnde Problemkreise:

> ➢ Gefahrtragung hinsichtlich der Holzfigur nach dem Utilitätsprinzip
> ➢ Akzessorietät der Bürgschaftsverpflichtung

Zu den einschlägigen Quellenstellen der hier zu erörternden Problemkreise: zur Gefahrtragung desjenigen, der das überwiegende Interesse am Verkauf der hingegebenen Sache hat, vgl insb Ulpian D 12. 1. 11 pr; zur Akzessorietät der Bürgschaftsverpflichtung bei der *fideiussio* vgl insb Paulus D 46. 1. 56. 2 sowie Gai Inst 3. 126.

Variante B:

Nicht HERKULES, sondern der unter *patria potestas* stehende PICUS begehrt das Darlehen von AURORA für die Anschaffung einer Hantelstange. In Kenntnis von der Gewaltunterworfenheit des PICUS übergibt ihm AURORA drei Fässer Wein, damit er diese um 500 verkaufe und das Geld als Darlehen verwende. PICUS verkauft die Fässer bereits am folgenden Tag um 500. Im Fälligkeitszeitpunkt kann PICUS das Darlehen nicht zurückzahlen. AURORA verlangt daher die Rückzahlung vom Bürgen VULCANUS.

Wie ist die Rechtslage?

Zu behandelnde Problemkreise:

> ➢ Darlehensgeschäfte mit einem *filius familias* als Darlehensnehmer
> ➢ Umgehung des *senatus consultum Macedonianum – in fraudem legis agere*
> ➢ Besicherung einer Naturalobligation durch eine Bürgschaft
> ➢ Geltendmachung von Einreden des Hauptschuldners durch den Bürgen
> ➢ Unterscheidung in sachbezogene und personenbezogene Einreden

▶ Aus dem Prinzip der Akzessorietät der Bürgschaftsverpflichtung (§ 1351) ergibt sich, dass der Bürge dem Gläubiger auch all jene Einwendungen entgegenhalten kann, die der Schuldner hat. [*Koziol/Welser*, Bürgerliches Recht II[13] (2007) 148]

Zu den einschlägigen Quellenstellen der hier zu erörternden Problemkreise: zum Anlassfall für das *senatus consultum Macedonianum* vgl Ulpian D 14. 6. 1 pr; zur Umgehung des *senatus consultum Macedonianum* vgl Ulpian D 14. 6. 7. 3; zum Vorliegen einer bewussten Gesetzesumgehung vgl etwa Paulus D 1. 3. 29; zur Möglichkeit des Bürgen, dem Gläubiger Einwendungen entgegenzuhalten, die der Hauptschuldner hat, vgl insb Marcian D 44. 1. 19, Ulpian D 44. 5. 1. 8 u ders D 46. 1. 32; zur Unterscheidung in personenbezogene und sachbezogene Einwendungen vgl insb Paulus D 44. 1. 7. 1.

Anhang:

9. Teil

GESCHÄFTSFÜHRUNG OHNE AUFTRAG (NEGOTIORUM GESTIO)

Lit: *Benke/Meissel*, Römisches Schuldrecht[7] (2006) 260–267;
Hausmaninger/Selb, Römisches Privatrecht[9] (2001) 267–269;
Kaser/Knütel, Römisches Privatrecht[20] (2014) 274–277;
Apathy/Klingenberg/Pennitz, Einführung in das römische Recht[5] (2012) 201–202.

Fall 71:

Die stumme Nachtigall

Die blinde VESTA ist Eigentümerin einer Nachtigall, deren Gesang sie über alles liebt. Während VESTAS Abwesenheit bemerkt ihr Nachbar MARS, dass die Nachtigall entflogen ist und von einer Katze gejagt wird. MARS gelingt es, den Vogel aus den Klauen der Katze zu befreien. Sofort lässt MARS einen Tierarzt kommen, der die verwundete Nachtigall behandelt. MARS zahlt dem Arzt 60. Wenige Stunden später verendet die Nachtigall dennoch. In Kenntnis um VESTAS Verbundenheit zu ihrem Vogel lässt ihn MARS für ein Entgelt von 40 präparieren, nicht wissend, dass VESTA blind ist.

Aus Trauer um den Verlust ihrer Nachtigall geht VESTA zu FAUNUS und kauft einen sprechenden Papagei um 80. Da VESTA nicht sofort bezahlen kann, gestattet ihr FAUNUS, den Kaufpreis erst in drei Monaten zu leisten. Zur Besicherung der Kaufpreisforderung verpfändet und übergibt MARS FAUNUS seinen geerbten Siegelring, wovon VESTA jedoch nichts erfährt. Bei Fälligkeit der Kaufpreisforderung ist VESTA zahlungsunfähig. Um die Versteigerung seines Ringes zu verhindern, zahlt MARS 80 an FAUNUS.

Prüfen Sie die Ansprüche von MARS!

Vorüberlegungen:

➢ Was versteht man unter einer *negotiorum gestio*?
➢ Wann spricht man von einem *negotium alienum*?
➢ Was ist der *animus rem alteri gerendi*, was der *animus recipiendi*?
➢ Wann liegt ein *negotium utiliter gestum* vor, und nach welchen Kriterien lässt sich die Nützlichkeit der Geschäftsführung beurteilen?
➢ Welche Klage steht dem *gestor* zu, um Ersatz für Aufwendungen geltend zu machen?
➢ Welcher Voraussetzungen bedarf das Zustandekommen eines Pfandrealvertrages?
➢ Liegt eine *negotiorum gestio* vor, wenn der Geschäftsführer bei der Besorgung des Geschäfts neben fremden auch eigene Interessen verfolgt wissen will?

Ansprüche zwischen MARS und VESTA hinsichtlich der Tierarztkosten

Da MARS weder aus einem Vertrag, etwa einem Mandat, noch aus einem anderen Rechtsverhältnis verpflichtet ist, den entflogenen Vogel seiner Nachbarin VESTA einzufangen und ihn ärztlich versorgen zu lassen, stellt sich die Frage, ob er als Geschäftsführer ohne Auftrag (*negotiorum gestor*) tätig geworden ist. Geschäftsführung ohne Auftrag liegt vor, wenn jemand bewusst und willentlich ein fremdes Geschäft führt, ohne hiezu, etwa aus Vertrag, verpflichtet oder ermächtigt zu sein. Zudem muss der Geschäftsführer in Erwartung, Ersatz für seine Aufwendungen zu erhalten, handeln. Ersatzfähig sind aber nur jene Aufwendungen, die für den Geschäftsherrn nützlich sind. Ein Anspruch des Geschäftsführers auf ein Entgelt besteht nicht.

Zunächst hat es sich bei dem vorgenommenen Geschäft um ein fremdes (*negotium alienum*) zu handeln. Ein fremdes Geschäft liegt vor, wenn und soweit die Geschäftsbesorgung die Angelegenheiten eines anderen betrifft. Da die Nachtigall der Eigentümerin VESTA und nicht dem Geschäftsführer MARS rechtlich zuzuordnen ist, kommt das Einfangen und die ärztliche Behandlung nicht MARS, sondern VESTA zugute. Folglich liegt ein *negotium alienum* vor. Zudem muss der Geschäftsführer grds mit dem Willen handeln, die Geschäftsbesorgung im Interesse eines anderen vorzunehmen. Die Geschäftsführungsabsicht nennt man auch *animus rem alteri gerendi*. Da sich MARS bewusst des fremden Vogels annimmt, handelt er mit der Absicht, ein Geschäft für einen anderen, nämlich für VESTA, zu führen.

Schließlich muss die Geschäftsführung auch vom Willen getragen sein, die gemachten Aufwendungen ersetzt zu bekommen (*animus recipiendi*). Da MARS tätig wird, ohne sich hiezu aus familienrechtlicher Bindung (*pietas*) verpflichtet zu fühlen, und auch nicht mit Schenkungsabsicht (*animus donandi*) handelt, ist sein Wille, Aufwandersatz zu erhalten, gegeben. Die Beantwortung der Frage, ob der Geschäftsführer MARS einen Anspruch auf Ersatz seiner Aufwendungen gegen VESTA hat, richtet sich danach, ob ein *negotium utiliter gestum* vorliegt. Für die Beurteilung, ob die Geschäftsführung nützlich ist, kommt es nach römischem Recht grds auf die individuellen Interessen des Geschäftsherrn an und nicht darauf, ob das Geschäft objektiv betrachtet nützlich erscheint. Da VESTA viel an ihrer Nachtigall sowie an deren Gesang liegt, entspricht es ihrem Interesse, wenn MARS den Vogel einfängt und ihn von einem Tierarzt versorgen lässt. Der Umstand, dass die ärztliche Behandlung letztlich erfolglos bleibt, ist für den Anspruch von MARS auf Aufwandersatz unbeachtlich, da die Nützlichkeit der Geschäftsführung von den römischen Juristen *ex ante* beurteilt wird – *sed sufficit, si utiliter gessit, etsi effectum non habuit negotium*. Der Anspruch auf Aufwandersatz gebührt daher, soweit die Geschäftsführung nützlich begonnen wurde (*utiliter coeptum*). Da die ärztliche Behandlung im Zeitpunkt ihrer Vornahme geeignet erscheint, das Leben der Nachtigall zu retten, ist die Nützlichkeit von MARS' Geschäftsführung *ex ante* gegeben. Die von MARS gezahlten 60 an den Tierarzt stellen notwendige Aufwendungen (*impensae necessariae*) dar, da sie eingesetzt wurden, um den Eintritt eines unmittelbar drohenden Nachteils (den Tod der Nachtigall) zu verhindern. MARS kann daher von VESTA mit der *actio negotiorum gestorum contraria* Ersatz seiner Aufwendungen in Höhe von 60 verlangen. Für die Geschäftsführung als solche erhält MARS hingegen kein Entgelt, da die *negotiorum gestio* in der unentgeltlichen Führung eines fremden Geschäftes besteht.

Anspruch von MARS gegen VESTA hinsichtlich der Kosten für die Präparierung

Auch hinsichtlich der Präparierung des Vogels wird MARS als *negotiorum gestor* tätig, da es sich dabei um ein Geschäft handelt, das nicht ihm, sondern der Rechtssphäre der VESTA zuzuordnen ist, MARS das Geschäft bewusst für einen anderen tätigt und er mit dem Willen handelt, Ersatz für seine Aufwendungen zu erhalten. Einen durchsetzbaren Anspruch gegen VESTA auf Ersatz der

40 hat MARS dann, wenn ein *negotium utiliter gestum* vorliegt. Die Nützlichkeit der Geschäftsführung ist grds dann gegeben, wenn diese im individuellen Interesse des Geschäftsherrn erfolgt. Da VESTA aufgrund ihrer Blindheit aber keine Verwendung für den ausgestopften Vogel hat, ist das von MARS geführte Geschäft für VESTA nicht subjektiv nützlich. MARS kann daher keinen Ersatz für die an den Präparator gezahlten 40 von VESTA verlangen. Somit trägt MARS als Geschäftsführer das Risiko, dass seine Aufwendungen nicht den individuellen Interessen von VESTA entsprechen.

Anspruch von MARS gegen VESTA hinsichtlich der Bezahlung des Kaufpreises für den Papagei

Zunächst ist zu prüfen, ob zwischen MARS und FAUNUS ein Pfandrealvertrag zustande gekommen ist. Dieser bedarf als Realkontrakt neben einer einvernehmlichen Zweckbestimmung (*conventio*) der realen Hingabe der Pfandsache (*datio*). Indem MARS zum Zweck der Besicherung der Kaufpreisschuld von VESTA seinen Siegelring an FAUNUS übergibt, kommt somit ein Pfandrealvertrag zustande. Zugleich erwirbt FAUNUS an dem Ring von MARS ein Pfandrecht: FAUNUS hat gegen VESTA eine Forderung (Kaufpreis in Höhe von 80), die besichert werden soll (Akzessorietät). Der Pfandbesteller MARS ist Eigentümer des zum Pfand gegebenen Ringes (dingliche Berechtigung des Pfandbestellers). Auch wird zwischen MARS und FAUNUS eine Pfandabrede (*conventio pignoris*) abgeschlossen (*arg*: zur Besicherung der Kaufpreisforderung verpfändet MARS FAUNUS seinen Siegelring). Verpfändet, wie im vorliegenden Fall, eine vom Schuldner verschiedene Person eine Sache, so spricht man von einem Drittpfand.

Kommt es in der Folge zur Bezahlung des Kaufpreises durch MARS, so stellt sich die Frage, ob ihm ein Aufwandersatzanspruch aus Geschäftsführung ohne Auftrag gegen VESTA zusteht. Indem MARS den Kaufpreis bezahlt, erfüllt er eine materiell fremde Schuld, weshalb ein *negotium alienum* vorliegt. Zudem handelt MARS mit *animus negotii alieni gerendi*, da er weiß, dass er eine fremde Schuld begleicht. Schließlich erfolgt MARS' Vorgehensweise im subjektiven Interesse von VESTA (*negotium utiliter gestum*), da sie durch die Zahlung von MARS von ihrer Kaufpreiszahlungsverpflichtung befreit wird – *cum ea solutione debitor a creditore liberatus sit*. Der Umstand, dass MARS die Zahlung vor allem deshalb vornimmt, um seinen Siegelring, der sonst verwertet worden wäre, auszulösen, und er somit auch im eigenen Interesse handelt, schadet der Qualifizierung von MARS' Geschäftsbesorgung als *negotiorum gestio* nicht. Ähnlich wie beim Mandat genügt auch bei der Geschäftsführung ohne Auftrag ein gemischtes Interesse an der Ausführung des Geschäftes. Da MARS dem Sachverhalt nach weder in Schenkungsabsicht (*animus donandi*) noch aus familiärem Pflichtgefühl (*pietas*) handelt, wird er seine Aufwendungen von VESTA ersetzt bekommen wollen (*animus recipiendi*). Den Ersatz der nützlichen Aufwendungen (*impensae utiles*) in Höhe des geleisteten Kaufpreises (80) kann MARS mittels *actio negotiorum gestorum contraria* fordern.

Da mit Bezahlung des Kaufpreises die zu besichernde Forderung wegfällt, erlischt auch das Pfandrecht an dem Ring, sodass MARS von FAUNUS die Herausgabe des Ringes verlangen kann. Zur Durchsetzung seines Anspruchs auf Herausgabe steht MARS aus dem Pfandrealvertrag die *actio pigneraticia in personam directa* zur Verfügung.

▶ **(1)** Das ABGB unterscheidet die notwendige (§ 1036), die nützliche (§ 1037) und die unerlaubte Geschäftsführung ohne Auftrag (§§ 1038 und 1040, vgl Fall 72). Im Falle einer Geschäftsführung im Notfall gebührt dem Geschäftsführer auch dann Ersatz der notwendigen und nützlichen Aufwendungen, wenn seine Bemühungen letztlich erfolglos geblieben sind. Ob dem Geschäftsführer neben dem Aufwandersatz auch eine Abgeltung für seine Mühewaltung (Zeitverlust) gebührt, ist strittig, wird aber nach hA dann bejaht, wenn der Geschäftsführer in Ausübung seines Berufes oder seines Gewerbes tätig wird. Der Geschäftsführer im Notfall hat einen Ersatzanspruch für Schäden, die ihm bei der Ausführung des Geschäfts erwachsen sind (§ 1014). Eine nützliche Geschäftsführung liegt vor, wenn kein Notfall gegeben ist, das Geschäft aber zum klaren und überwiegenden Vorteil des Geschäftsherrn erfolgt. Anders als bei der Geschäftsführung im Notfall erhält der Geschäftsführer bei der nützlichen Geschäftsführung nur dann Ersatz für seine Aufwendungen, wenn sie auch zu einem subjektiven Vorteil des Geschäftsherrn geführt haben. § 1039 normiert eine Fortsetzungspflicht des Geschäftsführers bei nützlicher Geschäftsführung hinsichtlich eines angefangenen Geschäfts. Diese besteht gem § 1312 nicht bei der notwendigen Geschäftsführung. Überdies trifft den Geschäftsführer bei jeder Art von Geschäftsführung die Pflicht, Rechnung zu legen sowie einen im Zuge der Geschäftsführung erlangten Vorteil herauszugeben. Von angewandter Geschäftsführung ohne Auftrag spricht man in jenen Fällen, in denen das Gesetz selbst jemanden ungeachtet einer Geschäftsführungsabsicht als Geschäftsführer iSd §§ 1035 ff behandelt. So wird etwa derjenige als Geschäftsführer ohne Auftrag behandelt, der auf fremdem Boden ohne Wissen des Eigentümers mit eigenem Material baut und weiß, dass er hiezu nicht berechtigt ist (§ 418), sowie derjenige, der als Fruchtnießer ohne Einwilligung des Eigentümers Aufwendungen auf die Sache macht (§ 517). Auch der Mieter, der Aufwendungen auf den Mietgegenstand tätigt, die dem Vermieter obliegen, wird als Geschäftsführer ohne Auftrag behandelt, § 1097 S 2 (vgl auch Fall 46). [*Koziol/Welser*, Bürgerliches Recht II[13] (2007) 392 ff] **(2)** Zum Pfandrealvertrag vgl Fall 27. **(3)** Zu den Prinzipien des Pfandrechts vgl Fall 15. **(4)** Zum Übergang der Forderung auf den Drittpfandbesteller, wenn dieser die besicherte Forderung an den Gläubiger bezahlt, vgl Fall 19.

Zu den einschlägigen Quellenstellen der hier erörterten Problemkreise: zum Vorliegen eines *negotium alienum* vgl insb Alexander C 2. 18 (19). 10, Gaius D 3. 5. 2, Labeo D 3. 5. 42 (43) sowie Paulus D 17. 1. 22. 10; zum *animus recipiendi* vgl insb Alexander C 2. 18 (19). 11 sowie Gordian C 2. 18 (19). 15; zur subjektiven Nützlichkeit des geführten Geschäfts sowie zum *utiliter coeptum*-Kriterium vgl insb Ulpian D 3. 5. 9 (10). 1 u Celsus D 17. 1. 50 pr; zur Ablehnung eines Aufwandersatzanspruchs bei Leistungserbringung aufgrund von *pietas* vgl insb Alexander C 2. 18 (19). 11, Gordian C 2. 18 (19). 15 sowie Modestin D 3. 5. 26 (27). 1; zur Klage auf Aufwandersatz aus einer *negotiorum gestio* vgl insb Gaius D 3. 5. 2.

Fall 72: ☆☆

Die vergessenen Orangenbäume

HERKULES kommt am Haus seiner Bekannten CERES vorbei, von der er weiß, dass sie über den Winter ins Ausland verreist ist. HERKULES bemerkt, dass CERES vergessen hat, ihre Orangenbäumchen einzuwintern. Um die Bäume vor dem nahenden Frost zu retten, trägt er seinem Sklaven Robigus auf, die Pflanzen in seinen Keller zu bringen. Beim Transport verstaucht sich Robigus den rechten Arm (Wertverlust 30), weshalb HERKULES die übrigen Pflanzen selbst in Sicherheit bringen muss. Aus geringer Unachtsamkeit bricht HERKULES mehrere Äste eines Orangenbaums ab, weshalb dieser 20 an Wert verliert. HERKULES erfährt, dass sich CERES in Geldschwierigkeiten befindet. Obwohl CERES HERKULES unmissverständlich zu erkennen gegeben hat, dass sie von einem Freund keine Hilfe in Geldangelegenheiten möchte, bürgt HERKULES dennoch mit *fideiussio* für ihre Schuld in Höhe von 50. CERES kann zum Fälligkeitszeitpunkt nicht zahlen, weshalb HERKULES in Anspruch genommen wird. Um den ausstehenden Betrag begleichen zu können, verkauft HERKULES eine Vase der Keramikhändlerin MINERVA, die er irrtümlich für seine eigene hält, zum marktüblichen Preis von 50 an VULCANUS und übergibt sie ihm. Noch bevor MINERVA die Vase bei VULCANUS herausverlangen kann, geht sie zu Bruch.

Wie ist die Rechtslage?

Zu behandelnde Problemkreise:

- ➤ Voraussetzungen einer *negotiorum gestio*
- ➤ Anspruch des *gestor* auf Ersatz für Schäden, die ihm bei der Geschäftsführung erwachsen sind
- ➤ Haftungsmaßstab des *gestor*
- ➤ Haftungsmilderung bei Notgeschäftsführung
- ➤ *fideiussio* als Sicherungsgeschäft
- ➤ Geschäftsführung *prohibente domino*
- ➤ *rei vindicatio* und *condictio furtiva* als sachverfolgende Klagen
- ➤ Gewährung einer *actio negotiorum gestorum directa* auf Herausgabe des Erlangten ungeachtet des Fehlens eines Fremdgeschäftsführungswillens

Ansprüche zwischen HERKULES und CERES hinsichtlich der Einwinterung der Orangenbäume

Zu prüfen ist, ob HERKULES bei der Einwinterung der Orangenbäume als Geschäftsführer ohne Auftrag gehandelt hat. Bei der *negotiorum gestio* handelt es sich um die bewusste Führung eines fremden Geschäfts für einen anderen, ohne hierzu aus einem gesondert geregelten Rechtsverhältnis, etwa einem Mandat oder aus Vormundschaft (*tutela*), verpflichtet zu sein. Ein fremdes Geschäft (*negotium alienum*) ist gegeben, da HERKULES nicht eigene, sondern der CERES gehörende Orangenbäume versorgt. Auch nimmt er die Handlung mit *animus rem alteri gerendi* vor, weil ihm bewusst ist, dass er fremde Orangenbäume zum Zweck der Überwinterung in seinen Keller verbringt. Darüber hinaus dient die Geschäftsführung den individuellen Interessen von CERES. Indem HERKULES die Orangenbäume vor dem Frost in Sicherheit bringt, schützt er CERES' Eigentum. Folglich ist ein *negotium utiliter gestum* gegeben. Als Geschäftsführer steht es HERKULES zu, neben Ersatz allfälliger Aufwendungen auch Ersatz für Schäden, die ihm im Zuge der Geschäftsführung entstanden sind, von der Geschäftsherrin CERES zu verlangen. Da die Geschäftsführung im Interesse von CERES erfolgt, erscheint es gerecht, dass CERES den durch den Transport verursachten Schaden am Sklaven Robigus wirtschaftlich zu tragen hat – *iustum est, si utiliter gessit, praestari ei, quidquid eo nomine vel abest ei vel afuturum est.* HERKULES kann daher von CERES mit der *actio negotiorum gestorum contraria* Ersatz für den ihm bei der Geschäftsführung entstandenen Schaden am Sklaven Robigus in Höhe von 30 verlangen.

Fraglich ist, ob CERES ihrerseits einen Anspruch gegen HERKULES auf Wertersatz in Höhe von 20 hat, weil HERKULES einen ihrer Orangenbäume beschädigt hat. Grundsätzlich haftet der *negotiorum gestor* für jene Schäden, die er vorsätzlich oder fahrlässig herbeigeführt hat. Da es sich bei der Verbringung der Orangenbäume in HERKULES' Keller um eine Maßnahme handelt, die einen unmittelbar drohenden Schaden für CERES abwendet (*arg*: HERKULES rettet die Bäume vor dem nahenden Frost), hat HERKULES jedoch nur für eine vorsätzliche Schadenszufügung einzustehen. Bei der Haftungsmilderung des *gestor* im Falle einer Notgeschäftsführung berufen sich die römischen Juristen auf die Billigkeit – *aequissimum esse dolum dumtaxat te praestare.* Da HERKULES den Orangenbaum aus geringer Unachtsamkeit beschädigt, ist sein Verhalten als leicht fahrlässig zu qualifizieren, weshalb er für den Schaden nicht einzustehen hat. Folglich kann CERES von HERKULES keinen Schadenersatz verlangen.

Anspruch von HERKULES gegen CERES hinsichtlich der Bezahlung der 50

Indem HERKULES mit dem Gläubiger von CERES eine *fideiussio* abschließt, verpflichtet sich HERKULES, das zu leisten, was CERES schuldet – *quod* CERES *debet.* Dies ist Ausdruck der materiellen Akzessorietät bei der *fideiussio.* Zu beachten ist, dass es dem Gläubiger nach klassischem römischen Recht freisteht, ob er bei Fälligkeit den Bürgen oder den Hauptschuldner in Anspruch nimmt. Erst ab Justinian wird dem Bürgen, der vom Gläubiger vor dem Hauptschuldner auf Zahlung geklagt wird, das *beneficium excussionis vel ordinis* gewährt, um den Gläubiger zunächst auf den Hauptschuldner zu verweisen.

Da HERKULES nicht verpflichtet ist, eine Bürgschaft abzuschließen und in der Folge die Schuld von CERES zu begleichen, ist zu prüfen, ob das Innenverhältnis (Verhältnis zwischen HERKULES und CERES) als *negotiorum gestio* qualifiziert werden kann. Zahlt HERKULES 50 an den Gläubiger von CERES, so erfüllt HERKULES eine materiell fremde Schuld, weshalb ein *negotium alienum* vorliegt. Weiters handelt HERKULES bei Bezahlung der 50 im Bewusstsein, eine fremde Schuld zu begleichen (*animus rem alteri gerendi*), sowie mit dem Willen, hierfür Ersatz zu erhalten (*animus recipiendi*). Fraglich ist, da HERKULES gegen den Willen und das ausdrückliche Verbot von CERES – *nolente et specialiter prohibente* – für deren Schuld bürgt und an ihren Gläubiger leistet (*arg*: CERES gibt HERKULES unmissverständlich zu erkennen, dass sie von einem Freund keine Hilfe in Geldangelegenheiten möchte), ob HERKULES ein Anspruch auf Ersatz seiner Auslagen zusteht. Die Frage des Aufwandersatzes bei einer *negotiorum gestio prohibente domino* wird von den römischen Juristen unterschiedlich behandelt. Während sich einige Juristen, darunter Paulus, Pomponius und Julian, gegen einen Anspruch auf Aufwandersatz aussprechen, befürworten andere Juristen einen Aufwandersatzanspruch und gewähren entweder eine *actio negotiorum gestorum contraria* oder eine analoge *actio utilis.*

Folgt man jener Meinung, die den Willen des *dominus*, die Schuld nicht durch Bürgschaft besichert zu bekommen, in den Vordergrund stellt, so erhält HERKULES keinen Aufwandersatz. Diese Ansicht entspricht dem Postulat, sich nicht in fremde Angelegenheiten einzumischen – *culpa est immiscere se rei ad se non pertinenti.* Trägt man hingegen dem Umstand Rechnung, dass es mit

Zahlung der 50 durch HERKULES zu einer Befreiung von CERES von ihrer Schuld und somit zu einer Bereicherung gekommen ist, so ist ein Aufwandersatzanspruch von HERKULES zu bejahen. In diesem Fall wird HERKULES von CERES Ersatz seiner Auslagen in Höhe von 50 mittels *actio negotiorum gestorum contraria* bzw *actio utilis* verlangen können.

Anspruch von MINERVA hinsichtlich des Verlustes ihrer Vase

Zu Beginn ist HERKULES *bonae fidei possessor* der Vase von MINERVA. HERKULES hat die Vase in seiner Sachgewalt (*corpus*), verbunden mit dem Willen, sie für sich zu haben (*animus*), und hält sich irrtümlich für deren Eigentümer. HERKULES und VULCANUS schließen durch Willenseinigung über den Austausch der Vase gegen Bezahlung von 50 einen Kaufvertrag (*emptio venditio*) ab. Indem HERKULES VULCANUS die Vase übergibt, kommt es zu einer Änderung der Besitzverhält-nisse. VULCANUS erwirbt *animo et corpore* Besitz an der Vase. Da HERKULES jedoch weder Eigen-tümer noch Verfügungsbefugter der Vase ist, erwirbt VULCANUS derivativ kein Eigentum an ihr. Es gilt: *nemo plus iuris transferre potest quam ipse habet*. Eigentümerin der Vase bleibt daher weiterhin MINERVA. VULCANUS, der von der mangelnden dinglichen Berechtigung von HERKULES nichts weiß, ist *bonae fidei possessor* und könnte bei Vorliegen der übrigen Ersitzungsvorausset-zungen nach Ablauf eines Jahres originär durch *usucapio* Eigentum an der Vase erlangen.

Zu beachten ist, dass der Umstand, dass der Verkäufer HERKULES dem Käufer VULCANUS kein Eigentum an der Vase verschafft, für die Gültigkeit des Kaufvertrages keine Rolle spielt. Aufgrund des Kaufvertrages ist HERKULES verpflichtet, VULCANUS ungestörten Besitz an der Vase zu ver-schaffen. Hätte MINERVA ihren Anspruch auf Herausgabe vor Untergang der Vase bei VULCANUS erfolgreich geltend gemacht, so wäre es zur Eviktion gekommen und VULCANUS hätte Rechts-mangelgewährleistung bei HERKULES geltend machen können.

Zu prüfen ist, auf welcher Grundlage und gegen wen MINERVA einen Anspruch hinsichtlich ihrer Vase erheben kann. Als Eigentümerin der Vase ist MINERVA berechtigt, mittels *rei vindicatio* ihre Vase bei jedem, der sie hat, herauszuverlangen – *ubi rem meam invenio, ibi vindico*. Die *rei vindicatio* ist die Klage des nichtbesitzenden quiritischen Eigentümers gegen den besitzenden Nichteigentümer. Somit hätte MINERVA bis zur Übergabe der Vase HERKULES, anschließend VULCANUS auf deren Herausgabe klagen können. Da die Vase jedoch bei VULCANUS unterge-gangen ist, ist auch das Eigentumsrecht an ihr erloschen. Folglich kann MINERVA nicht mehr mit der *rei vindicatio* gegen VULCANUS vorgehen.

Als sachverfolgende Klage steht MINERVA als Eigentümerin der Vase, alternativ zur *rei vindi-catio*, die *condictio furtiva* zu Verfügung. Die *condictio furtiva* richtet sich gegen den Dieb der Sache und hat den Vorteil, dass sie auch dann noch erhoben werden kann, wenn die Sache nicht mehr existiert. Da HERKULES dem Sachverhalt nach nicht in der Absicht handelt, sich unrecht-mäßig zu bereichern (*arg*: er hält die Vase irrtümlich für seine eigene), begeht er kein *furtum* und kann daher von MINERVA nicht mit der *condictio furtiva* belangt werden.

Fraglich ist, ob MINERVA ein Anspruch aus Geschäftsführung ohne Auftrag gegen HERKULES als Geschäftsführer zusteht. Der Geschäftsführer (*negotiorum gestor*) ist grds verpflichtet, das durch seine Geschäftsführung Erlangte an den Geschäftsherrn (*dominus negotii*) herauszugeben. Indem HERKULES eine Vase verkauft, die ihm nicht gehört, führt er ein fremdes Geschäft (*nego-tium alienum*), nämlich ein Geschäft für MINERVA als Eigentümerin der Vase. Als Keramikhänd-lerin ist es auch im Interesse von MINERVA, dass ihre Vase (zu einem marktüblichen Preis) ver-kauft wird. Insofern ist das Geschäft für die Geschäftsherrin nützlich. Es liegt daher ein *negotium utiliter gestum* vor. Problematisch erscheint im vorliegenden Fall, ob HERKULES mit dem Willen handelt, ein fremdes Geschäft zu führen. HERKULES nimmt fälschlicherweise an, dass ihm die

Vase gehört, die er verkauft. Folglich fehlt es ihm an einem *animus negotii alieni gerendi*. Ungeachtet des Fehlens eines Fremdgeschäftsführungswillens gewährt der Jurist African in einem ähnlich gelagerten Fall dennoch eine *actio negotiorum gestorum directa* auf Herausgabe des Erlangten – *de pretio negotiorum gestorum actio mihi danda sit*. Diese Entscheidung mag vor allem auf dem Gedanken beruhen, dass der Verkäufer mit Erhalt des Kaufpreises unrechtmäßig bereichert wird. Diese atypische Anwendung der *actio negotiorum gestorum* kommt somit funktionell einer Klage wegen ungerechtfertigter Bereicherung gleich.

Folgt man der Ansicht Africans, so steht MINERVA ein Anspruch in Höhe des Verkaufserlöses gegen HERKULES zu, den sie mit der *actio negotiorum gestorum directa* durchsetzen kann.

▶ **(1)** Ausgehend vom Gedanken, unerwünschte Eingriffe in fremde Rechtspositionen möglichst hintanzuhalten, steht das ABGB der Geschäftsführung ohne Auftrag grds restriktiv gegenüber. So sieht § 1035 vor, dass sich niemand in das Geschäft eines anderen mengen darf. Gedenkt jemand ein fremdes Geschäft zum Nutzen eines anderen zu führen, so hat er sich um dessen Einwilligung zu bemühen, § 1037. Besonders deutlich kommt diese Haltung bei der unerlaubten Geschäftsführung zum Ausdruck. Eine unerlaubte Geschäftsführung liegt vor, wenn der Geschäftsführer nicht zum Vorteil des Geschäftsherrn handelt, dh die Geschäftsführung unnütz ist (§ 1038), oder wenn der Geschäftsführer gegen den ausdrücklichen Willen des Geschäftsherrn tätig wird (§ 1040). Diesfalls hat der Geschäftsführer keinen Anspruch auf Aufwandersatz. Der Geschäftsführer ist zur Wiederherstellung jenes Zustandes verpflichtet, der vor der verbotenen Geschäftsführung bestand. Überdies haftet der Geschäftsführer für jene Schäden, die ohne seine Geschäftsführung nicht entstanden wären (Haftung für *casus mixtus*, § 1311 S 2 Fall 3). Dem Geschäftsführer steht aber ein *ius tollendi* hinsichtlich seiner Aufwendungen zu, soweit die Wegnahme ohne Nachteil für den Geschäftsherrn erfolgt. Führt jemand ein fremdes Geschäft in der Absicht, bloß sich selbst einen Nutzen zuzueignen, nicht jedoch im Interesse eines anderen tätig zu sein, so spricht man von unechter Geschäftsführung ohne Auftrag. Strittig ist, ob auch in diesen Fällen die Regeln über die (echte) Geschäftsführung ohne Auftrag anzuwenden sind. Betrachtet man den Fremdgeschäftsführungswillen als notwendige Voraussetzung für eine Geschäftsführung ohne Auftrag, so finden deren Regeln bei der unechten Geschäftsführung keine Anwendung. Lediglich die Vollendungs- und die Rechnungslegungspflicht trifft nach dieser Ansicht auch den unechten Geschäftsführer, da hiezu bereits der redliche Geschäftsführer verpflichtet ist (*argumentum a maiori ad minus*). So ist, mangels Fremdgeschäftsführungswillens, auch grds derjenige kein Geschäftsführer iSd §§ 1035 ff, der bei Führung eines fremdes Geschäfts irrtümlich annimmt, ein eigenes zu führen. [*Koziol/Welser*, Bürgerliches Recht II^{13} (2007) 392 ff] **(2)** Zum Pfandrealvertrag vgl Fall 27. **(3)** Zur Bürgschaft vgl Fall 68.

Zu den einschlägigen Quellenstellen der hier erörterten Problemkreise: zum generellen Haftungsmaßstab des *negotiorum gestor* vgl insb Pomponius D 3. 5. 10 (11); zur Beschränkung der Haftung des *negotiorum gestor* auf *dolus* vgl insb Ulpian D 3. 5. 3. 9; zur Akzessorietät der Bürgschaftsverpflichtung bei der *fideiussio* vgl insb Paulus D 46. 1. 56. 2 sowie Gai Inst 3.126; zur *negotiorum gestio prohibente domino* vgl insb Justinian C 2. 18 (19). 24 pr u 1 sowie Paulus D 17. 1. 40; zur ablehnenden Haltung, sich in fremde Geschäfte einzumengen, vgl Pomponius D 50. 17. 36; zur atypischen Anwendung einer *actio negotiorum gestorum directa* auf Herausgabe des Erlangten vgl African D 3. 5. 48.

Fall 73: ☆

Von Kaninchen, Kranichen und Krokodilen

Die Vogelzüchterin LEVANA befindet sich auf mehrtägiger Geschäftsreise in Griechenland. Da ihr Bekannter SATURNUS weiß, dass derzeit eine Tiermesse in der Stadt veranstaltet wird, die dafür bekannt ist, dass für seltene Vögel Höchstpreise erzielt werden, verkauft er dort mehrere Kraniche aus LEVANAS Zucht (Wert 100) um einen Preis von 170. Mit einem Teil des Erlöses (40) kauft SATURNUS ein Krokodil, von dem er sich beste Weiterverkaufschancen für LEVANA erhofft. Bevor es zu einem Weiterverkauf kommt, stirbt das Krokodil eines natürlichen Todes.

Am nächsten Tag unternimmt SATURNUS einen Waldspaziergang, bei dem ihm mehrere Kaninchen über den Weg laufen. Da SATURNUS bemerkt, dass die Kaninchen aus der Zucht seines Freundes APOLLO stammen, fängt er sie ein, bringt sie nach Hause und errichtet einen Stall, für den er 30 an Arbeitsmaterial aufwendet. Zudem lässt er den Stall zur Verschönerung rot streichen, was 15 kostet. Ein Kaninchen ist bereits so stark abgemagert, dass es stirbt, noch bevor SATURNUS es zu sich nehmen kann. Das Fell des verstorbenen Kaninchens verkauft SATURNUS, wofür er 20 erhält.

Welche wechselseitigen Ansprüche bestehen zwischen SATURNUS und LEVANA sowie zwischen SATURNUS und APOLLO?

Zu behandelnde Problemkreise:

➢ Haftung des *negotiorum gestor* für *casus* bei Führung eines für den *dominus* unüblichen Geschäftes
➢ Möglichkeit einer *compensatio lucri cum damno*
➢ Anspruch des *gestor* auf Ersatz seiner Aufwendungen
➢ Anspruch des *dominus* auf Herausgabe des vom *gestor* bei der Geschäftsführung Erlangten
➢ Ablehnung des Ersatzes von Aufwendungen, die zum bloßen Vergnügen gemacht wurden

▶ Der Gedanke einer *compensatio lucri cum damno* findet sich etwa in § 1312 S 2. Resultiert aus einer Notgeschäftsführung sowohl ein Schaden, den der Geschäftsführer zu ersetzen hat, als auch ein Vorteil für den Geschäftsherrn, so kann der Geschäftsführer den Schaden gegen den verschafften Nutzen in Rechnung bringen.

Zu den einschlägigen Quellenstellen der hier zu erörternden Problemkreise: zur Haftungsverschärfung des *negotiorum gestor* bei Führung eines unüblichen Geschäftes sowie zur *compensatio lucri cum damno* vgl insb Pomponius D 3. 5. 10 (11); zur Klage des *dominus negotii* auf das aus dem Geschäft Erlangte vgl insb Gaius D 3. 5. 2; zum *animus recipiendi* vgl insb Alexander C 2. 18 (19). 11 sowie Gordian C 2. 18 (19). 15; zur subjektiven Nützlichkeit des geführten Geschäfts sowie zum *utiliter coeptum*-Kriterium vgl insb Ulpian D 3. 5. 9 (10). 1 u Celsus D 17. 1. 50 pr; zur Ablehnung des Ersatzes von *impensae voluptatis causa* vgl Modestin D 3. 5. 26 (27) pr.

Variante:

Eine Woche später kommt APOLLO **zu** SATURNUS **auf Besuch. Als ihm** SATURNUS **freudestrahlend die Kaninchen übergeben möchte, klärt ihn** APOLLO **auf, dass er die Kaninchen freilassen wollte.**

Zu behandelnde Problemkreise:

> ➤ Fehlen der Nützlichkeit der Geschäftsführung für den *dominus*
> ➤ Ablehnung einer *actio negotiorum gestorum contraria* auf Aufwandersatz

---

Zu den einschlägigen Quellenstellen der hier zu erörternden Problemkreise: zur subjektiven Nützlichkeit des geführten Geschäfts sowie zum *utiliter coeptum*-Kriterium vgl insb Celsus D 17. 1. 50 pr; zur Ablehnung des Aufwandersatzes für ein dem Geschäftsherrn nicht nützliches Geschäft vgl Ulpian D 3. 5. 9 (10). 1.

III. Schadenersatzrecht der lex Aquilia

SCHADENERSATZRECHT
DER LEX AQUILIA

Lit: *Benke/Meissel*, Römisches Schuldrecht[7] (2006) 326–372;
Hausmaninger, Das Schadenersatzrecht der lex Aquilia[5] (1996);
Hausmaninger/Selb, Römisches Privatrecht[9] (2001) 276–291;
Kaser/Knütel, Römisches Privatrecht[20] (2014) 301–306;
Apathy/Klingenberg/Pennitz, Einführung in das römische Recht[5] (2012) 223–232.

Fall 74: ☆☆

(K)ein Herz für Tiere

DIANA mietet von SILVANUS einen Maulesel um 10 für einen Monat. Zur Besicherung der Forderungen aus dem Mietvertrag verpfändet ihm DIANA ihr Schwein (Wert 100), besitzlos. Für Transporte mit dem Maulesel setzt DIANA gelegentlich FONS, ihren Gärtnersklaven (Wert 40), ein. FONS belädt den Maulesel einmal so schwer, dass das Tier zusammenbricht und verletzt wird (Wertverlust 30). DIANA, die hiervon nichts erfährt, verkauft und übergibt am folgenden Tag FONS am Markt an PICUS. Auf dem Heimweg nehmen DIANA und ihre Sklavin Libitina eine Abkürzung über das Grundstück des Nachbarn APOLLO, von dem sie wissen, dass er stets Fallen zum Fangen von Tieren aufgestellt hat. Da bemerkt DIANA ein junges Reh, das sich in einer von APOLLO ausgelegten Schlinge fest verfangen hat. DIANA hat Mitleid mit dem Reh und lässt es frei. Die Sklavin Libitina fällt in eine am Weg von APOLLO ausgehobene, aber nicht gekennzeichnete Fallgrube und bricht sich ein Bein (Heilungskosten 10).

Dem an SILVANUS verpfändeten Schwein gelingt es, auf das Nachbargrundstück des APOLLO zu gelangen. Dieser ist so erregt, dass er beginnt, mit einem Knüppel heftig auf das Schwein einzuschlagen, um es zu vertreiben. Dies gelingt APOLLO, doch verendet das Schwein wenige Stunden später an den von APOLLO zugefügten Verletzungen. Am Ende der Mietdauer ist DIANA zahlungsunfähig.

Prüfen Sie die deliktischen sowie allfällige vertragliche Ansprüche von DIANA, SILVANUS, PICUS und APOLLO!

Vorüberlegungen:

➢ Welcher Tatbestand wird durch die Verletzung des Maulesels infolge zu schwerer Beladung durch FONS erfüllt?
➢ Gegen wen ist der Schadenersatzanspruch *ex delicto* bezüglich des Maulesels zu richten?
➢ Was besagt der Satz *noxa caput sequitur*?
➢ Welche vertraglichen Ansprüche stehen PICUS gegenüber DIANA zu?
➢ Ist auf den Kaufvertrag zwischen PICUS und DIANA das Edikt der kurulischen Ädilen anwendbar?
➢ Kann SILVANUS Schadenersatz (auch) *ex contractu* von DIANA verlangen?

➢ Von der Beantwortung welcher Vorfrage hängt es ab, ob APOLLO einen Ersatzanspruch aufgrund der Freilassung des Rehs durch DIANA hat?

➢ Was spricht grds für, was gegen ein Verschulden von APOLLO an der Herbeiführung des Beinbruchs der Libitina?

➢ Welche rechtliche Bedeutung hat es, dass DIANA bzw Libitina Kenntnis davon haben, dass sich Fallen auf dem Grundstück von APOLLO befinden?

➢ Ist das schädigende Verhalten von APOLLO hinsichtlich des Schweins unter die *lex Aquilia* zu subsumieren? Wenn ja, unter welches Kapitel?

➢ Kommt ein Rechtfertigungsgrund hinsichtlich des Vertreibens des Schweins infrage?

➢ Wer ist zur Schadenersatzklage hinsichtlich des toten Schweins aktivlegitimiert?

Anspruch von SILVANUS auf Schadenersatz für den Wertverlust seines Maulesels

Zu prüfen ist, ob SILVANUS ein deliktischer Schadenersatzanspruch aufgrund der Verletzungen seines Maulesels zusteht, bzw gegen wen er einen allfälligen Anspruch geltend machen kann. Da der Maulesel aufgrund der Verletzungen im Wert um 30 sinkt, ist ein Schaden im Vermögen von SILVANUS als dessen Eigentümer eingetreten. Fraglich ist zunächst, ob das Verhalten von FONS einem Tatbestand der *lex Aquilia* entspricht. Zu denken wäre an das 3. Kapitel, wonach ersatzpflichtig wird, wer durch *iniuria urere vel frangere vel rumpere* einen Schaden zufügt. Von den römischen Juristen wird das zu schwere Beladen eines Lasttieres, wodurch dieses verletzt wird, als *rumpere* qualifiziert. Das Tatbild von *rumpere* ist erfüllt, wenn jemand durch aktives und unmittelbares Einwirken eine Wunde zufügt. Da die Schädigung durch das Beladen von FONS erfolgt, liegt aktives Verhalten vor. Zudem fügt FONS den Schaden *corpore suo* und somit unmittelbar zu, weil die Verletzung des Maulesels eine unmittelbare Folge des zu schweren Beladens ist. Somit ist *rumpere*, ein Tatbestand des 3. Kapitels der *lex Aquilia*, erfüllt.

Des Weiteren ist zu prüfen, ob FONS' Verhalten kausal für den Eintritt des Schadens war.[*] Dies ist zu bejahen. Gemäß der Formel von der *condicio sine qua non* wären die wertmindernden Verletzungen des Maulesels nicht eingetreten, wenn man sich das Verhalten von FONS – das zu schwere Beladen – wegdenkt. Zu beachten ist, dass die Kausalitätsprüfung nach der Äquivalenztheorie (Lehre von der Gleichwertigkeit aller Ursachen) nur den äußersten Rahmen der Zurechnung absteckt, weshalb mit Hilfe der Adäquanztheorie darauf geachtet werden muss, ob der konkrete Schaden nicht eine völlig außergewöhnliche Folge des schädigenden Verhaltens war. Ist der Schaden nämlich wegen einer vollkommen unvorhersehbaren Verkettung von Umständen eingetreten, so soll der Schaden dem Verursacher nicht zugerechnet werden. Da es nicht außerhalb jeglicher Lebenserfahrung liegt, dass ein Maulesel, der zu schwer beladen wird, zusammenbricht und dadurch verletzt wird, hat FONS die Verletzungen des Maulesels adäquat herbeigeführt. Neben der Kausalität ist somit auch die Adäquanz gegeben.

Da das Verhalten von FONS tatbestandsmäßig im Sinne der *lex Aquilia* ist, wird die Rechtswidrigkeit vermutet. Es liegen keine Gründe vor, die die Rechtswidrigkeit von FONS' Verhalten aufheben. Zudem ist das Verschulden von FONS zu bejahen: FONS handelt fahrlässig, da er die Sorgfalt eines gewissenhaften Maultiertreibers außer Acht lässt, wenn er den Maulesel so schwer belädt, dass dieser zusammenbricht. Da keine Schuldausschließungsgründe gegeben sind, ist FONS sein Verhalten subjektiv vorwerfbar.

---

[*] Zu beachten ist, dass die Tatbestände des 1. und 3. Kapitels der *lex Aquilia* die Kausalität und die Adäquanz bereits in typisierter Form beinhalten, sodass eine Prüfung von Kausalität und Adäquanz va in jenen Fällen vorzunehmen ist, in denen eine analoge Tatbestandsmäßigkeit gegeben ist.

Nach dem Wortlaut des 3. Kapitels der *lex Aquilia* hat der Schädiger dem Geschädigten zu leisten, was die Angelegenheit in den nächsten 30 Tagen wert sein wird. Dadurch können für die Berechnung der Höhe des Ersatzanspruches – mittels Differenzmethode – auch allfällige Dauerschäden berücksichtigt werden. Diese sind im vorliegenden Fall gegeben, da der Maulesel im Wert dauerhaft um 30 gesunken ist.

Da FONS als Sklave nicht geklagt werden kann, stellt sich die Frage, gegen wen SILVANUS seinen Schadenersatzanspruch erheben kann. Grundsätzlich trifft die Haftung für das Verhalten eines Sklaven dessen *dominus*, weshalb auch gegen diesen die Klage zu richten ist (sog Noxalhaftung). Dabei kommt dem *dominus* ein Wahlrecht zu: Er kann sich entscheiden, ob er entweder die Schadenssumme leistet (*noxam sarcire*) oder dem Geschädigten den Sklaven, der die Tat begangen hat, herausgibt (*noxae deditio*). Das Privileg der Haftungsbefreiung durch Ausliefern bleibt dem *dominus* aber verwehrt, wenn er von der Tat wusste und diese nicht verhindert hat. Da DIANA von der Tat ihres Sklaven keine Kenntnis erlangte, hätte sie die Möglichkeit der *noxae deditio*, sofern sie von SILVANUS geklagt wird.

Zu berücksichtigen ist aber, dass die Noxalhaftung denjenigen trifft, der im Zeitpunkt der klagsweisen Geltendmachung *dominus* des Sklaven ist. Dies ergibt sich aus dem Satz *noxa caput sequitur* (die Noxalhaftung folgt der Person des Täters). Indem DIANA (berechtigter Vormann) den Sklaven FONS an PICUS verkauft (*titulus*) und übergibt (*modus*), wird dieser durch *traditio* Eigentümer und somit Gewalthaber von FONS. Zu beachten ist, dass es sich bei dem Sklaven FONS um eine *res mancipi* handelt, weshalb es einer *mancipatio* oder *in iure cessio* bedürfte, um ziviles Eigentum an ihm zu übertragen. Mangels entsprechenden Formalaktes ist daher PICUS bonitarischer Eigentümer des Sklaven FONS geworden. SILVANUS hat seinen deliktischen Ersatzanspruch gegen PICUS als neuen *dominus* von FONS zu richten und kann von diesem mittels *actio legis Aquiliae* als Noxalklage Schadenersatz in Höhe von 30 verlangen. Da der Wert des Sklaven (40) höher als der Schadenersatzanspruch von SILVANUS (30) ist, wird es PICUS vorziehen, die Schadenssumme zu zahlen, und nicht den Sklaven FONS auszuliefern.

Weiters stellt sich die Frage, ob SILVANUS auch gegen DIANA vorgehen kann, um Ersatz für den Wertverlust seines Maulesels zu erlangen. Zu denken wäre an einen Schadenersatzanspruch *ex contractu* aufgrund des Mietvertrages. Dieser steht SILVANUS zu, sofern DIANA als Mieterin des Maulesels für dessen Verletzungen zu haften hat. Der *conductor* hat grds für *dolus*, *culpa* und *custodia* einzustehen. Dabei wird ihm das Verhalten der von ihm verwendeten Hilfspersonen zugerechnet. Dies gilt, nach Ansicht des Juristen Neraz, jedenfalls dann, wenn dem *conductor* hinsichtlich der Auswahl seiner Gehilfen ein Vorwurf gemacht werden kann (*culpa in eligendo*). Da sich DIANA eines Gärtnersklaven und damit einer für die Durchführung von Transporten mit einem Maulesel ungeeigneten Person bediente, trifft sie ein Verschulden bei der Auswahl ihres Gehilfen. Folglich haftet DIANA für das schädigende Verhalten ihres Sklaven FONS und sie wird SILVANUS ersatzpflichtig. Zu beachten ist, dass DIANA nicht berechtigt ist, den Mietzins wegen eingeschränkter Verwendbarkeit des Maulesels zu mindern, da sie als Mieterin die Verletzungen des Maulesels zu vertreten hat. SILVANUS kann seinen Schadenersatzanspruch aus dem Mietvertrag sowie seinen Anspruch auf den Mietzins in Höhe von 10 mit der *actio locati* geltend machen.

Zu beachten ist, dass SILVANUS grds nicht sowohl PICUS *ex delicto* als auch DIANA *ex contractu* belangen kann. Wenngleich die *actio legis Aquiliae* auch pönale Elemente enthält, so hat sie doch primär sachverfolgende Funktion (sog *actio mixta*). Da auch die *actio locati* als Vertragsklage sachverfolgenden Charakter hat, kann SILVANUS nicht beide Klagen kumulieren, sondern hat sich für eine der beiden vor dem Prätor zu entscheiden (elektive Konkurrenz).

Anspruch von PICUS gegen DIANA aus dem Kaufvertrag

Entscheidet sich SILVANUS, mittels *actio legis Aquiliae* gegen PICUS vorzugehen, so stellt sich die Frage, ob PICUS bei DIANA Gewährleistung geltend machen kann. Bereits nach dem Edikt der kurulischen Ädilen zählt die Belastung eines Sklaven mit einer *noxa* zu den aufklärungspflichtigen Sachmängeln. Folglich hätte die Verkäuferin DIANA den Käufer PICUS über die noxale Belastung von FONS informieren müssen. Der Umstand, dass DIANA von der noxalen Belastung von FONS nichts weiß, spielt keine Rolle, da die Gewährleistungspflicht des Verkäufers verschuldensunabhängig ist. Aus dem Titel der Gewährleistung stehen PICUS wahlweise Preisminderung oder Wandlung zur Verfügung. Da PICUS den gekauften Sklaven nicht ausgeliefert, sondern SILVANUS die Schadenssumme geleistet hat, wird er sich für die Preisminderung entscheiden. Bei der Preisminderung wird die Äquivalenz der vertraglichen Leistungen wiederhergestellt, indem der Kaufvertrag nachträglich, durch Kaufpreisreduzierung, angepasst wird. Der Käufer kann über die Preisminderung jenen Betrag verlangen, den er bei Kenntnis des Mangels weniger gezahlt hätte. Dieser Betrag ist im vorliegenden Fall mit dem Schadenersatz, den PICUS an SILVANUS geleistet hat (30), gleichzusetzen. Da es sich nach dem Sachverhalt um einen Marktkauf eines Sklaven handelt, der mit einem kundzumachenden *vitium* iSd Edikts behaftet ist, fällt der Kaufvertrag in die *iurisdictio* der kurulischen Ädilen. Folglich wird PICUS die Preisminderung in Höhe von 30 mit der *actio quanti minoris* verlangen, die innerhalb von zwölf Monaten ab Kauf anzustellen ist.

Anspruch von APOLLO auf Schadenersatz für das von DIANA befreite Reh

Es stellt sich die Frage, ob APOLLO zur Erhebung einer Klage auf Schadenersatz hinsichtlich des freigelassenen Rehs berechtigt ist. Da grds der Eigentümer der beschädigten Sache zur *actio legis Aquiliae* bzw einer dazu analog gebildeten Klage aktivlegitimiert ist, gilt es zu prüfen, ob APOLLO an dem in der Schlinge gefangenen Reh Eigentum erlangt hat. Bei einem in Wildnis lebenden Reh handelt es sich um eine herrenlose Sache (*res nullius*). Kommt es zum Besitzerwerb an einer herrenlosen Sache, so findet damit gleichzeitig der originäre Eigentumserwerb durch Aneignung (*occupatio*) statt. Demnach ist zu prüfen, ob APOLLO Besitz an dem Reh erworben hat. Der Besitzerwerb bedarf eines Besitzwillens (*animus*) und eines ausreichend intensiven körperlichen Naheverhältnisses (*corpus*) zur Sache. Der Besitzwille des APOLLO zeigt sich im Auslegen der Schlinge zum Zweck der Jagd von wilden Tieren. Problematisch erscheint hingegen, ob APOLLOS Sachgewalt über das Reh hinreichend gefestigt ist. Beim Besitzerwerb wilder Tiere legen die römischen Juristen an das Tatbestandselement *corpus* einen vergleichsweise strengen Maßstab an. So verneinen einige Juristen den Eigentumserwerb an einem verwundeten und verfolgten Tier, solange es der Verfolger nicht gefangen hat, da vieles geschehen könne, wodurch das Fangen verhindert würde – *quia multa accedere possunt, ut eam non capiamus*. Gegen einen Besitzerwerb am Reh durch APOLLO mag daher sprechen, dass er das Tier nicht ergriffen hat. Der Jurist Proculus macht den Besitzerwerb in einem ähnlich gelagerten Fall vor allem davon abhängig, ob sich das gefangene Tier aus der Schlinge selbst befreien könnte und ob der Jäger die Schlinge auf öffentlichem, eigenem oder fremdem Grund ausgelegt hat bzw, wenn auf fremdem Grund, ob dies mit oder ohne Erlaubnis des Grundstückseigentümers erfolgt ist. Diesen Überlegungen folgend, kann das körperliche Naheverhältnis von APOLLO als ausreichend angesehen werden, da sich das Reh in der Schlinge „fest verfangen" hat und APOLLO die Schlinge auf eigenem Grund ausgelegt hat. APOLLO ist Besitzer und zugleich Eigentümer des Rehs durch *occupatio* geworden, als sich dieses in der Schlinge verfangen hat.

Befreit DIANA das Reh und entkommt es dadurch wieder in seine natürliche Freiheit, so verliert APOLLO sowohl Besitz als auch Eigentum daran. Somit stellt sich die Frage, ob DIANA APOLLO den dadurch entstandenen Schaden (Wert des Rehs) ersetzen muss. Dies ist zu bejahen, sofern DIANAs Verhalten tatbestandsmäßig iSd *lex Aquilia* bzw analog dazu ist und DIANA den Schaden rechtswidrig und schuldhaft verursacht hat. Denkbar wäre eine Haftung aus dem 3. Kapitel, nämlich wegen *corrumpere*. Unter *corrumpere* wird jede rechtswidrige und schuldhafte (aktive und unmittelbare) Zerstörung bzw schwere Beschädigung einer fremden Sache verstanden, sofern nicht die Tötung eines Lebewesens iSd 1. Kapitels vorliegt. Die römischen Juristen sehen jedoch den Entzug einer Sache, ohne dass es dabei zu deren Verletzung oder Beschädigung kommt, nicht als tatbestandsmäßig im Sinne (des 3. Kapitels) der *lex Aquilia* an. In solchen Fällen wird dem Geschädigten anstatt der Aquilienklage eine *actio in factum* auf Wertersatz gegeben. DIANAs Verhalten ist *condicio sine qua non* für den Eintritt des Schädigungserfolges: Hätte sie das Reh nicht befreit, hätte APOLLO an ihm nicht Besitz und Eigentum verloren. Auch liegt es nicht außerhalb jeglicher Lebenserfahrung, dass ein befreites Reh in seine natürliche Freiheit entkommt. Somit ist das Verhalten von DIANA kausal für den eingetretenen Schaden und auch eine typische Ursache iSd Adäquanz. Die (analoge) Tatbestandsmäßigkeit von DIANAs Verhalten indiziert dessen Rechtswidrigkeit. Da keine Rechtfertigungsgründe gegeben sind, handelt DIANA rechtswidrig. Ebenso ist das Verschulden von DIANA zu bejahen: Ihr kommt es gerade darauf an, dass das Reh wieder in seine Freiheit gelangt (*arg*: aus Mitleid lässt sie das Reh frei). Somit handelt DIANA beim Freilassen des Rehs mit *dolus directus*. Da keine Schuldausschließungsgründe vorliegen, ist DIANA ihr Verhalten subjektiv vorwerfbar und sie hat für den Schaden von APOLLO einzustehen.

Hinsichtlich der Höhe des Schadenersatzanspruchs sieht das 3. Kapitel der *lex Aquilia* vor, dass der Schädiger *quanti erit in diebus triginta proximus* zu ersetzen hat. Die konkrete Höhe der Forderung ergibt sich aus einem Vergleich des Vermögens des Geschädigten vor der Schädigung mit jenem danach (Differenzmethode). Folglich ist die Höhe des Schadens von APOLLO mit dem Wert des Rehs gleichzusetzen. APOLLO kann daher von DIANA mittels *actio in factum ad exemplum legis Aquiliae* analog zum 3. Kapitel Wertersatz für das befreite Reh verlangen. Zu beachten ist, dass eine Haftung von DIANA aus einem *furtum* nicht infrage kommt, da sie das Reh freilassen wollte und somit ohne Bereicherungsabsicht gehandelt hat.

Anspruch von DIANA auf Schadenersatz für das gebrochene Bein der Sklavin Libitina

Indem sich die Sklavin Libitina durch den Sturz in eine Fallgrube ein Bein bricht, erleidet DIANA als deren Eigentümerin einen Schaden in ihrem Vermögen (Heilungskosten in Höhe von 10). Fraglich ist, ob APOLLO, da er die Falle angelegt hat, für den Schaden der DIANA einzustehen hat. Zunächst ist zu prüfen, ob APOLLOs Verhalten einem Tatbestand der *lex Aquilia* entspricht. Da der Sturz von Libitina zu einem Knochenbruch führt, kommt der Tatbestand *frangere* des 3. Kapitels der *lex Aquilia* infrage. Weiters gilt es zu klären, ob die Schädigung durch APOLLO aktiv und unmittelbar herbeigeführt wurde und daher eine *actio legis Aquiliae* in Betracht zu ziehen ist oder ob allenfalls eine analoge Klage zu gewähren ist. Der Jurist Paulus bejaht eine Haftung aus der *lex Aquilia*, wenn etwas in eine am Weg angelegte und nicht gekennzeichnete Fallgrube fällt und dadurch jemandem ein Schaden entsteht. Paulus sieht offenbar das Verhalten des Jägers, der eine Grube aushebt, durch die jemand zu Schaden kommt, indem etwas hineinstürzt, als aktiv und hinreichend unmittelbar iSd *lex Aquilia* an. Indem APOLLO die Fallgrube aushebt, setzt er ein aktives Verhalten. Da zwischen das Verhalten von APOLLO (Ausheben der Fallgrube) und den schädigenden Erfolg (Beinbruch von Libitina) keine weiteren Ursachen treten, liegt eine unmittelbare Schadenszufügung vor. Folglich ist im vorliegenden Fall der Tatbestand des 3. Kapitels der *lex Aquilia* (*frangere*) als erfüllt anzusehen. Weiters ist das Handeln von APOLLO ursächlich für den Beinbruch der Libitina: Denkt man sich sein Verhalten weg (Ausheben einer Fallgrube am Weg, ohne diese zu kennzeichnen), so wäre der schädigende Erfolg (das Hineinfallen und der daraufhin folgende Beinbruch der Libitina) nicht eingetreten. Auch Adäquanz ist gegeben: Es liegt nicht außerhalb jeglicher Lebenserfahrung, dass man in eine am Weg ausgehobene und nicht gekennzeichnete Fallgrube hineinfällt und sich dadurch das Bein bricht. Die Tatbestandsmäßigkeit des schädigenden Verhaltens von APOLLO indiziert die Rechtswidrigkeit. Da keine Rechtfertigungsgründe vorliegen, handelt APOLLO rechtswidrig. Schließlich stellt sich die Frage, ob APOLLO ein Verschulden angelastet werden kann. Ein fahrlässiges Verhalten von APOLLO ist zu bejahen, sofern er die gebotene Sorgfalt (*diligentia*) eines ordentlichen Jägers außer Acht gelassen hat. Nach Ansicht des Juristen Paulus kann dem Jäger kein Schuldvorwurf gemacht werden, wenn er die Fallgrube an einem Ort angelegt hat, wo üblicherweise Fallen errichtet werden. Für eine Haftung des Jägers spricht sich der Jurist aus, wenn ein Schaden durch eine am Weg angelegte und nicht gekennzeichnete Falle entstanden ist. Ein „*bonus venator*" würde die Gefahr, die mit einer am Weg ausgehobenen Falle verbunden ist, vorhersehen und Passanten, etwa durch das Aufstellen von Hinweisschildern, warnen. Eine entsprechende Warnpflicht trifft, nach Ansicht des Juristen Quintus Mucius, auch einen Baumschneider, der Äste über einem Weg schneidet, und zwar unabhängig davon, ob der Weg über ein öffentliches oder ein privates Grundstück führt. Dies begründet Quintus Mucius damit, dass man häufig seinen Weg über Privatgrundstücke zu nehmen pflegt – *cum plerumque per privata loca vulgo iter fiat*. Folglich sei auch dort mit Passanten zu rechnen. Eine andere Ansicht zur Haftung des Baumschneiders vertritt der Jurist Sabinus: Er spricht sich nur dann für eine Warnpflicht des Baumschneiders aus, wenn der Weg über öffentlichen Grund führt. Nach dieser Ansicht würde APOLLO kein Schuldvorwurf treffen, wenn er die auf seinem Grundstück ausgehobene Fallgrube nicht kennzeichnet. Keine Pflicht zur Warnung besteht nach einhelliger Meinung der römischen Juristen dann, wenn kein Weg vorhanden ist. Folgt man der Meinung von Quintus Mucius, so verstößt APOLLO gegen die Sorgfalt eines pflichtgemäß handelnden Jägers, wenn er die Fallgrube am Weg anlegt, ohne geeignete Sicherheitsmaßnahmen zu ergreifen. Dies deckt sich mit der Ansicht des Juristen Paulus, der den Jäger einer am Weg ausgehobenen Fallgrube haften lässt, wenn dieser es unterlassen hat, die Fallgrube zu kennzeichnen. Folglich ist APOLLO sein Verhalten subjektiv vorwerfbar, weshalb er grds für den Schaden der DIANA einzustehen hat.

Gegen die Haftung von APOLLO mag jedoch sprechen, dass DIANA und Libitina Kenntnis davon hatten, dass APOLLO regelmäßig Fallen auf seinem Grundstück errichtet, und deshalb die mit dem Betreten des Grundstücks verbundenen Gefahren hätten vorhersehen können. So spricht sich der Jurist Paulus gegen eine Haftung des Fallenlegers aus, wenn der Geschädigte von der Gefahr *scierit aut providere potuerit*.

Ausgehend vom modernen Schadenersatzrecht lassen sich unterschiedliche Argumentationsweisen finden, um letztlich eine Haftung von APOLLO zu verneinen: Betreten DIANA und Libitina das fremde Grundstück in Kenntnis der Gefahren (sie wissen, dass APOLLO stets Fallen zum Fangen von Tieren aufgestellt hat), so mag damit die Übernahme des Schadensrisikos verbunden sein (Handeln auf eigene Gefahr). Diesfalls trifft APOLLO kein Schuldvorwurf und er haftet nicht. Nach anderer Überlegung bleibt das Verhalten von APOLLO subjektiv vorwerfbar, kann aber mit der Achtlosigkeit von DIANA und Libitina kompensiert werden, sofern deren Unachtsamkeit zumindest gleich schwer wiegt wie das fahrlässige Verhalten von APOLLO (Kulpakompensation). Im Ergebnis hat daher APOLLO nicht für den Beinbruch der Libitina zu haften.

Anspruch auf Schadenersatz für das getötete Schwein

Zu prüfen ist, ob APOLLO für den Tod von DIANAs Schwein deliktisch haftet bzw wer zur Erhebung einer allfälligen Schadenersatzklage legitimiert ist. Grundsätzlich ist der Eigentümer der beschädigten Sache zur *actio legis Aquiliae* berechtigt – *legis autem Aquiliae actio ero competit, hoc est domino.* Dennoch gewähren die römischen Juristen gelegentlich auch anderen Personen, va solchen, die ein beschränktes dingliches Recht an der Sache haben, die Erhebung einer Klage wegen *damnum iniuria datum.* Zur Gruppe jener Personen, auf die die Aktivlegitimation erstreckt werden kann, zählen neben dem *usuar, usufructuar, bonae fidei possessor* und Pächter etwa auch der Pfandgläubiger. Folglich stellt sich die Frage, ob SILVANUS ein Pfandrecht (*pignus*) an dem Schwein von DIANA erlangt hat. Für das Entstehen eines Pfandrechts bedarf es einer zu besichernden Forderung zugunsten des Pfandgläubigers (Akzessorietät), einer Pfandabrede (*conventio pignoris*) sowie der dinglichen Berechtigung des Pfandbestellers. SILVANUS hat gegen DIANA aus dem Mietvertrag Anspruch auf Zahlung des Mietzinses in Höhe von 10 sowie auf Wertersatz für den verletzten Maulesel in Höhe von 30 (sofern er nicht *ex delicto* Schadenersatz von PICUS fordert). Die Akzessorietät ist somit gegeben. DIANA und SILVANUS haben eine Pfandabrede geschlossen (*arg*: zur Besicherung verpfändet DIANA ihm ein Schwein) und DIANA ist Eigentümerin des Schweins. Folglich hat SILVANUS ein dingliches Pfandrecht am Schwein der DIANA erworben. Da es nicht zur Hingabe (*datio*) des Schweins an den Pfandgläubiger SILVANUS gekommen ist, ist kein Pfandrealvertrag geschlossen worden. Folglich liegt kein Faustpfand, sondern ein besitzloses Pfand vor.

Der Tod des Schweins stellt einen Schaden im Vermögen der Eigentümerin DIANA dar. Zugleich verliert SILVANUS mit dem Untergang der Pfandsache sein Pfandrecht – *re extincta pignus perit.* Zu prüfen ist, ob APOLLOs Verhalten tatbestandsmäßig iSd 1. Kapitels der *lex Aquilia* ist. Unter *occidere* versteht man das aktive und unmittelbare Töten eines fremden Sklaven bzw fremden vierfüßigen Herdentieres. Ob das Schwein zu den *quadrupedes pecudes* gehört, ist fraglich – *sed an sues pecudum appellatione continentur, quaeritur* –, wird aber vom Juristen Labeo bejaht. APOLLO führt den Tod des Schweins *corpore suo* herbei. Die Schadenszufügung erfolgt sowohl aktiv (APOLLO schlägt das Schwein) als auch unmittelbar (APOLLO verwendet einen Knüppel). Da der Tod des Schweins auf die Schläge von APOLLO zurückzuführen ist, ist APOLLOs Verhalten auch dann unter den Tatbestand *occidere* zu subsumieren, wenn der Tod nicht sofort, sondern erst einige Stunden später eintritt. APOLLO ist kausal für den Tod des Schweins: Denkt man sich sein Verhalten weg (Schlagen mit dem Knüppel), so entfiele der Schaden (Tod des Schweins). Auch Adäquanz ist gegeben: Es liegt nicht außerhalb jeglicher Lebenserfahrung, dass ein Schwein, das heftig mit einem Knüppel geschlagen wird, verstirbt. Die Tatbestandsmäßigkeit indiziert die Rechtswidrigkeit. Fraglich ist, ob APOLLOs Verhalten gerechtfertigt ist. Zu denken wäre an den Rechtfertigungsgrund der erlaubten Selbsthilfe. Diese gestattet es dem Einzelnen in bestimmten Fällen, seine Interessen ausnahmsweise eigenmächtig, dh ohne Beschreitung des Rechtsweges, durchzusetzen. In einem vergleichbaren Fall lässt der Jurist Quintus Mucius den Eigentümer eines Grundstücks, der fremdes weidendes Vieh vertreibt, nicht haften, wenn dieser dabei mit angemessenen Mitteln vorgeht. Eine Haftung bejaht der Jurist jedoch dann, wenn der Grundstückseigentümer das Tier geschlagen oder absichtlich zu heftig verjagt hat. Der Jurist Pomponius hingegen lässt den Grundstückseigentümer für alle Schäden haften, die das Tier durch das Vertreiben erleidet. Indem APOLLO dem Sachverhalt nach „mit einem Knüppel heftig auf das Schwein einschlägt", ist sein Verhalten nach beiden Ansichten nicht gerechtfertigt und somit rechtswidrig. APOLLO handelt mit Verschulden. Zwar kommt es ihm nicht darauf an, das Schwein zu töten (kein *dolus directus*), doch hält er den Eintritt des Schadens (Tod des Schweins) für möglich und findet sich damit ab (*dolus eventualis*). Da keine Schuldausschließungsgründe gegeben sind, ist ihm sein Verhalten subjektiv vorzuwerfen. Gemäß dem 1. Kapitel der *lex Aquilia* hat der Schädiger dem Geschädigten so viel zu leisten, wie die Sache im vergangenen Jahr am meisten wert gewesen ist. Der konkrete Schadenersatzanspruch berechnet sich mittels Differenzmethode.

Dabei wird der Vermögensstand des Geschädigten vor Schadenseintritt mit dem Vermögensstand danach verglichen. Folglich beläuft sich die Höhe des Ersatzanspruches auf 100 (Wert des Schweins).

Fraglich ist, wer zur Erhebung einer Schadenersatzklage legitimiert ist. Da neben der Eigentümerin DIANA auch der Pfandgläubiger SILVANUS ein Interesse an der Unversehrtheit des Schweins hat (va weil DIANA laut Sachverhalt insolvent ist), wird SILVANUS eine analoge Klage, beschränkt auf die Höhe seiner Forderung, gewährt. Macht SILVANUS seinen Anspruch auf Wertersatz für den Maulesel nicht gegenüber PICUS, sondern *ex contractu* gegenüber DIANA geltend, so beträgt seine Forderung aus dem Mietvertrag 40 (Mietzins 10 zuzüglich Wertersatz 30) und er kann in dieser Höhe APOLLO mittels *actio utilis* belangen. Geht SILVANUS hingegen *ex delicto* gegen PICUS vor, so kann er von APOLLO lediglich 10 fordern, da ihm diesfalls DIANA nur den Mietzins schuldet. Hinsichtlich des über die Forderung von SILVANUS hinausgehenden Schadenersatzanspruchs bleibt DIANA als Eigentümerin aktivlegitimiert. Je nach Vorgehensweise von SILVANUS kann DIANA mittels *actio legis Aquiliae* von APOLLO 60 (Wert des Schweins abzüglich Mietzins und Wertersatz) oder 90 (Wert des Schweins abzüglich Mietzins) verlangen.

▶ **(1)** Die zentrale Bestimmung aller auf Verschulden beruhenden Schadenersatzansprüche ist § 1295. Ersatzpflichtig wird, wer durch zurechenbares, rechtswidriges und schuldhaftes Verhalten einem anderen einen Schaden zugefügt hat. Wenngleich § 1295 Abs 1 den Unterschied zwischen vertraglicher und deliktischer Haftung für unbeachtlich erklärt, ist die Unterscheidung dennoch wichtig, da die Vertragshaftung für den Geschädigten mehrere Vorteile hat: So muss bei der Haftung *ex contractu* nicht der Geschädigte das Verschulden des Schädigers beweisen (Grundsatz nach § 1296), sondern der Schädiger hat zu beweisen, dass ihn kein Verschulden trifft (Beweislastumkehr gem § 1298). Während der Schädiger im vertraglichen Bereich für das Verschulden seiner Gehilfen, derer er sich zur Erfüllung eines Vertrages bedient, wie für eigenes haftet (Erfüllungsgehilfenhaftung, § 1313a), hat der Schädiger im deliktischen Bereich nur dann für das Verhalten seiner Gehilfen einzustehen, wenn er sich einer untüchtigen oder wissentlich einer gefährlichen Person zur Besorgung seiner Angelegenheiten bedient (Besorgungsgehilfenhaftung, § 1315). Schließlich hat der Schädiger im Rahmen der Vertragshaftung auch sog bloße Vermögensschäden zu ersetzen. Unter bloßen oder reinen Vermögensschäden versteht man solche nachteiligen Veränderungen im Vermögen des Geschädigten, die eintreten, ohne dass sie Folge der Verletzung eines absolut geschützten Rechtsguts sind. [*Koziol/Welser*, Bürgerliches Recht II[13] (2007) 299 ff] **(2)** Die Rechtswidrigkeit des schädigenden Verhaltens kann sich entweder aus dem Verstoß gegen eine konkrete, an die Allgemeinheit gerichtete Verhaltensnorm (Schutzgesetze iSd § 1311, bspw die StVO) bzw die guten Sitten oder gegen einen mit dem Geschädigten abgeschlossenen Vertrag bzw aus der Verletzung vorvertraglicher Pflichten (*culpa in contrahendo*) ergeben. Darüber hinaus kann sich die Rechtswidrigkeit aus der Verletzung jener Rechtsgüter ableiten, die von der Rechtsordnung generellen Schutz genießen (sog absolut geschützte Rechtsgüter wie Leben, Gesundheit, Freiheit, Eigentum). Zu einer Intensivierung des Schutzes absoluter Güter kommt es durch die sog Verkehrssicherungspflichten. Demnach hat jeder, der einen Verkehr eröffnet (vgl etwa unten (4) die Wegehalterhaftung) oder überhaupt eine Gefahrenquelle schafft, dafür zu sorgen, dass niemand zu Schaden kommt. [*Koziol/Welser*, Bürgerliches Recht II[13] (2007) 312 ff] **(3)** Auch das ABGB unterscheidet die Verschuldensformen Vorsatz und Fahrlässigkeit, § 1294. Vorsätzliches Verhalten liegt vor, wenn die Verursachung eines Schadens mit Wissen und Willen herbeigeführt worden ist. Nach hM reicht Eventualvorsatz aus. Fahrlässig handelt, wer die gehörige Sorgfalt außer Acht lässt, dh einen Schaden aus schuldbarer Unwissenheit, mangelnder gehöriger Aufmerksamkeit oder mangels gehörigen Fleißes verursacht. Das ABGB vermutet, dass jeder Deliktsfähige zu einem solchen Grad der Aufmerksamkeit und des Fleißes fähig ist, welcher bei gewöhnlichen Fähigkeiten angewendet werden kann, § 1297. Insofern gilt für die Beurteilung, ob der Schädiger die gebotene Sorgfalt eingehalten hat, ein objektiver Maßstab. Ein strengerer Verschuldensmaßstab gilt gemäß § 1299 für Sachverständige

(etwa Rechtsanwälte, Ärzte, Architekten usw). Sie müssen die durchschnittlichen Fähigkeiten ihres Berufsstandes aufweisen. Ebenfalls zu einer rollenspezifischen Konkretisierung des Fahrlässigkeitsmaßstabes kommt es gem § 347 UGB. Demnach hat der Unternehmer seinen Vertragspartnern gegenüber für die Sorgfalt eines ordentlichen Unternehmers einzustehen. Vgl auch die Sonderregeln des Haftungsmaßstabs für Geschäftsführer, Vorstandsmitglieder und Aufsichtsräte, §§ 25 Abs 1, 27, 33 GmbHG sowie §§ 84 Abs 1, 99 AktG. (Zur Haftung bei Erteilung eines falschen Rates bzw einer falschen Auskunft vgl Fall 56.) Die Unterscheidung zwischen Vorsatz und Fahrlässigkeit hat etwa Bedeutung bei Schädigung durch mehrere Täter, da diese bei vorsätzlicher und gemeinschaftlicher Vorgehensweise gem § 1302 S 2 solidarisch haften (vgl Fall 75). Weiters ist eine Mäßigung des Schadenersatz- bzw Regressanspruchs nach dem DHG, OrgHG und dem AHG bei vorsätzlicher Schädigung ausgeschlossen. Größere Bedeutung kommt der Differenzierung zwischen leichtem Verschulden (leichte Fahrlässigkeit) und grobem Verschulden (Vorsatz und grobe Fahrlässigkeit) zu, so etwa für den Umfang und die Berechnung des Schadenersatzes (vgl Fall 75), für die Wegehalterhaftung [vgl unten (4)], für die Haftung des Schuldners beim Annahmeverzug (vgl Fall 40) oder für den Umfang des Ersatzes bzw des Regresses im DHG, OrgHG und AHG. [*Koziol/Welser*, Bürgerliches Recht II^{13} (2007) 318 ff sowie 353 ff]
(4) Die Haftung für Schäden wegen mangelhaften Zustandes eines Weges (sog Wegehalterhaftung) ist in § 1319a geregelt. Demnach haftet der Halter eines Weges, wenn aufgrund des mangelhaften Zustandes des Weges ein Schaden herbeigeführt wird und den Halter oder seine Leute ein grobes Verschulden trifft. Der Halter eines Weges ist, wer die Verfügungsmacht über den Weg hat und die Kosten für dessen Errichtung und Erhaltung trägt. Bei unerlaubter Benützung haftet der Halter nicht, sofern dem Geschädigten die Unerlaubtheit, etwa durch Verbotszeichen, erkennbar ist. Zu beachten ist, dass die Einschränkung des § 1319a auf grobes Verschulden nicht bei Verletzung eines Schutzgesetzes nach § 1311 (s etwa die Räumungs- und Streupflicht von Gehsteigen der angrenzenden Liegenschaftseigentümer im Ortsgebiet gem § 93 StVO) gilt. Bei der Haftung nach § 1319a handelt es sich um einen deliktischen Haftungstatbestand, der einer weitergehenden Haftung des Wegehalters aus Vertrag (etwa bei Schipisten oder Mautstraßen) nicht entgegensteht. In diesen Fällen ist die Haftung des Wegehalters nicht auf grobes Verschulden beschränkt. [*Koziol/Welser*, Bürgerliches Recht II^{13} (2007) 367 ff]
(5) Das ABGB berücksichtigt die Mitverursachung des Schadens durch den Geschädigten aufgrund sorglosen Verhaltens dadurch, dass es zu einer anteilsmäßigen Schmälerung des Ersatzanspruchs kommt, § 1304. Jener Teil des Schadens, der vom Geschädigten selbst zu tragen ist, ergibt sich aus dem Verhältnis des Verschuldens des Schädigers zu dem des Geschädigten. Zu einer Schadenstragung zu gleichen Teilen kommt es entweder bei gleichteiligem Verschulden oder wenn sich die Verschuldensteile nicht bestimmen lassen. Der Geschädigte hat sich auch das Verschulden seiner Gehilfen zurechnen zu lassen. Ist dem Schädiger ein sehr schweres Verschulden anzulasten, so kommt es bei leichtem Verschulden des Geschädigten zu keiner Schadensteilung. Zu beachten ist, dass es sich beim Mitverschulden nicht um echtes Verschulden handelt, da die Schädigung eigener Rechtsgüter nicht rechtswidrig ist. Das Mitverschulden ist eine bloße Obliegenheitsverletzung: Wer durch Sorglosigkeit in eigenen Angelegenheiten einen Nachteil erleidet, hat diesen selbst zu tragen. Anders als bei der Berücksichtigung des Mitverschuldens gem § 1304 kommt es in den Fällen der Kulpakompensation nicht zu einer Schadensteilung, sondern zu einem gänzlichen Wegfall des Schadenersatzanspruchs. So entfällt etwa der Anspruch auf das Vertrauensinteresse in Fällen der anfänglichen Unmöglichkeit zur Gänze, wenn der Geschädigte die Unmöglichkeit kannte oder kennen musste, § 878 S 3 (vgl auch § 1308 unten Fall 77, sowie zur anfänglichen Unmöglichkeit Fall 31). [*Koziol/Welser*, Bürgerliches Recht II^{13} (2007) 327 ff] **(6)** Im modernen Zivilrecht ist Selbsthilfe nur dann zulässig, wenn es um die Durchsetzung eigener Rechte geht und behördliche Hilfe zu spät kommen würde, §§ 19, 344. Ausdrücklich vorgesehene Selbsthilferechte sind etwa die Zurückbehaltungsrechte gem §§ 471, 970c und 1052 sowie das gesetzliche Pfandrecht des Bestandgebers gem § 1101. **(7)** Neben der Verschuldenshaftung kennt das moderne Schadenersatzrecht die Tatbestände der Gefährdungshaftung (vgl etwa das EKHG) und der Eingriffshaftung (vgl etwa den Schadenersatzanspruch wegen Schäden durch Immissionen von Bergwerksanlagen oder behördlich genehmigten Anlagen, § 364a, siehe auch Fall 6). **(8)** Zum System der

Gewährleistungsbehelfe vgl Fall 42. **(9)** Zu den Prinzipien des Pfandrechts vgl Fall 15. **(10)** Zur Pfand-verwertung vgl Fall 17. **(11)** Zum Pfandrealvertrag vgl Fall 27. **(12)** Zum Eigentumserwerb an wilden Tieren sowie zum Jagdrecht vgl Fall 14.

Zu den einschlägigen Quellenstellen der hier erörterten Problemkreise: zur Verwirklichung des Tatbestandes *rumpere* wegen zu schweren Beladens eines Tragtieres vgl Ulpian D 9. 2. 27. 23; zum Sorgfaltsmaßstab eines ordentlichen Maultiertreibers vgl Gaius D 9. 2. 8. 1; zur vertraglichen Haftung für das Verhalten von Gehilfen aufgrund von *culpa in eligendo* vgl Ulpian D 9. 2. 27. 9; zum Rechtssatz *noxa caput sequitur* vgl insb Ulpian D 47. 10. 17. 7; zum Wesen der Noxalhaftung vgl insb Ulpian D 9. 4. 2. 1; zur Wahlmöglichkeit des Haftpflichtigen zwischen Zahlung von Schadenersatz und Auslieferung des Täters (*noxae deditio*) vgl Ulpian D 9. 2. 27. 11; zur Konkurrenz der *actio legis Aquiliae* mit Vertragsklagen vgl insb Ulpian D 13. 6. 7. 1, Gaius D 13. 6. 18. 1 sowie Alfen D 19. 2. 30. 2; zur ediktalen Aufklärungspflicht über die Belastung mit einer Noxalhaftung vgl insb Ulpian D 21. 1. 1. 1; zum Eigentumserwerb an wilden Tieren durch Auslegen einer Schlinge sowie zur Klagemöglichkeit mittels *actio in factum* wegen Befreiens vgl Proculus D 41. 1. 55; zur Haftung desjenigen, in dessen Fallgrube etwas zu Schaden gekommen ist, sowie zu dessen Warnpflicht vgl Paulus D 9. 2. 28 pr u 1; zur Haftung des Baumschneiders sowie zu dessen Warnpflicht vgl Paulus D 9. 2. 31; zur Übernahme des Schadensrisikos durch Selbstgefährdung des Geschädigten, vgl Ulpian D 9. 2. 9. 4, ders D 9. 2. 11 pr sowie Paulus D 9. 2. 28. 1; zur Aktivlegitimation des Eigentümers der beschädigten Sache zur *actio legis Aquiliae* vgl insb Ulpian D 9. 2. 11. 6; zur Frage der Zuordnung des Schweins zu den *quadrupedes pecudes* iSd 1. Kapitels der *lex Aquilia* vgl Gaius D 9. 2. 2. 2; zur Kontroverse hinsichtlich der Haftung desjenigen, der fremdes Vieh vom eigenen Grundstück vertreibt und dieses dabei schädigt, vgl Pomponius D 9. 2. 39 pr u 1; zur Aktivlegitimation des Pfandgläubigers zu einer Klage wegen *damnum iniuria datum* bis zur Höhe seiner Forderung vgl Paulus D 9. 2. 30. 1.

Fall 75: ☆

Quis custodit custodes?[*]

Consus und FAUNUS sind Wächter der Villa des VEIOVIS. Consus ist Sklave von VEIOVIS, FAUNUS ist ein Freier. FAUNUS plant den Diebstahl einer Götterstatue aus der Villa, wobei zuvor Consus ausgeschaltet werden muss. Zu diesem Zweck lockt FAUNUS Consus eines Nachts in den die Villa umgebenden Park. Dort wird Consus vom bereits auflauernden HERKULES, einem Kumpanen von FAUNUS, an den Füßen gepackt und gegen einen Baum geschleudert. Consus ist auf der Stelle tot. HERKULES möchte sich nach „getaner Arbeit" belohnen und schlägt im Park des VEIOVIS einige Weintrauben herunter, isst die reifen und lässt die unreifen am Boden liegen. FAUNUS hat indessen die Statue auf sein Fuhrwerk geladen. Bevor FAUNUS auf seinen Wagen aufsteigen kann, wird er von VEIOVIS, der bemerkt hat, was geschehen ist, überrascht. VEIOVIS versucht, FAUNUS von der Flucht abzuhalten, indem er mit einem Beil auf ein Rad des Fuhrwerks einschlägt. Dabei zerbrechen zwei Speichen. FAUNUS beginnt sogleich, VEIOVIS zu attackieren, und schlägt diesem das Beil aus der Hand. Im Zuge der Auseinandersetzung wird die wertvolle Tunika von VEIOVIS schwer beschädigt. Danach steigt FAUNUS auf den Wagen und fährt los. VEIOVIS gibt die Verfolgung dennoch nicht auf. Um mit dem Fuhrwerk schneller voranzukommen, wirft FAUNUS die Statue mit den Worten „Wenn ich sie nicht haben kann, so soll sie niemand haben" vom Wagen, wobei diese zerbricht.

Prüfen Sie die deliktischen Ansprüche von VEIOVIS und FAUNUS!

Zu behandelnde Problemkreise:

- ➢ Haftung von FAUNUS für den Tod von Consus wegen *mortis causam praestare*
- ➢ Haftung von HERKULES für den Tod von Consus wegen *occidere*
- ➢ Haftung von HERKULES für die verzehrten Trauben aus *furtum* und für die heruntergeschlagenen und liegengelassenen Trauben aus der *lex Aquilia*
- ➢ Haftung von FAUNUS für die Wegnahme bzw die Zerstörung der Statue
- ➢ Konkurrenz der *actio legis Aquiliae* mit anderen Deliktsklagen
- ➢ Haftung von VEIOVIS für die zerschlagenen Speichen wegen *frangere*
- ➢ Rechtfertigungsgrund Notwehr
- ➢ Haftung von FAUNUS für die beschädigte Tunika wegen *(cor)rumpere*

Schadenersatzanspruch von VEIOVIS hinsichtlich seines getöteten Sklaven Consus

Zu prüfen ist, ob VEIOVIS einen deliktischen Schadenersatzanspruch wegen der Tötung des Sklaven Consus hat bzw gegen wen er einen allfälligen Anspruch erheben kann. Der Tod des Sklaven stellt einen Schaden im Vermögen dessen Gewalthabers VEIOVIS dar. Zu dessen Ersatz ist VEIOVIS berechtigt, sofern der Schaden von einem Dritten tatbestandsmäßig, rechtswidrig und schuldhaft herbeigeführt wurde. Als Schädiger und folglich als Ersatzpflichtige kommen sowohl FAUNUS als auch HERKULES infrage. Zunächst ist die Tatbestandsmäßigkeit zu prüfen. Da es zum Tod eines fremden Sklaven gekommen ist, stellt sich die Frage, ob das 1. Kapitel der

---

[*] Eigentlich: *Sed quis custodiet ipsos custodes*? – Aber wer bewacht die Wächter? (Juvenal, *Saturae* 6. 347 f) Heutzutage gebräuchlich im Zusammenhang mit der Frage, wer die Kontrolle von Behörden ausüben soll.

lex Aquilia (*occidere*) verwirklicht worden ist. Dies ist der Fall, wenn der Tod aktiv und unmittelbar herbeigeführt worden ist. HERKULES führt den Tod des Sklaven Consus nicht durch ein Unterlassen, sondern durch ein aktives Verhalten (Schleudern gegen einen Baum) herbei. Zudem ist die Schädigungshandlung von HERKULES, nach Ansicht des Juristen Celsus zu einem Fall mit vergleichbarem Schadensverlauf (Schleudern eines fremden Sklaven gegen einen Felsen, wodurch der Sklave stirbt), als hinreichend unmittelbar iSd 1. Kapitels der *lex Aquilia* anzusehen. Der Anwendbarkeit der *lex Aquilia* schadet es somit nicht, wenn der Tod von Consus nicht schon bei Ergreifen durch HERKULES, sondern erst durch den Aufprall auf dem Baum eintritt. Indem HERKULES den Sklaven Consus durch das Schleudern gegen einen Baum tötet, hat er *corpore suo damnum dederit* und somit den Tatbestand *occidere* verwirklicht.

Anders verhält es sich mit der Verantwortlichkeit von FAUNUS. Seine Handlung, das Locken des Sklaven in den Hinterhalt, stellt keine direkte Schadenszufügung dar und ist somit nicht unter die *lex Aquilia* zu subsumieren. Folglich kommt für FAUNUS, bei Vorliegen der übrigen Voraussetzungen, eine Haftung für das Setzen einer Todesursache – *mortis causam praestare*, analog zum 1. Kapitel der *lex Aquilia*, infrage.

Sowohl die Handlung von HERKULES als auch jene von FAUNUS sind kausal für den Schadenseintritt. Gemäß der *condicio sine qua non* wäre der Tod des Sklaven nicht eingetreten, wenn FAUNUS den Sklaven Consus nicht in den Park gelockt und HERKULES ihn daraufhin gegen einen Baum geschleudert hätte. Daher ist die Kausalität nach dem Grundsatz der Äquivalenz, wonach jede Ursache einer Wirkung als gleichwertig anzusehen ist, zu bejahen. Auch liegt es nicht außerhalb jeglicher Lebenserfahrung, dass ein in den Hinterhalt gelockter Sklave, der dann gegen einen Baum geschleudert wird, stirbt. Kausalität und Adäquanz sind somit gegeben. Zu prüfen ist weiters die Rechtswidrigkeit. Es gilt: Die (analoge) Tatbestandsmäßigkeit der schädigenden Handlungen indiziert deren Rechtswidrigkeit. FAUNUS und HERKULES schädigen fremdes Eigentum. Laut Sachverhalt liegen keine Gründe vor, die das Verhalten von FAUNUS oder von HERKULES rechtfertigen würden. Somit handeln beide rechtswidrig. Überdies ist sowohl FAUNUS als auch HERKULES ihr Verhalten subjektiv vorwerfbar. Beide handeln mit dem Vorsatz, den Sklaven Consus durch ihr schädigendes Zusammenwirken „auszuschalten". Diese bewusste und gewollte Herbeiführung eines Schadens ist als Vorsatz (*dolus*) zu qualifizieren. Zudem liegen keine Gründe vor, die das Verschulden von FAUNUS oder HERKULES ausschließen. Nach dem Wortlaut des 1. Kapitels der *lex Aquilia* ist VEIOVIS der höchste Wert des getöteten Sklaven im Jahr vor der Schädigung zu ersetzen. Darin zeigt sich, dass die *actio legis Aquiliae* sowie die dazu analog gebildeten *actiones in factum* bzw *actiones utiles* neben ihrem sachverfolgenden Charakter auch ein pönales Element aufweisen. Zu beachten ist, dass es bei mehreren Schädigern nach römischem Recht zu keiner Schadensteilung kommt, sondern alle Beteiligten in vollem Umfang haften – *nam ex lege Aquilia quod alius praestitit, alium non relevat, cum sit poena*. Auch darin zeigt sich ein pönaler Aspekt der *actio legis Aquiliae* bzw der analogen Klagen. Folglich ist VEIOVIS nicht darauf beschränkt, Wertersatz entweder von FAUNUS oder von HERKULES oder von jedem zur Hälfte zu fordern, sondern er kann beide nebeneinander (kumulativ) in voller Höhe in Anspruch nehmen. Seinen Ersatzanspruch wird VEIOVIS gegen HERKULES mittels *actio legis Aquiliae* und gegen FAUNUS mittels *actio in factum* geltend machen.

Ansprüche von VEIOVIS hinsichtlich der von HERKULES verzehrten und hinsichtlich der am Boden liegengelassenen Trauben

Hinsichtlich der von HERKULES heruntergeschlagenen und liegengelassenen Trauben ist ein deliktischer Schadenersatzanspruch von VEIOVIS gemäß der *lex Aquilia* zu prüfen. Ein Schaden im

Vermögen von VEIOVIS ist dadurch eingetreten, dass seine unreifen Trauben von HERKULES heruntergeschlagen wurden und somit unbrauchbar geworden sind. Zunächst ist die Tatbestandsmäßigkeit von HERKULES' Handlung zu prüfen. Da das Herunterschlagen der unreifen Trauben einer Sachzerstörung gleichkommt, ist die Anwendbarkeit des 3. Kapitels der *lex Aquilia* in Betracht zu ziehen. Infrage kommt eine Subsumtion unter den von den römischen Juristen, va Celsus, weit verstandenen Tatbestand *iniuria corrumpere*. Bei dem Begriff *corrumpere* handelt es sich um eine extensive Auslegung des Tatbestandes *rumpere* (ursprünglich Körperverletzung durch Zufügen einer offenen Wunde oder Quetschung). Unter *corrumpere* wird jede rechtswidrige und schuldhafte (aktive und unmittelbare) Zerstörung bzw schwere Beschädigung einer fremden Sache verstanden, sofern nicht die Tötung eines Lebewesens iSd 1. Kapitels vorliegt. So subsumieren die römischen Juristen etwa auch das Ausschütten von Wein oder das Schütten von Getreide in einen Fluss unter *corrumpere*. Folglich ist auch das Herunterschlagen der unreifen Trauben durch HERKULES als aktive (er schlägt sie herunter) und unmittelbare (er fügt den Schaden *corpore suo* herbei) Schädigung vom Begriff *corrumpere* gedeckt. Das Verhalten von HERKULES ist auch *condicio sine qua non* für den Eintritt des Schadens (Kausalität). Denkt man sich das schädigende Verhalten von HERKULES, das Herunterschlagen der unreifen Trauben, weg, so hätten die Trauben reifen können und VEIOVIS wäre kein Schaden entstanden. Zudem liegt es nicht außerhalb jeglicher Lebenserfahrung, dass das Herunterschlagen unreifer Trauben zu deren (wirtschaftlichen) Untergang führt (Adäquanz). Die Rechtswidrigkeit von HERKULES' Handeln ist ebenfalls zu bejahen, da die Tatbestandsmäßigkeit seiner schädigenden Handlung deren Rechtswidrigkeit indiziert. Zudem liegen keine Rechtfertigungsgründe vor. HERKULES ist sein Verhalten auch subjektiv vorwerfbar. Er handelt vorsätzlich, da er bewusst fremde unreife Trauben zu Boden schlägt. Zwar kommt es ihm nicht darauf an (*dolus directus*), die unreifen Trauben herunterzuschlagen (vielmehr liegt es ihm daran, an die reifen Trauben zu gelangen), jedoch sieht er den schädigenden Erfolg herbei und findet sich mit ihm ab (*dolus eventualis*). Schuldausschließungsgründe liegen keine vor. Folglich steht VEIOVIS eine *actio legis Aquiliae* gemäß dem 3. Kapitel (*corrumpere*) auf den Wert der Trauben gegen HERKULES zu. VEIOVIS ist das Interesse, nicht geschädigt worden zu sein, zu ersetzen. Berechnet wird dieses Interesse mittels der Differenzmethode. Es wird dabei der Vermögensstand des Geschädigten vor Schadenszufügung mit jenem danach verglichen. Im vorliegenden Fall ergibt sich ein Ersatzanspruch von VEIOVIS in der Höhe des Marktwertes einer entsprechenden Menge Trauben.

Hinsichtlich der von HERKULES heruntergeschlagenen und verzehrten Trauben ist eine Haftung aus *furtum* zu prüfen. Ein *furtum* begeht, wer sich einer fremden beweglichen Sache unbefugt und in der Absicht bemächtigt, sich oder einen Dritten daraus zu bereichern. Das Delikt erfordert doloses, dh vorsätzliches Handeln des Schädigers. HERKULES konsumiert bewusst fremde Trauben. Er handelt dabei in Bereicherungsabsicht und ist daher als *fur* zu qualifizieren. Zur Wiedererlangung der Sache bzw für den Ersatz des Sachwerts stehen dem aus einem *furtum* Geschädigten grds die *condictio furtiva* oder (elektive Konkurrenz) die *rei vindicatio* bzw *actio Publiciana* zur Verfügung. Daneben hat der Bestohlene einen Bußanspruch, den er mit der *actio furti* geltend machen kann. Diese Pönalklage kann gemeinsam mit einer sachverfolgenden Klage erhoben werden (kumulative Konkurrenz). Die *actio furti* geht bei geheimem Diebstahl (*furtum nec manifestum*) auf das Doppelte (*duplum*) des Sachwertes, bei offenem (Ertappung auf frischer Tat; *furtum manifestum*) auf das Vierfache (*quadruplum*).

VEIOVIS kann daher gegen HERKULES mit der *condictio furtiva* vorgehen und Ersatz für den Wert der Trauben verlangen. Zusätzlich kann er mit der pönalen *actio furti* Buße von HERKULES fordern. Zu beachten ist, dass durch den Verzehr der Trauben das Eigentumsrecht an ihnen untergegangen ist. Folglich besteht für VEIOVIS keine Möglichkeit, mit der *rei vindicatio* gegen HERKULES vorzugehen.

Ansprüche von VEIOVIS hinsichtlich der Götterstatue

Es stellt sich die Frage, ob VEIOVIS hinsichtlich der zerstörten Statue einen Ersatzanspruch gegen FAUNUS hat bzw mit welcher Klage VEIOVIS seinen Anspruch durchsetzen kann. Da es FAUNUS bei der Wegnahme der Statue darum geht, sich aus der Statue zu bereichern (*arg*: FAUNUS plant den Diebstahl einer Götterstatue), kommt primär eine Haftung wegen *furtum* in Betracht. Ein *furtum* begeht, wer arglistig eine (fremde, bewegliche) Sache mit Bereicherungsabsicht an sich nimmt – *contrectatio rei fraudulosa lucri faciendi gratia*. Da FAUNUS die Statue aus der Villa des VEIOVIS mit dem Vorsatz entnimmt, sich zu bereichern, ist er als *fur* zu bezeichnen. Seinen Ersatzanspruch aus dem *furtum* wird VEIOVIS mittels *condictio furtiva* geltend machen. Kumulativ mit der auf Wertersatz gerichteten (reipersekutorischen) *condictio furtiva* kann VEIOVIS mit der pönalen *actio furti* Buße von FAUNUS verlangen. Wie oben bei den verzehrten Trauben ist auch hier anzumerken, dass für die Geltendmachung der *rei vindicatio* kein Raum bleibt, da mit dem Untergang der Statue auch das an ihr bestehende Eigentumsrecht untergegangen ist.

Da es letztlich zur Zerstörung der Statue durch FAUNUS kommt, ist zu prüfen, ob VEIOVIS auch auf einer anderen Grundlage gegen FAUNUS deliktisch vorgehen kann. In Betracht kommt eine Haftung von FAUNUS für die zerbrochene Statue aus dem 3. Kapitel der *lex Aquilia*, nämlich wegen *iniuria frangere*. *Frangere* liegt vor bei aktiver, unmittelbarer Schadenszufügung durch (Zer-)Brechen. Zu den Belegfällen für *frangere* finden sich in den Quellen etwa das Zerbrechen eines Glasbechers, den ein Handwerker zur Bearbeitung übernommen hat, oder das Einschlagen einer Haustüre. Folglich kann auch das Zerbrechen der Statue durch den Abwurf von FAUNUS als *frangere* qualifiziert werden. Zudem handelt FAUNUS aktiv – er wirft die Statue von seinem Fuhrwerk – und unmittelbar – er ergreift die Statue, um sie fortzuwerfen. Dass die Statue nicht bereits durch das Werfen, sondern erst durch den Aufprall auf dem Boden zerbricht, steht der Anwendbarkeit der *lex Aquilia*, mit Blick auf den oben erörterten Fall zum Tod des Sklaven durch Aufprall auf dem Baum, nicht entgegen. Der Tatbestand des 3. Kapitels der *lex Aquilia* ist daher erfüllt. Das Verhalten des FAUNUS ist auch kausal für den Schadenseintritt. Gemäß der *condicio sine qua non* würde der Schaden entfallen, wenn FAUNUS die Statue nicht vom Wagen geworfen hätte. Zudem liegt es nicht außerhalb jeder Lebenserfahrung, dass eine von einem fahrenden Wagen herabgeworfene Statue zerbricht. Der Schaden ist somit von FAUNUS adäquat verursacht worden. Hinsichtlich der Rechtswidrigkeit gilt auch hier: Die Tatbestandsmäßigkeit der schädigenden Handlung indiziert deren Rechtswidrigkeit. Da das Verhalten von FAUNUS tatbestandsmäßig iSd 3. Kapitels der *lex Aquilia* ist, wird die Rechtswidrigkeit vermutet. Weiters liegen keine Gründe vor, die die Rechtswidrigkeit aufheben. Zu prüfen ist, ob FAUNUS mit Verschulden gehandelt hat. Indem es FAUNUS geradezu darauf ankommt, die Statue zu zerstören (*arg*: FAUNUS wirft die Statue mit den Worten „Wenn ich sie nicht haben kann, so soll sie niemand haben" vom Wagen), handelt er dolos. Da keine Schuldausschließungsgründe gegeben sind, ist FAUNUS sein Verhalten subjektiv vorwerfbar, weshalb er VEIOVIS gegenüber schadenersatzpflichtig wird. VEIOVIS ist das Interesse zu ersetzen, nicht geschädigt worden zu sein. Berechnet wird der Schaden mittels Differenzmethode. Dabei kommt es zum Vergleich des Vermögensstandes von VEIOVIS vor dem Schadenseintritt mit jenem danach. Die Höhe des Ersatzanspruches von VEIOVIS ist daher mit dem Wert der Statue gleichzusetzen. VEIOVIS kann seinen Anspruch gegen FAUNUS mittels *actio legis Aquiliae* gemäß dem 3. Kapitel durchsetzen.

Schließlich stellt sich die Frage, ob VEIOVIS gegen FAUNUS sowohl aus dem *furtum* als auch aus *damnum iniuria datum* vorgehen oder ob FAUNUS nur aus einem der beiden Delikte haftbar gemacht werden kann. Die römischen Juristen Julian, Celsus und Ulpian sprechen sich in einem Fall, bei dem jemand einen fremden Sklaven stiehlt und diesen sodann tötet, sowohl für eine Haftung aus *furtum* als auch aus der *lex Aquilia* aus und bejahen damit die Verwirklichung zweier getrennter Delikte. Anders als Ulpian, der im Falle einer unerlaubten Bemächtigung fremder Urkunden, die dann an Ort und Stelle vernichtet werden, beide Klagen kumuliert, gewährt Pomponius nur die *actio legis Aquiliae*, sofern die Absicht des Täters von vornherein bloß auf die Zerstörung der Urkunden gerichtet war. Der Jurist Paulus spricht sich selbst dann nur für die *actio furti* aus, wenn zunächst die Diebstahlshandlung und erst später die Zerstörungshandlung erfolgt ist. Da es FAUNUS ursprünglich nicht darauf ankommt, die Statue zu zerstören, sondern sich aus ihr zu bereichern, haftet er jedenfalls aus dem *furtum*. Nach überwiegender Ansicht der römischen Juristen hindert dies VEIOVIS nicht, FAUNUS auch aus der *actio legis Aquiliae* in Anspruch zu nehmen. Folgt man hingegen der Ansicht von Paulus, so stellt die nachträgliche Zerstörung bloß eine straffreie Nachtat dar und FAUNUS trifft keine Haftung aus der *lex Aquilia*.

Schadenersatzansprüche von FAUNUS hinsichtlich seiner zerschlagenen Radspeichen bzw von VEIOVIS hinsichtlich seiner beschädigten Tunika

Da VEIOVIS einen Schaden verursacht, indem er die Speichen von FAUNUS' Wagenrad zerschlägt, stellt sich die Frage der Anwendbarkeit der *lex Aquilia*. Indem die Radspeichen durch aktives (VEIOVIS schlägt) und unmittelbares (mit einem Beil) Einwirken zu Bruch gehen, ist der Tatbestand *frangere* gemäß dem 3. Kapitel der *lex Aquilia* erfüllt. Zudem ist VEIOVIS kausal für die Schadenszufügung. Würde man sich sein Verhalten wegdenken, so wären die Radspeichen nicht zerbrochen. Auch liegt es nicht außerhalb jeder Lebenserfahrung, dass Radspeichen, auf die mit einem Beil eingeschlagen werden, zerbrechen. Zu prüfen ist weiters, ob VEIOVIS rechtswidrig gehandelt hat. Grundsätzlich gilt, dass die Erfüllung eines Tatbestandes der *lex Aquilia* die Rechtswidrigkeit der schädigenden Handlung indiziert. Das Verhalten von VEIOVIS ist aber durch Notwehr gerechtfertigt, denn es gilt: *nam adversus periculum naturalis ratio permittit se defendere*. Nach dem Verständnis der modernen Doktrin liegt Notwehr vor, wenn jemand einen unmittelbar drohenden oder gegenwärtigen rechtswidrigen Angriff auf ein eigenes, notwehrfähiges Rechtsgut unter Anwendung angemessener Mittel abwehrt. Da FAUNUS von VEIOVIS noch während des Aufladens der Statue auf seinen Wagen ertappt wird, ist der Angriff seitens FAUNUS noch nicht abgeschlossen und somit gegenwärtig. Weiters stellt die Handlung von FAUNUS ein *furtum* dar, weshalb der Angriff rechtswidrig ist. Der Angriff erfolgt auf das Eigentum von VEIOVIS und somit auf ein notwehrfähiges Rechtsgut. Wenngleich die Abwehrhandlung letztlich nicht zu dem von VEIOVIS gewünschten Erfolg führt (Hinderung von FAUNUS an der Flucht mit der Statue), ist diese dennoch als angemessen zu qualifizieren: Zum einen ist die Handlung von VEIOVIS objektiv geeignet, FAUNUS an der Flucht zu hindern, zum anderen verhält sich der von VEIOVIS im Zuge der Notwehrhandlung zugefügte Schaden (zwei zerbrochene Radspeichen) zum Wert der zu verteidigenden Statue in keinem groben Missverhältnis. Folglich ist das Verhalten von VEIOVIS durch Notwehr gerechtfertigt und er haftet nicht für die zerbrochenen Radspeichen von FAUNUS.

Hinsichtlich der beschädigten Tunika ist zu prüfen, ob VEIOVIS ein Schadenersatzanspruch gegen FAUNUS zusteht. Ein Schaden im Vermögen von VEIOVIS ist dadurch entstanden, dass die in seinem Eigentum stehende Tunika von FAUNUS beschädigt worden ist. Da FAUNUS die Beschädigung aktiv und unmittelbar verursacht hat (FAUNUS attackiert VEIOVIS), kommt eine Subsumtion unter das 3. Kapitel der *lex Aquilia*, wegen *iniuria* (*cor*)*rumpere*, in Betracht. In seiner ursprünglichen Bedeutung handelt es sich bei *rumpere* um die Zufügung einer Körperverletzung durch (Auf-)Reißen. Erst später wird unter diesem Begriff auch die Herbeiführung einer Verletzung durch Stoß oder Faustschlag verstanden. Ab der Hochklassik subsumieren die römischen Juristen unter *rumpere* schließlich jedwede Zerstörung bzw Beschädigung einer Sache. Bei der weiten Auslegung von *rumpere* wird auch gelegentlich von *corrumpere* iS eines Sammelbegriffs für *urere*, *frangere* und *rumpere* gesprochen. So lässt etwa Ulpian denjenigen für *quasi ruperit* haften, der fremde Kleider zerschneidet oder verunreinigt. Folglich ist das Verhalten von FAUNUS als tatbestandsmäßig iSd 3. Kapitels der *lex Aquilia* anzusehen. Hätte FAUNUS VEIOVIS nicht attackiert, so wäre die Tunika nicht beschädigt worden. Zudem liegt es nicht außerhalb jeder Lebenserfahrung, dass ein Kleidungsstück im Zuge eines Handgemenges Schaden nimmt. Kausalität und Adäquanz sind somit gegeben. Hinsichtlich der Rechtswidrigkeit gilt auch hier: Die Tatbestandsmäßigkeit indiziert die Rechtswidrigkeit des schädigenden Verhaltens. Es liegen keine Gründe vor, die die Rechtswidrigkeit aufheben. FAUNUS handelt nicht in Notwehr. Zwar wehrt FAUNUS einen gegenwärtigen Angriff auf die in seinem Eigentum stehenden Radspeichen und damit auf ein notwehrfähiges Rechtsgut ab. Da Notwehr jedoch nur gegen einen rechtswidrigen Angriff zulässig ist, VEIOVIS aber selbst in Notwehr handelt (und sich daher rechtmäßig verhält), kann sich FAUNUS nicht auf Notwehr berufen. FAUNUS handelt daher rechtswidrig. Zu beachten ist, dass FAUNUS auch nicht in der irrtümlichen Annahme, es läge eine Notwehrsituation vor (Putativnotwehr), gegen VEIOVIS vorgeht. Vielmehr attackiert er VEIOVIS, um mit dem Diebesgut fliehen zu können. Da auch sonst keine Schuldausschließungsgründe gegeben sind, ist FAUNUS sein Verhalten subjektiv vorwerfbar. FAUNUS handelt mit dem Verschuldensgrad *dolus*. Zwar kommt es ihm nicht darauf an, die Tunika von VEIOVIS zu zerstören (kein *dolus directus*), als er VEIOVIS attackiert, nimmt er jedoch das Risiko in Kauf, dass er dabei Gegenstände von VEIOVIS beschädigt (*dolus eventualis*). VEIOVIS ist daher das Interesse, nicht geschädigt worden zu sein, von FAUNUS zu ersetzen. Die Höhe des Ersatzanspruchs wird mit der Differenzmethode berechnet. Dabei kommt es zu einem Vergleich des Vermögensstandes von VEIOVIS vor Schadenseintritt mit jenem danach. Somit ergibt sich ein Ersatzanspruch in Höhe der Wertminderung der Tunika infolge der Beschädigung durch FAUNUS. Seinen Ersatzanspruch kann VEIOVIS gegen FAUNUS mittels *actio legis Aquiliae* durchsetzen.

▶ **(1)** Das moderne Schadenersatzrecht verfolgt vorrangig den Zweck, dass der Geschädigte einen Ausgleich für den erlittenen Schaden erhalten soll (Ausgleichsfunktion), weshalb nach § 1323 Schadenersatz primär durch Naturalrestitution (Reparatur, Rückgabe der Sache) zu geschehen hat. Ein Schadenersatz ist nur dann in Geld zu leisten, wenn die Naturalherstellung unmöglich oder untunlich ist (vgl auch Fall 78). Wenngleich die Prävention primäres Ziel des (gerichtlichen) Strafrechts ist, erfüllt auch das Schadenersatzrecht diese Aufgabe: Zieht ein bestimmtes Verhalten eine Ersatzpflicht nach sich, so mag dies einen Anreiz geben, durch ordnungsgemäßes Verhalten Schäden zu vermeiden. Lediglich rudimentär findet sich der Sanktionsgedanke, und zwar in der Abstufung des Schadenersatzes nach dem Grad des Verschuldens, vgl §§ 1323 f. So hat der Schädiger bei leichter Fahrlässigkeit den positiven Schaden (eigentliche Schadloshaltung), bei grobem Verschulden, dh bei Vorsatz oder grober Fahrlässigkeit, zusätzlich den entgangenen Gewinn (Interesse, sog „volle Genugtuung") zu ersetzen (gegliederter Schadensbegriff, vgl auch Fall 78). Zu beachten ist, dass im Unternehmensrecht immer, also auch bei bloß leichter Fahrlässigkeit, der entgangene Gewinn zu ersetzen ist, § 349 UGB. Weiter untergliedert wird der Schadensbegriff durch § 1331: Erfolgt die Schädigung durch eine strafrechtlich verbotene Handlung oder aus Mutwillen (qualifizierter Vorsatz, *dolus coloratus*), so kann neben dem Interesse auch der Wert der besonderen Vorliebe (vgl Fall 79) verlangt werden. Ebenfalls am Grad des Verschuldens orientiert sich die Art der Schadensberechnung. So wird der positive

Schaden grds objektiv-abstrakt, das Interesse hingegen subjektiv-konkret berechnet. [*Koziol/Welser*, Bürgerliches Recht II^{13} (2007) 301; 331 ff] **(2)** Haben mehrere Täter den Schaden vorsätzlich und gemeinschaftlich, sei es durch Anstiftung oder durch Beihilfe, herbeigeführt, so sind sie Mittäter und haften solidarisch, § 1302. Haben die Täter den Schaden hingegen unabhängig voneinander oder nur fahrlässig verursacht und lassen sich die Schadensteile bestimmen, so haftet jeder nur für den von ihm verursachten Anteil am Schaden. Lassen sich die Schadensteile nicht bestimmen, so haftet jeder mit den anderen solidarisch für den ganzen Schaden. Ebenfalls Solidarhaftung sehen etwa die §§ 5 Abs 2 u 8 Abs 1 EKHG sowie § 10 PHG vor. Jenem Schädiger, der den Schaden ersetzt hat, steht im Innenverhältnis der Mithaftenden ein anteiliges Regressrecht nach § 896 zu. Der Umfang des Regresses richtet sich nach dem Grad des Verschuldens, im Zweifel erfolgt die Aufteilung nach Köpfen. [*Koziol/Welser*, Bürgerliches Recht II^{13} (2007) 326 f] **(3)** Der Rechtfertigungsgrund Notwehr liegt vor, wenn man einen gegenwärtigen oder unmittelbar drohenden Angriff auf Leben, körperliche Unversehrtheit, Freiheit oder Vermögen (notwehrfähige Rechtsgüter) von sich oder einem anderen (Nothilfe) mit notwendiger Verteidigung abwehrt, vgl § 3 StGB. Der in Notwehr Handelnde darf bei der Abwehr des Angriffs angemessene Gewalt üben, § 344. Ist die Notwehrhandlung unangemessen, so liegt Notwehrexzess vor, § 19. Das Verhalten des Schädigers ist diesfalls rechtswidrig. Handelt er auch schuldhaft, so wird er ersatzpflichtig. Eine Güterabwägung findet bei Notwehr grds nicht statt. So darf der Schaden, der dem Angreifer durch die notwendige Verteidigung zugefügt wird, den aus dem Angriff drohenden Nachteil auch erheblich übersteigen. Zu einer beschränkten Güterabwägung kommt es gem § 3 Abs 1 S 2 StGB bei geringfügigen Angriffen: Ist es offensichtlich, dass dem Angegriffenen bloß ein geringfügiger Nachteil droht, und ist die Verteidigung, insbesondere wegen der Schwere der zur Abwehr nötigen Beeinträchtigung des Angreifers, unangemessen, so ist Notwehr ausgeschlossen (sog Bagatellnotwehr). Andere bedeutende Rechtfertigungsgründe neben Notwehr sind etwa der rechtfertigende Notstand, vgl Fall 76, die erlaubte Selbsthilfe, vgl Fall 74, die Einwilligung des Geschädigten, vgl Fall 80, die Ermächtigung durch die Rechtsordnung sowie die Geschäftsführung ohne Auftrag im Notfall, § 1036. **(4)** Zur Haftung für die Tötung eines Menschen vgl Fall 79.

Zu den einschlägigen Quellenstellen der hier erörterten Problemkreise: zum Schleudern eines Sklaven gegen einen Gegenstand mit tödlichem Ausgang als eine iSd *lex Aquilia* tatbestandsmäßige Handlung vgl Ulpian D 9. 2. 7. 7; zur Haftung aus einer *actio in factum* wegen Lockens eines fremden Sklaven in einen Hinterhalt vgl Ulpian D 9. 2. 9. 3; zu den pönalen Elementen der *lex Aquilia* sowie zur Haftung mehrerer Schädiger jeweils auf die volle Summe vgl etwa Ulpian D 9. 2. 11. 2; zum Tatbestand des *furtum* vgl etwa Paulus D 47. 2. 1. 3 sowie Gai Inst 3. 195; zu den Fallbeispielen zu *frangere* vgl insb Ulpian D 9. 2. 27. 29 u 31; zu den Fallbeispielen zu *corrumpere* bzw zum extensiven Verständnis von *rumpere* vgl etwa Ulpian D 9. 2. 27. 15 u 18–20; zum Verständnis von *corrumpere* als Oberbegriff für die Tatbestände des 3. Kapitels vgl insb Ulpian D 9. 2. 27. 16 sowie Gai Inst 3. 217; zur Haftung aus der *lex Aquilia* wegen Herunterschlagens unreifer Früchte vgl Ulpian D 9. 2. 27. 25; zur Rechtmäßigkeit, sich gegen einen rechtswidrigen Angriff zur Wehr zu setzen, vgl Gaius D 9. 2. 4 pr; zur Konkurrenz von *actio legis Aquiliae* und *actio furti* vgl etwa Ulpian D 9. 2. 27 pr, ders D 47. 2. 27. 3 sowie Paulus D 47. 2. 28; zur Konkurrenz von *actio legis Aquiliae* und *condictio ex causa furtiva* vgl Ulpian D 47. 1. 2. 3.

Fall 76:

Arena des Schreckens

PALES hat ihre letzten Sesterzen zusammengekratzt, um die Premiere der Tier- und Akrobatikschau von MARS zu besuchen. Vor dem Eingang werden ihr die zur Bezahlung des Eintritts bereitgehaltenen Münzen von der geisteskranken CARNA aus der Hand geschlagen, wodurch diese in die Kloake fallen. Um die Vorstellung dennoch sehen zu können, beschließt PALES, sich über den Raubtierzugang in die Arena zu schleichen. Als PALES gerade in das Raubtiergehege einsteigt, wird sie von einem Panther des MARS angefallen. PALES gelingt es, das Tier mit mehreren gezielten Stockhieben unschädlich zu machen (Heilungskosten des Panthers 40). Die Vorstellung ist unterdessen in vollem Gange. Die gerade mit brennenden Fackeln miteinander jonglierenden Akrobaten SATURNUS und VULCANUS sind ob ihres allerersten Auftritts so aufgeregt, dass sie ihre Fackeln ungeschickt werfen und diese auf der Zuschauertribüne landen. Eine der Fackeln (es kann nicht festgestellt werden, wer sie geworfen hat) trifft Luna, die Wäscherinnensklavin der MINERVA. Luna erleidet schwere Verbrennungen (Wertminderung 10). Zudem muss MINERVA für einen Monat eine Ersatzsklavin anmieten. Sie mietet bewusst eine teure Wäscherin und bezahlt dafür 30 anstelle der marktüblichen 20.

Prüfen Sie die aus dem Sachverhalt resultierenden deliktischen Ansprüche!

Vorüberlegungen:

➢ Begeht CARNA ein *furtum* an den Münzen der PALES?
➢ Kommt eine Haftung wegen *damnum iniuria datum* infrage?
➢ Wenn ja, welcher Tatbestand wird erfüllt, wenn CARNA der PALES die Münzen aus der Hand schlägt und diese daraufhin unwiederbringlich verloren gehen?
➢ Handelt CARNA als *furiosa* rechtswidrig und schuldhaft?
➢ Welchen Tatbestand verwirklicht PALES hinsichtlich der Verletzungen des Panthers?
➢ Ist ein Grund gegeben, der die Rechtswidrigkeit von PALES' Verhalten aufhebt?
➢ An welcher Voraussetzung fehlt es der Rechtfertigung wegen Notstandes?
➢ Welcher Tatbestand wird durch die Verletzung von Luna verwirklicht?
➢ Was versteht man unter alternativer Kausalität?
➢ Welche Haftungsfolgen sehen die römischen Juristen in Fällen der alternativen Kausalität vor?
➢ Wieviel erhält MINERVA für die Verletzung ihrer Sklavin insgesamt – 10, 20, 30, 40, 60 oder 80 – und mit welcher Klage kann sie gegen wen vorgehen?

Anspruch von PALES gegen CARNA auf Schadenersatz für die ihr aus der Hand geschlagenen Münzen

Hinsichtlich der von CARNA der PALES aus der Hand geschlagenen Münzen ist eine Haftung aus *furtum* in Betracht zu ziehen. Ein *furtum* begeht, wer sich einer fremden beweglichen Sache unbefugt und mit Bereicherungsabsicht bemächtigt. Da es CARNA, als sie PALES die Münzen aus der Hand schlägt, weder darauf ankommt, die Münzen für sich zu haben, noch die Münzen einem Dritten zu verschaffen, handelt sie ohne Bereicherungsabsicht. Folglich scheidet eine Haftung wegen *furtum* aus. Infrage kommt ein deliktischer Schadenersatzanspruch von PALES gegen

CARNA wegen *damnum iniuria datum*. PALES hat einen Schaden in ihrem Vermögen erlitten, da die in ihrem Eigentum stehenden Münzen in die Kloake gefallen und damit unwiederbringlich verloren gegangen sind. Zunächst ist zu prüfen, ob CARNAS Verhalten dem Tatbestand des 3. Kapitels der *lex Aquilia*, (cor)*rumpere*, entspricht. Wenngleich die römischen Juristen (cor)*rumpere* bisweilen weit auslegen, so wird darunter dennoch nicht jede unmittelbare Sachbeschädigung verstanden. In Fällen der Sachentziehung, ohne dass es dabei auch zur Beschädigung bzw Zerstörung der Sache kommt, lassen die römischen Juristen den Täter regelmäßig nicht aus der *lex Aquilia* haften, sondern sprechen sich für eine analoge Haftung aus. So wird etwa eine *actio in factum* gewährt, wenn der Täter einen Ring in den Tiber oder Waren ins Meer wirft. Für den Fall, dass jemandem Münzen aus der Hand geschlagen werden, wodurch diese in den Fluss, das Meer oder die Kloake fallen, legen sich Sabinus und Ulpian nicht fest, ob eine *actio legis Aquiliae* oder eine *actio in factum* zu geben ist. Legt man das Augenmerk darauf, wodurch der Schaden eingetreten ist – nämlich durch den dauernden Entzug der Münzen und nicht durch deren Beschädigung –, so erscheint auch im vorliegenden Fall eine analoge Klage gerechtfertigt. CARNAS Verhalten ist kausal für den Eintritt des Schadens. Gemäß der *condicio sine qua non* würde der Schaden, der Entzug der Münzen, entfallen, wenn CARNA sie der PALES nicht aus der Hand geschlagen hätte. Auch ist CARNAS Verhalten adäquat für den eingetretenen Schaden: Es liegt nicht außerhalb jeglicher Lebenserfahrung, dass aus der Hand geschlagene Münzen in die Kloake fallen und dadurch dauerhaft entzogen sind. Kausalität und Adäquanz sind somit gegeben. Die (analoge) Tatbestandsmäßigkeit von CARNAS Verhalten indiziert die Rechtswidrigkeit. Auch liegen keine Rechtfertigungsgründe vor. Zu prüfen ist, ob ein Schuldausschließungsgrund gegeben ist. CARNA ist als *furiosa* nicht imstande, das Unrecht ihrer Handlung einzusehen. Dieser Umstand hebt zwar nicht die Rechtswidrigkeit ihres Verhaltens auf, führt aber dazu, dass ihr die Tat nicht subjektiv vorgeworfen werden kann. Da CARNA unzurechnungsfähig ist, kann ihr kein Verschulden angelastet werden und sie haftet daher nicht für den Verlust der Münzen, die sie PALES aus der Hand geschlagen hat.

Anspruch von MARS gegen PALES auf Schadenersatz für die Verletzungen seines Panthers

Indem PALES den Panther des MARS verletzt, erleidet MARS als Eigentümer der Raubkatze einen Schaden in seinem Vermögen (Heilungskosten von 40 sowie eine allfällige Wertminderung). Es stellt sich die Frage, ob MARS ein deliktischer Schadenersatzanspruch gegen PALES zusteht, um sich schadlos zu halten. PALES verwirklicht *rumpere*, einen Tatbestand des 3. Kapitels der *lex Aquilia*. Unter *rumpere* ieS versteht man das aktive und unmittelbare Zufügen einer Wunde durch Reißen oder Aufbrechen. Als Schädigungshandlungen *quasi rumpere* bezeichnen die römischen Juristen aber auch die Herbeiführung einer Körperverletzung durch Stoßen oder Schlagen. Überdies hat PALES den Schaden aktiv (sie schlägt) als auch unmittelbar (mit einem Stock) zugefügt. So sehen die römischen Juristen die Zufügung einer Schädigung durch eine Waffe, etwa ein Schwert, als hinreichend unmittelbar iSd *lex Aquilia* an. Die Tatbestandsmäßigkeit des 3. Kapitels, *rumpere*, ist somit zu bejahen. PALES' Verhalten ist kausal für den Schadenseintritt: Hätte sie nicht auf den Panther eingeschlagen, so wäre dieser nicht verletzt worden. Es liegt auch nicht außerhalb der Lebenserfahrung, dass ein Panther durch Stockhiebe Verletzungen davonträgt. Kausalität und Adäquanz sind somit gegeben. Da PALES tatbestandsmäßig iSd 3. Kapitels der *lex Aquilia* handelt, wird die Rechtswidrigkeit ihres Verhaltens vermutet. Zu prüfen ist, ob ein Grund gegeben ist, der die Rechtswidrigkeit aufhebt. Infrage kommt der Rechtfertigungsgrund Notwehr. PALES wehrt einen unmittelbar drohenden Angriff auf ein notwehrfähiges Rechtsgut (Leben) ab. Da Notwehr aber einen rechtswidrigen Angriff voraussetzt, sich der Panther als Tier aber nicht rechtswidrig verhalten kann (nur menschliches Verhalten kann rechtswidrig sein), scheidet Notwehr aus. Zu prüfen ist, ob PALES' Verhalten allenfalls durch Notstand gerechtfertigt ist. Notstand liegt vor, wenn jemand zur Abwehr einer unmittelbar drohenden Gefahr für eigene Rechtsgüter fremde Rechtsgüter verletzt. Bei der Abwehr eines Angriffs durch ein Tier wird der Notstand als Sachwehr bezeichnet. Voraussetzung für die Rechtfertigung wegen Notstands ist insb, dass sich der Schädiger nicht selbst durch vorwerfbares Verhalten in die Notstandssituation gebracht hat. So sprechen sich die römischen Juristen etwa dann gegen eine Haftungsbefreiung wegen Notstands aus, wenn ein Schiffer fremde Fischernetze zerschneidet, um sein Schiff zu befreien, sofern er durch vorwerfbares Verhalten in die Netze geraten ist – *si culpa nautarum id factum esset*.

Indem sich PALES (verbotenerweise) in das Raubtiergehege begibt, bringt sie sich selbst in vorwerfbarer Weise in eine Notsituation. Auch kann PALES die Gefahr für ihr Leben, die mit dem Einsteigen in das Gehege verbunden ist, vorhersehen. Realisiert sich in der Folge die Gefahr und wird PALES von dem Panther angefallen, so kann sie sich daher, wenngleich ihre Abwehrhandlung die letzte Möglichkeit darstellt, der Gefahr zu entgehen, und die Abwehrhandlung auch geeignet ist, die Gefahr abzuwenden, nicht auf Notstand berufen. Mangels Vorliegens eines Rechtfertigungsgrundes handelt PALES somit rechtswidrig. PALES trifft überdies ein Verschulden. Da sich PALES retten möchte, kommt es ihr geradezu darauf an, den Panther durch Verletzungen unschädlich zu machen. Folglich handelt PALES mit *dolus directus*. Schuldausschließungsgründe liegen keine vor.

Die Haftungsprüfung hat ergeben, dass PALES rechtswidrig und schuldhaft einen Tatbestand des 3. Kapitels der *lex Aquilia* (*rumpere*) verwirklicht hat und daher MARS ersatzpflichtig wird. Nach dem Wortlaut des 3. Kapitels der *lex Aquilia* hat der Schädiger dem Geschädigten zu ersetzen, was die Angelegenheit in den nächsten 30 Tagen wert sein wird. Die konkrete Höhe des Schadenersatzanspruchs berechnet sich mittels Differenzmethode. Man vergleicht den Vermögensstand des Geschädigten vor Schadenszufügung mit jenem danach. Neben einer allfälligen Wertminderung des Panthers kann MARS somit die Heilungskosten in Höhe von 40 veranschlagen. Seinen Anspruch auf Schadenersatz wird MARS mittels *actio legis Aquiliae* bei PALES geltend machen.

Anspruch von MINERVA auf Schadenersatz für die Verbrennungen ihrer Sklavin Luna

Durch die Verbrennungen ihrer Sklavin Luna erleidet MINERVA als deren Eigentümerin einen Schaden in ihrem Vermögen (Wertminderung sowie Kosten für die Anmietung einer Ersatzsklavin). Fraglich ist, ob MINERVA ein deliktischer Schadenersatzanspruch aufgrund der Verletzung ihrer Sklavin zusteht bzw gegen wen sie einen allfälligen Anspruch geltend machen kann. Da Luna durch eine brennende Fackel verletzt wird, kommt *urere*, das aktive und unmittelbare Zufügen eines Schadens durch Anzünden oder Ansengen, gemäß dem 3. Kapitel der *lex Aquilia*, in Betracht. Die Schädigungshandlung erfolgt sowohl aktiv (SATURNUS bzw VULCANUS wirft) als auch unmittelbar (durch eine Fackel). So subsumieren die römischen Juristen etwa auch die Zufügung eines Schadens durch Werfen eines Speeres oder durch Abwerfen einer Last als hinreichend unmittelbare Schädigungshandlungen unter die *lex Aquilia*. Probleme bereitet die Feststellung der Schadensverursachung. Sowohl SATURNUS als auch VULCANUS kommen als Schädiger in Betracht, jedoch kann nicht festgestellt werden, wer von ihnen den Schaden real herbeigeführt hat. Die moderne Doktrin spricht in Fällen, in denen nicht eruierbar ist, wer von mehreren Personen den Schaden tatsächlich verursacht hat, von alternativer Kausalität und begnügt sich mit einem bloßen Kausalitätsverdacht.

Die römischen Juristen lassen etwa dann, wenn mehrere Personen auf einen Sklaven (rechtswidrig und schuldhaft) eingeschlagen haben, jedoch nicht festgestellt werden kann, wer den tödlichen Schlag zugefügt hat, jeden von ihnen (für *occidere*) haften – *quod si non apparet, omnes quasi occiderint teneri*. Somit reicht es für die Haftung mehrerer potenzieller Schädiger aus, wenn feststeht, dass der Schaden von einer dieser Personen tatsächlich herbeigeführt wurde. Folglich kann weder SATURNUS noch VULCANUS einwenden, nicht für den schädigenden Erfolg ursächlich gewesen zu sein. Zu prüfen ist weiters die Adäquanz der Verursachung. Es liegt nicht außerhalb der Lebenserfahrung, dass jemand schwere Verletzungen erleidet, wenn er von einer brennenden Fackel getroffen wird. Adäquanz ist somit gegeben. Auch liegt rechtswidriges Verhalten vor. Es gilt: Die Tatbestandsmäßigkeit der schädigenden Handlung indiziert deren Rechtswidrigkeit. Rechtfertigungsgründe lassen sich dem Sachverhalt keine entnehmen. Verschulden ist ebenfalls gegeben: Ein sorgfältiger und gewissenhafter Akrobat legt beim Jonglieren mit brennenden Fackeln während einer Vorstellung jene Aufmerksamkeit an den Tag, dass ihm kein Fehler unterläuft, wodurch ein Zuschauer geschädigt wird. Somit kann das Verhalten der Jongleure SATURNUS und VULCANUS als fahrlässig beurteilt werden. Schuldausschließungsgründe sind keine gegeben. Folglich steht MINERVA als Eigentümerin der Sklavin Luna ein deliktischer Schadenersatzanspruch gemäß dem 3. Kapitel der *lex Aquilia*, wegen *urere*, zu. Nach dem Wortlaut des 3. Kapitels der *lex Aquilia* ist MINERVA der Wert der Angelegenheit in den nächsten 30 Tagen zu ersetzen. Dadurch können für die Berechnung der Höhe des Ersatzanspruches – mittels Differenzmethode – auch allfällige Dauerschäden berücksichtigt werden. Diese sind im vorliegenden Fall gegeben, da Luna im Wert um 10 gesunken ist. Außerdem sind MINERVA Kosten in Höhe von 30 für die Anmietung einer Ersatzsklavin entstanden. Da nach dem Sachverhalt die marktübliche Miete für eine Wäscherinnensklavin 20 beträgt, ist fraglich, in welcher Höhe MINERVA die Mietkosten ersetzt bekommt. Als Schadenersatzberechtigte hat MINERVA den Schaden möglichst gering zu halten. Diese Schadensminimierungsobliegenheit zeigt sich darin, dass der Geschädigte zwar nicht dazu verpflichtet ist, ein Deckungsgeschäft zu marktüblichen Konditionen abzuschließen, sein Ersatzanspruch aber mit der Höhe der marktüblichen Kosten beschränkt ist. Folglich kann MINERVA, die bewusst eine teure Wäscherinnensklavin angemietet hat, jenen Teil der Mietkosten nicht veranschlagen, der über ein marktübliches Deckungsgeschäft hinausgeht (10). Die ersatzfähigen Aufwendungen belaufen sich somit auf 20.

Zuletzt stellt sich die Frage, gegen wen MINERVA ihren Ersatzanspruch richten kann. In Fällen, in denen nicht eruiert werden kann, wer von mehreren Personen den Schaden tatsächlich herbeigeführt hat, sprechen sich die römischen Juristen für eine Haftung aller potenziellen Schädiger aus. Dabei kommt es zu keiner Schadensteilung, sondern jeder der infrage kommenden Täter haftet in vollem Umfang. Die römischen Juristen begründen dies damit, dass die *lex Aquilia* auch über pönale Elemente verfügt – *nam ex lege Aquilia quod alius praestitit, alium non relevat, cum sit poena*. Folglich kann MINERVA SATURNUS und VULCANUS nebeneinander (kumulativ) in vollem Umfang in Anspruch nehmen. Ihren Ersatzanspruch in Höhe von je 30 (Wertminderung 10 plus angemessene Mietkosten 20) wird MINERVA bei SATURNUS und VULCANUS mittels *actio legis Aquiliae* geltend machen. MINERVA erhält somit insgesamt 60.

▶ **(1)** Geistig behinderte Personen sowie Personen, die sich vorübergehend im Zustand der Sinnesverwirrung befinden, sind für die Dauer dieses Zustandes nicht deliktsfähig (zur Geschäftsunfähigkeit volljähriger Personen aufgrund geistiger Behinderung oder psychischer Krankheit vgl Fall 14). Anstelle des geistig Behinderten haftet grds die mit seiner Obsorge betraute Person, sofern diese ihre Aufsichtspflicht schuldhaft verletzt hat, § 1309. Geistig Behinderte können aber ausnahmsweise auch selbst für die von ihnen verursachten Schäden haften (Billigkeitshaftung gem § 1310, vgl hiezu Fall 77). Begeht der geistig Behinderte eine Schädigung in einem *lucidum intervallum*, so ist die Deliktsfähigkeit nicht beseitigt. Personen, die sich in schuldhafter Weise in den Zustand der Zurechnungsunfähigkeit versetzen, haften für die in diesem Zustand zugefügten Schäden, § 1307. [*Koziol/Welser*, Bürgerliches Recht II[13] (2007) 364 f] **(2)** In Fällen alternativer Kausalität haften nach hM alle potenziellen Schädiger solidarisch, analog § 1302 S 2, sofern sie rechtswidrig, schuldhaft und konkret gefährlich gehandelt haben. Für die Haftung jedes möglichen Verursachers genügt eine bloße Kausalitätsvermutung. Das Risiko der Unaufklärbarkeit der Verursachung trägt somit nicht der Geschädigte, sondern die potenziellen Schädiger, denen ihrerseits der Beweis freisteht, den Schaden nicht verursacht zu haben. [*Koziol/Welser*, Bürgerliches Recht II[13] (2007) 334 f] Allgemein zur Haftung mehrerer Schädiger vgl Fall 75. **(3)** Tiere nehmen schadenersatzrechtlich eine Sonderstellung ein. Grundsätzlich kann nach der Rsp die Reparatur einer Sache (va eines Kfz) dann nicht verlangt werden, wenn ihre Kosten den Wert der Sache im Schädigungszeitpunkt erheblich übersteigen (wirtschaftlicher Totalschaden). Tiere sind zwar rechtlich gesehen keine Sachen, auf sie finden aber die für Sachen geltenden Vorschriften Anwendung, sofern keine abweichende Regelung besteht, § 285a. Eine entsprechende Sonderregelung enthält § 1332a. So sind bei der Verletzung eines Tieres die tatsächlichen Heilungskosten auch dann zu ersetzen, wenn sie den Wert des Tieres übersteigen, sofern diese Kosten auch ein verständiger Tierhalter in der Lage des Geschädigten aufgewendet hätte. [*Koziol/Welser*, Bürgerliches Recht II[13] (2007) 322] **(4)** Die schädigende Handlung ist nur dann wegen Notstands gerechtfertigt, wenn die Interessen des in Notstand Handelnden schwerer wiegen als jene des Geschädigten. Ist dies nicht der Fall, so bleibt die Schädigung rechtswidrig und der Notstand hebt nur das Verschulden des Schädigers auf. Ähnlich der subsidiären Haftung Unmündiger (geistig Behinderter) normiert das ABGB eine Billigkeitshaftung des in Notstand Schädigenden. Für die Beantwortung der Frage, ob und in welchem Ausmaß Ersatz zu leisten ist, hat der Richter zu berücksichtigen, ob der Geschädigte aus Rücksicht auf die dem Schädiger drohende Gefahr die Abwehr unterlassen hat, in welchem Verhältnis die Größe der Beschädigung zu dieser Gefahr steht und in welchem Verhältnis sich das Vermögen des Schädigers zu jenem des Geschädigten verhält, § 1306a. Ungeachtet eines Schadenersatzanspruches kommt ein Verwendungsanspruch gem § 1041 infrage, wonach derjenige, der eine fremde Sache zum eigenen Nutzen verwendet, ihren Wert zu ersetzen hat (zum Verwendungsanspruch vgl Fall 63). Keine Ersatzpflicht des in Notstand Handelnden gibt es grds dann, wenn es zur Schädigung gerade jener Sache kommt, von der die Notstandssituation ausgeht (etwa bei Schäden, die einem angreifenden Tier im Zuge der Abwehrhandlung zugefügt werden). [*Koziol/Welser*, Bürgerliches Recht II[13] (2007) 315; 365] **(5)** Zur Haftung für die Körperverletzung eines Menschen vgl Fall 77. **(6)** Zur Notwehr vgl Fall 75. **(7)** Zur Schadensminimierungsobliegenheit des Geschädigten vgl Fall 36.

Zu den einschlägigen Quellenstellen der hier erörterten Problemkreise: zur Gewährung einer *actio in factum* bei dauerhaftem Entzug einer Sache, ohne dass es zu deren Beschädigung kommt, vgl etwa Ulpian D 19. 5. 14 pr u Alfen D 19. 5. 23 sowie ohne dass sich der Schädiger aus der Sache bereichern möchte, vgl Ulpian D 19. 5. 14. 2; zur Haftung des Schädigers, der einem anderen Geldstücke aus der Hand schlägt, vgl Ulpian D 9. 2. 27. 21; zur Deliktsunfähigkeit eines *furiosus* vgl Ulpian D 9. 2. 5. 2; zur Verwirklichung des Tatbestandes *rumpere* durch Zufügen einer Wunde vgl Ulpian D 9. 2. 27. 17; zur Rechtmäßigkeit der Beschädigung fremder Sachen zum Schutz eigener, vgl etwa Ulpian D 9. 2. 49. 1 sowie ders D 47. 9. 3. 7; zur Ablehnung einer Haftungsbefreiung bei Herbeiführung einer Notsituation in vorwerfbarer Weise vgl Ulpian D 9. 2. 29. 3; zur Haftung wegen *urere* bei Schadenszufügung durch Schleudern einer Fackel vgl Ulpian D 9. 2. 27. 6; zur Haftung aus der *lex Aquilia* bei Schadenszufügung durch Speerwurf vgl Ulpian D 9. 2. 9. 4 bzw durch Abwerfen einer Last vgl Ulpian D 9. 2. 7. 2; zur Haftung aller an einer Tat beteiligt erscheinenden Personen, wenn nicht feststellbar ist, wer den Schaden tatsächlich verursacht hat, vgl Ulpian D 9. 2. 11. 2 u Julian D 9. 2. 51. 1; zu den pönalen Elementen der *lex Aquilia* sowie zur Haftung mehrerer Schädiger jeweils auf die volle Summe vgl etwa Ulpian D 9. 2. 11. 2; zum Ersatz von Heilungskosten vgl Ulpian D 9. 2. 27. 17.

Fall 77: ☆

*In flagranti**

VERTUMNUS, der sehr verspielte zehnjährige Sklave der CERES, schleicht sich eines Nachts aus dem Haus seiner Herrin, da er seine Feuersteine ausprobieren möchte. An der mit Holzbalken versehenen Rückseite des Hauses von BACCHUS gelingt es VERTUMNUS, ein Feuer zu entfachen. Dabei wird er von BACCHUS ertappt. BACCHUS beginnt mit Steinen auf VERTUMNUS zu werfen, um ihn zu verjagen. Dabei erleidet VERTUMNUS mehrere Schwellungen (Heilungskosten 10). Ein leicht geworfener Stein verfehlt VERTUMNUS und trifft stattdessen den gerade vorbeischlendernden, etwas kränklichen Sklaven des MERKUR (Wert 70, vor acht Monaten um 100 gekauft) so unglücklich am Kopf, dass dieser verstirbt. Unterdessen hat sich das Feuer so weit ausgebreitet, dass es droht, auf das Nachbarhaus der POMONA überzugreifen. AEOLUS, der Eigentümer des an POMONAs Haus angrenzenden Hauses, bangt um sein Hab und Gut und beginnt, das Haus der POMONA niederzureißen, um eine allfällige Ausbreitung des Feuers auf sein Haus zu verhindern. POMONA, die vom Brand noch nichts weiß, zeigt sich von der Vorgehensweise des AEOLUS wenig begeistert und zerstört sein Abbruchwerkzeug, um ihn an der weiteren Demolierung ihres Hauses zu hindern. Der Brand kann gelöscht werden, ehe er auf das Haus von POMONA übergreifen kann.

Wie steht es um die deliktischen Schadenersatzansprüche von BACCHUS, CERES und MERKUR?
Welche deliktischen Ansprüche stehen POMONA und AEOLUS wechselseitig zu?

Zu behandelnde Problemkreise:

- ➢ Verwirklichung des Tatbestandes *urere* durch VERTUMNUS
- ➢ VERTUMNUS als unmündiger Minderjähriger
- ➢ Ausschluss der Haftung wegen Unzurechnungsfähigkeit von VERTUMNUS, sofern ihm die gebotene Einsichtsfähigkeit fehlt
- ➢ Haftung von BACCHUS für die Verletzungen von VERTUMNUS wegen *rumpere*
- ➢ Rechtfertigungsgrund Notwehr
- ➢ Haftung von BACCHUS für den Tod des Sklaven von MERKUR wegen *occidere*
- ➢ Haftung von AEOLUS für die Beschädigungen am Haus der POMONA
- ➢ Rechtfertigungsgrund Notstand
- ➢ Kontroverse zwischen Celsus und Servius
- ➢ Haftung von POMONA für das zerschlagene Abbruchwerkzeug von AEOLUS wegen *(cor)rumpere*
- ➢ Rechtfertigungsgrund Notwehr
- ➢ irrtümliche Annahme einer Notwehrsituation

---

* In brennendem Zustand. Eigentlich: *In (crimine) flagrante* – Solange das Verbrechen noch brennt. Das Zitat geht zurück auf eine Formulierung im Codex Iustinianus: *In ipsa rapina et adhuc flagrante crimine comprehensi* – Sie sind unmittelbar bei der Ausführung des Raubes und bei der Verübung des Verbrechens ergriffen worden (Justinian C 9. 13. 1. 1). Heutzutage gebräuchlich als „auf frischer Tat (ertappt)".

Schadenersatzanspruch von BACCHUS gegen CERES hinsichtlich der von VERTUMNUS zugefügten Brandschäden

Indem das Haus von BACCHUS durch das von VERTUMNUS entfachte Feuer beschädigt wird, erleidet BACCHUS einen Schaden in seinem Vermögen. Es stellt sich die Frage, ob BACCHUS ein deliktischer Ersatzanspruch gegen CERES als Gewalthaberin von VERTUMNUS für die Brandschäden zusteht. Dieser ist zu bejahen, sofern VERTUMNUS einen (analogen) Tatbestand der *lex Aquilia* verwirklicht sowie rechtswidrig und schuldhaft gehandelt hat. In Betracht kommt eine Haftung wegen *urere*, eines Tatbestandes des 3. Kapitels der *lex Aquilia. Urere* verwirklicht, wer aktiv und unmittelbar durch Anzünden oder Ansengen einen Schaden verursacht. VERTUMNUS geht sowohl aktiv (er entfacht das Feuer) als auch unmittelbar (die Holzbalken des Hauses von BACCHUS fangen Feuer durch Funkenschlag der von VERTUMNUS aneinandergeschlagenen Steine) vor. Folglich ist sein Verhalten tatbestandsmäßig iSd 3. Kapitels der *lex Aquilia.* Nach der *condicio sine qua non* ist das Vorgehen von VERTUMNUS kausal für den Eintritt des Schadens. Denkt man sich sein Verhalten (Entfachen eines Feuers) weg, so würde der Schaden (Brandschaden am Haus) entfallen. Auch liegt es nicht außerhalb der Lebenserfahrung, dass ein Haus, dessen Holzbalken entzündet werden, Feuer fängt und dadurch beschädigt wird. Adäquanz ist somit ebenfalls gegeben. Zu prüfen ist, ob Rechtswidrigkeit (*iniuria* im objektiven Sinn) vorliegt. Da VERTUMNUS tatbestandsmäßig iSd *lex Aquilia* handelt, wird die Rechtswidrigkeit seines Verhaltens vermutet. Es sind keine Gründe gegeben, die das Verhalten von VERTUMNUS rechtfertigen würden. Demnach handelt VERTUMNUS rechtswidrig. Zu erörtern ist weiters, ob Verschulden (*iniuria* im subjektiven Sinn) vorliegt, dh ob VERTUMNUS sein Verhalten subjektiv vorgeworfen werden kann. Nach römischem Recht sind Kinder (*infantes*), das sind Personen bis sieben Jahre, nicht deliktsfähig. Die Deliktsfähigkeit bei Knaben tritt grds erst mit Vollendung des 14. Lebensjahres ein. Mit zehn Jahren ist VERTUMNUS ein unmündiger Minderjähriger (*impubes infantia maior*). Bei *impuberes infantia maiores* wird die Deliktsfähigkeit an der konkreten Person des Täters geprüft. So spricht sich etwa der Jurist Ulpian, der sich der Meinung Julians anschließt, für eine Haftung eines unmündigen Minderjährigen aus, *si sit iam iniuriae capax*. Besitzt der unmündige Minderjährige die geistige Reife, das Unrecht seiner Tat einzusehen, so handelt er mit Verschulden und kann zur Verantwortung gezogen werden. Eine andere Ansicht zur Deliktsfähigkeit von unmündigen Minderjährigen vertritt der Jurist Labeo. Er lässt *impuberes infantia maiores* jedenfalls für *damnum iniuria datum* haften. Folgt man der überwiegenden Ansicht der römischen Juristen, so ist VERTUMNUS sein Verhalten aufgrund mangelnder geistiger Reife wohl nicht vorwerfbar (*arg*: der sehr verspielte zehnjährige Sklave). Da VERTUMNUS nicht imstande ist, das Unrecht seiner Handlung zu erkennen, ist er unzurechnungsfähig und handelt daher schuldlos. Folglich steht BACCHUS kein Schadenersatzanspruch gegen CERES zu.

Schadenersatzanspruch von CERES gegen BACCHUS hinsichtlich der Verletzungen ihres Sklaven VERTUMNUS

Zu prüfen ist, ob CERES einen deliktischen Schadenersatzanspruch gegen BACCHUS aufgrund der Verletzungen ihres Sklaven VERTUMNUS hat. Indem VERTUMNUS durch die auf ihn von BACCHUS geworfenen Steine mehrere Schwellungen erlitten hat, entsteht CERES als Eigentümerin von VERTUMNUS ein Vermögensschaden in Höhe der Heilungskosten von 10. Zu dessen Ersatz ist CERES berechtigt, sofern BACCHUS die Verletzungen von VERTUMNUS tatbestandsmäßig, rechtswidrig und schuldhaft verursacht hat. Da BACCHUS dem Sklaven VERTUMNUS Schwellungen zugefügt hat, kommt der Tatbestand *rumpere* des 3. Kapitels der *lex Aquilia* infrage. Es ist zu prüfen, ob die Schadenszufügung durch BACCHUS aktiv und unmittelbar erfolgt ist. BACCHUS fügt

VERTUMNUS die Schwellungen aktiv zu, da er die Steine nach VERTUMNUS wirft. Fraglich ist, ob BACCHUS die Schädigung auch unmittelbar zufügt: Wenngleich BACCHUS VERTUMNUS nicht durch Berührung mit seinem Körper – *corpore suo* – schädigt, ist die Schadenszufügung dennoch als unmittelbar zu qualifizieren. So sehen die römischen Juristen etwa auch die Schädigung durch Speerwurf als hinreichend unmittelbar iSd *lex Aquilia* an. Folglich ist der Tatbestand des 3. Kapitels (*rumpere*) erfüllt. Das Verhalten von BACCHUS ist zudem kausal für den Eintritt des Schadens. Nach der *condicio sine qua non* wären die Verletzungen von VERTUMNUS nicht eingetreten, wenn BACCHUS nicht mit Steinen nach ihm geworfen hätte. Auch liegt es nicht außerhalb jeglicher Lebenserfahrung, dass man Schwellungen erleidet, wenn man von geworfenen Steinen getroffen wird. Kausalität und Adäquanz sind somit gegeben. Hinsichtlich der Rechtswidrigkeit gilt: Die Tatbestandsmäßigkeit der schädigenden Handlung indiziert deren Rechtwidrigkeit. Weiters ist zu prüfen, ob ein Grund gegeben ist, der die Rechtswidrigkeit von BACCHUS' Handlung aufhebt. Infrage kommt der Rechtfertigungsgrund Notwehr. BACCHUS' Verhalten ist gerechtfertigt, sofern er einen unmittelbar drohenden oder gegenwärtigen rechtswidrigen Angriff auf ein eigenes, notwehrfähiges Rechtsgut in erforderlichem Ausmaß abwehrt. Der Angriff von VERTUMNUS ist gegenwärtig, da er gerade dabei ist, mit Feuersteinen die Holzbalken des Hauses von BACCHUS zu entzünden. Weiters erfolgt der Angriff auf ein notwehrfähiges Rechtsgut, weil es durch das Anzünden der Balken des Hauses von BACCHUS zu einem Eingriff in dessen Eigentum kommt. Da VERTUMNUS den Tatbestand *urere* verwirklicht, er fremdes Eigentum schädigt und keine Rechtfertigungsgründe vorliegen, ist der Angriff auch rechtswidrig. Überdies erfolgt die Abwehrhandlung von BACCHUS in erforderlichem Ausmaß, da sie geeignet ist, den Angriff von VERTUMNUS abzuwehren. Zudem steht der zugefügte Schaden (Heilungskosten von VERTUMNUS in Höhe von 10) in keinem auffallenden Missverhältnis zum Wert des verteidigten Rechtsguts (Haus von BACCHUS). Folglich handelt BACCHUS in Notwehr und damit rechtens. Der Umstand, dass VERTUMNUS nicht einsichtsfähig ist und ihm somit sein Verhalten nicht subjektiv vorgeworfen werden kann, ist unerheblich, da der Rechtfertigungsgrund Notwehr zwar einen rechtswidrigen, nicht aber einen schuldhaften Angriff voraussetzt. CERES steht somit kein Schadenersatzanspruch gegen BACCHUS für die Heilungskosten ihres Sklaven zu.

Schadenersatzanspruch von MERKUR gegen BACCHUS hinsichtlich seines getöteten Sklaven

Zu prüfen ist, ob MERKUR einen deliktischen Schadenersatzanspruch gegen BACCHUS aufgrund seines getöteten Sklaven hat. Der Tod des Sklaven stellt einen Schaden im Vermögen seines *dominus* MERKUR dar. Um einen Ersatzanspruch von MERKUR zu bejahen, ist zunächst die Tatbestandsmäßigkeit von BACCHUS' Verhalten zu prüfen. Da es zum Tod eines fremden Sklaven (*servus alienus*) kommt, stellt sich die Frage, ob der Tatbestand des 1. Kapitels der *lex Aquilia* (*occidere*) verwirklicht ist. Die Schadenszufügung durch BACCHUS erfolgt – wie oben bei der Prüfung der Verantwortlichkeit von BACCHUS für die Verletzungen von VERTUMNUS erörtert – sowohl aktiv als auch unmittelbar. Folglich hat BACCHUS den Tatbestand des 1. Kapitels, *occidere*, erfüllt. Ebenso ist BACCHUS kausal für den Eintritt des Todes von MERKURs Sklaven: Hätte BACCHUS den Stein nicht geworfen, so hätte er den Sklaven nicht getroffen und wäre dieser nicht gestorben. Fraglich ist, ob BACCHUS den eingetretenen Schaden adäquat verursacht hat. Nach der allgemeinen Lebenserfahrung mag es untypisch erscheinen, wenn ein nur leicht am Kopf getroffener Mensch stirbt. Dennoch lassen die römischen Juristen in solchen Fällen den Täter grds für den Schaden haften. Labeo etwa spricht sich für eine Haftung nach der *lex Aquilia* aus, wenn jemand einen kränklichen Sklaven bloß leicht gestoßen hat und dieser daraufhin stirbt; so sei nämlich dem einen dies, dem anderen jenes tödlich – *quia aliud alii mortiferum esse solet*. Zu prüfen ist weiters, ob BACCHUS rechtswidrig gehandelt hat. Die Tatbestandsmäßigkeit der Handlung indiziert deren Rechtswidrigkeit. Da das Verhalten von BACCHUS den Tatbestand des 1. Kapitels der *lex Aquilia* erfüllt, wird die Rechtswidrigkeit vermutet. Es liegen keine die Rechtswidrigkeit aufhebenden Gründe vor. Zu beachten ist, dass BACCHUS' Verhalten hinsichtlich des getöteten Sklaven von MERKUR nicht von Notwehr gedeckt ist, da von diesem kein rechtswidriger Angriff ausgegangen ist. So lässt der Jurist Paulus den in Notwehr Handelnden nach der *lex Aquilia* haften, wenn dieser im Zuge der Abwehrhandlung einen unbeteiligten Dritten schädigt. Demnach handelt BACCHUS rechtswidrig. Ebenso ist das Verschulden von BACCHUS zu bejahen. Sein Verhalten ist als fahrlässig (*culpa*) zu qualifizieren. Ein sich in einer Notwehrsituation befindlicher *vir bonus* würde bei der Verteidigung seiner Rechtsgüter darauf achten, unbeteiligte Dritte nicht zu schädigen. Da BACCHUS im Zuge der Notwehrhandlung versehentlich MERKURs Sklaven trifft, lässt er die gebotene Sorgfalt außer Acht. Schuldausschließungsgründe sind dem Sachverhalt keine zu entnehmen, weshalb Verschulden von BACCHUS vorliegt. Gemäß dem 1. Kapitel der *lex Aquilia* hat der Schädiger dem Geschädigten *quanti id in eo anno plurimi fuit* zu ersetzen. Den Höchstwert des getöteten Sklaven im vergangenen Jahr (dieser ist mit dem Kaufpreis in Höhe von 100 gleichzusetzen) kann MERKUR von BACCHUS mittels *actio legis Aquiliae* fordern.

Schadenersatzanspruch von POMONA gegen AEOLUS hinsichtlich der Beschädigungen an ihrem Haus

POMONA erleidet einen Schaden in ihrem Vermögen, wenn AEOLUS ihr Haus beschädigt. Um eine Ersatzpflicht von AEOLUS zu bejahen, gilt es zunächst zu prüfen, ob ein Tatbestand der *lex Aquilia* erfüllt ist. In Erwägung zu ziehen ist *frangere*, ein Tatbestand des 3. Kapitels der *lex Aquilia*. *Frangere* liegt bei aktiver und unmittelbarer Beschädigung durch (Zer-)Brechen vor. So zählen die römischen Juristen etwa auch das Einschlagen einer Haustüre oder das Demolieren eines Gebäudes zu *frangere*. Da AEOLUS die Beschädigungen am Haus von POMONA sowohl aktiv als auch unmittelbar verursacht (AEOLUS beginnt das Haus der POMONA niederzureißen), ist das 3. Kapitel der *lex Aquilia*, *frangere*, verwirklicht.

Das Verhalten von AEOLUS ist kausal für den Schadenseintritt. Gemäß der *condicio sine qua non* würden die Beschädigungen am Haus der POMONA entfallen, wenn AEOLUS es nicht zu demolieren begonnen hätte. Die Kausalität ist somit zu bejahen. Auch Adäquanz ist gegeben: Es liegt nicht außerhalb der Lebenserfahrung, dass ein Haus, das jemand beginnt zu demolieren, entsprechend beschädigt wird. Da AEOLUS tatbestandsmäßig handelt, wird die Rechtswidrigkeit seines Verhaltens vermutet. Zu prüfen ist, ob ein Grund gegeben ist, der die Rechtswidrigkeit aufhebt. Infrage kommt der Rechtfertigungsgrund Notstand. In Notstand handelt, wer zur Abwehr einer unmittelbar drohenden Gefahr Rechtsgüter eines Dritten verletzt. Grundsätzlich ist man durch Notstand nur dann gerechtfertigt, wenn man die Gefahrensituation nicht selbst durch sorgloses Verhalten verursacht hat. Zudem muss die Notstandshandlung das letzte Mittel sein, um die Gefahr zu beseitigen, zur Gefahrenabwehr objektiv geeignet sein und den geringstmöglichen Eingriff in das fremde Rechtsgut darstellen. AEOLUS hat die Gefahr für sein Haus, den Brand des Hauses von BACCHUS, nicht selbst herbeigeführt. Da der Brand gelöscht werden kann, noch bevor das Feuer auf das von AEOLUS demolierte Haus der POMONA übergreift, ist jedoch fraglich, ob AEOLUS' Handeln durch Notstand gedeckt ist. So ist zwar die von AEOLUS ergriffene Maßnahme objektiv durchaus geeignet, sein Haus vor dem herannahenden Feuer zu retten, sie ist aber nicht der letzte Ausweg, um zu verhindern, dass sein Haus den Flammen zum Opfer fällt. Schließlich stellt die Demolierung von POMONAs Haus nicht den gelindesten Eingriff zur Gefahrenabwehr dar. Die Frage, ob der Schädiger in einem solchen Fall durch Notstand gerechtfertigt ist, wird von den römischen Juristen nicht einheitlich beantwortet. So hält der Jurist Servius das Abreißen eines Gebäudes durch eine Privatperson nicht für rechtmäßig, wenn sich später herausstellt, dass das Feuer nicht bis zum abgerissenen Gebäude gelangt ist. Erfolgt das Abreißen hingegen durch die Magistrate im Rahmen ihrer feuerpolizeilichen Aufgaben, so handeln sie nach Servius selbst dann rechtmäßig, wenn das Feuer das niedergerissene Haus nicht erreicht. Die Schädigung durch die Magistrate ist, sofern sie in Ausübung ihrer obrigkeitlichen Funktionen handeln, durch besondere Ermächtigung durch die Rechtsordnung gerechtfertigt. Folgt man der Ansicht von Servius, so verhält sich AEOLUS rechtswidrig. Da AEOLUS mit *dolus directus* handelt (ihm kommt es geradezu darauf an, das Haus der POMONA zu beschädigen), ist ihm sein Verhalten auch subjektiv vorzuwerfen. Schuldausschließungsgründe sind keine gegeben. Folglich ist POMONA berechtigt, mittels *actio legis Aquiliae* Ersatz von AEOLUS in Höhe der Wertminderung ihres Hauses zu verlangen.

Eine andere Ansicht zur Rechtfertigung wegen Notstands vertritt der Jurist Celsus, wenn er für die Bejahung der Rechtmäßigkeit der schädigenden Handlung danach differenziert, ob der Schädiger *iusto metu* (aus gerechtfertigter Angst) gehandelt hat. Hätte auch ein redlicher und vernünftiger Mensch (*bonus pater familias*) in der Gefahrensituation so gehandelt wie der konkrete Schädiger, so hält Celsus die schädigende Handlung auch dann durch Notstand gerechtfertigt, wenn das Feuer das demolierte Haus nicht erreicht – *sive pervenit ignis sive ante extinctus est*. Da AEOLUS, gemessen am Maßstab eines *bonus pater familias*, das Haus von POMONA aus gerechtfertigter Furcht (*arg*: AEOLUS bangt um sein Hab und Gut) demoliert, ist sein Verhalten nach Ansicht von Celsus durch Notstand gedeckt. Schließt man sich Celsus an, so ist die Rechtswidrigkeit der Handlung von AEOLUS zu verneinen, weshalb POMONA gegen ihn kein Anspruch auf Schadenersatz zusteht.

Schadenersatzanspruch von AEOLUS gegen POMONA hinsichtlich seines zerstörten Abbruchwerkzeuges

Da POMONA ihrem Nachbarn AEOLUS einen Vermögensschaden zufügt, indem sie sein Abbruchwerkzeug zerstört, ist zu prüfen, ob AEOLUS ein deliktischer Schadenersatzanspruch zusteht. Infrage kommt eine Haftung von POMONA nach dem 3. Kapitel der *lex Aquilia*, wegen (*cor*)*rumpere*. Unter *rumpere* verstehen die römischen Juristen ursprünglich das aktive und unmittelbare Zufügen von Körperverletzungen, wie etwa einer offenen Wunde oder einer Quetschung. Ab der Hochklassik wird *rumpere* von den römischen Juristen so weit ausgelegt, dass darunter schlechthin die Beschädigung oder Zerstörung fremder Sachen verstanden wird (*corrumpere*). Zu den Belegstellen von *corrumpere* zählen etwa das Ausschütten oder Verderbenlassen von Wein, das Zerschneiden bzw Beschmutzen fremder Kleidungsstücke, das Schütten von Getreide in den Fluss oder das Unleserlichmachen von Urkunden. Demnach lässt sich auch die Schädigungshandlung von POMONA, das Zerstören von AEOLUS' Werkzeug, als *corrumpere* qualifizieren. POMONAs Verhalten ist *condicio sine qua non* für den Eintritt des Schadens. Denkt man sich ihr Verhalten weg, so wäre AEOLUS' Abbruchwerkzeug nicht zerstört worden. Auch hat POMONA den Schaden adäquat verursacht: Die Zerstörung von Sachen führt üblicherweise zu deren Wertlosigkeit. Da POMONAs Verhalten tatbestandsmäßig iSd 3. Kapitels der *lex Aquilia* ist, wird die Rechtswidrigkeit vermutet. Fraglich ist, ob POMONAs Handlung durch Notwehr gerechtfertigt ist. Notwehr ist die Abwehr eines gegenwärtigen oder unmittelbar drohenden rechtswidrigen Angriffs auf ein eigenes, notwehrfähiges Rechtsgut mit angemessenen Mitteln. Indem AEOLUS das Haus von POMONA demoliert, liegt ein gegenwärtiger Angriff auf ein notwehrfähiges Rechtsgut (Eigentum) vor. Folgt man der Ansicht von Servius und erachtet man das Verhalten von AEOLUS als nicht von Notstand gedeckt, so erfolgt der Angriff auf das Haus von POMONA rechtswidrig. Die Abwehrhandlung von POMONA ist als angemessen zu beurteilen, da sie erforderlich ist, den Angriff von AEOLUS abzuwehren. Zudem steht der zugefügte Schaden (Zerstörung des Abbruchwerkzeuges) in keinem groben Missverhältnis zum Wert des verteidigten Rechtsguts (Haus von POMONA). Da POMONAs Verhalten durch Notwehr gerechtfertigt ist, handelt sie rechtmäßig und muss AEOLUS keinen Schadenersatz leisten.

Bejaht man jedoch, in Anlehnung an Celsus, dass AEOLUS' Verhalten durch Notstand gerechtfertigt ist, so liegt kein rechtswidriger Angriff vor, zu dessen Abwehr POMONA berechtigt wäre. Folglich ist ihr Verhalten nicht von Notwehr gedeckt und sie handelt rechtswidrig. Zudem ist POMONA ein Verschulden anzulasten. Sie handelt mit *dolus directus*, da es ihr geradezu darauf ankommt, das Abbruchwerkzeug von AEOLUS zu zerstören (*arg*: sie zerstört sein Abbruchwerkzeug, um ihn an der weiteren Demolierung ihres Hauses zu hindern). Gegen ein Verschulden von POMONA mag allenfalls sprechen, dass sie in der irrtümlichen Annahme, es läge eine Notwehrsituation vor, gehandelt hat. Dies ist zu bejahen, da POMONA im Zeitpunkt ihrer Schädigungshandlung in Unkenntnis der Gefahr des Brandes (*arg*: POMONA weiß noch nichts vom Brand) und damit der Notstandssituation von AEOLUS war. Die moderne Doktrin spricht in solchen Fällen von Putativnotwehr und lässt den Schädiger mangels Verschuldens nicht haften. Demzufolge steht AEOLUS kein deliktischer Schadenersatzanspruch gegen POMONA zu.

▶ **(1)** Die Deliktsfähigkeit tritt (unabhängig vom Geschlecht, vgl Art 7 B-VG) mit Vollendung des 14. Lebensjahres ein (§ 176), sofern sie nicht durch Geisteskrankheit oder vorübergehende Sinnesbeeinträchtigung beseitigt ist (zur Geschäftsfähigkeit vgl Fall 8). Für Schäden unmündiger Minderjähriger sind die Aufsichtspersonen, idR die Eltern, verantwortlich, wenn sie ihre Aufsichtspflichten schuldhaft vernachlässigt haben, § 1309. Eine Ersatzpflicht des Unmündigen kann jedoch ausnahmsweise (subsidiär) zum Tragen kommen, wenn der Ersatz des Schadens von der Aufsichtsperson nicht erlangt werden kann, etwa weil diese ihre Aufsichtspflichten nicht verletzt hat oder zahlungsunfähig ist (Billigkeitshaftung gem § 1310). § 1310 enthält im Vergleich zum sonstigen Haftungsrecht des ABGB zwei Besonderheiten: Zum einen kommt dem Richter ein vergleichsweise weiter Ermessensspielraum zu, da er den gesamten Ersatz oder nur Teilersatz zusprechen kann. Zum anderen ist dem ABGB die Rekurrierung auf das Vermögen und damit auf die Tragfähigkeit des Schadens für die Beurteilung der Ersatzpflicht weitgehend fremd. Bei der subsidiären Haftung des Unmündigen (bzw geistig Behinderten) nach § 1310 hat der Richter folgende drei Kriterien abzuwägen: Ob dem Unmündigen (geistig Behinderten) ausnahmsweise nicht dennoch ein Verschuldensvorwurf gemacht werden kann, ob der Geschädigte aus Schonung des Schädigers auf eine Abwehrmaßnahme verzichtet hat und wem es aufgrund des Vermögens eher zugemutet werden kann, den Schaden zu tragen. Als Vermögen sieht die Rsp auch den Deckungsanspruch des Schädigers aus einer Haftpflichtversicherung an. Hat hingegen der Geschädigte das schädigende Verhalten des Unmündigen (geistig Behinderten) provoziert, so steht ihm weder ein Ersatzanspruch gegen die Aufsichtsperson noch gegen den Unmündigen (geistig Behinderten) zu, § 1308 (Kulpakompensation). [*Koziol/Welser*, Bürgerliches Recht II[13] (2007) 364 f] **(2)** Bei Körperverletzung eines Menschen gebühren der Ersatz der Heilungskosten, der Verdienstentgang sowie Schmerzengeld, § 1325. Heilungskosten sind etwa die Kosten für medizinische Maßnahmen, Transportkosten sowie Kosten für Medikamente und Heilbehelfe, aber auch jene Kosten, die aus einer Vermehrung der Bedürfnisse entstehen (etwa für ein Behindertenfahrzeug). Heilungskosten sind auch dann zu ersetzen, wenn die Behandlung erfolglos geblieben ist. Verdienstentgang umfasst sowohl den entgangenen als auch den in Zukunft entgehenden Verdienst und wird in Form einer monatlichen Rente ersetzt. Ausnahmsweise kann die Abfindung in einem einmaligen Kapitalbetrag verlangt werden, sofern es dem Ersatzpflichtigen wirtschaftlich zumutbar ist. Nach der Rsp des OGH ist Verdienstentgang positiver Schaden und nicht entgangener Gewinn, vgl Fall 78. Der

Anspruch auf Verdienstentgang bleibt unberührt, wenn ein Dritter dem Geschädigten Unterhalt leistet (keine sog Vorteilsausgleichung). Mitunter gewährt die Rsp Personen, deren Erwerbsfähigkeit dauerhaft gemindert ist, eine abstrakte Rente. Diese ist von einem nachweisbaren Verdienstentgang des Geschädigten unabhängig und soll ein Ausgleich dafür sein, dass sich der Verletzte bei der Erzielung seines Einkommens mehr anstrengen muss als seine gesunden Arbeitskollegen und dass er Wettbewerbsnachteile bei negativen Veränderungen des Arbeitsmarktes hat. Schmerzengeld ist der in der Praxis bedeutendste Ersatz eines immateriellen Schadens. Das Schmerzengeld soll ein Ausgleich für erlittene Schmerzen und entgangene Lebensfreude sein und besteht grds in einer einmaligen Kapitalabfindung. Die Höhe des Schmerzengeldes hängt von der Schwere der erlittenen Verletzungen sowie von der Dauer, der Intensität der körperlichen Schmerzen und der seelischen Beeinträchtigung ab. Die Abgeltung der Schmerzen erfolgt *in praxi* durch Tagessätze, wobei bei Ermittlung der Schmerzperioden zwischen leichten, mittleren und schweren Schmerzen unterschieden wird. Nach neuerer Rsp sind Schmerzengeldansprüche vererblich, ohne dass sie vorher anerkannt oder gerichtlich geltend gemacht worden sind. Zieht die Körperverletzung eine Verunstaltung des Geschädigten nach sich, so gebührt diesem auch Ersatz für die Verhinderung des besseren Fortkommens (etwa Verminderung von Heiratschancen, erschwertes berufliches Fortkommen), § 1326, § 13 Z 5 EKHG (sog Verunstaltungsentschädigung). [*Koziol/Welser*, Bürgerliches Recht II¹³ (2007) 339 ff] **(3)** Zur Haftung für die Tötung eines Menschen vgl Fall 79. **(4)** Zur irrtümlichen Annahme eines rechtfertigenden Sachverhalts vgl § 8 StGB. **(5)** Zur Notwehr vgl Fall 75. **(6)** Zum Notstand vgl Fall 76.

Zu den einschlägigen Quellenstellen der hier erörterten Problemkreise: zu den Belegstellen von *urere* vgl Ulpian D 9. 2. 27. 6, 7 (= Coll 12. 7. 1) u 8 (= Coll 12. 7. 3); zur Einsichtsfähigkeit von *impuberes infantia maiores* vgl Ulpian D 9. 2. 5. 2 sowie ders D 47. 2. 23; zur Haftung aus der *lex Aquilia* bei Schadenszufügung durch Speerwurf vgl Ulpian D 9. 2. 9. 4; zum Rechtfertigungsgrund Notwehr vgl etwa Gaius D 9. 2. 4 pr; zur Unrechtmäßigkeit der Schädigung eines unbeteiligten Dritten im Zuge einer Notwehrhandlung vgl Paulus D 9. 2. 45. 4; zur Haftung für den Tod eines kränklichen Sklaven durch bloß leichtes Stoßen vgl Ulpian D 9. 2. 7. 5; zur Haftung wegen *frangere* aufgrund des Demolierens eines Hauses vgl Ulpian D 9. 2. 27. 31; zur Rechtmäßigkeit des Abreißens des Nachbarhauses als letztes Mittel zur Gefahrenabwehr vgl Ulpian D 47. 9. 3. 7; zur Rechtmäßigkeit des Abreißens eines Hauses zum Schutz eigener Güter vor einem herannahenden Feuer aus begründeter Angst vgl Ulpian D 9. 2. 49. 1; zur Haftung für das Demolieren eines Hauses bei Fehleinschätzung hinsichtlich der Ausbreitung des Feuers sowie zur Rechtmäßigkeit des Abreißens von Häusern durch die römischen Magistrate, um die Ausbreitung einer Feuersbrunst aufzuhalten, vgl Ulpian D 43. 24. 7. 4.

Fall 78: ☆

Auf hoher See

NEPTUN pachtet von AURORA ein Transportschiff. Von VESTA übernimmt NEPTUN fünf Kühe (Wert je 100) gegen Entgelt zum Transport. Für JANUS transportiert er unentgeltlich mehrere Flaschen Wein (Wert je 10). NEPTUN lässt JANUS' Wein unter Deck zu seinem Proviant bringen. Da NEPTUN von der Schifffahrt nichts versteht, setzt er seinen Sklaven PORTUNUS (Wert 40) als Kapitän ein. Die Kühe von VESTA vergisst NEPTUN zu tränken, weshalb vier von ihnen verenden. Die fünfte schlachtet und verzehrt NEPTUN. Danach nimmt er zwei Flaschen von JANUS' Wein an Deck, von denen er meint, dass sie zu seinem Proviant gehören. Eine Flasche trinkt er aus, den Inhalt der zweiten leert er mit den Worten „Dieses nach Essig schmeckende Gebräu trinkt ein echter Seemann nicht!" ins Meer. PORTUNUS ist unterdessen am Ruder angelehnt eingeschlafen, wodurch das Schiff einen falschen Kurs genommen hat, auf einen Fels aufgelaufen und in die Fischernetze von APOLLO geraten ist. Um das Schiff zu befreien, muss NEPTUN die Netze durchschneiden. Das Schiff wird durch den Vorfall leicht am Rumpf beschädigt (Wertverlust 50). Neben den Reparaturkosten für die Netze (10) verlangt APOLLO Ersatz für den ihm während der Reparatur der Netze entgangenen Fischfang (20).

Prüfen Sie die aus dem Sachverhalt resultierenden vertraglichen und deliktischen Ansprüche!

Vorüberlegungen:

➢ Wie ist das vertragliche Verhältnis zwischen NEPTUN und VESTA zu beurteilen?
➢ Wofür hat der *conductor* bei einer *locatio conductio operis* zu haften?
➢ Erhält VESTA Ersatz für ihre Kühe *ex contractu*? Muss sie das Frachtentgelt bezahlen?
➢ Kann sich VESTA auch/stattdessen deliktisch schadlos halten?
➢ Verwirklicht NEPTUN im Verdurstenlassen der vier Kühe *occidere* oder *mortis causam praestare*?
➢ Geht NEPTUN beim Schlachten der einen Kuh mit Bereicherungsabsicht vor?
➢ Welchen Vertrag haben NEPTUN und JANUS geschlossen?
➢ Wofür hat der Mandatar einzustehen?
➢ Kann JANUS anstatt vertraglich auch deliktisch gegen NEPTUN vorgehen?
➢ Wie beurteilen die römischen Juristen das (irrtümliche) Austrinken von Wein?
➢ Wie beurteilen die römischen Juristen das Ausschütten von Wein?
➢ Wie ist das vertragliche Verhältnis zwischen NEPTUN und AURORA zu qualifizieren?
➢ Wofür hat der *conductor* bei einer *locatio conductio rei* zu haften?
➢ Ist NEPTUN das Verhalten seines Sklaven PORTUNUS zuzurechnen?
➢ Welche Klage hat AURORA auf vertraglichen Ersatzanspruch und auf Zinszahlung?
➢ Kann AURORA auch/stattdessen deliktisch gegen NEPTUN vorgehen?
➢ Verursacht PORTUNUS den Schaden am Schiff durch aktives Verhalten oder durch ein Unterlassen?
➢ Kann sich NEPTUN durch Ausliefern seines Sklaven PORTUNUS von seiner deliktischen Haftung befreien? Ist diese Vorgehensweise ratsam für NEPTUN?

➢ Welcher Tatbestand kommt beim Durchschneiden der Netze durch NEPTUN infrage?
➢ Ist NEPTUNs Verhalten durch Notstand gerechtfertigt?
➢ Stellt der entgangene Fischfang von APOLLO ersatzfähiges *lucrum cessans* dar?

▶ **(1)** Gemäß § 1323 gilt der Primat der Naturalherstellung, dh der Beseitigung des realen Schadens durch Herstellung jenes Zustandes, der ohne die Schädigung bestanden hätte (etwa die Reparatur einer beschädigten Sache). Ersatz der Reparaturkosten gebührt auch, soweit diese die objektive Wertminderung übersteigen. Um eine Bereicherung des Geschädigten zu vermeiden, werden hingegen fiktive Reparaturkosten nur bis zur Höhe der Minderung des gemeinen Wertes der beschädigten Sache ersetzt. Bei der Reparatur va von Kfz kann neben der Naturalherstellung auch Geldersatz in Höhe des sog merkantilen Minderwerts begehrt werden. Damit soll jene Minderung des Fahrzeugwertes ausgeglichen werden, die das Fahrzeug trotz Reparatur aufweist (so haben reparierte Unfallfahrzeuge idR einen geringeren Zeitwert als unfallfreie Fahrzeuge). Schadenersatz in Geld anstelle von Naturalherstellung ist dann zu leisten, wenn die Wiederherstellung der beschädigten Sache unmöglich (zB bei einem Totalschaden eines Kfz) oder untunlich ist. Untunlichkeit liegt vor, wenn die Naturalherstellung dem Schädiger wirtschaftlich nicht zumutbar ist oder den Interessen des Geschädigten widerspricht. Nach der Rsp ist die Naturalherstellung bei einem beschädigten Kfz untunlich, wenn die Kosten für die Reparatur den Wert des Kfz vor Schädigung erheblich übersteigen (wirtschaftlicher Totalschaden). Zur schadenersatzrechtlichen Sonderstellung von Tieren vgl Fall 76. Ungeachtet des Vorranges der Naturalherstellung bei Möglichkeit und Tunlichkeit gewährt der OGH dem Geschädigten ein Wahlrecht zwischen Wiederherstellung der beschädigten Sache und Geldersatz. Ist bei der Beschädigung einer Sache nicht Natural-, sondern Geldersatz zu erbringen, so ist bei leichter Fahrlässigkeit der gemeine Wert der Sache im Zeitpunkt der Schädigung zu ersetzen, § 1332 (Ersatz des positiven Schadens, eigentliche Schadloshaltung). Der gemeine Wert entspricht idR dem Wiederbeschaffungswert. Fehlt ein Verkehrswert, so sind grds die Kosten für eine Neuanschaffung zu ersetzen. Der Geschädigte muss sich aber einen verhältnismäßigen Betrag abziehen lassen, wenn er bei Beschädigung einer gebrauchten Sache an deren Stelle eine neue Sache erhalten hat oder die Sache nach der Reparatur mehr wert ist (sog Abzug „neu für alt"). Dies korrespondiert mit dem Ausgleichsgedanken des Schadenersatzrechts: So soll der Geschädigte einen Ausgleich für den erlittenen Schaden erhalten, nicht jedoch durch die Ersatzleistung bereichert werden (schadenersatzrechtliches Bereicherungsverbot). Trifft den Schädiger grobes Verschulden (grobe Fahrlässigkeit oder Vorsatz), so gebührt neben dem positiven Schaden auch der entgangene Gewinn (Interesse, sog „volle Genugtuung"). Zum gegliederten Schadensbegriff vgl Fall 75. Zu beachten ist, dass die Rsp dazu tendiert, den Begriff des positiven Schadens extensiv zu interpretieren. So wird etwa schon der Weiterveräußerungsgewinn einer bereits verkauften Sache als im Verkehr hinreichend gesicherter Wert angesehen und somit als positiver Schaden beurteilt. Ebenfalls positiver Schaden und nicht entgangener Gewinn sind nach der Rsp etwa der Verlust unternehmerischer Gewinne oder der Verdienstentgang. Bloße Erwerbschance und damit entgangener Gewinn liegt etwa bei der Umsatzminderung infolge Produktionsausfalls einer beschädigten Maschine vor. Erfolgt die Schädigung durch eine strafbare Handlung, aus Mutwillen oder Schadenfreude, so ist überdies der Wert der besonderen Vorliebe (Affektionsinteresse) zu ersetzen (§ 1331, vgl Fall 79). [*Koziol/Welser*, Bürgerliches Recht II[13] (2007) 303 ff u 352] **(2)** Zur Haftung mehrerer Schädiger vgl Fall 75. **(3)** Zum Notstand vgl Fall 76. **(4)** Zur Gehilfenhaftung vgl Fall 74.

Zu den einschlägigen Quellenstellen der hier zu erörternden Problemkreise: zur Haftung des *conductor* hinsichtlich der vom *locator* übernommenen Sachen vgl Gaius D 19. 2. 25. 7; zur Haftung wegen *mortis causam praestare* bei Verhungernlassen fremder Sklaven vgl Ulpian D 9. 2. 9. 2; zum Tatbestand des *furtum* vgl etwa Paulus D 47. 2. 1. 3 sowie Gai Inst 3.195; zur Konkurrenz von vertraglichen und deliktischen Ersatzansprüchen vgl insb Ulpian D 9. 2. 27. 11, Gaius D 19. 2. 25. 5 u Paulus D 19. 2. 43; zur Haftung des Mandatars für *dolus* und *culpa lata* vgl insb Ulpian D 17. 1. 29. 3; zur Gewährung einer *actio utilis* bei (irrtümlichem) Verbrauch fremden Weines vgl Paulus D 9. 2. 30. 2; zur extensiven Interpretation von *rumpere* bei Schütten von Getreide in einen Fluss vgl Ulpian D 9. 2. 27. 19 sowie bei Wegschütten von fremdem Wein vgl Ulpian D 9. 2. 27. 15; zur Haftung des Pächters und zur Pflicht der unversehrten Rückgabe der Pachtsache vgl Alfen D 19. 2. 30. 4; zur *culpa in eligendo* im Rahmen der vertraglichen Haftung sowie zur Gewährung einer *actio utilis* bei Schädigung der Pachtsache durch Unterlassen vgl Ulpian D 9. 2. 27. 9; zur Möglichkeit der Auslieferung der Sklaven, die den Schaden verursacht haben, durch *noxae deditio* vgl Ulpian D 9. 2. 27. 11; zur Ablehnung einer Haftungsbefreiung bei Herbeiführung einer Notsituation in vorwerfbarer Weise sowie zur Ablehnung des Ersatzes des entgangenen Fischfanges vgl Ulpian D 9. 2. 29. 3.

Fall 79: ☆

Cave canem!*

Silvanus (Wert 50), Sklave und leiblicher Sohn von QUIRINUS, ist Mitglied einer erfolgreichen Voltigiergruppe (Wert 300). Da Silvanus unter Bauchschmerzen leidet, sucht er den Arzt AESCULAPIUS auf. AESCULAPIUS, der es wieder einmal sehr eilig hat, übergibt Silvanus mit den Worten „dreimal täglich einen Schluck" versehentlich hochgiftiges Rattenvertilgungsmittel anstelle von Arzneien. Silvanus nimmt einen kräftigen Schluck und reitet zu QUIRINUS zurück. Noch bevor die tödliche Wirkung des Gifts einzusetzen beginnt, erreicht Silvanus den Hof seines *dominus*, wo er bereits von seinem ewigen Rivalen VOLTURNUS erwartet wird, der seinen Hund auf Silvanus hetzt, um ihn zu erschrecken. Der Hund attackiert das Pferd (Wert 30) von Silvanus und fügt diesem mehrere tiefe Bisswunden zu, woraufhin dieses scheut und seinen Reiter abwirft. Silvanus ist durch den Aufprall sofort tot. QUIRINUS ist über den Tod von Silvanus so bestürzt, dass er sich nicht weiter um die Verletzungen des Pferdes kümmert. Das Pferd verblutet, was durch rechtzeitiges Verpflegen der Wunden (Kosten 5) leicht zu verhindern gewesen wäre. Der Wert der Voltigiergruppe sinkt durch den Tod von Silvanus auf 200.

Beurteilen Sie die deliktischen Schadenersatzansprüche von QUIRINUS!

Zu behandelnde Problemkreise:

- ➢ Haftung von VOLTURNUS aufgrund des Todes des Pferdes
- ➢ kontroversielle Beurteilung des Hetzens eines Hundes als unmittelbare oder mittelbare Schädigungshandlung
- ➢ keine adäquate Verursachung des Todes des Pferdes durch VOLTURNUS aufgrund der unterlassenen Versorgung durch QUIRINUS
- ➢ Haftung von VOLTURNUS nur in Höhe der fiktiven Heilungskosten (5)
- ➢ Haftung von VOLTURNUS für den Tod des Sklaven Silvanus
- ➢ Tod von Silvanus infolge des Sturzes vom scheugemachten Pferd als mittelbare Schädigung
- ➢ Haftung von AESCULAPIUS für den Tod des Sklaven Silvanus
- ➢ Setzen einer Todesursache – *mortis causam praestare* – durch Hingabe und Selbsteinnahme des Rattengifts
- ➢ Sorgfaltsmaßstab eines gewissenhaften Arztes
- ➢ überholende Kausalität
- ➢ deliktische Haftung von AESCULAPIUS ungeachtet der Haftung von VOLTURNUS – *nam ex lege Aquilia quod alius praestitit, alium non relevat, cum sit poena*
- ➢ Ersatz des Wertes von Silvanus sowie der Wertminderung der Voltigiergruppe – *quod ceteri, qui supersunt, depretiati sunt*
- ➢ kein Ersatz des Affektionsinteresses von QUIRINUS – *non affectiones aestimandas esse puto*

---

* Hüte dich vor dem Hund (Varro, *Saturae Menippeae* 143; Petron, *Satyricon* 29. 1). Dieser Spruch ist durch den Fund eines Fußbodenmosaiks im „Haus des tragischen Dichters" in Pompeji bekannt geworden. Als Warnung vor dem Haushund ließen römische Hundebesitzer diesen Satz vor ihrem Hauseingang anschlagen. Vgl heutzutage „Warnung vor dem Hund".

▶ (1) Wird ein Schaden durch eine Ursache real herbeigeführt und hätte eine andere Ursache den Schaden ebenso ausgelöst, wäre das erste Ereignis ausgeblieben, so ist ein Fall der überholenden Kausalität gegeben. Die Rsp lässt in Fällen der überholenden Kausalität nur jenen Täter haften, der den Schaden real verursacht hat. Ein Teil der Lehre vertritt hingegen eine Solidarhaftung beider Täter, wenn der Schaden subjektiv-konkret berechnet wird, vorausgesetzt, auch der hypothetische Täter hat rechtswidrig und schuldhaft gehandelt. [*Koziol/Welser*, Bürgerliches Recht II^{13} (2007) 336] (2) Zur Haftung mehrerer Schädiger vgl Fall 75. (3) Bei Sachschäden wird der Wert der besonderen Vorliebe (Affektionsinteresse) nur dann ersetzt, wenn eine Sache durch eine strafrechtlich verbotene Handlung, aus Mutwillen oder Schadenfreude beschädigt wurde, § 1331. Beim Affektionsinteresse handelt es sich um keinen Vermögensschaden, sondern um einen immateriellen (ideellen) Schaden. Immaterielle Schäden werden nicht generell ersetzt, sondern nur bei besonderer gesetzlicher Anordnung. Andere Beispiele für ersatzfähige ideelle Schäden sind etwa Schmerzen nach einer Körperverletzung (vgl Fall 77), Schockschäden mit Krankheitswert (§ 1325) oder Trauerschäden nach dem Tod eines nahen Angehörigen [vgl unten (4)], Verletzungen der Privatsphäre (§ 1328a), Freiheitsentziehungen (§ 1329) oder entgangene Urlaubsfreuden (§ 31e Abs 3 KSchG). [*Koziol/Welser*, Bürgerliches Recht II^{13} (2007) 305, 325 f sowie 339 ff] (4) Bei der Tötung eines Menschen gebührt gem § 1327 neben den Kosten einer versuchten Heilung und allen mit dem Tod verbundenen Auslagen auch der Ersatz des Unterhalts, den der Getötete nach dem Gesetz den Hinterbliebenen zu leisten verpflichtet war. Die Höhe der Unterhaltsleistung richtet sich nach dem tatsächlich geleisteten Unterhalt bzw nach dem gesetzlichen Unterhaltsanspruch, wenn der Getötete weniger als diesen geleistet hat. Der Ersatzanspruch auf Unterhalt wird gem § 1304 gemindert, wenn den Getöteten ein Mitverschulden an seinem Tod trifft, vgl § 7 EKHG. Der Anspruch auf Ersatz des Unterhalts bleibt auch dann erhalten, wenn ein Dritter Unterhalt leistet (keine sog Vorteilsausgleichung). Die Dauer der Unterhaltsersatzzahlungspflicht richtet sich nach der hypothetischen Lebenserwartung des Getöteten, endet bei unterhaltsberechtigten Kindern aber jedenfalls mit deren Selbsterhaltungsfähigkeit. Zu beachten ist, dass eine psychische Störung, die durch die Tötung eines Menschen bei dessen Angehörigen ausgelöst wird und Krankheitswert hat (Schockschäden, Depression), eine Körperverletzung iSd § 1325 darstellt (vgl Fall 77). Von den Schockschäden zu unterscheiden sind die sog Trauerschäden. Hier fehlt eine krankhafte psychische Beeinträchtigung. Nach der Rsp gebührt für Trauerschäden nur bei grobem Verschulden ein Ersatz. [*Koziol/Welser*, Bürgerliches Recht II^{13} (2007) 340, 346 f] (5) Zur schadenersatzrechtlichen Sonderstellung von Tieren vgl Fall 76.

Zu den einschlägigen Quellenstellen der hier zu erörternden Problemkreise: zur Juristenkontroverse hinsichtlich der Qualifizierung des Hetzens eines Hundes als mittelbare oder unmittelbare Schadenszufügung vgl Ulpian D 9. 2. 11. 5; zum Eintritt des Todes als inadäquate Folge einer Verletzung wegen Vernachlässigung durch den *dominus* vgl Paulus D 9. 2. 30. 4; zur Haftung wegen *mortis causam praestare* aufgrund Scheumachens eines Pferdes vgl Ulpian D 9. 2. 9. 3; zur Haftung wegen *mortis causam praestare* aufgrund der Hingabe von Gift statt Medizin vgl Ulpian D 9. 2. 7. 6; zum *bonus medicus* als Sorgfaltsmaßstab vgl Gaius D 9. 2. 8 pr; zur Haftung mehrerer Schädiger bei überholender Kausalität vgl insb Julian D 9. 2. 51 pr; zur Ablehnung des Ersatzes des Affektionsinteresses vgl Paulus D 9. 2. 33 pr; zur Höhe des Schadenersatzanspruches bei Verminderung des Wertes einer Gruppierung durch den Tod eines dazugehörigen Sklaven vgl Paulus D 9. 2. 22. 1 u Gai Inst 3. 212.

Fall 80:

Vier Fäuste für einen Tanz mit Venus

Sowohl MARS als auch VULCANUS wollen die schöne VENUS zu einem Tanzfest begleiten. Um seinen Rivalen bloßzustellen, lässt MARS Karikaturen von VULCANUS anfertigen und öffentlich anschlagen. Zur Klärung der Angelegenheit lassen daraufhin VULCANUS und MARS ihre zwei Sklaven im Boxkampf gegeneinander antreten. ROBIGUS, der Sklave von VULCANUS, geht bereits in der ersten Runde mit gebrochener Nase zu Boden (Wertminderung 30). Aus Rache schickt VULCANUS ROBIGUS in der kommenden Nacht zu MARS, um dessen Haus in Brand zu setzen. Bevor ROBIGUS das Feuer legt, entnimmt er aus dem offenstehenden Fenster ein von MARS als Geschenk für VENUS gekauftes Goldcollier und steckt es ein. Das Haus von MARS brennt, ebenso wie das Nachbarhaus von LAVERNA, auf das der Brand übergegriffen hat, vollständig ab. Durch die starke Rauchentwicklung verenden überdies die im nahegelegenen Stall eingestellten Ziegen von LAVERNA. Als Dank für seine treuen Dienste entlässt VULCANUS ROBIGUS in die Freiheit.

Beurteilen Sie die deliktischen Ansprüche von VULCANUS, MARS und LAVERNA!

Zu behandelnde Problemkreise:

➢ Verwirklichung des Delikts *iniuria* durch MARS
➢ Handeln mit *animus iniuriandi*
➢ *actio iniuriarum* als Bußklage
➢ Verwirklichung des Tatbestandes *frangere* durch den Sklaven von MARS, indem er ROBIGUS die Nase bricht
➢ Einwilligung des Verletzten (des VULCANUS als *dominus* von ROBIGUS) als Rechtfertigungsgrund
➢ Verwirklichung des Tatbestandes *urere* durch ROBIGUS
➢ unmittelbare Schadenszufügung sowohl hinsichtlich des Hauses von MARS als auch hinsichtlich jenes von LAVERNA
➢ *mortis causam praestare* hinsichtlich der durch den Rauch verendeten Ziegen von LAVERNA
➢ Verantwortung des Gewaltunterworfenen nach seiner Freilassung – *sed et ipse servus manumissus tenetur*
➢ Handeln auf Befehl des Gewalthabers als Schuldausschließungsgrund
➢ Haftung von VULCANUS für die von ROBIGUS zugefügten Schäden – *is damnum dat, qui iubet dare*
➢ Haftung von ROBIGUS wegen *furtum* hinsichtlich des Goldcolliers, da nicht vom Befehl des Gewalthabers gedeckt

▶ (1) Der Tatbestand der Ehrenbeleidigung ist, neben dem Tatbestand der Verbreitung unwahrer Tatsachen, die den Kredit, den Erwerb oder das Fortkommen eines anderen gefährden (Ruf- oder Kreditschädigung), in § 1330 geregelt (s aber auch die §§ 111 ff StGB). Verletztes Rechtsgut ist bei der Ehrenbeleidigung die Würde des Menschen. Aufgrund einer Ehrenbeleidigung (bzw einer Kreditschädigung) gebührt nur der Ersatz des Vermögensschadens (des positiven Schadens und des entgangenen Gewinns), nicht aber Ersatz des ideellen Schadens, vgl aber §§ 6 f MedienG sowie § 16

Abs 2 UWG. Zu beachten ist, dass Schadenersatzansprüche wegen Ehrenbeleidigung, anders als sonstige Schadenersatzansprüche (diese verjähren grds in drei Jahren ab Kenntnis des Geschädigten vom Schaden und von der Person des Schädigers, § 1489 S 1, ansonsten in 30 Jahren, § 1489 S 2), in einem Jahr verjähren, § 1490 Abs 1. Der Tatbestand der Kreditschädigung ist nur dann verwirklicht, wenn der Täter die Unwahrheit der verbreiteten Tatsachen kannte oder kennen musste. Nach der Rsp genügt für das Kennenmüssen leichte Fahrlässigkeit. Neben dem Ersatz des Vermögensschadens hat der Geschädigte Anspruch auf Widerruf und auf Veröffentlichung des Widerrufs. Ist Wiederholungsgefahr gegeben, so befürwortet die Rsp auch einen (verschuldensunabhängigen) Unterlassungsanspruch. Für eine nicht öffentlich vorgebrachte Mitteilung besteht dann keine Haftung wegen Kreditschädigung, wenn der Täter die Unwahrheit der Mitteilung nicht kennt und er oder der Empfänger ein berechtigtes Interesse an ihr hat, § 1330 Abs 2 S 3. [*Koziol/Welser*, Bürgerliches Recht II^{13} (2007) 349 ff] **(2)** Die Einwilligung des Verletzten rechtfertigt das schädigende Verhalten nur, sofern der Geschädigte über das Rechtsgut verfügen kann. Frei verfügbar sind Vermögensrechte, § 354, hingegen ist das Recht auf Leben unverzichtbar, § 77 StGB. Eine Einwilligung des Geschädigten, die das Verhalten des Schädigers nicht rechtfertigt, mag allenfalls den Schadenersatzanspruch nach den Grundsätzen des § 1304 mindern. Eine Einwilligung zur Lebensgefährdung stellt dann einen Rechtfertigungsgrund dar, wenn durch die gefährdende Handlung ein anderer, schwerer und wahrscheinlicher Nachteil abgewehrt werden soll (etwa bei lebensgefährlichen Operationen). Die Einwilligung in eine Körperverletzung oder in eine Gefährdung der körperlichen Sicherheit wirkt nur dann rechtfertigend, wenn die Verletzung bzw die Gefährdung nicht gegen die guten Sitten verstößt, § 90 Abs 1 StGB. Nach hM hat die Einwilligung rechtsgeschäftlichen Charakter, vgl idZ die Aufklärung des Arztes gegenüber dem Patienten als Voraussetzung für eine wirksame Einwilligung bei medizinischen Eingriffen. [*Koziol/Welser*, Bürgerliches Recht II^{13} (2007) 315 f] **(3)** Zur schadenersatzrechtlichen Sonderstellung von Tieren vgl Fall 76.

Zu den einschlägigen Quellenstellen der hier zu erörternden Problemkreise: zum Delikt *iniuria* vgl etwa Ulpian D 47. 10. 1 pr sowie ders D 47. 10. 15. 2 u 25; zur *actio iniuriarum* als Bußklage vgl insb Ulpian D 47. 10. 7. 1; zur Haftung wegen *frangere* bei Zufügen eines Knochenbruchs vgl Alfen D 9. 2. 52. 4; zur Einwilligung des *dominus* in die durch Ringkampf zugefügten Verletzungen seines Sklaven als Rechtfertigungsgrund vgl Ulpian D 9. 2. 7. 4; zum Tatbestand des *furtum* vgl etwa Paulus D 47. 2. 1. 3 sowie Gai Inst 3.195; zur Haftung wegen *urere* bei Inbrandsetzen eines Hauses vgl Ulpian D 9. 2. 27. 7 (= Coll 12. 7. 1); zur Haftung aus der *lex Aquilia* bei Übergreifen des Feuers auf das Nachbarhaus vgl Ulpian D 9. 2. 27. 8 (= Coll 12. 7. 3); zur Gewährung einer *actio in factum* bei Tötung fremder Tiere durch Rauchentwicklung vgl Ulpian D 9. 2. 49 pr; zum Ausschluss der Schuld bei Handeln auf Befehl des Gewalthabers vgl insb Ulpian D 9. 4. 2. 1 sowie Paulus D 50. 17. 169 pr; zur Haftung des Gewalthabers für Schäden, die der Gewaltunterworfene auf dessen Befehl zugefügt hat, vgl insb Ulpian D 9. 2. 44. 1 u Paulus D 9. 2. 45 pr; zur selbständigen Verantwortung des Gewaltunterworfenen nach dessen Freilassung vgl Ulpian D 9. 4. 6 sowie ders D 44. 7. 14.